AFRICA TREK II

Aux Éditions Robert Laffont

Alexandre Poussin

On a roulé sur la Terre (avec Sylvain Tesson), 1996
La Marche dans le ciel (avec Sylvain Tesson), 1998

Sonia et Alexandre Poussin

Africa Trek I, 2004

Aux Éditions Transboréal

Himalaya, visions de marcheurs des cimes (avec Sylvain Tesson), 1998

SONIA ET ALEXANDRE POUSSIN

AFRICA TREK II
Du Kilimandjaro au lac de Tibériade

ROBERT LAFFONT

© Éditions Robert Laffont, S.A., Paris, 2005
ISBN 2-221-10450-1

À Philaé,
à qui s'offre la vie.
À Nthsalinthsali,
emportée par le sida.

« Prenez avec vous ce coquillage en mémoire de moi, et laissez-le au plus bel endroit que vous verrez, comme ça j'aurai voyagé avec vous. »

Jenny, la jeune paraplégique de Bogoria, Kenya

« L'extraordinaire se trouve sur le chemin des gens ordinaires. »

Paulo Coelho, *Le Pèlerin de Compostelle*

« Ô grâce mystérieuse de la vie, je te bénis ! Je suis, je respire profondément tout ce sol d'Afrique ! J'ai ma place sous le soleil ! Ô miracle ! J'ai la permission formidable d'être un homme ! »

Ernest Psichari, *Le Voyage du centurion*

« La confrontation avec la souffrance et la mort, vues comme miroirs de sa propre souffrance et de sa propre mort, a forcé l'homme à un dépassement altruiste qui est devenu dépassement métaphysique, artistique et poétique. »

Xavier le Pichon, *Aux racines de l'homme*

« L'homme ? C'est l'axe et la flèche de l'Univers. »

Pierre Teilhard de Chardin

Le vieil homme :
— D'où venez-vous ?
Nous :
— Du cap de Bonne-Espérance.
Le vieil homme :
— C'est où, ça ?
Nous :
— Là où les rêves commencent.

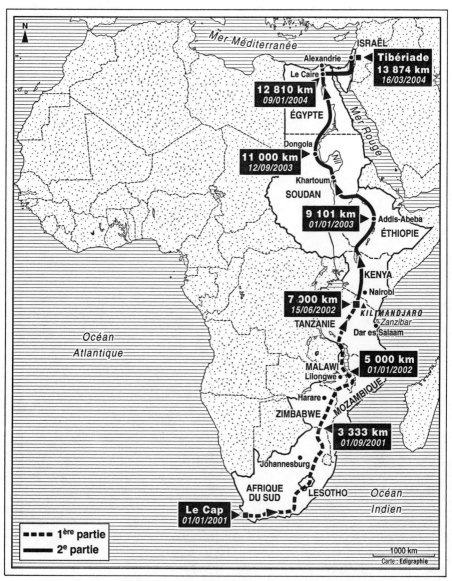

Du cap de Bonne-Espérance au mont des Béatitudes

Nord tanzanien

1. Habiba Amiri Shoko
2. Rehema et Augustino Jovita
3. Bernard Murunya
4. Tonya Siebert
5. Kadogo Lerimba
6. Victor
7. Docteur Fidelios Masao et John Pareso
8. Peggy Hawkins, Michael Skutar, Debbie
9. Mohammed
10. Olkuma
11. Jörg Keller
12. Mtui
13. Paulo et Maya, les deux moranes en couverture du tome 1
14. Maria et Maciar

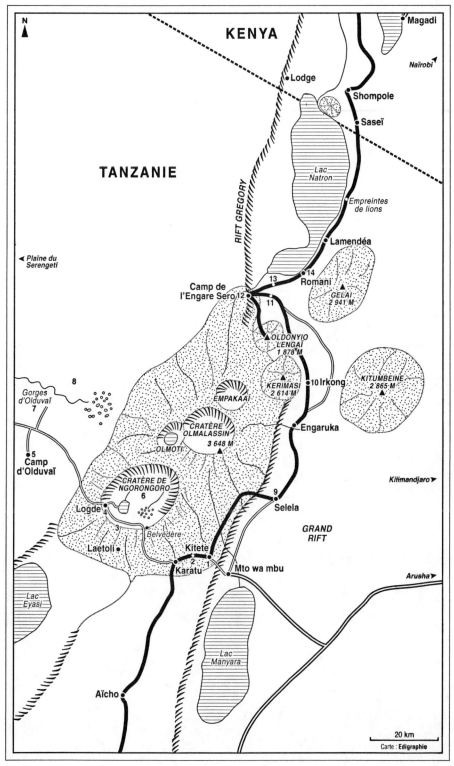

Nord tanzanien

1

Le trésor du monde

Tout petits, tout bronzés, tout en bas.

Du pied de la montagne, nous sommes revenus au carrefour de Kitété, là où nous avons laissé notre marche il y a plus d'un mois, afin de marquer notre mi-parcours d'une pierre blanche : les neiges éternelles du Kilimandjaro. Le sommet s'appelle le pic Uhuru, ce qui veut dire liberté en swahili. Un symbole qui nous sied bien, après dix-huit mois d'aventures et de rencontres en liberté, de village en village, d'hommes en hommes, depuis le cap de Bonne-Espérance d'où nous sommes partis le 1er janvier 2001 à l'aube. Au pied du Kili, nous avons passé notre sept millième kilomètre. Le chiffre est rond. Nous ne l'avons pas fait exprès. C'est comme ça. Et, à l'heure de reprendre le fil de nos pas, à l'heure d'égrener à nouveau notre chapelet de rencontres, il nous plaît d'y voir un bon augure, un second départ ressourcé.

Le carrefour n'a pas changé. C'est toujours une bande de terre qui rencontre une bande de goudron, symbole d'un choc culturel. La piste de terre qui vient du sud nous a vus arriver du bout du monde, de l'extrême sud du continent, patiemment, africalement. C'est comme le fil d'une bobine. Il n'y a qu'à dérouler. Une bobine de film. Laisser tourner. Un tourbillon d'images et de souvenirs, un relais du cœur dont nous n'avons sauté aucune étape, une chaîne de rencontres dont nous n'avons oublié aucun maillon. Cinq cent un noms. Presque autant de familles. Par là. À portée de semelles.

Il est 10 heures du matin, c'est l'heure de pointe. Capharnaüm à Kitété. Drainée par cette piste, toute l'Afrique de l'intérieur, de la brousse et des villages perdus, échoue ici : maigres sacs de récoltes, grains de maïs et haricots, hommes maigres éprouvés par le transport, par l'effort, l'œil dans le vague, l'estomac vide et l'avenir incertain. Pour eux, ce bout de piste, ce carrefour, est un rivage. Ils attendent d'être emportés par une vague de métal et de bruit, dans un bus pour Arusha, la grande ville. Ils sont intimidés. Ils ne savent pas à quelle sauce ils vont être mangés, quel est le cours du grain, toujours à la baisse à la vente, toujours à la hausse à l'achat. Il y a toujours un camion sur le départ. Fumée bleue, moteurs criards et concert de klaxons. Gamins courant, porteurs de messages ou de commissions, dadais oisifs et agglutinés. Femmes en transit sur des tas de sacs ; empilements de bidons et piétinements de bétail devant les échoppes. Ces dernières sont alignées de part et d'autre de la piste, sur plus d'un kilomètre. En batterie. Simples toits de tôle sur quatre piquets séparés par des bâches en plastique. Emplacements d'autant plus chers qu'ils sont plus près du goudron. Là, on trouve ce que la modernité appelle des « curio-shops », qui entassent pêle-mêle des casquettes Zanzibar et des statuettes en « ébène » noirci à l'huile de vidange, tordues et mal dégrossies, des masques importés du Congo, des poupées africaines *made in China* et des lances massaïs forgées à ses heures perdues par le soudeur d'à côté. Ces échoppes sont une halte pour les Land Cruiser – et le premier contact du Néo-Zélandais, de l'Américain ou du Japonais avec l'Afrique. Premier choc depuis l'aéroport : poussière et crasse, bordel et bruit, bric-à-brac et tintamarre ; à la faveur de fourmis dans les jambes, de surpression dans la vessie ou de démangeaison dans le porte-monnaie. L'arrêt est même prévu dans le dépliant.

 La bande de goudron va d'est en ouest. Elle vient d'Arusha et de plus loin encore, de la côte swahilie ; elle va vers le cœur du monde, le cratère du Ngorongoro, la porte des vastes plaines du Serengeti, la première ressource en devises du pays. La planète entière rêve de passer sur cette bande de goudron, à destination du paradis terrestre. Et beaucoup le font. Et ils ont raison. Des norias de Land Cruiser rutilants défilent avec leurs précieux chargements de touristes. Beaucoup dorment. *Jet-lag*. Décalage horaire. Ils sont tout propres dans leurs kakis neufs. Tout blêmes d'un ailleurs sans soleil. Ça n'est pas un sarcasme. C'est comme ça. C'est vrai qu'ils ont l'air fragile. Ici, deux mondes se regardent passer. L'Afrique en guenilles qui rêve de prospérité matérielle et de complexité, et le Nord prospère qui rêve de pureté originelle et de simplicité. Nous sommes au carrefour et nous cherchons une amie que nous avons rencontrée la dernière fois : Habiba.

C'est une petite femme de rien du tout qui porte son coin d'Afrique à bout de bras. Nous avions atterri chez elle par hasard, affamés et accablés de chaleur, sachant que nous ferions une digression vers Arusha. La fin de notre traversée du cœur de la Tanzanie, de ses jungles infestées de lions et de tsé-tsé, nous l'avions célébrée dignement sous sa tôle ondulée, au coude à coude avec de pauvres hères, mal assis sur de petits bancs cagneux devant une assiette grasse. Et notre amour pour elle était venu à petits pas, en silence, furtivement. Ça avait commencé, une fois sa surprise passée de voir deux Blancs s'asseoir dans son gourbi sombre et encombré, par notre baratin habituel. Deuxième surprise : les *muzungus*[1] parlaient swahili ! Nous avions reçu en écho des cascades de rires. Dans le dos d'Habiba, une petite fille lourdement handicapée était ficelée dans un pagne souillé. Habiba cuisinait à même le sol jonché de détritus, accroupie autour d'un feu qu'une autre jeune fille attisait énergiquement. Chaque fois qu'elle saisissait une assiette, un œuf ou son bidon d'huile rance mal bouché par une boulette de sac plastique, elle pivotait sur ses talons en menaçant de trépaner sa fillette sur des angles de tôle disjoints. Elle avait ri de nos inquiétudes. Mais elle avait une connaissance aveugle de son bouge exigu. Elle y vit depuis plus de vingt ans, de nuit comme de jour. Sonia avait pris la petite. Habiba en avait été toute retournée. Ici, personne ne touche les handicapés. Cela porte malheur. L'amitié était montée d'un cran. Elle m'avait servi des tomates agrémentées de jus de citron, nos premières tomates depuis si longtemps. À Arusha, nous avons compté nos dents et nos économies ! Huit dents gâtées par manque de tomates et d'autres choses... Elle avait compris d'où nous venions, savait par quoi nous étions passés. J'avais englouti toutes les tomates en goujat, pendant que Sonia faisait des gouzi-gouzi à la petite. Elle lui en avait resservi avec un air de complicité : « Ah les hommes ! tous les mêmes ! »

À brûle-pourpoint, entre deux poêles, Habiba nous avait alors dit en mauvais anglais :

---
1. Les Blancs, en swahili.

— Normalement, les muzungus sont des gens bizarres avec de drôles de comportements. Ils sortent de leur voiture, font le tour du marché à grandes enjambées avec leur appareil photo pour nous prendre, mais il y en a ici qui ne veulent pas ou qui veulent de l'argent en échange, et les muzungus, ils n'aiment pas ça, alors à la place, ils achètent n'importe quoi, beaucoup trop cher. Pourquoi faites-vous ça, vous qui avez tout ? Pourquoi voulez-vous prendre en photo notre misère et acheter notre camelote ?

Puis de se reprendre, comme pour adoucir ce qu'elle venait de dire :

— On sent bien que les dames sont gentilles mais qu'elles sont gênées avec nous, qu'elles veulent nous faire des cadeaux, mais qu'elles ne savent pas comment s'y prendre, que notre pauvreté les gêne, qu'elles voudraient s'asseoir mais qu'elles n'ont pas le temps, à peine arrivé, le groupe doit repartir... Et tout le monde est frustré ! On n'a que des relations bizarres avec les muzungus. Depuis vingt ans que je suis ici, vous êtes les premiers à manger mes *chapatis* [1]... merci d'être venus à pied, je suis contente que vous soyez là.

Voilà qu'elle inversait les rôles. Combien de fois des hôtes nous ont dit merci... alors que nous recevons tant. Merci de rendre la rencontre possible. Le nez s'était mis à nous piquer et une perle nous était née au coin de l'œil, aussitôt pudiquement ravalée. Puis les agapes s'étaient poursuivies, thés et chapatis, sans compter les cuillers de sucre, sous le regard amusé des badauds. Ici, un chapati, c'est un petit déjeuner sérieux, or nous en étions à notre troisième ou quatrième chapati. Indécent. C'était donc vrai que les Blancs étaient des ogres, qu'ils avaient besoin de manger plus...

Avec un caillou, j'avais renfoncé tous les clous mal plantés de son abri et recourbé les pointes menaçantes. Habiba avait rameuté toute la rue par ses hurlements de rire. Avec le temps qui s'écoulait, se renforçait la joie d'être là, de célébrer notre victoire sur les kilomètres, sur l'adversité. Joie teintée d'une vague honte, un peu malgré nous, d'être puissants parmi les faibles – l'honneur que nous faisions à son boui-boui et à sa cuisine, et, toujours, notre numéro de claquettes avec ses anecdotes et ses empreintes de lions, ses chutes

---

1. Crêpe de farine sans œufs, frite dans l'huile.

et ses exclamations. Nous sommes devenus les bateleurs de la foire de nous-mêmes... Malgré cela et la conscience de la séparation prochaine, l'amitié grandissait au fil des minutes. Une amitié de consommateurs repus, pas seulement repus de chapatis. Je m'apprêtais à payer sereinement la douloureuse mais Habiba, dans un sourire qui était déjà un cadeau, n'accepta pas mon argent, elle n'en demanda que la moitié. Incrédule, je demandai pourquoi :

— Vous porterez mon nom à Jérusalem.
— Vous êtes chrétienne ou musulmane ?
— Les deux.

Au fil des jours, au fil des mois, nous sommes devenus des porteurs de noms, des porteurs de prières africaines. Ça n'était pas prévu. C'est une requête venue de nos hôtes. Irréfragable. La charge la plus légère de notre marche dans les pas de l'Homme. La responsabilité la plus lourde. Quand viendra le doute, quand tombera l'absurde, quand nos vies seront en danger, quand devant nous le désert ou la tempête dressera un mur, quand la faim, la maladie, la lassitude l'emporteront, quand la chape de plomb du ciel africain nous broiera les tempes, devront nous rester cette parole donnée, ces petites flammèches de foi transmises. S'il ne devait nous rester qu'une raison de marcher.

J'en étais là de mes réflexions en refaisant mon sac. Sonia s'apitoyait sur le sort de la fillette qui ne bénéficierait jamais du cadre et de l'encadrement propres à son épanouissement, et sur Habiba qui, tous les jours de sa vie, serait accablée par ce fait, par ce faix, sans espoir de liberté. Et nous avions du remords de nous être arrêtés là, d'avoir fait notre numéro, d'avoir profité de la gentillesse de cette femme éreintée par la vie, de lui avoir peut-être trop bruyamment épanché nos kilomètres, nos aventures, nos pseudo-exploits, quand tous les jours elle en accomplissait d'authentiques au centuple.

Quand nous sommes ressortis du boui-boui, elle nous attendait, radieuse, avec un régime de bananes.

Sonia fondit en larmes. Dans sa pauvreté, dans sa détresse, Habiba avait encore trouvé le moyen de donner. Elle était allée acheter ces bananes dans notre dos. La grandeur du pauvre. Nous étions soudain devenus minuscules, avec un cœur immense pour aimer la terre entière. L'amour est une réaction nucléaire.

Habiba ou le trésor du monde.

Elle est là. Habiba. Dans son boui-boui. Telle que nous l'avons laissée il y a un mois. Avec son fardeau dans le dos. Permanence des choses. Même gentillesse et même crasse. C'est juste un peu dur de s'y remettre. De repasser d'une sphère à l'autre. De l'exigence du confort à la saleté insouciante. Juste un cap. Mais une fois que c'est fait, on n'y repense plus. On est à nouveau libres. Habiba nous étreint avec émotion. C'est à son tour de pleurer.

— Les muzungus, ils disent qu'ils reviennent toujours et ils ne reviennent jamais, et pourtant vous êtes là ! Je suis si heureuse...

Sonia lui tend ses mains fermées sur un petit cadeau : un petit flacon de parfum parisien reçu dans nos réassorts de pellicules et de cassettes. Habiba en pousse un couinement de joie étranglée et replonge entre ses bras. Petites mains serrées autour de ce geste, sous le sourire des anges. S'il fallait ne voyager que pour cela, ça vaudrait le coup. Ce serait une collecte de petits diamants. Et les diamants ça se trouve dans la boue. Nous lui racontons notre Kili, Zanzibar, les dauphins, et rebelote : rires et chapatis.

— Alors vous repartez vers le nord ? Chez les Massaïs ?

— Pas tout de suite, nous avons d'abord rendez-vous avec les scientifiques des gorges d'Olduvai.

— ...

— Mais si, vous savez, un des berceaux de l'humanité. Les origines de l'Homme, la piste de Laetoli...

Et Habiba de rire de plus belle. Elle n'a jamais quitté Kitété.

Nous savons que nous la reverrons une troisième fois. Nous la laissons à ses casseroles et repartons vers le Ngorongoro en suivant le goudron chaud. Des bolides nous dépassent tout l'après-midi. Nous avions oublié que les voitures allaient si vite. Sur cet escarpement qui monte à l'assaut du massif des volcans, la terre grasse et fertile nourrit des champs de maïs et de céréales, ou encore les célèbres plantations de café de Karatu ; la population est dense, partout des enfants batifolent dans leurs uniformes scolaires sur le chemin de l'école, dans un sens ou dans l'autre. Ceux qui y vont le matin croisent ceux qui y vont l'après-midi. Voilà l'astuce, pour multiplier par deux le nombre de scolarisés sans augmenter le nombre d'écoles. Mais que feront-ils, ces demi-écoliers ? Quels seront leur travail, leur source de revenus ? Au-dessus de la zone agricole s'étendent les immenses frondaisons de la jungle qui ceinture le cratère du Ngorongoro. La rupture entre les deux univers est nette. Malgré tout, depuis cette campagne populeuse, il est difficile d'imaginer que là-haut, de l'autre côté de la crête, s'ouvre le plus grand sanctuaire animalier du monde. Ici, la pression démographique semble si forte. Comment la prospérité pourra-t-elle rattraper la croissance démographique ?

Dès que nous marchons, nous reprenons nos réflexions. À bâtons rompus, en faisant feu de tout bois. L'adrénaline et les endorphines doivent y être pour quelque chose. C'est comme une mécanique, la marche a besoin d'un carburant, d'une réflexion, d'un grain à moudre. Et la réflexion a besoin de la marche pour être activée. Peut-être faut-il marcher pour se rendre compte que la pauvreté se multiplie plus vite que la richesse. Et qu'il est plus difficile de s'en rendre compte depuis un bureau de l'Unesco ou de la Banque mondiale, où l'on attend patiemment la relance, le décollage, la croissance, comme on attend Godot. En marchant, ça n'est pas une démonstration scientifique, argumentée d'outils statistiques et d'indicateurs, c'est juste une évidence surgie comme ça, d'un champ de maïs envahi d'enfants de retour de l'école, épluchant avidement et inquiets des épis encore verts. Évidemment que l'Afrique progresse, mais beaucoup moins vite que ses besoins. Tout est là.

La reprise est dure. La montée depuis Karatu est dure. Nous sommes en nage. Hypoglycémiques. Le métabolisme aussi doit se réadapter. Il y a un mois nous abattions quarante-huit kilomètres avec une soupe aux nouilles et deux biscuits. Et là, avec notre kilo de chapatis et de bananes sur l'estomac, nous calons au treizième kilomètre. Nous n'arriverons pas au paradis ce soir. Halte Coca. Dans l'échoppe, une petite fille vient droit vers Sonia et, les bras tendus, lui fait comprendre qu'elle veut s'asseoir sur ses genoux. La chose est suffisamment singulière pour la faire fondre. Sonia est adoptée. Âgée de deux ou trois ans, de grands yeux noirs lui dévorent un visage auréolé de boucles noires.

— Jina Pakonami ? (Comment t'appelles-tu ?)
— Rehema.

C'est la seule chose que nous tirerons d'elle. Elle est juste heureuse d'être là, à babiller sur les genoux de ma femme. Elle ne demande rien. Est-ce la fille du propriétaire ? Non. La connaissez-vous ? Oui, on la voit de temps en temps, elle vient nous mendier des biscuits. Mais là, Rehema ne demande rien. Elle carre sa tête sur le buste de Sonia et semble vouloir s'endormir. Et s'endort. Elle est venue comme serait venue une petite chatte. Sauf que c'est une petite fille. Un amour de cœur fragile. Dans un demi-sommeil, Rehema se met à farfouiller dans la chemise de Sonia. Ah, ah ! se dit-on... Nous voyons clair dans son jeu : serait-ce une petite voleuse ? Sauf que le vermisseau ne fouille pas les poches mais trifouille les boutons de la chemise. Médusés, nous la regardons faire. Et finissons par comprendre. Elle cherche le sein. Elle va droit à la poitrine de Sonia avec une idée derrière la tête ; en Afrique, les poitrines généreuses, ça donne du lait...

Sonia, bouleversée, lui répond :

— *Sina maziwa, sina hapana mama, sina watoto...* (Je n'ai pas de lait, je ne suis pas une maman, je n'ai pas d'enfants...).

Et la petite, dépitée, de se mirer dans les lunettes de Sonia qui pendent à son corsage. Un jeu nouveau, des mimiques craquantes, comme une star devant le miroir de sa loge. Elle se rapproche, éclate de rire de se voir déformée par les verres bombés, lève les bras, fait danser ses marionnettes. Le bonheur de voir cette fillette heureuse de rien. Abandonnée ? La vie est vraiment la plus forte.

Entre-temps, dans le gourbi, un attroupement de glandus désœuvrés trouble la sérénité de la scène. Ils ne sont pas là pour consommer. Ils sont là pour nous regarder. Spectacle gratuit. Voilà la rançon de la proximité : un trait tiré sur notre intimité. C'est de bonne guerre. Mais, là encore, il faut un petit temps de réadaptation.

Nous ressortons avec Rehema. Puisqu'elle nous a adoptés, c'est chez elle que nous dormirons :

— *Iko wapi yako nyumba ?* (Elle est où ta maison ?)

Et la petite voix minuscule de nous répondre :

— *Paka hapa !* (Par là !)

Nous la suivons longtemps à travers champs, dans le jour déclinant. Avec l'élévation, la vue sur le Rift est époustouflante.

Nous ne sommes plus très loin de la porte du parc de Ngorongoro. À perte de vue, la pente fertile est absorbée par la grande fracture terrestre, tout en bas. Nous sommes adossés aux volcans. Au loin, très loin vers l'(est), au dessus du Rift, au-dessus des brumes rouges émerge la tête chenue du Kili sur laquelle nous étions des poux, il y a quelques jours. Dans les épis, nous débouchons soudain dans une clairière avec une hutte de terre au toit de chaume en son centre. Une vieille femme s'affaire à la vaisselle. Elle se redresse en nous voyant – autant que le lui permet son dos voûté. Poids des ans. Poids des soucis. Elle nous accueille pourtant d'un large sourire :

— *Karibuni ! Habari yako !* (Bienvenue ! Comment allez-vous ?)

— *Chikamou Mama, mzuri sana, asante. Wazekani lala hapa ? Sisi kuwa na tenti.* (Mes respects, mère, nous allons bien, merci. Est-il possible de dormir ici ? Nous avons une tente.)

— *Hakuna shida. Karibu !* (Aucun problème. Faites comme chez vous.)

— *Iko wapi Mzee ?* (Où est le père ? – littéralement : le vénérable.)

La vieille dame nous fait comprendre dans un mélange d'anglais et de swahili :

— Il est mort. Ma fille est morte. Mon fils est mort, tout le monde est mort. Il ne me reste que Rehema et Augustino ; tiens le voilà !

Derrière nous arrive un adolescent bien habillé.

— Bonjour ! Qu'est-ce que vous cherchez ?

— Nous avons rencontré Rehema, nous croyions qu'elle était perdue...

— Elle cherche une maman. La sienne est morte du sida l'année dernière. Son père était un inconnu de la ville. Il doit être mort aussi. Moi, je suis son cousin et je suis aussi orphelin, mais moi, je ne suis pas séropositif, j'étais né avant que mon père fasse une bêtise.

Le couperet est tombé. D'un regard vers Rehema, nous comprenons le drame. L'infernale réaction en chaîne s'est abattue sur cette famille. Elle est séropositive, comme ces millions d'enfants africains dont les parents n'ont pas su à temps adapter leurs mœurs à l'épidémie : l'ABCD du sida [1]. Nous sommes consternés. Sonia tient toujours le petit ange par la main.

— Et toi, tu fais attention ? demande-t-elle au garçon.

— Moi, les filles ça ne m'intéresse pas ! Je travaille dans un magasin pour touristes et je veux me payer des études.

— Mais si tu as des copines plus tard ?

— Oh ! moi, je suis pas fou, je ne veux pas mourir, je prendrai mes précautions ! Et puis mon rêve, c'est d'épouser une muzungu, alors je ne crains rien...

La grand-mère nous intime d'entrer. Et disparaît dans la nuit. Retentit bientôt un sinistre couac ! Augustino rigole.

— Ce soir, il y aura du poulet !

Nous laissons dans notre sillage un carnage de poulets. Partout où nous passons, un poulet trépasse. Nous faisons une drôle de tête. Le poulet, lui, perd la sienne dès qu'il voit les nôtres. Pour la troisième fois aujourd'hui nous sommes bouleversés. C'est l'honneur qu'on veut nous faire. Je fais mine de gronder la grand-mère, quand elle rentre après son mauvais coup :

— Ça n'est pas raisonnable ! Nous n'avions pas besoin de ça, nous avions ce qu'il nous fallait.

Et elle de me répondre dans un geste d'innocente aux mains pleines :

— Si tu m'enlèves la possibilité de t'offrir un poulet, qu'est-ce qu'il me reste ?

Et cette vieille dame dont nous n'avons pas retenu le nom, à peine le visage, qui se fond parmi tant d'autres dans des braises de pupilles auréolées de rides, nous révèle ainsi que le dernier pouvoir, la dernière dignité de ceux qui n'ont plus rien est de donner, de recevoir chez soi. Et qu'il ne faut pas leur ôter cette dignité. Les Occidentaux nous demandent souvent comment nous faisons pour rétribuer ces gens qui nous invitent ou qui nous donnent à manger. Depuis ce jour, nous leur répondons : « À ceux qui demandent, nous donnons, de ceux qui donnent nous acceptons. » Et s'il faut être plus précis : « Si vous invitiez un millionnaire chez vous, est-ce que vous lui donneriez l'addition à la fin du repas ? Nos hôtes africains, aussi pauvres soient-ils, sont comme vous. »

---

1. *Cf. Abstinence, Be faithfuld, Condom or Death*, tome I, p. 280.

Toute la soirée, nous parlons au coin du feu, de développement, de politique, de société. En contact permanent avec des touristes, Augustino s'est construit une image mirobolante et fausse de l'Europe. Il apprend avec stupeur que les Européens aussi peuvent mourir du sida. Qu'il y a aussi chez nous des champs, des vaches, et des campagnes, des pauvres... Mais qui ont un toit et une télévision. Il pense que c'est impossible d'aller à Jérusalem à pied. Sonia rétorque :

— Mais, Augustino, on vient de faire sept mille kilomètres à pied, on est à la moitié du chemin, il nous suffit de faire la même chose ; c'est donc que c'est possible !

— Oui, mais là, ils restent à faire...

En effet. Logique implacable. Ce qui reste à faire est plus dur que ce qui est fait. Pourtant, ce n'est pas la globalité qui nous impressionne, nous n'y pensons pas – les escargots sont myopes –, c'est le détail, c'est le fond du Rift avant le lac Natron, la fournaise, la soif, la réaction des Massaïs, les lions, le contournement du lac, le passage clandestin de la frontière vers le Kenya. Nos prochains deux cents kilomètres : c'est ça qui impressionne. Ce bout de chemin est déjà une expédition en soi. Des spécialistes d'Arusha nous ont dit que cette étape était impossible sans logistique, sans guides et sans porteurs. Alors, le nord du Kenya, le lac Turkana, la vallée de l'Omo, les montagnes d'Éthiopie, le Sahara au Soudan, le Nil... tout cela reste très théorique, dans quelques milliers de kilomètres. Un jour, peut-être !

Dans la case, la fumée monte vers le chaume qui l'absorbe lentement ; la grand-mère a des petits gestes lents. Elle n'est jamais inoccupée. C'est la chorégraphie du foyer. Les objets les plus vulgaires, gamelles d'alu, bidons de plastique, chiffons sales et cuillers de bois sont enluminés par le rougeoiement des flammes. Rehema s'est endormie dans le giron de Sonia. Sous un néon, cette misère serait beaucoup plus triste. Mais nous sommes repus, nous avons chaud, nous revivons au présent en goûtant chaque seconde. Nous sommes bien. Déjà les puces ont commencé leur grand travail nocturne. Les peaux de chèvres sur lesquelles nous sommes assis en sont infestées. Chaque fois que nous tressautons sous la piqûre, Augustino, sa grand-mère et quelques voisins surgis de la nuit, se fendent la poire en répétant à l'envi : « *Kiroboto, polé kiroboto !* » (Des puces, désolé, il y a des puces !) Ah ça, c'est drôle, des muzungus qui se font bouffer par les puces ! Ça rapproche.

Autre routine que nous reprenons dès le premier soir : la visite des voisins. Ils défilent, entrent, saluent, s'assoient, s'étonnent, posent les mêmes questions, à nous directement, pas à nos hôtes, ça serait malpoli, alors nous répétons. Épuisant. Un vrai boulot de VRP. Sauf que nous n'avons rien à vendre. Juste à expliquer ce que nous faisons là. Pourquoi nous voulons partager cet inconfort. Pour rencontrer. Pour comprendre : « *Kuku tana na watu. Kwa ku-elewa.* » Et là ils opinent. Ils sont satisfaits. Nos hôtes prennent alors le relais des anecdotes : course d'autruches en Afrique du Sud, charge des rhinocéros et soupe aux mouches au Malawi, lions de Rungwa... et ça rigole toute la soirée. Nous sommes ainsi bercés au coin du feu.

C'est le moment que je choisis pour consigner dans mon cahier les impressions du jour. J'allume ma minilampe frontale. Cri de terreur ! Un des voisins accroupi à mes côtés a bondi sur ses pieds. En tournant la tête vers lui, je l'aveugle ; grimace effarée – il en tombe à la renverse et déguerpit dans un tintamarre de casseroles et de corps renversés. Culbutos hilares, les témoins se gaussent du fuyard. Augustino, entre deux quintes de toux déclenchées par ses rires, m'explique que l'olibrius a cru que la lumière me sortait d'un troisième œil au milieu du front... Après Frankenstein au Malawi, voici les X-men ! Dans le calme revenu, les regards se regroupent alors autour du falot bleu au-dessus de la page blanche, et les chuchotis respectueux accompagnent les grattouillis de mon stylo. Pendant ce temps, Sonia, à l'autre bout de la hutte, déplie les piquets de notre tente-moustiquaire, attirant à elle d'autres curieuses papillonnantes pupilles. Nous nous endormons recrus de fatigue après cette si courte journée, si longue. Cette journée si pauvre, si riche. Africa Trek a bien repris.

2

Ngorongoro, le cœur du monde

Nous montons dans la jungle. La piste serpente depuis une heure. Les récentes pluies l'ont rendue grasse. Le moteur renâcle. Nous sommes arrivés très tôt à la grille du parc, ce matin. La nuit a été mouvementée. Sauts de puce et de carpe dans la tente. Coq hystérique qui, dès 4 heures, m'a explosé les tympans à bout portant. Augustino a disparu sans nous réveiller, délicat et décevant à la fois, adieux émus à Rehema et à sa grand-mère. Derniers kilomètres de montée vers le parc de Ngorongoro, à jeun. Aux factionnaires éberlués, il a fallu expliquer que nous étions invités par les autorités du parc pour filmer les gorges d'Olduvaï, de l'autre côté des volcans, à la porte des plaines du Serengeti. Ils ont été prévenus. C'est déjà ça. Le directeur du parc, Bernard Murunya, nous attend aux *headquarters*, mais pas moyen d'y aller à pied. « Il y a des bêtes sauvages vous savez ! » Nous savons. Mais c'est le règlement. Il nous faut un véhicule. Toute la matinée, nous avons donc poireauté en regardant défiler les cars et les 4 × 4 des voyageurs organisés. Ça a du bon, l'organisation. Mais notre richesse à nous, c'est le temps. Il fallait attendre. La voiture du directeur allait peut-être revenir de sa révision à Arusha. Peut-être.

Elle a fini par arriver en fin d'après-midi et nous a emportés. Simple, finalement, il suffit d'attendre. La jungle défile. Et l'on cherche, fébrile et incrédule, des traces de vie sauvage dans cette forêt. Ici, un éléphant ? Ça serait possible ? Un buffle embusqué dans ces frondaisons ? Samuel, le chauffeur du directeur, opine : l'autre jour en redescendant à la nuit tombante il a croisé un léopard, ici.

Les lacets s'enchaînent. Le suspense croît avec la montée, nous ne devrions plus être très loin, la piste prend la tangente vers un débouché sur le ciel, la crête arrive, la voilà, Samuel se gare. Moteur coupé. D'un coup d'un seul, c'est l'espace immense, le vide, le creux, le gouffre. Sous le choc, nos poumons se gonflent comme des airbags. Sous nos yeux tout est là, le monde perdu, le jardin d'Éden, parfait, circonscrit par les bords relevés du cratère de Ngorongoro, ouah !

Souffle coupé.

Un vent montant nous décoiffe. Tant de beauté, le regard se perd. C'est trop loin, mille mètres plus bas, belvédère ! Le lac Makat miroite comme du mercure, des flaques de fleurs jaunes et des flaques d'herbe verte s'interpénètrent pour un puzzle végétal géant où courent les ombres des nuages comme de noirs moutons venus paître au paradis. Clairs-obscurs. Le bord du cratère est auréolé de nuées qui jouent avec la lumière, semant des ombres titanesques sur les contreforts. Démesure. Nous cherchons avidement des yeux les animaux sauvages. Rien ! Tout semble désert, vierge et abandonné. Samuel nous indique alors :

— *Look at the little bugs down there!* (Regardez les bestioles, en bas !)

Des pucerons noirs, à peine visibles sur la moquette jaune qui borde le lac.

— Vite ! Les jumelles !

Sonia fait le point et étouffe un cri :

— Regarde, Alex, les pucerons ont de grandes défenses blanches...

Métamorphose. L'espace se dilate encore avec le changement d'échelle. Il se peuple d'une multitude. La moquette grouille de « bestioles » minuscules.

Samuel rompt le charme pour nous rappeler à notre rendez-vous.

— Le directeur s'en va à cinq heures, il faut y aller.

La piste suit la crête vers l'ouest. Nous sommes encore sous le choc. Soudain, Samuel pile. Il a vu quelque chose dans les herbes. Il enclenche la marche arrière. Devant nous déboule un buffle nerveux. Il stoppe à son tour, se retourne comme pour appeler ses compagnons. D'un bond, le voilà qui traverse, suivi du troupeau.

— Vous voyez pourquoi on ne peut pas marcher, ici ! On ne voit les buffles qu'au dernier moment et ils sont extrêmement dangereux.

Bernard Murunya nous reçoit dans un petit bureau glacial. Il fait très froid, au sommet du cratère. Pour nous réchauffer, il nous parle de ses voyages à Paris, de sa femme et de ses enfants qui vivent à Londres, de ses problèmes d'intendance. Il n'a pas assez de *game-scouts* pour lutter contre les braconniers, pas de voitures, pas de chauffage. Tout, autour de nous, sent bon les années soixante-dix. Les velours défoncés des canapés marron, son bureau en Formica, des posters en mauvaise quadrichromie avec de belles touristes en chemisiers mauves affublées de lunettes façon œil de mouche. Le temps semble s'être arrêté il y a trente ans, dans l'administration africaine.

— Le Dr Masao n'est pas à Olduvaï, il est allé hier à Arusha réceptionner du matériel. Vous allez devoir l'attendre. Moi, je suis désolé, je n'ai pas d'infrastructure pour vous accueillir.

— Vous savez, nous pouvons dormir par terre, dans un coin, sous notre tente...

— On est à 2 500 mètres, la nuit, la température descend sous les dix degrés. Vous allez geler. Et puis, les léopards investissent les environs. Il y a bien le Crater Lodge, à côté, mais la nuit y est à huit cents dollars...

En Afrique du Sud, dans le magazine *Getaway* où nous avions lu un reportage sur la vallée de Liliekloof et les fresques des Sans, nous avions fantasmé sur cet hôtel extraordinaire et nous nous étions dit : « Si on arrive jusque là-bas, on fêtera ça en cassant la tirelire ! » On est là. Et on n'a pas du tout envie de casser la tirelire. D'Arusha, nous avions envoyé un courriel à sa directrice, dotée d'un nom bien sud-africain, au cas où elle aurait eu envie de nous inviter. Sans réponse. Autant le lui demander en direct. Nous l'appelons.

— Vous êtes les marcheurs français ? Désolée, je n'ai pas répondu. Où êtes-vous ?

— À côté, au quartier général, et nous ne pouvons pas dormir là.

— Venez, on va arranger ça.

Sacrés Sud-Africains ! Sésame ouvre-toi. Le Crater Lodge est ce qu'il y a de mieux dans le kitsch hôtelier, avec un luxe de raffinement sans pareil. Le décor est féerique, du baroque africain, du safari revu par Gaudí, des fantasmagories coloniales enjolivées de quelques outrances italiennes. Les statues d'art premier côtoient ainsi les lustres en cristal de Venise, et les brassées de roses tranchent sur l'épure glacée de l'inox massif. Tonya Siebert nous accueille avec des coupes de cristal remplies de jus d'orange pressé et des serviettes chaudes parfumées à l'eau de rose. Elle nous offre la nuit :

— Ce sera la cerise sur votre gâteau africain. Je sais par quoi vous êtes passés. Je l'ai fait en voiture.

Le panorama s'ouvre sur le bol du cratère, l'arrondi est idoine, les courbes régulières, les toits de chaume et les hautes cheminées des suites disséminées dans la jungle pointent à travers les ramures, en contrebas. Deux éléphants fourragent sous nos yeux entre les huttes.

— Dernière recommandation : ne vous déplacez jamais seuls et ne quittez pas les chemins ; il y a des buffles en ce moment dans les parages. *Enjoy it !*

Notre suite est sur pilotis, la toiture en pandanus tissé est une corolle renversée où s'épanouit un énorme lustre de cristal. Tipi impérial. La baie vitrée est frangée d'épaisses soieries pourpres. Dans les herbes, pour nous accueillir, batifole un serval. Depuis Naughty, le serval reproducteur de Moholoholo, et Babord et Tribord les petits orphelins de Nchalo [1], nous sommes fous des servals. Le parquet sombre agrémenté de boukharas mène à la baignoire à l'ancienne. La grosse robinetterie ne tarde pas à nous couler un bain bouillant. Les toilettes, comble de raffinement, sont nichées dans une poivrière ogivale pourvue d'une petite fenêtre ouverte sur le cratère. Pipi impérial. Les superlatifs s'épuisent à tout vouloir décrire. En ressortant pour aller dîner, nous croisons dans la nuit des zèbres en pâture. Dans la pénombre, cela ne fait aucun doute, ils sont noirs rayés de blanc ! La suite est un festival de plats, majordome et gants blancs : crème de tomate aux poivrons, cassolette de fruits de mer, nage de langoustes, crabes et autres mystères marins dans une sauce cacahuète relevée au curry, agneau braisé sur lit d'asperges vertes, le tout arrosé d'un bon vin du

---

1. *Cf.* tome I, p. 185-279.

Cap sous les lambris rococo-stellaires de la salle à manger. Ne parlons pas de la crêpe Suzette terminale. Une crêpe Suzette en plein cœur de l'Afrique! Le luxe, c'est ça : faire venir des quatre coins du monde des nourritures improbables et les réunir sur une seule table. Nous nageons dans l'anti-Africa Trek... Pourquoi s'émerveiller ? Parce que malgré tout, c'est notre marche qui nous a ouvert ces portes comme elle nous a ouvert celles des cases les plus modestes ; parce que c'est une nuit de folie en trois ans de privations. Un cadeau que nous recevons avec la même joie que nous avons reçu une pauvre hutte salvatrice après une journée de brousse. La marche mène à tout.

En s'endormant, Sonia me glisse :

— Tu te souviens des puces d'hier soir ?

À l'aube, je suis coincé. Les coussins, ça ne me réussit pas. Comme chez les Louw, chez Fée, chez les Green, au Royal Livingstonia ou chez Gez Bester. Mon corps refuse les nuits de confort. Torticolis carabiné. Repos forcé. Le cratère nous nargue, il se fait désirer. Pas moyen d'y descendre, aujourd'hui. En fin d'après midi, nous retournons voir Bernard. Le Dr Masao ne sera là qu'après-demain. Nous devons pourtant aller à Olduvaï ! Et difficile de demander deux nuits de plus à Tonya. À ce moment, entre un type avec un papier pour obtenir un tampon. Le temps que Bernard s'exécute, Sonia remarque l'écusson de son T-shirt : « Tanganyika Expéditions », la compagnie dans laquelle travaille notre ami Frédéric Mendonca qui nous avait offert l'ascension du Kili.

— Vous avez un camp dans le cratère ?

— Non, pas ici, sur le chemin du Serengeti, près des gorges d'Olduvaï...

Nous l'appelons. Coup de bol, il est là.

— Oui, on a un camp de tentes de l'autre côté des gorges. Vous voulez y aller ? Ça tombe bien, il n'y a personne, en ce moment. Et demain, si vous voulez, je vous fais un prix pour la descente dans le cratère, vous retrouverez le Dr Masao ensuite, il faut dix minutes pour aller au camp Leakey...

Il y a vraiment un dieu pour les marcheurs. C'est insensé comme les choses arrivent quand on se met en situation de les laisser arriver. Il s'agit d'être attentif, de les reconnaître, et d'y répondre. La vie nous porte autant que nous la menons. Foncer tête baissée c'est aller dans le mur, se laisser porter c'est aller nulle part, ce n'est pas vivre, c'est vivoter. Entre les deux, il y a l'Aventure. Et l'Aventure est à l'angle de chacun de nos jours. C'est plus un état d'esprit qu'un état de fait. Il suffit de lui laisser de la place. De ne pas tout prévoir. Certains appellent ça de l'insouciance, les autres à qui rien n'arrive appellent ça de la Chance et en font un nouveau dieu, fantasque et impitoyable. Une fois là, une fois pas là. Nous préférons y voir, dans le doute et en secret, une bonne volonté immanente des choses, qui conspire à nous aider. Très discrètement. Mais présente et permanente. Spirituelle. Et qui aime bien se marrer.

Après de chaleureux remerciements à Tonya, nous embarquons avec Victor dans la descente de l'autre côté du cratère, vers les plaines du Serengeti.

Autant le Ngorongoro vu de haut était la vastitude circonscrite, autant ce panorama est l'immensité infinie. L'ondoiement blond jusqu'à l'horizon accroché au ciel. Cadre uniforme et interminable où ont été filmés tant de petites histoires animales, tant de petits drames, que nous avons tous vus se nouer et se dénouer dans les reportages sur la faune africaine, sur la migration des gnous, le retour de la pluie, la famille des hyènes, celle des guépards ou la naissance des gazelles : descendre vers le Serengeti c'est pénétrer le plus grand studio du monde, sauf qu'ici les figurants jouent nuit et jour depuis la nuit des temps leur infime partition dans la symphonie de la vie.

Sur la piste rectiligne, Victor roule à tombeau ouvert en soulevant un énorme panache de poussière :

— Il faut arriver avant le coucher du soleil, comme ça vous pourrez le contempler depuis le sommet d'un *koppie*[1] avec un des gardes massaï du camp.

À droite, un panneau annonce les gorges d'Olduvaï et le musée du site. Nous tournons à gauche vers une petite pyramide de rochers campée entre la plaine et le pied des volcans titanesques.

À l'arrivée, Kadogo Lerimba, petit Massaï jovial, nous attend. Nous lui emboîtons aussitôt le pas à vive allure. Le sommet de l'éminence rocheuse qui domine la plaine est à vingt minutes. Commence une singulière course avec le soleil. Comme s'il ne fallait pas arriver en retard à cette messe éter-

---

1. Excroissance rocheuse souvent composée de blocs, qui vient de l'afrikaans *kop* : la tête.

nelle de la nature. Après une étendue d'herbes enflammées par la lumière rasante, nous attaquons les blocs, sinuons entre les sisals et les buissons, finissons à quatre pattes, chassons une troupe de babouins qui s'étaient mis aux premières loges et qui se retirent en protestant à grands cris. Là-haut, la roche est lisse et chaude. La plaine plate comme la mer. Un océan d'herbes mouvantes. La toge rouge de Kadogo éclate sur l'or du soir. Plein ouest le soleil amorce sa descente dans ses draps de vermeil. Les nuages boursouflent, vultueux. Les ombres des rares acacias qui piquettent la savane à nos pieds s'étirent et bâillent avant le grand sommeil. Nous laissons avec la contemplation s'installer le silence. Un vent de miel et d'herbes chaudes infusées par le crépuscule nous embaume. Kadogo entonne une complainte massaï faite de vibrations gutturales, salut solennel au soleil mourant dans les carmins sanglants de l'horizon. La messe est dite. Nous rentrons abrutis de beauté.

Le camp est adossé à un petit amas de roches rondes dressé au milieu de la plaine bordant ce bras des gorges d'Olduvaï. Devant notre tente kaki en coton écru, un petit *deck* s'ouvre à l'est sur une vue imprenable : la chaîne des volcans aux cimes violacées par le baiser nocturne. Une petite table de bois gris et une chaise sont là pour recueillir l'inspiration de la fin du jour à la lumière d'une lampe tempête. Derrière, tout contre la roche, le pommeau de douche en cuivre et sa vache à eau en toile cirée rincent avec notre fatigue la poussière de la piste. Chaque tente est isolée par des blocs et des frondaisons d'*oldupaï*, nom donné par les Massaïs au sisal sauvage (*Sanseveria*) qui se dressent comme les lames drues d'un bouquet de lances. Ça sort tout droit de *Out of Africa* et l'on se laisse volontiers saisir par le mirage. Soudain, Sonia me hèle en chuchotant :

— Alex ! Viens vite voir !

J'écarte doucement le pan de toile. Dans l'échancrure apparaissent, sortant du mur d'oldupaï, deux adorables dik-diks sur des pattes graciles. C'est l'une des plus petites antilopes d'Afrique. La biche version yorkshire. D'immenses yeux pleins d'eau noire, une truffe humide et une houppette au sommet du crâne, ils nous dévisagent un instant suspendu, à l'arrêt comme des pointers, l'arrière-train rabaissé dans des starting-blocks, et décollent en trois bonds de lapin vers le bosquet d'oldupaï d'en face. Dans les épées végétales, les dik-diks sont à l'abri des hyènes.

Notre dîner aux petits oignons est agrémenté de la visite d'une genette facétieuse, ravissant petit mustélidé nocturne tacheté. Son culot est tel que, pour un peu, on la retrouverait dans nos assiettes. Victor vient nous voir :

— Ah ! je vois que vous sympathisez avec « genette Jackson ». C'est notre mascotte. Ne soyez pas trop familiers parce qu'elle finira la nuit dans votre tente. Demain, nous partons très tôt si vous voulez être dans les premiers à descendre dans le cratère.

Avant de m'endormir, je vais m'asseoir en tailleur sur un roc nu dressé comme une proue à l'avant de notre navire de tentes et de vie fendant l'obscurité. La gorge écoule des flots de nuit bleue à mes pieds. La douce haleine nocturne caresse mon torse dénudé. Les volcans Lemagrut et Olmoti tendent dans l'espace un fil d'horizon noir, qui épouse la lèvre du cratère de Ngorongoro.

De cet arc noir, naît lentement une lune pleine et sereine qui sème sa lumière sur la vallée du temps, la gorge détentrice des secrets de notre passé. À droite, la Croix du Sud, à gauche la Grande Ourse, et toujours cette lune eucharistique qui lève dans le ciel sa force pacificatrice. La contemplation se teinte de méditation. Du plus profond de la nuit montent les mugissements sur trois tons des gnous en pâture dans la plaine. Ils s'engraissent avant le grand départ. Un vol de pluviers perdus déchire le voile de la nuit quiète – ki-witt, ki-witt, ki-witt. Sur ce granit, je sens encore la chaleur d'un australopithèque venu s'asseoir ici il y a trois millions d'années pour guetter et assurer la sécurité de sa troupe ou contempler effaré le rougeoiement d'une éruption sur les flancs du Makarut.

À l'aube, le lendemain, nous retournons vers l'est, à l'assaut des volcans. En chemin, dans la montée, nous croisons des Massaïs en vadrouille. Ils marchent, hiératiques, taches rouge sang dans la blondeur du paysage. Du col, la pente est vertigineuse pour gagner le fond du cratère. Une horrible grille, flambant neuve : contrôle des véhicules et des permis. Deux jeunes Massaïs, beaux comme des astres, tentent les touristes. Ouvrir la vitre ? Cadrer ? L'image est parfaite du fier berger sur fond de cratère. La démangeaison de l'index est terrible. Dans la voiture devant nous, une dame succombe. Le jeune Massaï lui fond dessus la main tendue. Paniquée, rouge de honte, elle referme sa vitre précipitamment comme si elle allait se faire braquer. Le charme s'est évanoui. Déception réciproque. Ce n'est pas ici qu'aura lieu la rencontre. La descente au pas est jalonnée d'énormes euphorbes, cactus qui dressent leurs chandeliers d'épines dans le bleu du ciel. Tout cela est par trop idéal, ressemble trop à un décor pour renfermer de vraies bêtes sauvages. Et pourtant, à peine au fond du cratère, des buffles nous accueillent, camus et musqués, renfrognés sous leurs cornes triomphantes dont les pointes luisantes sont – avec les yeux – les seules choses qui brillent. Véritables croûtes de boue à pattes, ces tanks bovins surgis de la nuit des temps paissent en paix à notre passage. Un peu plus loin, ce sont des gnous qui tourbillonnent dans les herbes. Les mâles barbus cherchent à isoler des femelles à la course pour se constituer des harems et se précipitent les uns sur les autres à grand fracas de cornes. Ceux-là ne quittent pas le cratère, ils ne migrent pas avec les autres ; ils ont trouvé le paradis de l'herbe éternellement verte, pourquoi le quitteraient-ils ? Meuh, muuu, monh, mhou, ils beuglent, ils meuglent et ils vagissent en canon pour composer le fond sonore du cratère. C'est cette musique entêtante, qu'on emporte avec soi pour toujours ; elle revient sur chaque image et sur chaque souvenir.

Nous roulons vers le lac salé où s'épanche un ruisseau. C'est l'endroit qu'ont choisi des milliers de flamants roses pour dessaler leurs plumes. Serrés les uns contre les autres, ils s'ébrouent bruyamment dans l'affluent d'eau douce, se redressent d'un coup au bout de leurs longues pattes et recommencent, en un comique mouvement d'ascenseur. Plus loin, en rangs serrés, des groupes de mâles au rose dense suivent des femelles au rose pâle, et ces compagnies de courtisans font, dans cette mer de plumes, comme des vagues de barbe à papa dans un charivari de becs, de cols et de cris. Mouvant ressac, vivant émoi, les assiduités de ces messieurs s'expriment dignement, la tête haute, puis la tête basse, les pattes fines piaffant dans les flots, tous entremêlés en un peloton de nouilles roses faisant la révérence, le garde-à-vous et le baisemain tout à la fois. Plus près de la rive, la tête sous l'eau au bout d'un long cou, graciles, les flamants dansent *Le Lac des cygnes* en tricotant leurs entrechats dans la vase pour en filtrer la substantifique moelle, et font de leur repas d'animalcules une sublime chorégraphie.

De petits chacals rôdent en trottinant parmi les plumes des tutus collées sur l'argile de la berge. Ils rêvent d'un flamant ivre de spiruline et de spirales, trop étourdi pour s'envoler. Nous pénétrons bientôt dans des marées de fleurs jaunes (*Bidens taitensis*) si denses que le soleil s'y vautre comme Narcisse dans son reflet. Elles ont envahi le cratère depuis seulement quelques années. Mauvaise graine apportée par le vent. Et mauvaise nouvelle pour les gnous et autres ruminants, car les tiges sont trop coriaces pour eux. Chaque hectare gagné par la marée jaune est un hectare d'herbe perdu. Mais nous sommes au joli mois de mai et la nature se pare de tous ses attraits. C'est dans cet écrin que surgissent nos premières crinières de zèbres. Sur l'or des fleurs, leurs rayures crient; ils sont trop bien dessinés – le regard peine à soutenir la violence des contrastes qui vibrent dans les flots de lumière. De jour, ça ne fait pas l'ombre d'un doute, ils sont blancs rayés de noir. Ils broutent, ils se battent, puis se font deux par deux de gros câlins somnolents, tête-bêche à l'encolure pour reposer leur museau peint sur le dos de leur copain. Soudain, ils démarrent en ruant et pétaradant et, de leurs crinières folles et de leurs coups de sabot, apportent un peu de folie dans le grand ordre de la plaine.

De cet océan de fleurs débouche une escadre d'éléphants qui fend les flots de pétales d'un train de sénateur. Noirs et cendreux, massifs et bruts, ils foulent les frêles graminées et, de leur trompe nonchalante, en arrachent d'immenses bouquets qui vont craquer sous leurs dents, et leurs babines pachydermes s'enduisent de suc parfumé. Vaisseaux de chair butinant parmi les abeilles, ils nous frôlent sans nous voir, chétifs insectes, et poursuivent d'un pas égal leur tour de ronde dans le cratère. De leur passage au ralenti ne reste qu'un sillage...

Tous les acteurs sont là. Près de vingt-cinq mille grands mammifères, nous assure Victor. L'arène fait quinze kilomètres de diamètre. C'est grand et petit à la fois, le paradis! Ils se côtoient, essayent de s'éviter ou au contraire se recherchent. Soupe d'électrons libres qui jouent toute leur vie à la grande loi de Darwin. C'est le jeu le plus vieux et le plus simple, il n'a que deux règles : la reproduction et la sélection naturelle. Mais au Ngorongoro, tout le monde triche, il y a presque autant d'énigmes zoologiques que d'espèces. Toutes ont un comportement bizarre, au paradis. Par exemple, nous apprenons par Victor qu'il n'y a ici que des éléphants mâles. Les femelles et les petits ne descendent jamais dans le cratère, les troupeaux restent dans les forêts de l'Oldéani. Les mâles ne descendent pourtant pas dans l'arène pour se battre. Peut-être plutôt est-ce pour avoir la paix parmi les pâquerettes comme de vieux Britanniques dans leurs clubs ? Grande absente du paradis : la girafe. Est-ce parce que, avec son long cou, elle vit déjà au ciel ? Des jambes trop grandes pour descendre dans le cratère ? Non. Sans doute n'y a-t-il pas assez d'acacias à brouter. Victor continue son topo :

— Il y a une centaine de lions et quatre cents hyènes, tous avec leurs territoire ; c'est la plus forte densité de prédateurs au monde. Ici, les mâles dominants se parent d'une crinière noire et s'abstiennent de chasser, ils laissent cette tâche ingrate aux femelles. Trois mille buffles sont revenus depuis le départ des Massaïs – qui n'ont plus le droit d'habiter au fond du cratère, seulement celui de faire descendre leurs vaches jusqu'à un point d'eau, près de la rampe d'accès, afin de profiter de la proximité des touristes pour monnayer des photos...

— Personne n'a jamais habité au fond du cratère ?

— Si ! Les premiers habitants étaient les Iraqs, un peuple couchitique venu d'Éthiopie et que vous avez rencontré à Mbulu je crois. Ne m'avez-vous pas parlé d'une très belle princesse iraq ? Madingo ?

— Si ! Madiako ! Nous n'oublierons jamais sa douceur, sa beauté, sa gentillesse... Mais elle était mariée à un chef barbaïg...

— Justement ! Les Barbaïgs, qu'on appelle ici Datogas, sont un peuple nilo-hémitique arrivé il y a environ quatre cents ans en provenance du Sud-Soudan et qui a chassé les Iraqs. Un siècle plus tard sont arrivés des cousins, les Massaïs, avec lesquels ils n'ont cessé de se battre pour finalement leur céder la place il y a environ cent cinquante ans. Ngorongoro serait le nom d'un groupe de valeureux Barbaïgs que les Massaïs auraient vaincu dans le cratère. Les Massaïs appellent les Barbaïgs : *Mangatis*, ce qui veut dire « ennemi respecté »...

— Et ensuite ?

— Au XIXe siècle, les Allemands ont colonisé la Tanzanie. Les frères Siedentopf ont alors chassé les Massaïs et divisé le cratère en deux, une partie pour les champs, l'autre pour le bétail. Il y a des ruines de leur ferme, vers le nord du cratère. Ils sont les premiers à avoir fait se reproduire des autruches en captivité et à avoir changé les zèbres en animaux de trait. Vous imaginez, le cratère transformé en cirque! Il ne manquait plus que le chapiteau. Mais ils ont eu toutes les peines du monde; les Massaïs leur chipaient leur bétail. À la fin de la Première Guerre mondiale, avec la défaite de l'Allemagne, sont arrivés les Britanniques. Ils ont transformé le cratère en réserve de chasse. Mais ce n'est qu'en 1948 que l'endroit est devenu zone protégée et que les Massaïs se sont vu refuser l'accès au cratère.

— Et aujourd'hui?

— Depuis l'indépendance, en 1961, les Massaïs ont obtenu le droit d'aller et de venir, mais ils ont été contraints de sédentariser de plus en plus leur habitat. Même leur droit de descendre dans la zone autorisée du cratère avec leurs troupeaux est de plus en plus contesté, à cause des maladies qui peuvent se transmettre aux buffles, notamment la tuberculose. Il s'agit d'une tolérance, qui va bientôt être supprimée.

Victor marque une pause et reprend:

— En fait, tout le monde se bat pour la même chose, ici. Et c'est le secret de ce paradis: l'eau, les marais et les sources filtrées toute l'année par les laves des volcans avoisinants. Il y a même un important troupeau d'hippopotames, dans les marais de Gorigor. Cette fertilité permanente entraîne un phénomène extraordinaire: la collaboration involontaire entre les herbivores.

— Contre les prédateurs?

— Non. Pour la pâture. Les éléphants et les buffles passent en premier: ils arrachent les plantes coriaces. Déchiquetées et foulées, celles-ci font des repousses très appréciées par les zèbres et les hippopotames. Quand le terrain est nettoyé, enrichi du fumier des premiers utilisateurs, l'herbe fraîche fait la joie des gnous – ils rasent tout. Après eux passent les gazelles qui, de leurs lèvres fines, fignolent la tonte. Quand il n'y a plus d'herbe, les plantes coriaces reprennent le dessus. Le cycle a duré près d'un mois. Sans lui, les gazelles ne pourraient pas vivre dans le cratère. Ici, on comprend ce que veut dire le mot écosystème.

Nous roulons dans le vent, témoins invisibles du grand jeu de la création, quand Victor stoppe net. À nos roues, couchés dans l'herbe, sur le bas-côté, visibles seulement quand on est sur le point de leur marcher sur la queue, des lions. Nausée d'adrénaline. Je découvre que je hais les lions. Haine faite d'une peur viscérale, panique des tripes, angoisse en intraveineuse. Je les connais un peu. Nous avons vu à Rungwa de quoi ils étaient capables. Pas des grosses peluches bedonnantes assoupies par le soleil et la digestion. Des machines à tuer. Et il est là, ce jeune con, à me transpercer l'âme de ses yeux jaunes, cruels et vides. Je m'incline, tous les poils en l'air : chair de poule... mouillée ! Je n'ose plus le regarder en face. Il se met à rôder autour de la voiture. Une autre voiture se joint à la fête. Tout le monde rigole. Pas moi : tout est ouvert, dans ce véhicule. Que va-t-il faire ? Je revois le bras de Joseph. Sa queue cogne contre ma porte, ma tête en résonne de peur, puis il cherche à grimper sur le capot. Victor démarre. Ça l'écarte, il n'aime pas les vibrations. Il est bouffé de mouches, tout mité, tout griffé, saignant – sûrement un sale caractère –, il bâille de sa gueule pleine de dents. Combien de fois avons-nous croisé leur piste dans la forêt de Rungwa ? Je ne m'en remets pas. Je suis léophobe. Ils n'étaient pas loin, invisibles dans l'herbe. Et pourtant là. Toujours là. Esprits de la brousse...

Nous quittons le cratère repus de contemplation. Mais qu'on ne s'y trompe pas : dès la nuit tombée, ce ne sont que poursuites, luttes à dents retroussées, becs et ongles, coups de sabot, massacres et carnages, tripes répandues et nouveau-nés croqués. Manger ou être mangé, telle est la loi de la brousse. Ne jamais l'oublier !

De retour vers le camp d'Olduvaï, nous dépassons une Land Cruiser blanche, Victor nous lance :

— C'est la voiture du Pr Masao, n'est-ce pas lui que vous deviez voir ?

En un instant, en pleine savane, nous changeons de voiture et saluons Victor.

3

Olduvaï, la vallée du temps qui marche

Depuis dix-huit mois, nous sommes aimantés comme une aiguille vers le pôle Nord par un des plus importants vestiges préhumains, qui est aussi un peu à l'origine de notre « marche dans les pas de l'Homme » : la mythique séquence de pas de Laetoli, de simples empreintes d'australopithèques laissées dans la boue il y a trois millions et demi d'années. Un fossile sans os. Le vrai site est à quarante-cinq kilomètres des gorges d'Olduvaï, sur les flancs de l'ancien volcan Sadiman, au sud de l'Oldeani, mais il a été recouvert d'une chape de protection. Le petit musée des gorges en a une fidèle reproduction. Le Dr Masao nous y dépose au passage.

— Pour nous rejoindre, au camp, vous n'aurez qu'à traverser les gorges à pied avec le conservateur, car il habite avec nous, mais faites quand même attention aux éléphants : tous les soirs, ils descendent les gorges vers un point d'eau en aval.

Ozias Kileo et John Pareso nous accueillent. Nous les avions appelés depuis le bureau de Bernard Murunya, et ils ont pour nous les autorisations de tournage que nous devons donner au Dr Masao pour avoir le droit de filmer son activité.

— Combien d'empreintes de pas avez-vous laissées sur le sol africain pour venir contempler celles-ci ?

— Quelques millions...

Nous pénétrons dans le musée, tournons le mur, les voilà ! Nous sommes bouleversés. Silence. C'est un plongeon vertigineux vers nos origines, un témoignage de force et de précarité, si loin de nous, si proche de nous. Toutes les contradictions du monde imprimées dans la boue, il y a environ un milliard deux cent quatre-vingts millions de jours. Ces empreintes ont cheminé une éternité à travers le temps – voyage immobile – et les voilà au présent, sous nos yeux. ! « Flèche et axe de l'Univers », a dit Teilhard de Chardin.

Il n'y a qu'une douzaine de pas. C'est si peu. C'est immense. Les premiers pas de l'Homme. Mais quel homme ? Qui a marché à Laetoli ?

John Pareso rompt le silence et, comme un pisteur, fait parler les empreintes :

— Comme vous le voyez, ils étaient trois...

— Trois ? Mais il n'y a que deux pistes parallèles.

— Apparemment, oui. On voit bien la petite piste d'un enfant, à gauche, mais regardez la grosse série de droite, ici, au niveau des orteils. Puis sur l'autre là, au niveau du talon, vous voyez la double empreinte ? Il y a un deuxième individu, légèrement plus petit, qui marchait dans les pas du précédent. Sur cette empreinte-là, on voit nettement deux séries d'orteils superposés...

Nous saute ainsi à la gueule une preuve d'intelligence : aucun animal ne marche volontairement dans les pas d'un autre. S'il le fait, c'est par accident. Or, là, la précision exclut le hasard.

Dans la boue pétrifiée : la trace de l'intention.

Par jeu ? Par désœuvrement ? Comme un gamin regarde ses pieds pour tromper son ennui ? John reprend notre dialogue avec le moulage.

— Replaçons-nous dans le contexte : le volcan Sadiman, sur les flancs de l'Oldéani, vient de répandre une couche de cendre sur toute la région, l'univers est lunaire, désolé, les arbres ont pris feu, les fruits sont prisonniers de la couche calcinée, tous les herbivores ont fui. Là, c'est un hipparion, petit cheval doté de trois orteils à la place des sabots ; ici, c'est un dinothérium, petit éléphant lui aussi aujourd'hui disparu ; les ruisseaux sont colmatés par la boue – d'autant plus qu'il a plu et que toute cette cendre a été transformée en tapis bourbeux cachant les pièges de la lave, les trous, les embûches.

— Mais où allaient-ils, comme ça ?

— Nos trois individus s'enfuient ; ils quittent cet enfer, ont faim, ont peur, sont à la merci de prédateurs survivants qui, eux aussi, ont faim et soif. Ainsi, selon toute probabilité, l'individu qui marchait dans les pas du précédent, plus petit, plus faible, le faisait par sécurité, par instinct de conservation. Là ou le plus fort et le plus lourd marchait, il ne risquait pas de s'enliser, de se faire mal...

Et, comme trois fantômes, nous voyons défiler une des premières familles préhumaines. L'homme ouvrant la piste, et la mère prudente (déjà!) suivant son mari en tenant son enfant par la main! Préhumains? La datation parle d'australopithèques. Et pourtant, les empreintes sont dans l'axe de la marche, ces australopithèques – mais étaient-ce vraiment eux? – ne marchaient donc pas en canard en se déhanchant, comme le disent les analyses locomotrices de leurs bassins et de leurs cols du fémur. Et puis l'empreinte prouve une station érigée achevée, avec le poids sur le talon et la poussée dans les orteils. On est loin du cliché simiesque et stupide que l'on colle aux australopithèques dont la boîte crânienne n'excède pas 450 centimètres cubes. Alors, qui a marché à Laetoli? À une date si reculée, les australopithèques sont les seuls clients, mais le débat reste ouvert. John nous mène ensuite sur le bord des gorges, face au « château », vestige du plateau qui se dresse comme une tour isolée par l'érosion et dont les strates déclinent toute une palette allant du rouge au gris. Combien de fois avons-nous vu ce paysage en photo dans nos livres d'histoire ou de sciences naturelles? Olduvaï, Olduvaï! À voix basse, je me répète ce nom comme un sésame à tant de mystères. John décrypte le panorama pour nous.

— Chaque strate se lit comme la page du grand livre de l'histoire du monde depuis deux millions d'années. On ne peut rien trouver ici de plus ancien que le socle de basalte noir que vous voyez tout au fond des gorges, dans le lit à sec. L'érosion s'arrête là. Le reste n'est constitué que de couches de cendres volcaniques déposées successivement par les volcans Olmoti, Lemagrut, Makarut et Ngorongoro. En moyenne, ce livre, ce gâteau, mesure cent cinquante mètres d'épaisseur. N'oubliez pas que le Ngorongoro est une caldeira, c'est-à-dire un cône volcanique aujourd'hui effondré, mais qui, il y a deux millions et demi d'années, était au moins aussi haut que le Kilimandjaro... d'où l'épaisseur de la couche répandue sur tout le Serengeti vers l'ouest, sous le vent dominant. Ces cendres étaient très fertiles, il y avait aussi beaucoup d'eau : on retrouve d'ailleurs dans ces couches les rives fluctuantes d'un immense paléolac où la vie foisonnait, était subitement éradiquée par une éruption, puis réapparaissait.

— Pourquoi la strate supérieure est-elle rouge ? demande Sonia.

— À cause des dernières éruptions, qui étaient plus riches en oxydes de fer mais, en revanche, très pauvres en fossiles. C'est dans les couches basses, les grises, tout en bas, appelées Bed 1 (– 1,8 à – 1,2 million) que les époux Leakey ont retrouvé des restes d'*Australopithecus boisei*, dont, en 1959 un crâne extraordinairement complet.

John nous en sort un moulage de sa poche. Enfin nous pouvons voir à quoi ressemblait le célèbre OH-6 [1], ce « *robustus* » que Friedemann Schrenk nous avait décrit à Karonga (lui n'a trouvé pour l'instant que quelques dents). En effet, il est costaud ! Crête sagittale prononcée pour accrocher de puissants muscles masticateurs. Les molaires sont énormes, d'où son surnom de « casse-noix » ou de « megadont », le cerveau reste petit (500 centimètres cubes) malgré une énorme face plate. Tout confirme un portrait de végétarien placide et débonnaire, ne brillant sûrement pas par l'intelligence mais dont les colères devaient terrifier les autres hominidés – car tel est le grand apport du site d'Olduvaï : il est le premier à avoir fourni la preuve que diverses espèces d'hominidés avaient coexisté, alors qu'on pensait, avant sa mise au jour, qu'elles s'étaient succédé. John reprend :

— Quand Louis et Mary Leakey ont repris les fouilles, ils ont trouvé des pierres taillées. Ils ont d'abord cru qu'elles avaient été faites par les australopithèques, ce qui était une découverte sans précédent mais, très vite, dans la même couche, ils ont trouvé des os plus graciles qui ne correspondaient à aucune espèce connue, des os de la main et du pied d'aspect très humain ainsi qu'une mandibule avec des dents plus petites que celles des australopithèques. Tout le monde était très excité ! Ils ont enfin trouvé des fragments de crâne leur permettant de déduire un volume de plus de 600 cm^3. Le rapport entre le développement du cerveau et la fabrication d'outils fut vite établi et le nouveau fossile reçut le nom d'*Homo habilis*,

---

[1]. Classification scientifique : Olduvaï Hominid n° 6.

l'homme habile, l'artisan des outils d'Olduvaï : le premier homme.

Cet *homo* était sûrement omnivore et opportuniste, n'hésitant pas à tâter de la charogne quand l'occasion se présentait. La plupart des outils retrouvés sont des galets aménagés pour briser les os afin d'en sucer la moelle et des éclats tranchants bruts pour dépecer : ces artisans ont créé un genre, les outils oldowayens, dont la pierre, introuvable sur le site, venait d'ailleurs. Ce qui impliquait voyages et échanges, donc connaissance et communication, deux autres mamelles de l'intelligence. Ce n'est que bien plus tard, dans les années soixante-dix, que Richard Leakey, le fils des précédents, trouva plus au nord, sur les rives du lac Turkana, un crâne complet d'*habilis*, confirmant pour un temps les découvertes parentales.

En fin d'après-midi, nous traversons à pied les gorges avec John. Nous sommes entre le parc du Ngorongoro et celui du Serengeti. Il est formellement interdit à tout homme, excepté les Massaïs, de sortir de son véhicule. Il en coûte l'équivalent de trois cents euros d'amende au malheureux contrevenant qui pose pied à terre pour un petit pipi urgent derrière un buisson. C'est donc avec une jubilation secrète distillée par la transgression que nous descendons librement dans les gorges. En chemin, John nous commente les couches de dépôt, déniche ici un orteil d'hippopotame nain, là un bout de tibia de dinothérium :

— C'était un éléphant très courant ici, un peu plus petit que les éléphants actuels, et dont les défenses étaient rattachées non pas au crâne, mais à la mâchoire inférieure, elles étaient ainsi recourbées vers le bas, mais... chut ! Regardez qui vient...

En silence, légèrement en contrebas mais déjà beaucoup trop près, débouchent des éléphants soulevant du lit de la gorge une traînée de poussière. Une demi-douzaine. À portée de caillou. À pas feutrés.

— On s'accroupit et on ne bouge plus !

L'éclaireur nous a repérés de son petit œil caramel, il barrit, déploie ses oreilles en tournant la tête vers nous et gonfle la base de sa trompe. L'écho du cri se répercute encore qu'il en tonne un second, assourdissant. John nous souffle :

— S'il charge, on remonte la pente, c'est trop dur pour lui, il ne nous suivra pas. Mais à mon avis ils vont fuir.

En effet, le deuxième signal était celui de l'accélération. Les voilà qui déboulent en trombe, compacts et groupés, trompes en avant en ramant des oreilles. Ils sont emportés dans le méandre derrière un mur opaque de poussière comme de gros poulpes gris derrière leur nuage d'encre. Ouf !

Le soir, nous logeons sous notre tente au fameux camp Leakey avec une équipe d'amateurs américains qui fouillent sous la gouverne du Pr Masao, dans le cadre d'un programme Earthwatch. C'est magique d'être là. C'est comme grappiller des miettes de la grande aventure scientifique du siècle, c'est comme visiter la bicoque d'Albert Schweitzer à Lambaréné ou ce qu'il reste de la *Calypso* dans le port de La Rochelle. Les bâtiments ont subi les outrages du temps qui passe, ici aussi, tandis que plane le souvenir de Louis et Mary Leakey. Leur histoire est celle d'une incroyable persévérance. Sur le conseil d'un chasseur de papillons allemand ayant le premier visité les gorges en 1911, Louis Leakey organisa en 1931 une première expédition. Dès le premier jour, ils trouvèrent des pierres taillées en pagaille, et ce fut l'euphorie. Puis les gorges se firent désirer : il faudra aux Leakey vingt-huit ans de recherches assidues financées sur leurs fonds propres avant la découverte majeure : le crâne de *boisei*... Dans la vallée du temps qui marche, les fouilles ne marchent qu'avec le temps.

Earthwatch est un institut typiquement américain, né du principe que, dans la société libérale, la science doit trouver d'autres ressources que les fonds publics. L'inverse de la politique française – dont la conséquence est que le CNRS et ses chercheurs attendent souvent de longues années avant de voir débloqués les fonds nécessaires aux recherches de terrain. Ainsi, en respectant une charte fondée sur le développement durable et les initiatives locales, Earthwatch finance les recherches de cent trente expéditions scientifiques réparties dans quarante-sept pays, pour un budget annuel de seize millions de dollars, grâce à la participation d'amateurs sous la gouverne de scientifiques chevronnés. On peut ainsi participer entre autres, et selon affinités, au sauvetage des tortues luths des Philippines, au repérage de sépultures incas dans les montagnes andines ou au comptage de perroquets menacés dans la jungle cubaine. Avec Earthwatch, pour trois semaines – et moyennant quand même deux mille cinq cents dollars par tête – , des gens comme vous et moi peuvent prêter main forte à la science et aux scientifiques de pays trop pauvres pour s'offrir le luxe de la recherche, même s'ils sont jumelés avec des universités occidentales. Grâce à ce financement, le Dr Masao reprend ses fouilles chaque année à Olduvaï depuis plus de douze ans, forme et rémunère une vingtaine d'élèves, de techniciens et de scientifiques tanzaniens. Sans ces touristes éclairés, il resterait à végéter dans son bureau de Dar es Salam, ou à cataloguer les stocks des années cinquante. La douzaine de participants est un assemblage hétéroclite de personnages et de caractères. Peggy, Américaine de soixante-dix ans, retraitée des postes d'un petit bled du Middle West, est venue réaliser un rêve d'enfance :

— Depuis que j'ai guéri de mon cancer, tout est devenu possible ! J'avais raté ma vocation d'aventurière, ici je rattrape le temps. N'est-ce d'ailleurs pas une bonne définition de la paléoanthropologie ? Rattraper le temps !

Mike est un chauve rougeaud et rondouillard, porteur de Ray Ban à verres correcteurs et d'une moustache drue :

— Je vends des assurances. Et je prends un gros risque en venant ici ! En rentrant, j'ai intérêt à dire à ma femme que j'adore tout autant passer des vacances avec elle et les enfants à la plage... Mais pour moi, quitte à faire des pâtés de sable avec une pelle et un râteau, je trouve que ça a plus de sens, ici...

Debbie est une Anglaise chevaline et diaphane, héliophobe couverte de crème, de manches longues et d'un grand chapeau mou. Elle était pharmacienne et vit dans un petit cottage humide du Sussex avec ses chats et ses muffins. Elle est passionnée de philosophie et de Shakespeare :

— Moi, je viens ici pour les origines de l'intelligence ! Ce déclic, cette étincelle, ce premier silex cassé ! Les *habilis* qui vivaient ici étaient des pionniers ! Ils avaient tout à inventer ! Ils avaient beau créer des milliers d'étincelles en cassant leurs cailloux, il leur faudra attendre près de un million et demi d'années pour que cette même étincelle allume un feu ! Vous vous rendez compte de la lenteur de leur monde ? un million et demi d'années pour parcourir les quelques centimètres qui séparent une étincelle d'une petite touffe d'herbe sèche agrémentée de sciure d'amadou... Vous imaginez, alors, le chemin à parcourir entre ce caillou – elle tient un éclat trouvé dans la journée – et

Le Songe d'une nuit d'été! Il y a eu une telle accélération, ces trente mille dernières années... Le premier crâne d'*habilis* trouvé ici, OH-24 – pas très sexy comme nom – a été rebaptisé Twiggy, comme un top model des années soixante, qui avait une petite tête et de grands yeux. C'est aussi le nom de mon chat! Alors imaginez qu'ici, moi, une personne absolument insignifiante, je pourrais être associée à une découverte capitale pour l'humanité? Ça n'a pas de prix!

Assurément, Peggy, Mike, et Debbie sont plus utiles et plus heureux ici qu'à Palavas-les-Flots, Djerba ou Bali.

Le lendemain, nous les suivons dans les gorges, attendrissants petits retraités faisant des pâtés de sable avec leur truelle, grattant la terre sous le soleil brûlant, avec des outils à peine plus sophistiqués que ceux inventés ici même il y a deux millions d'années par ces premiers hommes qui partaient conquérir l'univers. Ils sont là, assis par terre, en silence, triant consciencieusement avec de grands tamis des sédiments tirés de deux tranchées d'un mètre carré. Deux mètres carrés pour cette année! Cela rend modeste. Les gorges mesurent quarante kilomètres de long... À ce rythme-là, le temps peut encore marcher longtemps, à Olduvaï. Mais la foi du chercheur d'os les anime. Leur butin du jour? Des dents de crocodile. Les mêmes qu'hier, mais noircies par la fossilisation.

Peter, jeune étudiant tanzanien préposé à la pioche dans le mètre carré magique dont tout le monde espère voir sortir un beau crâne complet comme un lingot d'un coffre-fort, nous hèle doucement. Fébrile, Masao se précipite : une trouvaille? Le feu sacré un instant allumé au fond de sa pupille s'éteint.

— Un os d'oiseau. Regardez! Il est creux. C'est à ça qu'on les reconnaît. C'était déjà un flamant rose, à peine plus petit que ceux d'aujourd'hui. C'est là qu'on voit que l'évolution des hommes, même étalée sur trois millions d'années, a été plus rapide que celle de toutes les autres espèces.

Nous prenons un peu d'élévation dans les gorges en remontant le grand livre du temps pour admirer le cadre. Tout en bas, dans un méandre asséché, nos amis farfouillent, accroupis, infimes dans l'espace et insignifiants dans le temps, appliqués à leur quête des racines et il nous semble voir un groupe d'*habilis* affairé autour de la carcasse d'un gros saurien.

4

Retour au cœur du Rift

Retour à la marche pure et dure. Finis les batifolages paradisiaques. Notre podomètre tout engourdi se réjouit de pouvoir à nouveau battre la mesure au métronome de nos pas. C'est un petit appareil que j'accroche à la sangle ventrale de mon sac à dos, sur le côté droit, à la hauteur de ma hanche et qui mesure notre distance quotidienne. Ce petit jouet fait de nous des géomètres, des arpenteurs de paysages, il est le repère et le jalon, la carotte et le bâton, il apporte son tic-tac indispensable à nos instants de doute, tant qu'il bat nous avançons, tant qu'il palpite nous vivons.

De Mto wa Mbu, au pied de Kitété, nous bifurquons droit vers le nord, en plein cœur du Rift. Nous sommes repassés en coup de vent saluer Habiba. Jamais deux sans trois. Nous la comptons désormais parmi nos amis et nos bienfaiteurs sans lesquels nos pas n'auraient pas de sens. C'est bon de les savoir exister. Nous marchons aussi pour eux, en leur souvenir et pour entretenir leur souvenir. Notre vie et notre marche sont ainsi faites.

À chaque re-départ, la même ivresse nous saisit. C'est pour nous un retour à la simplicité, au bonheur, après la complexité des rapports humains, les pertes de temps et l'engourdissement urbain. Suralimentation et confort nous épuisaient, à Arusha. Nous étions fatigués après une nuit de dix heures, fourbus après une journée d'ordinateur, affamés le soir sans avoir brûlé le moindre carburant, et nous nous demandions comment nous faisions pour tenir avec cinq heures de sommeil, quarante kilomètres dans les pattes sous le soleil, et une soupe aux nouilles dans le ventre. Ce contraste est pour nous un mystère. La grande fatigue des sédentaires. Nous ne sommes pas les mêmes à la ville et en route. La sédentarité avachit notre esprit et notre corps quand la piste les affûte. Et, durant ce dernier mois, nos tournages, nos rendez-vous, les déplacements en voiture, l'organisation des vacances à Zanzibar, l'ascension du Kili, la visite du Ngorongoro et d'Olduvaï nous ont mis sur les rotules. Ces à-côtés ont été formidablement « stressogènes », par rapport à la marche. Le tourisme en « routard », c'est tuant ! Au-dessus de nos forces. Nous n'aurions jamais pu traverser l'Afrique en stop ou en moyens de transport locaux comme le font beaucoup de jeunes Anglo-Saxons.

À l'heure d'affronter la portion de terrain sans conteste la plus dure depuis notre départ, nous sommes donc épuisés. Cela ne fait qu'un mois que Sonia s'est remise de son palu. Mais ça n'est pas grave, la marche nous régénère. Retour aussi dans le Rift ouvert, que nous suivions, dans sa partie suturée, depuis le Malawi. En descendant de l'escarpement, nous pénétrons *ex abrupto* le pays massaï, âpre et sec, poussiéreux et plat, mille mètres plus bas. Chaleur et lumière. Et en effet, sans transition, les Massaïs sont là, partout, si différents des autres Tanzaniens. Nous les croisons bouche bée, comme dans un rêve, tant leur costume, leur allure et leur entrain sont exceptionnels. Ils sont plus vrais et plus beaux que nature. Trop beaux pour n'être pas vrais. Nous nous attendions un peu inquiets à croiser quelques clowns ethniques disneylandisés par la manne touristique, et nous voilà face à quelque chose d'extrêmement fort et structurant : une identité et une unité culturelle résistantes. Alors même que nous ne savons encore rien d'eux. C'est comme ça, ça nous saute à la gueule. Des seigneurs. Ni hautains ni supérieurs, gais et décontractés, joyeux, même.

Mto wa Mbu est, dans la région, leur grand centre d'échange et de contact avec les institutions tanzaniennes et les autres Tanzaniens. En dehors de Mto wa Mbu (le ruisseau des moustiques), il n'y a que des Massaïs, au nord et au sud, sur un territoire grand comme la moitié de la France, à cheval sur la frontière de la Tanzanie et du Kenya, pénétré par aucune route, par bien peu de pistes, d'écoles, de dispensaires. Pour avoir accès à ces services, les Massaïs doivent sortir de leur domaine, loin de leurs villages reculés. La police et la justice ne s'aventurent pas dans les terres massaïs. Pour tous les Tanzaniens, c'est une *terra incognita* pleine de mystères et de périls, de fauves et de « sauvages ». Les seuls étrangers à y pénétrer profondément sont les ethnologues et les humanitaires. Quant aux touristes ils vont toujours aux mêmes endroits, en bordure de la route d'Arusha ou de Nairobi et ne « rencontrent » que des « Massaïs » dont c'est devenu le métier...

Tout ça n'a rien de rassurant, d'autant plus qu'ils n'ont pas la réputation, et on les comprend, d'être très hospitaliers avec les Occidentaux, dont ils ne supportent plus les appareils photo et les caméras, la curiosité maladive et le sans-gêne, le stress et la précipitation.

Pour conjurer notre angoisse, nous marchons, marchons, marchons, sans parler, sans nous émerveiller de toutes ces parures, de ces toges rouges, de ces bijoux cliquetant – colliers en larges disques colorés, boucles d'oreilles montées comme des pendules –, du crâne rasé et du port altier des femmes, de cette démarche martiale des hommes dont l'arsenal, casse-tête, glaive, lance, bâton et fouet de berger ne semblent pas encombrer leurs mains.

Notre objectif est de nous enfoncer le plus vite possible vers le nord, de quitter la zone où l'on pourrait nous prendre pour des routards égarés, de pénétrer plus avant des territoires où les rapports humains ne sont pas corrompus par le passage trop répété des muzungus. Nous appelons ça « passer dans l'envers du décor ». Le décor, c'est ce que vendent les agences et les voyagistes du monde entier. L'aspect phénoménal du monde, son côté carte postale. Ses secrets sont, eux, dans l'envers du décor, au cœur des hommes. Chaque fois que nous reprenons la marche après un long arrêt, nous devons repasser dans l'envers du décor. Tout le sel de notre marche, tout l'intérêt de notre démarche tiennent à ça.

Aujourd'hui, ce passage arrive vite. Sitôt quitté Mto wa Mbu et ses baraquements de tôle souillée, nous arpentons une steppe aride et sèche bordée à gauche par le mur vertigineux de l'escarpement. C'est simple, il n'y a qu'à suivre le mur vers le nord. Au loin, devant nous, se dressent nos premiers baobabs depuis bien longtemps, depuis les rives du lac Malawi. Nous les conservons toute la matinée en ligne de mire. Quelques Land

Rover antédiluviennes transformées en pick-up nous dépassent, hirsutes de Massaïs debout, dont les bras, les lances et les toges rouges les font prendre de loin pour d'énormes bouquets de roses. Au pied des baobabs, s'étale Selela : premier bled, tenu par des Somalis. C'est l'heure de la prière. Les Somalis sont les épiciers des Massaïs. Ce sont eux qui leur vendent les piles électriques de leurs postes radio et de leurs lampes torches *made in China*, qui leur fourguent d'horribles bassines en plastique fluo, des tissus rouges *made in India*, l'huile de cuisson Kimbo *made in Malaysia*, l'ugali, les allumettes Simba, le thé et le sucre dont ils ont besoin. Ils sont les seuls à supporter la chaleur et la poussière du fond du Rift. Mohammed a fini sa prière, il vient vers nous du fond de son échoppe.

— Où allez-vous ? Vous êtes perdus ?
— Pas du tout, nous allons vers le nord.
— Au Lengaï ?
— Oui !
— Impossible ! C'est à trois jours de marche... il n'y a pas d'eau, très peu de Massaïs, et loin de la piste...
— *Wali maharagwé waïzekani ?* (C'est possible d'avoir du riz aux haricots ?)

Il sourit.

— *Waïzekani.* (C'est possible.)

La platée arrive bientôt dans de la vaisselle sale. Idéal pour colmater la brèche. L'oignon que l'on croque comme une pomme relève la fadeur des féculents. Impossible à avaler sans boire. Les thés ne suffisent pas. Mohammed nous a donné une large bolée d'eau chaude et trouble, légèrement saumâtre. Le sel du fond du Rift, l'eau de nos jours à venir. Sonia rigole.

— C'est comme si on avalait l'eau des gargarismes contre l'angine !

Exactement ça. Comment ferais-je, si elle râlait ? Si elle se plaignait ? Si, d'un coup, elle se levait en disant : « J'en ai marre, je n'en peux plus de toute cette crasse, c'est au-dessus de mes forces, je veux rentrer... » J'aurais à dépenser le peu d'énergie qui me reste pour essayer de la convaincre, je me mettrais à douter, j'aurais des scrupules... Elle est heureuse de tout, ne se plaint jamais. Et pourtant, je la sens préoccupée, tendue, comme moi, face à l'inconnu qui s'ouvre devant nous, truffé d'épreuves et de souffrances, mais émaillé, dans nos espoirs, de pureté et d'authenticité. Elle a confiance. En moi, en nous, en notre marche. J'ai tendance à considérer tout cela comme acquis, mais, lorsque je suis moi-même fatigué ou angoissé, comme à cet instant précis, assis par terre sous cette tôle rissolante de soleil, me saute au cœur la nature exceptionnelle de son caractère. Ma gorge se serre alors, le nez me pique et je la regarde muet et béat. Interdit. Elle connaît mon petit numéro : elle s'en émeut chaque fois comme une maman débordée qui s'aperçoit que ses enfants n'ont pas oublié son anniversaire. Entre nous, c'est presque tous les jours son anniversaire. Un bonheur de femme.

Nous avons trouvé refuge dans un appentis dont les parois faites de claies laissent passer l'air. La tôle, au-dessus de nos têtes, rayonne de chaleur comme une plaque chauffante. Le relatif ombrage nous fait réaliser à quel point la lumière est blanche, dehors, quand le soleil est au zénith.

— Comment fera-t-on quand il n'y aura rien ni personne pour nous protéger du soleil en plein midi ? s'inquiète Sonia.

Comme toujours, la digestion du *wali-maharagwé* provoque chez nous une douce somnolence dont nous profitons pour faire une sieste et laisser passer le feu du ciel. Mohammed, notre Somali, nous apporte des nattes de plastique où figurent de fiers dromadaires. Il apprécie la confiance que nous lui faisons. Du temps que nous prenons. Juste avant de s'endormir, Sonia, rubiconde, me jette un os :

— Cet endroit me rappelle les séchoirs à biltong, en Afrique du Sud, où pendaient des lambeaux de viande sous un ventilateur d'air chaud. La seule différence, c'est qu'ici, on n'est pas à l'abri des mouches.

À notre réveil, nous sommes trempés de sueur, haletants, collés au dromadaire de la natte en plastique, aveuglés par la lumière du dehors. Pour trouver le sommeil, il a fallu se couvrir de nos chèches comme d'un linceul. Impossible de fermer l'œil avec une mouche sur le nez. C'est une vision cauchemardesque que de voir sa femme ainsi drapée. Tout est silence, grillé, accablé. Retourner dans cette fournaise ? Je glisse à Sonia :

— On s'est réveillés dans le Sahara ! On a fait en dormant un bond de quatre mille kilomètres en avant !

— Rêve pas. On n'y sera peut-être même pas dans un an.

Nous repartons, la tête dans le four, sur un sourire narquois un peu fataliste de Mohammed : *Haiwazekani !* « Impossible, nous a-t-il répété, attendez donc la Land Rover de demain... »

À force de marcher depuis si longtemps vers le nord, nous avons appris à diviser le ciel et la course du soleil en quatre quarts, les deux quarts du matin, sur la droite, sont dévolus à la marche, on ne regarde pas le soleil, on sait qu'il vient de l'est, de la droite et, dès le deuxième quart, vers neuf et demi, quand la joue droite commence à picoter sous les UV, on penche notre chapeau pour protéger un maximum de surface de peau. C'est la meilleure protection. Aucune crème ne résiste à la sueur. Toutes augmentent la sudation et tiennent chaud. La sueur dans les yeux, ce n'est pas agréable, mais quand s'y mêle de la crème, la piqûre chimique s'ajoute à celle de la lumière! Et comme la crème a la fâcheuse propension d'attraper la poussière et la crasse, on est bon pour une irritation carabinée. Nous n'utilisons plus qu'un stick à lèvres Decléor de protection 15 appliqué sur des points qui concentrent les rayons du soleil. La glycérine du stick résiste beaucoup mieux à la sueur que les crèmes et attrape moins la poussière. Un trait sur le nez et, quand l'albédo [1] est très fort, deux traits de Peau-Rouge sous les yeux. Pour protéger nos bras, nous déroulons nos manches longues en début de deuxième quart. Nous essayons de repartir avant la fin du troisième quart, quand le soleil commence à décliner sur notre gauche, vers 3 heures et demie, même s'il fait encore très chaud. Le chapeau s'incline alors vers l'ouest et l'œil se rive à l'horizon, plein nord.

Je porte à la main un bidon de cinq litres en plus de nos trois litres personnels. C'est lourd, mais c'est la clef des steppes qui s'étendent devant nous. Une sécurité minimale si nous ne trouvons personne ce soir. Mohammed n'a pas pu nous renseigner, il ne connaît pas les villages massaïs disséminés dans le Rift. La plupart ne figurent d'ailleurs sur aucune carte. La piste est molle, poudreuse, les pas sont lourds, amortis par ce plâtre brun. Ils soulèvent de petits nuages qui font pof! pof! pof! à chaque foulée. La poussière s'immisce partout, entre dans les chaussettes, se mêle à la sueur qui descend des mollets en traînées noirâtres; le bas de nos jambes se couvre de cendres volcaniques. Toutes les cinq minutes, je change mon bidon de main pour équilibrer les efforts de mon dos. Nous avançons, nous sommes heureux. Il n'y a plus personne. De loin en loin, déboulent des compagnies de pintades qui caquettent bruyam-

---

1. Réflexion par le sol de l'énergie solaire

ment à notre approche et disparaissent en rangs serrés, à la queue leu leu, avec une comique façon de s'aplatir des deux côtés en arrondissant le dos, en rentrant la tête et en dissimulant les pattes; allure qui les fait prendre pour des disques noirs roulant dans les buissons au ras du sol. Soudain, c'est une autruche que nous surprenons. Elle est de dos, grosse boule de plumes noires au croupion roux perchée sur deux échasses. D'un seul coup, elle relève son long cou, tourne la tête, fait quelques pas lents, déploie ses courtes ailes blanches; elle ne semble pas inquiète, nous toise gentiment et, sur un mystérieux appel, détale au loin, la tête haute et immobile. Son allure est irréelle et légère, sa tête flotte au-dessus des bosquets, et, pourtant, le sol résonne sous sa foulée comme un tambour tendu de velours. Sonia est émue aux larmes.

— Notre première autruche sauvage! Jamais je n'aurais imaginé que ça me ferait cet effet-là! On en a pourtant vu des dizaines, dans le Ngorongoro! Sans parler des élevages! Pourquoi est-ce que c'est si différent, quand on est à pied...?

Ce qui est vrai pour les autruches l'est pour toute forme de rencontre, l'est aussi pour les hommes. La marche magnifie et embellit tout quand la voiture banalise et falsifie tout. La voiture chosifie le monde. Elle est un stade intermédiaire entre la télévision et la réalité, juste un peu moins confortable. La marche apporte un autre regard, en prise directe, ce n'est pas l'objet qui change, c'est la façon de l'aborder. Elle ne rend pas les choses plus authentiques – l'autruche est toujours une autruche, vue depuis la voiture –, elle nous les rend plus réelles, plus sensibles. Elle métamorphose le marcheur, pas l'autruche. Ça y est! Le soleil n'est plus un ennemi, il a bien entamé son quatrième quart. C'est le plus beau moment de la journée, le moment doré. Nous ôtons nos chapeaux, et la sueur accumulée sur nos fronts se rafraîchit soudain au contact de l'air ambiant. Le jour sera plus court, aujourd'hui. Nous sommes au fond du Rift et, à l'ouest, juste au-dessus de nos têtes, s'élève l'imposant massif des volcans culminant à 3 650 mètres, avec l'Olmalassin. Il apparaît tout velouté de jungles vertes et humides quand ce fond de Rift est si sec et si brûlant. Aucun signe de vie humaine.

— Si! Là! Regarde! On dirait deux hommes! Là-bas! s'exclame Sonia.

Entre des acacias rabougris, deux silhouettes avancent lentement, nous nous arrêtons, l'une d'elle pivote.

— Des outardes de Kori ! Le plus gros oiseau volant d'Afrique !

Nous nous rapprochons, elles marchent nonchalantes. Leur houpette couchée au sommet de la tête fait le pendant, vers l'arrière, de leur bec fort et pointu. Elles n'ont rien de la grue ni du marabout, pas de couleurs remarquables, elles restent discrètes sous leurs larges plumes brun cendreux. Dans le monde des oiseaux, plus on est petit, plus on est énervé, il suffit de voir la frénésie d'un colibri. L'outarde, avec ses quinze kilos, avance avec componction et retenue. Son long cou semble un tronc épais de plumes qui fait l'accordéon quand la tête se rétracte. Libres et fières, comme si elles étaient conscientes de leur rareté, elles vaquent sur ce semis de cailloux piqueté de plumeaux d'or. Soudain, le cou de l'une d'elles se gonfle en lâchant un cri grave et caverneux qui ressemble à s'y méprendre à l'appel d'un lion. Puis la voilà qui se met à courir, à déployer lentement ses larges ailes digitées, à accélérer sur une distance interminable pour s'élever péniblement avec des battements mous, au ralenti. Le rase-mottes n'en finit pas, elle peine tant à s'arracher du sol ! Quel effort ! L'outarde est un oiseau extrême. L'autre, plus paresseuse, n'a pas eu l'énergie de s'envoler.

Nous nous enfonçons progressivement dans une nature à chaque pas plus sauvage. Après les outardes, ce sont les gazelles de Thompson qui font leur apparition, partout, comme par enchantement, broutant entre les pierres, comme des chèvres. Mais des chèvres libres, sans pasteur. Le soleil va bientôt flirter avec l'Olmalassin. Nous sommes fourbus mais ivres de joie silencieuse. Nous ne marcherons pas de nuit, nous ne chercherons personne, comme si la solitude nous permettait de mieux jouir de cette beauté virginale, sans hommes, comme pour justifier le transport du bidon, comme pour tester notre capacité à survivre dans cet univers nouveau. Le coucher de soleil nous voit marcher parmi des zèbres caracolants et des hordes de gazelles. Les prédateurs ne sont donc pas loin, il vaudrait mieux trouver un abri. Apothéose esthétique. Ils nous coupent la route, s'excitent, démarrent au quart de tour en pétaradant et claquant des sabots, leurs crinières drues brossant l'air du soir. Nous sommes aux anges.

— On marche jusqu'où ?

— Je ne sais pas ! Ça serait bien de trouver une *boma*[1], même vide...

— Et ça, c'en est pas une ?

— Ben si ! Chouette !

Au rendez-vous, sans se faire attendre, à point nommé, une boma abandonnée, cercle d'épineux protégeant les troupeaux des bêtes sauvages. Notre marche semble réglée comme du papier à musique, programmée. Nous n'avons pas d'explication. La boma est là, comme une évidence. Pour nous remercier d'avoir pris le risque. L'intérieur du cercle est divisé en alvéoles, de façon à séparer les vaches des chèvres. Nous nettoyons l'une d'elles et y dressons notre abri moustiquaire. Je ressors chercher du bois mort pour le feu. Des zèbres se sont rapprochés, curieux. Ils savent que le péril ne vient jamais des bomas. Les Massaïs ne chassent pas. En rentrant, je referme l'enceinte derrière moi avec un gros tas de branches. La nuit est tombée d'un coup. Le feu chuinte bientôt en élevant droit vers le ciel son filet bleu tandis que s'allument une à une les étoiles dans le ciel. À 20 h 30, nous dormons à poings fermés, sereins derrière notre rempart d'épineux.

---

1. Terme générique utilisé en anglais et qu'on retrouve dans beaucoup de langues africaines, notamment le swahili. Les Massaïs parlent de manyattas ou d'enkang, c'est ce dernier terme que nous retiendrons.

5

Les Massaïs d'Irkong

Réveillés avant l'aube, nous avons repris notre routine de porridge et de thé, de pliage de la tente et de départ à la fraîche. La nuit fut bonne et douce. Il ne nous reste qu'un fond de bouteille. Soupe, réhydratation nocturne, porridge, thé et petite vaisselle de chat ont eu raison des cinq litres. L'urgence, c'est de trouver de l'eau. Nous reprenons la piste sinuant entre des acacias et des murs de hautes herbes. Nous longeons vers le nord le parc du Ngorongoro, destination le Kenya *via* l'Oldonyio Lengaï, le volcan sacré des Massaïs et le lac Natron, qui, à 609 mètres d'altitude, est un des points les plus bas et les plus chauds du Rift. La piste s'enfonce dans un épais tapis de cendres volcaniques pulvérulentes venues des volcans alentour. On s'y enfonce jusqu'aux chevilles, elle s'immisce partout et s'élève en panache derrière nous. C'est d'ailleurs grâce à ça que nous repérons les troupeaux de chèvres en mouvement, tous azimuts : les bergers partent aux pâtures en soulevant de gros nuages dans leur sillage. Les villages massaïs, les *enkangs* et les *manyattas* n'étaient pas très loin, quelques kilomètres vers le pied des montagnes. Ça paraît proche, le matin, impossible à rallier le soir. L'appréciation des distances est relative à l'état de fatigue.

— C'est bon à savoir, si on veut trouver des Massaïs, il suffira de quitter la piste en direction des reliefs.

— Pour l'instant, il nous faut de l'eau, et j'espère qu'on va en trouver avant Engaruka, car c'est au moins à vingt kilomètres d'ici.

La chaleur monte vite et, avec le soleil, arrivent les premières mouches. Elles se jettent sur nous, affamées par leur nuit de silence et d'immobilité, et absorbent à la source les premières gouttes de sueur perlant de nos fronts. Minute après minute, grandit le spectre de la soif – déjà rencontré lors de notre douloureux épisode de la frontière mozambicaine. La conversation s'étiole, le pas se fait plus lourd, le paysage moins intéressant, les zèbres, au loin, moins excitants. Rien n'a d'importance aux yeux de la soif, que l'eau. Nous savons bien que nous allons boire. Nous savons bien que nous n'allons pas mourir là, mais le manque d'eau est intolérable, pervertit tous les sens, fausse la raison. Trois grands Massaïs se sont joints à nous. Pas foncièrement sympathiques. Après les salutations d'usage, le dialogue s'est vite tari. Ils marchent bien plus légèrement que nous, ascétiques et haut perchés sur des jambes solides et sèches comme du bois. Leurs lobes d'oreilles sont démesurément allongés en une fine boucle de chair où pend un petit poids de cuivre qui oscille à chaque pas. Là encore, notre contemplation s'arrête vite, retenue à la fois par la pudeur et par la soif. Un camion, au loin sur la piste. À l'arrêt. Imperceptiblement, nous avons accéléré l'allure. Le chauffeur est-il dans les parages ? A-t-il de l'eau ? Oui, il y a quelqu'un. Oui, il nous semble distinguer un cube blanc près d'une roue démontée, un jerrican en plastique... Ils sont en panne depuis trois jours. Ils viennent de recevoir d'Engaruka un bidon d'eau fraîche. D'un coup d'un seul, tout nous paraît simple, nos compagnons de marche sympathiques, et nous sautent aux yeux plein de détails du paysage qui nous avaient échappé. La soif réduit le champ de vision, réduit l'homme. Nous avalons d'une gorgée les quelques kilomètres qui nous séparent d'Engaruka, où coule une rivière. Elle descend de l'Empakaï ; elle a nourri des siècles durant une mystérieuse civilisation disparue dont il ne reste à flanc de Rift que les terrasses, les murets de pierre et les canaux. Une civilisation d'avant les Massaïs, d'avant les Bantous, qui construisait ses maisons en pierre, fait unique dans la région.

Après une sieste au bord de la rivière, nous repartons en quittant la piste. On nous a mis en garde : elle fait un grand détour et ne passe par aucun village massaï. Il faut donc couper droit à travers la plaine en suivant les volcans pour espérer en croiser. L'orientation est simple, point n'est besoin de GPS ni de boussole. Il nous suffira d'enchaîner ces jalons titanesques qui dresseront le cadre de nos jours à venir dans l'espace immense : l'Olmalassin, l'Empakaï, le Kitumbeine, le Kerimasi. Ils surveilleront de leur stature tutélaire notre progression vers la montagne du dieu Enkai, l'Oldonyio Lengaï. Sans jamais être perdus, nous ne saurons jamais où nous serons vraiment. Il nous suffira le soir d'aller au pied de ces montagnes bornes à la rencontre d'hommes et de bêtes qui convergent comme des ombres dans la poussière enflammée, vers des enkangs perdus dans le grandiose. Voilà le programme. Le reste, c'est l'Aventure.

Plus que jamais, nous marchons avec les gazelles. Elles ne nous voient même pas. Cette différence de comportement est extraordinaire. Lors de notre marche dans le parc Kruger, en Afrique du Sud, nous avons eu des interactions très proches avec des éléphants, des rhinocéros, des lions, mais nous n'avions pas vu l'ombre de la queue du moindre springbok, de la moindre gazelle. Depuis des millénaires que l'homme est un chasseur, les antilopes ont appris à nous repérer avant qu'on ne les aperçoive. La vibration du bipède sur le sol ? L'odeur ? Le bruit ? Un jour, peut-être, nous avons eu ces facultés. À l'époque reculée où nous n'étions que des proies. Depuis, nos sens ont été remplacés par l'intelligence et par les outils. Cette capacité à fuir et à craindre l'homme développée par tous les herbivores, nous l'avions constatée le long des cinq cents kilomètres parcourus dans la jungle de Rungwa, en Tanzanie, où nous avions vu des traces de tout mais jamais leurs propriétaires. Il nous avait semblé traverser une brousse peuplée de fantômes et de menaces – qui, elles, avaient fini par se matérialiser sous la forme des lions de Mitundu, et de leurs attaques. Ici, autour de nous, vaquent et batifolent gazelles de Thompson, gazelles de Grant, zèbres et antilopes. Comment expliquer une telle différence de comportement ? La clef de ce mystère n'est pas dans le règne animal. Ces animaux ont appris à ne pas craindre les hommes. Depuis des siècles, les Massaïs vivent en harmonie avec eux. La chasse leur est formellement interdite. C'est un de leurs tabous suprêmes. Chaque crime commis contre la nature est sanctionné car ils redoutent par-dessus tout la vengeance des éléments. Il ne s'agit pas de superstition, mais la conviction que la nature est le fruit d'un équilibre fragile dont l'homme n'est qu'un acteur parmi d'autres, capable d'en rompre l'harmonie. Un Massaï qui mangerait de la chair sauvage serait aussitôt exclu ou éliminé, et sa famille couverte de honte sur plusieurs générations. C'est aussi simple que ça. Voilà pourquoi les territoires massaïs sont si giboyeux, alors qu'en territoires bantous et partout ailleurs en Afrique, les espèces sauvages ne survivent que dans les réserves, protégés des braconniers par la loi et les patrouilles armées. Ici, la simple présence des Massaïs suffit à dissuader les braconniers. Ils seraient aussitôt attrapés et exécutés sans autre forme de procès. Les animaux semblent le savoir, qui lèvent à peine la tête à notre passage.

Nous marchons au paradis de l'harmonie entre les hommes et la nature. Ici, chez les Massaïs, le pacte n'a pas été rompu. L'homme n'a pas mis le feu à la brousse [1], n'a pas été chassé du paradis par le péché originel, n'a pas goûté au fruit défendu, n'a pas dérobé le feu prométhéen, n'est pas devenu « maître et possesseur de la nature », n'a jamais dit : « Cette terre m'appartient ! », n'a pas répondu à cet appel : « Croissez et multipliez ! ». La société massaï est foncièrement équilibrée, elle n'a pas d'impact sur l'écosystème, ça se voit dans le paysage, et ça se déduit du comportement animal. Les Massaïs sont les inventeurs de l'écologie première et de la première écologie.

Nous en sommes là de nos réflexions quand nous nous rendons compte qu'aux gazelles se sont mêlées des vaches et des chèvres et que toutes marchent dans le même sens que nous, en convergeant vers un point de fuite identique, droit devant, dans l'échancrure d'une petite colline. Ces troupeaux – des centaines de têtes –, encore très éloignés dans la plaine immense, semblent avancer seuls.

— Non ! Regarde derrière, il y a un petit minus qui sautille...

Haut comme trois pommes, un enfantelet tout nu, à peine plus haut que les herbes, mène ces tonnes de muscle et de chair en faisant siffler sa frêle houssine. Il est tout seul. Nous sommes sidérés. Il tient la queue des vaches pour accélérer, lâche celle-ci pour rattraper celle-là, revient à la charge en passant sous un taureau, aussi vif qu'un farfadet. Peu à peu, son trou-

---

1. *Cf.* Mythe de la Création chewa au Malawi, tome I, p. 300.

peau étiré sur environ quatre cents mètres se rapproche de nous. Nous sommes au pied du Kerimasi. Ces troupeaux rentrent sûrement vers un *enkang* [1] dissimulé par les ondulations du terrain. Nous nous laissons aller avec le flot. Deux Massaïs dressés au sommet d'un talus font mine de ne pas nous voir. Nous les saluons de loin. La réponse est timide, retenue mais souriante.

Bientôt emportés dans l'échancrure de la colline, nous montons légèrement parmi les bêlements, les tintements de cloches, les beuglements, les sifflets, les raclements de sabots contre les roches. Hommes et vaches portent le poids du jour, les corps ruissellent de sueur encrassée. Il flotte en cet instant dans le cœur et dans la douceur de l'air une fatigue sereine de savoir l'étape proche. Le moment est ralenti pour être goûté intensément, moment doré du travail accompli, de l'espace parcouru, du repos mérité. Le regard des Massaïs, qui sont apparus comme par enchantement derrière leurs vaches, est pacifique et retenu : si les choses doivent s'accomplir, qu'elles s'accomplissent, semblent-ils penser. Ils savent que nous allons leur parler mais ne précipitent rien. Ils nous laissent l'initiative. Pudeur et délicatesse.

Nous arrivons bientôt au sommet d'un replat. La vue sur la plaine est époustouflante. Au loin, des girafes avancent au ralenti, autour de nous des Massaïs surgissent de toutes parts, femmes penchées sur les pis pour en tirer un peu de vie, fillettes accompagnant d'autres femmes pliées en deux sous la charge d'une calebasse remplie d'eau, calée au creux des reins et maintenue au front par une large sangle de cuir, enfants nus et cendreux courant en tous sens parmi les chèvres.

Voilà ! Nous nous arrêtons à bonne distance. Et attendons. Nous allons pouvoir parler. Deux jeunes moranes [2] fiers et martiaux, se composant un visage de circonstance, viennent aux informations alors que babillent déjà autour de nous des théories de bambins hilares. Je prends les devants en étrennant notre kit de survie massaï mâtiné de swahili approximatif :

— *Sopa* [3] !
— *Ipa !*

---

1. Village massaï entouré d'épineux rassemblant plusieurs familles, souvent d'un même clan patrilinéaire.
2. Classe d'âge des « guerriers » protecteurs de la tribu, dans une sorte de service militaire, plus social que militaire.
3. « Bonjour ! » Auquel on répond : « Ipa ! »

— *Inaïtwaje ?* (Comment ça s'appelle ici ?)
— *Irkong !*
— *Inchoki airag enkaji tara kaorié ?* (Pouvons-nous rester avec vous pour la nuit ?)
— *Aramanayé tarongadiek inkuapi poakin.* (Nous traversons l'Afrique entièrement à pied.)
— *Sisi muzungu wachungadji, parrimangat olashumpaï.* (Nous sommes des nomades blancs.)

Il n'en faut pas plus pour mettre le feu au village et, dans une ribambelle de corps nus, de rires et d'amitié, saisis par ce flot de vie rentrant au bercail, noyés parmi les regards fascinés et les derrières des vaches, au milieu d'un nuage de mouches et de poussière, dans les âcres senteurs de la bouse, de la suie, de la sueur et du lait, nous pénétrons la vie du peuple massaï.

Le soleil déclinant enflamme la poussière levée par les sabots des bêtes. Les villageois nous découvrent au dernier moment à travers ce nuage d'or et de feu ; leur cri de stupeur ameute les voisins. Voici bientôt cent âmes joviales et survoltées qui nous escortent à petits pas ; c'est l'empoignade pour venir nous dévisager et repartir en riant de plus belle. Nous passons devant quelques cases, une vingtaine, elles sont réparties en cercle, à la périphérie du village, en bordure de l'enceinte extérieure et séparées les unes des autres par de petits enclos privatifs. Au centre du village, il y a le grand enclos circulaire, lui aussi subdivisé en quartiers. Les murs sont constitués d'enchevêtrements inextricables d'épineux. Les vaches qui nous accompagnent s'arrêtent devant chez elles, comme se gare une voiture. Des veaux affamés sortent aussitôt des maisons et fêtent leurs mères par des cabrioles qui ajoutent, si c'était possible, de la confusion à notre tour de piste. Un épais nuage de mouches nous enveloppe. On les chasse en un ballet permanent de bras et de mains. C'est une douce et collective chorégraphie, indissociable de la vie en communauté et du retour du bétail. Un écho au balancement des queues de vaches. Ça n'est vraiment insupportable que lorsqu'on a les mains prises, notamment par d'avides et peu farouches bambins. La foule nous conduit vers un vieux sage assis devant sa maison de terre. Stoïque, il nous regarde venir. Nous lui répétons timidement, le cœur pincé, notre viatique. La foule s'est tue comme par enchantement. Sérieux, il nous dévisage, le regard en coin, puis opine et lance à l'intention de quelqu'un, dans la hutte derrière lui.

— *Pakiteng* [1] ! *Kori Olorika ! Inkukurto !* (Apporte un tabouret et une gourde de lait !)

La voix fluette d'une jeune femme lui répond. La voilà qui débouche du couloir d'entrée de la case, pliée en deux, tenant à la main un tabouret et une gourde de près d'un mètre de long, décorée de perles. Quand elle se redresse, sa panoplie de colliers cliquette violemment sur sa poitrine. Les facettes miroitantes de ses boucles d'oreilles montées comme des petits mobiles oscillent à chacun de ses mouvements. Nous sommes fascinés par tant de beauté. Voyant que nous sommes deux, elle repart chercher un tabouret pour Sonia. La peau du vieux chef est parcheminée comme un vieux cuir d'éléphant, les arêtes de ses os font saillie le long de ses membres repliés, dans lesquels frémissent tendons et muscles secs. Ses articulations noueuses se déploient comme une étrange mécanique ; côtes creuses et clavicules apparentes parlent des rigueurs et de la sobriété de sa vie. D'un nœud fait à sa *karasha*, sa toge rouge, il tire une petite bourse de cuir renfermant des boulettes noirâtres et m'en tend une.

— *Timbaku ?* (Du tabac ?)

Je décline poliment. Il la cale alors entre sa lèvre inférieure et ses dents, sur le côté. Le but n'étant pas de la mâcher, mais de saliver et d'en avaler le jus parfumé. Le trop-plein est craché entre les mots d'un jet dru et précis. Tout le monde le regarde religieusement. Un regard de braise sur des joues plissées de profondes rides et des oreilles démesurément allongées achèvent ce portrait d'un ascète. Seul son crâne est lisse. Les Massaïs disent que, plus le trou de l'oreille est grand, plus grande est l'aptitude à l'écoute, donc la sagesse. Les siennes pendent sur ses épaules comme deux vieilles chaussettes trouées. Il y a beaucoup de douceur et de bienveillance dans ses gestes. Il me tend la gourde.

— *Karibu ! Kulé Naaoto !* (Bienvenue, voici du lait caillé [2] !)

---

1. Veut dire : « ma vache », ou encore : « ma femme », ou bien aussi : « mon frère » ! Les Massaïs se désignent eux-mêmes comme des *inkishu* : des vaches. D'où une affection consubstantielle avec leur bétail.
2. Le lait frais se dit : *kulé naïrowua*.

— *Aché naleng!* (Merci!)

Lorsque je débouche l'inkukurto, me monte aux narines une puissante odeur de fumée, âcre et piquante. Comment du lait frais peut-il sentir le feu? J'applique ma lèvre inférieure à l'extrémité de la longue courge que je redresse, mon geste est un tantinet trop rapide, l'afflux de petit-lait m'asperge le visage, tout le village explose de rire. Je tousse. Je suis confus. Sonia en profite pour me tancer et me calotter, ce qui fait redoubler les rires. C'est la fête au village! J'en ai plein le col. Les mouches me fondent dessus. Pourtant, l'ouverture de l'inkukurto est à peine plus grande qu'un goulot. On ne voit rien venir. Averti, j'élève lentement le cul de la gourde. Tout le monde guette ma réaction. Le lait arrive petit à petit, légèrement grumeleux, puissamment fumé, dense et nourrissant : du yaourt massaï! Un vrai délice! et glou! et glou! et glou! Et l'assistance est suspendue. À mon visage épanoui, les rires repartent de plus belle. Voilà notre deuxième et forte impression : les Massaïs se marrent sans cesse, le rire semble faire partie de leur langage tant il ponctue leurs longues tirades inintelligibles.

À notre intention, le chef Olkuma mélange le swahili et le massaï. Il nous désigne la grande enceinte centrale, derrière nous :

— *Emboo kubwa! Mingui mbuzi. Mingui inkishu!* (C'est un grand enclos, nous avons beaucoup de chèvres et de vaches!)

— *Mingui sana! Mzuri boma mzee!* (Oui, beaucoup! C'est un beau village!)

Le troupeau est juché sur un vaste dôme constitué année après année par l'entassement de fumier et de crottin. C'est à cela qu'on estime l'ancienneté d'un enkang, car les maisons, les *enkaji* [1], sont refaites chaque année. Leur structure oblongue est construite en courbant de fines perches ébranchées et reliées les unes aux autres comme des traverses. Dans la longueur, d'autres tiges sont tissées et entrecroisées sur une palissade de fins piquets pour rigidifier l'ensemble comme un panier d'osier renversé, prêt à recevoir son ciment de bouse mélangée à de l'herbe sèche et à de la cendre. Le soleil craquelle cette surface lisse qui s'intègre alors parfaitement dans le paysage.

---

1. Terme exclusivement massaï. Le terme générique pour ce type de hutte en terre serait *tembé*.

La nuit est tombée. Des engoulevents virevoltent au ras de nos têtes en se faisant des ventrées de mouches. Sonia s'émerveille. Les rires des aficionados repartent de plus belle. La foule s'est peu à peu dissipée, vaquant à ses occupations. Olkuma nous désigne le petit enclos mitoyen à son enkaji. Sa maison est trop exiguë pour que nous puissions y dresser notre tente-moustiquaire, trop enfumée aussi. Nous la plantons donc accotée à elle, au-dehors, sous le feu nourri de cent regards. La loupiotte bleue de nos lampes frontales les hypnotise comme des yeux de cobras. Nous encerclant de près, les moranes accrochés à leurs lances n'en finissent pas de nous observer et commentent de chuchotements et de rires nos moindres petits gestes. Pas moyen de se mettre le doigt dans le nez, pas moyen de se déshabiller. Ce manque d'intimité ne nous gêne plus, nous sommes le spectacle, acteurs volontaires d'un partage dont la pudeur sacrifiée est le prix. En Afrique, l'invité est roi, il y a donc un coucher du roi...

Il est 19 h 55. Il fait nuit noire. Une faible lueur palpite à l'entrée des enkaji ; les rires et les murmures feutrés qui en fusent se prolongent tard dans la nuit, comme toutes les nuits depuis des siècles. Dans le ciel, à la verticale, passe un avion avec ses feux rouges clignotants. Si proche. Déjà si loin de nous. Dans un autre monde.

6

L'Oldonyio Lengaï, la montagne de Dieu

Au réveil, tout est plus triste. C'est comme ça. Les mouches plus insupportables, l'excitation des enfants moins gentille. La nuit à été rude à dix mètres d'un bouc en rut. Les pauvrettes violées sans vergogne en ont bêlé d'horreur toute la nuit... Le salaud! On a compris son truc! C'est plus facile entassé dans un enclos que dans la verte prairie. Quelle erreur d'avoir oublié les bouchons d'oreilles! J'étais à deux doigts de me colmater les orifices avec deux crottes de chèvre bien fraîches et bien rondes...

Il faut décoller. Nous partons à jeun. La soupe aux nouilles d'hier soir est déjà bien loin. Le paysage est blond et ondulé au pied du Kerimasi. Nous coupons les contreforts du volcan en optimisant un itinéraire pas trop bas pour ne pas avoir à trop le contourner, et pas trop haut pour ne pas monter et redescendre sans cesse dans les ravinements qui dévalent des pentes abruptes. Des crânes de gazelles et des crottes de hyènes, blanches comme du quartz, nous rappellent que nous marchons bien en territoire de lion. Il en descend souvent de l'Empakaï et du Ngorongoro, nous a-t-on dit. Le paysage est en effet idéal avec ses postes d'observation et ses encaissements propices pour tendre des pièges. Nous marchons aux aguets avec nos bâtons. Nous prenons aussi garde aux serpents qui doivent grouiller dans ces herbes sèches. Un léger vent les fait chanter qui nous couvre le bruissement de leur fuite. Nous n'avons ni aspi-venin, ni sérum. Seulement la « pierre noire » des Pères Blancs. Nous la portons un peu comme un gri-gri même si le père Raphaël Romand Monnier de la mission de

Mitundu [1] nous avait affirmé, quant à lui, avoir sauvé la vie de deux personnes grâce à elle. La méthode est simple, nous avait-il dit : « Il suffit d'appliquer la pierre sur la morsure en la faisant saigner, après avoir garrotté le membre, puis de s'immobiliser le plus longtemps possible en buvant beaucoup d'eau. La pierre absorbe alors le venin et se décompose. » Il nous avait relaté le cas d'une troisième victime ayant succombé après avoir couru vers la route pour trouver une voiture au lieu d'attendre que le venin soit neutralisé par la pierre. Je l'ai dans la poche et la caresse de temps en temps pour conjurer le sort. Ce n'est d'ailleurs pas une pierre mais un bout d'os de vache carbonisé et imprégné d'une substance secrète dont la formule vient de la médecine ayurvédique indienne. Des jésuites du XIXe siècle, en pleine expérience d'inculturation dans des ashrams du Kerala, l'ont reçue de yogis et de charmeurs de serpents et l'ont léguée à Mgr de Lavigerie, fondateur de l'ordre des Missionnaires d'Afrique. Faute de mieux, et dans le doute, on l'emporte avec soi en redoutant d'avoir à y confier sa vie. Mais nous ne voyons que des mulots filer devant nous, pas le moindre serpent ; la pierre noire agirait-elle comme un charme ?

Nous passons au large de quelques bomas et enkangs perdus dans la blondeur des herbes, lieux de vie dont les noms ne figurent sur aucune carte. Ils sont la géographie d'un peuple nomade, de familles assemblées au cœur d'enceintes épineuses si discrètes qu'on ne les trouverait pas sans prêter l'oreille, sans repérer les bêlements de chèvres.

Nous marchons tout droit, tout seuls, tout le jour dans les hautes herbes ; les rares moranes croisés n'en croient pas leurs yeux. Nous y lisons des interrogations sans réponse – Un couple seul ? Où est leur guide ? Il y a des lions dans les parages ! Personne ne leur a dit ? Ils n'ont même pas de lance ! Comment savent-ils le nom de nos montagnes ? Ils sont là pour la première fois et connaissent le paysage, les chemins, savent où ils vont... Sortilège ! – Ils nous tiennent, d'un regard qui en dit long, pour de grands sorciers, de grands marcheurs, des Massaïs olashumpaï [2]. Respect et rires ! Et nous, de nous pâmer sur leur coiffure de longues tresses rassemblées et beurrées d'ocre rouge, leurs bijoux, leurs manchons de fines perles,

---

1. Cf. tome I, p. 378
2. Blancs, étrangers, en massaï.

leur fierté altière, leur pureté joyeuse, leur candeur, leurs attributs de guerriers, leur nonchalance quiète, leur dénuement dans un espace à leur mesure. Ce sont à chaque fois des rencontres du troisième type, magiques et irréelles, joyeuses et contemplatives. Du pur Africa Trek en liberté.

L'exaltation nous porte plus que les quelques biscuits avalés en marchant. Nous nous effondrons bientôt épuisés sous un acacia isolé, aux premières loges d'une prairie immense et déserte. Sonia est rouge tomate. Affalée. Elle n'a même pas la force de retirer son sac. Elle halète comme un vieux fauve. L'ombre dispensée par cet acacia tabulaire est toute relative mais cela fait néanmoins une différence énorme. Je glane des branches tombées sous les ramures, et, chose plus dure, pars en quête de trois pierres pour le foyer. Quand je reviens, Sonia est toujours dans la même position.

— J'ai un peu chaud à la tête ! J'ai l'impression que j'ai frisé l'insolation...

— Tu as faim ?

— Même pas...

— C'est donc ça ! Enlève ton sac et rafraîchis-toi avec un peu d'eau...

— Tu veux dire avec l'eau chaude du bidon de plastique ?

— C'est l'évaporation qui fait la fraîcheur, pas l'eau...

Et nous voilà partis dans des considération physiques sur la détente des gaz, les causes du rafraîchissement de la Méditerranée par temps de mistral, le fonctionnement des frigidaires...

— Quoi ? Tu veux dire qu'on fait du froid en faisant du chaud ?

— Ben oui ! Tu ne sens pas que ça va mieux avec ce léger vent chaud sur ta chemise trempée ?...

Pendant ce temps-là, j'ai dégagé l'herbe pour le foyer. Il ne s'agirait pas de foutre le feu à la prairie. Mon tapis de sol dressé sert de paravent. En plein midi, quand on ne marche plus, le silence de la savane est assourdissant. Sonia, les yeux dans le lointain, est vaguement inquiète :

— Je serais plus rassurée s'il y avait des gazelles broutant gentiment dans cette prairie... Ces grandes étendues vides, ça m'angoisse un peu...

— Oui, mais s'il y avait des gazelles, ça pourrait attirer des lions...

— À moins que les gazelles n'aient senti quelque chose dans les parages et n'aient déguerpi...

— OK ! Mais bon ! Il n'y a pas de gazelles ici, alors qu'est-ce qu'un lion aurait à faire dans les parages ?

— Je ne sais pas moi, tomber sur nous...

Conversations surréalistes attisées par le soleil et la faim, l'imagination et l'inconnu. Nous sentons poindre en nous la petite inquiétude universelle que partagent toutes les proies, et avec laquelle ont dû vivre nos ancêtres pendant des centaines de milliers d'années. Elle ressurgit des limbes de notre cortex où elle dormait dans un méandre de matière grise, sentiment inquiétant et excitant à la fois, toujours là, comme un petit fanal, comme un petit regain d'énergie pour guetter, pour flairer, pour écouter et retrouver des bribes d'un sixième sens du danger que notre espèce a dû avoir un jour. Nous sommes sur le qui-vive. La soupe aux nouilles est prête. En relevant la tête entre chaque cuillerée, je me surprends à scanner inconsciemment le paysage... La pseudo-sieste qui suit n'est pas très réparatrice.

L'après-midi, l'Oldonyio Lengai nous apparaît tout doucement, pas à pas, de derrière les pentes du Kerimasi, puis il finit par s'en détacher totalement. Nous l'avons bientôt en ligne de mire, symétrique et seigneurial, au sommet chenu blanchi par des cendres de carbonatite – pas étonnant que les premiers explorateurs aient décrit un sommet enneigé. L'archétype du volcan pyramidal, dressé dans la savane. Mais il est encore loin et nous nous égarons dans des herbes sans cesse plus hautes qui finissent par nous barrer la route. Car ce serait une grossière erreur de croire que ces espaces ouverts se parcourent facilement. La prairie recèle de nombreux pièges, ravines, trous, chausse-trappes. Il y a une très grande variété d'herbes dans la savane : des souples, des rêches, de fines tiges, des feuilles coupantes, d'autres griffantes, des panaches dorés, des plumeaux roses, des graminées perfides dont les centaines de graines sont autant de dards qui vont se ficher dans les chaussettes, puis dans la peau jusqu'à entraver la marche. Et là, devant nous, des murs d'herbes à éléphant, tentaculaires, abrasives, impénétrables. Nous nous débattons une heure durant, nous écorchons, suons, pestons pour nous rabattre enfin vers un lit de rivière à sec qui, tout en nous rallongeant la marche, nous épargne des souffrances inutiles. Le sable noir, chaud et lourd, prend la relève pour nous torturer les mollets tandis que le manque d'eau se fait sentir. Un gros serpent a lui aussi descendu l'arroyo. Nous suivons sa trace pendant cinq kilomètres ! Il file droit avec la régularité d'un pneu de bicyclette, comme s'il savait parfaitement où il va. Sous ce soleil et cette nature sereine, ne jamais oublier que la mort est à deux pas et que les prairies fourmillent de vermine. Merci du rappel. Le soleil anesthésie la vigilance. Nous devons quitter le lit et reprendre à travers les herbes. Petite pause biscuits. À l'heure de repartir, nous voyons déboucher en amont sur nos pas deux guerriers de noir vêtus. Vu personne cet après-midi. Apparition. Dans ce désert, tout devient singulier. Improbable. Nous suivent-ils ? Passé l'angoisse de nous croire pistés, je reconnais deux jeunes circoncis dans leur tenue d'ostracisme. Cela fait partie de leur long rituel d'initiation qui va les faire passer dans la classe d'âge des moranes au service de la communauté. Âgés de huit à douze ans – de plus en plus jeunes pour leur éviter d'aller à l'école – ils sont laissés à eux-mêmes six mois dans la brousse parmi les bêtes sauvages pour leur apprentissage de futurs guerriers. Ils s'initient à la botanique, à la médecine traditionnelle, à la poésie, à la morale, à la spiritualité massaï. Ils ont d'extraordinaires architectures de tiges, de ficelles et de plumes d'autruche en guise de coiffe sur la tête et sur le visage un masque de peinture blanche, finement ouvragé de motifs géométriques. De quoi impressionner les mauvais esprits de la brousse. Ils ont soif. Normal, les Massaïs ne doivent rien porter d'autre que leurs armes. Nous-mêmes rationnés, nous leur sacrifions quelques gorgées, ils nous indiquent un raccourci. Et nous nous quittons comme nous nous sommes rencontrés, par la plus simple des magies. Car ils avaient besoin de nous. Car nous avions besoin d'eux.

Camp au pied du Lengaï, jeudi 11 juillet 2002, 560ᵉ jour, 36 km, 7 115ᵉ km

Le jour décline et nous voit parvenir au pied du géant : l'Oldonyio Lengaï, la montagne du dieu des Massaïs. À chaque nuit son volcan. Ses flancs très abrupts sont creusés de sillons réguliers érodés par l'écoulement des pluies. Ça lui donne un côté drapé classique du meilleur goût. Nous n'irons pas plus loin, ce soir, nous sommes crevés. Pas de bétail, pas de poussière, pas de boma, pas d'enkang alentour. On se méfie depuis toujours de la montagne qui gronde. Une girafe détale devant nous. Nous dressons notre abri parmi les hautes herbes. L'or lourd du crépuscule dore tout. Il ne nous reste que deux litres. Pour tenir jusqu'à demain, c'est rude. Nous en sacrifions un pour la réhydratation. La nuit s'installe autour de notre minuscule feu de camp, pleine de froufrous d'herbes dans le vent. Avec la soupe, c'est de la vie qui entre par chaudes goulées. Demain, avant midi, nous devons trouver de l'eau. Pas le choix. Nous sommes ivres de fatigue et de soleil.

Tout est quiet quand le rire d'une hyène retentit sous les étoiles. Pour installer la peur. Puis d'une autre. Pour faire battre le cœur. Et d'une troisième. Pour enfler la terreur. Nous sommes pétrifiés. Le silence devient angoisse, attente. Suspendus, nous guettons les cris du bush. La peur. C'est con, mais c'est la peur. La vraie, la crue, l'animale. Nous n'avons pas trouvé de boma ce soir. Rien ne nous sépare de ces bêtes dotées des plus puissantes mâchoires du règne animal. Me revient en mémoire le témoignage de Mike Van Sittert [1] qui, égaré derrière les lignes ennemies pendant le conflit angolais, avait marché quatre jours et quatre nuits dans la brousse : « Le pire, la nuit, ce sont les hyènes, elles ne te lâchent pas. On était obligés de s'attacher avec nos ceintures dans les arbres. J'ai un copain qui était tombé et avait fini par s'endormir à terre. Une hyène lui a arraché le visage et l'a emporté dans la nuit, il me semble encore entendre son cri... » Et nos hyènes de répondre à mon angoisse : Ha-oup ! Ha-oup ! Nous nous replions vers notre dôme-moustiquaire. Risible bastion. Je m'arme de mon bâton, de ma bombe lacrymo, de nos fusées de détresse, et de patience. Et quelle détresse ! Je me sens tout nu et guette sans relâche à travers le fin treillis de notre moustiquaire la seule trouée par laquelle une éventuelle croqueuse de visage pourrait se présenter. Je ne ferme pas l'œil de la nuit. Le vent m'apporte par vagues les cris sinistres en modulant des ressacs – parfois susurrés, parfois éclatants. Se sont-elles rapprochées ? J'ai l'impression qu'elles nous encerclent. Nous ont-elles sentis ? Pas encore ! Nous sommes sous leur vent. Mon soliloque avec des ombres se poursuit dans la nuit interminable.

Soudain, dans un laps de silence plus long, retentit le cri du lion... Panique ! Rebelote. Pourtant, ce n'est pas exactement

---

1. *Cf.* tome I, p.123.

cette cascade decrescendo tant entendue en Afrique du Sud : un seul cri, relativement bref. J'essaye de me convaincre qu'il s'agit d'une outarde, peut-être même d'une autruche, car leurs appels ressemblent à celui du lion. Dans le doute, on flippe. C'est la première fois que nous dormons seuls en territoire de lion. Mais reviennent les hyènes pour chasser mes doutes. Au niveau de ma tête, j'ai placé contre le tulle notre trépied photo en me disant que la bête devra d'abord le renverser avant de me donner son baiser mortel. Dérision, dérisoire. Et je psychote, et me retourne, et sursaute au moindre bruit. Toute la nuit, je m'auto-injecte de grandes giclées d'adrénaline. Chaque fois, mon cœur s'emballe et je l'entends résonner sourdement dans ma cage thoracique. Je ne parviens pas à me raisonner. Seule consolation : l'adorable ronflement de ma mie.

À l'aube, je suis épuisé de tous ces combats contre des fantômes, contre moi-même. Pourtant... Je scrute le paysage pour en avoir le cœur net. Rien ! Beaucoup de bruit pour rien. Petit pipi du matin. Je respire une grande bouffée d'air pur et de soulagement, et reviens à ma petite affaire. Soudain, là, dans la poussière, me saute aux yeux l'arrêt net d'une piste de hyènes. Énorme. Qui prend la tangente dans les herbes après nous avoir flairés. À mon tour de rire... jaune.

Libérés de nos affres nocturnes, nous marchons à travers un vaste pédiment blond vers le camp de base du volcan Oldonyio Lengaï. Un panache au loin se rapproche. Une Land Rover. De l'eau, peut-être. Elle s'arrête à notre hauteur. Un petit homme accroché à son volant s'exclame derrière des lunettes de myope :

— Alors ! On ze palate ? (accent germanique prononcé).

La chance des voyageurs ! Nous sommes tombés sur Jorg Keller, géologue de l'université de Fribourg, spécialiste du Lengaï, ancien ami de Maurice et Katia Krafft. Et en plus il a de l'eau. Normal ! Il nous retrouvera tout à l'heure pour un topo sur les laves carbonatites. « Je fais cherger des gailloux bour ma kollekzion... » nous explique-t-il avant de repartir.

Le camp d'Engaré Sero est au pied du Rift, qui a ici la forme d'une impressionnante falaise rectiligne de trois cents mètres de haut et de vingt kilomètres de long. Juste derrière les tentes, cette forteresse est tranchée jusqu'à sa base par une rivière surgie d'une faille de l'escarpement : un miracle cristallin en plein désert. Baignade. Même légèrement salée, tant d'eau dans une telle aridité est une bénédiction. En fin de journée, juste avant de partir à l'assaut du Lengaï, Jorg, qui est rentré de sa collecte, vient nous briefer :

— Vous allez voir, cette montagne, c'est un vrai marathon, six heures d'efforts continus, une pente qui ne fait qu'augmenter, pas un mètre de plat, on finit à quatre pattes ! Mais la bavante en vaut la peine : le Lengaï est le seul volcan actif carbonatique du monde. Il produit une lave noire sans silice, c'est pour ça qu'elle n'est pas rouge et qu'elle est très liquide. Les Krafft l'ont mesurée à 500 °C. C'est la lave la plus froide du monde ! Ailleurs, les basaltes font dans les 2 000 °C. Autre phénomène unique : le blanchiment de la carbonatite n'est pas une réaction à l'oxygène mais à l'eau de l'atmosphère ; elle va s'hydrater très vite et se transformer en poudre blanche – du carbonate de sodium – c'est pourquoi le cône paraît enneigé. Un conseil : quand vous serez dans le cratère, faites un petit effort et poussez jusqu'au sommet, vous m'en direz des nouvelles !

Nous laissons là le cher homme et partons dans une nuit sans lune avec un guide massaï, Mtui. Sonia a très mal aux genoux depuis notre redescente du Kili. Elle a peur d'être une entrave. Elle craint aussi de compromettre notre passage du Natron vers le Kenya. J'essaye de la rassurer. Une bonne âme lui a prêté deux genouillères.

Il est 20 h 30 quand nous entamons l'ascension le long d'un étroit sentier dans les herbes à éléphant balayées par un vent à faire décoller un pachyderme. Rythme lent et soutenu à la fois – de haute montagne. Nous marchons en silence. Sonia est en tête, juste derrière Mtui. Comme la force d'une chaîne est celle de son maillon le plus faible, le marcheur le plus lent ou le plus vulnérable, celui qui boite ou a des ampoules, une tendinite ou une colique, doit toujours être en tête. De boulet, il devient diapason. S'il passe, tout le monde passe. Une heure de tranquille déclivité plus tard, la pente s'infléchit. Le sentier devient un layon cendreux de plus en plus vertical, bordé d'herbes piquantes. Le souffle se raccourcit, les pieds s'appliquent. Tout autour, c'est la nuit noire, où ronflent les bourrasques. Seul compte l'espace éclairé par ma lampe frontale et les pieds de Sonia, qui me précède. Concentration. Plus on monte, plus c'est dru, plus c'est dur, et plus le layon est mou. Gestion de l'effort.

À 22 h 30, la cendre se dérobe sous les pieds. On cherche en vain un appui stable. Il faut s'y faire. Comme en poudreuse.

Trouver un autre rythme. Un second souffle. On piétine ainsi une heure, puis le layon devient goulet, s'engorge de pierres rondes qui s'évanouissent sous le pied en absorbant toute énergie : chausse-trappe garanti ! Nous progressons ainsi en équilibre instable, absorbés par un seul souci : rester sur nos pattes arrière. Le vent rafraîchit la sueur perlant sur le front. En mille mètres, nous avons perdu 5 °C. Et cela dure, la suite est toujours là, de plus en plus verticale, tendue au-dessus de nos têtes.

La gravité gagne peu à peu, tout coule, tout fuit, les sols diminuent, terre et herbes cèdent du terrain. À minuit et demi, l'os de la montagne apparaît de loin en loin : enfin quelques prises. Le goulet est parfois si profond qu'il est une tranchée, un couloir d'éboulis où l'on rampe presque, les jambes écartées pour prendre appui sur les bords nus, en passant de l'un à l'autre. Je rattrape Sonia au passage, prends garde de ne pas poser mes pieds là où les siens ont dérapé. C'est l'avantage des suivants. En voulant préserver ses genoux, elle choisit des appuis moins bien assurés. Je la surveille du coin de l'œil, lui pousse le derrière dans les passages difficiles. Elle ne se plaint de rien. Seigneuriale.

Le vent a cessé d'un coup, cédant la place au silence feutré de l'altitude. De temps à autre, nous sommes frôlés par des vols de flamants roses. Leur cri évoque étrangement le babil électronique d'un robot auquel répondrait un fax. Ils vont du Natron au Ngorongoro ou l'inverse, ne se déplaçant que la nuit pour se guider aux étoiles et déjouer l'attaque des rapaces. La masse du sommet se découpe légèrement sur la nuit scintillante. Il est une heure du matin quand nous atteignons la roche nue et adhérente : de grandes coulées de conglomérats grumeleux. L'ascension devient grisante. On pose ses pieds comme en escalade, on cherche les prises, on s'aide des mains, la galère empotée devient danse avec les appuis. Le vide est là, dans la nuit, mais le vertige s'y dissout et l'on ne voit que ses pieds. Nous remontons des arêtes imprégnées de soufre, de soude et d'âcres odeurs de forge. Mtui, en sandales, grimpe comme un cabri.

Juste avant le sommet, dans le goulet terminal, il s'arrête soudain et, face à la paroi, entame un chant rauque. Il scande une vibration d'outre-temps, une prière gutturale appuyée d'un hochement de tête, un sésame pour accéder au territoire du dieu Enkai, celui qui a donné aux Massaïs tout le bétail du monde.

À 2 heures, la lèvre du cratère nous embrasse d'un coup d'un seul, qui nous révèle l'impensable : la lune ! Nous sommes sur la Lune par une nuit sans lune. Tout est blanc et plat sous les étoiles, cendreux, énigmatique et mort, circulaire et sidéral. Des petits cratères, des cônes pointus. Du néant nous parvient le souffle du volcan, il éructe, il crache, il vocifère dans le noir. Nous restons sur le bord du cratère. De redoutables crevasses béant sur les entrailles de la terre repoussent à l'aube une exploration plus approfondie. Nous sommes recrus de fatigue, c'est notre troisième nuit blanche. Nous déroulons nos sacs de couchage à même le sol de carbonatite, chauffé par en dessous, et nous endormons bercés par les ronflements d'Enkai.

À l'aube, tout paraît encore plus blanc. Des lèvres du cratère déboule à l'horizon un soleil rouge comme une éruption. Les fumerolles s'enflamment de mauve, partout les draperies de gaz et de vapeur dansent dans les premiers rayons du jour. Nous filons vers le grand cône, au centre du cratère, qui dresse sa bouche baveuse et noire dans le ciel rose. Blorff! Tchouff! Flourp! Une giclée de lave, suivie d'une autre, à intervalles irréguliers : métronome des tripes de la Terre, fantaisie du Titan. Le volcan respire, pousse, pulse ses borborygmes, éternue sa morve de Vulcain. Celle-ci s'écoule en larges coulées noires qui crissent et plissent à nos pieds en se refroidissant. À leur couleur, on peut dater les coulées. Les noires ont tout au plus deux jours. Les grises, entre trois et cinq jours, les blanchies, plus d'une semaine. Cela donne une idée de la rapidité de la croissance. Ces laves sont si fluides que le fond du cratère reste plat. Le niveau s'élève comme celui d'un évier, tout simplement. Cette genèse du monde, cette montagne en gésine accompagne sa parturition d'un gémissement cristallin, le cliquetis des laves : un chant de verre pilé, de charbon de bois remué à la main et de vent dans un mobile d'ambiance.

Sonia, jamais à court d'idées, sort de son sac des tranches de pain :

— Et si on les grillait ?

Elle en jette un sur le tapis de lave noire qui défile doucement devant elle.

En trois mètres la voilà qui fume. D'un geste habile de la pointe de son bâton elle la retourne et va l'attendre un mètre plus loin. Du même geste elle récupère sa tartine grillée ; une bouffée d'air chaud la décoiffe soudain :

— Ouah ! Un peu plus et je me toastais la gueule !

Je filme la scène. Elle revient vers moi :

— Nous avons donc un toast parfait, grillé des deux côtés !

En transparence, le soleil illumine la tranche dorée. Je m'inquiète :

— Il n'a pas trop l'odeur de soufre ?

Elle l'inspecte du bout de ses longs naseaux, puis mord dedans avec jubilation.

— Pas du tout ! C'est délicieux !

Mtui reprend son chant avec son dieu. Atmosphère. Le sommet est sur un bord relevé du cratère. Nous entamons religieusement l'ascension en pente douce. Nous ne sommes pas les premiers, ce matin. Des empreintes dans la cendre blanche – un porc-épic, et là, un léopard ; le second suivait le premier.

— *Mtoto Chui ?* (C'est un bébé léopard ?) demandé-je à Mtui.

— *Hapana Mtoto !* (Non ! il n'y a pas de petit.)

— *Lakini hapana kubwa ?* (Pourtant il n'est pas gros ?)

— *Ndiyo, kubwa !* (Si, c'est un adulte !)

Conversation surréaliste dans la cendre du sentier. Un léopard à 2 900 mètres, dans cette neige carbonique : le gardien des forges d'Enkai. Il vaut bien le mythique léopard d'Hemingway dans *Les Neiges du Kilimandjaro* ! Nous dormions à côté de lui ; l'esprit de la brousse rôdait autour de nous...

Du sommet de cette pyramide des âges, ce sont deux millions d'années que nous contemplons. Ce volcan est le plus jeune de la région, le dernier-né du massif, le plus beau belvédère du monde sur le Rift. Le paysage est balafré par les cicatrices du temps. Vers l'ouest, les montagnes de Gol, affleurements désordonnés des vieux socles granitiques du Gondwana : trois cents millions d'années. À leur pied, dans l'axe nord-sud, l'immense Rift Gregory [1] et ses falaises noires : soixante millions d'années. Derrière nous, vers le sud, l'amalgame des cratères qui cernent le Ngorongoro : Empakaï, Olmalassin, Olmoti, Oldéani, Lemagrut, une énorme masse de cendres extrudées de nos tréfonds il y a entre trois et quarante millions d'années. À l'est, très loin dans le soleil, le crâne chauve du Kilimandjaro, la tête sombre du Méru, la table du Kitumbeine et le beau cône du Kerimasi. Vers le nord, des brumes léthéennes flottent sur le miroir du lac Natron, bordé par l'imposant Gelaï : la suite de

---

1. Du nom du géographe écossais, John Gregory, qui inventa le concept de Grand Rift est-africain en 1890.

notre itinéraire. Au bout du lac, la frontière kenyane. Mtui entame une danse de guerrier en hommage à Enkaï, principe créateur du monde. Drapé de rouge, comme une cerise au sommet d'un gâteau cataclysmique, il entonne d'une voix sépulcrale un bourdonnement psalmodié pour ne faire plus qu'un avec la montagne. Au fond de notre cœur, nous laissons chanter « *exultate jubilate* ».

Au camp, nous retrouvons Jorg Keller.
— Alors ? Comment c'était ?
— Vous aviez raison, le sommet a fait toute la différence !
— Vous savez, le dernier rejeton du Rift n'a pas dit son dernier mot. Il a explosé trois fois durant ce siècle, il n'y a aucune raison qu'il n'explose pas prochainement. La dernière fois, c'était en 1966. Toute la région a été recouverte d'une couche de cendres blanches : des centaines de Massaïs sont morts ainsi que dix mille vaches. En 1967, lors de notre première expédition avec Maurice et Katia, le fond du cratère était cent cinquante mètres plus bas. Depuis, il s'est rempli, et vous voyez qu'il déborde en trois endroits. Ça fait un sacré bouchon ! Vous avez vu les fissures ?

Et presque jubilant :
— Ça va péter en suivant les pointillés !
Son rire se voile soudain, et notre ami nous fait entrer dans la confidence.
— Ça me rappelle une franche rigolade avec Maurice ; il s'était brûlé les souliers dans une fissure, et il nous disait : « Moi, j'aimerais me réincarner en taupe d'amiante pour aller fouir dans les entrailles des volcans », et Katia de lui répondre : « Moi, ça serait plutôt en aigle d'amiante pour survoler les éruptions. » Aujourd'hui je prie pour qu'ils aient obtenu satisfaction. On n'avait que le Rhin à traverser pour se voir ! On se faisait des petits dîners. Ah ! le Lengaï, c'est aussi le souvenir des êtres chers qu'on ne reverra plus [1]...

Derrière ses épaisses lunettes, les deux petites pépites bleues du glaneur de cailloux au cœur d'or se perlent de cristal. Merci Jorg.

---

1. Maurice et Katia Krafft ont été emportés, en 1991, au Japon, par une nuée ardente du volcan Unzen.

7

Natron, le lac des Enfers

Lamendea, enkang massaï, lundi 15 juillet 2002, 564ᵉ jour, 36 km, 7 204ᵉ km

Nous levons le camp une heure avant l'aube et filons seuls vers le nord et la frontière kenyane, le lac Natron et l'inconnu.

Natron. Un avant-goût des déserts. La sueur du monde, rincée de cendres volcaniques. Lessivée là. *Natrium* : le sodium des Allemands. Lac alcalin, paradis des flamants roses – leur lac de nidification. C'est un des noms sur la carte qui nous faisait le plus peur. Et il est là sous nos yeux. Plat, infini, mêlé de ciel. Réel et virtuel. Nous voulons le contourner par la droite. Au loin, le Shompolé, vieux volcan poussé au fond du Rift, marque la frontière kenyane. D'ici là, cent kilomètres d'incertitude. Pas moyen de recueillir une information précise sur les flancs du volcan Gelaï, qui borde le lac à l'est. Une chose est sûre, il n'y aura que très peu de Massaïs. Y aura-t-il de l'eau ? C'est la clef de notre passage : trouver l'eau. Celle du lac est un poison redoutable. Monter une expédition ? Enrôler des ânes et des guides, s'acheter un minimum de sécurité et de repos de l'âme ? Je repense aux hyènes de l'autre soir... Non. Africa Trek est sans filet. À nous les nuits blanches, la faim, la soif, l'angoisse jouissive de l'inconnu.

Départ jubilatoire dans l'aube, avec autonomie maximale : onze litres d'eau. Deux bouteilles d'un litre et demi chacun. Je porte le bidon de cinq litres à la main. Sonia me relaiera quand je serai trop fatigué. Nous quittons vers le nord-est l'escarpement noir et strié, à travers une plaine blonde étendue à l'infini, ponctuée de petits cônes noirs. Nous suivons des lits à sec sinuant entre ces pivots pour éviter les herbes. De toute façon, tous les lits mènent au lac. Entre les ondoiements du terrain surgissent à notre gauche des autruches, commères toutes chiffonnées de plumes, s'énervant de rien, filant vent du bas ; à droite, un peu plus loin, une colonne d'une centaine de zèbres coupe notre route au galop en soulevant un rideau de cendres emportées par le vent ; en file indienne, devant nous, des gnous déboussolés tourbillonnent dans la poussière. Un chacal vient trotter à nos côtés tandis que le soleil déchire les nuages au-dessus du Gelaï dans une gloire peignant le ciel de ses rais d'or déployés en éventail. Ivresse et liberté dans l'air frais.

Notre azimut converge bientôt avec celui de deux jeunes moranes surgis de nulle part. Ils vont apparemment dans la même direction que nous, vers l'angle de la rive sud-est du Natron. Ceux-là sont des initiés, drapés dans leur toge rouge flamboyant, armés d'une lance, d'un glaive, d'un casse-tête et d'un bâton. Ils viennent à nous sans précipitation et sans timidité. Ils s'appellent Paulo et Maya. Anges gardiens délégués par les nôtres. Ils sont plus jeunes que leur allure, de loin, ne le laissait présager. Nous les informons de nos intentions. Ça n'a pas l'air de les impressionner. Nous partons de conserve en improvisant un cours de langue massaï. Paulo est allé à l'école, il parle swahili et des bribes d'anglais. Il est grand et élancé, il n'a pas les oreilles percées et ne porte pas les longues tresses traditionnelles. Je l'interroge.

— À l'école gouvernementale, répond-il, on nous dit que notre culture est mauvaise, et que c'est mal de se percer les oreilles...

— Et toi qu'est-ce que tu en penses ?

— Ici, ça m'ennuie d'être différent de mes frères [1] mais, quand j'étais à l'école, on se serait moqué de moi si j'avais eu les oreilles percées, on m'aurait traité d'âne, car c'est les oreilles des ânes qu'on entaille pour les reconnaître. Une chose est sûre, je suis plus heureux ici, habillé en *ol karasha*, avec ma lance et mon frère. Je me sens chez moi.

— Paulo, c'est un nom chrétien ?

---

1. La « fraternité » massaï est fondée sur la classe d'âge et non sur les liens du sang. Le vrai frère est celui avec qui on a été élevé, et non pas celui avec lequel on partage un père.

— Oui, dans ma famille, on est chrétien et massaï à la fois, Enkaï est le dieu qui nous a donné tout le bétail du monde, et Jésus est son fils : le chef des pasteurs, le bon pasteur de toute l'humanité.

Son « frère » Maya est un petit gringalet sautillant qui porte la tresse traditionnelle rassemblée dans le dos en une pointe. Ses tempes sont rasées très haut et sur son front redescend une petite frange elle aussi pointue. Ses oreilles sont largement entaillées. Le ruban de chair ainsi dégagé est lesté par deux poids de cuivre qui ballottent sur ses épaules à chaque pas. Il a plus de bijoux que Paulo, il n'est pas allé à l'école et n'est pas chrétien. Il ne croit qu'en la sagesse massaï. Il se prend d'amitié pour Sonia et, instinctivement, se place toujours à sa droite comme pour la protéger du danger, comme un garde du corps le ferait dans la foule pour une star. Ma star.

Avec nos amis, nous apprenons que la toge rouge se dit *karasha*, que la lance des moranes s'appelle une *eremet*, que le casse-tête est un *orinka* et que le glaive est un *olalem*. Je louche d'ailleurs sur ce dernier, dont la forme singulière n'a rien à voir avec les pangas *made in China* et machettes *diamond* que l'on trouve partout en Afrique. Le bout est large et arrondi, donnant du poids à la lame aiguisée des deux côtés, qui s'effile, de plus en plus étroite, jusqu'à un manche à peine plus large qu'un doigt gainé de boyau. Le fourreau droit est recouvert de cuir bordeaux s'accordant parfaitement au ton des karasha. Nos jeunes cerbères, chaussés de sandales de pneu, vont bon train. Le vent fait claquer leur tunique nouée sur une épaule à la manière des toges romaines et retenue à la taille par une ceinture. Par-dessus, ils s'enveloppent d'un autre drap souvent agrémenté de petits carreaux noirs. L'ensemble n'est pas le fruit du hasard, il est le fait d'une recherche esthétique constante. Ils sont fascinés par Sonia, sa blondeur, sa liberté, sa force, sa « masculinité » – les moranes vivent en manyatta, des bomas d'hommes installées un peu en retrait des villages, où, pendant les trois à six ans qu'ils passent avec leur classe d'âge, ils n'ont pas le droit de fréquenter les filles.

Le Lengaï trône dans le paysage. Nous gagnons bientôt les berges asséchées du lac à géométrie variable. Il a commencé à reculer à la fin de la saison des pluies ; il en est réduit maintenant à la portion congrue. Des millions d'empreintes exfolient la vase sèche et croustillent sous nos pieds comme des chips. Loin des regards, Paulo et Maya se prêtent volontiers, une fois n'est pas coutume, au jeu de l'image. Avec fierté même. Nous sommes aux anges. Depuis six jours que nous sommes en pays massaï, nous n'avons pris en photo que des paysages... Chaque fois, il faut sortir le trépied, faire le cadre, enclencher le retardateur, courir se mettre en place, passer l'air de rien devant l'objectif, et répéter l'opération cinq ou six fois pour être sûr qu'un cliché sera bon. Épuisant, en plein cagnard. Quand c'est fait, je dis à Sonia :

— J'ai l'impression qu'on tient la couverture du livre avec celle-là !

À la moitié d'Africa Trek, nous avons pris autant de photos que parcouru de kilomètres, plus de sept mille, mais, heureusement, pas toutes prises au retardateur, c'est dire si nous sommes rompus à ce petit exercice, c'est dire aussi à quel point nous travaillons, suons et courons en tous sens. La plupart des voyageurs et aventuriers d'aujourd'hui ne s'embarrassent pas de cette gymnastique épuisante, de ce matériel, et on les comprend. Ils font venir quelques jours sur leur itinéraire des professionnels dépêchés de Paris qui exécutent un travail impeccable avec du matériel très supérieur. Comme ils ont raison ! Mais nous ne sommes pas encore prêts à faire ce sacrifice à notre liberté créatrice. Prendre nos photos fait aussi partie de l'aventure.

Devant nous, dans des tourbillons de poussière, caracolent des gnous ivres de folie. Une tête trop grosse et renfrognée, où se cachent des petits yeux rapprochés, un peu idiots, sous des petites cornes rebiquées, et montée sur un torse épais prolongé d'une petite croupe ridicule. Leur galop gauche fait hoqueter leurs silhouettes bossues de jeunes vieillards, on ne sait pas s'ils sont gris, beiges ou noirs, le poil de leur barbiche répond à leur crinière éméchée et à leur queue hirsute. Tout cela fait une drôle de chimère, mais ce sont des gnous, qui signent si bien ces espaces éternels et primitifs. Des flamants roses vibrent dans un mirage, sur le lac, au loin. Le reflet leur coupe les pattes, cela fait comme un horizon rose flottant sur une nappe de mercure, d'où monte par vagues un charivari de plumitifs. Nos amis massaïs chantent.

Maya s'arrête soudain en plein nulle part.

— *Amekufa simba hapa kwa kumi na mbiri morani, umekula yangu mbuzi.* (J'ai tué un lion ici, avec douze frères, il m'avait mangé des chèvres.)

Nous regardons tout de suite ce gringalet de quatorze ans d'un autre œil. Tout le monde n'a pas la chance d'avoir une

Playstation... Une heure plus tard, nous remontons des berges du lac vers le Gelaï, immense volcan éteint qui borde le lac à l'est, et que nous allons longer pendant deux jours. Les arbres ont fait leur apparition, acacias *lahai* à la ramure parasol et aux troncs rouges et acacias *seyal* aux doubles épines impressionnantes. Plutôt que de continuer seuls vers le nord, nous suivons nos amis ; le soleil commence à cogner et ils savent où ils vont. Nous apercevons bientôt de l'animation, des chèvres, des moranes. L'un d'eux escorte à travers les herbes deux schtroumpfs en uniforme bleu marine qui rentrent de l'école. Car c'est aussi la mission des moranes, ils sont au service de la communauté et doivent assurer la protection des enfants, des femmes et du bétail contre les animaux sauvages. Quelque chose chiffonne Sonia.

— Une école, ici ?
— Oui, c'est l'enkang de Romani.
— Romani ?
— Oui. Ici, tout le monde est catholique.
— ! ! !

Nous parvenons bientôt à un petit enkang où ne vit qu'une famille. L'architecture de la hutte n'est plus la même : celle-ci est une coupole d'écorces sur pilotis à deux étages, mieux ventilée ; le rez-de-chaussée pour la cuisine et le rangement, l'étage, comme une tente igloo, pour le sommeil sur des cuirs de vache. Maria, splendide et interminable Massaï, dont les liens avec Paulo ne sont pas clairs – est-elle sa mère, sa tante ou sa sœur ? –, nous accueille à l'ombre d'un arbre, dans sa boma. De lourds plateaux de perles lui ceignent le cou. À ses lobes découpés, s'accrochent d'incroyables architectures de boucles d'oreilles agrémentées de chaînettes au bout desquelles pendouillent des facettes métalliques qui animent chaque mouvement de tête d'infinis éclats, comme un miroir aux alouettes. Son crâne rasé accentue la profondeur de son regard légèrement émacié et son franc sourire. Nous restons là à babiller sous cet arbre, avec cette splendeur d'une autre planète ; nous sommes heureux. Quand tout est plus calme, à l'heure du blanc soleil, nous nous expédions une soupe aux nouilles qui nous fait suer à grosses gouttes.

On nous annonce, plus au nord, des lions en pagaille, pas de chemin et très peu d'enkangs. Et nous n'avons pas de lance. Je cherche à en acheter une, quand Maciar, un farouche guerrier au visage balafré, nous rejoint sous l'arbre. Il doit aller au Kenya. Il attendait un autre morane pour partir, mais accepte de se contenter de deux nomades *olashumpaïs*. Nous laissons passer le feu solaire et reprenons la piste. Paulo et Maya ont disparu. Ça nous chagrine toujours un peu de quitter ainsi des amis, mais ça n'est qu'un vieux réflexe culturel occidental : pourquoi, en effet, se dire « au revoir » quand on sait qu'on ne se reverra pas... ? Les Massaïs se quittent sans autre forme de procès mais, en revanche, exultent de joie lors des retrouvailles et se répètent pendant de longues minutes d'abracadabrantes formules de politesse en remontant jusqu'à la septième génération !

Nous marchons plein nord avec Maciar en suivant les berges sauvages. La vie fourmille. Des volées de cœlis, petits passereaux grégaires, virevoltent en nuages denses, comme des étourneaux, des lièvres détalent dans nos pattes, quand ce ne sont pas des envols de cailles qui nous font sursauter. Une foultitude d'oiseaux limicoles jacasse dans la vase, canards, oies, échassiers, ibis sacrés, toute l'avifaune d'Afrique s'est donné rendez-vous au banquet du Natron. Des guêpiers vert fluorescent virevoltent au ras des herbes comme des hirondelles. En bordure du sentier sourdent des sources alcalines et chaudes qui taillent vers le lac à travers la vase sèche incrustée de sel des ruisseaux rectilignes d'environ cinq cents mètres. Les poissons y grouillent, que poignardent les hérons et que bombardent les martins-pêcheurs ; un aigle martial décolle à notre approche. Ce n'est pas de l'eau de pluie ni de l'eau de filtration. C'est une eau minérale venue des entrailles de la Terre à cause de son échauffement et de sa dilatation. Elle est pourtant cristalline. Je la goûte du bout de la langue, Maciar fait la grimace. Elle est très salée et chargée de minéraux inconnus, à la température d'un thé brûlant. Comment font pour y vivre ces poissons que nous voyons fuser en tous sens alors que le lac est mortel pour eux ? Ils ne peuvent pas s'y réfugier. Cela veut-il dire que leur écosystème, leur univers, est ce ruisseau de cinq cents mètres de long ? Depuis combien de temps, combien de millénaires se reproduisent-ils ainsi ? Ils ressemblent aux cichlidés du lac Malawi [1]. Nous repartons tout esbaudis par ce miracle de la survie et de l'adaptation...

Dans le jour déclinant et les plumettes d'or des herbes enflammées, nous nous mêlons de nouveau à des troupeaux de zèbres et de gazelles qui, la nuit, se rapprochent de l'homme pour

---

1. *Cf.* tome I p. 308. Nous avons appris depuis qu'il s'agissait d'*Oreochromis alcalicus grahami*, variété autrefois d'eau douce, quand les grands lacs étaient reliés par des cours d'eau, et qui s'est peu à peu adaptée à l'eau brûlante, très alcaline.

s'éloigner des fauves. C'est un spectacle dont on ne se lasse pas. Nous avons conscience de fouler un monde qui ignore le fusil. Les animaux détalent à notre approche, et s'arrêtent cinquante ou cent mètres plus loin; ce petit jeu de *stop-and-go* n'en finit pas. La distance minimale tolérée est celle du jet de flèche ou de l'aire d'accélération d'un fauve. Voilà l'étalon de cet espace. Il est préhistorique. À la limite de cette portée, le gibier se sent en sécurité.

L'oreille aux aguets, Maciar localise vite un enkang; troupeaux et fillettes y convergent selon un rituel qui nous devient familier. Dans cet univers hostile, l'hospitalité est naturelle, elle coule de source. On sent aussi que ces Massaïs-là reçoivent peu de visites. Pour les quelques enfants présents, nous sommes les premiers olashumpaïs. Ils en sont fascinés. Nous sommes bien dans l'envers du décor, à trente-six kilomètres du camp d'Engaré Sero, où des milliers d'olashumpaïs défilent chaque année. Le monde, de plus en plus couvert par la toile, par le réseau des routes, le maillage des fils, les canaux d'informations, les axes d'échanges, reste enclavé, vierge et sauvage. Il suffit de marcher entre les fils, entre les mailles du filet.

— Comment ça s'appelle, ici ?
— Lamendea.

Lamendea... Là où il y a des hommes, la terre a un nom. Nous marchons aussi pour ça, la poésie de la topographie. Combien de lieux-dits avons-nous ainsi récoltés ? Nous les récitons à nos hôtes par ordre d'éloignement, ils connaissent toujours les deux ou trois premiers, rarement les suivants et sont ravis que nous n'ayons pas oublié les plus proches, car ils comprennent que nous n'oublierons pas Lamendea. Nous dressons la tente dans un enclos abandonné. La nuit est tombée. Riz-oignon et soupe-carotte, ce soir, après un thé réparateur.

Le sac de riz se crève. Maciar, accroupi aux côtés de Sonia, l'aide en silence, et je regarde leurs mains picorer dans le cercle de lumière de nos lampes frontales, appliquées à sauver les graines magiques de cette céréale venue d'ailleurs, d'un monde où les champs sont des lacs. De cette récolte de grains de riz, de cette main noire et de cette main blanche grappillant des grammes de vie, de cette scène anodine se dégage une violente poésie. Un croissant de lune se lève sur le Gelaï, un chacal jappe, le feu chuinte, l'eau bout, le tambour des sabots de zèbres résonne autour de nous dans la brousse, la nuit s'installe.

Sesaï, enkang massaï, Kenya, mardi 16 juillet 2004, 565ᵉ jour, 50 km, 7 254ᵉ km

Ce matin, à l'aube, nous marchons dans les pas des lions. Pas des fantasmes de lions sur des territoires où ils sont peut-être là ou peut-être pas ; des lions réels, bien présents ! C'est la septième fois. On ne s'y fait toujours pas. Une troupe au complet. Elle n'est pas loin. Heureusement que nous sommes avec Maciar. Notre guerrier parcourt le paysage de son scanner intégré, hume le vent et vient poser son regard pointu dans la poussière. Tant d'empreintes qu'il y perd son swahili. Un antérieur droit laissé là parmi un piétinement est la plus grosse empreinte que nous ayons jamais vue : terrifiante. Et elle est fraîche. Le décor est typique, ils pourraient être partout. Nous avançons groupés. Dans le doute, j'ai dégainé mes fusées, histoire de me faire à l'idée. Comme un cow-boy de série B, je simule la posture de tir, bras tendus, détente à cran, sous les rires francs de Maciar, histoire d'exorciser ma peur. Il avance d'un pas chaloupé, comme celui d'un punk, perché sur des mollets de criquet. Il semble connaître les moindres détails du paysage, reconnaître les moindres cailloux, là où nous ne voyons rien. Il scrute tout, en permanence, à la manière d'un échassier picorant des graines dans un champ, méthodique et concentré. Il va plus vite que nous mais s'arrête tous les quarts d'heure sous un acacia pour nous attendre une minute, assis sur notre bidon d'eau qu'il porte pour nous aider. Et quand l'écart se creuse, augmente notre malaise. Par intermittences, nous jetons un coup d'œil par-dessus nos épaules. Je ferme la marche. Sonia intercepte mon regard :

— Tu as peur ?
— Oui ! Toute honte bue, oui !

Je ne devrais peut-être pas le lui montrer, car elle a peur de ma peur. Mais il n'y a pas de raison que je fouette tout seul. Je pourrais cacher cette peur sous des faux-semblants, mais non, je la sais salvatrice, la peur. Elle est la tension qui maintient nos sens en éveil, qui nous prépare au pire, à l'attaque, qui nous aidera à affronter le danger le plus sereinement possible. La peur est un réflexe de survie. Ne plus avoir peur de rien c'est être suicidaire. Sonia tente de se rassurer :

— Il paraît que les lions font la différence entre un Massaï armé et un Massaï sans lance, et qu'ils ont une peur bleue des Massaïs armés.

— Oui ! Peut-être... On leur demandera...

Nous marchons en silence. Au fil des heures, les niveaux de nos bouteilles et du bidon porté par Maciar diminuent. Nous avons beau nous rationner, il fait chaud et la réhydratation est indispensable. Comment allons-nous faire pour trouver de l'eau ? Nous avons cru comprendre, dans les discussions d'hier soir, qu'il n'y aurait plus personne d'ici au Kenya. Pourtant, un autre Massaï nous a rejoints comme par enchantement. Ils se connaissent. C'est un peu dur de se comprendre car Maciar ne connaît que quelques mots de swahili. Ils parlent des lions. L'autre type semble les avoir vus. Mon sang ne fait qu'un tour :

— *Iko wapi simba ?* (Où étaient les lions ?)

— *Simba lala karibu njia, chakula punda milia usiku!* (Ils dormaient près du chemin, ils ont mangé un zèbre pendant la nuit.)

Ils étaient assoupis, près d'une carcasse de zèbre, le ventre plein de viande, à quelques encablures de la piste. Ils nous ont regardés passer ; nous ne les avons même pas vus. Un petit rien, aperçu dans l'œil de Maciar, comme un éclair de fureur et de peur rétrospective, me fait penser qu'il savait, qu'il les avait sentis mais ne nous en avait rien dit. De loin, ils auraient peut-être flairé notre terreur. Les lions redoutent donc bien les Massaïs comme la peste. Ils se seront tapis dans les hautes herbes à notre approche.

Vers midi, nos deux guides semblent nous égarer sur un socle rocheux rayonnant de chaleur. Ils palabrent à haut débit, discutent l'orientation, cherchent un passage entre les blocs de pierre brûlante, jusqu'au moment où nous tombons sur un lit de rivière à sec taillé dans une petite gorge. Le copain dont nous n'avons pas retenu le nom se met à fouir les graviers à grands mouvements du plat de ses mains. Ça va plus vite que prévu, et, à cinquante centimètres, apparaît l'eau, la vie. C'est bien de l'eau captive. De l'eau de pluie restée là sur ce socle rocheux, dans cette masse de graviers fins depuis les maigres pluies de l'année dernière. Je filme la scène, Sonia commente :

— Bon, c'est pas grave, elle est juste marron, quoi...

Je saute à mon tour dans le trou, avec nos outres.

— Mais non, regarde, Sonia, l'eau pure apparaît. De la bonne eau filtrée par les sédiments volcaniques, c'est de la Volvic !

Depuis des millénaires, les hommes font le même geste : remplir de l'eau dans des *guerbas*, sauf que la nôtre est en plastique... Nous repartons le cœur léger et le sac alourdi. La chaleur est torride, aujourd'hui, car il n'y a pas de brise, pas un souffle d'air. Le Natron est d'huile. Des flamants épars ourlent de rose le miroir des rives. Nous marchons sans nous arrêter sous le cagnard, comme des damnés, car l'autre Massaï nous a confirmé avant de disparaître aussi naturellement qu'il était apparu qu'il n'y avait plus personne avant le Kenya. Sonia s'interroge.

— C'est incroyable ! On dirait que ce type est juste venu pour nous aider à trouver de l'eau...

Au beau milieu de l'après-midi, accablés de chaleur, la tête gourde, hypoglycémiques, nous crions grâce ; les Massaïs sont des bêtes de marche, affûtés pour l'endurance, légers, souples et véloces. Ils peuvent marcher cent kilomètres sans boire et sans s'arrêter. Sous l'ombre famélique d'un commiphora et sous le regard de Maciar, nous nous expédions en vitesse une soupe aux nouilles. Il ne veut pas y goûter, il les désigne du doigt en grimaçant.

— *Vidudu !* Pouah ! *Vidudu !*

Nous ne connaissons pas ce mot. Sonia cherche dans notre petit lexique de swahili et s'exclame bientôt :

— Des vers ! Il croit que ce sont des vers !

Nous rions tout notre saoul. Nous repartons sur un plateau en bordure du lac, vers le Shompolé, petit volcan planté au milieu du Rift, qui se rapproche inexorablement. La vue sur le lac se dégage. Nous pouvons enfin en apprécier les tons rosés, dus à la présence d'une algue microscopique. Les rives successives du lac, chaque fois réduites par la sécheresse, ont laissé des auréoles blanches de sel qui frangent le pourtour comme les motifs d'une tranche d'agate géante. Au milieu du lac, les conglomérats de chlorure et de carbonate de sodium semblent des récifs de corail sur une mer de sang. Spectacle de toute beauté, début et fin du monde, univers d'éruptions et de cataclysmes dans une nature encore loin d'être apaisée. Malgré la fatigue, nous accélérons la cadence. Maciar semble vouloir trouver une boma à tout prix, il sait ce qu'il en coûte de dormir dehors. Malgré cela, au quarantième kilomètre, la nuit nous rattrape. Il persévère. Il veut quelqu'un. Une demi-lune nous aide. Nous perdons cependant le chemin, le retrouvons, le reperdons, cherchons dans la nuit des empreintes de chèvres qui trahiraient la présence d'hommes dans les parages. Comme un limier, il a les yeux rivés au sol. La lune encore basse révèle de petits reliefs précis laissés dans la fine poussière. Il reconnaît les empreintes des sandales de moranes en fonction de leur usure ou du modèle de pneus dans lesquels elles ont été taillées. Très vite, cela devient un jeu entre nous. Il leur donne des noms, fait mine de reconnaître des copains. Quand il tient une piste, nous la suivons sur plusieurs kilomètres, notamment les empreintes d'un type dont le gros orteil droit, sans doute déformé ou cassé, sort de la sandale et s'imprime très nettement sur le sol. Celui-là est trahi par ses empreintes. Dans le ciel, à la verticale, toujours cet avion nocturne qui passe en clignotant, tous les soirs un peu plus tard. Il est 20 h 15, cela fait quatre jours que nous le voyons. Ça doit être le Dodoma-Nairobi. A-t-il du retard ? Non, nous avançons de cinq minutes par jour...

En marchant ainsi en silence, nous déclenchons dans la brousse des fuites précipitées. Nous reconnaissons les animaux, sans les voir, à leur signature sonore, le trot des zèbres qui démarrent au quart de tour, les girafes au rythme syncopé et lourd qui s'arrêtent et qui repartent, les rafales de gazelles, tous font trépider nos cœurs. Nous avançons éperdument. Maciar est encore plus stressé que nous. Mauvais signe. Il est vrai qu'il n'a pas avalé grand-chose, aujourd'hui, quelques biscuits et des bonbons que nous lui avons donnés. C'est maigre. Il doit commencer à fantasmer sur une bonne *enkukurto* de lait fumé. J'ai ressorti mes fusées éclairantes. On n'est jamais assez prudent. Sonia voudrait s'arrêter n'importe où. Les hyènes ne l'empêchent pas de dormir. Nous traçons dans la nuit bleue habitée d'ombres étirées par la lune en spectres crochus.

Nous avançons comme des automates en pilote automatique, l'attention relâchée, derrière notre pisteur fou, quand, soudain, il s'arrête devant une empreinte plus petite, plus lisse et oblongue, finement striée en travers de la marche :

— Une vache sans poils [1] !

Il est aux anges. S'il y a des femmes dans le coin, c'est que les enkangs ne sont plus loin. Nous repartons de plus belle. Peu

---

1. C'est une des façons de désigner les femmes, en langue massaï.

après, il tend son oreille largement trouée et, dans le néant, semble entendre des chants et des conversations. Ça y est, se dit-on, nous sommes arrivés, mais cela dure et rien ne vient. Par les nuits de lune sirupeuses, le son porte loin. Une demi-heure plus tard, nous atteignons enfin, épuisés, la palissade de bois et d'épineux d'un enkang. Rapide coup d'œil au podomètre : nous avons couvert cinquante kilomètres. Nous entendons parler doucement dans l'enkaji, Maciar, lance un timide :

— *Hodi !*

C'est ainsi qu'on s'annonce quand on est à l'extérieur. Pas de réponse. Je réitère, un peu plus fort :

— *Hodi !*

Silence et stupeur à l'intérieur. Ils ont reconnu mon accent bizarre.

— *Karibu !* répond quelqu'un, qui sort aussitôt.

Un Massaï géant, le crâne rasé et les dents du bonheur. Il éclate de rire en nous voyant, blêmes sous la lune. Nos deux compères échangent à toute vitesse salutations et récit de la journée, le débit est carabiné, ponctué de quintes de rires ; toute la maisonnée est sortie de l'enkaji pour voir les olashumpaïs. Quand le débit se calme, j'interroge notre hôte :

— *Kenya hapa ?* (C'est le Kenya, ici ?)

— *Ndio ! Enkang Sesaï.* (Oui, le village Sesaï.)

Sans nous en rendre compte, sous les étoiles, au pied du Shompolé, comme aux temps où les frontières n'existaient pas, nous sommes entrés au Kenya. Notre sixième pays. Sonia s'exclame :

— Dans trois pays, nous serons à la porte d'Israël !

— Non ! Pas déjà !

— Eh bien, si : l'Éthiopie, le Soudan et l'Égypte !

— C'est vrai... Enfin, ce sont de gros morceaux...

Nos hôtes rigolent de nous entendre parler dans une langue mystérieuse. Et de notre rituel – nous avons pour habitude de nous étreindre quand nous passons une frontière, chose qui ne se fait pas dans la culture massaï. Au lieu d'être choqués, nos hôtes se roulent tous par terre de rire.

— *Karibu ! Karibu !* (Entrez ! Bienvenue !)

Le grand type tire d'une main la grosse branche épineuse qui ferme son enclos, en se tapant sur les cuisses avec l'autre. C'est la fête, ce soir, à Sesaï !

Avant de monter la tente, nous sommes invités dans l'enkaji. Dès le seuil, le petit couloir fait un coude, si bien qu'on ne peut pas voir ce qui se passe à l'intérieur, pas plus que n'y entre la lumière. La pièce centrale où gît le foyer est entourée d'alvéoles séparées de cloisons. Chacune est un lit de branches recouvert de cuirs de vache superposés. On nous en désigne un. Le cuir est sec et lisse, rasé de ses poils; il craquète et grince sous notre poids. De grandes branches se consument par le bout; elles encombrent le sol et tous doivent les chevaucher pour s'installer autour du feu. D'un geste précis et subtil, la maîtresse de maison écarte deux bouts de bois dont les pointes s'étaient collées après que j'ai buté dedans, de façon à rallumer la flamme éteinte par ma maladresse. L'espace réduit s'est tout de suite enfumé, car aucune évacuation n'est prévue. Le toit de terre étant hermétique, on se demande par quel miracle nous ne sommes pas tous asphyxiés. On ne se tient jamais debout très longtemps dans un enkaji, la fumée nageant en nappes denses sous le plafond. La température grimpe vite. La mère nous prépare un thé noir, très fort, suivi de près d'une inkukurto de kulé naïrowua, du lait frais et doux comme le miel et parfumé à la violette. Tout en manipulant ses objets, elle chante; son beau visage arrondi se dore chaque fois que, surgissant de l'ombre, elle le présente au feu. Nous ne nous lassons pas de la contempler. Ses colliers pendent, ses boucles d'oreilles et ses bracelets cliquettent à l'unisson, sa toge se défait. Son tabouret est un petit bidon rouillé renversé et instable, le sol est jonché d'ustensiles, les murs sont sales et fuligineux, encombrés de grappes de gourdes et de toiles d'araignées chargées de suie mais, comme un chef d'orchestre dans ce capharnaüm obscur, elle reste propre, habile, le geste lent et efficace à la fois. Une sublime danse domestique. La voilà qui saisit une longue gourde vide derrière elle, la renverse, vérifie en la tapotant qu'elle ne contient pas de poussière et y verse une bonne poignée de noyaux d'olives sauvages. À l'aide d'une petite pince elle saisit des braises qu'elle introduit à leur tour dans l'étroit goulot, puis, à l'aide d'une longue tige, touille longtemps dans le fond de la calebasse cette étrange mixture. Un jeune Massaï éclaire notre lanterne :

— Ça sert à stériliser. C'est ce qui donne le goût fumé au *kulé naaoto*, notre yaourt traditionnel.

Nous chantons tard dans le soir avec cette famille gaie et hospitalière, partageons des histoires de lions et de paludisme, racontons le Lengaï devant des batteries de pupilles scintillant dans le noir, car personne, à Sesaï, n'est allé jusqu'au sommet.

La nuit est bonne et douce. Finie, la Tanzanie, pays tant redouté, pays tant chéri. Qu'elle est loin, la frontière sud avec le Malawi ! Quand on se disait : « Et de l'autre côté qu'est-ce qu'il y a ? Il y a le Kili ! » Que de kilomètres parcourus, que de péripéties, que d'enseignements ! Plus encore qu'en redescendant du sommet de l'Afrique, nous avons ce soir le sentiment qu'une page se tourne et d'avoir effectué un pas de géant.

Ce matin, nous sommes pressés. Les enfants de la famille aussi, qu'on lave avant de les revêtir de leur uniforme d'écolier. Le bleu roi est ici remplacé par un short vert et une chemise jaune. Comme tous les enfants du monde, ils rechignent à la toilette, se débattent quand la mère insiste pour moucher le nez ou pour récurer les oreilles. Une jeune mère allaite ses deux fils, l'un de quatorze mois, l'autre de deux ans. Chacun son sein. Les deux bébés se font ensuite de gros câlins. Il y a encore eu un bouc, cette nuit, mais le sommeil devient apparemment sélectif puisque je l'entendais sans que cela ne me réveille. Nous sommes pressés de reprendre la piste, car nous sommes en retard d'un jour pour un rendez-vous avec Alexandra, la petite sœur de Sonia, venue de France partager quelques kilomètres avec nous au Kenya. À Shompolé, notre premier village kenyan, nous cherchons une voiture pour aller la chercher à Nairobi. Entrés illégalement dans le pays, nous devons aussi nous régulariser. Il n'y a pas de voitures prévues aujourd'hui. On est coincés. Il faut attendre.

Alors que nous déambulons sur le marché en répertoriant les différences de costumes entre les Massaïs de Tanzanie et ceux du Kenya déboulent dans le village deux Land Cruiser verts. Anthony, beau gosse aux bras de déménageur, bronzage baroudeur et sourire Ultrabrite, entre en coup de vent dans une gargote, en ressort bientôt et vient à nous :

— *Do you need any help ?* (Avez-vous besoin d'aide ?)

Nous lui faisons le topo. Il hallucine, appelle son boss Anthony 1 (lui, c'est Anthony 2). La solution ne tarde pas :

— Nous allons à Nairobi demain, d'ici là, venez vous reposer, nous avons un lodge sur l'escarpement, près d'ici ; c'est un privilège de vous recevoir...

La vie n'est-elle pas plus folle que le plus fou des romans ? Marchez ! Tout arrive.

Sud kenyan

1. Anthony Turner, Anthony Russel, Elisabeth Warner
2. John Masikonté Ntiiti
3. Alexandra Chassin et Baptiste Quéguiner
4. Arnaud et Laure Thépenier, Jill Woodley, Nigel Pavitt, Harald Bohn
5. Joyce Kojay
6. Nahason Naïja
7. Simon
8. Anastasia Djioki
9. Nancy Rose et Peter Likomo
10. Pius Mulwa et Husna Abdallah
11. Spencer Gelthorpe

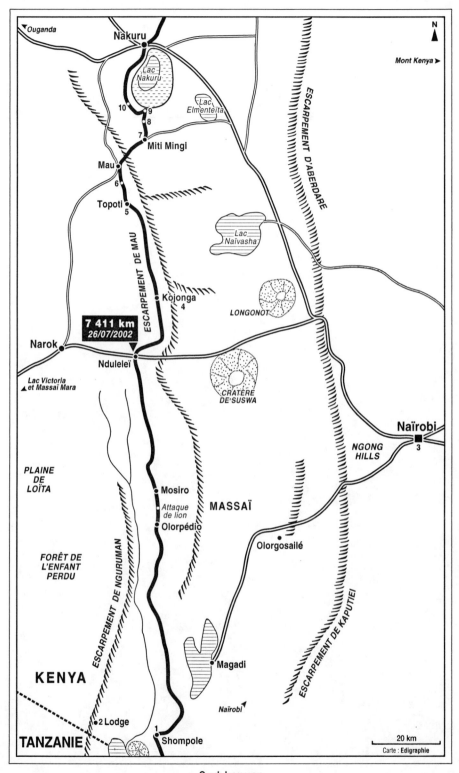

Sud kenyan

8

Magadi, peau de chagrin

Nairobi en coup de vent. Juste le temps, après tant de solitude et de déserts, d'être effarés par les gratte-ciel, les embouteillages, les concerts de klaxons des *matatus*[1] en folie, et récupérer Alexandra et Baptiste. Le temps aussi de nous régulariser. Anxieux et coupables, nous nous sommes présentés au treizième étage de l'*Immigration building*, en plein cœur de la ville, devant le plus haut directeur disponible :

— Bonjour, nous sommes entrés illégalement dans votre pays, sans passer par un poste frontière, entre le lac Natron et le lac Magadi, et nous voudrions vous acheter un visa...

— Pas de problèmes. Je suis exactement la personne qu'il vous fallait. Descendez avec ce papier et payez les vingt-cinq dollars du visa. Bienvenue au Kenya !

— ??!!

Jamais vu un pays aussi relax. Jamais accompli une formalité aussi rapidement.

Nous retournons vite à Shompolé reprendre le fil de notre marche. Nous n'aimons pas trop ce genre de « trafic » avec notre démarche, mais nous ne pouvions pas demander à Baptiste et à Alexandra de nous retrouver en pleine brousse. Et c'est merveilleux de recevoir de la visite. Ça nous aide à tenir le coup. Le plus gros sacrifice de ce genre de voyage, c'est la famille. La faire venir est un bon compromis puisque nous ne voulons pas rentrer

---

1. Taxis collectifs privés, prévus pour onze personnes et qui en comptent souvent plus de vingt.

en France, rompre l'aventure, la tronçonner. Il nous paraît important de marcher d'une seule foulée cet itinéraire « dans les pas de l'Homme », depuis ses origines jusqu'à nos jours, des australopithèques à l'homme moderne, de refaire symboliquement le premier voyage des premiers hommes en ce début de troisième millénaire, de ne pas verser dans le penchant actuel qui consiste à se moquer de l'espace pour remplir le temps, car nous voulons nous moquer du temps pour remplir l'espace, le parcourir, le vivre : rendre à l'espace, un temps à échelle humaine. Nous ne voulons pas non plus succomber au chant des sirènes médiatiques qui nous chantent cet air connu : « Vos films ne se vendent pas sans vous, on est en train de vous oublier, vous devez rentrer faire de la promo... » Non, non, et non !

Sous un soleil de plomb, nous repartons de la gargote où nous avons rencontré Anthony 2. Anthony 1 a demandé à l'un des Massaïs qu'il emploie dans la réserve naturelle de nous accompagner. D'une part, il se sent responsable de nous, d'autre part, il a l'idée de proposer à ses hôtes une petite marche en brousse et veut éprouver les qualités d'un guide potentiel. Nous lui offrons l'occasion rêvée d'être ses cobayes marcheurs. En passant, il nous avait montré depuis la voiture trois lionnes perchées comme des léopards dans un immense figuier...

John Masikonté Ntiiti est ravi de marcher avec nous. Il doit, de toute façon, aller passer son congé d'un mois auprès de sa famille, qui a un terrain sur l'escarpement de Mau, deux cents kilomètres plus au nord. Il parle un anglais impeccable :

— Aucune piste ne traverse ces territoires massaïs, je suis donc obligé de faire un immense détour par Nairobi, de changer trois ou quatre fois de matatu ; ça me prend au moins deux jours et j'ai horreur de ça ! Et puis, à pied ça va me donner l'occasion de traverser des régions reculées que je ne connais pas. Payé pour payé, je préfère marcher que jardiner.

— Tu ne gardes pas la réserve ?

— Il n'y a rien à garder ici. Les animaux sont en sécurité, aucun braconnier ne se risquerait dans les parages. En fait, en ce moment, j'aide aux jardins et aux potagers, car presque tous les légumes consommés ici sont produits sur place. Moi j'ai un BTS d'agriculture sous serre avec une spécialité en « micro-dripping [1] ».

---

1. Irrigation par un système de goutte-à-goutte qui économise l'eau.

— Mais je croyais que les Massaïs n'avaient pas le droit de travailler la terre ? demande Sonia.

— Aujourd'hui, nous n'avons plus le choix. Il vaut mieux apprendre à le faire nous-mêmes à petite échelle, selon une technologie de pointe qui nous permet de cultiver des produits à forte teneur en vitamines, comme les tomates, les carottes, le persil ou les oignons, plutôt que d'importer des travailleurs kikuyus ou kambas qui viendront s'installer avec leurs familles, créeront des villages, finiront par cultiver leurs lopins, lâcher leurs chèvres et perturber l'équilibre fragile de notre société. De toute façon, il n'est pas question de planter du maïs ou du blé dans ces déserts, alors ce n'est pas vraiment de l'agriculture, c'est plutôt du jardinage.

Je sens que notre marche avec lui va être passionnante. Il incarne le paradoxe d'une société traditionnelle qui tient à le rester sans pour autant être reléguée dans le rôle de parent pauvre d'une société aveuglée par les mirages du modernisme. Et il va répondre enfin aux si nombreuses questions que nous nous sommes posées au cours du séjour auprès de nos amis massaïs de Tanzanie, avec lesquels les conversations se résumaient au minimum vital.

Le fond du Rift, dans la plaine de Magadi, est un des endroits les plus hostiles de la planète. Le choc est rude pour Alexandra et Baptiste qui débarquent de Paris. L'une est journaliste de voyages, gracieuse comme un tanagra aux grands yeux bruns, et l'autre est lieutenant dans la marine marchande, l'œil bleu débonnaire et le sourire aux lèvres, même s'il est plus habitué à tenir la barre d'un supertanker qu'à crapahuter dans le désert. Mais je ne suis pas inquiet ; avec John, nous sommes entre de bonnes mains. Quel confort intellectuel que de pouvoir se reposer entièrement sur quelqu'un. Un guide ! C'est la première fois que cela nous arrive en sept mille trois cents kilomètres.

Nous partons tous les cinq vers le nord en contournant par la droite une forêt touffue d'épineux. John porte une lance de morane qu'il tient sur l'épaule, un beau karasha rouge, un olalem et un casse-tête. En guise de gourde, accrochée à son sac à dos d'écolier, il a une petite calebasse rouge et ronde. Il marche, lui aussi, en sandales traditionnelles de pneu.

— On a repéré hier une horde d'éléphants et des buffles par dizaines, qui fourrageaient près de la rivière Ewaso Ngiro. Il vaut mieux ne pas les rencontrer !

À gauche s'élève l'imposant et interminable escarpement de Nguruman, que nous allons suivre jusqu'à sa fin vers le nord. Il va être notre garde-fou. C'est lui qui recèle la mythique « forêt de l'enfant perdu », centre spirituel de la culture massaï, et enjeu politique d'importance. Sur notre droite s'étalent les étendues blanchâtres et rosées des marais salants de Magadi. L'eau encore libre paraît si chargée en minéraux qu'elle est sirupeuse et noire comme une vitre teintée. Quelques flamants dansent sur ce miroir comme des patineurs à l'entraînement. John commente :

— Vous n'allez pas me croire, mais cela fait soixante-cinq ans que le carbonate de sodium est exploité ici et le gisement augmente !

Au loin, les cheminées d'une grosse usine défigurent ce paysage virginal.

— En fait, c'est plus de quatre mille tonnes de natron qui se déposent chaque jour par les exfiltrations d'eau alcaline – le gisement est éternel.

— À quoi ça sert le carbonate de sodium ? demande Baptiste.

— C'est un composant indispensable dans la fabrication du verre ; une fois transformé, ça s'appelle de la soude ; on en exporte trois cent mille tonnes par an sur toute la planète ! Malheureusement, on ne voit pas la couleur de cette richesse prise sur notre territoire.

Vers midi, nous passons par une cabane de pêcheur. Son occupant fait sécher une étrange variété de poisson-chat préhistorique : des dipneustes, poissons capables de survivre dans la vase entre deux saisons des pluies, car leurs branchies sont doublées de petits poumons. Il les a fumés ; ils sont tout secs et tout dorés. Nous en prenons quelques-uns pour les jours à venir. John fait une moue dégoûtée.

— Vous n'allez quand même pas manger ça !

— Si ! c'est drôlement bon, le poisson fumé, se hasarde Alexandra.

— Pour nous les Massaïs, c'est comme manger du serpent.

Toute la journée, John nous révèle des aspects secrets de sa culture, d'une extrême complexité. Nous parlons des rituels d'initiation et d'excision – que nous ne verrons pas, car ce n'est pas la saison –, de l'*eunoto* qui célèbre la fin du « service militaire » des moranes, tant et si bien que, ne voyant pas le temps passer, nous ne sentons pas que nous sommes déshydratés. Le soir nous voit tous saisis de crampes et de douleurs. Baptiste boite déjà sur une grosse ampoule, mais ne perd pas son sourire. John nous loge dans l'enkang d'une de ses tantes. Nous nous effondrons de fatigue. Dans la lune rousse, passe un vol de flamants roses en route vers le sud.

Enkang Olorpédio, 24 juillet 2002, 573ᵉ jour, 31 km, 7 347ᵉ km

C'est notre troisième jour de marche avec John. Il reste intarissable. Le paysage est morne et plat, chaud et piqueté d'acacias étiques. L'escarpement de Nguruman, loin sur la gauche, ne parvient pas à embellir notre quotidien. Nous marchons d'enkang en enkang, suscitant chaque fois plus de surprise. En signe de respect envers les aînés, des enfants viennent en procession nous tendre leurs petits crânes chauds afin que nous y apposions la main, comme pour une bénédiction ; ce faisant, ils chuchotent entre eux et ont du mal à réprimer des gloussements attendrissants. Ceux-là n'ont jamais vu de Blancs. La présence de John facilite les choses, car il nous introduit et décrypte sans cesse, mais creuse aussi une énorme distance entre nous et les Massaïs que nous rencontrons. Nous devenons un peu spectateurs de notre marche. Les rapports sont moins proches, il se débrouille chaque fois pour que nous dormions dehors, ou isolés des gens. Nous découvrons la vie de groupe. Nous sommes cinq ; en effet, nous formons un groupe. Un petit groupe, certes, mais cela change tout. L'accueil n'est plus le même, l'échange est plus distant. Nous devons être plus autonomes. Sonia et sa petite sœur chérie se parlent tout le jour. Elles n'ont jamais connu de séparation aussi longue. Il y a du temps à rattraper, tant d'histoires à raconter.

Les costumes des Massaïs ont changé. Les karashas sont ici plus variés et plus bariolés qu'en Tanzanie, où ils étaient tous peu ou prou du même modèle. Il y a ici plus de cotons importés d'Afrique centrale. La rigueur des rouge sang est souvent travestie par des tissus à grosses fleurs aux couleurs criardes, ou, encore plus osée, la fameuse toge rouge est remplacée par un drap rose, jaune canari ou vert pomme. Sonia fait part de son étonnement à John.

— Vous savez, le style massaï évolue, nous n'avons pas toujours été drapés de rouge. Regardez des photos des années soixante et soixante-dix. À l'époque, nous étions tous vêtus de marron, de cuirs ou de tissus teints avec des ocres naturels. Le rouge date des années quatre-vingt, de l'importation de tissus indiens. C'est vrai que nous aimons le rouge, mais notre culture est vivante et inclusive, nous absorbons les influences. Les modèles de boucles d'oreilles varient selon les années, de même que les colliers ou les bracelets; les codes et les combinaisons sont infinis, c'est comme la mode chez vous, puis ça revient par cycle! Il n'y a que certaines parties des rituels qui restent immuables.

La chaleur devient accablante. Nous marchons sur des épandages de petits blocs de lave étalés sur des cendres coiffées d'herbes jaunes. Cela sent l'odeur caractéristique des saunas, avec cette touche de vétiver qu'apportent les herbes sèches.

Assis sur un tertre, un morane nous fait signe. Nous allons à lui. Il a un œil salement amoché par une épine d'acacia directement plantée dans le blanc, devenu rouge. Il nous demande des médicaments. L'épine est encore là, semble-t-il. J'en vois la section dépasser à fleur de cornée. J'ai peur que, si j'y touche, l'œil explose et se vide d'un jet, comme l'avait fait la main d'Irène, à Makoumba [1].

— Depuis combien de temps a-t-il cela?
— Une semaine...
— S'il ne va pas à l'hôpital, il va perdre l'œil...

Nous lui laissons un collyre et des Di-Antalvic. Que peut-on faire de plus? Nous sommes, nous aussi, en sursis. Ici, tout est agressif, les plantes, le soleil, l'air poussiéreux. Aujourd'hui, la dernière invention d'Africa Trek est la *speargrass* : une herbe vicelarde dont les graines sont des petites flèches dotées d'ardillons et de bardes qui se fichent dans les chaussettes par centaines et progressent à chaque mouvement vers la chair. Quand elles l'ont trouvée, elles s'enfoncent dans le derme et prétendent y rester. La torture est insupportable et nous immobilise tous les kilomètres. Nous devons alors nous

---

1. *Cf.* tome I, p. 331.

éplucher patiemment en effilochant nos chaussettes. En comparaison, les chapissous de bardane et autres poils à gratter sont du velours d'ange. Sonia commente :

— Pas étonnant que l'herbe massaï soit armée de petites lances... Il faudrait soit des guêtres, soit marcher en sandales, comme John, mais cela voudrait dire s'exposer à toutes les autres écorchures et dangereuses épines d'acacia.

Soudain, alors que nous nous livrons à cet exercice fastidieux, elle lève le doigt en l'air.

— Vous n'entendez pas un bruit de fontaine ?
— Tu rêves ! Une fontaine dans ce désert !

John revient de derrière un buisson.

— Si, il y a un robinet dans le coin...
— Un robinet ?

Nous nous précipitons. La vision est surréaliste : seul dans cet espace désolé, un robinet se dresse comme un cobra sur sa queue et remplit un petit lac rond. Pas d'habitations, pas d'habitants, rien que de la savane désespérément sèche et ce robinet qui remplit un lac... Nous éclatons de rire.

— Qu'est-ce qu'il y a de drôle ? demande John.
— Qui a fait ça ?
— C'est une ONG italienne. Ils ont fait descendre un tuyau sur quinze kilomètres depuis l'escarpement de Nguruman. Pour faire boire les vaches.
— Mais pourquoi ne pas remplir des abreuvoirs quand les vaches sont là et fermer le robinet quand il n'y a personne ? Ou alors installer le robinet dans un village ?
— Dans la culture massaï, nous considérons que nous n'avons pas le droit d'arrêter l'eau ni de nous l'approprier, elle n'appartient qu'à Enkaï. Sinon, elle créerait des jalousies. En plus, l'eau qui dort est pleine de maladies, pas celle qui court. Il n'y a personne ici, car les enkangs n'ont jamais le droit de s'installer à moins de trois kilomètres d'une source, pour que tous les villages y aient un accès égal. Et ça, c'est juste une source conduite ici par un tuyau.
— Mais quand même, on pourrait économiser l'eau, fermer le robinet...
— Il est cassé.
— Et s'il est réparé ?
— Il sera aussitôt recassé pour les raisons que je viens d'invoquer.

— Mais toi, le spécialiste en goutte à goutte, qu'est-ce que tu en penses ?

— Ah ! là, ça n'a rien à voir, c'est pour les vaches !

Nous en voyons trois, aujourd'hui, de ces cornes d'abondance écoulant leur précieuse manne dans les cendres volcaniques. À bien y réfléchir, de toute façon, cette eau qui descend de Nguruman et de la forêt de l'enfant perdu n'a qu'un destin : le lac Natron.

Un peu plus loin, nos regards sont attirés par un tissu sombre qui oscille entre les buissons.

— Et ça, qu'est-ce que c'est ? Un épouvantail ?

— Tu ne crois pas si bien dire, c'est un piège à mouches tsé-tsé.

Un cône de toile indigo, surmonté d'un piège à guêpes rempli d'un liquide jaune, est ballotté mollement par le vent chaud.

— C'est du miel ?

— Non ! de l'urine de vache, c'est ça qui attire les mouches. Ainsi que le mouvement. Elles croient que c'est une vache, vont sous la jupe et remontent se piéger dans la bouteille. Les mouches tsé-tsé sont un fléau. C'est très important pour nous de l'éradiquer. Dans le district de Magadi, il y a plus de trois cents dispositifs de ce genre financés par des vétérinaires allemands.

— Et le gouvernement du Kenya, qu'est-ce qu'il fait ?

— Ne m'en parle pas, c'est notre pire ennemi ! Le ministère de l'Agriculture voudrait que nous changions notre bétail traditionnel pour des vaches brahmanes ou américaines.

— Pourquoi ?

— Elles produisent plus de lait et de viande. Mais elles ne résistent pas à la fièvre des tiques ; ainsi, on peut nous vendre à crédit du produit antitiques et nous faire construire des pédiluves sanitaires dans ce désert. Ils appellent ça le développement ! Certains Massaïs ont essayé, mais ça leur demande tellement d'investissements qu'ils doivent revendre leur bétail pour rembourser leurs dettes et disparaissent au profit des gros éleveurs qui sont dans les combines politiques, et qui emploient des Massaïs comme vachers. Tu parles de développement ! C'est nous voler notre liberté et nous tuer que de nous empêcher de posséder un petit troupeau. Toute l'économie de notre société est fondée là-dessus. Sans troupeaux, il n'y a plus de Massaïs. Or quand on veut acheter du bétail, on ne peut obtenir de crédit que pour des vaches exotiques, pas pour nos vaches traditionnelles dont les origines et les races ne sont pas reconnues. En fait, ils veulent que nous cessions de faire concurrence aux ranchs du pays kikuyu et, à terme, diviser en lots privés tout le territoire massaï.

— Ce serait la mort de votre culture, non ?

— En fait, le pouvoir voudrait nous déplacer dans des réserves loin des animaux sauvages et de nos vaches, nous jeter en pâture aux touristes et nous déposséder de nos terres. Ils blâment notre « tribalisme » à des fins politiques, tout en exploitant notre culture sous forme de folklore expurgé de signification rituelle. Nous, nous voulons juste vivre chez nous comme nous l'entendons. Nous ne voulons pas posséder la terre, elle appartient à tous les Massaïs, nous ne voulons pas la terre des kikuyus ou des autres tribus, nous voulons juste aller et venir librement sur nos terres ancestrales avec nos vaches, c'est tout. Un Massaï a besoin d'espace comme les oiseaux volent dans le ciel.

— Mais, demande Sonia, qu'est-ce qu'ils pourront en faire, de cette terre ?

— Ils veulent la diviser en ranchs intensifs, mais ils ne savent pas qu'elle est beaucoup trop fragile pour supporter une telle pression. Désertification garantie. En plus, il n'y a pas d'eau. C'est infaisable.

Nous portons le regard sur le paysage alentour. Difficile d'imaginer des fils de fer barbelés quadrillant ces étendues désolées où il ne pleut que quelques jours par an. Et que feraient des Massaïs séparés les uns des autres, extraits de leur vie communautaire ? Comment feraient les moranes pour vivre dans leurs manyattas ? Quel serait le rôle des vieux sages ? Autant de questions qui se chassent les unes les autres.

— Et quel est le secret des Massaïs pour gérer ce fragile écosystème ?

— Nous ne sommes pas nombreux, nous contrôlons nos naissances et nous déplaçons sans cesse nos troupeaux. Comme ça, l'herbe repousse pour les suivants. Nous avons un autre proverbe qui illustre bien cette philosophie du partage : « L'herbe n'appartient à personne. » Le nombre de têtes est fonction de la taille de la famille. À quoi nous servirait d'avoir trop de bétail ? Nous ne capitalisons pas les vaches. Ce serait un suicide. On ne peut en avoir que quand on est marié, et tout est régulé par le système des classes d'âge et l'autorité des aînés. Trop de vaches mettraient les vaches en péril. Nous sommes les seuls à pouvoir vivre dans cet univers aride. Des traîtres, attirés par l'appât du gain, ont vendu des territoires qui ne leur appartenaient pas. En faisant ça, à terme ils perdent tout et vont grossir les rangs des miséreux entassés dans les bidonvilles de Nairobi. Je ne les plains pas, ils mériteraient qu'on les tue.

Sonia nous interrompt pour signaler que nous avons perdu de vue Baptiste et Alexandra. Nous les attendons. Ils arrivent en boitillant. Les ampoules de Baptiste ne s'arrangent pas, il marche sur des clous, mais souffre en silence avec humour et détachement. La grande classe. Il est temps de trouver un enkang pour la pause-déjeuner.

9

Sous la forêt de l'enfant perdu

Nous approchons d'un immense acacia parasol. Dans son ombre bienfaitrice sont assis un vieil homme et un petit groupe de jeunes circoncis.

— C'est un sage. Il leur enseigne tout ce qu'il faut savoir pour la longue initiation qui va en faire des moranes. Ils sont sous l'arbre à conseils. Dès le matin, il y a un vieux sage qui vient là et qui attend les gens qui ont des problèmes à résoudre.

À notre approche, le vieil homme se lève lentement sur un bâton et congédie d'un geste ses ouailles. John lui parle longuement avec respect. L'ancêtre opine et ponctue chacune des phrases de son jeune interlocuteur d'un petit « eh ! » d'approbation. Nous avions déjà remarqué ce détail chez les Barbaigs. Tout monologue devient ainsi un dialogue. D'un signe, il commande à un garçonnet de noir vêtu d'aller nous chercher de l'eau pour la soupe aux nouilles et à un autre d'allumer un feu entre trois pierres. Puis il nous intime de nous asseoir avec lui en se fendant d'un large sourire bienveillant. John se tourne vers nous :

— Il n'a vu des Blancs que trois fois dans sa vie. La dernière fois que des Européens se sont assis sous cet arbre, c'était à l'époque des Anglais, quand il était jeune morane. Il est très content de vous voir. Je lui ai dit ce que vous faisiez, il est très impressionné.

Les moranillons sont revenus. L'eau commence à bouillir. Le vieux m'observe en train de verser le contenu des sachets dans l'eau avec un petit sifflement désapprobateur.

— Qu'est-ce qu'il y a ? Il croit que c'est des vers ?
— Non ! Il dit que c'est ta femme qui devrait faire ça.

J'éclate de rire. Sonia, Alexandra et Baptiste sont déjà assoupis. La brousse est anesthésiée par la chaleur et la lumière. Pas un souffle d'air, pas un bruit ne vient troubler ce silence étouffant. John le rompt d'un couperet glacial :

— Ça fait trois nuits qu'ils entendent des lions dans les parages, il nous conseille de ne pas dormir seuls ce soir. Il dit aussi qu'ils sont les derniers habitants de la vallée de Magadi, qu'il n'y a plus aucun sentier vers le nord, qu'ils n'ont aucun contact avec ces Massaïs du nord car ils sont d'un autre clan. Ils sont même plutôt ennemis...

Allongé sur le côté, l'homme a la tête posée sur un minuscule appuie-tête en bois et observe mon inquiétude. D'un geste, il attrape le lobe pendant de son oreille gauche, le remonte, et le passe comme un élastique derrière le pavillon, afin qu'il ne lui chatouille plus le cou. Il a l'iris marron cerclé de bleu pâle, comme beaucoup de vieux Africains. Il me dit qu'il regrette l'époque où les Blancs administraient le pays, car ils étaient plus tranquilles et géraient eux-mêmes leurs affaires. Aujourd'hui, dit-il, les Massaïs sont divisés par la politique, ils se déchirent entre eux.

D'un geste, il me tend son casse-tête noir et un long bâton de même facture. John a les yeux écarquillés. Je ne sais pas ce que cela signifie. Je l'interroge d'un coup d'œil.

— Il te donne ses attributs de chef, c'est un immense honneur ! Ce casse-tête droit avec une petite tête s'appelle un *olkuma orok*, et le bâton un *ésiré*.

Je suis confus et bafouille :
— Pourquoi ?
— Il veut que, par ta marche, tu témoignes de notre détresse...

Quand nous repartons, me reste longtemps en mémoire la profondeur de ce regard. John comprend mon impression.

— Chez nous, quand on rencontre quelqu'un comme ça, on dit qu'il nous a fait de l'ombre, comme l'arbre à conseils, c'est-à-dire qu'il nous a fait du bien.
— Chez nous, c'est l'inverse : quelqu'un qui fait de l'ombre, c'est quelqu'un qui fait du mal...

Depuis ce matin, le terrain s'élève peu à peu vers l'escarpement de Nguruman. C'en est fini du fond du Rift. Des rochers apparaissent, avec des arbres à feuilles. Au fil de la marche, au jugé vers le nord, nous reprenons la conversation interrompue; décidément John est une mine de renseignements. Je conteste le dernier argument du vieux sage.

— C'est quand même pendant l'époque coloniale qu'a commencé le dépeçage du territoire massaï...

— Oui, mais il s'est accéléré après l'indépendance. On a perdu l'escarpement de Mau, la région du Mara, les plaines d'Athi et de Kaputiei et, maintenant, ils veulent nous prendre celles de Loïta et la forêt de l'enfant perdu... On ne les laissera jamais faire!

— La forêt de l'enfant perdu?

— C'est une forêt primaire intacte qui s'étend juste derrière la crête de l'escarpement de Nguruman, au-dessus de nos têtes, et dans laquelle se déroulent des rituels très importants pour nous. Les hommes-médecine y trouvent des plantes, les prophètes qu'on appelle *Laïbon* y parlent aux esprits et y font des oracles, les anciens s'y retrouvent et prient Enkaï, les circoncis y suivent des enseignements de vie sauvage et de botanique. Elle est notre cœur spirituel, notre Vatican en pleine nature. Et les autorités veulent nous en chasser pour en faire une énième réserve naturelle, alors que, si nous la quittons, elle sera rapidement vidée par les braconniers. Protéger le Serengeti contre le braconnage est facile: ce sont des plaines. Protéger une forêt est bien plus difficile. Ils veulent nous enlever notre dernier sanctuaire.

— En fait, il n'y a plus que dans ces déserts que vous êtes chez vous?

— C'est la seule chose qu'il nous reste et ils veulent nous le prendre. En 1850, le territoire massaï s'étendait du milieu du Kenya, vers le lac Nakuru, au milieu de la Tanzanie, sur plus de mille deux cents kilomètres, avec les plateaux des escarpements des deux côtés du Rift. Il a tellement rétréci qu'il ne fait plus que trois cents kilomètres en fond du Rift. Et on nous appelle les guerriers invincibles! On est plutôt des idiots pacifistes incurables.

— Comment expliques-tu ce recul?

— D'abord, vers 1860, il y a eu une peste bovine qui a ravagé tous nos troupeaux, suivie de près par une épidémie de variole venue de Somalie, qui a tué la moitié des Massaïs. C'est alors que la Grande-Bretagne et l'Allemagne se sont partagé l'Afrique de l'Est, coupant d'un grand trait la terre massaï en deux (le Kilimandjaro s'est ainsi retrouvé en Tanzanie parce que la reine Victoria venait de le donner « en cadeau » à son neveu l'empereur Guillaume II). Les colons britanniques ont grignoté nos territoires humides et froids des hauts plateaux, puis, à la décolonisation, le gouvernement nous a chassés des réserves qu'il a créées pour les touristes. Depuis, il gagne partout du terrain à cause de la pression démographique des autres tribus, les Kikuyus, les Luos, les Kambas ou les Luyios, qui arrivent de tous les coins du pays car on leur a dit qu'il y avait encore ici des terres sauvages. Des statistiques tenues secrètes disent même qu'on est devenu minoritaire en territoire massaï. Au Kenya comme en Tanzanie, nous n'avons plus que le fond du Rift ! Le Kenya est bien ingrat avec nous, car nous l'avons sauvé des esclavagistes...

— Comment ça ?

— Aucune caravane d'esclaves n'a jamais pu traverser le pays massaï. Nous avons toujours attaqué les Arabes de la côte swahilie qui s'aventuraient chez nous et battu les Somalis. Nous avons libéré des milliers d'esclaves ; tous les Kenyans ont bénéficié de cette protection. Nairobi est d'ailleurs un nom massaï qui veut dire : le petit ruisseau d'eau froide. En fait, nous souffrons beaucoup plus depuis l'indépendance. Les Anglais avaient compris qu'ils ne nous changeraient pas ; ils nous admiraient et nous respectaient, alors que nos compatriotes kenyans nous méprisent et nous considèrent comme des arriérés. Chaque fois que je vais en ville, il y a des gens qui se moquent de moi, me traitent de buveur de sang, de violeur de petites filles, d'analphabète, de païen – alors que j'ai plus de diplômes qu'eux...

— Pourtant, j'ai entendu dire que le Premier ministre Saitoti est massaï, il ne défend pas vos intérêts ?

— Quelle connerie ! C'est un nom d'emprunt. Il n'est pas massaï. En fait, il s'appelle Georges Kinuthia, il est kikuyu et il ne parle pas un mot de massaï. Il a été parachuté par Moï dans notre circonscription, mais on n'a jamais voté pour lui ; il est là pour donner des gages de bonne conduite à la communauté internationale, mais, sous couvert de réconciliation nationale, il nous contrôle et nous écrase.

À force de discuter, nous ne nous sommes pas rendu compte que le terrain s'élevait. En nous retournant pour attendre les trois autres, qui discutent de leur côté, nous découvrons le paysage arpenté durant ces quatre derniers jours. Très loin, à environ cent kilomètres, à peine visible dans les brumes de chaleur, le Shompolé paraît minuscule au milieu du Rift uniforme et jaune sale qui monte vers nous comme une rampe. Baptiste calcule.

— Il vous faut parcourir à peu près soixante-dix fois ça pour finir votre marche ! Puisqu'on l'a fait en quatre jours, vous devriez y parvenir en... trois cent vingt jours.

— Tu es sûr que c'est pour nous encourager que tu dis ça ? ironise Sonia.

John est tendu. Il n'y a plus la moindre piste, la moindre sente animale. Nous piétinons des herbes si hautes qu'elles nous caressent le menton, sinuons entre les acacias dont les branches basses semblent n'être là que pour déchirer nos manches de chemise. Le rythme ralentit, nous nous suivons pied à pied, les conversations se sont tues, John a dégainé son olalem et se fraie un passage dans la végétation acérée. Notre seule certitude est qu'il faut marcher plein nord et trouver quelqu'un pour ce soir. Autour de nous, il pourrait y avoir des lions partout. Derrière les frondaisons grises et griffues, nous entendons détaler des zèbres. Il y a cependant beaucoup moins de gibier que du côté tanzanien. Ces derniers jours, nous n'en avons pour ainsi dire pas vu. Au-dessus des bosquets apparaît soudain et disparaît une énorme tête de girafe. Elle s'est arrêtée à deux cents mètres de là et nous observe. Une trouée nous permet d'admirer sa robe. Sonia remarque :

— C'est étrange, elle n'a pas du tout le même motif que les girafes de Tanzanie.

Émerveillé je m'exclame :

— Une girafe massaï ! Normalement, elles sont plus au nord...

En effet, sa robe n'est pas ornée des classiques polygones orangés frangés de brun sur fond blanc, mais de taches étoilées brun cendreux dont les tailles et les formes se répartissent en flocons inégaux. Son camouflage est plus efficace.

Un peu plus loin, des arbres sectionnés à mi-hauteur ne trompent personne : des éléphants. John touille le fumier de la pointe de sa lance.

— C'est bon ! Ils sont passés il y a une semaine. Une chose est sûre, personne ne vient jamais ici... Gardez bien les yeux ouverts, il pourrait y avoir des buffles dans le coin. Et si on ne les voit pas avant eux, on est morts.

La progression est de plus en plus difficile. Le relief chaotique n'arrange pas les choses. Avec l'altitude augmente la végétation. Nous sommes dans un no man's land, entre deux zones d'influence. Au sud de cette forêt, les Massaïs ont les yeux tournés vers Magadi ; au nord, vers Mosiro et Narok. Le plus étrange est que les deux clans n'ont entre eux aucune communication, aucun lien, aucun échange. Même pas une sente pour déplacer du bétail. Rien. Mystère. Il faut faire la jonction avant la nuit. Nous ne traînons pas. Malgré cela, nous serpentons longtemps, jusqu'au crépuscule, piaffant dans les hautes herbes, nous débattant contre les acacias *wait a bit* qui tentent de nous retenir de leurs épines crochues comme des hameçons. Enfin, nous découvrons une sente. Le visage de John se détend. S'il y a une sente, c'est qu'il y a des hommes. En effet, nous tombons bientôt sur un bûcheron estomaqué par notre apparition. Il nous mène à un petit camp provisoire, où l'attendent ses compagnons. Une peau de vache est tendue au sol, maintenue par de petits pieux, prête à être tannée. Sonia attire mon attention : au niveau de la croupe, on voit quatre coups de cutter. John se tourne vers nous.

— Un vieux lion solitaire les a attaqués la nuit dernière. Ce sont les plus dangereux. Il a tué cette vache. Les quatre griffes signent sa charge par-derrière. Ils ont réussi à le blesser d'un coup de lance dans la patte arrière, mais il a pu fuir.

Le type a une boulette de tabac coincée derrière l'oreille, que j'avais d'abord prise pour une verrue. Il la saisit, la roule entre ses doigts et la hume, comme on le ferait d'un havane, et la replace méticuleusement. La nuit est tombée d'un coup. Nous nous asseyons autour d'un grand feu. La brousse bruit de mille grillons dans le noir. Une grande inkukurto de yaourt fumé tourne de main en main, réparatrice. En attendant notre tour, nous extirpons consciencieusement les graines de *speargrass* de nos chaussettes. Nous sommes tous terrassés de fatigue, les chevilles en sang, les jambes écorchées, les manches de chemise déchirées, les mains griffées. Les pieds de Baptiste nous inquiètent. Ils ne sont plus qu'une ampoule sanguinolente. Le pauvre commence à grimacer, son moral à décliner. Nous jouons un peu de flûte autour du feu pour étaler du baume sur nos épreuves du jour et sombrons dans le sommeil.

En ouvrant l'œil, avant l'aube, j'aperçois John assis près du feu, drapé dans sa toge rouge et appuyé sur sa lance. Il nous a veillés une bonne partie de la nuit, craignant le retour du lion. Les yeux plongés dans les flammes, les mains rehaussées d'or, hiératique, il songe. Depuis la nuit des temps des hommes veillent ainsi sur le sommeil de leurs semblables. Dormir, en brousse, c'est laisser soixante-dix kilos de viande chaude à la disposition des crocs affamés. Le jour pointe au bout de sa lance, sa mission est accomplie. Il fait mine de n'avoir pas souffert. Je m'affaire tout de suite au porridge. C'est ma mission matinale. Faire avaler son carburant à Alexandra, qui a une sainte horreur de cette colle à tripes. J'essaye tous les stratagèmes, le sucre, le cacao, le miel, les raisins secs... elle déglutit trois malheureuses cuillers en maugréant. Sonia l'encourage.

— Force-toi, ma poulette ! Si tu crois que j'aime ça, moi ? C'est le seul moyen pour couvrir la distance, sinon, à onze heures du matin, tu vas t'effondrer. L'équation est simple : un bol de porridge c'est le carburant pour vingt-cinq kilomètres soit cinq heures de crapahut.

En reprenant la marche, John arrache une branche à un petit arbuste, l'effeuille et la coupe en tronçons nets avec son olalem. Il m'en tend un bout :

— *Enkiké !* C'est la brosse à dents massaï, regarde comment je fais.

Du tranchant de sa lame, il dénude de son écorce deux centimètres au bout de la branche qu'il se met à mâchouiller en absorbant le jus de salive et de sève. Il ne reste bientôt qu'un petit pinceau de fibres qu'il applique soigneusement entre ses dents en frottant bien les gencives. Nous essayons. La branche a un vague goût de clou de girofle.

— Alors c'est ça, votre secret, pour avoir les dents si blanches ! Un régime sans sucre avec de la viande, du sang, du lait... et cette brosse à dents miracle ?

— Où as-tu vu que l'on mangeait de la viande et qu'on buvait du sang ?

— Je ne sais pas, dans les reportages, c'est ce qu'on dit de vous...

— Ça fait trois semaines que tu es en pays massaï, combien de fois tu as mangé de la viande ?
— Jamais...
— Des idioties qu'on colporte sur nous pour accentuer notre côté tribal et arriéré. Tu vois le cliché : « Les redoutables Massaïs, qui se repaissent de sang chaud et de viande crue, comme des lions... » On ne mange que très rarement de la viande. Le poulet et les œufs nous sont interdits. Une chèvre tous les deux mois environ, et encore, supergrillée ! Quant aux vaches, c'est notre compte en banque, on essaye de ne pas y toucher. On en sacrifie uniquement pour nos rituels, les naissances, les morts, les mariages, les circoncisions et le fameux *eunoto* qui a lieu tous les sept ans... C'est à cette occasion – la seule ! – que les initiés doivent boire une gorgée de sang du taureau sacrifié, pour entrer dans le monde des adultes. Ça n'arrive qu'une ou deux fois dans la vie ! Moi je n'en ai bu qu'une fois. Mais vous, en France, il paraît que vous mangez une saucisse au sang, c'est vrai ?
— Ah oui ! On appelle ça du boudin... On le fait avec du sang de porc coagulé...
— Beuark !
— Non ! C'est vachement bon. On mange ça avec notre *ugali* de pommes de terre et de la compote de pommes, un régal...
— Alors, qui c'est, les sauvages ?

Nous passons en revue, sous les cris de dégoût de John et tout en salivant, les merveilles de notre gastronomie : les escargots à l'ail, les grenouilles persillées, les huîtres aux échalotes, les ris de veau aux morilles, la cervelle d'agneau au citron, les rognons aux champignons, les andouillettes, le museau vinaigrette... Sonia reprend la balle au bond.
— Mmmh ! Un bon petit museau vinaigrette bien frais !
— Du nez de cochon ? Mais c'est dégoûtant ! Vous avez déjà vu l'usage qu'il en fait ?

Et John de se fendre la poire.

Le chemin vers le nord peu à peu s'élargit. Les premières empreintes de pneus apparaissent, les premiers villages ; nous sommes passés dans l'autre zone. Des gens se joignent à nous pour des portions d'itinéraire. En Afrique, dès que quelqu'un marche, il trouve des gens pour s'agréger à lui comme des wagons à un train. Nous sommes bientôt une petite compagnie. Je suis en queue de colonne car j'ai passé du temps à me débarrasser de graines de speargrass. Je marche à la hauteur d'une ravissante adolescente qui pousse deux ânes devant elle en sautillant. Le nez mutin sur une bouche pulpeuse, elle me lance des œillades que je prends tout d'abord pour de la fascination avant de comprendre qu'elle me fait des avances. J'en rougis sous le soleil. Qu'espère-t-elle ? Que nous disparaissions dans les buissons pour nous jeter l'un sur l'autre fougueusement ? Elle continue à chantonner comme si de rien n'était, en fouettant le cul de ses ânes à grands coups de badine accompagnés d'éclats de rire. Émoustillé et incrédule, je soutiens quelques-uns de ses regards sans équivoque et la voilà qui se passe la langue sur ses jolies babines. J'ai un peu honte, accélère le train, mais elle ne veut pas me lâcher. Et de sortir son sein de sa tunique, tout rond et tout dru, adorable, avec son téton tout noir, et de se mettre gentiment à le peloter. C'en est trop pour ma résistance, je fuis en courant à toutes jambes sous les rires tonitruants de ma jouvencelle... Tout ébaubi, je dépasse Sonia comme si de rien n'était et rejoins John en tête. Quand je me retourne, la pucelle a disparu. Je lui raconte ce qui vient de m'arriver. Il éclate de rire.

— Mon pote ! Avec ton orinka de chef, elle t'a pris pour un initié ! Chaque morane a sa mascotte, sa petite protégée dans la tribu. Il a le droit d'avoir des relations sexuelles avec elle tant qu'elle n'est pas excisée et fertile... En général, ce ne sont que des attouchements et des caresses buccales.

— Ce n'est pas de la pédophilie, ça ?

— Tout de suite les grands mots ! Chez nous, tout arrive plus jeune, et les moranes non plus ne sont pas des adultes. Ils vivent entre garçons dans les manyattas, un peu comme en *boarding schools*[1], alors ils ont des petites copines. Elles sont plus jeunes parce que, après leurs premières règles, c'est formellement interdit. Ils doivent rompre. Le plus grand des péchés, dans notre culture, est de tomber enceinte sans être mariée. Après l'eunoto, le morane devenu un homme se mariera et ne pourra avoir de relations sexuelles qu'avec des femmes excisées, qu'elles soient leurs épouses ou non. Tout ça est fait pour que les moranes n'aillent pas voir les femmes déjà mariées.

---

1. Pensionnat.

— Toi aussi, tu as eu ta mascotte ?

— Oui. Mais je ne l'ai jamais touchée ! Je suis catholique alors j'ai préféré enfreindre l'autre tabou : j'ai eu des relations avec des femmes mûres avant mon eunoto.

— Et le sida, dans tout ça ?

— C'est un vrai drame, dans notre communauté. Beaucoup de jeunes ne suivent plus la formation des moranes, ou bien vont en ville étudier et ont des relations sexuelles avec des Kikuyus ou des prostituées des autres pays d'Afrique. Ils reviennent avec le sida et le passent aux femmes mariées. Des villages entiers sont rayés de la carte. Les conséquences sont graves, surtout chez les Massaïs les plus traditionnels, car les adultes d'une même classe d'âge y sont très libres : un homme peut sans problème aller voir l'épouse d'un frère de sa classe d'âge s'il n'est pas là, ou si sa propre épouse est enceinte puisque, pendant neuf mois, il lui est interdit d'avoir des rapports avec elle sous peine d'être lynché par les autres femmes.

— Et les préservatifs ?

— Moi j'en utilise car j'ai exigé la circoncision complète... alors ça fonctionne... Les autres, ils ne peuvent pas...

— ??? Euh... Pardon de ne pas comprendre, mais pourquoi ?

— Dans la circoncision massaï traditionnelle, la circoncision est partielle, on laisse un bout du prépuce pendre sous le scrotum : ça s'appelle le frein, et ça permet d'être vigoureux comme les taureaux, mais, à cause de ça, les préservatifs craquent. Alors ils ne peuvent pas en utiliser.

— Désolé, je suis largué...

— Je vois que tu n'as pas souvent vu de taureau monter des vaches ! Il n'y a pas de préliminaires, ça va très vite et c'est très violent. Chez nous, un homme se considère comme puissant quand il fait pareil. Alors que, chez vous, plus c'est doux, plus ça dure, plus vous serez contents. Moi je suis d'accord, alors j'ai demandé la circoncision complète et je peux avoir des rapports plus longs et protégés. Dans les villages plus modernes, on demande tous ça, à cause des nouvelles religions.

— Alors toi tu es massaï et catholique ?

— Oui. J'essaye de respecter un peu des deux enseignements. Il y a plein d'autres Églises, le plus souvent protestantes américaines, mais elles ne nous laissent pas rester des Massaïs, elles veulent qu'on change d'habits, qu'on habite dans des maisons en tôle ondulée, qu'on abandonne nos rituels d'initiation, les cheveux longs des moranes, l'ocre, les danses, les sacrifices de vaches, les conseils de nos hommes-médecine. Et puis, je n'aime pas leurs prêches, ils crient trop, ils nous interdisent de boire de la Tusker [1] ou de la bière traditionnelle. Alors que mon prêtre catholique est lui-même un Massaï initié; il nous laisse presque tout faire sauf certaines choses qu'il faut changer.

— Quoi par exemple ?

— Justement, il est contre l'excision des jeunes filles. Il dit qu'on peut faire la cérémonie dès les premières règles sans le rituel d'excision, que le symbole suffit pour en faire une femme. Il veut bien qu'on ait des mascottes, mais il ne veut pas qu'on les touche. Il n'est pas contre la circoncision des garçons, mais il faut qu'elle soit complète. Après, il faut qu'on soit fidèle à sa femme, mais moi je ne suis pas encore marié... Et puis, il est contre l'ablation des incisives du bas...

— Qu'est-ce que c'est que ça ?

— Une tradition liée au tétanos. Grâce au trou ménagé dans les dents, on pouvait continuer à alimenter quelqu'un dont la mâchoire était crispée par le tétanos. Du coup, les anciens croient que ça évite le tétanos. Aujourd'hui, le gouvernement demande qu'on soit vacciné. Ce que j'aime bien, chez les catholiques, c'est qu'ils ne nous demandent pas de changer d'habits, qu'ils nous laissent vivre dans nos villages de terre, initier les moranes, l'eunoto, et participer à toutes nos fêtes collectives; ils nous demandent juste de faire évoluer nos mœurs. Par exemple, on est obligés d'avoir des cimetières.

— Il n'y en avait pas avant ?

— Non. On laissait les morts dans les fourrés, et les hyènes venaient les manger; c'était plus propre, et puis on avait moins peur, pour les esprits. Si les hyènes n'y touchaient pas, c'était que la personne décédée avait commis des péchés. Les héritiers devaient alors sacrifier des vaches pour le village Aujourd'hui, on ne sait plus; on les enterre à l'ouest des villages car c'est la direction du royaume des morts.

— Ah bon ?

---

1. Célèbre bière tanzanienne dont l'étiquette jaune est illustrée d'un éléphant armé de belles défenses.

— Oui, dans notre tradition, l'est annonciateur du jour nouveau est porteur de vie et de bonheur, de chance et de prospérité. L'ouest est, en revanche, la direction du mal et de la mort.

— C'est incroyable, vous n'êtes pas les seuls à penser comme ça... Les Égyptiens aussi.

— Oui, je sais. J'ai même entendu dire que, étant originaires du sud Soudan, nos ancêtres auraient pu être influencés par des Nubiens en contact avec l'Égypte, ce qui expliquerait pas mal de nos traditions, nos armes, nos karashas, l'excision, nos crânes rasés, notre système de classes d'âge...

Nous nous taisons sur ce fantasme historique et méditons sur les racines universelles des cultures. L'Égypte, forgée sur le cours du Nil, et le pays massaï dont la colonne vertébrale est, elle aussi, structurée par un axe nord-sud, ce Rift aride et ingrat.

Nous déjeunons dans une école gouvernementale entourés par des centaines d'enfants massaïs et kikuyus. Dans les villages construits le long des routes, les populations sont mixtes. Dans la brousse, pas encore. C'est pourquoi les projets de routes et de ponts des obsédés du développement sont une menace pour la culture massaï. Baptiste et Alexandra dégustent. Chiasse et ampoules. Il est temps d'arriver. En principe, c'est pour demain.

Ndulelei, vendredi 26 juillet 2002, 575e jour, 29 km, 7 411e km

La nuit n'a pas arrangé les choses. Le pauvre Baptiste est tétanisé. Ses chairs à vif le torturent. Double peau et Compeed font des patchworks sur ses plantes de pied. En Breton granitique qu'il est, il ne se plaint pas mais le cœur n'y est plus. Il reprend la marche en serrant les fesses et les dents. Alexandra montre en revanche une résistance remarquable. Tout de même, les Slovaques, c'est de la bonne qualité ! Bon, d'accord, elle pèse trente kilos de moins que son Jules. L'avantage des petits formats.

En prenant la route, je songe à *Homo habilis* qui ne dépassait pas un mètre quarante, à Boisei, qui devait peser le poids d'un gorille, et à *erectus* qui ne dépassait pas un mètre soixante.

Le monde a été conquis par des hommes légers. Pas par la force. Il n'est que de voir les mollets de criquets et les jambes en allumettes de John, qui pulse devant moi. Il n'est pas maigre ni famélique, il est construit comme ça, affûté pour la marche, filiforme et léger. Derrière, avec mes jambes courtes et mon large torse de Normand, je dois compenser en faisant de plus grandes foulées. C'est devenu une habitude. Ma charpente est celle d'un paysan ou d'un marin du nord, pas d'un marcheur des hautes steppes.

Tandis que nous passons à travers nos premiers champs de maïs depuis Karatu, John nous enchante avec des histoires de lion. Il nous raconte comment Entekei, son binôme morane, s'est un jour réveillé en sursaut alors qu'ils étaient endormis côte à côte dans leur manyatta, pour porter secours, complètement nus, à une de leurs vaches attaquée par un fauve. Un léopard avait bondi d'une branche à l'intérieur de l'enclos. À la seconde où il allait sauter à la gorge de la vache, il avait tourné ses yeux jaunes vers son ami faisant irruption et s'était pris une grosse pierre dans le museau, qui lui avait cassé les dents ; il en avait été presque assommé de douleur ; il cherchait à fuir mais était incapable de franchir les épines ; il tournait en rond dans l'enclos, et l'habile Entekei l'avait achevé en lui envoyant une autre pierre en pleine tête. John, exalté, semble revivre la scène.

— Dans notre culture, nous pensons qu'il vaut mieux être blessé que de ne pas défendre son bétail. Si un gars fuit devant un lion, un jour, il se fera éliminer par sa classe d'âge, qui camouflera ça en accident, ou il devra s'exiler, car il est devenu inutile à la communauté. Il a rompu le pacte. Dans tous les cas, il vaut mieux faire face ! C'est comme l'histoire qui est arrivée à ce groupe de moranes en phase d'initiation ; ils étaient en train de traquer une lionne, quand celle-ci s'est retournée et les a chargés : le morane de tête a lancé son *eremet*[1], mais trop tôt ; la lionne l'a esquivé et lui a attrapé un bras ; un de ses copains est arrivé avec son olalem pour le défendre mais, malheureusement, au dernier moment, la lionne a tourné la tête, et la lame a sectionné net le bras du morane prisonnier. Le coupable, honteux, a alors pris la fuite. La lionne est revenue à la charge sur le blessé qui, avec sa main valide, lui a donné un énorme coup casse-tête dans l'œil, lui défonçant le crâne. Elle

---

1. Lance de morane au tranchant d'un mètre.

est morte sur le coup. Il a été porté en triomphe dans toute la région ; il a pardonné à son copain, considérant que ce n'était pas de sa faute. Si le blessé avait été tué, on aurait éliminé le fuyard.

John nous raconte ensuite comment les eremet de moranes doivent être affûtées et ointes de sang avant de pouvoir être plantées dans le sol devant une maison. Puis il s'emporte :

— De toute façon, c'est trop facile de tuer les lions à la lance. Maintenant, les moranes se piquent de tuer les lions au corps à corps. L'année dernière, il est arrivé une histoire extraordinaire. Un groupe de moranes poursuivait deux gros mâles. Un des coureurs allait bien plus vite que les autres, il s'est bientôt retrouvé tout seul ; les lions s'en sont aperçus et se sont retournés contre lui ; heureusement, il y avait un arbre à proximité, et le morane s'en est servi comme d'un bouclier : le premier lion a attaqué par la gauche, le guerrier a bondi à droite de l'arbre ; le lion a anticipé et dévié sa route pour passer à droite, mais, ce faisant, n'a pas pu voir le coup venir de derrière l'arbre : le morane l'a tué net en lui fracassant le crâne de son casse-tête. Le deuxième lion a tout de suite chargé du côté droit de l'arbre, le morane a fait la même chose mais dans l'autre sens, il s'est protégé derrière l'arbre en sautant à gauche, le lion l'a donc attaqué par le côté gauche mais, là encore, il n'a pas vu le coup venir. En dix secondes, l'homme a tué deux lions à la main ! Pendant trois mois, il a honoré toutes les femmes de la région... neuf mois plus tard, il s'est vu attribuer toutes les naissances. Et les maris étaient fiers de dire que c'étaient des enfants du héros !

Cinq kilomètres avant le carrefour de Ndulelei, un pick-up s'arrête à notre hauteur. Nous décidons d'abréger les souffrances de Baptiste. Il y grimpe et va nous attendre au carrefour. Une heure plus tard, nous le retrouvons endormi sous un arbre, devant une demi-douzaine de bananes pelées. Sur la route goudronnée, des camions rugissent et des bus vacillent entre les nids-de-poule ; le trafic est chargé dans les deux sens. C'est la première route que nous croisons depuis celle du Ngorongoro, il y a quatre cent onze kilomètres. Elle mène au parc de Massaï Mara. Nous avons dépassé la latitude de Nairobi ; nous décidons d'y faire une digression.

C'est le moment de quitter John. Il va continuer en minibus vers l'escarpement de Mau, où il possède un terrain de quelques hectares qui contredit le réquisitoire contre la propriété privée et la distribution des terres qu'il a déployé pour nous. Quelques rares Massaï ont pu conserver des terres, là-haut, mais en adoptant le style de vie des autres tribus. John jongle entre ses deux existences. Il essaye de faire cohabiter les deux modèles. Comment faire autrement pour préserver le monde massaï de l'engloutissement dans la masse acculturée, sans, non plus, la sectariser dans sa tribalité ?

Nous sommes émus en proportion de ce que nous avons partagé avec John. Il est l'Africain qui a le plus longtemps marché avec nous, celui avec lequel nous nous sommes le mieux compris, avons le plus échangé. Il a été auprès de nous l'ambassadeur de son peuple, l'interprète de sa détresse, de son déchirement entre deux mondes, entre deux époques. Pourtant, en tant qu'individu, il nous a semblé incarner un juste milieu entre les nostalgiques du « c'était mieux avant » et les lubies uniformisatrices du modernisme idéologique d'État. Il nous a prouvé qu'on pouvait être massaï et moderne à la fois. Que la culture massaï était bien vivante et qu'elle avait beaucoup à dire aux autres cultures en termes d'écologie et de sagesse, de spiritualité et de gestion des ressources.

Avant de nous quitter et en guise de cadeau John me donne son olalem.

— Quand je ne serai plus avec vous, dit-il, je serai avec vous. Bonne chance, quand vous reprendrez la route ! Il y a un proverbe massaï qui dit : « Seul l'œil qui a voyagé est sage. » Vous êtes de vrais Massaïs olashumpaïs. Adieu, mes amis.

10

Orphelins et défense d'ivoire

À Nairobi, grâce à l'hospitalité d'un jeune coopérant d'Alcatel, Arnaud Thépenier, nous pouvons commencer la rédaction du premier tome d'*Africa Trek*. Deux mois d'arrêt pour préparer la suite de notre itinéraire, commander de nouvelles chaussures, nous remplumer en vitamines et en sels minéraux, organiser des tournages et des rendez-vous. Sonia en profite pour récupérer totalement de son paludisme. Un jour, nous rencontrons Jill Woodley qui gère l'orphelinat pour éléphanteaux de Daphné Sheldrick, au pied des Ngong Hills, les collines du Ngong, rendues célèbres par Karen Blixen. Elle nous donne rendez-vous un matin pour la tétée de ses petits protégés. En ce moment, elle en a six, qui ont tous été récupérés dans des situations critiques, dans des collets, abandonnés par leur mère, ou blessés par des braconniers. Ils s'appellent Solango, Burra ou Soslan et sont ici l'objet de soins maternels : lait survitaminé, promenades, baignades et soigneurs attitrés, qui les font jouer, leur apprennent l'autorité et à se nourrir seuls dans la nature. Car ces petits sont traumatisés. Ils ont besoin de beaucoup d'amour. L'après-midi, Jill nous conduit dans un petit coin de sa forêt où Wendy, un éléphanteau d'une semaine, dans un état critique à cause d'une dysenterie, va recevoir une transfusion sanguine afin de renforcer son immunité. Des vétérinaires, des soigneurs, des amis sont à son chevet. C'est sa dernière chance. Tout le monde est suspendu à la poche de sang qui s'égoutte lentement. Quand elle est vide, Wendy se redresse et semble aller déjà mieux. Elle se met à jouer avec Sonia, courir après tous les témoins. Quand elle est enfin sur les rotules, elle retourne à son petit matelas. Sonia, qui a pris la bonne habitude de faire une sieste après chaque déjeuner, en profite pour s'allonger à côté de la petite éléphante convalescente et la rejoindre dans le sommeil.

Dans la capitale nous rencontrons aussi Richard Leakey, le célèbre paléoantropologue et homme politique kenyan qui a fait de l'interdiction du commerce de l'ivoire son cheval de bataille. Il nous explique en détail pourquoi toute réouverture de ce commerce, même dans les endroits d'Afrique où il y a « trop » d'éléphants, relancerait les massacres qui ont conduit l'espèce au bord de l'extinction dans les années soixante-dix [1].

---

[1]. Si le sort des éléphants vous intéresse et que vous voulez en savoir plus, vous pouvez retrouver le texte intégral de ce chapitre sur notre site Internet : www.africatrek.com

11

Les gorilles de Bwindi

Une digression, ça n'est pas raisonnable. Ça répond à une impulsion simple : il faut aller là-bas ! Même si nous nous écartons de notre chemin. En général, nous partons des capitales, quand l'envie de les quitter nous démange. Toujours pour un petit coin de paradis en péril que nous ne sommes pas sûrs de retrouver lors d'un voyage ultérieur. Nous n'avons pas abusé des digressions, une par pays : Mme Ples à Johannesburg, chutes Victoria depuis Harare, poissons-tigres du Zambèze, dauphins de Zanzibar, l'éden du Ngorongoro et maintenant les gorilles de montagne en Ouganda. Que des joyaux africains.

Deux jours aller, deux jours sur place, deux jours retour, deux mille kilomètres plein ouest en autocar roulant à tombeau ouvert, et deux mille francs par tête de pipe pour avoir le droit de rester assis une heure sous la pluie devant un groupe de gorilles – si on a de la chance –, ça n'est résolument pas raisonnable. Mais après avoir marché 7 411 kilomètres « dans les pas de l'Homme », nous voulons marcher dans les pas de nos cousins pour voir s'ils sont si éloignés que cela. Georges Schaller, pionnier dans l'étude des grands singes, disait : « Nul ne peut regarder dans les yeux un gorille sans que le gouffre qui nous sépare ne soit aussitôt comblé, et reconnaître la part de gorille qu'il y a en chacun de nous. »

Nous progressons sur une forte pente dans un massif de dathuras. Leurs cloches blanches, comme de géants liserons, se balancent mollement au-dessus de nos têtes quand nous forçons le passage dans les frondaisons, et relâchent de grosses gouttes de condensation.

Avec l'élévation, cette vallée profonde de la « jungle impénétrable de Bwindi » nous apparaît dans toute sa magnificence : canopée bruissante d'insectes d'où jaillissent des fûts majestueux dressant leurs ramures dans le ciel pour y accrocher des écharpes de brume. Un touraco bleu vient peindre de ses ailes rouges une vive traînée dans cette verdure toute tricotée de lianes. Sonia est bouleversée par ce joyau volant. Elle n'imaginait pas qu'un oiseau puisse être si beau. Bienvenue à Bwindi ! Nous grimpons. C'est ici même qu'en mars 1999 huit touristes anglais et américains se sont fait découper à la machette par des rebelles congolais. La frontière zaïroise est à cinq kilomètres, la rwandaise à vingt-cinq : les gorilles ont mal choisi leur coin ! Nous sommes à l'extrême sud-ouest de l'Ouganda. C'est tout près, dans les monts Virungas, que Diane Fossey, sauvagement assassinée, a été enterrée, au milieu de dix-sept gorilles. L'approche de ces rescapés et la connaissance de leurs comportements ne sont possibles que grâce à la fabuleuse documentation qu'elle a pu rassembler entre 1967 et 1985. Aujourd'hui, notre sécurité est assurée par trois soldats en armes. Ils marchent en queue de colonne.

Cette jungle de Bwindi est accrochée entre 1 100 et 2 600 mètres d'altitude, sur 331 kilomètres carrés. C'est une rescapée des changements climatiques survenus lors des glaciations quaternaires, ce qui explique son incroyable biodiversité : trois cent vingt-cinq essences d'arbres, trois cents espèces de papillons, plus de trois cent cinquante oiseaux différents. À titre de comparaison, une forêt tempérée occidentale compte en moyenne quinze essences d'arbres, vingt espèces de papillons et quarante d'oiseaux ! Depuis 1994, elle a été classée patrimoine mondial par l'Unesco. Son plus beau trésor, ce sont ses gorilles de montagne : la moitié de la population mondiale, soit à peu près trois cents individus. L'autre moitié se partage une zone transfrontalière située entre les parcs de Mgahinga, en Ouganda, le Parc national des volcans, au Rwanda, et celui des monts Virungas, au Zaïre, d'où une plus grande difficulté d'accès et de protection contre le braconnage.

Parmi les trois cents individus de Bwindi, une soixantaine de primates répartis en trois groupes ont été habitués à la présence de l'homme et peuvent donc être approchés. Il y a le groupe Mubare et Habinyanja A ; le nôtre s'appelle Habinyanja B. Les gorilles de montagne, *Gorilla gorilla beringei*, tiennent leur nom du premier Occidental qui les a découverts, en 1902, l'Allemand Oscar von Beringe – profitant de l'aubaine pour en dégommer deux. Drôle d'honneur. Au-dessus de nous, sur le coteau, les traqueurs sont à l'ouvrage. Ils essayent de repérer la direction qu'a prise le groupe ce matin. Car les gorilles ne sont pas territoriaux ; ils se déplacent tous les jours d'un ou deux kilomètres, et c'est bientôt à quatre pattes que nous grimpons la pente ; notre guide, Julius, ouvre une brèche à coups de machette dans le mur vert. Soudain, il se retourne vers nous :

— Ils ont dormi là cette nuit !

Dans les hautes herbes, un vague nid de feuilles rassemblées apparaît, orné en son centre d'une énorme déjection...

— C'était le nid du *silverback*, le mâle dominant. Il y défèque en le quittant. Ce nid ne sera jamais réutilisé, les gorilles en refont un tous les soirs. D'un coup d'œil à la nature des selles, nous suivons la santé du groupe, ou son moral. Quand ils sont stressés, ils ont tous la colique !

Nous reprenons notre progression sur la sente ouverte par les gorilles et ne tardons pas à atteindre la crête. Partout en chemin, des branches sont effeuillées, des troncs écorcés. Leur passage laisse des traces. Arrêt talkie-walkie. Julius appelle. Un grésillement lui répond suivi de quelques mots : les traqueurs ont repéré le groupe de l'autre côté du coteau. Nous entamons une acrobatique redescente sur d'épais branchages enchevêtrés si bien que nous ne touchons plus le sol, nous glissons sur ces dômes de végétation en luttant pour ne pas passer au travers. D'où l'intérêt d'avoir quatre mains. C'est dans cette position inconfortable que Sonia, pétrifiée, attire mon attention par un couinement de souris ; je redresse la tête, et là, à sept mètres de nous, au cœur d'une trouée, je vois un gorillon tout étonné, suspendu à une liane par un bras et une patte, qui nous regarde de travers de ses grands yeux noirs pleins de douceur et d'interrogation. Et le temps, et mon souffle, et mon équilibre instable restent eux aussi suspendus pour des secondes interminables que le poupon rompt en disparaissant sans hâte dans les feuillages.

Si vrai, si près, si bébé, si peluche !

À cinq mètres de nous, une grosse plante grasse bouge. Un pas de plus et nous tombions sur le silverback. Il est là, sur le dos, entouré d'un nuage de moucherons, à dépiauter consciencieusement, comme une grosse mamie un papier de bonbon, une branche de bambou. Il tourne la tête, vient poser son regard sur nous et replonge dans son ouvrage, appliqué et concentré, comme si nous n'existions pas. Noyé dans la verdure il ne paraît pas si énorme ; c'est seulement quand son bras se tend au-dessus de sa tête pour décrocher une autre branche qu'on se rend compte de sa force bestiale. Schwarzenegger au vestiaire !

Malgré ses énormes canines, que nous apercevons sous des lèvres étonnamment mobiles et habiles à saisir les feuilles délicates, les gorilles sont exclusivement végétariens. Ils incluent près de soixante plantes dans leur régime, avec une prédilection pour les rhubarbes, les céleris sauvages et les pousses de bambous. La turgescence de ces plantes leur permet de boire très peu. Quand notre silverback roule sur le côté pour atteindre un rameau vert tendre nous apparaît son énorme bedaine rebondie. Contrairement aux autres animaux végétariens et à d'autres singes – par exemple les colobes – les gorilles n'ont qu'un seul estomac, et, comme nous, un très long intestin. L'ensemble n'est ni très adapté ni très efficace pour la digestion des végétaux : ils doivent donc en ingurgiter jusqu'à vingt kilos par jour pour en tirer suffisamment d'énergie. C'est ce qui leur donne ce côté ballonné et explique leurs itératives flatulences, concert de vents et de grognements, de sifflets et de gémissements.

Un jeune gorille vient rouler au côté de notre patriarche ; il le repousse gentiment l'air de dire : « Va jouer ailleurs. » Peu à peu, à des craquements de branchages, nous réalisons que les gorilles sont tout autour de nous. La jungle frémit de petites masticatuons besogneuses. Nos cœurs battent la chamade. Julius nous fait signe.

— Cueillez des branches et faites semblant de mastiquer, on nous observe... Ça va les détendre.

Relax et dodelinants, les yeux au ciel et le menton prognathe, nous nous prêtons au jeu. Tranquille, la vie du gorille quand il n'est pas poursuivi pas des braconniers... Sonia me chuchote :

— Comme tu fais bien le gorille, Alex ! On dirait que tu as fait ça toute ta vie...

— Prrrouuut !

— Ouais bon... N'en fais pas trop tout de même !

Le silverback vient de disparaître. Les bruissements augmentent et, sur un mystérieux signal, le groupe se met en marche. Julius anticipe la direction ; nous prenons les devants, leur coupons la route en nous postant en contrebas, sur un chemin. Un à un, les voilà qui débouchent, passent devant nous, marquent un temps d'arrêt à cinq mètres et se coulent dans la mer verte. Le plus curieux est le gorillon. Il esquisse quelques pas vers nous quand sa mère, attentive, le rattrape sans ménagement. Il pousse un cri. Dans la verdure, le silverback étouffe un grognement aussitôt suivi d'une percussion de torse qui résonne comme un conga. Premier avertissement ! Le voilà qui grimpe dans un immense figuier pour suivre la progression de sa famille. Ses muscles dorsaux proéminents tractent en douceur ses bras épais comme des troncs ; dans son dos, le corset gris argenté contraste violemment avec sa toison noire de jais. Julius nous souffle :

— Ce groupe-ci est tout petit, il ne compte que sept gorilles parce qu'il est récent. Mirumba, le silverback, a créé le groupe Habinyanja B avec deux femelles, il y a deux ans, après s'être révolté contre son frère, le silverback d'Habinyanja A. Les mâles dominés restent dans le groupe tant qu'ils ne défient pas le silverback. Mais, à la moindre occasion, les adultes des deux sexes (période de la vie qu'ils atteignent entre huit et quinze ans), essayent de se libérer de sa domination. Cela se passe, la plupart du temps, lorsque deux groupes se rencontrent. Dressés sur leur postérieur, les silverbacks déploient alors tout leur arsenal d'intimidations, de fausses charges, de roulements de mécanique – dont la fameuse percussion de torse – afin de conserver leurs ouailles ou de séduire celles de l'autre groupe. En fait, les dominés profitent de la confusion créée par le choc des titans pour effectuer des transferts et des rapts de femelles. Si un silverback est chassé, le nouveau dominant récupère les femelles mais tue systématiquement les bébés avant d'engrosser son harem, pour préserver son héritage génétique. C'est que Môssieur à une conscience aiguë de sa paternité !

Bientôt, le groupe au complet est dans le figuier. Chacun au bout d'une branche, ils semblent d'énormes fruits mûrs et poilus. Je peste comme un damné car la position n'est pas facile à filmer : je ne vois que des derrières en contre-jour, et de s'envoler tous mes rêves d'interactions. Les stars snobent nos objectifs. Enfin, c'est comme ça, et c'est déjà bien. Le silverback s'allonge sur une fourche et cueille en dilettante des feuilles charnues. Le temps passe calmement. Les gorilles ne sont pas pressés, ils font les trois huit : dormir, manger, se déplacer. L'un après l'autre, ils nous lancent des petits regards désintéressés. Julius nous explique :

— Il faut deux ans pour habituer les gorilles à notre présence. Qu'il pleuve ou qu'il vente, quelqu'un vient les voir tous les jours. Au début, ils disparaissent à grands fracas de branches, puis, peu à peu, fuient moins loin, jusqu'à se laisser approcher. On les amadoue par des vocalisations, on les calme en les singeant, on s'écarte quand les petits viennent vers nous et on respecte toujours une distance minimale de cinq mètres.

Plus proche de nous, la femelle épouille son petit tout affairé à téter. Les petites mains sont accrochées au sein maigre et lui impriment d'infimes contractions. La mère n'aime pas ça et, entre deux poux, les repousse en lâchant un couinement : « Mais arrête donc, tu me fais mal ! » Les enfants restent accrochés à l'adulte pendant les six premiers mois, puis partent à la découverte du monde. Fertile à dix ans, la maman gorille passe les quarante années restantes de sa vie soit enceinte, soit en pouponnant. Une sinécure ! Comme elle ne sèvre son gorillon qu'au bout de quatre ans et que la gestation dure huit mois et demi, elle peut donner naissance à une dizaine de petits durant sa vie. Cela paraît beaucoup, mais un gorille sur trois n'atteint pas l'âge de six ans. Les bébés font les frais des combats de silverbacks, tombent des arbres, attrapent des maladies respiratoires ou des dysenteries. Un visiteur enrhumé ou malade se verra refuser l'accès au territoire des gorilles : partageant 97 % de notre patrimoine génétique, ceux-ci sont sensibles aux mêmes germes que nous.

Ayant dénudé toutes les branches autour de lui, notre silverback pique un roupillon les bras croisés sous la tête, les pieds en éventail. Une jeune femelle en profite pour s'approcher de lui. Elle descend de sa branche le long du tronc et s'engage sur celle du gros mâle. Celui-ci la toise du coin de l'œil. La femelle arrive à sa hauteur et, de son poing tendu, tape sur l'épaule du dormeur en râlant. Julius se marre :

— C'est une invite ! Cas unique dans le monde animal, chez les gorilles, ce sont les femelles qui font le premier pas. Pas comme chez nous ! Vous avez de la chance de pouvoir l'observer, elles ne sont réceptives que trois jours par mois.

Mais le gros lard ne semble pas du tout intéressé. La pauvrette gémissante y revient par cinq fois avant que le géniteur daigne l'honorer. Il y va comme on monte au front, à contrecœur, et comme on sort d'une tranchée, en poussant de grands cris. Cela se fait très vite – un combat en équilibre sur une poutre, une prise de sumo, une locomotive noire et fumante lancée à tombeau ouvert sur ses rails. La jungle se tait. Sa besogne achevée, il retombe dans sa fourche et pousse du pied l'importune, qui s'en retourne à son déjeuner sur sa branche, comme si de rien n'était.

Le temps qui nous est imparti s'est écoulé. Julius nous a déjà accordé un quart d'heure de rab ! Il nous intime de décrocher. Alors que nous nous replions, le silverback se réveille et semble lui aussi vouloir bouger. Il est le premier à descendre de l'arbre, de son allure lente et dominatrice. « La visite est finie ! semble-t-il nous narguer. On va enfin avoir la paix ! » La tentation est trop forte ; c'est l'occasion rêvée d'obtenir des gros plans ; nous revenons sur nos pas. Au pied de l'arbre, on n'y voit goutte. Les gorilles se sont égaillés. Seule reste la femelle. Elle attend son gorillon, qui a tenu à descendre par ses propres moyens. Comme une maman au pied d'un mur d'escalade, elle suit les moindres gestes de son moutard. Soudain, au lieu de descendre, le coquin s'engage sur une branche qui conduit vers Sonia. La femelle est prise de court, le petit se retrouve à un mètre de ma femme, qui recule sans brusquerie. Il se suspend et la dévisage avec gourmandise. Sonia en est tremblante d'émotion, instant magique, figé, éternel, une rencontre du troisième type ! Entre eux deux, le courant passe, le gouffre de Georges Schaller est comblé !

Un cri rauque rompt soudain le charme, suivi du tambour de poitrine de la femelle inquiète. Pour prouver qu'elle ne plaisante pas, elle attrape un arbrisseau qu'elle secoue comme un prunier. Sonia opère un repli stratégique tandis que le petit obtempère. Il a été notre première vision, il est celle que nous emportons. L'avenir et l'espoir d'une espèce en voie de disparition, qui ne demande rien d'autre qu'une forêt protégée.

Cette protection coûte cher, face à la pression humaine : 265 dollars par tête pour une heure d'observation. La conservation obéit, elle aussi, à la loi de l'offre et de la demande ; il faut que l'écotouriste rapporte plus que le braconnage pour que les gorilles survivent. À Bwindi, tout est fait pour que les populations alentour soient conscientes de posséder un trésor inestimable. Malheureusement, le gouvernement risque fort de tuer la poule aux œufs d'or en l'utilisant pour financer indifféremment la totalité des parcs nationaux – au grand dam des communautés locales, très engagées dans la protection des gorilles et de leur habitat. Le syndicat de développement durable de Buhoma ne reçoit que 10 % du droit d'entrée du parc (15 dollars) soit 1,5 dollar, au lieu des 10 % du prix de la traque (250 dollars), soit (25) dollars, initialement prévus. La nuance est de taille et la grogne monte. C'est pourquoi, si vous avez envie de partager cette heure de rêve, ce plongeon dans les origines de notre humanité, nous vous encourageons à dormir dans les huttes du Buhoma Community Campground de préférence aux cinq autres lodges, plus prestigieux. Il vous en coûtera 10 dollars au lieu de 200 dollars, et votre participation bénéficiera à 100 % à la conservation de cette forêt des merveilles. Le parc ne prend que vingt visiteurs par jour pour les trois groupes de gorilles. En dépouillant le registre, nous en avons dénombré 3 776 répartis sur les trois dernières années, dont 18 Français – « La honte ! » Précipitez-vous ! Toutes les réservations doivent passer par les bureaux de l'Uganda Wildlife Authority de Kampala [1].

Sur le chemin du retour, à Jinja, au nord du lac Victoria, nous avons une pensée émue pour John Speke. C'est là, sur le pont des chutes Ripon aujourd'hui englouties sous quinze mètres d'eau par une retenue de barrage, que l'explorateur britannique eut l'intuition d'avoir découvert les sources du Nil – clôturant ainsi une longue et meurtrière quête géographique.

De retour dans la « mégalopolluée », Sonia entreprend des démarches auprès des autorités éthiopiennes pour obtenir l'autorisation spéciale de pénétrer leur territoire par le lac Turkana et la vallée de l'Omo, en plein Rift, et non par le poste frontière de Moyale. Car il n'y a qu'une seule route pour aller en Éthiopie, et nous ne voulons pas l'emprunter. D'une part, elle traverse le morne désert de Chalbi, sans eau, sans villages,

---

[1]. Coordonnées en fin d'ouvrage.

sans âmes, d'autre part des bandits en provenance de Somalie y attaquent les convois de camions de bétail descendant d'Éthiopie et les jeeps des *overlanders* [1] remontant l'Afrique du Cap au Caire. Nos trois amis sud-africains, qui s'étaient mesurés avant nous à la traversée intégrale du continent sans assistance (et qui en détiennent toujours le record du monde), s'étaient entièrement fait dépouiller à la sortie de Marsabit par ces redoutables *Shiftas*.

Nous revient sans cesse en tête le récit terrifiant de Bruce Lawson : « Il faisait nuit. Notre tente igloo était dressée dans le désert. Il faisait si chaud que nous étions tous les trois en caleçon. Nos lampes étaient allumées ; c'est sûr que notre dôme jaune devait se voir de loin... Quand on s'est allongés après avoir éteint, une rafale de kalachnikov a scié la tente au-dessus de nos têtes : c'était l'enfer qui s'abattait sur nous. Puis ils ont crié des choses incompréhensibles. Nous avons fui par la déchirure de la tente et avons couru éperdument dans le désert. De loin, on a assisté à la mise à sac de notre campement : ils cherchaient nos papiers et notre argent, mais c'était la seule chose que nous avions pu sauver. On était à poil, avec notre ceinture-banane. Quand ils s'en sont rendu compte, ils se sont mis à nous suivre à la trace. On les voyait de temps à autre allumer leurs lampes pour retrouver notre piste dans le désert. Pendant mon service militaire dans les forces spéciales, j'avais appris que, dans cette situation, il fallait marcher en zigzag. On les voyait revenir sur leurs pas, repartir, tirer en l'air pour nous intimider ; ce petit jeu a duré toute la nuit. À l'aube, ils avaient disparu. De notre matériel, il ne restait que des débris. Rentrés à Nairobi, nous avons mis deux mois à nous en remettre avant de pouvoir repartir, cette fois avec une escorte de l'armée, qui nous a suivis au pas de Marsabit à Moyale, sur deux cents kilomètres... »

Notre projet est donc de rester au fond du Rift, au contact de populations tribales, et de passer par le lac Turkana, où nous espérons pouvoir rencontrer Louise Leakey, sur son site de fouilles. Un jour, Sonia rentre radieuse :

— Les Éthiopiens ont accepté : on vient de recevoir une lettre signée de leur ministre du Tourisme. Il nous accorde une permission exceptionnelle. Regarde, la voilà ! Autre bonne nou-

---

1. Voyageurs, souvent britanniques, qui traversent le continent en véhicule.

velle, j'ai réussi à attraper Louise Leakey juste avant qu'elle ne s'envole avec son petit avion. Et devine quoi ? Elle va se débrouiller pour être là quand on sera à Koobi Fora !

Dans la foulée, nous rencontrons Nigel Pavitt, officier britannique en retraite, qui a une excellente connaissance du terrain pour avoir sillonné le pays Turkana en tous sens. Il est réputé pour sa précision et sa méticulosité. Membre distingué de la Royal Geographic Society, il est célèbre pour ses photos de l'Afrique de l'Est. Il nous donne des conseils.

— Jusqu'à Kapedo, au nord du lac Baringo, vous êtes « ok », il y a des gens partout. Après, vous vous trouvez dans la vallée de la Suguta, la mort sèche en cette saison : il n'y a pas âme qui vive pendant cent quarante kilomètres, jusqu'à Lokori. C'est une zone de guerre tribale entre Pokots et Turkanas, un no man's land. Quand ils se voient, ils se tirent dessus. Mais en ce moment, comme il n'y a pas d'herbe, c'est plutôt calme, vous devriez avoir vos chances... En chemin, il n'y a qu'une pompe à main des années trente, dans le village détruit de Napeitom. Aux dernières nouvelles, elle fonctionnait toujours. Après Lokori, c'est pareil jusqu'au lac Turkana mais, à partir de là, vous avez deux cents kilomètres de hors-piste absolu le long d'une rivière à sec où se sont installées des tribus turkanas qui creusent des puits dans le lit sablonneux. Je crois qu'ils sont très gentils. Si vous arrivez à marcher de puits en puits, vous devriez vous en sortir. En quarante ans, je n'ai entendu parler que d'un Occidental, un Américain, qui s'y soit risqué seul, mais il avait une petite caravane de trois dromadaires venant du Samburu. Et Nigel de conclure, très britannique : *What you intend to do there is not impossible, but very daring.* (Ce que vous avez l'intention de faire là-bas n'est pas impossible mais très osé.)

Quelques jours avant de retourner à Ndulelei reprendre la marche là où nous l'avons laissée, à notre 7 411ᵉ kilomètre, nous rencontrons chez nos amis Laure et Arnaud Thépenier, Patrick, un expatrié.

— Vous n'êtes pas les seuls à traverser l'Afrique à pied, nous déclare-t-il. Hier, un client m'a raconté qu'il avait rencontré un type colossal qui marche depuis près de trois ans et qui prêche dans les bidonvilles...

D'une seule voix nous nous exclamons :

— Harald Bohn !

C'est notre géant norvégien, que nous suivons à la trace depuis les maisons de Rick Becker et de Nico Steinberg[1] en Afrique du Sud, chez qui il était passé, respectivement un an, et six mois avant nous. Trop fort ! Jamais deux sans trois ! Depuis, nous n'avions plus entendu parler de lui. Nous l'avons rattrapé, cette fois. Nous devons le rencontrer. Patrick précise :

— Si j'ai bien compris, je crois qu'il est dans un camping, près du centre-ville. Il ne doit pas y en avoir beaucoup, ça ne devrait pas être trop difficile à trouver.

L'enquête est vite menée. Nous trouvons le camping, y allons et demandons au directeur :

— Où est la tente du marcheur ?

— Là-bas, dans le coin. Vous avez de la chance, il vient de rentrer du bidonville de Matharé. C'est fou ce qu'il fait ce type ! Vous le connaissez ?

— Un peu...

Nous nous présentons devant sa tente et l'appelons d'une voix caverneuse.

— Harald Bohn !

À peine a-t-il sorti la tête qu'il voit fondre sur lui deux Français frénétiques. Nous avons tant de choses à nous dire, tant de souvenirs à partager ! Peu de gens peuvent vraiment comprendre ce que nous vivons. Il fait partie de ceux-là. Son projet est un peu différent du nôtre, mais nous avons beaucoup en commun. Il est beaucoup plus chargé que nous et ne va pas en ligne droite ; il va là où la prière et les membres des communautés chrétiennes l'appellent. Il reste pour prier avec eux quelques semaines, tenter de régler leurs problèmes et redynamiser leurs initiatives. C'est un visiteur spirituel à la mode luthérienne. Il est aussi grand et impressionnant qu'on nous l'a décrit, avec un regard d'agneau, d'une douceur évangélique. En trois ans, il a eu le temps de connaître quelques déboires. Dans le Transkei, il a failli se faire assassiner par la tenancière de la *guest house* où il dormait.

— Je rêvais qu'elle était au-dessus de moi, avec un couteau, j'ai ouvert les yeux, et elle était bien là, les yeux injectés de sang, penchée sur mon lit avec son couteau levé. Je lui ai dit calmement : « Vas-y ! Fais ce que tu as a faire ! » Elle a

---

1. *Cf.* tome I, p. 60 et 143.

fondu en larmes et m'a demandé pardon. Elle s'était disputée, la veille, avec son mari, et quelqu'un était venu me prévenir de fuir les lieux. Mais j'étais resté.

Nous sommes pétrifiés. Nous avions contourné le Transkei sur le conseil de nombreux Sud-Africains. Lui, en parfaite connaissance de cause, avait décidé d'y passer pour respecter la parole du Christ : « Je ne suis pas venu racheter les justes, mais les pécheurs... »

Plus récemment, passant sur la côte kenyane entre Tiwi Beach et Diani Beach, près de Mombassa, haut-lieu du tourisme sexuel, des drogues douces et nouveau « Goa » des *backpackers*, il s'est fait agresser.

— Je marchais sur la route longeant la plage, mon gros sac sur le dos, quand trois types sont sortis des fourrés avec des *pangas*. Sans même me demander quoi que ce soit, ils ont commencé à me taper. Comme je suis non violent, je n'ai fait que me défendre, j'ai esquivé plusieurs coups, mais ils m'entouraient et je ne les voyais pas venir. Heureusement, ils n'étaient pas très grands et je pouvais les maintenir à distance avec mes longs bras. C'était surréaliste, ils ne criaient pas et je ne disais rien. Tout se passait en silence. J'ai été salement taillladé à chaque bras et à la tête, je pissais le sang et je voyais la peur dans leurs yeux : ils ne comprenaient pas pourquoi je ne fuyais pas, pourquoi je ne tombais pas, pourquoi je ne criais pas ; normal, je récitais un Notre-Père. Un *matatu* surgi de nulle part est arrivé à notre hauteur, la porte s'est ouverte et des mains m'ont littéralement arraché du sol. J'étais sauvé ! Mes bons samaritains m'ont conduit à l'hôpital de Mombassa, où j'ai été recousu. Les pauvres ! Je leur ai pardonné, je les plains, ils avaient sans doute besoin d'argent pour s'acheter de la drogue...

Nous sommes glacés. Voilà à quoi nous avons à ce jour échappé. Voilà pourquoi nous tenons à éviter les zones urbaines. Dans un tel cas de figure, comment réagirions-nous ? Quand je dis à Harald qu'il devrait, comme nous, avoir au minimum un bâton et une bombe lacrymogène, il nous répond :

— Mais je ne suis pas inquiet, vos trucs, c'est des gadgets, j'ai la meilleure protection possible.

La folie d'un sage, la foi d'un prophète.

À l'heure de repartir, avec, en tête, toutes ces angoisses, tous ces défis et tous ces rendez-vous improbables, nous avons rédigé les 214 premières pages de notre premier livre. Le travail est bien avancé. Nous avons clos ce temps d'écriture en décrivant notre arrivée sur les ruines de Great Zimbabwe le 11 septembre 2001, il y a tout juste un an. Notre projet est de terminer les derniers chapitres en Éthiopie, où notre ami Jean-Claude Guilbert nous attend depuis deux ans.

12

L'escarpement de Mau

La reprise est dure. Comme d'habitude. S'arrêter plus d'une semaine, c'est repartir de zéro. Trop de steaks, à Nairobi. Le bronzage est décapé. Où sont les fiers marcheurs qui ont parcouru 7 411 kilomètres ? *Reset.* Case départ. C'est comme si nous n'avions jamais marché. Notre ami Naeem Omar, de Nelspruit, en Afrique du Sud, nous a fait parvenir in extremis par DHL de nouvelles chaussures et du *biltong* [1] hallal. Il y tient. C'est sa responsabilité, dit-il, de nous offrir nos chaussures, car nous marchons vers Jérusalem. Il voit dans notre marche « dans les pas de l'Homme » un pèlerinage, un *hadj* vers la ville éternelle. Nous marchons aussi pour lui.

En route vers Ndulelei, nous roulons sur une route de goudron absolument défoncée. Les nids-de-poule sont des nids d'autruche. Les bus et les camions zigzaguent dans un rodéo infernal, les pare-brise se rasent, les rétros se frôlent, les roues dérapent sur les bas-côtés en dévers, donnant une gîte impressionnante à tous ces tombeaux roulants. Nous serrons les fesses, le dos en compote, en nous cramponnant aux poignées devant nous. Nous n'avons plus l'habitude de la vitesse. Les dents serrées, Sonia maugrée :

— Ça ferait désordre, si on s'écrasait dans un bus alors que nous prétendons traverser l'Afrique à pied...

Je m'indigne de la piètre qualité de la route auprès de mon voisin, un Kenyan impassible, dans un petit costume

---

[1]. Recette de viande séchée sud-africaine.

serré avec une petite serviette de cuir sur les genoux. Il me répond :

— Pourtant, vous avez payé pour cette route. L'argent européen est arrivé sur les comptes du ministère de l'Équipement, les contractants indiens sont prêts, le goudron est arrivé du Moyen-Orient, le gravier est stocké... Mais ça ne se fait pas...

— Pourquoi donc ? C'est pourtant un axe stratégique pour tout le pays, c'est bien la route qui conduit au parc de Massaï Mara, non ?

— C'est justement à cause de ça que ça ne se fait pas.

— Je ne comprends pas.

— Réfléchissez ! À qui cela peut-il profiter que cette route soit défoncée ? Comment les touristes se rendent-ils aujourd'hui au Mara ? Pour la plupart, en avion. Ce que vous ne savez pas, c'est que deux de nos ministres, Olé Ntimama, du bureau présidentiel, massaï de naissance, et Nicholas Ono Biwot, de la même tribu que le président Moï, c'est-à-dire kalingin, possèdent personnellement plusieurs avions, des Cessna Caravan de Kenya Airways qui font tous les jours plusieurs rotations vers le Mara, avec des centaines de touristes à leur bord. À cent dollars l'aller par personne, le trafic est juteux. Ces messieurs n'ont aucun intérêt à ce que les touristes aillent au Mara en voiture ou en car... Ils préfèrent garder l'argent pour refaire les routes qui mènent à leurs propriétés privées...

— Comment savez-vous tout ça ?

— Je travaille au ministère de l'Équipement... Mais heureusement, cette fois, l'Europe ne se laissera pas faire, ils ne pourront utiliser ces fonds que pour cette route. Alors les ministres crient à l'ingérence néocoloniale. Votre erreur c'est d'avoir fait confiance pendant quarante ans à nos dirigeants... Mais cela va changer, le peuple en a assez et va bientôt s'exprimer. La Renaissance africaine [1] viendra du peuple, pas des gouvernements [2] !

De Ndulelei, nous partons au feeling vers le nord, à travers champs. La sensation est grisante. Ne pas avoir d'autre souci

---

1. Concept en vogue dans les milieux intellectuels panafricains, selon lequel il existe un complot libéral et impérialiste qui entretiendrait volontairement les problèmes du continent afin de mieux l'exploiter.
2. Nous sommes repartis le 5 octobre 2002, l'élection présidentielle était prévue pour décembre.

que d'avancer en liberté. Cette liberté qui nous anime depuis vingt-deux mois. Nous ne pouvons pas nous fixer un objectif précis ni une échéance puisque nous ne savons pas où nous allons ni par où nous y allons. Notre seule obligation est de marcher vers le nord et de rencontrer des Africains inconnus. Cela en angoisserait plus d'un mais nous, ça nous relaxe, notre futur proche n'est pas entre nos mains. Ce qui nous stresserait serait d'être obligés de coller à un planning, d'être attendus quelque part. Avec ce type de marche, nous renouons avec un double sentiment, la satisfaction du travail accompli, derrière nous, et l'appel de l'inconnu, devant nous. L'effort et la vie pleine, au ralenti. Tout devient surprise, tout devient aventure. Même et surtout les choses les plus simples.

Les poumons dilatés et le sourire aux lèvres, nous grimpons peu à peu sur l'escarpement de Mau. C'est la prolongation de celui de Nguruman, que nous suivions plus au sud. Toujours cette lèvre occidentale du Rift. Une journée de montée sous le soleil, mais, avec l'altitude, nous gagnons la fraîcheur. Au bout d'une allée taillée dans un champ de maïs, nous débouchons sur la crête. La vue sur le Rift est décapante. L'immense fossé d'effondrement est clairement lisible ; ses étagements descendent comme des marches jusqu'au fond. Entre le volcan Longonot et le cratère de Suswa, la route de Nairobi trace droit dans la plaine. Microscopiques, tout en bas, des girafes dégingandées signent le paysage.

À Kojonga, en haut d'une interminable piste encaissée, nous sommes accueillis chez Joyce Kojay, la directrice de l'école. Tous les professeurs du pays sont en grève depuis plus d'un mois.

— Nos primes et nos heures sup' n'ont pas été payées depuis cinq ans ! Comment voulez-vous qu'on élève les enfants de ce pays avec soixante-quinze euros par mois ?

Kojonga est un village de bois accroché à l'escarpement. Ses habitants sont tous des déplacés, venus de tribus diverses. Des Kikuyus, des Luos et des Massaïs sédentarisés, souvent mariés à des femmes d'autres tribus. Ils sont arrivés ici en 1988, après les violents heurts qui ont opposé les Massaïs traditionnels aux autres populations qui s'étaient installées progressivement sur leur territoire. Ici, ils ont tout défriché et survivent de lopins de terre. Joyce est une grosse matrone joviale qui recueille des enfants abandonnés, sert la soupe aux écoliers qui ne peuvent pas s'offrir la pension et dispense sans compter le réconfort autour d'elle.

— Mon mari est parti. On a eu un problème d'autorité. Il n'acceptait pas que je lui tienne tête. Un jour, il a voulu porter la main sur moi, alors je l'ai défenestré... Depuis, je me sens si libre ! Vous savez, les femmes africaines peuvent très bien se passer des hommes. Surtout ici. Les hommes sont alcooliques et désœuvrés. Il n'y a pas de travail en dehors de la récolte des pommes de terre.

Topoti, lundi 7 octobre 2004, 648ᵉ jour, 36 km, 7 501ᵉ km

Sur l'escarpement, la forêt a été détruite récemment. Des plumeaux d'arbres résistent çà et là, les plus gros surtout, ceux auxquels les bûcherons n'ont pas pu s'attaquer faute d'outils appropriés. Et puis on respecte les anciens. Les sillons fleuris de plants de pommes de terre sont gras et fertiles. Le fond de l'air est frais. C'est une balade de santé. Notre passage sur ce chemin de traverse soulève une véritable frénésie. Les gens viennent nous saluer sur le pas de leur porte : « *Karibu chae, karibu pumzika...* ! » (Bienvenue pour un thé, venez vous reposer un peu.) Le dernier Blanc recensé est un missionnaire passé ici en voiture, il y a six mois. Dire que nous sommes à trente kilomètres de la route du Mara, empruntée par tous les touristes qui n'ont pas les moyens de faire le trajet en avion ! Encore notre envers du décor... il n'est jamais très loin. Il suffit d'aller dans les coins où il n'y a rien à voir, que des hommes à rencontrer. Nous marchons plein nord sur la crête. À droite, l'à-pic du Rift, avec au fond le lac Naïvasha entouré d'immenses étendues de serres horticoles ; à gauche, les ondulations des pentes descendantes vers Narok, capitale massaï, et sur lesquelles s'étendent les plus impressionnantes plantations de céréales que nous ayons vues depuis l'Afrique du Sud : de la verdure régulière à l'infini... Un choc ! De vrais champs ! L'opulence ! C'est donc possible.

À midi, nous tombons en arrêt devant une vraie petite maison ancienne plantée au bord de l'escarpement, au milieu d'un gazon vert entouré de clôtures. La vision est tellement improbable que nous sommes convaincus qu'un Européen habite là. Les a priori sont tenaces, surtout quand ils ont été « a-posteriorisés » durant près de deux ans et des milliers de kilomètres. Et toc! Bien fait pour nous : Nahason Naïja nous accueille. Nous sommes aux anges. Nous adorons rencontrer l'exception qui confirme la règle. Elle est la preuve que tout est possible et que le champ prédictif peut être contrarié par la fantaisie de l'existence et la liberté humaine. Nahason cultive la pomme de terre sur un lopin de cinq hectares dont il est propriétaire.

— En fait, j'étais assistant vétérinaire dans une laiterie de Naïvasha; j'ai cru que je pouvais me mettre à mon compte. Grossière erreur! J'ai acheté quelques vaches laitières et me suis installé ici, car la demande de lait est forte parmi les planteurs. En trois ans, mes vaches sont toutes mortes, je ne sais pas pourquoi, peut-être l'altitude, le froid la nuit, une maladie inconnue, je ne sais pas, mais je peux vous dire que je regrette mon salaire!

— Alors comment faites-vous pour vivre ici?

— J'ai mes pommes de terre, mais elles ne rapportent rien; il me reste deux vaches pour ma consommation personnelle, sinon je travaille de temps en temps dans les plantations d'orge et de houblon de Narok.

— Ce n'est pas du blé?

— Plus maintenant mais, en effet, à l'époque coloniale, ces milliers d'hectares avaient été ouverts pour la culture du blé d'exportation – car on ne mangeait pas de pain. Aujourd'hui, la récolte est destinée à la brasserie nationalisée Kenya Breweries, la plus grosse usine du pays. On en fait de la bière.

Question de priorités... Boire ou manger? De toute façon, le blé arrive gratuitement des États-Unis ou de la Banque mondiale sous forme d'aide alimentaire. Ici comme ailleurs, pour endormir le peuple, le pouvoir remplace le *panem et circenses* par un *vinum et circenses*.

— Nous avons été déplacés ici après les émeutes et pogroms survenus pendant les deux dernières élections, à la fin des années quatre-vingt; nous étions chassés par les Massaïs des plaines, eux-mêmes exclus de Naïvasha par les grandes plantations de fleurs, qui inondent le marché mondial de roses et qui vident le lac. Il nous fallait des terres pour survivre ; on a alors planté des pommes de terre ici. Le problème, c'est que la production arrive partout en même temps sur le marché et que les cours s'effondrent, ne remboursant même pas nos coûts.

Nahason et tant d'autres sont diplômés, incroyablement cultivés.

— N'oubliez jamais que nous autres Africains nous sommes seuls au monde. Personne ne nous aide. Chez vous, en Europe, la société est généreuse, l'éducation, les hôpitaux sont gratuits, vous avez la Sécurité sociale, l'assurance chômage, l'électricité, l'eau courante, les routes, vous vous entraidez sans le savoir, vos impôts vous reviennent sous forme d'avantages. Ici, on doit tout payer ; les impôts augmentent mais ne donnent droit à aucun avantage ; ils servent au train de vie des ministres. Si je ne travaille pas, je meurs, et ma famille meurt.

Nous avons développé une grande admiration pour ces hommes africains de tous pays, arc-boutés contre l'adversité avec une résignation sereine. Ils savent qu'ils ne changeront pas le monde, ils savent qu'ils doivent vivre. Ils ont laissé les idéologies de côté. Ils ne croient pas aux lubies des villes, ils sont pragmatiques. Depuis longtemps, nous savons qu'ils ne sont pas paresseux. Que leur misère n'est pas non plus une fatalité géographique ni climatique. Qu'elle n'est pas non plus le fruit d'une oppression impérialiste, pas plus qu'une conséquence de l'époque coloniale. Elle n'est qu'un problème de management. Nahason semble lire dans mes pensées.

— Bien gérée, l'Afrique serait le continent le plus riche du monde. Nous avons de tout, ici, et toute l'année. J'ai un ami qui a fait ses études de vétérinaire en Russie. Il était en Sibérie. Il m'a dit que c'était l'enfer sur terre. La nature est morte pendant plus de la moitié de l'année. Vous croyez que c'est plus facile de vivre en Sibérie qu'ici ? Et malgré ça, la Russie est bien plus riche que nous. La vérité, c'est que notre gouvernement est incapable de créer des emplois, des usines, des manufactures, une économie capable d'employer de la main-d'œuvre.

— Vous regrettez l'époque où vous étiez salarié ?

— Vous savez, il n'y a que trois sources de travail pour les diplômés, dans ce pays. Le service public, mais là, si vous n'êtes pas Kalingin, la tribu du président Moï, vous n'avez aucune chance ; l'ONU, qui emploie quatre mille personnes à Nairobi, dont beaucoup d'expatriés du monde entier ; les ONG et les compagnies étrangères. Notre gouvernement se moque de développer le pays. Seuls les Indiens, les Églises et les ONG se préoccupent de développement, mais trop d'argent est détourné. Nous sommes le cinquième pays le plus corrompu du monde. Nous voulons du changement !

À la veille de l'élection présidentielle, tous n'ont que ce mot à la bouche : le changement. Le pouvoir du vieux Mzee [1] est bien usé et violemment décrié. Saura-t-il laisser place à l'alternance ? Tout le monde en doute. Nahason renchérit :

— Il veut nous imposer Uhuru Kenyatta, le fils de notre premier président : c'est un ancien drogué, alcoolique, sans passé, sans qualifications, qui n'a jamais pu grandir dans l'ombre de son père. Il ne sera qu'une marionnette de Moï, nous ne voulons pas de cette mascarade.

Au fil de notre marche, tous les Kenyans rencontrés ont exprimé de semblables sentiments, preuves d'une incroyable maturité politique. Mais Nahason conclut, pessimiste :

— Malheureusement beaucoup de jeunes n'ont pas de carte d'identité et s'en voient refuser l'accès, préalable nécessaire à l'inscription sur les listes électorales... De toute façon, le pouvoir va tricher, ou acheter à la dernière minute les candidats de l'opposition.

Affaire à suivre fin décembre. Où serons-nous ?

Le lendemain, nous traversons des forêts de bambous en feu. Notre carte indique un domaine d'État. Toute la jungle primaire de Mau part en fumée – elle n'existe d'ailleurs plus que sur notre bout de carte, cette jungle... D'autres gens vont venir s'installer sur ces défrichements sauvages pour planter d'autres excédents de pommes de terre. L'homme doit manger. Ici, il n'y a pas de développement humain sans désastre écologique. Et pas d'écologie sans un soupçon de misanthropie. Rien ne peut contenir la pression démographique. Elle est plus forte que toutes les belles idées et les bons sentiments, les jolies fleurs et les petits coins de forêt vierge.

Nous redescendons l'escarpement à la hauteur du lac Nakuru dans une forêt soudainement intacte, et radicalement

---

1. Littéralement : « le Vénérable ». Surnom donné à Arap Moï, président du Kenya depuis vingt-quatre ans.

différente. Un thalweg est dégagé pour offrir des pâtures clôturées au fond d'une petite vallée en pente douce. Les barbelés sont rouillés et des étables ruinées parlent d'une époque reculée où le bétail abondait. De part et d'autre se dressent sur les coteaux de hautes frondaisons de pins arolles et d'épicéas centenaires. Nous pourrions être en Suisse, en Slovaquie, en Roumanie ou en Arkansas, mais pas en Afrique. Sonia s'exclame :

— C'est ici et nulle part ailleurs que je viendrais m'installer si je n'avais pas de terres. Mais il n'y a pas un chat... mystère !

Un jeune homme marche avec nous. Il s'appelle Simon, il est étudiant en sciences sociales à Nakuru et se rend à Mau. Nous lui faisons part de notre étonnement.

— Normal. Ici c'est une forêt privée, un ancien domaine colonial intact donné aux Massaïs en compensation des pertes de territoires qu'ils ont subies. Ils chassent tous ceux qui veulent s'installer ici et ils éliminent les défricheurs qui osent s'attaquer aux arbres. Les Massaïs ont un immense respect pour les forêts. Je connais la famille qui exploite celle-ci ; ils coupent un ou deux très gros arbres par an à des endroits éloignés, quand ils ont besoin de liquidités pour acheter du bétail.

— Et pourquoi ne viennent-ils pas y vivre ?

— Ils n'aiment pas vivre en forêt ; leurs vaches attraperaient des bronchites à cause des nuits froides...

Nous passons à côté d'un grand bâtiment ruiné ressemblant à un chalet suisse, avec une couverture en bardeaux dégringolant des restes de la charpente défoncée.

— C'est l'ancienne scierie britannique. Tous les arbres, ici, ont été plantés par les Anglais. Et personne n'a touché à rien depuis leur départ. À partir du ruisseau là-bas, la forêt appartient au président Moï.

En effet. La coupe est claire. Massacre à la tronçonneuse, comme dans le Grand Nord canadien. La colline est nue, encombrée d'un fouillis macabre de branches émondées.

— Ça fait combien de temps que c'est comme ça ?

— Cinq ans, maintenant.

— Et ils ne vont pas replanter ?

Simon éclate de rire.

— Replanter ? Ça coûte beaucoup trop cher ! Et pour quoi faire ? Le vieux Moï sera mort quand les arbres seront grands, alors il s'en fout.

Le soir, à Miti Mingi, nous tombons en arrêt devant un autre pavillon de pierre perdu en plein champ. Verrière, bow-window, toit à pans recouvert de shingle goudronné, chiens assis à l'étage : une maison fleurant bon les années cinquante. Nous allons voir. Une mama rondelette nous accueille sur le pas de sa porte.
— Vous êtes perdus ?
— Non ! Nous allons à Nakuru. Mais c'est trop loin pour ce soir.
— Vous n'avez pas d'argent ?
C'est la première fois qu'on nous pose cette question si directement. J'ai une hésitation avant de répondre :
— Si. Mais nous marchons pour rencontrer les gens, et on a vu votre belle maison, alors comme la nuit va tomber, on s'est dit qu'on pourrait peut-être dormir dans votre jardin...
Elle éclate de rire. Un rire, puissant et sonore, gorge déployée, qui fait tressauter son généreux corsage.
— *Karibu ! Karibu !* Foi d'Anastasia, vous n'allez pas dormir dehors ce soir !
Au seuil de la porte, c'est le choc. Le pavillon qui, de loin, semblait si propret, est, en fait, un squat sans eau et sans électricité. Le salon a été transformé en grenier à maïs. Des grabats sont disposés le long des murs et le centre de la pièce au parquet défoncé est encombré d'énormes sacs de jute remplis d'épis de maïs qu'Anastasia se remet à égrener sur le sol. Partout sur les murs, des posters kitsch fluo de Jésus, de la Vierge Marie et de bergers entourent de vieux cadres où trônent un beau jeune homme gominé dans un uniforme seyant et une belle jeune femme fine en robe de dentelle. Anastasia surprend notre coup d'œil émerveillé.
— C'était mon mari, il était militaire, et moi...
Elle étouffe son rire dans une minauderie signifiant qu'elle allait dire une bêtise. Tout un bric-à-brac s'entasse dans les coins. Nous mettons la main à la pâte. La nuit tombe. Des chiens sont venus aux infos, suivis de près d'une ribambelle d'enfants, puis de voisines. Le rituel immuable recommence. Il forme notre quotidien. Et ce quotidien échappera toujours à la caméra. Il est fait de répétitions, de saluts, de rires, de douleurs aux pieds, de crasse aux entournures, d'envies pressantes impossibles à satisfaire, de mains poisseuses et d'ongles en deuil, de dents gâtées et d'haleines fétides, de douleurs aux

épaules et de chemises humides qui refroidissent avec l'immobilité, cartonnées de sel, d'odeurs honteuses et de chaussettes sales, d'inconfort et d'absence d'intimité. Et Sonia supporte tout cela avec le sourire, avec bonheur même, tant que des hommes oisifs et bruyants ne font pas irruption. Or, ce soir, il n'y a que des femmes industrieuses, des enfants sages, et une poule lovée contre un chat endormi. Alors tout baigne. Anastasia, dans la lumière dorée d'une bougie, nous demande avec son naturel inébranlable :

— Qu'est-ce que vous avez fait de mal ? Quel péché expiez-vous pour vouloir souffrir ainsi ?

À notre tour d'éclater de rire. Nous lui expliquons que nous n'avons rien d'important à nous reprocher envers les puissances d'en haut, et que cette marche est pour nous une passion, un travail, notre vie, tout à la fois. Elle reste dubitative.

— Vous n'avez pas d'enfants ? C'est pour ça que vous marchez ! Pour demander au Seigneur de vous donner des enfants...

Rebelote. Nous sommes pliés. Anastasia est vraiment extraordinaire. Elle révèle enfin tout haut ce que des milliers d'Africains ont dû penser tout bas en faisant semblant de croire à notre baratin. Sans doute est-ce en effet une idée de nantis que d'accepter de se dépouiller de tout, d'accepter d'attraper des puces et de vivre sans souci du lendemain pour le simple bonheur de la rencontre, d'être là avec Anastasia. Et peut-être qu'on ne peut pas comprendre une démarche de renoncement et de privation volontaire tant qu'on n'a pas accédé au confort matériel. Je ne sais pas. Je ne sais plus. Je ne sais qu'une chose, c'est que nous sommes heureux, avec cette grosse dame au cœur encore plus gros que ses mamelles. Et qu'elle est heureuse de nous avoir chez elle. Sonia explique :

— Si nous avions des enfants, nous ne pourrions pas marcher en Afrique. Où est-ce qu'on les laisserait ? Chez nos parents ? Chez nos frères et sœurs ? Ça ne marche pas comme ça, chez nous ! On y est responsable de ses propres enfants, il n'y a pas de famille élargie !

Et elle de répondre dans un rire contagieux :

— Alors ça veut dire que vous ne faites jamais l'amour ?

Toujours son incroyable franchise. Nous croyions venir l'étudier, recueillir son témoignage, et c'est elle qui nous passe au crible.

— Si, de temps en temps, mais j'utilise la pilule contraceptive...

— Mais ne m'avez-vous pas dit que vous étiez catholiques ? Notre curé dit qu'utiliser la pilule, c'est comme un avortement...

Et nous voilà partis dans des discussions sur le libre arbitre, la conscience personnelle, le respect de l'autre, le planning familial, et le fait que les Églises africaines sont souvent plus royalistes que le roi, coincées entre l'idéal et la réalité, la difficulté d'avoir un seul discours pour tous les modes de vie et tous les niveaux économiques. Sonia la rassure.

— Non, Anastasia, prendre la pilule n'est pas un avortement. Je crois, au contraire, que cela permet d'éviter beaucoup d'avortements.

Kenya central

1. Benjamin Salbé, Desmond Rotitch, Emmanuel Toroititch
2. Suzie Mills, Drs Brooks Childress, Wim Van der Bossche, Jenny
3. Hélène Momoï
4. Thomas et Jane Nanok
5. Clarkson Ekouleou, Robert Ignolan
6. Padre Rico

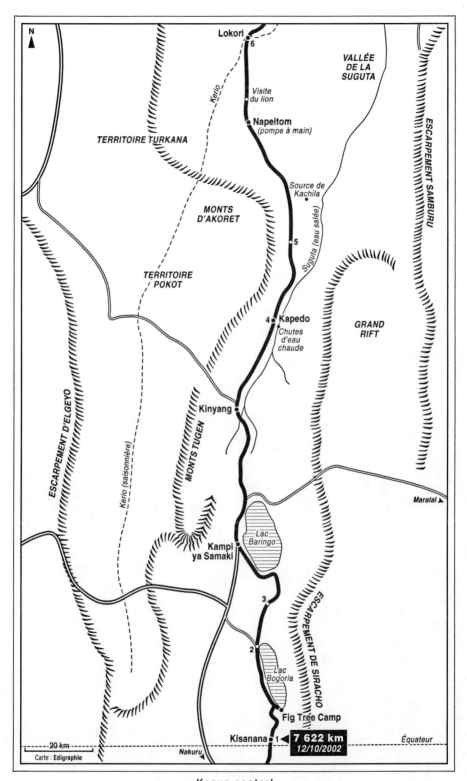

Kenya central

13

Un chapelet de lacs

Lac Nakuru, National Park Headquarters, 650ᵉ jour, 10 km, 7 540 km

— Pourquoi venir nouer des liens si forts si c'est pour partir le lendemain? nous dit Anastasia, au moment des adieux.

Nous n'avons pas de réponse. Peut-être pour que l'usure du jour d'après ne vienne pas entacher le souvenir fort des premiers instants. Dans un an ou deux, quand notre aventure et notre livre seront finis, nous n'aurons pas oublié Anastasia. Et elle n'aura pas oublié ces marcheurs français de passage. Elle habite dorénavant notre cœur comme nous habitons sa tête.

Une voisine qui a suivi en silence notre conversation d'hier soir se joint à nos premiers kilomètres comme on va à confesse. Elle est accompagnée d'un jeune homme longiligne qui s'occupe de pastorale, à la paroisse. Et, tout en marchant, nous nous livrons, comme souvent, à un cours d'éducation sexuelle. Il y a six ans, après son sixième enfant, Nancy est allée dans le plus grand secret dans une clinique privée de planning familial et s'est fait glisser sous la peau des implants contraceptifs permanents Norplant. Là, c'est elle qui parfait notre éducation, car nous ne connaissions pas ce procédé. Depuis, son mari, satisfait, ne la trompe plus, et ne risque pas de rapporter le sida à la maison. Elle a peur d'en parler au curé et veut connaître notre sentiment. Nous la rassurons en lui disant qu'elle a fait le meilleur choix et que ça ne regarde qu'elle. Et que, si elle se sent mal à l'aise, c'est juste qu'elle est en avance sur son temps.

Les campagnes internationales de lutte contre le sida se sont sans doute trop focalisées sur les préservatifs – que la plupart des Africains rechignent à utiliser – et ont négligé les procédés contraceptifs qui permettraient aux hommes de moins aller chercher dehors ce qu'ils pourraient avoir à la maison ; d'avoir une sexualité de couple sans risque de procréer quand ils estiment avoir assez d'enfants pour leurs ressources.

Voilà aussi pourquoi nous marchons. Pour apprendre certaines réalités pratiques à leur source, pour voir le monde par l'autre bout de la lorgnette.

Au grillage du Parc national de Nakuru, nous nous demandons de quel côté le contourner quand une Land Rover blanche vient à nous. Le sigle Rhino Rescue, une ONG britannique, s'étale sur le capot. Un petit homme à lunettes en sort, mi-figue mi-raisin.

— Que faites-vous là ?

— Nous ne savons pas de quel côté contourner le parc, mais peut-être qu'on pourrait le traverser à pied avec un ranger ?

— Vous vous moquez de moi ? Vous êtes journalistes ? Vous ne lisez pas les journaux ? On vient de se faire dévorer deux rangers par les lions, alors ça ira pour cette semaine...

Nous sommes tombés sur Pius Mulwa, le conservateur des cent seize rhinos du Parc national de Nakuru. Nous lui racontons nos vingt-deux derniers mois, et il se déride. Quand nous lui parlons de nos lions de Tanzanie et de nos rhinocéros du park Kruger, il s'exalte :

— Quoi ? Vous connaissez Johan Malan, de Game Capture[1] ? C'est lui qui m'a vendu nos rhinocéros noirs. Ici, ils avaient tous été braconnés. Et vous avez marché tout ce temps-là ? Vous êtes fous ! Mais désolé, même pour vous, ce ne sera pas possible de traverser le parc à pied ; en revanche, je vous invite chez moi au cœur du parc et, demain, je vous redépose ici, ça va ?

À force de vivre des coïncidences insensées, nous finissons par tout trouver normal. Dans le parc, tout est beau et calme. Nous traversons une belle forêt d'acacias *xanthophloea*

---

1. *Cf.* tome I, p. 169.

aux troncs jaunes comme des platanes, aux immenses ramures en éventail sous lesquelles des hardes d'impalas broutent paisiblement. Nous avions déjà oublié ce qu'un espace sans hommes a de virginal et de poétique. Pius reprend son topo.

— Nous venons d'abattre toute la troupe de lions. Une dizaine d'entre eux avaient goûté aux rangers. Le bruit a couru que ces derniers avaient commis des fautes professionnelles, c'est archifaux. Le premier accident s'est déroulé en plein jour, entre la grille principale et sa voiture. L'homme a parcouru cinq mètres ! Les lions étaient embusqués dans les herbes, juste là. Ils auraient pu s'échapper du parc, mais ils n'en avaient aucune envie, ils voulaient se farcir mon gus. Le second accident a coûté la vie à une femme, le lendemain à l'aube, en plein milieu du *compound*, entre sa maison et sa cuisine : à peine trois mètres ! Elle allait préparer le porridge de son bébé. La vérité, personne ne veut l'avouer, c'est que nous bordons la ville de Nakuru, la deuxième du pays, et que les lions ont pris goût à la chair humaine...

Nous hallucinons.

— Comment ? Des cadavres ?

Pius fait la moue.

— Presque... Vous savez, le sida tue mille deux cents personnes par jour, dans ce pays, au moins 20 % de la population est infectée, soit plus de six millions. Les femmes séropositives qui ont déjà six ou sept enfants se débarrassent de leurs fœtus ou de leurs nouveau-nés en les jetant par-dessus le grillage du parc, là où la police ne viendra jamais les chercher. Je le sais, j'en ai enterré moi-même en moyenne trois par semaine. Ces derniers temps, on n'en trouve presque plus, mais les lions sont toujours avachis dans ce coin-là. Comme s'ils attendaient la pâtée... La seule chose qui sauvera ce pays, c'est la pilule contraceptive !

— Nous en parlions hier soir et ce matin à des gens en chemin, et nous en venions aux mêmes conclusions.

— Eh bien moi, j'aurais aimé qu'on m'en parle plus tôt. Je suis séropositif et ma première femme en est morte.

Nous sommes consternés.

— Faites pas cette tête-là ! J'ai une deuxième femme et je viens d'avoir un enfant. Dieu soit loué, ni l'un ni l'autre ne sont infectés.

Nous arrivons à une sorte de préfabriqué métallique posé là comme une verrue dans un des plus beaux paysages du monde. Husna Abdallah, la jeune épouse, vient nous accueillir avec le bébé. Dans sa cabane, il nous parle de son boulot.

— En dix ans j'ai réussi à éradiquer le braconnage autour de Nakuru grâce à un travail en profondeur réalisé avec les communautés locales et Rhino Rescue, qui leur construit des écoles, des dispensaires, des pompes. L'argent donné pour la protection des rhinos n'est pas dépensé en armement et en matériel de représailles ou de dissuasion mais en amélioration des conditions de vie. Si un rhino est tué, tout s'arrête, et les gens le savent. Ils voient ainsi l'intérêt direct de lutter contre le braconnage et font la police eux-mêmes. Y a rien de plus efficace. Mais avant que tout cela se mette en place, j'ai quand même dû avoir une poigne de fer. J'ai poursuivi les types jusque dans leurs villages ; quand ils s'échappaient, je faisais emprisonner leurs familles jusqu'à ce qu'ils se rendent, je me suis fait tirer dessus des dizaines de fois. Quand j'en attrapais un, je peux vous assurer qu'il ne recommençait jamais. Le vrai problème, c'étaient les filières de viande de brousse qu'il fallait démanteler jusqu'à Nakuru et Nairobi. Ce que j'ai fait, aucun Kenyan blanc n'aurait jamais pu le faire...

— Ah bon ? Et pourquoi ?

— Parce qu'il aurait été accusé de racisme ! Mais grâce à ça, dans ce parc qui est un des plus petits du Kenya, j'ai soixante-cinq rhinocéros noirs dans les forêts qui dominent le lac et cinquante et un rhinocéros blancs dans la plaine. Les touristes sont sûrs d'en voir.

En longeant le parc, nous constatons plusieurs résultats de cette entraide positive au bénéfice de tous. Dans une école, nous rencontrons Spencer Gelthorpe, un sexagénaire britannique hyperactif, qui se tourne vers Sonia comme s'il avait vu une apparition et lui glisse en guise de compliment, très impressionné par sa jupe beige et son chapeau de paille :

— *Meryl Streep, I presume ?*

Il retape une vieille Lister Monocylindre de 1946 à deux soupapes qui pompe de l'eau à cent cinquante mètres de profondeur. Il nous en parle avec des trémolos dans la voix, vantant les mérites du couple impressionnant produit par le très lourd volant de fonte, la robustesse du monocylindre quatre temps

– qui ne demande pour ainsi dire pas de maintenance –, l'avantage de la transmission par courroie... Tout y passe, un vrai passionné. Le forage a été payé par les donateurs anglais qui sponsorisent les rhinos du parc. L'école est le seul point d'eau à la ronde. Elle a été construite en 1998, en pierre de taille, pour remplacer un bâtiment de terre qui est aujourd'hui devenu une étable, dont les vaches fournissent du lait distribué aux écoliers. Dans l'éducation est intégré un programme d'écologie et de respect de la nature. Chaque lundi, les enfants participent à des programmes de reboisement. Le dispensaire a été construit de la même manière, et le salaire de l'infirmier permanent est pris en charge par Rhino Rescue. Spencer est sur tous les fronts. Il est très sensible à ce que nous lui disons de la déforestation de l'escarpement.

— C'est un suicide collectif. Quand je suis arrivé ici, les deux rivières du village étaient permanentes. Elles sont maintenant saisonnières. L'année dernière, elles n'ont pas coulé du tout. En 1988, cette pente agricole que vous voyez était une forêt vierge qui alimentait en eau les lacs Nakuru et Elmenteita. Leur niveau baisse chaque année un peu plus, mettant en danger la vie des flamants roses. Et si nous n'étions pas venus faire ce puits, où tous ces gens trouveraient-ils leur eau ? Le gouvernement ne fait strictement rien pour eux...

En quittant Nakuru, nous empruntons quinze kilomètres de goudron, les premiers depuis deux mille kilomètres. Du Malawi jusqu'ici, nous avons toujours marché sur des pistes en terre hormis deux fois cinq mètres, pour traverser deux routes, celles du Ngorongoro et celle de Narok.

Kisanana, sur l'équateur, samedi 12 octobre 2002, 653ᵉ jour, 26 km, 7 622ᵉ km

En sautant. Nous le passons en sautant. L'équateur. Sous un arc-en-ciel. Par-dessus notre bâton de marche étendu au sol pour figurer la ligne imaginaire. Ce petit bond symbolique nous fait passer, perdus en pleine brousse, dans l'hémisphère Nord. Nous n'avons pour carte qu'une photocopie chiffonnée d'un document des années cinquante. Mais l'équateur n'a pas bougé. Il passe pile poil au sommet de cette petite colline, à notre droite. Ça n'est qu'un pas de plus, mais c'est pour nous un pas de géant. Et, toujours, cet arc-en-ciel improbable qui nous sourit sur un ciel d'encre, vers le nord. Nous nous embrassons sous les rires moqueurs d'un calao à bec jaune.

Ce matin, nous avons quitté le bitume et retrouvé la piste avec bonheur et nous sommes pas à pas enfoncés dans une brousse aride. C'en est fini de la fraîcheur jusqu'en Éthiopie.

Ce soir, nous trouvons refuge chez les trois infirmiers du dispensaire gouvernemental de Kisanana. Ils voulaient être médecins. On ne leur a pas laissé l'accès aux examens car ils ne pouvaient pas payer le pot-de-vin exigé. Ils squattent un bâtiment insalubre. Nous dressons notre tente dans une pièce poussiéreuse et vide. Benjamin Salbé vient bientôt nous chercher pour partager un plat d'*ugali* agrémenté de *sukuma wiki*, des feuilles de chou bouillies, car ils n'ont pas les moyens de s'acheter de la viande. Sur les murs, des traînées de sang parlent de nuits tourmentées par des moustiques écrasés rageusement. Sur les posters, les Bleus et leur victoire triomphale nous servent d'ambassadeurs. Ils nous parlent longtemps de notre société française, ouverte et généreuse, qui donne leur chance aux Africains. Ils s'émerveillent de notre système de société, se plaignent du leur.

Toute la journée, nous avons vu défiler, comme autour de chaque grande ville africaine, comme avant Blantyre, au Malawi [1], une noria de charbonniers à bicyclette apportant du combustible dans les villes après avoir brûlé les forêts alentour. Benjamin nous explique :

— Le gouvernement n'arrête pas d'augmenter le prix de la paraffine au lieu de la subventionner, et ils font de la pub afin qu'on utilise des réchauds pour cuisiner. Mais, tant que le charbon sera moins cher, car il n'est pas taxé, les forêts disparaîtront. Il n'y a pas d'alternative. Le développement durable, ça me fait marrer ! À Johannesburg, au Congrès de la Terre, personne n'a eu cette idée si simple : subventionner la paraffine. Moi, je vous le dis, le développement, c'est un business.

Emmanuel Toroititch renchérit :

— Les bouffons ! Ils ont célébré récemment le centenaire du chemin de fer qui va jusqu'en Ouganda. Même Museveni [2]

---
1. *Cf.* tome I, p.275.
2. Président de l'Ouganda.

était là ! Qu'est-ce qu'ils célébraient ? Un désastre. Le train ne fonctionne plus depuis huit ans. Mon père était cheminot. Tout est cassé. Il y en a pour des millions de dollars pour le remettre en marche. Et Museveni a besoin du train pour désenclaver son pays. Ils ont fait ça pour séduire la Banque mondiale. Nos dirigeants ont voulu sauter toutes les étapes sans passer par l'ère industrielle. Notre pays ne survit que grâce aux héritages agricoles coloniaux, le thé et le café, et c'est ça qui nous tue ! Depuis quarante ans, rien n'a changé, tout n'a fait que se dégrader. Nous n'avons plus le savoir-faire pour entretenir les trains. Toutes les pièces détachées ont été utilisées, rien n'a été remplacé, repensé, anticipé. Alors, d'une main, ils mendient et, de l'autre, ils tapent sur ceux qui donnent. Un prophète massaï avait prévu l'arrivée des Blancs sur un serpent de fer crachant le feu, il n'avait pas prévu qu'on le casse [1]...

Desmond Rotitch, désespéré, prend la balle au bond :

— Cela fait quatre ans qu'on est là. Ils ne veulent pas nous relever, pas nous augmenter ; nous n'avons toujours pas l'électricité, pas de vaccins ; ils nous ont promis des travaux, nous n'avons vu personne, nous sommes en pénurie chronique de médicaments. Quand c'est grave, on met les gens dans un matatu pour l'hôpital de Nakuru. Deux mois par an, heureusement, une infirmière anglaise vient bénévolement avec des médicaments et du matériel pour une campagne de vaccination. Le reste du temps, nous ne servons à rien...

Ça va mal.

— Moï est détesté par tout le pays, nous ne voulons pas d'Uhuru Kenyatta, nous voterons tous pour l'Alliance Rainbow (NARC) et pour Kibaki. Il a beau être ancien vice-président, avoir été huit fois ministre d'un gouvernement KANU, il incarne une alternance. Il ne peut pas y avoir de démocratie sans alternance. Les États-Unis changent tous les quatre ans, vous tous les cinq ans, chez nous, cela fait trente-neuf ans que le KANU est au pouvoir, et vingt-quatre ans que Moï a remplacé Jomo Kenyatta. Et ils veulent nous remettre un Kenyatta pour continuer leurs combines ? Jamais ! On ne s'est pas libéré

---

[1]. Le *Laïbon* (prophète) Mbatian avait prédit, dans un oracle, l'invasion des Blancs et la perte des pâturages des hauts plateaux. Par ailleurs, il avait vu un serpent de fer crachant le feu traverser le pays massaï jusqu'au lac Victoria. Il est mort cinq ans avant la construction de la ligne.

de la reine d'Angleterre pour retomber en monarchie dynastique... Si Moï triche, ce sera la révolution ! Il est tellement haï qu'il ne peut même plus se déplacer sur le territoire. Le week-end dernier, il est allé à Eldoret pour un meeting. Un type dans la foule l'a interpellé, ça a dégénéré. Le service d'ordre présidentiel a tiré dans le tas, il y a eu trois morts et des dizaines de blessés, le président a dû fuir sous un déluge de pierres... On est très inquiet, pour ces élections... »

Après Olkokwe, une courte marche hors piste nous fait déboucher sur le bord abrupt de l'escarpement et le panorama génésique du lac Bogoria. Immense et sauvage. D'une beauté à couper le souffle. Vers le nord, la brousse déserte s'étend à perte de vue. Coincé entre un plissement relevé en pente douce et le pied de l'escarpement de Siracho s'étend, tout en longueur, ce lac vert dont la découverte inspira à John Gregory, géologue écossais de la fin du siècle dernier, le concept même de Grand Rift africain. D'ici tout paraît limpide : cette immense vallée n'est pas le fruit de l'érosion mais celui d'un effondrement apparu le long de lignes de fractures tectoniques. Le lac Bogoria est un des trente lacs qui ponctuent le Grand Rift africain, depuis l'Éthiopie jusqu'au Malawi, à des altitudes diverses, allant du lac Turkana, situé le plus bas à 365 mètres, au lac Naïvasha, le plus haut, avec ses 1 883 mètres d'altitude.

Nous descendons et allons planter la tente sur la rive sud du lac, au Fig Tree Camp. De gigantesques figuiers sauvages, arc-boutés comme des fromagers sur de larges contreforts, font au-dessus de nos têtes un entrelacs de branches et de voûtes, de piliers et de voussures où déambulent de bruyants babouins. Une cathédrale végétale. Nous entourons consciencieusement notre petite tente d'épineux en prévision de la nuit à venir : nous sommes dans un parc naturel et les hyènes ne sont pas loin.

Épars sur le lac d'huile clabaudent des myriades de flamants roses. Une tortue se balade sur la berge. À quelques pas de là soufflent comme des soupapes deux geysers trahissant les humeurs des entrailles de la Terre. Nous allons nous baigner nus dans un ruisseau d'eau cristalline dévalant de la forêt. Les ablutions dans la jungle ne sont pas très relaxantes. C'est incroyable ce qu'un Occidental se sent vulnérable quand il est nu. Nous sommes aux aguets. Un cri de babouin nous dresse les cheveux sur la tête. Les racines des arbres rampant vers l'eau deviennent des serpents, une petite branche projetée par le courant sur mon dos me fait sursauter. Ce n'est que lorsque je me rhabille que je peux profiter de la scène : Sonia aux ablutions, telle une nymphe de la sylve africaine, ses contours harmonieux, ses courbes accueillantes, le ballet de ses mains dansant avec le cristal, une Diane des temps primitifs dédaignant un instant son arc et ses flèches. De dards ne volent dans ce sous-bois moussu que ceux de Cupidon.

La nuit a été mouvementée. Les babouins nichés dans la ramure au-dessus de nos têtes se sont fait poursuivre par un léopard. Leurs cris d'alarme nous ont longtemps tenus en éveil, avant qu'il ne les attaque. Nous avons clairement reconnu son feulement évoquant d'un trait de scie déchirant le voile de la nuit. Panique. Commotion provoquée par la charge. La lourde chute de deux corps au sol et la violente mêlée qui a suivi nous ont pétrifiés. Le silence qui a succédé nous a glacés pour le reste de la nuit. Un léopard n'est jamais loin, dans le grand sommeil africain. La perte d'un des leurs n'a pas semblé avoir traumatisé les babouins, avec lesquels il a fallu batailler ferme pour sauvegarder ce qui pouvait l'être de notre petit déjeuner. Le sac de sucre en poudre s'est retrouvé bientôt perché sur une des plus hautes branches, déclenchant une baston générale chez les primates.

Aussi ne sommes-nous pas très vaillants, aujourd'hui. Le cagnard est accablant. Nous nous arrêtons rapidement sous la maigre ombre d'un acacia et regardons passer des milliers de flamants au ras des flots. Petit feu, petite soupe et séance photo. Dans un ballet méthodique, en rangs serrés, les artistes ourlent les rives d'un ruban rose, et, tête en bas, de leur bec recourbé, filtrent à la surface des flots alcalins leur ration de spiruline. Sur ces entrefaites arrivent sur un petit canot pneumatique quatre Occidentaux tartinés de crème solaire : une équipe d'Earthwatch étudiant les flamants roses. C'est la deuxième que nous croisons, après celle des gorges d'Olduvai. Chouette ! se dit-on. Nous allons apprendre plein de choses sur les flamants...

Susie Mills est une belle et blonde biologiste anglaise dont la mission est de recueillir des échantillons d'eau pour étudier la spiruline, ce phytoplancton en forme de petit ressort microscopique dont se nourrissent les flamants. Le Dr Brooks Childress, américain, aidé par Wim Van der Bossche, ornithologue flamand, bague les oiseaux afin de suivre leurs déplacements.

— Nous ne savons rien sur les flamants !

L'humilité des scientifiques. Ils cherchent à savoir quelles sont les relations entre les diverses populations du Rift et si leurs déplacements répondent à des cycles réguliers. Pourquoi, d'une année sur l'autre, les nombres varient-ils ? Nous nous retrouverons ce soir à leur campement. Brooks nous a invités sur une boutade.

— Deux oiseaux de plus ou de moins à table, quelle différence ?

En chemin, nous passons devant les innombrables sources d'eau chaude et geysers du lac. Au-delà des rideaux de vapeur, dans les brumes des ruisseaux bouillants s'écoulant vers le lac, au souffle de Moloch craché par ces insondables fissures, dansent des ballets perchés sur leurs pinceaux, et se déploient comme des mains d'étoiles des bouquets de cous chorégraphiques. D'autres se prennent pour des cygnes et croisent nonchalamment à la surface des flots semblables à des pétunias poussés par le vent. Le soleil couchant carmine l'escarpement, le spectacle se prolonge, éternel, africain, et, soudain, d'un même élan de plume, d'un coup d'aile répercuté comme une rafale et repris par mille cris, s'envolent au-dessus des écharpes de fumée rouge, quadrilles et menuets, danseuses et tutus. Le bal des flamants est parti vers d'autres banquets nocturnes.

Au camp, nous faisons connaissance avec quelques autres de ces amateurs qui ont décidé de donner du temps, de l'argent et de la passion pour faire progresser la science et aider de jeunes chercheurs kenyans à poursuivre leurs études. Jenny, par exemple, est une jeune biologiste kikuyu de l'université de Nairobi. Elle aide Suzie dans l'enregistrement et le traitement des données réunies sur la spiruline qu'elle récolte sur le terrain. Elle ne peut pas l'accompagner sur le Zodiac parce qu'elle est en fauteuil roulant.

Le dîner pris en commun sous la tente est de haute volée. Gordon Thomson, un banquier de la City, sosie de Magnum, moustache de morse et Ray Ban vissées sur le nez, est le boute-en-train de la bande.

— Au programme, demain, comptage de plumes des jeunes mâles. Moi, je suis un pro, je passe mon temps à plumer les gens !

Nous décidons de rester filmer leur travail. Brooks nous prévient :

— Vous ne pourrez pas filmer la manière d'attraper les flamants, car nous ne voulons par donner le truc aux piégeurs. Vous savez combien se négocie un flamant vivant, pour les zoos et autres réserves privées ? Accrochez-vous : deux mille dollars !

Une heure avant l'aube nous sommes sur l'eau avec Susie. Elle a un doctorat dont le sujet était une salamandre cavernicole hermaphrodite de Norvège qui change de couleur quand elle change de sexe – vaste programme ! Ne vous étonnez pas si nous n'avons pas tout compris. Nous sommes avec Yaqing He, une jeune et jolie traductrice chinoise de Hong Kong qu'on imaginerait plus volontiers en tailleur sombre dans un colloque international sur la dérégulation des échanges interbancaires qu'à quatre pattes au-dessus des boîtes d'échantillons de Susie, au fond du Zodiac boueux.

— Susie, prête-moi ton canif, je me suis retourné l'ongle, je n'arrive pas à décoller cette étiquette !

En fait, ce que nous allons faire est vachement compliqué : il s'agit de recueillir avant le lever du jour des échantillons d'eau en plusieurs endroits du lac, d'abord à la surface, puis à 5, 10, 20, 50 et 70 centimètres. Pourquoi 70 centimètres ? parce que c'est la longueur des bras de Susie. La voilà engagée jusqu'aux aisselles quand une vaguelette lui fait boire la tasse.

— Pouah, dégueulasse ! De l'eau de vaisselle... La spiruline ne peut se développer que dans une eau chaude et alcaline chargée en sels et en autres minéraux.

Susie nous explique l'objet de sa recherche.

— Ce phytoplancton plein de chlorophylle, de protéines et de vitamine C change de profondeur en fonction de l'heure, de l'ensoleillement et de la force du vent, ce qui conditionne l'alimentation des oiseaux. Par exemple, on veut savoir si une saison venteuse et nuageuse, c'est-à-dire pauvre en spiruline, aura des répercussions sur le nombre de flamants à revenir l'année suivante. Pour proliférer, ce petit ressort végétal a besoin d'une eau calme et de beaucoup de soleil. Et il n'y a que dans ces conditions que les flamants peuvent se nourrir correctement.

Pour chaque flacon, Yaqing note la vitesse et l'orientation du vent avec un anémomètre, notre positionnement sur le lac avec un GPS, pendant que Susie plonge son bras à la profondeur requise.

— Tout à l'heure, dans le labo du camp, Jenny fera des comptages à la loupe binoculaire pour connaître les différentes densités de spiruline, et entrera tout ça dans un ordinateur.

Sonia est subjuguée.

— Elle va les compter un par un ? Mais il y en a des millions !

— Non ! Elle utilise pour ça une grille millimétrique. Elle dénombre les unités de spiruline dans un carreau d'un millimètre, puis elle multiplie le chiffre obtenu par mille pour avoir la densité par centimètre cube.

Nous rentrons couverts de sels, la peau sèche et craquelée, les yeux rouges et de la boue jusqu'aux genoux, tandis que l'aube enflamme une couverture floconneuse de nuages pommelés. Nous arrivons pile pour le petit déj' et repartons pour attraper des flamants.

Le dispositif est très rapidement mis en place. Pas compliqué, mais vous n'en saurez pas plus ! Tout le monde revient se cacher derrière les voitures. Wim guette au télescope un groupe susceptible de venir se piéger. Le voilà qui arrive, les flamants marchent sur la berge en groupe compact. Soudain deux ou trois d'entre eux se retrouvent accrochés par une patte. Les autres fuient. Nos apprentis chasseurs de flamants courent vers la rive.

Pamela est une ménagère de moins de cinquante ans. La fameuse ménagère ! Nous l'avons enfin trouvée ! Pas là où on l'attendait. Elle est en manches de chemise, tablier ciré sur le ventre. Pourquoi un tablier ? Parce que, dès qu'ils sont stressés et avant chaque décollage, les flamants délestent... Elle revient en souriant, avec une preuve tangible du phénomène.

— Je pensais être bien protégée, mais il m'a eu juste sous les aisselles ! Beuark !

Brooks, Wim et Gordon se livrent alors au pesage de chaque oiseau et au comptage de leurs plumes alaires, cela afin de voir si les cycles de mue correspondent à la richesse de l'alimentation ou uniquement à l'âge et aux hormones libérées par la saison de reproduction. Ensuite, ils procèdent au baguage des deux pattes – une petite bague permanente qui ne pourra être récupérée qu'à la mort de l'oiseau et une grosse bague en plastique orange, repérable au télescope, portant les deux lettres KA pour Kenya. Enfin, Wim, spécialiste de la migration des cigognes, dispose sur le dos du plus robuste spécimen un petit boîtier doté d'un panneau solaire et d'une antenne qui émet un bip toutes les cinq secondes, capté par trois satellites qui permettent de faire une triangulation et donc de suivre ses déplacements. Et notre cyber flamant cobaye de redécoller ventre à terre puis au ras des flots sur lesquels il se dédouble en miroir.

Lac Baringo, vendredi 18 octobre 2002, 659e jour, 34 km, 7 729e km

Nous quittons notre équipe à l'aube. À peine sommes-nous partis qu'un cri retentit derrière nous :
— Sonia !
Jenny arrive en chaise roulante. Sonia est confuse.
— Pardon ! Jenny, dans la précipitation, j'ai oublié de te dire au revoir.
— C'est pas ça... J'étais dans ma tente, j'ai un petit quelque chose pour toi...
Je les vois se mettre à l'écart et discuter les yeux dans les yeux. Sonia lui prend les mains et les lui baise tendrement. Quand elle revient vers moi, elle a les yeux pleins de larmes et la gorge nouée. Personne n'a rien remarqué. Nous repartons. Au bout de quelques instants, elle respire enfin et raconte :
— Elle m'a donné ce coquillage, en me demandant d'aller le porter le plus loin possible et de le laisser dans le plus bel endroit possible, comme ça, m'a-t-elle dit, elle pourra un peu voyager avec nous. Il faudra lui écrire pour lui dire où on l'aura laissé pour qu'elle puisse rêver.
Retour à la solitude. Au silence. Au dialogue intérieur. Avec le jour, la chaleur est épouvantable. Le thermomètre de Sonia dépasse les 45 °C. Pour le Turkana, il va falloir prendre un âne ou deux et suffisamment d'eau. Sans ça nous n'y parviendrons jamais. Tout est sec et pelé. Chaleur et lumière. Nous

croisons de rares habitants faméliques qui courent se réfugier à l'ombre d'un arbre ou d'une case pour attendre que le jour passe. C'est ainsi que nous atterrissons dans un petit bled de tôle ondulée, suffoquant de chaleur. Sonia est écarlate. Au bord de l'insolation. Sous la tôle, ce n'est même pas la peine d'y penser. Seul, un acacia étique dispense une ombre parcellaire. Au moins l'air passe-t-il en dessous. En silence nous attendons. Sonia est lovée sur une sorte de vaisselier ou d'étal, à un mètre au-dessus du sol, et moi allongé en équilibre sur un banc étroit. Elle halète comme un chiot malade. Attendre. Rien d'autre à faire. Rien à espérer de ce trou-du-cul du monde. Grand moment de solitude. Des gamins passent. Gentils. Pas l'énergie de nous emmerder. Soudain, une petite voix s'élève en français :

— Bonjour !

Une voix. Je rêve. Voilà que j'entends des voix maintenant. Le délire nous guette.

— Bonjour !

Nous sursautons. Un petite fille se tient là, de rose vêtue, guidée par une petite copine. Elle est aveugle.

— Bonjour ! Je m'appelle Hélène et j'ai douze ans...

Elle nous raconte comment elle a été recueillie par des sœurs françaises à Eldoret, avec lesquelles elle a appris le braille ; elle nous parle de Paris, nous décrit le pont Alexandre-III qu'elle n'a jamais vu, la tour Eiffel, Notre-Dame. Sonia pleure en silence.

— Pourquoi pleures-tu ? s'inquiète la petite princesse aux pieds nus, notre ange aux yeux de lune.

— Je suis heureuse de te rencontrer. Tu es merveilleuse et je suis très fière de toi. Tes parents ont beaucoup de chance de t'avoir.

— C'est pas ce qu'ils me disent...

— Ils se trompent. Tu es la jeune fille du Kenya la plus intelligente qu'on ait jamais rencontrée. Et si tu te voyais, tu saurais que tu es ravissante.

Elle se fend d'un large sourire et file droit dans les bras de Sonia, pour un câlin gravé éternellement dans nos mémoires.

Le soir, encore sous le charme de cette rencontre magique, nous gagnons le lac Baringo où des amis français, coopérants à Nairobi, menés par notre fidèle Arnaud Thépenier, nous rejoignent pour passer le week-end au Robert's Camp de Kampi ya Samaki. Saucisson, camembert, vin rouge... Nous vivons de superbes soirées avant de nous enfoncer dans les grands déserts du nord et les immensités hostiles du Turkana. Nous essayons en vain d'acheter deux ânes au village. Plus au nord, nous dit-on, plus au nord... Un soir, tandis que nous festoyons autour de notre feu de camp, une touriste allemande se fait mâcher dans le noir, à cinquante mètres de nous, par une hippopotame. Elle s'en sort avec des côtes cassées, un poumon et un bras perforés. Elle allait voir la lune avec son amoureux. Ils se sont retrouvés nez à nez avec la femelle et son petit. À Baringo, on peut se baigner au milieu des crocodiles, ils n'ont jamais mordu personne, mais pas danser la farandole avec les hippos... À chaque lac ses dangers. La Fantasia de Baringo n'est pas celle de Bogoria.

14

Suguta, la vallée de la mort

En quittant le lac Baringo nous pénétrons pour deux jours les marches du pays pokot, autre déclinaison des peuples nilo-hémitiques aux traditions pastorales, aux origines communes mais aux rivalités ancestrales. Les modes de vie et les traditions sont grosso modo les mêmes, mais les distinctions identitaires sont irréductibles. On ne transige pas sur le costume ; chaque tribu se distingue par un décorum très précis, un uniforme qui signe son identité. Un Massaï n'est pas un Samburu pas plus qu'un Pokot n'est un Turkana ; même s'ils partagent la même condition et parfois la même langue. Pas leurs territoires. Pas leurs pâtures.

On ne peut pas comprendre ces peuples si l'on ne comprend pas que le bétail est la colonne vertébrale de toute leur existence, la structure de leur pensée. Banque, garde-manger, signe de pouvoir, de fertilité, arsenal, âme sœur, spiritualité, travail, passe-temps, spectacle, sujet de conversation, de poésie, de chanson, monnaie d'échange, raison d'être, d'aimer, de se battre et de mourir, le bétail est tout, et rien n'existe en dehors du bétail. J'ai du bétail donc je suis : c'est le *cogito* pastoral.

Au nombre des plus grands exploits, il y a, bien sûr, le rapt de bétail à la tribu voisine, l'invasion des pâturages ennemis et le meurtre. Principes difficiles à concilier avec une société de droit. Les Pokots sont les plus redoutés pour leurs faits d'armes contre les Karamajong d'Ouganda (autre tribu pastorale nilotique), les Samburus et les Turkanas. Ils sont retranchés sur l'escarpement occidental, à notre gauche, tandis que les Samburus sont sur l'oriental, à notre droite, et les Turkanas entre les deux, au fond du Rift, autour du lac du même nom, droit devant nous. Pendant la saison des pluies, les pâturages du Rift sont l'objet des convoitises de tous. Samburus et Pokots se disputent l'herbe des Turkanas, quand ils ne lancent pas des raids éclairs pour subtiliser le troupeau d'un berger endormi, acte héroïque par excellence et récompensé par les honneurs suprêmes : accès à toutes les femmes de la tribu, rétribution en nature, statut de notable au sein du groupe, entrée dans l'Histoire. Tout cela se passe en ce début de XXIe siècle.

Perdus en brousse, jeudi 24 octobre 2002, 665e jour, 35 km, 7 792e km

Nous marchons deux jours en pays pokot, entre Loruk, Kinyang et Kapedo. On nous parle en très mauvais termes des Turkanas. Seules les Églises tentent de pacifier les esprits. Le pasteur anglican de Kinyang, pokot lui-même, **nous rassure** :

— De toute façon, vous ne craignez rien, vous n'avez pas de vaches et il n'y a pas d'herbe en ce moment, c'est la trêve. Cependant, il y a un no man's land entre Kinyang et Kapedo. N'y marchez surtout pas avec un Turkana car on risquerait de vous tirer dessus...

Nous nous renseignons sur l'eau.

— Pas la peine de vous charger pour les dix premiers kilomètres, il y a le village de Nakoko en chemin.

Confiants, nous partons donc avec un litre et demi. En chemin, nous croisons de superbes femmes pokots. Elles portent d'immenses colliers plats de cuir rehaussés de perles de bois et enduits de terre beurrée. Sous ce large disque, plus large que tous les colliers massaïs que nous ayons vus, le buste est recouvert d'un plastron de perles colorées du meilleur effet. Jupes de cuir ornées de perles et boucles d'oreilles de cuivre enroulées comme des ressorts parachèvent la parure – sans oublier un crâne rasé sur le côté et la nuque, avec un toupet de petites tresses beurrées jouant sur le front et les tempes comme des herbes folles. Un autre point commun avec les Massaïs : les deux incisives inférieures arrachées. Les femmes « modernes », qui portent des T-shirts sous leurs colliers, ont trouvé une solution pratique pour allaiter sans se dévêtir : deux trous au niveau des tétons. Les hommes sont peu amènes. Ils nous lancent des regards farouches, la kalach' à l'épaule et l'incontournable appuie-tête en bois à la main droite. Ils sont tous habillés d'une veste de treillis ceinturée sur un petit pagne rouge très court qui dégage leurs jambes interminables. Pour couronner cette allure originale, ils portent, posé sur le crâne, un petit chapeau vert en coton orné d'une plume. Une caricature de garde champêtre autrichien – en plus redoutable...

Au bout de quinze kilomètres, à court d'eau et d'énergie, nous n'avons toujours pas trouvé Nakoko. La nuit tombe. Pas une âme en vue. Nous marchons dans l'obscurité. Rien. Pas d'eau pour cuire notre soupe aux nouilles ; la gorge cartonnée et la langue épaisse, nous pénétrons pas à pas dans un Grand Moment de Solitude – un GMS, dans notre jargon, c'est un moment où le fait d'être à deux n'apporte aucun réconfort. On reste chacun avec sa petite souffrance. On ne peut pas avoir soif pour l'autre, on a soif, c'est tout. Il faut dresser le camp. Pas de lune. Nuit d'encre et silencieuse, nuit lourde et sèche. Nous nous couchons à jeun, en conservant un fond de bouteille d'eau pour repartir demain matin. Nous nous rationnons à une gorgée par heure. Je bois peu, le jour, environ deux litres, mais il me faut en général un litre de réhydratation nocturne et un litre pour repartir le matin. Je n'en dors pas de la nuit. Les soixante minutes sont un compte à rebours infernal pour l'autre gorgée, chaude et savonneuse, que je garde en bouche le plus longtemps possible avant de la déglutir, pleine de salive et d'amertume. Le sable est chaud sous notre dos. Nous suons nos dernières gouttes d'eau. Sonia souffre moins. C'est un vrai chameau. Et elle dort, en plus, la veinarde ! Vers 1 heure du matin, dans un demi-sommeil, j'entends des femmes passer sur le chemin avec des ânes et des bidons. La signature sonore est sans équivoque. Je me précipite pour leur demander de l'eau. Dans un hurlement de terreur incontrôlée, elles s'évanouissent dans la nuit en une seconde emportant mon fantasme de gorgée ; dans ma précipitation j'ai oublié que j'étais en caleçon avec ma lampe frontale sur la tête. Elles raconteront sans doute avoir vu un fantôme surgir de la nuit, un spectre blanc horrible, un cyclope à l'œil de feu, assoiffé, criant désespérément dans la nuit « *maji tafadhali !* » (de l'eau, s'il vous plaît !) et tout le monde se moquera d'elles !

Le lendemain à l'aube, il nous faut rallier Kapedo. Ces kilomètres nous paraissent interminables. Tête gourde et jambes tremblantes, nous réalisons avec une acuité jamais encore éprouvée en vingt-deux mois à quel point nous sommes fragiles. Réminiscences zimbabwéennes. Après sept mille huit cent six kilomètres on se croit capable de tout. Pourtant, trente-quatre kilomètres, à jeun en pleine chaleur avec un seul verre d'eau suffisent à anéantir le plus chevronné des marcheurs. Nous sommes aussi vulnérables qu'au premier jour. « Nakoko ou ne jamais s'en remettre aveuglément aux indications des locaux » : ils n'ont pas les mêmes modes d'orientation, de repérage, pas la même notion des kilomètres et... ils savent où est l'eau. Un petit bonhomme marche avec nous. Il a un arc et des flèches. Il ne parle ni anglais, ni massaï, ni swahili, mais comprend que nous avons soif. Du doigt, il nous indique la direction de Kapedo, sur la piste devant nous. Merci, on sait ! Piètre consolation. On y va, on y va ! On ne fait que ça ! Au quatorzième kilomètre, après trois heures de marche, le village de baraquements apparaît enfin.

Thomas et Jane Nanok sont nos premiers Turkanas. Postés à l'entrée du village, ils nous sauvent à coups de grand verre d'eau fraîche et pure. Ils la tirent d'un bidon de plastique recouvert de grosse toile de jute humide qui refroidit l'eau en s'évaporant à l'ombre. Le frigidaire de la brousse. En quelques secondes, tout est aboli, oublié. La béatitude. C'est comme si nous n'avions jamais souffert, jamais eu soif. On ne souffre qu'au présent. Le plein refait, tout va bien.

Thomas est un pasteur protestant en formation, d'une obédience évangélique compliquée dont j'oublie aussitôt le nom. C'est fou ! On a l'impression que tous les gens que nous croisons sont peu ou prou pasteurs, catéchistes, diacres ou bedeaux. Nous ne le faisons pas exprès. L'Afrique est beaucoup plus chrétienne qu'on ne le pensait. Nous l'imaginions plus animiste, ténébreuse, hostile. Et je me fais cette réflexion que tous ces gens qui nous accueillent, depuis près de deux ans maintenant, ne le font pas par hasard, ni par intérêt, ni par humanisme laïque – fantasme urbain de gens aisés – ils le font par, pour, grâce et à cause de leur foi. Et ils nous l'expriment. Ils nous invitent, nous recueillent, nous portent secours, car ils ont une foi vivante, car ils ont entendu le dimanche précédent à la messe ou au service telle ou telle parole du Christ sur l'accueil des étrangers ou sur la charité. N'en déplaise aux anticléricaux, c'est un fait, c'est mille faits. Le vivre au jour le jour, loin de notre mauvaise conscience occidentale, ça nous décomplexe du côté de nos racines culturelles.

Mais les nouvelles sont mauvaises. Thomas nous briefe :

— Kapedo est le dernier village avant le désert de la vallée de la Suguta. Devant vous, il y a cent vingt kilomètres d'aridité sans âme qui vive, sans eau, sans rien. Entre nous et les Pokots, c'est le no man's land. Une zone de guerre. Impossible de rejoindre Lokori et la vallée de la Kerio à pied, vous allez vous perdre, il y a des lions et, si vous tombez sur une bande de Pokots ou de Somalis, je ne donne pas cher de votre peau.

— Si on trouve deux ânes pour porter de l'eau, ça devrait être jouable !

— Les Turkanas d'ici n'ont plus d'ânes ni de bétail ; ils ont tous été volés par les Pokots. Kapedo est un centre administratif avec un poste militaire qui fait respecter la trêve, c'est pourquoi vous verrez ici des Pokots et des Turkanas ensemble, mais ne vous y fiez pas, la raison en est que le village est le seul endroit où les Pokots peuvent venir acheter ou vendre des choses. Passé la dernière maison, la guerre reprend. Je vais en parler au directeur de l'école. Il a des amis pokots. Mais je n'ai pas beaucoup d'espoir.

Nous passons la journée du lendemain avec Joseph, le directeur de l'école, à négocier deux ânes avec un Pokot qui nous fait tourner en bourrique. Il nous amène d'abord une femelle que dix bergers chevronnés mettent dix bonnes minutes à immobiliser, pendant que son ânon paniqué botte en tous sens. Aucune chance. Je me vois mal courant cent vingt kilomètres après une ânesse hystérique. Puis il nous présente une rosse cagneuse que rien ne parvient à faire avancer. Dix minutes de coups de bâton plus tard, la pauvrette a fait cent mètres, les oreilles rabattues vers l'arrière et la queue rentrée. Nous sommes consternés. Au fil des heures, le prix de la perle rare augmente. Elle arrive le soir : un âne, calme et bien dressé, docile et coopérant que je conduis avec brio sous les rires des villageois. Devant un tel succès, le vendeur se ravise et disparaît avec sa merveille. Un dernier Pokot arrive enfin avec un vieil âne qui semble tout savoir du genre humain. Il me dévisage avec de grands yeux noirs pessimistes. Nous convenons d'un prix de 4 000 shillings (70 euros) avec équipement complet, à savoir, une longe et un bât sur lequel nous ajusterons les deux bidons de dix litres que nous venons d'acheter. Quand notre Pokot revient en fin d'après-midi pour conclure le marché, la note a augmenté de 1 000 shillings. Nos amis turkanas sont scandalisés. Je transige à 4 500, en demandant à mon interlocuteur d'en faire autant, mais le fier Pokot de répondre :

— Cet âne est mon fils ! C'est 5 000 shillings ou rien !

Et de tourner les talons avec le baudet et notre journée perdue. Joseph, le directeur d'école, rit jaune.

— Ces Pokots sont fous ! Le prix d'un âne varie entre 900 et 2 000 shillings maximum. Avec 4 500 shillings, il battait un record historique, pour ce prix-là vous pouviez en avoir quatre... Il doit bien l'aimer, son fils...

Nous devons changer nos plans. Sonia est ravie, elle déteste être le pigeon de service et se voyait mal courir sans cesse après la rosse têtue. De retour chez Thomas, je demande à Joseph :

— On nous a parlé de Napeitom, et d'une pompe à main...

— En effet, elle est sur le bord de la route. Le village n'existe plus. Mais en cette saison, elle est probablement à sec.

— Elle est à combien de kilomètres ?

— Au deux tiers du trajet, vers les quatre-vingts kilomètres.

— On pourrait y être en deux jours. Plus un troisième jour pour rallier Lokori. Le plus dur va être de porter l'eau pour les deux premiers jours : cinq litres chacun en plus de nos trois litres perso, ça fait seize litres à deux pour deux jours et quatre-vingts kilomètres, c'est sobre, c'est lourd, mais c'est jouable...

— À moins que vous trouviez la source de Kachila...

— Il y a une source en chemin ?

— Oui, c'est une source secrète, dans la montagne de Lomelo. Très peu de gens la connaissent et elle est assez difficile à trouver. Écoutez-moi bien : après cinq heures de marche vous allez vous retrouver entre deux collines. Au sommet de celle de droite, il y aura un arbre qui ressemble à un homme aux bras levés au ciel. Eh bien, au pied de cette montagne, en remontant une petite gorge, vous trouverez le point d'eau de Kachila. Si vous ne le trouvez pas, vous ne pourrez jamais marcher jusqu'à Napeitom, il faudra rebrousser chemin jusqu'ici, ou vous risquez de mourir. Si vous le trouvez, vous n'aurez plus de problèmes pour rallier Napeitom, mais, attention, c'est un endroit dangereux – tous les bandits qui traversent le désert le connaissent. Enfin, s'il y a de l'eau à Napeitom, vous gagnerez Lokori sans encombre.

Ça fait beaucoup de « si » pour un parcours initiatique aux allures de parabole. Avant de nous quitter, il nous dit enfin :

— Ah oui ! j'oubliais... Juste avant Napeitom, il y a une belle vallée qui s'appelle Nasekeng ; vous ne pouvez pas la rater, elle ressemble à une oasis avec quelques palmiers doums. N'y dormez surtout pas : c'est là que chassent les lions, la nuit, sur le lit de la rivière à sec.

Le départ est pour demain, à 2 heures du matin, sans âne. Nous allons nous réconforter de cette lourde décision sous l'extraordinaire chute d'eau chaude de Kapedo. Une cataracte salée de dix mètres de haut, issue des flancs du volcan Selela, se précipite d'un plateau fracturé en un rideau de 60 °C et bouillonne dans des chaudrons de sorcière en divins jacuzzis. Sous la douche carabinée, je m'époumone dans un air d'opéra qui réjouit des bambins venus aux premières loges du bain des muzungus ! L'endroit est unique au monde : comme aux chutes Victoria, nous avions découvert le « jacuzzi de Dieu », ici nous baptisons Kapedo : La « douche des dieux anciens ».

Quand nous rentrons, Jane est alitée avec quarante de fièvre et secouée de tremblements. Crise de palu. Thomas nous avoue qu'elle est enceinte et qu'il ne peut pas lui donner de quinine. Sonia est bouleversée et semble revivre ses propres souffrances. Elle lui donne du Doliprane pour faire baisser la fièvre. Jane est inquiète pour nous. Elle voudrait que nous restions. Sonia lui prend la main. Entre deux gémissements, elle trouve la force de murmurer :

— Mais pourquoi faut-il que vous marchiez ? C'est votre gouvernement qui vous oblige ? Vous êtes payés pour ça ?

On nous fait souvent cette remarque étrange. Sonia lui répond doucement :

— Non, Jane, c'est parce qu'on veut être libres, libres de rencontrer des femmes comme toi... Parce que ça nous rend heureux ! Notre gouvernement ne sait même pas que nous sommes là, et personne ne nous paye.

— Ça veut dire que vous faites ça par amour pour nous ?

— C'est ça Jane, c'est ça, par amour, mais dors maintenant...

Avant de sombrer dans le sommeil, elle se défait d'un gros bracelet traditionnel qu'elle lui passe au poignet.

Quelque part sur la piste, dimanche 27 octobre 2002, 668ᵉ jour, 40 km, 7 848ᵉ km

À 2 heures du matin, deux *askaris* [1] turkanas, solidement armés, viennent nous chercher pour nous escorter le premier jour – le chef de poste a eu vent de notre départ. Ils font partie de la milice tribale armée par le pouvoir. C'est pour nous un soulagement mais aussi une source d'inquiétude : on nous a conseillé à plusieurs reprises de ne pas marcher avec des Turkanas dans cette zone de conflits. Ils ont pour mission de nous faire passer à travers cette même zone où les Pokots ne tolèrent aucune incursion et tirent à vue. La tante de Thomas et son cousin se sont fait tuer comme des lapins il y a six mois par des Pokots d'Akoret, village isolé en territoire turkana. Sans raison. De toute façon, il semble que nous n'ayons pas le choix. Ils nous aideront aussi à trouver la source de Kachila. Adieux émus. Comme d'habitude. Nous laissons toujours der-

---

1. Terme générique donné aux gardes, aux gardiens ou aux soldats.

rière nous un peu de notre cœur, mais heureusement que l'amour ne se divise pas : il se multiplie au fil de nos rencontres, il nous donne des ailes.

Conscients de nous engager dans un passage clef de notre périple, mais confiants et portés par tous ces Kenyans qui nous aiment et que nous aimons, nous partons dans la nuit avec Clarkson et Robert en méditant sur les incertitudes du programme des trois prochains jours, et des suivants...

Sous la lune qui bleuit le monde, nous marchons en silence. Leurs deux silhouettes dissemblables se détachent sur le fond indigo du désert. Clarkson est filiforme, interminable, Robert est sec, petit, cagneux, avec un je-ne-sais-quoi d'asiatique, un petit côté khmer rouge. Sans doute ses yeux bridés. Le premier parle un peu anglais, le second pas un mot. Il ne parle d'ailleurs pas du tout. Seule similitude entre ces cerbères : le fusil d'assaut G3 de longue portée accroché sur l'épaule gauche et le bidon de cinq litres à la main droite. Un pour aujourd'hui, l'autre pour nous, demain, quand nous serons seuls. Clarkson est anxieux. Il redoute l'embuscade. Il nous intime de faire le moins de bruit possible. Il scrute la brousse et les ombres sur notre gauche. La nuit africaine nous absorbe tout entiers.

Quand le jour se lève, nous avons parcouru dix-sept kilomètres et avons dépassé la zone dangereuse d'Akoret. Nous longeons le village fantôme de Lomelo :

— Quarante et un Turkanas ont été tués ici en 1999. Dont mon père. Je vis maintenant avec mon beau-père, à Kapedo. Le village a dû être abandonné.

Avec le soleil, la chaleur grimpe vite. Nous sommes dans la vallée de la Suguta, la *Death Valley* de l'Afrique de l'Est. Ne sachant pas s'il y aura de l'eau à la source de Kachila, ni si nous la trouverons, nous économisons nos bidons de cinq litres. À l'est, une ribambelle de cônes volcaniques alignés au pied de l'escarpement Samburu crée une succession de décors où les ombres dentelées se dégradent du noir au gris sous un soleil déjà blanc. La piste est poudreuse et cendreuse comme au Lengaï, la savane parcourue d'empreintes. Nous tombons vite sur celles d'un lion. C'est la neuvième fois. Regard circulaire de Clarkson. Nous faisons les fiers, avec les G3. Mais demain ? Je repousse cette angoisse à plus tard.

Au bout de cinq heures, nous avons presque parcouru les vingt-cinq kilomètres indiqués et il n'y a pas la moindre colline à la ronde. Je m'en inquiète auprès de Clarkson.

— Je ne sais pas, je ne connais pas la source de Kachila...

Mon cœur bondit d'une angoisse subite, je n'en montre rien à Sonia. *Alea jacta est.* Il faut trouver la source tout seuls... Heureusement, cinq kilomètres après l'embranchement de Lomelo, les indications quasi bibliques de Joseph prennent vie. Seule une colline porte un arbre à son sommet. Il nous salue bientôt comme un sémaphore. Nous quittons la piste et fouillons parmi des falaises de basalte le fond de petites gorges. Bon signe : des arbres verts. Ensuite, beaucoup d'oiseaux. Des vols de tourterelles claquant dans le vent. La source n'est pas loin. Nous passons un éboulis et soudain, glauque et souillée de plumes, vert pomme sur des rochers noirs, elle nous apparaît. Notre soulagement est immense. Nous pourrons marcher demain vers Napeitom. Un olivier sauvage nous dispense l'ombrage nécessaire pour passer les sept heures d'attente avant que le soleil daigne enfin décliner. Robert va se poster au sommet de la falaise opposée pour faire le guet au cas où nous aurions été suivis. Je prépare le thé tandis que Sonia tend notre double toit en dais. Le bouillon de culture est si vert et si chargé que nous le faisons bouillir dix minutes. Les heures passent à converser. Clarkson nous parle des raids pokots. De sa haine farouche, difficilement édulcorée par ses sentiments chrétiens. Il a tué quatre Pokots... Il parle de ses morts le regard figé, l'œil dans le vague, la nuque coincée par son appuie-tête. Le remords.

Les tourterelles s'abattent par vols entiers sur le bord de la flaque verte pour s'envoler en emportant un peu de vie. Bousculade et confusion, stratégie de groupe pour troubler un éventuel prédateur. Plus tard, c'est un essaim d'abeilles qui fond sur la mare. Toute la gorge vrombit de leur frénésie. Des sentinelles menaçantes viennent tourner au-dessus de nos têtes et s'enquérir de nos intentions. Nous ne bougeons pas d'un cheveu. Quand la reine est repue, l'essaim repart dans un barouf d'hélicoptère.

— Tout ce qui vit dans un rayon de trente à cinquante kilomètres vient boire ici, les lions, les léopards, les babouins, les gazelles... les bandits, chacun son tour, c'est pourquoi, plus on reste longtemps, plus c'est dangereux.

Robert est revenu pour la soupe. Il s'accroupit au pied de l'olivier et astique son fusil d'assaut. Quand il a fini, il passe sa main dans les cheveux de Sonia. Passée la stupeur furieuse, me saute à la gorge la conscience brutale de notre faiblesse – nous sommes si loin de tout, à la merci de ces deux tueurs. Clarkson rigole. La pression retombe aussitôt. Il nous traduit :

— C'est la première fois de sa vie qu'il voit des cheveux blonds. Il est très impressionné !

— Et il trouve ça joli ?

— *Mzuri Kabisa, kama dahabu !* (Superjoli, comme de l'or !)

Pour se désengager de cette pente glissante, Sonia sort son carnet de voyage plein de dessins, de poèmes, de recettes et de prières données par nos hôtes. Ce qui les intéresse pardessus tout, ce sont les photos de nos familles. C'est très important pour eux de pouvoir nous rattacher à des frères, des sœurs, des parents, de nous découvrir endimanchés un soir de réveillon, ou sur la plage avec des neveux. Ils s'émerveillent de détails que nous ne voyons même plus, l'herbe verte, les cheveux blancs, les verres en cristal... Clarkson est en train de traduire à Robert quand il tombe en arrêt sur une photo de mes grands-parents paternels :

— *Bibi ya Babou, mwaka tisini na moja !* (Ça, c'est sa grand-mère et son grand-père. Il a quatre-vingt-onze ans.)

Robert est scié. Il ne savait pas que l'on pouvait vivre aussi longtemps. Sonia éclate de rire.

— Ta grand-mère, c'est Bibi. Et ton vénérable grand-père, c'est Babou. Il faudra le leur dire !

Le summum du succès est atteint avec une aquarelle du père de Sonia, exécutée lors de sa venue au Malawi, qui représente un bestiaire africain à nos trousses. Il faut dire que Claude est un dessinateur génial. Clarkson s'emballe : ici le gorille hilare, là le rhino furieux marchant sur la queue du léopard, et, perché au cou de la girafe, le singe cocasse qui nous lance une noix de coco. Ils sont pliés en quatre, tournent et retournent les pages, décrivent tout à voix haute, veulent tout voir. Nos deux tueurs retombent en enfance et chassent leurs démons, fascinés par un dessin.

À 16 h 30, nous repartons pour plus de dix kilomètres, afin de pousser notre journée de demain. Tout est jaune. Le paysage est désordonné. La lecture de l'espace n'est pas claire. Par où la piste va-t-elle sortir de ce fouillis ? Au débuché d'une clairière, Robert, avant que nous ayons eu le temps de réagir, épaule son flingue et aligne une gazelle. Raté. La déflagration déchire le ciel et se répercute longtemps en écho désespéré dans les vallons blonds du soleil couchant. Il n'a pas aimé la soupe aux nouilles de midi. Nous persévérons deux heures après le coucher du soleil. Épuisés, à 8 heures, nous dressons le camp à même la piste. Pas de risques d'être écrasés, la dernière voiture est passée le mois dernier.

À me voir, après quarante kilomètres, m'affairer à la tente, au feu, à la soupe, à la vaisselle et au thé, Clarkson lance, amusé :

— *Alex is a very sharp muzungu!* (Alex est increvable, pour un Blanc!)

J'apprécie le compliment du guerrier turkana. Le souffle de la nuit caresse d'un baume liquide nos brûlures du jour.

Le sommeil est court, à trois heures, nous sommes sur pied. C'est ici qu'on se quitte. Nos guerriers rentrent à Kapedo avec un de nos bidons de cinq litres. Ils sont inquiets.

— Sans vous, les Pokots ne vont pas hésiter à nous tirer dessus.

Clarkson va se marier dans deux mois, nous lui présentons nos meilleurs vœux et lui offrons de quoi s'acheter deux alliances. Très ému, il nous serre longtemps dans ses bras.

— *Mungu akubariki Alex na Sonia!* (Que Dieu soit avec vous, Alex et Sonia!)

— *Mungu akubariki Clarkson!*

Nos regardons, immobiles, nos farouches askaris être avalés par la nuit.

Devant nous la solitude, les lions, la soif, l'inconnu, le compte à rebours engagé avec le soleil, avec la piste, avec la vie : trouver Napeitom. Je porte notre bidon de cinq litres à la main, et trois litres et demi dans mon sac, Sonia trois litres et demi – nous avons retenu la leçon de Nakoko. C'est amplement suffisant. Sauf si Napeitom est à sec... Je tiens à portée de main mes fusées éclairantes prêtes à cracher leurs boules de feu explosives. Les lions chassent la nuit. C'est la dixième fois que nous marchons dans les pas des lions. On ne s'y fait toujours pas. Nous enquillons. Sans trop parler. Sans trop contempler. Concentrés sur le chant du désert, sur la victoire de chaque pas, sur le fil du temps et de l'espace que nous devons enrouler sur nos quenouilles de Parques. Nous sommes dorénavant engagés. Plus moyen de faire demi-tour. Le salut est en avant. Il y a comme une tension sauvage dans l'air. L'aube arrive trop vite à mon goût ; elle nous libère de la peur du lion mais nous accable de son soleil. Nous échappons à une morsure pour en subir une autre. L'hypoglycémie nous rattrape ; le dernier bâton de biltong hallal de notre ami Naeem nous regonfle tout en marchant.

Devant nous s'étend une interminable plaine cendreuse piquetée de buissons épineux. Des vortex parcourent ces étendues en tortillant leurs colonnes de poussières. *Dust devils*, disent les Anglais. Ils font peur. Ils sont la seule chose « vivante » que nous ayons vue depuis la gazelle d'hier soir. Avec la chaleur augmente l'angoisse. La sueur, c'est l'eau qui s'en va. Nous sommes une poche de fluide à pattes que le désert assoiffé attend d'absorber complètement. Le goutte-à-goutte a commencé. On fuit. Tout ressort, les sels, le jus, la force. Nous fuyons. Amer constat du bateau qui coule dans un océan de sable noir. Ne pas trop boire. Une gorgée par heure. Il n'y a pas d'autre issue qu'en avant. Le combat entre le minéral et le vivant est engagé. Inégal. Rester groupés, étanches, concentrés, calmes. Tel est notre salut.

Selon mon bout de carte, au vingt-quatrième kilomètre, nous devrions avoir rejoint la pompe à main. Mais rien. Nous poussons deux kilomètres plus loin. C'est à dire vingt-quatre minutes plus tard. C'est pas rien, vingt-quatre minutes, quand on est crevé. En vain. Il fait trop chaud. Nous sommes épuisés. Poursuivre, c'est courir à l'insolation. Nous abdiquons. Pas d'ombrage. Acacias étiques. Tendons la tente. L'attente. La tension. Des mouches de mopane s'invitent illico à la fête, s'en prennent à nos nerfs. Sonia s'énerve.

— Comment font-elles pour vivre, ces saloperies, quand on n'est pas là ?

Nous enfilons nos moustiquaires de tête. Comme les bestioles ne sont intéressées que par nos visages et qu'il fait une chaleur de bête, Sonia se dévêt. Ici, aucun risque d'être aperçu, nous sommes désespérément seuls. Pas un souffle de vent. Un silence de mort. Je m'affaire à la soupe, puis au thé. Les mouches deviennent folles. La vapeur d'eau les enivre, elles fondent par centaines dans la gamelle pour s'ébouillanter, comme des papillons à la flamme d'une bougie. Impossible de les en empêcher. Nous en sommes quittes pour un thé aux mouches. La chaleur est intolérable. Pas moyen de récupérer. D'un coup, je réalise :

— Joseph nous avait dit de ne pas nous arrêter dans la vallée avant Napeitom, tu te souviens ? J'ai noté le nom sur la carte, voilà, Nasekeng, eh bien je crois qu'on y est.

Idéal, pour faire la sieste. Amorphe et battu d'avance, je guette longtemps du coin de l'œil, dans ma léthargie apathique, l'endroit par lequel un lion pourrait déboucher. Film d'horreur. Mal à l'aise, nous décidons d'écourter le supplice, et, à la faveur d'un petit nuage masquant le soleil, nous repartons. Il n'est que 14 heures. C'est beaucoup trop tôt. Un petit vent s'est levé qui déshydrate, mais, qui heureusement, rafraîchit. Second round : trouver Napeitom.

Deux heures plus tard, en lourde fonte, elle nous apparaît d'un coup, aussi énigmatique et improbable que le monolithe noir de *2001 : l'Odyssée de l'espace*, vestige colonial ayant échappé à la dévastation : la pompe à main. Nous nous précipitons. Compte à rebours. Je n'y crois pas. Dans dix secondes, nous serons fixés sur notre destin. Des ruines de cases attestent des combats. Je tourne la roue, la manivelle, le tuyau rote et rote encore... Rien. Mon cœur accélère. Je persévère mais ne tire de la bête que d'affreux borborygmes creux. Elle renâcle, soupire puis, soudain, nous vomit d'un coup, une eau chaude et salée. Nous hurlons de joie et tombons dans les bras l'un de l'autre. Nous venons de remporter Lokori et nos trois jours de désert. Alléluia ! Nous nous calons d'un porridge, et nous offrons un luxe sublime : une douche à poil au bord de la piste en plein désert. Ragaillardis, nous repartons pour huit kilomètres avant la nuit.

Au crépuscule, comme une moquerie du destin, les traces de lions, qui nous hantaient depuis la veille au matin, réapparaissent. Pas très récentes. Pas rassurantes pour autant. Un gros mâle solitaire. Les plus dangereux pour l'homme car ils sont vieux, car ils ont faim. Tout en sachant que cela ne fait aucune différence, nous marchons cinq minutes de plus et dressons la tente sur un espace découvert. Avec mon épée massaï je coupe sept acacias dont j'entoure notre abri de tulle. Sonia récolte une provision de bois qui tiendra toute notre courte nuit. Soupe, tisane verveine-orange. Il est urgent de dormir. Rempardés derrière nos épineux, nous nous disons qu'au moins nous entendrons la mort venir. J'ai mis une double épaisseur sous le vent. C'est par là que viendra l'éventuel prédateur. Incroyable ce qu'on est pragmatique face au danger. Pas un insecte ne bruit dans le désert. La nuit est cotonneuse et sourde. On s'endort à l'affût. Je tiens à la main mes fusées. Devant la tente est planté mon olalem, fière épée massaï à double tranchant. La superstition est une thérapie contre l'angoisse.

À 1 heure du matin, un râle très proche me fait sursauter. Lampe frontale en tête, fusée enclenchée, je surgis de la tente en hurlant. Un lourd bruit de fuite. Deux yeux de feu dans la nuit. Putains de lions ! Mon cœur bat si fort qu'il résonne dans mes oreilles. J'ai la tremblante du mouton dans les guiboles. C'est pas pour aujourd'hui. Pokots et prédateurs ont peur des fantômes blancs. Notre deuxième rencontre après ceux du Kruger ; et la onzième fois que nous voyons des empreintes. Sonia s'est réveillée sur mon cri. Son calme me désarçonne. Je suis vraiment une mauviette. Je vais remettre du bois sur le feu. Elle se rendort. Pas moi. Je veille jusqu'à 2 heures. La réveille. Ce matin, nous ne commettrons pas l'erreur de partir à jeun, même si Lokori est à portée de semelle.

En route, nos frontales scrutent les buissons comme une batterie de DCA à la recherche de maudits yeux jaunes. Nous mettons au point un protocole de réaction en cas d'attaque. Dérision dérisoire. Mais il faut bien s'occuper, et puis, ça trompe la peur, la berce d'illusions. En six heures et trente kilomètres, nous remportons la partie, avec une bonne surprise à l'arrivée : la rivière Kerio est en crue. Il a dû pleuvoir beaucoup dans les Tugen hills. De l'eau, des arbres, des hommes : notre descente vers le lac Turkana s'annonce bien. Lokori nous libère de la Death Valley. Je suis sur les rotules. La tension qui se relâche. Sonia est impériale. Dieu qu'elle m'impressionne ! Sa chevelure flotte au vent, ce matin elle n'a pas eu le temps de faire sa tresse. Un missionnaire mexicain, padre Rico, en stetson, Ray Ban et santiags, nous accueille sur fond de Sierra Madre. Sortilèges du désert !

Nord kenyan

1 Padre Rico
2 Bernard Katoï
3 Akim Lorotwakan
4 Théophilus Loburo
5 Peter Losinien chez Halwign Scheuermann
6 Mr Jorogwé
7 Louise Leakey
8 Ahmed Bakari

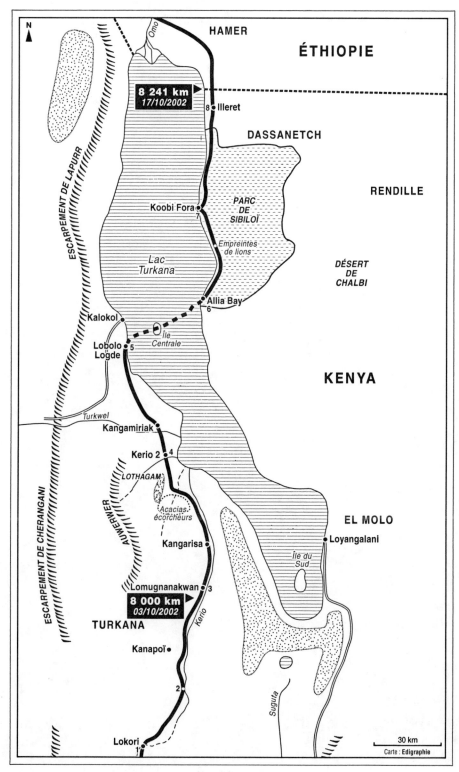

Nord kenyan

15

Kerio, la ligne de vie

Le père Rico est nouveau à Lokori. Il remplace de vieux pères italiens qui ne peuvent plus rester ici toute l'année à cause de la chaleur. Il nous parle de ses problèmes d'adaptation en roulant les *r* avec une sincérité et un humour incroyables.

— Quand je suis arrivé, j'ai failli avoir une crise cardiaque ! Le samedi soir, la chapelle était transformée en vidéoclub. Aïe ! aïe ! aïe ! Avec la télévision posée sur l'autel. Aïe ! aïe ! aïe ! Diffusant des films américains avec du sexe et de la violence. Impossible. J'ai déplacé tout le matériel dehors. Du coup, je ne suis pas populaire... Les paroissiens se sont plaints : « Mais padre, on va devoir s'asseoir par terre ! – Et alors ? leur ai-je répondu, comment vous faites, chez vous ? »

Il est pauvre parmi les pauvres et tient à le rester. Son message est ailleurs. Il cherche à responsabiliser les Turkanas, qui, habitués à l'assistance alimentaire, au paternalisme des papas gâteaux italiens, développent des réflexes opportunistes.

— L'église est comble les jours de distribution d'*ugali*, et vide les autres dimanches. C'est drôle, ça, non ? Nous sommes devenus un relais officiel de la distribution car le Fonds alimentaire mondial est sûr qu'ici nous ne vendrons pas la farine de maïs. Enfin, cette confusion me gêne terriblement. Dimanche dernier, c'était la distribution mensuelle. La chapelle était bourrée à craquer et tout le monde voulait communier. J'étais très impressionné. Je me suis reproché de les avoir jugés un peu vite, mais lorsque, après la messe, j'ai demandé à quelques-uns en quoi la communion était importante pour eux, vous savez ce qu'ils m'ont répondu ? « On aime bien le pain des Blancs... » Aïe ! aïe ! aïe !

Il n'en croit pas ses oreilles. Jour après jour, il en découvre de plus belles.

— Au Mexique, le problème des prêtres, c'est que tout le monde veut nous donner des choses ! Ici, c'est le contraire. Quand je vais en brousse, ils m'entendent venir et se postent sur le trajet pour faire un bout de chemin avec moi. Quand je leur demande où ils vont, ils me disent : « Je ne sais pas... J'ai entendu la voiture et je me suis dit que j'irais bien boire un coup au village. » Aïe ! aïe ! aïe ! Ou alors, il y en a qui m'attendent sur le chemin avec leurs nattes et leurs paniers à vendre, leurs sacs de récolte, une chèvre, leurs bidons d'eau, afin que je les transporte. Eh quoi, Je ne suis pas taxi, moi ! Aïe ! aïe ! aïe ! Ce qu'ils sont drôles ! L'autre jour, j'étais embourbé, avec des passagers dans la voiture. Vous croyez qu'ils m'auraient aidé ? Ils attendaient, à l'arrière, que tout soit réglé. Quand je leur ai demandé de l'aide, ils se sont défilés. Ils avaient tous une soupe sur le feu ! Aïe ! aïe ! aïe ! J'ai vu alors passer des ânes et j'ai demandé si on pouvait les utiliser pour extraire la voiture. Un type resté avec moi s'est indigné : « Des ânes ? Tu es fou ? On a du respect pour nos bêtes ! Je vais chercher des femmes, elles sont moins difficiles à commander. » De fait, une vingtaine de femmes sont arrivées qui ont sorti la voiture de l'ornière. Depuis cette histoire, je ne prends en stop que les femmes. Et j'en ai encore une bonne... À Kapedo, d'où vous venez, nous avons un projet d'école primaire. L'autre jour, j'y suis allé avec les matériaux de construction. Quand je suis arrivé, les paroissiens ont demandé : « Mais où sont les ouvriers ? » Aïe ! aïe ! aïe ! Je leur ai répondu : « Mais elle est pour qui cette école ? Ils sont à qui les enfants ? À moi peut-être ? Si vous ne la voulez pas, *no problemo*, je repars avec tout le matos ! » Les petits cocos, ils ont dû mettre la main à la pâte ! Ils ont compris qu'avec padre Rico, il fallait mouiller la chemise ! *Está loco aquí !* Dans les villages, des enfants accourent et me demandent : « Padre, padre, qu'est-ce que vous nous apportez aujourd'hui ? – Mais rien ! – Alors vous pouvez repartir, vous êtes un mauvais prêtre ! »

Et le père Rico de se fendre la poire. Il n'en peut plus de rire. Il se répète à l'envi cette réponse implacable et finit par :

— Aïe! aïe! aïe! Y a du boulot! Il faut tout reprendre à zéro. On se comporte comme des gringos, ici. La foi, c'est une libération, pas une servitude. Tous les jours, je leur dis : « Aide-toi, et le ciel t'aidera. » *Madre mía!*

À Lokori, par l'e-mail satellite du padre Rico, nous apprenons une bonne nouvelle. Louise Leakey pourra venir à Koobi Fora, et un de ses amis, Halwign Scheuermann, nous attend dans un camp de tentes, sur l'autre rive du lac Turkana, le Lobolo Lodge. En effet, la vallée de la Kerio, que nous comptons suivre débouche au milieu de la rive occidentale du lac, alors que Koobi Fora est en face, sur la rive orientale; il va donc falloir le traverser... Mais Louise a une solution à tous les problèmes : « En principe, Halwign vous fera passer sur un de ses bateaux mais, si ça ne marche pas, ne vous inquiétez pas, je viendrai vous chercher avec mon petit avion. »

Nous avons donc un nouvel objectif vers lequel nos esprits sont aimantés : Lobolo. Ça n'est qu'un nom, et il n'est écrit sur aucune carte mais, dans notre jargon de marcheurs, nous appelons ça une « carotte » !

En quittant la mission nous avons le sentiment très fort d'aborder une autre planète. Un peu la même ambiance qu'à Mto wa Mbu, en bordure du territoire des Massaïs. Mais nous sommes mieux armés : à Nairobi, nous avons dévoré le livre *Turkana*, de Nigel Pavitt, et savons beaucoup plus de choses sur les Turkanas que nous n'en savions alors sur les Massaïs. La seule chose que nous ayons à craindre, nous a mis en garde le père Rico, ce sont les bandes de Ngorokos, des jeunes ayant perdu leurs troupeaux ou ayant été chassés de leur tribu pour des raisons diverses, qui vivent de rapines et d'extorsion. Mais là encore, pendant la saison sèche, ils se déplacent vers les villes. En guise d'adieux, il nous donne un sésame.

— Vous savez pourquoi je m'entends si bien avec les Turkanas? Ils ont une phrase qui veut dire exactement la même chose que « Aïe! aïe! aïe! », c'est *Hoy tokoy!* Ils l'emploient à tout bout de champ. Que c'est beau, que c'est bon, que c'est pénible, que c'est difficile, que c'est sympa... C'est toujours *Hoy tokoy!*

Cette fois-ci, il n'y a plus la moindre piste. Nous entrons dans un univers où les voitures ne s'aventurent pas, où nous n'aurons aucun recours. Nous parions sur la curiosité : les tribus installées le long du lit de la Kerio ne voient jamais passer personne d'autre que des Turkanas. Notre seule sécurité, notre seul garde-fou est de toujours conserver à main droite le serpent vert de la Kerio, qui fraie son tunnel de végétation dans le désert, droit vers le nord. La rivière elle-même est noyée dans une jungle inextricable que ne perce aucun sentier, entrelacs infranchissable de racines et de troncs tourmentés, de frondaisons épineuses et de fûts d'acacias majestueux perdus dans des foules de palmiers doums serrés au coude à coude. Nous suivons donc l'eau mais y avons très peu accès. C'est surtout une sécurité psychologique. De loin en loin, cependant, une boucle de ce cours d'eau saisonnier vient rompre le carcan végétal pour flirter avec le désert. Les troupeaux convergent vers ces points de rendez-vous avec la vie pour boire comme du sang les lourds limons rouges charriés par les flots. Il nous suffit de suivre les sentes animales pour trouver les gués. C'est là que nous marquons des pauses, allons nous baigner et jouir de la fraîcheur, comme des hippopotames, de l'eau jusqu'aux narines. Et c'est là que nous faisons nos premières rencontres.

Nous sommes, un jour, affalés à l'ombre d'un palmier doum pour la pause de midi quand trois jolies filles aux seins drus viennent puiser de l'eau dans des trous qu'elles creusent d'un geste auguste dans les berges sablonneuses. *Hoy tokoy!* L'eau est trop chargée en sédiments pour être tirée directement de la rivière. Je m'approche doucement d'elles avec mon bidon pour étudier leur technique. En voyant la couleur du liquide et le dépôt de sédiment au fond de mon récipient, elles rigolent et se moquent de mon inexpérience avant de me montrer comment faire. À environ un mètre de la rivière, elles creusent à la main dans le sable de la rive un trou du diamètre d'une assiette. Elles s'appuient sur l'autre main, assez loin du trou, en prenant garde que la pression de leur corps ne fasse pas s'effondrer les bords fragiles du petit puits qu'elles dégagent. Assises sur le côté, elles opèrent pour cela une gracieuse torsion de leur buste fin. Plus elles vont profond, plus le geste est ample et fait saillir les muscles effilés sous leur belle peau brune ruisselante de sueur. Elles n'ont pour vêtement qu'un cache-sexe de peau lesté d'anneaux d'acier, et un incroyable empilement de disques de perles sertis autour du cou qui forme une sorte de présentoir multicolore où leur tête serait posée, comme un beau fruit sur une fraise. L'ensemble est richement beurré de graisse animale mêlée à de l'ocre, qui dégouline doucement dans le sillon de leur échine, entre les deux fuseaux de leurs muscles dorsaux. Ma petite puisatière se met à chanter tandis qu'elle enfonce dans le sol son bras jusqu'à la garde. Son crâne enduit d'ocre rouge est rasé de près, hormis une crête de petites tresses hérissées qui roulent sur le haut de ses tempes au gré du va-et-vient de son forage. Elle se redresse enfin, souriante, et s'écarte un peu pour me laisser jeter un œil au fruit de son travail. Au fond du trou, plus large et plus évasé que l'orifice, miroite un disque d'argent d'eau pure dans lequel mon visage se reflète soixante-dix centimètres sous le niveau de la rivière. Le mètre de sable qui nous sépare de l'eau de la rivière marron chocolat filtre ainsi les particules. *Hoy tokoy!* Mon émerveillement les fait rire. Avec une courge sèche évidée en forme de louche, elles remplissent prestement leurs calebasses sanglées dans des lanières de portage et repartent d'un pas chaloupé sur le sable de la rive. Je regarde béat s'éloigner les croupes rebondies de ces nymphettes aristocratiques, gansées par-derrière dans des traînes de cuir souple rehaussées de perles. Quand je reviens vers Sonia, elle me taquine :

— Alors, on drague ? Tu crois que je n'ai pas aperçu ton petit manège !

— *Hoy tokoy!* Parfaitement ! Je draguais le sable du cours d'eau pour que ta soupe aux nouilles ne te fasse pas grincer des dents, ma chérie... !

Avec l'eau, ces petits coins d'Afrique font figure de paradis originels. Nous laissons s'écouler le temps avec béatitude. C'est le temps du soleil. On ne veut pas lui voler la vedette, à lui les projecteurs, alors on attend qu'il se fatigue. La Kerio glouglloute gentiment et berce notre sieste. Il n'y a aucune nuisance, nous pourrions être à la plage, sur une île déserte. Sur l'autre rive, des ribambelles de dromadaires défilent comme des vaisseaux et disparaissent à lent fracas dans les massifs de doums. Un peu plus tard, des chèvres par troupeaux entiers se bousculent bruyamment sur le même arpent de berge. Cabrioles et ruts, succions et clapotements. De petits bergers cul nu balancent quelques cailloux bien placés et repartent avec le charivari. Personne ne nous importune. Les enfants sont gentils, pas excités. On nous salue parfois de loin, mais aucun ne vient troubler notre quiétude. C'est la première fois que cela nous arrive, depuis l'Afrique du Sud. Le père Rico nous l'avait dit : « Vous pourrez croire que les gens sont distants parce qu'ils ne viennent pas spontanément à vous, vous aurez parfois l'impression d'être invisibles, mais c'est leur façon à eux d'exprimer leur respect. Ils sont comme ça. Tant que vous ne ferez pas le geste d'aller à eux, ils feront comme s'ils ne vous avaient pas vus ! »

Le soir nous nous dirigeons à l'estime dans une immense forêt d'acacias hors d'âge, simplement attirés par des rires d'enfants. L'impression d'une Brocéliande africaine peuplée de lutins malicieux, pleine de troncs noueux, de charmes, de zones d'ombre et d'esprits anciens. Nous débouchons bientôt sur un village installé à l'abri de ces grands arbres. Une grappe de fillettes s'amuse avec d'interminables gaules à faire tomber des frondaisons des gousses et des cosses de graines d'acacias pour leurs chèvres, car il n'y a plus rien à brouter sur le sol poussiéreux. C'est notre premier village de sous-bois. Ainsi baigné d'une lumière tamisée, il dégage un charme immense. Les huttes hémisphériques sont perchées sur pilotis. Des branches écorcées y sont posées, en guise d'échelle.

Notre irruption ne suscite aucun stress, aucune stupéfaction, les fillettes ont gardé le nez en l'air. Comme prescrit, nous nous arrêtons à bonne distance des huttes et saluons un homme assis devant sa case. Il se lève doucement et vient à nous.

— *Ajiok !* (Bonjour !)

— *Ajiok onoï !* (Bonjour à vous !)

Bernard Katoï connaît le père Rico, il bredouille quelques mots d'anglais et de swahili. Il a le crâne calotté d'une coque d'argile lisse imprégnée dans ses cheveux. Ses oreilles ne sont pas élargies comme celles des Massaïs. Elles sont seulement percées ; y pendent cinq centimètres de chaînette d'acier. Il porte un collier de perles pour seul ornement. Il s'assied en équilibre sur son appuie-tête multifonction et nous invite à nous reposer sur un lit de cordages. D'une petite boîte métallique, il tire une pincée de poudre brune qu'il s'étale sur le dessus de l'index. Il se pince une narine avec le pouce tandis qu'il sniffe bruyamment la traînée noirâtre.

— *Timbaku. Unataka ?* (C'est du tabac, vous en voulez ?)

— *Hatutaka, asanté sana.* (Non, merci.)

Il porte à la ceinture un casse-tête dont la boule, montée sur un manche en bois, est constituée du plus petit pignon d'une boîte de vitesses de Land Rover. Tandis que je m'émerveille devant cette arme techno-médiévale des temps modernes, il repère mon olalem. Nous lui parlons de notre traversée du territoire massaï, réalisée sans encombre, des moranes, de notre forte impression, *Hoy tokoy!*... Il nous rétorque :

— *Hoy tokoy!* Les Massaïs sont efféminés. Ils s'assoient par terre, comme leurs femmes... Et puis nous rejetons l'excision et la circoncision, Akuj, notre dieu, est contre les mutilations. C'est seulement si nous tuons un ennemi que nous devons être scarifiés – si vous voyez un Turkana avec plein de petites cicatrices sur l'épaule, méfiez-vous de lui, il peut être dangereux...

Nous dressons notre tente entre deux huttes rondes. Le soir arrive vite. Tout est resté calme. Nous avons pu vaquer tranquillement, profiter de la lumière dorée du crépuscule pour prendre quelques magnifiques portraits sans provoquer d'émeute ni de résistance. Les femmes sont rieuses et gaies, pas farouches. Certaines portent, accrochées au sommet de leurs oreilles, des plaques d'aluminium en forme de feuilles découpées dans des vieilles gamelles trouées et décorées de nervures, qui semblent les opercules de leur pavillon auditif. Les plus mûres portent de gros coquillages blancs accrochés à leur amas de colliers. Du trou qu'elles ont dans la lèvre inférieure sort une petite langue de cuivre incurvée qui tombe jusque sous le menton comme une barbiche de pharaon et s'active frénétiquement quand elles parlent. Celles à qui manque cet ornement obturent le trou par un petit bouchon de bois afin que la salive ne s'en écoule pas. D'autres enfin ont tout le pourtour de l'oreille criblé d'anneaux métalliques à la façon des punks, ressemblance accentuée par leurs crânes rasés et leur crête d'Iroquois. Autour du feu, les enfants du village se regroupent, nus comme des vers, le cul dans la poussière, alignés, les jambes à l'équerre, et entonnent des chants aux tonalités haut perchées portées par le roulement des tam-tams. Leurs dents blanches éclatent dans la pénombre. Leurs petites mains frappent en rythme. Leurs plantes des pieds alignées sont caressées d'orange par les chatoiements du feu. Dieu qu'ils sont mignons, ces petits orteils en batterie ! Je filme la scène avec passion. Pour avoir plus de lumière, Sonia a prêté sa lampe frontale à une petite fille qui s'amuse à s'en éclairer le visage. À une autre, elle donne une bougie. Les yeux de l'enfant rivés sur la flamme et sa main placée en écran font surgir devant nous le Jésus du *Saint Joseph charpentier*, ce tableau intimiste de Georges de La Tour. Magie synesthésique. *Hoy tokoy!* que c'est beau ! L'autre fillette s'éclaire le visage avec la loupiotte qui lui envoie une lumière bleue. La composition est parfaite, nous sommes aux anges, emportés par des vagues et des répons, dans un ressac de dissonances et de refrains syncopés, et toutes ces voix suraiguës, toutes ces mains pulsant l'âme d'un peuple, ne forment plus, pour nous, qu'un seul corps, simple et beau, chantant d'un même élan sous la voûte des arbres à travers laquelle percent l'éclat diamantin des étoiles et les volées de satellites porteurs de la cacophonie du monde.

— *Aboudia Aboudia Aboudou...*

Nous ne savons pas ce que cela veut dire. Peu nous importe. Pour nous, c'est la formule magique d'une soirée à jamais gravée dans nos mémoires. Dans dix ans, il nous suffira de murmurer « *aboudia* » pour faire apparaître, comme un génie sortant de sa fiole, notre village turkana et ses habitants. Et soudain, dans une de ces visions dont les nuits africaines sont fertiles, les formes rondes, les flammes dansantes, cette harmonie candide nous font songer à un village de trolls, de nounours cosmiques ou autres chevaliers Jedï que l'on voit dans les films de science-fiction. Nous sommes bien sur une autre planète. *Hoy tokoy!*

Dur de la quitter, le lendemain. On est à deux doigts de rester pour toujours. Tyrannie de la marche. Nous partons tard. Petite journée. Marchons tout le jour tout droit dans le désert, sans pause. La chose à ne pas faire. Nous repassons dans nos têtes les images d'hier soir. Sonia a déployé son parapluie. Non, ce n'est pas une blague, elle s'en sert comme d'une ombrelle. C'est un parapluie mappemonde qu'elle a acheté au Yaya Center de Nairobi. Il nous permet de situer la terre africaine dans son contexte géographique. L'Afrique est si grande, en effet, que, sur les cartes des écoles, on la montre souvent seule. Sur notre ombrelle, elle flotte entre les autres continents, sur le bleu de la mer imprimée et sur le bleu du ciel au-dessus de nous. Au feutre indélébile, nous avons tracé notre route depuis Le Cap jusqu'au Kenya ; cela nous permet d'expliquer notre itinéraire. De fonctionnel, l'instrument devient très vite pédagogique.

Souvent, une colline cache la Kerio ou bien un méandre l'éloigne de nous. Nous perdons notre garde-fou, notre fil d'Ariane, notre ligne de vie. Instantanément, la marche devient plus tendue, plus concentrée, plus anxieuse. Ombilic et narghilé, la Kerio nous est vital, au corps et à l'âme. Et l'on guette à chaque soubresaut du terrain si l'on distingue au loin sur la droite le retour de la ligne verte. C'est en ces moments qu'il faut bien veiller à garder le cap au nord. Je m'y emploie grâce à une petite boussole gadget qu'Antoine Denaiffe et Maximilien de Dieuleveult nous ont donnée à Nairobi. Ces deux lascars sont arrivés au Kenya en passant par Tobrouk en Libye, puis par le Soudan et l'Éthiopie, à bord d'un vieux Berliet 4 × 4 des années soixante qui a rendu l'âme de l'autre côté du lac Turkana, dans le désert de Chalbi. Nous passons par beaucoup de villages saisonniers abandonnés. Les Turkanas font partie des rares peuples africains à pratiquer encore le nomadisme. Ils chargent gourdes et peaux, gaules et ustensiles sur des ânes et s'en vont dans les étendues désolées en quête de meilleurs pâturages pour leurs dromadaires, leurs vaches et leurs chèvres. L'installation d'un nouveau campement est simple : l'urgence est de créer de l'ombre. Les femmes assemblent les gaules souples en une structure hémisphérique qu'elles recouvrent de peaux. Les enfants peuvent ainsi s'abriter du soleil, et l'organisation du camp peut se poursuivre. Au cours de la journée, nous croisons de nombreux petits groupes en déplacement et passons devant ces campements de fortune, mais nous sommes emportés par la marche. À peine lèvent-ils les yeux pour nous regarder passer. Eux aussi vont quelque part. Les détours, les mondanités, les saluts et la salive coûtent trop cher dans ces déserts. La nuit nous rattrape alors que nous regagnons la Kerio pour y planter la tente. Silence et solitude en ce « matin du monde ». Ainsi se passent nos jours vierges et sauvages, farouches et primitifs.

Un autre soir, une heure avant le coucher du soleil, nous passons sans témoins, en pleine désolation, notre 8 000ᵉ kilomètre. Pour nous, ce n'est pas un saut quantitatif mais qualitatif. Tous les mille kilomètres, nous entrons dans une autre dimension. Comme si nous passions un nouveau tableau, dans un immense jeu vidéo qui s'appellerait « Africa Trek », et que nous gagnions par là même des bonus de vie et de chances. Sonia est inquiète. Nous n'avons plus d'eau, la Kerio est très loin. Nous devons trouver quelqu'un. Alors que le soleil décline en étirant nos ombres sur notre droite, nous infléchissons notre trajectoire dans le sens où elles semblent vouloir aller : vers la rivière. S'il y a quelqu'un, c'est par là qu'il sera. Il suffit d'y croire. L'important est de ne pas hésiter, de ne pas zigzaguer, de marcher droit, de faire confiance à la vie, à notre flair, à nos anges, qu'importe ! L'important est d'avoir confiance. Dans le noir, à l'heure prévue, à l'endroit prévu, nous tombons sur une enceinte circulaire de joncs tressés d'où s'élèvent des voix. Ne me demandez pas comment nous avons fait pour la trouver. Je n'en sais rien. Mais elle est là, et tombe à point nommé. *Hoy tokoy cool!*

— *Ajokonoï!*

Les voix se taisent. Je répète :

— *Ajok!*

Quelqu'un va venir. Sonia me souffle :

— Éclaire-moi avec ta lampe et moi je t'éclaire avec la mienne, comme ça, ils n'auront pas peur.

Un vieil homme se présente à la porte de la palissade, les yeux ronds comme des billes. Je lui lance une phrase de présentation en turkana, qu'un spécialiste jugerait sûrement incorrecte, mais très efficace sur le terrain.

— *Abouni agnakadien alo Cape Town tana ouné, alossi tikang tolema nilapio, ni tomo arei khangaré, na pei kolong essia Kenya along.* (Nous venons de Cape Town à pied, nous cherchons un endroit pour dormir en sécurité, nous repartirons demain matin, nous traversons tout le Kenya.)

Le type, sec comme un sarment carbonisé, se fend d'un large sourire et nous fait signe d'entrer. Il n'y a pas de mot, en turkana, pour dire merci. La formule la plus proche est « *alakara* » qui signifie « je suis content ». Pas besoin de le lui dire. Apparemment, ça se voit. Nous nous contentons souvent d'un merci en swahili, qui est, pour les Turkanas, la langue des étrangers.

Lomugnanakwan, dimanche 3 novembre 2002, 675ᵉ jour, 33 km, 8 004ᵉ km

Nuit divine, bercée par le vent sur notre tour sur pilotis – vigie ouverte sur les étoiles, œil rond frangé de joncs scrutant la course des satellites parmi les constellations. À quatre mètres du sol, nous avons dormi côte à côte, sur une peau de vache, dans nos sacs de couchage. L'aurore rosit l'horizon, je me lève pour contempler depuis notre nid d'aigle la beauté de cette *boma* dans laquelle nous sommes arrivés tard dans la nuit. *Hoy tokoy* mythique !

Une haute palissade de joncs la protège comme une coquille des vents brûlants des déserts du Turkana. Sept huttes se serrent les unes contre les autres dans cet ovale. La première sur la gauche, près de l'entrée, est minuscule et perchée sur pilotis à hauteur d'homme – c'est le vaisselier où calebasses et bols en bois côtoient gamelles d'aluminium et réserves d'eau. La deuxième est à ciel ouvert, simple paroi enroulée en colimaçon ; en son centre, le foyer est à l'abri des vents tourbillonnants. Suit notre perchoir, notre belvédère, dominant la boma à hauteur des ramures des acacias environnants. C'est un moyen traditionnel pour lutter contre le paludisme, car les moustiques ne volent jamais à plus de deux mètres du sol. Puis une tour plus basse, trapue, bien close : le grenier. Puis une autre hutte sur pilotis, dressée comme une ogive sur sa rampe de lancement, avec un beau bourrelet arrondi façonné autour de l'entrée pour signifier qu'il s'agit de l'habitation principale, et une autre encore, celle-là au niveau du sol, hémisphérique, avec une large entrée et un grand espace pour éventuellement recevoir, et, enfin, une dernière hutte sur échasses dont le rez-de-chaussée ombragé, à même le sable frais, sert de salle à manger.

Notre hôtesse en robe de peau vaque déjà à ses tâches ménagères, range des pots de terre et des bols en bois, lisse le sable, remise une lance, un mortier, ramasse les épluchures des fruits du palmier doum dont la pulpe, sucrée comme de la figue sèche, est pilée en pâte granuleuse pour constituer l'aliment traditionnel des Turkanas de la Kerio. Les huttes sont faites avec les feuilles des mêmes palmiers. Sonia s'étonne :

— On ne s'est jamais levé aussi tard : 6 h 30 ! Heureusement, c'est un peu couvert aujourd'hui.

— *Ajok onoï !* nous hèle-t-on d'en bas.

C'est notre vieil homme. Il s'appelle Akim Lorotwakan. À peine l'avons nous vu, hier soir, tant nous étions crevés. Il nous explique qu'il doit accompagner ses chèvres vers un village voisin. Il est doux. Nous parle comme si nous comprenions parfaitement tout ce qu'il nous dit, et, de fait, nous comprenons l'essentiel :

— Ne vous pressez pas, faites comme chez vous, j'espère que vous avez bien dormi... quand vous repartirez, suivez bien cette direction ; vous voyez le gros arbre, là-bas ? C'est par là ! Tout droit pendant trois ou quatre jours et vous gagnez le lac !

Puis il baisse la tête, tourne les talons et s'en va comme si nous nous connaissions depuis toujours, comme si nous allions nous revoir tout à l'heure.

En descendant, je vais préparer un porridge pour toute la maisonnée. Bien souvent, nos hôtes nous font la politesse d'y goûter, mais nous rendent notre bol avec une grimace à peine dissimulée adressée à notre petit déjeuner britannique. Une fois n'est pas coutume, chez les Turkanas, tout le monde en raffole, et l'on entend longtemps les cuillers racler le fond métallique des quarts et des bols. Des chiots viennent parfaire la vaisselle. Il y a toujours des petits chiens jaunes, chez les Turkanas. Ils gardent le foyer, protègent les enfants et ont une autre fonction que nous découvrons, ébahis : le bébé que la maman tenait collé contre son dos dans une peau de chèvre vient de faire sa colique du matin. D'un geste routinier elle présente alors le derrière souillé de son nourrisson à l'appétit vorace de nos petits compagnons. En quinze secondes, le petit cul est propre comme un sou neuf. Chez les Turkanas, on ne gâche pas l'eau. Sonia en a le cœur au bord des lèvres. Le toutou qu'elle cajolait tout à l'heure s'avise de se tourner vers elle après son festin...

— Dégage, petite saloperie, t'approche pas de moi !

Nous reprenons notre marche dans le désert. Il est bon de savoir la Kerio à quelques encablures vers l'est. Elle roule toujours plein nord vers le lac Turkana. Nous sautons d'une piste à l'autre par de mystérieux aiguillages, à l'estime, l'œil rivé sur l'horizon en fuite. Aventure toute !

Personne. La liberté. La rocaille, le soleil, les dromadaires, les palmiers et la beauté sèche et pure, impitoyable et franche. Marche sublime. Peu nous chaut l'inconfort, le risque, l'incertitude, nous sommes lancés à toutes pompes, débarrassés des contingences pour quelques heures de griserie aventureuse, nous sommes légers, légers, si légers. Dans les déclivités arides, sur l'épandage lisse des sables et des argiles sont posés des cailloux noirs aux formes étranges. Lourds et vitreux, ils ont des angles, des arêtes, des arrondis, des cavités.

— Sonia, devine quoi ! Ces cailloux noirs, ce sont des fossiles ! Nous arpentons les fameux lits fossiles de quatre à dix-sept millions d'années qui entourent le lac ! À l'époque il était trois fois plus grand, bordé de jungles tropicales, il s'étendait jusqu'ici, à près de quarante kilomètres des rives. *Hoy tokoy!* c'est énorme !

Nous trouvons ici un gros orteil, sans doute d'hippopotame, puis là, nous reconnaissons un fémur de crocodile et partout des disques aux architectures complexes, des vertèbres de poissons, éparpillées dans les sables selon un agencement chimérique, comme les osselets d'un jeu oublié dont la lecture donnerait les clefs de l'évolution. Sonia hasarde :

— Imagine qu'on trouve un crâne d'hominidé, ça serait super, non ?

— *Hoy tokoy!* En plus, ça serait le crâne du premier homme-grenouille ;

— Mais non, idiot-bête ! Il aurait pu se noyer, comme Lucy ; et puis arrête de dire tout le temps *Hoy tokoy*.

Nous cheminons longtemps le long des rivages évanouis de ce paléolac, dans ce cimetière du temps aux os de pierres polis par les vents.

En fin d'après-midi roule sur nous un énorme front noir ourlé d'un bourrelet blanc. Il soulève du sol des flammes de sable d'or avalant les palmiers. La vision est apocalyptique. Venu de l'est, le rouleau fantastique, boursouflé, vorace, nous fond dessus. Et pourtant, tout se fait en silence, sans grondements et sans éclats : tout simplement effrayant. Nous courons nous mettre à l'abri d'une motte surmontée d'un buisson. Les premières langues de sable nous tombent dessus ainsi que la pénombre. Le sable passe, crépite, nous caresse, puis, en rafales, nous ensevelit peu à peu d'un pernicieux linceul. Sonia déploie son parapluie dont nous entourons le bord d'un de nos chèches pour en faire une corolle. J'en tiens un coin dans la bouche tandis que nos quatre mains s'évertuent à maintenir cette petite tente de fortune. Nous avons chaussé nos lunettes de soleil pour protéger nos yeux. À travers le parapluie, en transparence et à l'envers, nous voyons les cinq continents et notre itinéraire, minuscule, huit mille kilomètres insignifiants, cloués, immobiles, faisant le dos rond sous cette tempête dans le désert du Turkana. Notre tête-à-tête se prolonge, moyennement confortable.

— Ça va, toi ? me demande Sonia,

— Bof ! J'ai la nuque plantée sur ton petit crâne pointu... En tout cas, ton parapluie-parasoleil fait aussi office de parasable !

On y voit de moins en moins. Nous avons du sable partout, dans la bouche, les yeux, tous les orifices. Nous enfilons précipitamment nos capes de pluie car l'averse se met à tomber dru en abattant le vent. La pluie dans le désert ! Il ne nous manquait plus que ça ! Et, aux entournures, la pluie sur du sable, il n'y a rien de plus exécrable. Pas question de moisir ici. Nous partons tout droit dans la nuit à la recherche de vie. Au bout d'une heure, un feu, au loin. Le salut. Nous nous entassons, accroupis dans une hutte, avec toute une famille de Turkanas éberlués. Nous sommes familiers de ce petit effet de surprise, nous y prenons goût, même. Sonia lit dans mes pensées.

— De retour en France il faudra se réhabituer à passer inaperçus. Ça va nous changer !

Le lendemain, la torture prend une forme inédite : nous nous perdons dans une brousse de petits acacias écorcheurs sans cesse plus dense. La manœuvre, qui consistait à louvoyer entre les massifs pour continuer à progresser, s'est muée en piège. Les chèvres, dont nous avons suivi les sentes, sont capables de passer sans encombre sous les branches griffues. Pas nous. Nous sommes faits comme des rats. Pas moyen de rebrousser chemin. Mais quel chemin ? Je dégaine mon olalem, fidèle glaive massaï et commence à fourrailler dans les épineux pour ouvrir un passage. C'est lent et fastidieux. Chaque branche sacrifiée veut m'arracher un bout d'épiderme. Seule la lame chante ; elle lance un « dzing » cristallin chaque fois qu'elle abat les membres crochus qui s'en prennent à nos vêtements et nous tirent des filets de sang. Dzing ! humpf ! Dzing ! Aïe ! Dzing ! *Hoy tokoy !* Il ne faudra plus se plaindre quand nous marcherons tout droit dans le désert, sans entrave. Ne jamais oublier qu'il y a toujours une situation pire. Le soleil se marre, implacable, au zénith, je ruisselle et m'épuise de ce combat contre des végétaux. Sonia me glisse, pour m'encourager :

— On dirait le prince de *La Belle au bois dormant* dans sa forêt de ronces maléfiques !

Puis elle s'inquiète de mes bras et de mes cuisses sanguinolents. Pas d'issue. Il faut s'en sortir. Réfléchir. Ces arbustes vivent des pluies qui s'abattent un jour ou deux par an dans le désert. Comme l'eau ruisselle toujours vers le même endroit, ils attendent là, assoiffés mais patients. Ainsi le réseau hydrographique est-il dessiné dans le sable du désert par les végétaux les plus tenaces. Nous nous rappelons une photo aérienne du livre de Nigel Pavitt montrant ces ramifications de plusieurs kilomètres de long, pareilles à des géoglyphes. Nous sommes en fait dans le lit de ce que Nigel appelle un *lugga*, pas un cours d'eau mais un « cours d'arbres » qui, comme tous les autres, s'écoule vers le Turkana, donc vers le nord. Continuer à marcher dans cette direction nous condamne à y rester enfermés – un suicide. Le chemin le plus court pour sortir de l'enfer écorcheur ne peut être que perpendiculaire aux faibles traces de ruissellement laissées dans le sable cristallisé, autrement dit orienté plein ouest.

Toutes ces réflexions nous ont pris cinq secondes. Afin de ne pas tourner en rond, nous repérons au-dessus des ramures, vers l'ouest, le sommet de la montagne de Lothagam que nous conservons en ligne de mire, image d'un monde sans épines. Nous essayons de tailler droit. Notre réserve d'eau est épuisée. Je me vide minute après minute de mon énergie comme un lapin Duracell en fin de course. Mon olalem est à chaque coup plus lourd. Un malheur n'arrivant jamais seul, un coléoptère entre dans le col de la chemise de Sonia, qui se met à hucher comme un cochon qu'on égorge – un paedirus, la même engeance qui l'avait brûlée à l'acide sulfurique, au Malawi. Elle en conserve une cicatrice brunâtre au creux du coude. Cette fois, une traînée rouge lui boursoufle le haut du sein gauche.

Elle enrage. Après trois heures de cette ordalie, nous commençons à craquer : comment allons-nous sortir de ce putain d'*Hoy tokoy* de merdier ? Je suis nerveusement à bout. Le sentiment d'avoir fait du sur-place. De m'être débattu dans un collet se resserrant autour de mon cou. Nous n'allons quand même pas crever là ! À cause de ces saloperies de petits buissons de merde ! Dans un sursaut de fureur, je remonte au front, taille, tempête, éructe une énergie du désespoir tandis que Sonia, derrière moi, essaye de me rappeler à la raison. C'est dans cet état de rage animale, écorché et sanglant, râlant et bavant, que je débouche enfin sur un espace ouvert au pied du Lothagam. Je craque. Me console dans les bras de Sonia, la chemise lacérée, les jambes tremblantes et zébrées de sang. Quelle connerie ! Sans l'olalem nous étions foutus.

Au loin, des huttes et des palmiers, des hommes. En nous voyant arriver rougeoyants et rompus, cette famille turkana comprend d'où nous venons et ce que nous venons de vivre. On nous apporte un bol d'eau pour panser nos plaies et un brouet de sorgho au beurre rance pour colmater notre brèche. Ils sont tous beaux et seigneuriaux. Une fillette joue avec sa poupée de bois. C'est une petite déesse de la fécondité décorée de mèches de cheveux, de perles et de bouts de tissu. Son gros ventre est censé inspirer à sa propriétaire l'envie d'avoir de nombreux enfants.

Le grand-père poinçonne à l'aide d'une petite pierre dure, une large pierre plus tendre pour en faire une meule. Chaque impact enlève quelques microns de matière et laisse un point blanc. Il avance méthodiquement. C'est long et fastidieux, mais il a tout son temps, et ces pierres sont éternelles. On retrouve les mêmes sur des sites néolithiques vieux de dix mille ans. Sa calotte de glaise occipitale est toute lépreuse, craquelée, sa coiffure négligée. Il porte un bouchon labial en aluminium qui ressemble à s'y méprendre à un embout de trompette. Il a deux incisives de la mâchoire inférieure arrachées. Dans la région, tout semble fait pour que la salive s'écoule hors de sa cavité naturelle : ce trou dans les dents, ce trou dans la lèvre ; curieuse tradition, dans ces déserts où l'eau est rare. Mystère. Il porte à son poignet le redoutable couteau de guerre des Turkanas : un disque de métal au bord tranchant, enfilé comme un bracelet. Le fil est recouvert d'une petite gaine de cuir pour éviter de se blesser. Il a cinquante-sept ans. Il en paraît quatre-vingts.

La jeune mère, sa bru, allaite, à bâbord, un nouveau-né, et, à tribord, son frère de un an, tous deux agrippés à des chaussettes désespérément vides et fripées. Le réconfort est mental. Pour nous aussi. À l'ombre de ce palmier, la douceur de ces gens nous est un baume au cœur. Ils ne savent rien de nous, et nous rien d'eux, mais ils savent l'essentiel : être bons, être doux. La vie est si dure, par ici ! Le bol de bois dans lequel nous piochons à tour de rôle les grumeaux gluants et gras des graines est d'une forme jamais vue. L'ouverture est rectangulaire quand tout le reste est arrondi, les flancs, les bords, le fond. Posé sur le sable, ça lui assure une stabilité maximale. Les calebasses sont rares et chères, ici, et la terre cuite est trop lourde et trop fragile pour la vie nomade. Les Turkanas ont donc développé un incroyable savoir-faire dans l'artisanat du bois. Ils sont d'ailleurs toujours occupés à tailler quelque chose, donnant libre cours à leur sens artistique. La quête de la beauté dans l'objet est un matérialisme d'ordre spirituel qui, sans aucun doute, a contribué à faire de nos très lointains ancêtres des hommes plus humains. Le premier homme est peut-être celui qui, entre deux cailloux, a choisi le plus beau...

— *Hoy tokoy !*

Le vieil homme, distrait par sa conversation avec un voisin venu aux nouvelles, vient de casser sa pierre d'un coup mal placé. Combien d'heures de travail envolées ? Il la regarde, à peine dépité, pas même énervé. Elle avait un défaut. Il en recommencera une autre, ça n'est pas grave, il a le temps.

Nous nous quittons comme nous sommes arrivés, de la façon la plus naturelle qui soit, parce qu'ils étaient là, parce que nous passions par là. En nous retournant tous les cent mètres, nous voyons longtemps leurs bras et leurs mains nous saluer comme une anémone d'amour à l'ombre du palmier. Le vent nous caresse, nous laissons le soleil descendre et reprenons notre route, azimut après azimut, palmier après buisson, qui tous nous parlent du nord en secret : c'est par là ! C'est par là ! Le flot maléfique du lugga s'écoule aussi vers le nord, sur notre droite. Il ne nous aura pas deux fois.

La traversée d'un désert en hors piste réclame une attention hors norme. On ne peut pas se laisser porter, s'évader, penser à autre chose. La marche est silencieuse, concentrée, anxieuse. On ne badine pas, on ne folâtre plus. L'esprit devient une flèche lancée vers un point sur l'horizon, freinée à chaque seconde par la carcasse du corps. Il serait si simple de n'être que du sable ! Emporté par le vent.

Nous croisons, sorti de nulle part et allant nulle part, un type avec sa kalach'. Il ne connaît même pas le mot « *mbali* » qui veut dire loin en swahili, Sonia s'indigne :

— Quand même ! C'est sa langue nationale. Il pourrait au moins la baragouiner, comme nous.

Rien n'est jamais loin, pour un Turkana. Ce n'est qu'une question de temps.

Ce soir, nous atterrissons à Kerio 2, un bidonville érigé en plein désert, où survivent des Turkanas déplacés. Kerio 1 a été balayé par El Niño. Des centaines de personnes noyées en pleine nuit dans ce désert par la rivière en crue. Un comble. L'horreur. Le comble de l'horreur.

Theophilus Loburo est un jeune étudiant de Lodwar, la capitale du pays turkana, et qui parle très bien anglais. Il nous reçoit chez lui, dans une vaste cour où s'improvise la plus fantastique des conférences, devant une douzaine d'étudiants aussi assoiffés de connaissances que le désert est assoiffé de sève. Ils veulent tout savoir. Pourquoi y a-t-il des tremblements de terre ? Le Rift ? Pourquoi le vent, les tempêtes de sable, les étoiles, la lune, le jour, la nuit, les éclairs, tout y passe. Assis dans un fauteuil confortable, comme un mzee africain, avec toutes ces ouailles à mes pieds, je joue du bâton et pointe les constellations en tentant de me remémorer mes cours de physique, mes lectures d'Hubert Reeves et des frères Bogdanov. Ils sont au septième ciel. La force gravitationnelle, la force centrifuge, celle de Coriolis, les satellites, la vitesse de la lumière, l'axe de l'écliptique, le mur du son, la dilatation des gaz, les plongent dans des délices insondables, ils sont suspendus à mes lèvres.

Ce sont tous des jeunes déracinés. À cheval entre deux cultures. Ne pouvant plus survivre de l'une, ne parvenant pas à vivre de l'autre. Inutiles partout. Ils sont en suspens, terrifiés par la complexité et la dureté du monde qui refuse de s'ouvrir à eux alors qu'ils ont irrémédiablement tourné le dos à leurs racines. La connaissance est le premier poison de la modernité. Doux et fatal pour l'innocence de la vie traditionnelle. Ils sont pourtant le Kenya de demain.

Deux jours plus tard, nous débouchons enfin sur le lac Turkana, que nous longeons déjà depuis plus de cent kilomètres sans le voir car il était caché par une dorsale de montagnes. Il est calme et éternel, minéral. De l'eau dans le désert, à l'infini : la mer de Jade ! C'est le dernier des grands lacs africains à avoir été découvert, en 1888 par le comte Samuel Teleki, aristocrate hongrois, et l'Autrichien Ludwig von Höhnel, eux aussi arrivés à pied mais à la tête des 238 porteurs ayant survécu, sur les 668 partis de Mombassa, quatorze mois plus tôt. Nous avions l'avantage d'être légers et d'avoir une ligne de vie, la Kerio. Nous avons rendez-vous avec Halwign Scheuermann, dont nous trouvons sans difficulté le camp de tentes, dressé à Lobolo. La nôtre nous attend, ouverte sur la mer de Jade, au-dessus d'une palmeraie, sur le soleil et la paix. Deux aigles pêcheurs se répondent pour célébrer notre traversée des déserts. Suivent une douche, une rafale de bières fraîches, une salade de tomates à l'huile d'olive et au vinaigre balsamique, accompagnant un filet de perche du Nil : c'en est trop ! Nous sommes au bout du monde, au début du monde. Nous sommes au paradis. Merci Halwign !

16

La mer de Jade et Koobi Fora

Crocodilus niloticus, percnoptère d'Égypte, perche du Nil, oies égyptiennes, 90 % d'eau éthiopienne dans le lac... Autant de données qui nous font faire un sérieux pas en avant, autant de petits signes qui confirment que nous atteignons l'autre versant de notre marche. En fin de nuit, avant l'aube, les étoiles aussi nous félicitent en silence : au nord, au ras de l'horizon et encore dépourvue de queue, pointe la Grande Ourse. Deux ans que nous l'attendons. Un pas de géant dans l'hémisphère Nord. Hier soir, la Croix du Sud se couchait de bonne heure dans les sphères australes.

Lobolo s'éveille, le lac est d'huile. Au loin, les pêcheurs turkanas sont déjà à l'ouvrage sur leurs pirogues de fortune, simple agencement de branches légères et fibreuses comme du balsa. Ne pas marcher. Se reposer. Être là. Quel bonheur !... Tout arrive. Comment se fait-il que nous soyons seuls ? Des milliards d'individus sur terre, et personne à Lobolo...

Aujourd'hui, nous partons à la découverte de Central Island, cône volcanique planté au milieu du lac, au cœur du Rift ; montagne qui semble flotter dans l'éther blanc. Nous glissons sur la mer de Jade vers l'île mystérieuse. En chemin, nous laissons traîner deux leurres derrière notre embarcation dans l'espoir de tirer des eaux saumâtres une mythique perche du Nil. Seuls les initiés et les amoureux de la pêche peuvent comprendre la séduction qu'exerce ce poisson d'anthologie : les spécimens records dépassent les trois cents kilos et les deux mètres ! Des monstres uniques au monde, tels que savent en produire des écosystèmes isolés, qui favorisent la sélection naturelle et le gigantisme endémique. Le lac ne contient que quarante espèces de poissons mais en a conservé huit en commun avec le Nil, héritage de la lointaine époque où leurs eaux étaient reliées, il y a sept millions d'années, avant que la surrection des montagnes de la côte ouest ne l'isole définitivement. Deux autres espèces prolifèrent dans le lac, le tilapia, et une variété très archaïque de poisson-chat. La perche chasse, le tilapia est chassé et le poisson-chat joue les éboueurs. Nous surveillons de près les cannes, dont les fils tendus disparaissent dans les eaux verdâtres. Je n'aime pas cette pêche, elle est trop passive et trop aveugle, le lac trop vaste. Ça fleure la pêche au gros sur l'océan ! Elles sont loin, les truites des contreforts du Lesotho, celles des montagnes de Nyanga, au Zimbabwe, ces combats au corps à corps avec les poissons-tigres de Cahora-Bassa, sur le Zambèze mozambicain et ces longues heures à sonder à la palangrotte les abîmes du lac Malawi, le cul mouillé au fond d'un tronc évidé. Malgré tout, le bateau pointe vers Central Island et nous quêtons, regard tendu, sens aux aguets, un des plus beaux rêves halieutiques. En vain. Pas une touche. La perche du Nil restera un fantasme inassouvi, une chimère. Peter, notre barreur, nous dit qu'elle est en voie de disparition, surpêchée.

— À Kalokol, il y avait une conserverie norvégienne. Le gouvernement souhaitait la déplacer à Baringo, pour favoriser l'ethnie du président Moï, les Kalingin. Les Norvégiens n'ont pas voulu, ils ont eu une semaine pour quitter le pays. Il y avait aussi à Kalokol une pisciculture italienne très bénéfique au lac car ils vendaient les mâles tilapias et relâchaient les femelles. Eux aussi ont été chassés, en 1999 ; ils s'étaient plaints que le gouvernement ne contrôlait pas la pêche.

— Ces départs n'expliquent pas la disparition des poissons...

— Si. Parce que aujourd'hui les pêcheurs n'ont pas d'autre solution que de faire sécher les prises qu'ils n'arrivent pas à vendre, les stocker, retourner à la pêche pour attraper du poisson frais pour de très rares acheteurs, qui font baisser les prix, ce qui entraîne une surpêche et un énorme gâchis. En fait, c'est surtout l'anarchie. Et il y a des nouveaux venus, les Luos, une ethnie du lac Victoria. Ils viennent avec des camions frigorifiques pour exporter les perches du Nil vers l'Europe et les États-Unis : ils pillent tout !

En approchant de l'île, nous comptons huit barques de pêcheurs qui opèrent illégalement dans les eaux du parc naturel. Ils s'éloignent à notre passage. Encore plus près, nous constatons la présence d'interminables chapelets de flotteurs qui ceinturent les rochers :

— Ce sont des palangres. Avec ça, ils appâtent des milliers d'hameçons et raflent toutes les perches.

Alors qu'il entame son approche, Peter nous raconte une histoire lugubre.

— Dans les années trente, Dyson et Martin, deux membres de la première mission de reconnaissance scientifique du lac, dirigée par Vivian Fuchs et John Millard, ont disparu corps et âme sur l'île. On pense qu'ils ont été dévorés par des crocodiles ou qu'ils se sont noyés dans une affreuse tempête qui a duré huit jours. Depuis, leur souvenir hante les lieux, certains disent même avoir croisé leur fantôme...

— John Millard ? L'officier colonial britannique ?
— Oui.
— C'est incroyable ! Nous avons dormi dans sa maison, chez les Green, à Millard près de Barkly East, en Afrique du Sud... il y a six mille kilomètres. Quelle coïncidence ! Et il est le premier Occidental à avoir mis le pied dans l'île ?

— Sûrement même le premier homme car, à l'époque, les Turkanas ne pêchaient pas et n'avaient aucune embarcation...

Nous passons sous le côté abrité de l'île en longeant des orgues basaltiques teintées de mille feux, mettons pied à terre sur une plage jonchée d'arêtes de poisson et partons dans des éboulis à l'assaut du cône pelé. Sur la crête, notre regard plonge au cœur du cratère. La vision nous fouette. Un lac dans le lac ! Un bijou d'émeraude serti dans le jade. Un lac vert comme une huître géante frangée de noir et de flamants roses. Les flancs du cratère révèlent les couches de cendres volcaniques déposées par les éruptions successives. Les unes sont grises à grumeaux noirs, les autres lisses et ocre. Au sommet du cône, parmi des concrétions flamboyantes, une fissure laisse s'échapper un souffle de vapeur sulfureuse. Deux percnoptères d'Égypte viennent flirter au-dessus de nos têtes dans ces relents d'œuf pourri. Ils sont d'un beau blanc, les ailes pointues au bout noir, comme les mouettes, avec la tête hirsute et un bec jaune d'or. Ils sont capables de casser des œufs d'autruche avec une pierre. Le désert, ça rend ingénieux ! Ils décrochent soudain en surfant un vent thermique. Dans le lac, des volutes de spiruline dessinent des arabesques vertes qui semblent tantôt des crapauds et tantôt les voiles d'une gigantesque émeraude. Des rubans de flamants enroulent le volcan de leur vol en spirale vers d'autres festins et vers d'autres ballets. Paysage de genèse du monde. Nous descendons voir le deuxième des trois lacs de cratère que compte l'île. Il est noir comme de l'encre.

— C'est une nurserie de crocodiles. Vous les voyez ? Là ! Et là !

En effet, ils flottent comme des troncs morts. Par dizaines. Énormes. Parmi les rochers, nichent des hérons goliaths, le plus gros du monde. Il semblerait que pour survivre dans cet enfer, il faille être gros ! Nous regagnons notre barque et reprenons notre traversée du lac jusqu'au camp de KWS (Kenya Wildlife Services) d'Allia Bay, sur la rive orientale du lac, dans le Parc national de Sibiloï. Nous devons rencontrer Louise Leakey demain soir à Koobi Fora, quarante kilomètres plus au nord. Le défi lancé il y a plus d'un mois à Nairobi est relevé. Elle nous a dégotté l'autorisation de marcher dans ce parc sans ranger ni escorte.

Le directeur du parc de Sibiloï, M. Jorogwé, genre lymphatique, nous reçoit gentiment. Tout est déglingué, les sanitaires sont déflagrés ; il n'a pas de véhicule, pas d'électricité, aucun moyen pour surveiller son parc. La punition. Le placard en enfer. La dèche. Il ne rêve que de mutation et d'un bureau à Nairobi. Un dossier traîne sur la table : « Projet de réhabilitation du parc », publié par l'Unesco. J'y jette un œil. Louise, en tant que conseillère technique, a parafé chaque page d'un « Non ! », ou « Infaisable ! », « Ridicule ! », « Vous plaisantez ? ». Le projet parle de construire dans l'île centrale une route, des bâtiments administratifs, d'autoriser les pêcheurs à venir s'y reposer, de transformer l'infirmerie en dortoir pour rangers, de couler trois cents kilomètres de goudron dans le désert, tout à l'avenant... Désespérant ! Jorogwé commente :

— Vous savez combien a été payé le rédacteur de ce torchon ? Vingt-cinq mille dollars tandis que moi j'en gagne mille deux cents par an...

Sonia s'est assoupie. Je sors prendre l'air au crépuscule. Une douzaine de hyènes rigolent en se déchirant un malheureux lapin. Le barouf qu'elles font est insensé. Un vent d'est de tous les diables souffle du désert de Chalbi. Pas un arbre pour le retenir. Le parc n'est visité que par quelques centaines de visiteurs chaque année. C'est surtout une réserve destinée à préserver le littoral du lac de la surpêche et du braconnage de crocodiles. Je songe au découragement de Jorogwé, à la fragilité de cette réserve quand, soudain, je vois trois ombres glisser droit vers moi. Putain, les hyènes ! Elles sont aussi proches de moi que je suis loin du baraquement. Décision. Appeler ? Il est déjà trop tard ! Leur tourner le dos ? Au sprint, elles me battraient. Je ramasse précipitamment des pierres et les canarde... Elles détalent comme le lapin qu'elles déchiquetaient... Quelle connerie ! Aller pisser sous les étoiles, en brousse, c'est risquer sa vie.

À l'aube, nous suivons la rive du lac. Le vent d'est souffle toujours : l'haleine de la mort sèche. À gauche, le rivage clapote et frémit. Dieu qu'on est mieux près de l'eau ! Nos ancêtres hominidés devaient ne jamais s'en écarter beaucoup. Des algues grasses mangent la glèbe féconde ; elles fourmillent d'insectes sautillants dont viennent se repaître les poissons d'un côté et les oiseaux de l'autre. La vie. C'est ainsi qu'elle a commencé, sur des rivages primitifs similaires à ceux que nous arpentons. Nos pas soulèvent une incessante vague d'échassiers limicoles, qui décollent dans le vent, s'élèvent sur place sans battre des ailes, nous frôlent de leurs frou-frous, enivrent l'air de leurs cris avant de se reposer derrière nous. Nous surfons toute la matinée ces flots de volatiles.

Au loin décollent des troupeaux de zèbres. Départs arrêtés, comme des coups de canon, ruades et coups de sabot, le sol gronde et la charge rayée disparaît dans un fracas de croupes avalées par des maelströms de poussière. Des topis, antilopes rougeâtres et singulières, nous dévisagent fixement de leur petite tête aux cornes en cédilles, plus curieuses qu'inquiètes, puis, soudain, répondant à un appel collectif, enclenchent leur galop chaloupé vers le désert. Nous sommes ivres d'espace et de pas, d'azur et de vie. Tantôt la boue alourdit nos semelles, tantôt nous devons contourner des marais, nous débattre contre les coupures des herbes à éléphant, mais qu'importe ! Nous avançons et débouchons sur des prairies rases, vibrantes de chaleur, ouvertes sur l'Afrique infinie. Quand nous retrouvons la plage, nous la voyons jonchée de troncs morts alignés à intervalles réguliers, jusqu'à l'horizon. À notre approche, un par un, les troncs démarrent d'un claquement sec comme un coup de fouet, et se lancent dans un sprint frénétique jusqu'au lac où ils disparaissent dans un sillage de hors-bord : les fameux crocodiles du lac Turkana. Devenus rares, ils se réfugient sur ces rives du Parc national de Sibiloï, où ils peuvent se reproduire en toute quiétude. Je me souviens des mots de Peter, hier : « Dans les années quatre-vingt, on se faisait encore bouffer par les crocos et, du coup, personne ne pêchait. Dans les années quatre-vingt-dix, tout a été tué et, aujourd'hui, il n'y a plus rien ! » Même le mythique et lointain Turkana est menacé par l'appétit aveugle et la mauvaise gestion. Il n'a fallu que dix ans pour le vider.

Le vent est tombé et la chaleur nous rattrape. Implacable. Pas un arbre, pas une ombre ! Au dix-huitième kilomètre, nous décidons d'aller nous baigner parmi les crocodiles, sur la foi des promesses de Peter : « Rien à craindre ! » a-t-il juré. Après une vague hésitation, l'appât de la fraîcheur l'emporte sur la frayeur. Il y a très peu de fond. Les mufles des crocos croisent au loin, au ras des flots, mais nous sommes bien, comme aux temps primitifs, les durites calmées, bercés nus par le ressac sur le limon doux. Seuls. Nous sommes seuls au monde. La nudité multicolore de mon Ève lascivement abandonnée aux ardeurs du soleil m'émoustille. Il n'y a point de feuilles de vigne au Turkana, point de fruit défendu. Ses mains dorées glissent sur son buste laiteux en tentant de faire mousser un petit savon ; un coup de soleil sur la nuque lui tire un petit cri. Son corps est un patchwork chromatique. La jambe est un parfait dégradé du pain d'épice au blanc de poulet. Le bronzage de ses bras tranche sur ses neiges d'antan. « Le vierge, le vivace et le bel aujourd'hui » reste le pied. Il y a si longtemps que nous ne nous sommes vus nus. Nous en sommes presque intimidés. Cette marche, c'est une croix faite sur notre intimité charnelle au bénéfice de notre intimité fraternelle et spirituelle. Nos caresses réinvestissent bientôt ces territoires perdus, au milieu de la Création, sous le soleil dru, sur cette berge, au vu et au su d'un couple de vautours tournoyant au-dessus de nos têtes qui, alléchés, attendent le dénouement du corps à corps, d'un petit chacal à chabraques maraudant autour de nos sacs, et d'une autruche somalie, au cou bleu indigo, qui avance vers nous, tête baissée et plumes ébouriffées, aveugle et sourde à notre joie.

Il est temps de reprendre la marche... Nous avons refait le plein de nos bouteilles. L'eau du lac est tout juste potable : salée, avec un petit parfum de vase savonneuse et alcaline qui la fait ressembler à s'y méprendre à de l'eau d'égout. 90 % de l'approvisionnement en eau du Turkana vient d'Éthiopie par la rivière Omo, la rivière Turkwell et la Kerio se partageant les 10 % restants ; donc plus on monte vers le nord, moins l'eau est salée. Plus loin dans la boue, les lourdes et fraîches empreintes d'un hippopotame et de son petit, en plein désert ! Il nous avait en effet semblé entendre frémir sur les flots leur souffle caractéristique. Nous avions mis notre impression sur le compte de l'euphorie. Il n'y a rien à brouter, ici ! Comment font-ils pour vivre ?

Le jour passe avec les kilomètres, les galops et les envols, la course du soleil dans l'implacable ciel, de droite à gauche, bronzage intégral. Le sac devient lourd ainsi que les semelles crottées. Encore des empreintes. De hyènes ? Non, de lions. Douzième fois ! Rien à l'horizon. Elles sont pourtant d'aujourd'hui. Pas question de moisir dans le coin. Il faut arriver à Koobi Fora. D'autant plus qu'il n'y a pas un acacia à couper pour se faire un abri nocturne. En réponse à mes angoisses, une vibration s'élève dans l'air, comme un grondement sourd, un rugissement lourd... Coup de sang ! Rien en vue. Maudit lion. La vibration croît ... un avion ! C'est Louise Leakey ! Ouf. Volte-face vers le sud. En rase-mottes, le long de la rive, elle nous fond dessus comme un Stuka, fait une boucle serrée pour nous saluer des deux ailes et de la main. Nous mettons le booster. Au diable les lions ! Nous chantons à tue-tête notre joie. Deux heures plus tard, nous atteignons le camp Leakey, fait de belles maisons de pierre cachées sous des chaumes gris. Louise est là, blonde et fine, femme aux cheveux de paille, au sourire permanent, imprimé sur ses joues par le soleil et la joie de vivre. Elle nous accueille avec deux flûtes de champagne sur fond de suites de Bach :

— *You've lost ! I've arrived first ! I can't believe you made it !* Vous êtes incroyables, ça m'a pris trois heures ; ça vous a pris cinq semaines, vous êtes fous ! Vive la France ! Tchin-tchin !

Je crois qu'entre la salade de tomates-au-basilic-pignons-de-pin-copeaux-de parmesan et le gigot d'agneau à l'ail nous avons encore pleuré... La marche doit développer un axone entre les glandes salivaires et les glandes lacrymales...

Koobi Fora, mercredi 13 novembre 2002, 685ᵉ jour, 8 162ᵉ km

— Allez, les poussins, debout ! On va se baigner !
Branle-bas de combat ! Louise court vers le lac pour un bain matinal parmi les crocodiles.
— *Keep cool !* Ils me connaissent depuis vingt ans... lance-t-elle en piquant une tête.
Nous la rejoignons. L'horizon rose pâle s'étale du lac au ciel. Un vol de pélicans blancs décolle à grand renfort de pattes sur le miroir des eaux. Ils passent en escadrille de bombardiers furtifs mais leurs battements d'ailes grincent dans le silence comme les dames de nage d'une vieille barque. Un héron goliath empourpré rame dans l'air de ses grosses ailes lourdes qui flirtent avec leurs reflets. Magie du matin.
Le site de Koobi Fora est inséparable du nom des Leakey, lignée de paléo-anthropologues qui, sur trois générations, a marqué l'essor de cette discipline de découvertes cardinales. Si Louis et Mary Leakey sont plutôt associés au site d'Olduvai en Tanzanie, Richard et Meave ont exploré extensivement les pourtours du lac Turkana. Louise a repris le flambeau de Koobi Fora, longtemps menacé par l'ostracisme et la politique. C'est Richard qui, dans les années soixante-dix, a construit avec beaucoup de goût le camp de Koobi Fora, non loin des lits fossiles du même nom, sur un isthme de sable pénétrant le lac comme une proue. Cinq ou six maisons aux murs de pierre volcanique ajourés se partagent le site, ouvertes à tous les vents, entourées de vérandas dont les murets alignent quantité de vestiges : crânes, coquillages, pierres étranges, dents géantes, concrétions, fossiles, une collection hétéroclite glanée au fil des années. Et, au milieu du living-room, de la pièce à vivre, comme un autel au fond du saint des saints, trône l'objet le plus précieux qu'il se puisse trouver dans un désert : le congélateur.
— On s'enfile un petit déjeuner de crêpes Suzette et, avant de se mettre au travail, je vous montre le parc vu du ciel, ça vous va ?
— Arrgh... Des crêpes Suzette ! Retiens-moi Sonia !
Une heure plus tard, Louise est perchée sur l'aile de son Cessna 220 à train rentrant, occupée à purger les réservoirs et

faire sa prévol. La piste n'est qu'un « pan », sorte de flaque asséchée dépourvue de pierres et de végétation. Autant dire sommaire et courte. Pleins gaz, Louise lâche les freins, et nous voilà partis ! Concentrée, elle suit le terrain, se met dans le vent sans contrarier le manche, vibrations, prise de vitesse, cahots, la queue se lève ; en douceur sa main nous arrache du sol à cinq mètres des premiers arbustes.

— *Waaouh* !

— *It's a tailor-made strip !* s'égosille-t-elle dans le rugissement du monomoteur – une piste sur mesure.

C'est aussitôt la féerie africaine ! Ces paysages que nous arpentons depuis deux ans prennent une autre dimension, totalement fantasmatique : plus rien d'ardu ni de rébarbatif, de pénible ni de suant, nous volons en plein reportage du *National Geographic*, ou avec Denys Finch Hatton, le héros d'*Out of Africa*, dans son biplan jaune ; encore mieux, nous volons en plein rêve, nous volons avec Louise Leakey... Des troupeaux de zèbres soulèvent dans le désert des panaches de poussière, à la poursuite de topis perdus ; des flamants par milliers clignotent comme des bancs d'éperlans sur le miroir des eaux ; nous passons en revue les crocodiles monstrueux avachis sur les plages ; au loin, des cônes, des tables, des lits à sec, tout défile dans la griserie, dans le grandiose. Le vol sied à l'Afrique.

— Repérez bien votre itinéraire ! C'est par là que vous passerez demain ! Là ! Il y a un gros marais à contourner. Ici, pas question de traverser cette rivière, elle est infestée de crocos. Et, là-bas, le promontoire rocheux, c'est Kokhoi. L'eau est très profonde. Ne vous y baignez pas, on y trouve les plus gros crocodiles du lac...

Dans son casque, Louise lâche un juron :

— Regardez, là ! Voilà ce que je cherchais : du bétail. Regardez-moi ça. Des centaines de vaches là, et plus loin, toutes ces chèvres ! Un campement. Puis un autre. Ces bergers nomades n'ont absolument pas le droit d'être là. C'est une catastrophe.

Partout, en tous sens, les troupeaux s'égaillent, effarés par le monomoteur, les bergers gesticulent.

— Je vais devoir envoyer une patrouille. Ce bétail piétine et ravage les lits fossiles affleurant, sans même parler du surpâturage, de l'épuisement des sols, de la concurrence face aux espèces sauvages, des maladies, du braconnage... Ici, les Dassanetchs abattent les zèbres au kalachnikov au lieu de consommer leurs vaches. Si ça continue, le parc va perdre son classement au patrimoine mondial de l'Unesco, ce serait terrible, sans parler des sites fossiles perdus à tout jamais.

Le pilotage de Louise trahit sa colère ; elle enchaîne les virages et les voltes de toréador, les coups de palonnier et de manche, nous perdons l'horizon et accrochons nos estomacs de marcheurs. Après ce numéro de rodéo aérien, l'atterrissage – il est encore plus impressionnant. Un mouchoir de poche ; un appontage sur une assiette de sable noir. Ce petit bout de femme de trente ans est une héroïne d'une rare trempe. À peine au sol :

— Allez, au boulot ! On se la fait, cette interview ?

Au volant de sa Land Cruiser, elle nous mène sur un site érodé où se distinguent très nettement des strates géologiques « en pile d'assiettes ». Sonia se met en place, caméra au poing. Louise enchaîne :

— Un des principaux avantages de Koobi Fora est qu'il y a très peu de couvert végétal et que les fossiles sont en surface. C'est aussi un inconvénient, ils sont plus fragiles et vulnérables. Autre avantage, les dépôts sédimentaires alternent avec des tufs volcaniques qui permettent des datations très précises. Vu l'orientation des strates – à cause du phénomène de graben [1].

— Je l'interroge :

— Qui vivait ici à cette époque ?

— Imaginez le décor. Il n'était pas très différent de celui d'aujourd'hui. Le lac est certes plus haut, donc beaucoup plus vaste, les cours d'eau bordés de grands arbres et de buissons, les berges tapissées d'une herbe grasse contrastant avec l'aridité alentour. Il y a des gazelles, des cochons, quelques antilopes, des girafes et des éléphants, même, aujourd'hui disparus, qui viennent boire dans le lac – en se méfiant des crocodiles immergés près de la surface. On voit trois variétés d'hippopotames et des poissons-chats. Très loin, au nord, une violente éruption survenue dans les montagnes d'Éthiopie a rempli l'air de poussière. Bientôt, la cendre qui empanachait le ciel va être charriée par les cours d'eau pour se déposer en couches toujours plus épaisses dans et autour du lac. En se baladant, on peut avoir la chance de rencontrer quelques groupes d'hominidés, et, en regardant de plus près, à la jumelle, constater qu'ils appartiennent à quatre espèces distinctes, différant par leur taille, leur comportement,

---

1. Fossé tectonique.

leur alimentation, conditions nécessaires à une coexistence pacifique. La première espèce, *Homo habilis*, celle dont nous descendons peut-être, mesurait, pense-t-on, environ 1,40 mètre, mais on n'a jamais retrouvé de squelette complet. Il était bipède permanent, son cerveau avait un volume des deux tiers du nôtre, il était sûrement omnivore ; on a retrouvé des pierres grossièrement taillées à côté de ses ossements fossiles, d'où son nom d'« homme habile ». La deuxième espèce est *Australopithecus africanus* que vous connaissez grâce à Lucy et à Mrs. Ples. De très ancienne lignée, moins habile à la marche, dotés d'un tout petit cerveau, on les appelle les « graciles » car ils ne dépassaient pas 1,30 mètre et avaient de petits os. Vient ensuite l'*Australopithecus boisei*, classé parmi les australopithèques dits « robustes » à cause de ses molaires démesurées, sa crête sagittale servant de point d'accrochage à de puissants muscles masticateurs capables de broyer graines et racines. Enfin survit *Ardipithecus*, une forme très gracile et très primitive d'hominidé, condamnée à bientôt s'éteindre. Et sans parler de ceux qu'on a pas encore trouvés...

Tout en parlant, Louise se penche, ausculte, passe les sédiments au scanner de ses yeux vifs, cueille un éclat d'os ici, un stromatolithe [1] là.

— Ce qui est exceptionnel, à Koobi Fora, c'est l'arpentage et les relevés géologiques exhaustifs qui ont été effectués depuis trente ans : on a une bonne lecture du site et l'on sait où chercher. Ce qui nous manque, c'est du temps et des moyens : sur une cinquantaine de secteurs, trois ont été fouillés superficiellement.

Elle se redresse et regarde de l'autre côté du lac.

— Mais le lac Turkana est surtout connu pour le spécimen paléo-anthropologique le plus complet jamais trouvé en Afrique : Turkana Boy, le meilleur exemple au monde d'*Homo erectus*, celui qui s'est mis en marche, qui a quitté le berceau africain – et qui nous ressemble déjà terriblement : 1, 60 mètre à quinze ans ; on estime qu'il aurait atteint 1,80 mètre à l'âge adulte alors que ses contemporains ne dépassaient pas le 1,50 mètre. Il est aussi celui dont les pas guident les vôtres, si j'ai bien compris ! C'est sans doute lui qui a quitté à pied le continent. Son volume crânien est estimé à 900 centimètres cubes, soit trois fois plus que celui des australopithèques. Sa denture est très proche de la

---

1. Fossile d'amas bactériens ou fongiques, trahissant d'anciens fonds vaseux.

nôtre. Il faisait ses outils et avait peut-être même l'usage du feu, mais ce n'est pas encore prouvé. Il a été trouvé sur l'autre rive, là-bas, juste en face, à Nariokotomé, dans une couche vieille de un million six cent mille années ; il est d'ailleurs l'*erectus* le plus ancien jamais trouvé, mais il est trop en avance sur son temps pour descendre d'aucun des précédents, et même pas d'*habilis* puisque ce dernier a vécu suffisamment longtemps pour être son contemporain. En fait, on n'a pas encore trouvé les ancêtres de Turkana Boy, qui sont probablement nos véritables ancêtres. Tout reste à faire. Tout reste à trouver...

Il y a autant de chaînons manquants que de spécimens découverts, dans cette chaîne de l'évolution. Et il est impossible de prétendre qu'ils descendent les uns des autres sous prétexte qu'ils se succèdent chronologiquement, surtout que, plus les découvertes s'affinent, plus il apparaît évident que ces populations ont coexisté. Les mécanismes de l'évolution et de la sélection naturelle restent très mystérieux, plus compliqués qu'il n'y paraît. Notre arbre généalogique ressemble plus à un bonsaï dont les branches ont été sans cesse taillées et contrariées, qu'à un grand chêne aux ramifications harmonieuses.

Le soir, nous partons marcher pieds nus sur la langue de sable de deux kilomètres qui pénètre loin dans le lac, vers le soleil couchant. Les crocos glissent dans l'eau comme à l'exercice. Le ressac caresse le sable gris. Louise nous raconte des anecdotes de son enfance, son premier fossile ; le timbre de sa voix est si juvénile... c'est un bonheur de l'écouter, nous sommes sous le charme ; cette proue de dunes est son sanctuaire – combien de fois l'a-t-elle arpentée ! Nous passons un squelette de crocodile, puis une tête de poisson-chat. Des fossiles potentiels. Manger ou être mangé. Il n'y a pas grand-chose d'autre à ajouter, dans la nature. Plus loin, imprimées sur le sable lisse, les écailles d'un ventre, la courbure d'une queue et de terribles griffes. Encore un fossile potentiel. Je sors de ma poche le demi-fémur trouvé alors que nous marchions le long de la Kerio et que je crois être celui d'un croco. Louise opine.

— Un beau croc' de Kanapoï vieux de 4,2 millions d'années...

— Comment sais-tu d'où il vient ?

— La couleur du fossile. Cette teinte noire bleutée vient de là-bas. Ma mère, Meave, y a trouvé le crâne d'*anamensis* en

1995. C'était un australopithèque plus moderne que les australopithèques d'Afrique du Sud ou d'Éthiopie et, pourtant, plus vieux d'un million d'années. Il était plus bipède que Lucy et Mrs. Ples, même si sa denture était moins moderne. Encore une énigme ! Tiens, regarde, voilà un fémur de crocodile d'aujourd'hui.

Elle ramasse un objet sur la plage. Tout frais, tout blanc, tout neuf. Mais identique au mien ! Stupéfiant ! Ces sauriens sont inchangés depuis deux millions d'années. Rien à ajouter. Rien à enlever. Ils sont adaptés. Presque parfaits. Ils nous survivront. Si on les laisse vivre. Le soleil se vautre, rouge à l'horizon, une nuée de sternes graciles s'abat sur la péninsule criarde. Nous rentrons. Derrière nous, sur la langue du temps qui passe, nos trois empreintes de *sapiens sapiens* sont aussitôt effacées. Chaque fossile est un miracle.

Le chant des glaçons dans le Coca est un orgasme sans cesse renouvelé. Et le monde pourrait s'écrouler pendant les furtives secondes des premières gorgées. La bière aussi, évidemment, mais il n'y a pas le tintement cristallin de la glace. Le vent du soir traverse la salle à manger. Nous refaisons le monde autour d'un bon dîner. L'Afrique, dans ces conditions, n'est que béatitude. Une nuée de libellules est attirée par la lampe suspendue à l'angle du toit. Un ballet de chauves-souris s'en fait une ventrée en rasant nos têtes. Les geckos aussi sont à la fête. Leurs queues frémissent d'impatience. Le chat est posté à l'affût des uns ou des autres. Sa queue ondule doucement. Un énorme engoulevent fait de rapides irruptions dans le halo de lumière. Toute cette vie gravite autour de la lampe dans une danse hypnotique dont l'enjeu est un coup de dents. Une chauve-souris, sans doute lasse des libellules, fond soudain sur un gecko et l'emporte dans la nuit, nous sommes stupéfaits : une chauve-souris carnivore ! Le chat bondit et rate l'engoulevent... il est passé dans le cercle de lumière comme un tigre dans son cerceau de feu avant d'être absorbé par la nuit : la nature est un cirque alimentaire.

17

Les Dassanetchs de l'Omo

Nous quittons Koobi ce matin avant l'aube. Nous avons deux jours de marche pour sortir du parc. Donc une nuit dedans. Rien retenu ou presque du repérage aérien. Tout avait l'air plat et simple, droit et limpide. Ah ! voler ! Marcher reste toujours aussi dur. On ne s'y fait pas. Quarante kilomètres, ça n'est jamais gagné d'avance, jamais facile. Il y a des gratifications. Il y a aussi un prix.

Ça commence par une belle plage, sur des kilomètres, plantée d'herbes blondes, et nos escortes d'oiseaux, ibis, hérons, flamants. J'ai un faible pour les pélicans, Sonia jette son dévolu sur une petite aigrette noire qui couvre l'eau du manteau de ses ailes en coupole pour faire de l'ombre devant elle afin de supprimer le reflet de la surface et mieux lancer son bec, comme une dague, sur ses proies. Danse mystérieuse et nourricière reprise à chaque pas. L'herbe fait place à un sol craquelé, puis bourbeux. Il faut contourner. Nous nous perdons dans un vaste et infranchissable delta d'herbes à éléphant. Il faut contourner. Puis un massif d'acacias écorcheurs ; nous savons de quoi il en retourne ; il faut contourner. Plus loin, nous nous enferrons dans une étendue de simples joncs. Cette fois, pas d'épines mais un sol de plus en plus spongieux et des herbiers de plus en plus denses, qui nous barrent le passage. Il faut rebrousser chemin, puis contourner... Un front tempétueux roule alors sur nous. Pas moyen de lui échapper. Nous nous abritons encore derrière une motte et laissons passer le vent de sable. Puis des trombes d'eau s'abattent. Nous repartons. Tant qu'à être rincés, soyons-le debout ! Pas moyen de marcher droit. Nous changeons de stratégie, quittons le rivage et ses pièges pour essayer de marcher enfin plein nord. Entre deux maux, on choisit toujours le moindre. Quitter la berge, c'est opter pour les pierriers, la chaleur et les zigzags entre les épineux. Le soleil est revenu.

Nous passons le promontoire de Khokoi et ses orgues basaltiques envahies par de turgescentes roses du désert, *Adenium obesium*. Cette plante est extraordinaire. On dirait un baobab miniature, replet et rebondi comme une bouteille de pulpe posée sur les rocs acérés. Au bout de ses quelques bras, elle porte de magnifiques fleurs roses hélicoïdales comme celles des frangipaniers. Et pourtant l'*Adenium* ressemble plus à un animal qu'à un arbre ; elle a un petit côté morse avachi sur une grève caillouteuse.

Notre progression, sur tous ces blocs de lave, devient fastidieuse. Toujours cette odeur de sauna, poivrée et salée, qui rayonne des éboulis. Rester concentré. Faire gaffe à ses chevilles. Une entorse, ici, serait la catastrophe. Le dire tout de suite à Sonia, pour ne pas regretter mon silence si, par mésaventure, elle se tordait la cheville sous mon nez. Parler pour conjurer le sort.

— Sonia ! Fais gaffe aux entorses. Imagine l'enfer de se retrouver ici coincés, à vingt-cinq kilomètres de Koobi, si tu devais me porter, ou même l'inverse.

— C'est incroyable, j'allais te le dire ! Tu me voles les mots de la bouche.

Cela nous arrive tous les jours. Les mêmes stimuli nous inspirent les mêmes pensées. À moins qu'à force de vivre l'un sur l'autre, jour et nuit, depuis si longtemps, nous devenions télépathes.

Nous faisons fuir devant nous de monstrueux crocodiles de quatre à cinq mètres de long. À la manière dont ils fendent les flots, le mufle au-devant et la queue loin derrière, on imagine un chien poursuivi par un requin. Pas de bain, ce soir. D'ailleurs, nous prenons une douche – un front de hallebardes noires nous passe dessus. Nous continuons le long d'une grande baie jonchée de squelettes blanchis. Je récolte, sous la pluie, quelques dents de croco sur un crâne énorme. L'orage cesse avec la nuit. Un oued en crue nous arrête. Tout est imbibé, boueux.

Les légendes sont en fin d'ouvrage.

2

3

10

11

12

13

14

15

16

17

18

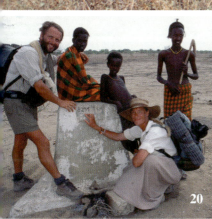

Nous dénichons quand même un endroit plus sec sur un monticule pour dresser la tente. Je m'échine à allumer un feu puis me débarrasse de mes godasses crottées pour me reposer dans la tente. Sonia m'arrête, occupée par ses oignons (ceux de la soupe...) :

— Il faut aller chercher de l'eau.

— J'y vais.

Au passage, je prends ma frontale, le bidon et mon épée massaï car ont retenti tout près des cris de hyènes.

— Mets tes chaussures ! me lance-t-elle comme une mère dit à son fils : « Mets ton tricot avant de sortir ! » – injonction qui appelle à la désobéissance.

— T'inquiète, je vais en profiter pour me laver les pieds !

— Mets-les quand même...

Je suis déjà parti, lampe éteinte, sous le phare de la pleine lune. De petites épines me torturent la plante des pieds, un comble ! Après huit mille deux cents kilomètres, on a toujours des pieds de bébé, la peau tendre et la semelle molle. Sur le chemin du retour, alors que je marche dans mes traces pour éviter les épines, je me dis soudain que c'est trop bête d'économiser ainsi mes piles, qu'elles sont faites pour servir. J'allume donc ma frontale, par acquit de conscience. L'horreur ! En un éclair, le pied suspendu en l'air, je lâche le bidon avant de faire un écart réflexe : j'étais à deux orteils de marcher sur une vipère cornue. Mortelle. Lovée sur elle-même, prête à mordre. En ce bout du monde. Mon olalem me venge de ma frayeur. Et de ma connerie. La tête morte entre mes mains, *to be or not to be*, je lui fais cracher son venin jaune comme du miel, doux comme le baiser de la mort... Je rentre, vert et nauséeux, avec cette mauvaise bonne nouvelle. Sous le choc Sonia fond en larmes. J'ai failli mourir, aujourd'hui. Par fatigue. Par négligence. Pour ne pas avoir écouté ma femme. Ce qui est la même chose. Mais pourquoi ai-je allumé cette lampe ? Nous nous étreignons fort en grelottant, transis par la pluie, transis par la nuit, transis de fragilité. Sonia hoquette :

— Dans dix jours, c'est l'anniversaire de ta mère. Ça lui aurait fait un beau cadeau...

Le lendemain, nous arrivons au poste d'Illeret, dernière présence militaire kenyane avant la frontière. Il est en ruine.

Ahmed Bakari en est le chef. Ambiance Fort-Saganne. Il vient de Mombassa et lit en boucle depuis dix ans une traduction en anglais des *Misérables*. Sonia lui demande pourquoi. « Pour comprendre le processus démocratique que nous n'avons toujours pas », nous répond-il. C'est un grand combat contre le mal, contre nous-mêmes, et ça ne peut venir que d'en bas, ça ne s'impose pas, ça se mérite : nous sommes tous des Cosette et des Jean Valjean à la fois...

Conversation littéraire à Illeret. Nous parlons d'Afrique toute la nuit. Personne ne sait rien sur la suite de notre itinéraire. Ahmed n'a pas de tampon et se tamponne de notre lettre éthiopienne. Au fait, y a-t-il une frontière ? une barrière ? des fils barbelés ? Il n'est jamais allé voir, il n'en sait rien. Qui a dit « désert des Tartares » ?

Perdus en brousse en Éthiopie, dimanche 17 novembre 2002, 689ᵉ jour, 38 km, 8 261ᵉ km

Au dix-huitième kilomètre, une borne blanche plantée en plein nulle part célèbre notre entrée en Éthiopie. Elle porte une inscription : C51. Nous y écrivons avec émotion : « Africa Trek : 8 241ᵉ km à pied depuis Cape Town. » Trois jeunes Dassanetchs assistent à la scène appuyés les uns contre les autres. Le plus vieux tient à la main une sorte de boomerang dont il nous fait une probante démonstration. Les autres ont une coiffure extraordinaire, comme un serre-tête constitué de leurs propres cheveux, dont les deux extrémités, près des oreilles, rebiquent en petites cornes de buffle. Des Martiens. Ils nous regardent comme des Martiens. Nous sommes tous les Martiens de quelqu'un.

Combien de fois nous sommes-nous dit : « Quand on sera en Éthiopie, on sera à la maison ! » Sous-entendu, presque arrivés. C'était con. On est en plein désert. Au bout du monde. Mais tout de même. D'un pas dans le sable, nous passons du tribal à l'impérial, du bantou au couchitique, de la brousse éternelle au royaume des mythiques prêtre Jean, reine de Saba et autres arches d'alliance : l'Éthiopie, le pays des « visages brûlés », selon les Grecs anciens ; terme générique qui englobait toutes les contrées peuplées par des gens à peau noire, au sud de l'Égypte.

Personne ne sait rien sur l'itinéraire à suivre. C'en est fini du lac. Les acacias écorcheurs refont leur apparition. Pour l'instant, nous suivons une piste qui va plein nord, ça nous va. Pour l'eau, pas plus d'infos. Nous avons l'autonomie maximale et nous marchons sans réfléchir. On ne va pas rester là. On ne va pas rebrousser chemin. Alors, qu'est-ce qu'on fait ? Eh bien, on avance. Le soir nous rattrape alors que nous entendons des chants et des battements de mains. Nous sommes crevés et intimidés. Ce soir, nous avons besoin d'être seuls. Nous voulons une nuit tranquille pour assimiler ce passage de frontière – une lourde page se tourne, commencée à Shompolé. Nous allons planter la tente en nous enfonçant dans la brousse. Cela donne plus de travail, je dois construire notre enceinte épineuse, aller chercher du bois pour le feu, trouver trois pierres pour le foyer, pendant que Sonia monte la tente, rentre les sacs, déroule nos moitiés de tapis de sol, pèle les oignons pour la soupe. Partage du travail. C'est devenu une routine. Nous l'effectuons en silence en décompressant de la fatigue du jour.

Bleue derrière, caressée par la lune, rouge devant, dans les chatoiements du foyer, sa peau apaisée absorbe l'air de la nuit. comme une pommade. En culotte et soutien-gorge. Accroupie comme un fauve. Une vision statuaire, une déesse antique, forte et impitoyable, une amazone, Dieu qu'elle est résistante ! J'écris mon cahier sur un coude, et la contemple :

— Tu sais quoi, Sonia ? On vient de passer la latitude d'Abidjan...

— Ça me fait une belle jambe !

— Je vois ça...

Tard dans la nuit nous bercent les chants et les danses des hommes qui se propagent profondément dans la brousse comme un ressac auquel répondent les hyènes. Pour les hyènes nous sommes rodés, elles ne nous empêchent plus de dormir.

Le lendemain, nous nous perdons pour la deuxième fois en deux ans. La carte indique vers le nord-est une piste que nous ne trouvons pas. Je la cherche en vain, laissant Sonia se reposer sous un arbre au bord d'une rivière à sec. Je marche seul, cinq kilomètres en hors-piste plein est. Si la piste file vers le nord, je devrais la couper. Rien. Demi-tour. Au retour, je suis mes empreintes. L'usure, le sable, le soleil et encore le sable. Deux heures plus tard, j'approche du lit de rivière à sec, déchiré d'angoisse : comment ai-je pu laisser Sonia toute seule dans cette brousse ? Je finis le dernier kilomètre en courant, mon cœur explose dans ma poitrine, je m'évertue à chasser de mon esprit des images d'horreur, Sonia déchiquetée ou prostrée ou disparue, mes neurones carburent, perdent les pédales, j'ai la nausée, voici son arbre, je crie, elle ne me répond pas, je hurle, j'entends son « oui ! » avec autant d'émotion que lorsque je lui ai demandé sa main au sommet de la flèche de Notre-Dame, après une nuit d'ascension clandestine... Je la retrouve au même endroit allongée dans ce lit de rivière. Elle s'était endormie, ma mie.

En repartant mes jambes tremblent encore. C'est bête l'amour. La seule piste que nous avons dégottée va vers l'ouest et le delta de l'Omo, qui se déverse au nord du lac Turkana, notre direction opposée, nous qui devons marcher au nord-est vers Gingero et Turmi. La brousse écorcheuse est trop dense pour s'y risquer à la boussole, nous avons déjà donné. Nous nous résignons à suivre la piste, où qu'elle aille. De toute façon, il faut bien qu'elle aille quelque part. Malheureusement, il fait très chaud, très faim, très faible, trop vite. Marcher. Marcher. Vers midi une voiture arrive. Nous n'en croyons pas nos yeux. Eux non plus. Une patrouille militaire, se dit-on. Pas du tout. Un Éthiopien à lunettes en descend, habillé d'un petit polo vert bouteille. Il s'adresse à nous en anglais :

— Vous êtes perdus ?

— Oui. Nous ne trouvons pas la piste de Gingero, qui va vers le nord.

— Elle n'existe plus depuis la Seconde Guerre mondiale. C'était une piste italienne. On a retrouvé le mois dernier une voiture de touristes allemands. Ils devaient la chercher, eux aussi. Ils ont dû se perdre, tomber en panne d'essence. Ils sont tous morts de soif. Vous avez bien fait de ne pas insister. Il n'y a que cette piste ; elle va vers Omo Raté, la capitale administrative de la vallée de l'Omo. Je m'appelle Théodoros, je suis ingénieur agricole pour le gouvernement, je serais très honoré de vous accueillir chez moi demain. Mais faites attention, en chemin : depuis quelques semaines les Dassanetchs sont en guerre avec les Hamers ; sept personnes se sont fait tuer...

Malgré ces mauvaises nouvelles, nous avons une tonne de moins sur les épaules. La piste est la même, pas plus facile, seulement nous savons où elle conduit, et cela change tout. L'information est la clef de notre légèreté. Quant à Omo Raté, elle n'existe même pas, sur ma carte...

En chemin nous croisons quelques villages dassanetchs rempardés derrière leurs épineux. Tous viennent à notre rencontre. Fascination mutuelle. Nous croyions avoir tout vu en terme de rusticité avec les Turkanas de la Kerio. Nous étions loin du compte. Ici, ces gens n'ont jamais vu de Blancs. Nous sommes vraiment des extraterrestres, cela se confirme. Mais des extraterrestres qui suscitent l'hilarité générale. C'est fascinant. De toute part, ils jaillissent et hurlent de rire. Notre swahili est inutile. Tout est inutile tant la communication est acquise. Tout est brut, couvert de lambeaux de cuir, de poussière et de graisse animale. Une vieille femme se découvre dans l'écran réversible de notre caméra, elle n'en revient pas. Elle rit, pointe son image du doigt, se frappe le torse en disant « mimi », m'attrape l'épaule et vient y cogner son front dans un geste de surprise et de joie extraordinairement maternel et naturel. Nous débarquons d'une autre planète et partageons déjà 100 % d'humanité. Mais le choc est trop violent pour nous; nous ne nous arrêtons pas, malgré les invitations. Nous sommes trop faibles. Il faut un minimum d'énergie pour assumer de telles rencontres.

Le soir, alors que rougeoie la brousse, nous passons à la hauteur de l'un de ces villages. Les troupeaux convergent. Les hommes sont tous en armes. Nous avons prévu de marcher sous la lune pour rattraper le retard causé par ma reconnaissance vers l'est mais un petit vieux avec sa kalach' en bandoulière nous rattrape. Il nous fait comprendre qu'il est le chef du village – il a deux plumes d'autruche plantées au sommet du crâne. Il nous parle par gestes des périls de la nuit et des embuscades hamers. Il faut le voir, mimant l'ennemi tapi, avec son arme, prêt à nous fondre dessus. Il déploie tout son art. Nous sommes convaincus. Nous ne demandons d'ailleurs que ça. Marcher sous la lune sans savoir où l'on va n'est guère réjouissant. Nous acceptons. Tout le village rentre derrière nous. Les filles sont belles et fines; la coupe au bol faite de petites tresses beurrées et de pompons leur donne un air cabotin. Dès que je croise leur regard, elles partent en gloussant, accrochées les unes aux autres, dans leur robe de peau huilée qui tinte de tout un bric-à-brac de breloques, et reviennent aussitôt dévorer mes yeux bleus.

— Elles m'agacent, tes groupies.
— Moi, je trouve ça plutôt agréable.

Les garçons portent cette incroyable coiffure en serre-tête cornu, avec le front rasé et des franges rigides sur la nuque. On dirait un casque de cheveux. Mais le fin du fin, c'est le petit grigri de bois suspendu à un croupion de cheveu, sur l'occiput. Du grand art. À l'inverse, les huttes sont les plus sommaires qu'il se puisse imaginer : des branches recourbées sur lesquelles s'enchevêtrent un patchwork hétéroclite de tôles rouillées, de peaux mitées, de bouts d'écorce et de fibres flétries. Une femme à genoux moud du maïs en chantant sur une meule oblongue, dont le plat est subtilement incurvé. D'un coup ferme des deux poignets, elle broie les grains qui se meurent en farine dans un grognement doux. Ses va-et-vient font tinter ses colliers ; de la sueur ruisselle entre des seins étirés qui battent son ventre. Les hommes ont des bracelets blancs aux bras. Debout, les jambes croisées, la kalach' à l'épaule, appuyés les uns sur les autres, ils nous observent. Nous montons la tente entre deux cases, au pied d'un petit grenier perché sur pilotis. La nuit est tombée. J'écris, Sonia coud, les chèvres bêlent une complainte, des enfantelets babillent, la pleine lune se lève, j'allume ma frontale à la joie générale, une mouche m'agace, les amuse. Ça sent le beurre rance et la poussière de fumier sec : l'essence d'Africa Trek. Une tasse de lait de chèvre arrive, Sonia s'exclame enchantée :

— Y a du bon lait ?

Hurlements de rire. Tout le monde répète à l'envi son cri de joie :

— Yadubonlé !

Ça devient même un chant puis, dans l'excitation générale, une danse de Saint-Guy sous la lune :

— Yadubonlé ! Yadubonlé ! Yadubonlé !...

Par vagues, deux par deux, face à face, ils font des bonds latéraux en chassant du pied dans la poussière et en tapant des mains. Un swing dassanetch ! Les petites voix cristallines des enfants reprennent « yadubonlé » comme un refrain entre les couplets improvisés qui s'élèvent au-dessus de cette mêlée de plus en plus empoussiérée, pour se perdre dans la poussière d'étoiles de la Voie lactée. Après cette frénésie, le village s'endort dans l'incontournable et sinistre bêlement des boucs en rut.

À 4 heures du matin, notre papy flingueur aux deux plumes d'autruche nous réveille. Il veut nous guider jusqu'à Omo Raté. Il faut partir maintenant si l'on veut traverser la zone hamer sans encombre. Nous plions bagage et fichons le camp. Dans la lumière sélène, nous filons en silence. Notre homme porte un court pagne façon minijupe moulante au-dessus de mollets de criquet et de sandales sautillantes. Il fonce à petits pas légers en dandinant ses quarante kilos secs et noirs. Il tient dans sa main droite sa pique de bois traditionnelle ainsi qu'un petit tabouret-appuie-tête en forme de selle de cheval, dont la patine reprend les teintes cuivrées de sa peau. En bandoulière, coincée sous son bras gauche pend une peau de chèvre roulée. Sur son épaule droite est posée l'incontournable AK 47, vieux modèle, à poignée en bois. Je le suis de près. Le canon rouillé me frôle les narines à chaque pas en un va-et-vient menaçant. Surveiller la détente. Il a une petite nuque leste et dégagée laissant une calotte de glaise lui saisir le crâne comme une coquille d'œuf. C'est la coiffure des guerriers dassanetchs. Comme un casque gris surligné d'orange, scellé dans ses cheveux mais divisé en deux coques par une raie transversale. La partie arrière est légèrement profilée, séparée de la partie avant en forme de tiare. Sur chacune des calottes, un support rectangulaire planté dans la glaise sèche permet de ficher une combinaison de plumes d'autruche. Ce matin, notre homme a choisi deux croupions noirs qui lui donnent un air de schtroumf grognon. Il passe ainsi facilement sous les branches.

Dans le ciel pleuvent des étoiles filantes. Nous en comptons une centaine. La scène est surréaliste. Mars attaque ! Et nous sommes guidés par le chef mystérieux d'une tribu mystérieuse sur une planète inconnue... Notre homme n'a pas le temps de s'émerveiller, il guette derrière chaque buisson l'embuscade. Attentif comme un oiseau dont il a le cou, il scrute dans l'aube tout signe de Hamer, marque des pauses le doigt tendu, repart courbé, me file sa peau de chèvre pour être prêt à tirer, panique au débuché d'une perdrix ou d'une compagnie de pintades, prend la chose très au sérieux. Je m'aperçois seulement maintenant que la couleur de sa calotte est assortie à celle de son pagne gris, rayé de noir et d'orange. Il est furieusement esthétique. Il est une vision composite d'un autre âge, mutant *drag-queen* et centurion prétorien ; il ferait fureur sur un podium de Galliano, c'est un chef dassanetch.

Mais ça se gâte. Il nous enferre bientôt dans des marais. Nous pataugeons comme des poilus dans la gadoue. Plus moyen de marcher droit, nous sinuons en quête d'endroits où la boue est moins profonde. C'est pas difficile, il suffit d'éviter les flaques et d'aller de touffe d'herbes en touffe d'herbes. Mais nous tournons en rond. Entre deux touffes, nous nous enfonçons parfois jusqu'au genou. Nous pestons comme de beaux diables. Ce qui fait glousser notre éclaireur emplumé. De loin en loin, dans des coins plus secs, sont plantés de vastes champs de millet protégés des oiseaux par des mouflets perchés sur des tours de guet d'où ils dégomment les volatiles avec des frondes primitives. Démonstration. Le gamin pétrit une boulette de glaise, la fiche au bout d'une houssine, et, d'un coup sec vers l'avant, comme il le ferait avec une canne à pêche, il fait fuser le projectile avec une précision redoutable. Notre ballerine de guerre discute avec les mioches et repart chaque fois plus rassuré : ils n'ont pas vu de Hamers. Au fil des heures, la densité de population augmente et le terrain s'assèche. Nous avons traversé les marais du delta de l'Omo. Sans notre gracile Terminator, nous nous y serions embourbés jusqu'au cou. Nous tombons à chaque coin de champ sur des huttes minuscules et agglutinées dont s'extraient des quantités extraordinaires d'habitants : un, deux, quatre, sept, neuf... qui déploient de grandes jambes et tendent de grandes mains sur de larges sourires. La ville n'est plus loin. Tous indiquent la même direction. Dans une de ces petites foules, notre centurion à ressort disparaît sans un adieu. Il n'aura été que mystères. Nous gagnons le bourg seuls.

La ville est un fouillis bourbeux de cases en terre et de populations hétéroclites noyées dans un nuage de mouches. Nous rencontrons nos premiers militaires éthiopiens. Ils sont impressionnés par notre lettre mais ne peuvent pas y apposer le moindre tampon pour officialiser notre entrée sur leur territoire : « À Addis ! » nous disent-ils. Nous verrons bien. Théodoros nous retrouve dans un café noir de mouches. Nous célébrons le 900ᵉ kilomètre parcouru depuis Nairobi en un mois et quatorze jours. Nous n'avons pas traîné. Sans doute les plus durs et les plus denses de tout notre voyage. Le passage clef que nous redoutions tant semble gagné.

Nous découvrons bientôt la rivière qui a donné son nom à la ville, l'Omo. Aussi large qu'un fleuve, elle roule ses limons bruns arrachés aux plateaux éthiopiens vers les eaux de la mer de Jade. Commotion sur la berge : des pêcheurs tirent de l'eau une monstrueuse perche du Nil. Ruisselante, étincelante, elle me pistolère de son gros œil orange : coup de foudre. Ses écailles sont de la taille d'une paume, ses puissants opercules dont les bords tranchants protégent des branchies rouge sang sont des soufflets de forge en quête d'eau. Des enfants accourent de toute part, c'est l'assaut des lilliputiens ! Le Léviathan est impuissant malgré ses cent cinquante kilos de muscle ; il est emporté par une foule en délire. Jamais vu un poisson si gros !

Omo Raté, mercredi 20 novembre 2002, 692ᵉ jour, 8 311ᵉ km

Nous tombons malades à Omo Raté. Trop de mouches. Trop de merde. Nous passons la journée en équilibre instable sur une feuillée putride à nous vider les tripes au-dessus de millions d'asticots affamés. Théodoros, tout fonctionnaire qu'il est, habite un bouge infâme. Très mal dormi. Moustiques et hurlements de chiens. Tirons-nous d'ici ! J'abhorre ces culs-de-sac qui sont aussi des trous-du-cul du monde. Nous décidons de partir ce soir même : marcher de nuit pour profiter de la pleine lune, échapper au soleil et aux embuscades hamers. Théodoros nous a prévenus : c'est un no man's land de quatre-vingts kilomètres sans âme qui vive qui mène chez ces derniers, à Turmi. Au programme : une piste, pas d'hommes, pas d'eau, des lions. On connaît. Des touristes slovaques qui remontent demain vers le nord nous apporteront en chemin un bidon de dix litres d'eau acheté à cet effet. Sonia n'en revient pas : des compatriotes perdus dans ce cul-de-sac ! Il n'y a que six millions de Slovaques dans le monde, dont deux à Omo Raté ! Nous partons à 21 heures. S'arracher d'un TDCDM[1] est toujours une libération. Nous y avons croisé des touristes fringants dans de grosses voitures avec chauffeur et des routards déprimés. Ils ont morflé, en Éthiopie. Tous ont été très malades. Tous ont eu des problèmes avec les populations. Nous ne sommes pas rassurés.

---

1. Abréviation du concept de « trou-du-cul du monde ».

Sonia rompt le silence de la nuit pour tromper notre angoisse. Notre objectif est d'arriver pour Noël à Addis-Abeba, où nous attendent deux amis chers, Jean-Claude et Amaretch Guilbert. Nous avons trente-quatre jours devant nous. On nous a prédit entre six cents et sept cents kilomètres. Ça devrait être jouable. Le cri lugubre des engoulevents trille dans le bleu de la nuit. La visibilité est cristalline, nos ombres marchent à nos côtés. On verrait un lion à trois cents mètres. Le temps de réagir. De temps à autre, des cris de hyènes nous glacent le sang ; nous papotons, maintenant. Il faut avancer. Gagner du temps et de l'espace sur le soleil de demain. Prendre un maximum d'avance. À 1 heure du matin, au vingt-deuxième kilomètre, nous dressons la tente sous un acacia.

Lever 5 heures, à jeun. La lune s'éclipse. Nous sommes sur une petite élévation. Le paysage est ouvert vers le nord sur une forêt immense et brumeuse. La piste s'obstine à marcher vers l'est, sud-est. J'enrage. C'est le syndrome de la boussole. Si nous avions un GPS, ce serait pire. J'aurais les yeux rivés dessus et aurais en permanence le sentiment d'être perdu. C'est tellement inutile de râler contre une piste, il n'y a qu'à la suivre... N'empêche ! Quand on marche au nord, tout kilomètre vers le sud est un kilomètre doublement perdu.

Je passe la matinée à maudire ma boussole et à souffrir de ma chiasse, poser culotte tous les trois kilomètres, courir pour rattraper Sonia. Cataractes dans la tuyauterie. Je trouvais Humphrey Bogart ridicule dans *African Queen*. Maintenant, je comprends. Le bush est moche, la piste est droite, le soleil accablant. Nos sympathiques Slovaques passent vers midi en camion avec notre eau. Le seul camion de la journée. Je suis très faible. Fébrile. Pas le jus ! Je compte les kilomètres. Il se met à pleuvoir. En plein désert ! Je n'en peux plus. Il n'y aura pas de lune, ce soir, à cause des nuages. Nous plantons la tente dans la nuit. Je me bats contre des acacias récalcitrants pour établir notre rempart protecteur et on s'effondre épuisés, sans dîner. Des hyènes rôdent mais la fatigue m'emporte. À l'aube, tout est trempé. En repliant la tente nous découvrons un énorme scorpion jaune venu se glisser au sec sous notre abri. Il est gras, dodu, terrifiant. Quand je le titille avec un bâton, il fait le mort. Pas d'enfants dans les parages. Je l'épargne comme il nous a épargnés. Nous repartons sous la pluie, à jeun. Au fait ! Depuis quand n'a-t-on rien avalé ? Comment fait-on pour vivre ? Avancer. Gagner Turmi. À 7 heures, une heure après notre départ, une voiture, la première en trois jours, nous dépasse et freine des quatre roues. Le type ouvre sa fenêtre :

— Vous êtes fous de marcher là ! Vous n'avez pas vu les lions ?

Mon sang ne fait qu'un tour :

— Quels lions, où ça ?

— À quatre kilomètres en arrière. Huit lions avachis sur la piste, près d'un campement abandonné. Montez !

Ils sont venus renifler notre camp. Nos treizièmes lions. Une fois de plus, nous déclinons. Il nous prend pour des fous et redémarre. La pluie se met à tomber de plus belle. Ma colique m'appelle. J'en profite pour vomir de la bile. On repart sous les trombes. Nous comptons les kilomètres : 19, 18, 17... Il faut tenir. Plus que trois heures... J'entends Sonia, épuisée, sangloter sous sa cape de pluie en marmonnant :

— C'est la première fois en deux ans que je trouve ça débile de marcher !...

Sud éthiopien

1 Théodoros
2 Richard Brackett
3 Duk et Urgo
4 Claude Leterrier
5 Oïta et Noho
6 Stéphanos et Andenet Astakté

7 Serget et Emayou
8 Vic et Cindy Anderson
   et Dr Mary
9 Ersumo Kabamo
10 Nuredin Nasir
11 Hussein Rachid

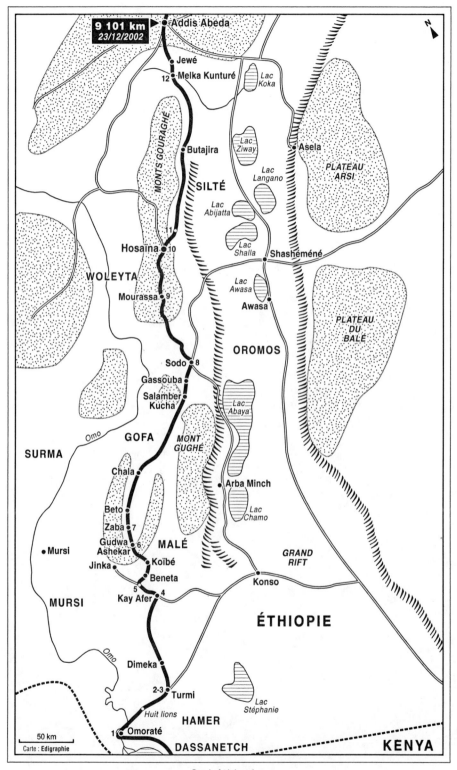

Sud éthiopien

18

Oukouli chez les Hamers

À Turmi, nous atterrissons dans un bar à putes avec des chambres dans la cour. À l'agonie. Tout ça pour ça ? L'endroit concentre toutes les nuisances que le monde moderne apporte aux « peuples premiers » : de l'alcool, du plastique, des casquettes Nike, des radios, du bruit, des prostituées, des militaires, des touristes, et nous.

Car, que nous le voulions ou non, nous sommes aussi des touristes. Des touristes différents, mais quand même des touristes. D'habitude, notre avantage est de toujours être seuls, et donc de minimiser au maximum notre impact, ou bien d'être si rares que nous bénéficions de l'effet de surprise. Mais, ici, nous ne sommes ni seuls ni rares. Fraîchement sortis du camping voisin, où ils sont gardés par deux miradors et des barbelés, des petites patrouilles d'Européens se baladent caméras et appareils en batterie, à l'affût du moindre cliché. Et, aujourd'hui, c'est distribution de maïs humanitaire, il y a donc affluence de Hamers, à Turmi. Et des spécimens plus beaux les uns que les autres. Superauthentiques. Du beurre, de l'ocre, du cuir, des seins à l'air, des cicatrices, des plumes, des kalach'... La totale. Les *faranj*[1] s'embusquent au coin des maisons pour voler des photos. Certains Hamers fuient, d'autres au contraire se précipitent, car ici, le clic-clac se monnaye un dollar américain. Et pas question de resquiller. Les guerriers prennent la pose. Les nerveux de l'index, les excités de la mitraille, ça s'entend de

---

1. Appellation générique de tous les étrangers à peau blanche.

loin, et alors tous les plus beaux modèles se précipitent, se battent pour être pris en photo, jouent des mains, c'est la cohue, le cours du Hamer s'envole, un, cinq, dix dollars ; les bras se lèvent avec les billets, le photographe disparaît sous les cris et les gesticulations : de loin, il nous semble voir un groupe de brokers dans la corbeille de la Bourse. Déplumé, rougeaud et commotionné, le malheureux reporter en herbe s'enfuit. Les Hamers, bien contents de leur coup, viennent alors en boire un à la terrasse du bar, d'où nous observons aujourd'hui trois ou quatre fois la même scène. Est-ce bien ? Est-ce mal ? Personne ne se pose la question. C'est comme ça que ça se passe à Turmi. Tout le monde est ravi : le touriste qui montrera ses photos « authentiques » à ses amis, car il a payé très cher pour venir les prendre, le voyagiste d'Addis qui l'a fait venir ici, les autorités qui ouvrent au monde les richesses culturelles de leur pays, et le Hamer qui peut aller boire un coup avec ses potes. Tout le monde en a eu « pour son argent », c'est la fête à Turmi !

C'est la gerbe à Turmi. Nous sommes malades comme des bêtes. Une rapide visite au dispensaire du bled confirme ma dysenterie. Le verdict de la balance est révélateur : j'ai perdu huit kilos en trois jours. Sonia est atteinte, elle aussi. Ça la prend toujours deux jours après moi, et elle est souvent guérie deux jours avant moi. Son système immunitaire est plus fort.

Seule consolation, à Turmi : Richard Brackett. C'est un Californien beau gosse qu'on aurait pu prendre pour un mickey si on n'avait pas eu la chance de passer quelques jours avec lui. En short de surfeur et « sandales d'aventure », casquette rivée sur la tête au-dessus d'un marcel dénudant ses épaules bronzées, de prime abord, il ne nous avait pas fait forte impression. Il est venu frapper à la porte de notre gourbi :

— Est-ce vrai que vous venez du Cap à pied ? *Man! That's cool!* Mais qu'est-ce que vous foutez là, vous n'avez pas vu les capotes sous les lits ?

Après une brève incursion sous le grabat, nous découvrons nauséeux les reliefs de l'année. Nous ne savions pas d'où venait cette odeur prégnante de latex et de poivre. Sonia sort vomir.

— Je ne peux pas vous laisser ici, les mecs ! Venez chez moi, je loue une cabane chez une dame adorable. Vous planterez votre tente à côté.

Richard est un voyageur « professionnel ». Depuis vingt ans, il voyage six mois par an. L'autre moitié de l'année, il vit à

Santa Monica, où il met de l'argent de côté en faisant des photos de mariage. Il est allé partout. Il connaît le monde comme sa poche. Nous partageons des souvenirs de Chine, d'Inde, du Tibet, du Baloutchistan, d'Iran, d'Arménie... Sa particularité est qu'il revient tous les trois ou quatre ans au même endroit avec les milliers de photos qu'il a prises et passe six mois à les distribuer une par une à ses hôtes. Le concept est fascinant. Il a ainsi, par-delà les années, noué des liens d'amitié indéfectibles avec des milliers de familles sur la planète. Turmi le consterne.

— Il y a quatre ans, j'ai été parmi les premiers à venir ici. Dès que le pays s'est ouvert. Il n'y avait pas un bar, seulement deux ou trois magasins, le poste militaire et le dispensaire. C'était tout. La rue, là, avec les échoppes et les claques se faisant face, n'existait pas. Les Hamers n'avaient jamais vu d'appareil photo, à l'époque ! Eh bien, ils ont vite appris : en quatre ans, ils sont passés de l'âge de la pierre aux barèmes syndicaux du droit à l'image. Je ne les blâme pas. C'est le système qui veut ça : tout le monde veut les voir. Le monde entier se précipite en Éthiopie pour photographier les « dernières tribus authentiques ». Je ne vous raconte pas le massacre !

Ababa, notre hôtesse, a la douceur pateline des femmes qui, pour avoir souffert, ont décidé de finir leurs jours en faisant le bien autour d'elles. Elle loue à Richard une petite grange à toit de chaume, au fond de son terrain. Elle accepte que nous plantions notre tente à côté pour une modique somme.

— Vous savez que vous tombez bien, c'est la pleine saison des *oukoulis* !

— Les oukoulis ?

— Ce sont des cérémonies d'initiation des jeunes hommes au cours desquelles ils doivent sauter par-dessus des taureaux, et, pendant toute la journée, leur famille se fait fouetter, vous allez voir, du délire ! Je sais qu'il s'en prépare deux dans les parages, mais les tour-opérateurs sont déjà sur le coup et les Hamers font monter les enchères. Ça peut aller jusqu'à cent dollars par tête. Heureusement, ils ne sont pas encore tous comme ça, et je connais une fille dont le neveu va devenir oukouli dans quelques jours. Le truc, c'est qu'on ne sait jamais vraiment quand ça va se passer, alors il faut attendre. Si vous voulez, on ira ensemble. Si quelqu'un a mérité de voir ça, c'est bien vous ! Demain, je vous présenterai ma copine, elle s'appelle Duk.

Elle est agenouillée devant sa pierre à moudre comme un mahométan en prière. De ses bras puissants cerclés de bronze et d'acier, elle pousse la meule ovoïde qui broie le grain contre la matrice dormante, en un chant nourricier et antédiluvien qui fait croître le monde depuis plus de dix mille ans. Une belle courbe plane, concave et blanche fait onduler le mouvement. J'essaye et j'y arrive, à la surprise générale. Mais Duk ne s'y laisse pas prendre, tâte le grain grossier de ma farine en faisant une moue dégoûtée – « Ça vaut rien, la farine du faranj ! »

Duk est une femme hamer dans la fleur de l'âge. Nous avons réussi l'exploit de pénétrer dans sa case à l'insu de tous et jouissons donc d'une parfaite tranquillité. Elle reprend son rythme chaloupé, tartinée de beurre et d'ocre, ruisselante, et la sueur de l'effort fait perler de grosses gouttes sur son dos qui vont se perdre dans les ravines de ses reins parmi les cicatrices boursouflées obtenues par le fouet des bourreaux durant un oukouli de l'année dernière.

La jupe de Duk est lestée d'une frange d'anneaux de métal et brodée de carrés de perles. Le beurre et l'ocre, dans ses cheveux, font des grumeaux rouges. Son cou est empâté mais un collier de phalanges de dik-dik, d'osselets et de grigris lui bat le torse. Elle marque une pause, relance le feu sous une carafe de terre disposée sur un ingénieux foyer. Le soleil déclinant filtre à travers les grosses branches de la hutte en projetant de multiples rais où viennent danser des volutes de fumée – peut-être les esprits des ancêtres. Ainsi ajouré, l'intérieur est plus frais et moins enfumé que les huttes massaïs. Des gourdes et des calebasses pendent par grappes. Nous sommes assis sur des peaux empilées. Duk nous sert un jus d'écorce de café non sucré, le *chorro*. Lavasse. C'est leur boisson. Elle reçoit des mains de Richard des tirages d'un oukouli d'il y a quatre ans. Elle dénombre ses cicatrices. Elle en a beaucoup plus aujourd'hui. Elle a dû marier d'autres cousins ou neveux ces trois dernières années.

Trois adolescentes découvrent l'écran réversible de notre caméra. Passé l'instant de stupeur, l'une d'elles remarque que la jeune fille qui bouge dans le petit carré de plastique devant elle imite ses propres gestes ; ses copines rigolent et entrent dans le cadre... ce qui lui fait comprendre que cette inconnue, c'est elle ! Hurlements de rire. Les yeux fixés sur son image, sa première expérience est d'explorer de la langue le trou laissé par ses deux incisives manquantes, sur la mâchoire inférieure. Une prise de conscience de soi. Elle ne se connaissait qu'à travers les yeux des autres. S'ensuit une série de grimaces plus drôles les unes que les autres, dont la dernière est une imitation du lion.

Duk retourne à sa meule. De son regard, de son halètement, de sa couenne luisante, de sa croupe rebondie moulée par le cuir, de ses cicatrices noyées de beurre, de terre et de sueur, de ses seins drus, de ses bras musclés torturés par le métal, de son labeur en va-et-vient se dégage quelque chose de furieusement sexuel et primitif, d'héroïque et brutal... Demain, elle va se faire fouetter à l'oukouli de son neveu. Elle nous y convie. Merci Richard !

Nous la retrouvons de bonne heure, à la rivière, en compagnie d'une douzaine de femmes. Elles se lavent et se préparent pour la fête, s'accrochent des grelots aux genoux, s'enduisent de beurre, mâchent des feuilles de qat [1] pour se mettre en condition. Nous leur emboîtons le pas en remontant sur des kilomètres d'un lit à sec sinuant dans une brousse épaisse vers un village perdu. En chemin, notre bruyante compagnie sonne à tue-tête dans des cornets trompettes pour convier les esprits à la fête, boit de la bière d'orge pour se donner du courage, chante sa bravoure.

— Nous sommes belles, nous sommes fortes, nous allons à l'oukouli d'Urgo, nous allons l'honorer, démontrer la force de sa famille, la valeur de ses femmes. Nous sommes belles, nous sommes fortes ! Venez nous fouetter ! Vous verrez à qui vous avez affaire ! Nous serons dignes d'Urgo !

Le village se signale par les beuglements des vaches. Le père de l'oukouli nous accueille et nous installe sous un abri de cannisses construit pour l'événement autour des cases. Le groupe de femmes a filé dans le kraal contigu pour danser. En cercle, tassées à la queue leu leu, elles tournent dans le sens inverse des aiguilles d'une montre en cognant leurs lourds bracelets de chevilles en acier et en martelant le sol de leurs pieds synchrones. Le tambour de la Terre. Le tonnerre des femmes. La poussière vole, l'ocre gicle, les tresses fouettent les épaules,

---

1. Buisson dont les feuilles renferment une substance psychotrope et euphorisante. Produit au Yémen et en Éthiopie.

le sol tremble, les corps se mêlent, les cris couvrent la cacophonie des cornets. Elles sont déchaînées. Elles ne forment qu'un seul corps, tribal. Elles se ressemblent toutes, mêmes costumes, mêmes visages, mêmes coiffures, à tel point que nous perdons Duk de vue.

Sous l'aire ombragée, nous sommes assis en compagnie de petits vieux alanguis. L'un d'eux est assis sur son petit appuie-tête de sorte que son sexe pend, tranquille, sous son pagne court. Un autre gratte le sien sans façon, puis le nez, et retour. Ils sont armés de vieilles kalach', coiffés de leur chignon d'argile ornementé de plumes, superbes. Ils nous dévisagent avec froideur. Nous sommes mal à l'aise. Notre présence ne les surprend pas. Ils ne marquent aucune excitation, ni déférence particulière, mais déshabillent Sonia du regard. Ils semblent savoir tout des femmes occidentales – sauf quelques détails. Notre papy au popaul exposé tend la main vers elle, lui attrape doucement le bord de la chemise à la hauteur du corsage et l'entrebâille délicatement pour regarder ses seins. Il confirme sa trouvaille à ses copains hilares : elle a bien un soutien-gorge. Sonia est médusée mais relax ; l'atmosphère s'est d'un coup détendue. Seulement, notre vieux coquin n'a pas fini son exploration. Sans prévenir, il lui pelote le sein. Mon sang ne fait qu'un tour. Elle tape sur la main du papy lubrique comme elle corrigerait un chenapan. Tous rigolent. Je ris jaune.

— Sonia, si on changeait de coin ?

Nous nous levons doucement et allons nous asseoir plus loin, toujours sous la cannisse mais parmi des femmes. Qui sait ? Peut-être que je vais me faire peloter, moi aussi ! J'observe du coin de l'œil nos trois grands-pères. Ils discutent comme si de rien n'était, à l'exception d'un détail, sous le petit pagne, raide comme la justice.

Soudain, la horde femelle sort de l'enclos en hurlant et disparaît dans la brousse. Elles ont aperçu un bourreau mais, au lieu de le fuir, elles le poursuivent. Nous leur emboîtons le pas. Pris de court, le malheureux type cherche ses fouets, harcelé par les femmes qui l'agrippent, l'accrochent, le bousculent, le coincent, demandent des coups. Il n'est pas prêt. Les furies frustrées l'insultent, se moquent de lui et remontent reprendre leur danse et leur transe dans le kraal : 1 à 0, la bière au centre. Le scénario se reproduit trois fois avant qu'elles marquent une pause et viennent s'asseoir à l'ombre. Sur trois feux, de lourdes jarres chauffent. Depuis plusieurs jours, de la bière d'orge et de grain est mise à fermenter. Il en sort une pâte grumeleuse et moussue d'où se dégage une forte odeur d'alcool. On nous en sert à tous, dans des calebasses. Une vieille passe à pas menus dans les rangs pour couper cette bouillie avec de l'eau chaude. Effet garanti ! Ragaillardies, les femmes repartent comme un seul homme dans le kraal avec la ferme intention d'en découdre.

Les bourreaux sont arrivés. Ils appartiennent à une classe d'âge particulière, répondant à des pratiques et à des codes vestimentaires précis. Deux plumes noires accolées et maintenues sur les tempes par un bandeau leur donnent une allure d'Hermès. Ils sont splendides et musculeux, et tiennent dans la main droite un bouquet de branches effilées, l'objet de toutes les convoitises : les fouets.

Le délire est à son paroxysme. Les bourreaux partent en courant vers le lit de la rivière à sec, chacun avec une grappe de jeunes filles à ses trousses. Soudain, le fugitif s'arrête, choisit une poursuivante qui se place devant lui, un bras levé, les yeux rivés dans les siens pendant qu'il fourbit son fouet, en éprouve la souplesse, le lève vers le ciel, un instant suspendu, avant de l'abattre sur le flanc et le dos de la volontaire dans un claquement de la puissance d'un coup de feu. Sous le choc, la peau se fend dans un nuage de beurre et de chair vaporisés. Pas le moindre signe de douleur sur le visage de la victime, qui cède la place à la suivante. J'ai perdu Sonia dans la bataille. C'est la cohue ! Elles veulent toutes passer devant. Une fillette de neuf ans se poste devant un bourreau qui la repousse : « Va-t'en, tu es trop petite, tu reviendras l'année prochaine... » Une femme enceinte double celles qui attendent leur tour, en redemande. Le lit de la rivière résonne de détonations en rafales, partout on fouette, partout on se défie, on se provoque, on s'insulte, les houssines volent, les verges claquent, les branches se rompent sur le dos des pucelles, les bourreaux débordés battent en retraite.

Victorieuses, les femmes lacérées remontent dans le kraal chanter leur victoire. Le sang ruisselle sur leurs flancs, la peau boursouflée suinte, et le rouge cru des plaies sur leur cuir doré crie comme des bouches vermillon. Pas une seule ne montre le moindre signe de souffrance ni de faiblesse. Je retrouve

Sonia dans la montée, visiblement secouée. Elle a des traînées d'ocre sur le visage et une manche déchirée.

— Ça arrache, leur truc ! Je me suis pris un coup de fouet par accident. Et y a une folle qui m'a sauté dessus pour m'étrangler...

La scène se répète tout l'après-midi jusqu'à ce que les bourreaux n'en puissent plus. Ils vont se réfugier, alignés sous la cannisse, et les femmes ivres de gloire, de bière et de sang viennent les provoquer en se jetant des deux pieds joints à leurs genoux, en tirant leur fouet, pour en redemander, avant d'être emportées par des vieillards indignés. « De notre temps, semblent-ils dire, on respectait les bourreaux ! Elles ont mangé de la vache enragée ou quoi ? » Le repos des bourreaux est sacré. Chacun joue son rôle à la perfection.

Toute la journée se passe dans ces allées et venues, ces courses et ces cris, ces décharges de fouet et d'adrénaline, ces giclées de sueur et de sang jusqu'à ce que les hommes disparaissent en brousse. Ils partent à la rencontre des *maz*, les garçons initiés dans l'année, qui se sont intégralement rasés et enduits d'huile noircie au charbon de bois. Formant une caste de la même classe d'âge, ils sont chargés des détails du saut de taureau, sous le patronage des anciens. Nous retrouvons les uns et les autres en pleine palabre, sous un arbre. Tout est soudain si calme ! Les flux et les reflux de foule sont terminés, l'hystérie des femmes aussi, le sang a été versé, l'honneur est sauf, place à l'oukouli.

De retour au kraal, nous remarquons enfin le fameux Urgo, à l'origine de tout ce grand tremblement. Intégralement nu, cheveux défaits et ébouriffés en une énorme touffe, il est assis sur une peau de chèvre, au milieu de l'enclos et entouré des hommes déjà initiés. S'il est nu, c'est parce que cette initiation doit le faire renaître. Ceux-ci se pressent autour de lui, debout, sur plusieurs rangs, pour dissimuler une initiation sexuelle hautement secrète, doublée de rites de fertilité. À travers la barrière de mollets serrés, on entraperçoit quand même un phallus postiche placé entre les jambes du garçon, sur lequel un vieux lâche des anneaux de cuivre. Cela tinte et ça rigole ! Combien d'anneaux s'enfilent ? Pas moyen de voir, ni de savoir. Richesse et nombre d'enfants sont entre les mains du sort.

Quand le groupe se disperse, les visages sont satisfaits. Toute l'assemblée se déplace vers une grande clairière au centre de laquelle les maz tout luisants et tout noirs ont rassemblé dans un grand charivari le bétail du père d'Urgo. Cela court en tous sens, beugle, meugle, les femmes ont repris leurs trompettes, les enfants se mêlent au gymkhana. On attrape des taureaux par la bouche et la queue, on discute, on relâche celui-là, on rattrape tel autre dans une poussière enflammée par le soleil couchant. Finalement, huit taureaux sont sélectionnés parmi les plus gras et les plus beaux, placés en batterie côte à côte et maintenus en position par des hommes placés devant et derrière.

Tout d'un coup, sans crier gare, le jeune oukouli s'élance, saute sur le premier taureau, enjambe les autres d'une course aérienne et gauche, les bras au-dessus de la tête et le sexe en bataille, puis disparaît de l'autre côté. Exclamations ! S'il tombe, il sera roué de coups par les femmes, la honte et la risée de la tribu. Nous retenons notre souffle. Le voilà qui revient sautant par-dessus le dos des ruminants. Il fait trois allers-retours sans encombre, c'est un athlète ! Ses cuisses fuselées le propulsent sans problème sur les échines fumantes, ses appuis sont fermes malgré les couennes mouvantes, sa tête hirsute reste concentrée. L'assistance s'égosille en encouragements et, pourtant, nous n'entendons plus rien, les yeux rivés sur Urgo qui semble planer au ralenti au-dessus de ses taureaux ; à la fin de son vol il touche terre en tombant dans les bras de son père. Il est un homme.

À cet instant précis, il se trouve lié pour l'éternité par une sorte de transfert d'âme avec le taureau de tête, un énorme brahmane blanc aux vastes cornes roses et à la bosse démesurée. Maintenant, il a le droit de se marier et d'avoir des enfants. La foule, un peu hébétée, se disperse aussitôt. C'est fini ! Le soleil vient de disparaître à l'horizon.

Cette débauche d'énergie, cette attente, ces rivalités dans l'orgueil et dans la souffrance, ces sacrifices, ces palabres, tout ça pour quelques secondes suspendues... Tout ça pour célébrer l'entrée d'un jeune homme dans le monde des adultes et son alliance spirituelle avec un taureau, gage de fertilité, de richesse et de la pérennité de sa lignée. Tout est confus dans nos têtes. Nous sommes épuisés. Rincés. Initiés.

19

Désarroi aux marches de l'Empire

— On est vraiment des petits singes ! me lance Sonia. On se gratte partout.

J'éclate de rire. Les puces. Nous sommes dévorés. Sonia en est couverte. La fesse droite boursouflée, une ceinture de feu, les chevilles pustuleuses. Quant à moi, je pue des pieds grave ! C'est bon signe, ça veut dire que je récupère mon nez. Toujours du pus dans les poumons et les deux oreilles sourdes. Infection oto-rhino-laryngologique généralisée, aggravée d'une bronchite traînante. L'Érythromycine impuissante, je suis passé à l'Augmentin. Rien n'y fait. J'expectore toujours. Beuark ! Dix jours que ça dure. Relais pris par ma dysenterie amibienne. Pas de répit. Ce pays est truffé de germes. Et des costauds. On n'a pas pu se laver depuis Turmi, il y a plus d'une semaine. Et nos habits n'ont pas vu de lessive depuis Koobi Fora, il y a trois semaines. Nous n'avons jamais été aussi sales. Il y a urgence. Mon short et ma chemise sont cartonnés. La jupe de Sonia est une serpillière.

Depuis que nous sommes entrés en Éthiopie, nous sommes malades. Il y a trop de mouches. Des nuées, des nuages. Pourquoi tant de mouches ? Beaucoup de bétail. Mais ça n'explique pas tout. L'absence de toilettes se confirme jour après jour. Cette vieille civilisation chrétienne ne les a pas inventées. Aucune maison n'est pourvue de chiottes. Pas même d'un trou au fond du jardin. Rien. Alors il faut s'adapter. Essayer de faire ça la nuit pour conserver un soupçon d'intimité. Mais où ? N'importe où, comme tout le monde. Dans les ruelles, derrière les maisons, dans la cour, chez le voisin, dans les champs, n'importe où. En fait, nous découvrons bientôt que les boqueteaux d'eucalyptus aux abords des villages servent de lieu d'aisances. Au lieu des agréables parfums de térébenthine attendus s'en dégagent des remugles de fosse septique. Terrain miné. Toujours occupé, voire convivial, alors on met sa pudeur dans sa poche et on fait sa colique au coude à coude avec un badaud qui en profite pour vous réclamer du PQ. Qu'aurait-il fait, sans moi ? Mystère. Et le boqueteau est cerné : cinquante mioches et dix oisifs nous attendent qu'il faut ensuite se traîner sur des kilomètres. Car les routes éthiopiennes abondent de marcheurs. À toute heure, par centaines, de tous âges. Les Éthiopiens marchent, et ils marchent fort ! Depuis le Malawi, nous avons perdu l'habitude de marcher accompagnés. Non que cela nous déplaise, au contraire, nous marchons pour ça, mais c'est plus fatigant.

Notre amharique [1] est très limité. De toute façon, les gens d'ici le comprennent mal car ils sont oromos ; ils parlent l'oromo ainsi que leurs langues vernaculaires. Nous n'avons pas encore les clefs. Pour expliquer. Pour comprendre. Souvent enthousiastes et excités, les gens nous abordent avec de longues tirades. Nous essayons de leur répondre avec les phrases que nous avons notées chez Théodoros, à Omo Raté, en commençant par les présentations d'usage :

— *Dehna nachu ?* (Comment allez-vous ?)
— *Dehna ! Amességuénallo !* (Bien ! Merci !)
— *Semeh man no ?* (Comment vous appelez-vous ?)
— *Iskandar na Sonia.* (Alexandre et Sonia.)
— *Ke yet ager nachu ?* (De quel pays êtes vous ?)
— *Faransi.* (De France.)

Après, ça ne marche plus du tout. Ou plutôt si, ils éclatent de rire, puis reposent les mêmes questions inlassablement. Voilà aussi pourquoi cela devient vite fatigant. Nous essayons de nous en sortir en leur avouant : « *Algebanyem* [2] », mais ça ne les désarme pas, et, quand un importun nous quitte après nous avoir demandé de l'argent, raison probable de son assiduité, il est aussitôt remplacé par deux autres. Ce petit jeu devient rapidement déprimant. Sonia est inquiète.

---

1. Langue sémitique parlée en Éthiopie.
2. Je ne comprends pas.

— C'est une folie de marcher ici sans guide !

— Pourquoi ? Ça fait deux ans qu'on marche sans guide, on a toujours réussi à s'en sortir. Même quand on ne parlait pas encore les langues locales. Même chez les tribus les plus farouches. Ne t'en fais pas, ça va venir...

— Oui, mais j'ai l'impression qu'ils n'ont jamais vu de Blancs à pied et qu'ils se foutent de notre gueule grââve. Au lieu d'attirer leur sympathie, on dirait que ça suscite plutôt leur mépris.

— Mais non, ne t'inquiète pas, c'est juste des enfants qui s'amusent à nos dépens, ça va passer.

Nous sommes à la frontière qui sépare les peuples du sud de l'Éthiopie, dits « tribaux », des peuples oromos – Malé, Gofa, Woleyta –, qui ont perdu de longue date leurs caractères tribaux en ayant été convertis à la foi orthodoxe. Nous pensions que les rapports humains allaient s'approfondir lorsque nous aurions quitté les zones tribales du sud pour le plateau éthiopien et son antique civilisation, et nous nous en réjouissions. Malheureusement, c'est le contraire. Dans les tribus, nous savions à quoi nous attendre. La relation était brute et belle, forte et gaie. Ici, tout devient vite compliqué et violent.

Dans les villages où nous atterrissons, personne ne nous propose d'aide. La plupart des habitants sont des gens venus d'ailleurs, envoyés ici pour « coloniser » ces territoires vierges aux marches de l'Empire éthiopien. Ces populations « civilisées » s'agglomèrent dans des bourgades nouvelles poussées le long des routes, qui sont les têtes de pont éthiopiennes dans le Far South, à l'image de ce que devaient être, à la moitié du XIXe siècle, les bourgades américaines du Middle West installées en territoire indien. Dans ce contexte, le moindre prétexte est bon pour régler ses comptes. Notre arrivée suscite des attroupements qui dégénèrent souvent en bousculades, échanges de cris et de coups. Dans la cohue, nous sommes contraints de reprendre la marche en quête d'une maison isolée où nous demandons si nous pouvons planter la tente :

— *Maref ezzih yichalal ? Dunkwan allen.* (Pouvons-nous rester ici pour nous reposer ? Nous avons une tente.)

— *Eichellem.* (Impossible.)

Nous essuyons de nombreux refus. C'est leur droit le plus strict. Seulement, c'est la première fois que ça nous arrive. Peut-être que cela ne se fait pas de demander l'hospitalité ? Que nous ne maîtrisons pas bien les codes, les usages. Peut-être qu'ils sont dans une trop grande précarité pour inviter un étranger. Qu'ils ont peur de ne pas être à la hauteur. Qu'ils n'en n'ont tout simplement pas envie... Quand une personne accepte, elle a tôt fait de le regretter à cause de l'attroupement incontrôlable que cela provoque, qui nous oblige invariablement à nous replier dans la maison.

C'est ce qui nous arrive, ce soir, à la sortie de Dimeka ; la dame qui nous reçoit n'arrive pas à endiguer le flot de curieux amassé dans son *toukoul* [1]. Ses bébés se mettent à pleurer. Les gens à rire. Les chiens à aboyer. Nous sommes confus. Ne sachant que faire. Cris. Bousculades. La voilà qui saisit un bâton et l'algarade commence. Un petit type se faufile enfin, qui bafouille quelques mots d'anglais :

— *I am teacher english, come see police station.* (Je suis professeur d'anglais. Venez à la police.)

C'est toujours comme ça que ça finit. Nous plantons la tente dans le parking des flics, entre deux voitures, après qu'ils aient essayé de nous faire payer dix dollars une chambre dans l'hôtel de passe du coin (au lieu de dix birr [2], soit un peu moins de dix francs). On a déjà donné ! Les nuits d'insomnie cafardeuses dans la moiteur fétide d'une chambre sale, sur des paillasses informes grouillant de vermine, sans cesse réveillés par des râles de joie et des cris de fureur, des rires et des éructations alcooliques, des claquements de portes et des radios crachant des bouillies sonores saturées, des batailles de chiens et des hurlements à la mort. Nous repartons à l'aube sans demander nos restes. Depuis douze jours, depuis Théodoros, personne ne nous a invités chez lui. Il va falloir s'y faire. Un jour, à Kay Afer, nous apercevons un Occidental dans une gargote. Stupeur : c'est un Français de Cherbourg. Seul. Il s'appelle Claude Leterrier. C'est un jeune autodidacte du voyage. Il passe chaque année deux mois en Inde, où il achète des peintures sur soie, miniatures, faites au poil d'écureuil autour des thèmes des *Milles et Une Nuits* ou du *Kama-Sutra,* qu'il revend en France sur les marchés.

---

1. Le *toukoul* est le terme générique, en Éthiopie, pour la hutte ronde recouverte de chaume. Les toukouls sont en général plus grands, plus solides, et plus confortables que de simples huttes. Les Éthiopiens sont passés maîtres dans l'art de les construire.
2. Nom de la monnaie éthiopienne dont le cours d'un birr équivalait à l'époque de notre passage à 0,90 centime de franc.

— Vous savez comment ils font pour récupérer ces poils très précieux ? Ils donnent de l'aubergine aux écureuils et les poils tombent tout seuls ! Si on les arrache, la qualité est très inférieure, et le détail de la peinture aussi !

Il a financé ce voyage-ci en vendant un champ de citrouilles pour Halloween. Il a même pu s'acheter le camion de livraison en prime. Claude nous enchante de toutes ses histoires mais nous inquiète sur la suite de l'itinéraire.

— J'ai jamais vu un pays pareil ! J'ai jamais vu des enfants si mal élevés ! Ça fait près d'un mois que je tourne et partout c'est les mêmes « you, you, you ! » en rafales, suivis de « *birr-birr-birr !* » ça devient insupportable !

— Je sais ! Nous on répond : « *Anté, anté, anté ! iellem, iellem, iellem !* » (Toi, toi, toi, je n'ai rien, rien, rien !) Et ça les fait rire. Faut pas s'en faire, c'est une mauvaise habitude qui leur passera...

— Espérons ! D'ailleurs, c'est pas tellement ça qui m'attriste, c'est surtout que je n'arrive pas à nouer de liens, à aller chez les gens, à créer une intimité. C'est la première fois que ça m'arrive. Je réussis sur toute la planète, mais pas ici. On dirait que ça ne les intéresse pas... qu'ils ne veulent qu'une seule chose : qu'on dépense. Sauf qu'il n'y a rien à dépenser, ici ! Pas d'hôtels, pas d'infrastructure... En fait, je ne comprends pas du tout comment ça fonctionne ici, et je suis un peu désemparé.

Ouf ! Nous ne sommes pas les seuls. Nous commencions à croire que c'était notre faute. Il ne sait plus où aller, il revient de Jinka très déçu. C'est une « ville tribale », comme Turmi, dont le marché attire des Mursi, des Surma, des Bena, des Karo : d'autres tribus du grand Sud éthiopien :

— Les tour-opérateurs débarquent et arrosent. Toutes les relations sont perverties. Tout est acheté. Tout est à vendre. Le Blanc devient une denrée, la photo une monnaie d'échange, notre présence un problème de rivalités et de conflits entre tribus. Les plus farouches et les plus chères sont les femmes à plateau surma : elles écartent les rivales à grands coups de bâton pour dix dollars le cliché. J'étais dégoûté. Je ne suis resté qu'une matinée. Je n'ai pas pris une photo. Comment vous faites, pour tenir le coup ?

— On a un peu de mal... Mais je vois que le temps passe, on doit y aller ! Ça te dirait de marcher avec nous un jour ou deux ? On se soutiendra !

Nous quittons à trois le village, vers le nord, harcelés par des enfants ; Claude continue sa réflexion :

— Tu vois, lorsque je vais en Inde, je vois des enfants aussi pauvres mais qui ne mendient pas avec autant d'effronterie. Et, quand il y a des attroupements, c'est juste pour mater, ça ne dégénère jamais. Il ne leur viendrait pas à l'idée de nous insulter. Et malgré leur pauvreté, on peut toujours partager un *dalbat*[1] avec eux, des histoires, des blagues, de la fraternité, quoi ! Ici, j'ai en permanence la désagréable impression qu'ils se moquent de moi...

— En fait, je crois que nous sommes parmi les premiers touristes indépendants qu'ils voient, les premiers « routards », et ils ne comprennent pas ce qu'on vient faire là, à vouloir vivre comme eux, manger comme eux, être là parmi eux.

— Et j'ai l'impression qu'ils n'aiment pas ça. À propos de nourriture, comment ça se passe, avec vous, l'*enjera* ?

— On aime beaucoup, seulement, c'est elle qui nous aime moins...

L'enjera est la deuxième religion du pays : une crêpe de *tef*, minuscule céréale dont la farine est mêlée à de l'eau et laissée à fermenter pendant quelques jours. Cela donne une grande galette spongieuse et acide de quatre-vingts centimètres de diamètre servie sur un grand plateau, et qui sert de support à diverses préparations. Dans les campagnes, le choix est limité au *berbera*, une purée de piment à l'oignon, et au *chourro*, une purée de pois cassés et de pois chiches. C'est un plat convivial, pris en commun, la plupart du temps, que chaque mère de famille prépare le matin pour toute la journée. Pour l'instant, nous n'en avons vu que dans les bouis-bouis, et n'avons pas encore pu assister à sa préparation en famille. Même si elle est très vite avalée, l'enjera est très sociale. Si quelqu'un passe à côté d'un ami en train de déjeuner d'une enjera, il se verra aussitôt proposer : « *Enebla !* » (Viens te joindre à moi !)

Ça nous arrive aussi, assez fréquemment. Nous déclinons souvent en remerciant chaleureusement, mais acceptons parfois, quand nous percevons que l'invitation n'est pas que formelle. L'*enjera* se mange de la main droite en triturant la pâte d'un petit coup du pouce entre les doigts et d'un coup de langue sur la main rapprochée de la bouche comme une pelle. Il est de bon

---

1. Plat de riz et de lentilles.

aloi de piaffer pour montrer son contentement mais surtout pas de roter. Chaque ralentissement de mastication est sanctionné par un itératif et bienveillant : « *Bela! Bela!* [1] » Malgré cela, la conversation reste limitée, la barrière de la langue l'emportant sur le rapprochement fugace autour d'un repas. Mais on repart avec le cœur réchauffé.

En compagnie de Claude, nous nous élevons au-dessus du Rift. C'en est fini des chaleurs accablantes de la vallée de l'Omo. Au détour d'un petit col, la vue sur l'escarpement est vertigineuse. Les nuages y projettent d'immenses taches d'ombre qui animent doucement le paysage. L'espace est démesuré. Nous qui marchons à plat au fond du Rift et loin des reliefs depuis l'escarpement de Mau, nous retrouvons la troisième dimension et la fraîcheur. Nous croisons un immense troupeau de vaches et de bœufs qui remontent la pente. Claude s'exclame :

— Je me demande ce qu'ils en font, de leur bétail! En un mois, j'en ai vu des millions de ces putains de vaches, mais pas le moindre petit bout de steack!

— Arghh! M'en parle pas, nous ça remonte à Nairobi! Et ça fait plus de mille kilomètres qu'on marche parmi des éleveurs et des tribus pastorales! La viande, c'est bon pour les riches, dans les villes.

Le soir nous surprend en pleine nature. À Kay Afer, un tenancier de boui-boui nous a indiqué la pompe à main de Mukacha, près de laquelle vit une famille de Benas, une autre tribu locale. Nous n'avons pas de mal à trouver la pompe : des cohortes de jeunes filles penchées sous de grosses jarres rondes y convergent ou en reviennent encore plus courbées. Nous leur demandons :

— *Oïta yet no?* (Où est Oïta?)

Coup de bol, il est connu comme le loup blanc. Un garçonnet nous mène à travers champs à une jolie hutte arrondie en jonc tressé. L'homme en sort à notre approche, souriant et naturel. Nous ne nous comprenons pas, mais il comprend tout. Trois étrangers fatigués, devant lui, ne sachant pas où aller à la nuit tombante. L'équation est simple : soit « Barrez vous! » soit « Bienvenue! » Son premier sourire était déjà un message de bienvenue. Sa femme sort bientôt, d'une beauté exceptionnelle,

---

1. Mange! Mange!

tenant un nourrisson dans ses bras. Comme une femme hamer, Noho est habillée de peaux, coiffée de tresses beurrées d'ocre et porte de nombreux bracelets et colliers métalliques. Lui est habillé comme tous les paysans des pays pauvres, de hardes incolores. Il n'a conservé de sa « tribalité » que quelques colliers. Pour une raison inconnue, il n'a plus de bétail ; sous la pression du gouvernement, il s'est reconverti dans l'agriculture, comme de nombreux pasteurs tribaux. Théodoros nous a expliqué que l'Éthiopie avait trop de vaches. Donc les pasteurs reçoivent des aides à l'installation. Nous dressons la tente près de sa hutte. Avec la nuit, tombe le froid humide. Pour la première fois depuis la Tanzanie nous montons le double toit. Nous rentrons nous réfugier au coin du feu, dans la hutte. Noho fait bouillir de l'eau pour le *chorro*, cette décoction d'écorce de café un peu fade, pendant qu'Oïta fait rôtir des épis de maïs et place des patates douces dans les cendres. Assis en tailleur, Claude est aux anges.

— Ça fait un mois que je rêve de ce moment-là ! Et avec vous, ça arrive tout naturellement...

— Ne crois pas ça ! Nous vivons de cette manière depuis environ deux ans mais, en Éthiopie, c'est la première fois. J'espère que ça va durer ! En fait, j'en doute. Pour l'instant nous n'avons pu approcher que des populations traditionnelles. Chez les « civilisés », c'est un fiasco !

Oïta me tend une gourde.

— *Parsi ?*

Je renifle. C'est de la bière d'orge, le *pombé* local. Malheureusement, il n'en reste qu'un fond. Nous envoyons le gamin en chercher une autre avec deux birrs. Oïta est ravi. Claude sort de sa poche un harmonica et entame des petites ritournelles bretonnes qui se prêtent fort bien aux battements de main. Dans une douce chaleur prodiguée par le foyer, nous passons la soirée à chanter, à jouer de la flûte, à grignoter des maïs, à partager nos soupes aux nouilles agrémentées de tomates achetées à Kay Afer, tandis que Noho s'affaire ; elle ravive le feu, rallonge la bière avec de l'eau, allaite son petit et lui chante une berceuse. Le bonheur, quoi !

Gudwa Ashekar, mercredi 4 décembre 2002, 706ᵉ jour, 27 km, 8 543ᵉ km

Nous avons quitté Claude ce matin à l'aube, après une belle journée de marche en sa compagnie sur un chemin de traverse, dans une riche campagne tropicale longeant l'imposant massif de Jinka que, sur son conseil, nous avons pris soin d'éviter. Nous voulons rejoindre une piste, de l'autre côté de cette montagne, que nous allons essayer de dérouler comme une bobine de kilomètres jusqu'à Addis-Abeba. Il n'y a que deux sentiers pédestres qui permettent de franchir cet obstacle naturel. L'un par Jinka, l'autre par Koïbé que nous comptons rallier pour le déjeuner. Pour rejoindre la capitale, les voitures du Sud éthiopien sont obligées de faire un détour de plus de six cents kilomètres par Arba Minch et Awasa, loin vers l'est. Pour nous, le raccourci s'impose : vingt kilomètres de hors-piste dans la montagne et Addis à six cents kilomètres au lieu de mille deux cents, simple ou double ! Nous n'hésitons pas une seconde. La carte canadienne que nous utilisons depuis notre entrée en Éthiopie, la seule aisément disponible sur le marché en 2002, est totalement fantaisiste : la plupart des noms sont erronés, tous les tracés de pistes sont faux, et la position des bourgades systématiquement décalée. Comme l'échelle est de 1 centimètre pour 25 kilomètres, notre marge d'erreur est immense. Nous marchons dans le flou artistique. Seuls les reliefs nous permettent de nous y retrouver, de reconnaître telle ou telle montagne. Nous dessinons donc notre itinéraire au jour le jour.

Claude est parti, dévoré par les puces. Hier soir, nous avons atterri avec lui chez les policiers de Benata. La journée s'était très bien passée. Pas un seul enfant ne nous avait importunés. Miracle ! Peut-être seuls les endroits où passent les voitures de touristes sont-ils affectés par l'inhospitalité ? Or dans ces montagnes, personne ne passe jamais – les voitures ne peuvent pas les traverser. Ça va donc être merveilleux !

Nous sommes dans une vallée peuplée par des Malés, d'une douceur et d'une affabilité extrêmes. Nous avons vu nos premières églises orthodoxes. Elles sont sommaires et récentes, octogonales, en pisé ; le toit de faible pente est en tôle ondulée, surmonté d'une étrange croix solaire et d'un parasol métallique frangé de petits disques mobiles. C'en est fini des costumes tribaux. Ici, les femmes portent sur leurs robes de coton clair de grandes toges blanches au galon de couleur appelées *chama*. Les hommes sont en pantalon court et en chemise ouverte ; leur toge, souvent sale, s'appelle le *gabi*. Ils sont tout aussi noirs de peau que les gens des tribus, mais leurs traits sont beaucoup plus fins. Cette montagne est vraiment une frontière entre deux mondes.

À Koïbé, au fond de la vallée, avant la montée vers le col, un immense dispensaire gouvernemental, tout frais, tout neuf, vient d'être inauguré – preuve que l'État investit dans ces régions reculées. Déjà, l'activité de Théodoros, à Omo Raté, nous avait impressionnés : il distribuait gratuitement des semences et dispensait des cours d'agriculture aux Dassanetchs pour les inciter à planter leur propre sorgho – ou millet – dans le delta de l'Omo afin de ne plus dépendre de l'aide alimentaire. Rusé. Simple. Peu coûteux. Il s'agit de permettre à des tribus pastorales vulnérables aux épidémies bovines ou à la sécheresse, de faire la soudure avec des stocks de céréales autoproduites. Il a, à ce jour, convaincu cent quatre-vingt-quatre villages, et a, à lui seul, lancé une véritable production régionale. C'est d'ailleurs la boue de « ses » champs que nous avions foulée, avec notre chef dassanetch.

Nous en avons déjà vu plusieurs, de ces dispensaires en construction. Pour un marcheur, ce sont des signes qui ne trompent pas. Les nombreuses écoles neuves, prêtes à être inaugurées, également. C'est la première fois que nous voyons cela, en Afrique. La première fois que le travail n'est pas fait par des ONG internationales mais par le gouvernement – selon le même plan architectural, la même méthode et les mêmes fournisseurs. La corruption serait-elle moindre en Éthiopie qu'ailleurs ? Il n'y a pas de doute que ces investissements sont financés par la Banque mondiale, l'Europe ou les États-Unis, mais voir cet argent transformé en écoles et en dispensaires est une preuve de bonne gestion. Les spécialistes seront peut-être horrifiés par ces appréciations empiriques, mais nous marchons le long des pistes africaines, pas dans les couloirs des ministères ou des officines – et quoi de plus encourageant, dans ces régions perdues, que la vue d'un beau dispensaire et d'une belle école tout neufs !

Le médecin du poste, qui parle un peu anglais, me somme de cesser d'ingurgiter des antibiotiques. « *You are killing yourself!* me gronde-t-il. Vous êtes affecté par un virus, pas par des bactéries, les antibiotiques ne font que vous affaiblir. »

Nous repartons pour trois heures de montée par un sentier acrobatique qui file droit vers la crête. Dans l'ascension, je manque de m'évanouir. C'est vrai, que je suis faible. Notre premier col éthiopien. Nous croisons beaucoup de petites mères de noir vêtues qui se plient en deux à notre passage, la main sur le cœur, en susurrant de ravissants « *Acha-acha* » ; nous faisons de même. Quelle mosaïque de peuples ! Tous les jours, ce sont des gens nouveaux, des coutumes et des costumes nouveaux. L'habitat est ravissant, les *toukouls* soignés, les jardinets propres sur des terrasses à flanc de coteaux plantés d'arbres fruitiers. Au col, la vue est époustouflante sur le début d'une immense vallée de type himalayen. Les versants abrupts, de l'autre côté, s'élèvent à perte de vue en un damier de champs verts ou jaunes, ocre ou bruns. Partout, des filets bleus de fumée s'élèvent de villages nichés dans des combes ou accrochés sur des plateaux. La présence humaine ne date pas d'hier, l'espace est morcelé, modelé. Ce col que les voitures ne peuvent pas franchir confirme que nous sommes à la frontière entre deux mondes, l'ancien et le nouveau, le tribal pastoral et l'agricole sédentaire, l'animiste millénaire et le chrétien civilisationnel.

Nous sommes avalés par la descente. Sur ce versant, ce sont encore des Malés. Nous traversons des villages charmants sans nous y arrêter – nous n'avons pas assez marché, aujourd'hui ; des hommes assis à contempler le paysage nous convient à nous reposer chez eux, une dame nous offre de l'eau ; nous sommes contraints de repartir, tyrannie d'Africa Trek ! Mais nous sommes soulagés : la vallée s'annonce bien. Loin des circuits touristiques, les relations avec les gens vont être plus saines, plus naturelles.

Dans le fond de vallée, il n'y a plus personne. Nous traversons de grandes forêts pour rejoindre le pied de l'autre versant, où devrait se trouver la piste que nous comptons suivre vers le nord. Nous arrivons à Gudwa Ashekar un peu avant le crépuscule. Et là, ça se gâte. Des signes avant-coureurs nous avaient fait présager le pire. Des enfants étaient partis en hurlant devant nous. Puis d'autres, et encore d'autres. Quand nous arrivons dans le village, c'est une émeute embusquée qui nous attend. Passé la seconde de panique, nous sommes absorbés et bousculés par cette foule bruyante, qui redouble de « *You, you, you!* », « *Faranj, faranj, faranj!* », « *Birr, birr, birr!* ».

— *Astamari yet no?* (Où est le professeur d'école?)

Dans ces cas-là, pour couper court à toute excitation, nous demandons où se trouve le professeur du village. Il incarne l'autorité, car il tient tous les jours les enfants sous sa férule, et il est le plus susceptible de parler anglais ou de comprendre notre amharique de poche. Heureusement, l'école n'est pas loin, et nous sommes tirés de la foule par Stephanos Astakté, un grand professeur à l'autorité naturelle qui a tôt fait de disperser tout ce petit monde. Il nous accueille chez lui, dans son petit logement de fonction en terre battue, et nous présente sa femme Andenet.

— Cela fait huit ans que je suis ici et vous êtes les premiers Occidentaux que je vois s'aventurer dans ce cul-de-sac; c'est pour ça que tout le monde est très excité...

— Que veut dire « *Faranj, faranj, faranj?* ».

— Ils vous ont dit ça? Avec les « you you »? Je le leur ai pourtant interdit! Ils vont mendier à Jinka, de l'autre côté de la montagne. « *Faranj!* » est une façon peu aimable et dérogatoire d'apostropher les étrangers à peau blanche. C'est comme si vous m'interpelliez en me disant: « Hé! Le Noir! » Vous savez d'où vient le mot? Des Français de Djibouti! Les premiers étrangers blancs qui soient venus en nombre dans la région... On les appelait les *frengi*. Je sais que c'est agaçant, mais ne vous en formalisez pas, s'il vous plaît, ce ne sont que des enfants...

Andenet est ravissante. Une gravure de mode. D'ailleurs, cela semble une constante : les femmes éthiopiennes sont bouleversantes de beauté. Elle est aux petits soins pour Sonia et moi, je ne peux m'empêcher de la lorgner sous cape. Après un dîner d'*enjera*, et pendant qu'elle prépare artistiquement un café traditionnel, le fameux *bunna*, nous refaisons le monde avec Stephanos. Il est du nord. Du Tigré. Très loin d'ici. Il éclaire notre lanterne sur la situation politique du pays. Le nouveau gouvernement au pouvoir depuis 1994 est une coalition de partis de résistance oromos et tigréens unis contre Mengistu, le « négus rouge », le despote qui a terrorisé le pays pendant dix-sept ans. Il a fui au Zimbabwe en 1991 à la suite d'une sanglante guerre civile. Stephanos est fasciné que nous soyons passés à côté de la maison du tyran [1], que nous arrivions de là-bas à pied. Regrette le ratage de la dernière tentative d'assassinat, dans un club de tennis. Conclut : « Cet homme est protégé par le diable ! » Il nous confirme les importants investissements faits dans ces régions reculées jusque-là négligées par le pouvoir central traditionnellement entre les mains des Abyssins d'origine amhara, se félicite de la réconciliation nationale, mais voit se dessiner les périls d'un régionalisme à outrance, surtout dans l'enseignement des langues.

— C'est pour cela que les enfants parlent si mal la langue nationale, dans les parages, nous affirme-t-il.

La pluie se met à tomber. Le bruit sur la tôle ondulée interrompt notre conversation et nous précipite dans les bras de Morphée, à même le sol. Avant de nous quitter, Stephanos vient s'excuser :

— Pardonnez-nous de vous accueillir si modestement...

— Stephanos, c'est pour nous le paradis ! Grâce à vous, nous pouvons enfin parler, comprendre, apprendre...

---

1. *Cf.* tome I, p. 245.

20

Sodo maso

À l'aube, Andenet est déjà à l'œuvre, dehors mais sous une tôle, entre deux petits feux, car il pleuviote toujours. Elle a le geste sûr, précis. Pliée en deux, elle pirouette de l'un à l'autre foyer. À gauche, des œufs brouillés, à droite, une enjera. Entre les deux, elle fourrage le bois, retourne la galette, touille ici, nettoie là, se lavant les mains au passage ; chorégraphie matinale et salivante. De son beau visage, elle rigole de notre émerveillement devant le spectacle de sa virtuosité domestique ; ramasse les coquilles d'œufs, pivote encore, revient à ses feux, lave, rince, grattouille, tandis que de grands dadais drapés dans leur *chama*, les mains dans les poches, le regard noir, rôdent autour d'elle comme des vautours, désœuvrés et voûtés ; ainsi va le monde...

Ce matin, la foule s'est reformée. La nuit ne les a pas calmés :

— *Youyouyouyou ! Faranj, faranj, faranj ! Birr, Birr, Birr !*

Avant d'être totalement absorbés, nous lançons un dernier salut à Stephanos, qui nous regarde partir, les bras levés en geste d'impuissance, la tête penchée et le sourire aux lèvres. À la sortie de Gudwa Ashekar, l'incoercible attroupement nous emboîte le pas, d'abord curieux – nous restons zen – puis bruyant, pour devenir hystérique. Sonia, qui tient le choc, s'exclame :

— C'est le syndrome Forrest Gump !

J'éclate de rire. Bien mal m'en a pris ! Des petits perroquets en profitent pour se gausser à gorge déployée. C'est de bonne guerre. Cela m'apprendra. Au bout de quelques minutes, tout ce que nous pouvons leur raconter en amharique est épuisé. Nous marchons. Ils ne veulent pas comprendre pourquoi. Alors ils nous suivent. Veulent nous arrêter. Nous faire monter dans des camions. S'obstinent. S'accrochent à nos sacs. Se marrent. S'occupent. On les traîne sur cinq kilomètres. Une heure. Puis ils se lassent, le groupe s'étiole, se disperse, ouf! Nous allons enfin pouvoir contempler la verdure de cette vallée, à peine croyable après l'aridité de nos derniers mois. Nous mettre le doigt dans le nez sans déclencher des rires désobligeants. Le répit est de courte durée; un autre groupe se reforme comme par désenchantement. Les mêmes questions avortées dont ils se moquent ainsi que de nos réponses, prétextes pour une franche rigolade à nos dépens. Plus une seconde pour regarder le paysage, plus une minute pour parler entre nous. Nous mettons alors en pratique les petites phrases polies que Stephanos nous a apprises pour leur faire comprendre que la comédie a assez duré :

— *Atikata loun ibaki!* (Arrêtez de nous suivre, s'il vous plaît!)

C'est comme de pisser dans un violon.

— *Zorbelou ibaki!* (Laissez-nous tranquilles, s'il vous plaît!)

Ou jeter de l'huile sur le feu.

— *Hiddu wodébétachu!* (Rentrez chez vous!)

De pire en pire! Ça les déchaîne! Mauvaise idée, Stephanos! Vous parlez? Nous en sommes fort aises; dansez, maintenant! Pas moyen d'attraper les meneurs pour tenter de les raisonner. Ils nous glissent entre les doigts comme des truites. Toute résistance se retourne contre nous, ça devient un jeu, pour eux. Nous sommes excédés. Que faire? Baisser la tête, serrer les dents et accélérer la cadence. Pas d'autre solution. Ce ne sont, après tout, que des enfants... À bout de souffle, Sonia s'exclame :

— *Exit* Forrest Gump. Voici le syndrome Patrick Bruel. Avancer traqués par des hordes glapissantes, avec les mouches en plus... Ça doit vraiment être l'enfer d'être une star!

Quelle ressource elle a! Elle reste calme et concentrée. Évacue son stress par une boutade... Combien auraient déjà piqué une crise de nerfs avec ces petits chenapans? Ils n'attendent que ça. Nous filons bon train. Essayons de les semer. Peine perdue. C'est oublier que nous avons affaire à des Éthiopiens, célèbres marathoniens. Réputation qui n'a rien d'usurpée, dans les campagnes comme sur les stades. Nous nous épuisons. Sonia s'énerve, enfin :

— Je ne vais quand même pas me choper une tendinite à cause de ces pots de colle...

Nous essayons alors la version lente, au pas mou et nonchalant, en traînant des pieds. Pas de problèmes, ils savent faire ça aussi. Quand nous nous arrêtons, ils s'arrêtent, quand je me retourne, ils font mine de fuir, puis reviennent de plus belle. Nous nous résignons. Il faut faire avec, il faut marcher avec. Après tout, nous sommes chez eux. On est moins convaincus quand retentissent les « *Faranj, faranj! I kill you!* ». Charmants bambins.

— *Faranju belachou attitrou ibaki! Tekekel iedellem!* (Cessez de nous appeler *faranj*, s'il vous plaît! Ce n'est pas correct!)

Puis nous faisons le dos rond. Recevons sans réagir les quolibets, les perroquets, les « *faranj* ». À notre inertie répond la surenchère. Quand la bête est morte, on lui plante un bâton là où ça fait mal pour voir si elle bouge toujours...

C'est ainsi que nous recevons nos premières pierres. Oh! pas des pavés, pas même des galets, disons des graviers, mais sur la tête, sur le coude ou dans le creux du genou, ça ne laisse pas de marbre. C'est surtout à l'intérieur, que ça blesse. Nous sommes impuissants. Dans une bande de gamins de huit à douze ans, il en est toujours de plus vieux qui jouent les durs, crient plus fort, nous menacent plus théâtralement. Ils prennent des cailloux de plus en plus gros qu'ils s'amusent à faire passer au-dessus de nos têtes, en apprentis Guillaume Tell. Nous sommes mal barrés. Les gens sont fous dans cette vallée... Cela dure toute la matinée.

Nous arrivons à Zaba sur les dents. La même émeute que ce matin se constitue. Je commence à avoir peur pour Sonia. Un homme respectable semble s'indigner : nous allons droit vers lui, je lui demande de l'aide, il nous prend par la main et nous guide chez lui. Il est l'infirmier du village et s'appelle Serget. Bien mal lui a pris de nous porter secours, sa maison est cernée de toutes parts, il est contraint de nous barricader à l'intérieur. Les gamins semblent crier : « On va quand même pas laisser les faranj s'échapper comme ça! Ils sont à nous! » Ici, on tente de défoncer la porte, là, une fenêtre vole en éclats sous une pierre. Sonia, terrorisée, fond en larmes. Dehors, les gamins s'égosillent :

« *Faranj ! faranj ! faranj !* » Des adultes viennent à la rescousse pour les chasser à grands coups de latte, mais ils reviennent par intermittence nous observer dans les interstices des planches disjointes. Nous sommes faits comme des rats. La femme de Serget, Emayou, est consternée ; elle siffle entre ses dents en secouant la tête. Elle n'en croit pas ses yeux. Nous sommes désolés de cette intrusion et de son carreau cassé :

— *Yikerta enat ! Yikerta cheggir ! Yikerta messkot mesber !* (Nous sommes désolés, mère ! Pardon pour le dérangement, pour le carreau cassé...)

Elle vient prendre les mains de Sonia.

— *Betam aznallo ! Lidjotch akeberot yellem !* (Je suis vraiment consternée, les enfants n'ont aucun respect !)

Nous n'avons rien à nous reprocher. J'évoque à Sonia, pour la consoler, un livre que j'avais étudié à Sciences-Po, *La Psychologie des foules*, de Gustave Lebon, qui explique les phénomènes d'entraînement qui font d'une foule, bien plus que la somme des individus qui la composent.

— Ils ne sont pas responsables. Ces mêmes enfants pris séparément sont tous des petits angelots adorables...

— Oui, mais quand on ressortira, ils ne seront pas là séparément, tes angelots...

Nous remettons ça à plus tard. Pour nous consoler, Emayou nous apporte du melon avec du citron : un peu de fraîcheur dans ce monde de brutes... Serget nous parle de son infirmerie, nous montre ses murs pleins de diagrammes et de statistiques : 47 % de ses diagnostics concernent le paludisme, soit 8 200 personnes affectées dans l'année pour sa zone communale, et près de 1 000 morts. Mais le chiffre est stationnaire malgré l'augmentation de la population grâce à la distribution de moustiquaires. En revanche, le nombre de victimes par morsures de serpent augmente, il est passé de 92 à 114... Quand je lui demande où sont les petits coins, il me répond :

— Désolé, le trou est plein depuis deux ans, je n'en ai pas creusé un autre, alors nous n'avons plus de toilettes...

Comment faire ? La maison est cernée. Sur le conseil de Serget, je m'échappe par une porte dérobée et gagne un petit bois d'eucalyptus. Je suis vite repéré. Les gamins viennent aux premières loges : eh oui ! Les faranj, ça s'accroupit comme tout le monde... ils restent là, à mater en riant de mes gesticulations inconfortables pour essayer de les faire partir. Un GMS : un Grand Moment de Solitude. Quand je pars, ils se précipitent pour observer ma production...

Quand nous nous réveillons de notre sieste, notre linge est propre et sec. Sonia est émerveillée ; elle s'extasie :

— Mais pourquoi ?

La petite dame répond :

— Serget m'a dit que vous alliez à Jérusalem, il faut que vous apportiez là-bas mes prières et mes excuses pour ce que vous avez subi.

Sonia se précipite dans ses bras.

Serget a demandé à des copains de nous escorter hors du village. Tout se passe pour le mieux. Ils ont de grands bâtons et semblent savoir les manier. Nous respirons enfin l'air pur à pleins poumons. Mais le sursis, encore une fois, est court. Des enfants apparaissent de toutes parts, et se reforme, minute après minute, le piège psychologique, l'enchaînement de causalités de ce matin, qui peu à peu, pas à pas, kilomètre après kilomètre, transforme une rencontre mignonne avec de gentils enfants turbulents en émeute, avec insultes et jets de pierres. Pas moyen de désactiver la bombe, d'interrompre l'escalade de la violence... Nous avons tout essayé, les larmes, la pitié, l'honneur, rien n'y fait.

— *Ibaki ! Betam dekemagny !* (S'il vous plaît ! Pitié, nous sommes très fatigués !)

— *Akeberot allé ?* (Vous n'avez pas un peu de respect ?)

Une salve de gravillons répond à notre désespoir. À chaque fois, Sonia me prévient :

— J'ai les oreilles qui chauffent. Rentre la tête. Ça ne devrait pas tarder !

Ça ne manque jamais, incroyable ! Ses pavillons sont des antennes. Elle a des yeux derrière la tête ! Nous traversons le village de Kencho en courant, sans même nous arrêter, marchons tard dans la nuit noire pour rattraper le temps perdu et gagner Beto. Nous frôlons en silence des gens sans les voir, des enfants par dizaines, mais eux non plus ne nous voient pas ; jamais vu une ombre aussi épaisse ; c'est le fantasme de l'homme invisible enfin réalisé, tout juste pouvons-nous éviter les collisions avec des gens venant dans l'autre sens. Va-t-on devoir marcher de nuit jusqu'à Addis ?

Dans Beto, nous trouvons par miracle un professeur d'anglais qui nous raconte le dernier passage d'Occidentaux, il y a trois ans : rétroviseurs arrachés, vitres explosées ; ils n'avaient dû leur salut qu'à la fuite. Bienvenue à Beto ! Terrorisé à l'idée d'un nouvel incident, notre gentil prof nous conduit directement à.... la police. Nous l'interrogeons :

— Pourquoi de tels comportements ? Y a-t-il une pauvreté particulière dans la vallée, un mauvais souvenir des Occidentaux ?

— Pas du tout ! Comme vous avez pu le constater, la vallée est riche, il y a des milliers de vaches, de l'eau à profusion et pas de misère – des pauvres, bien entendu, mais moins qu'ailleurs. Quant aux Occidentaux, nous n'en voyons jamais ; nous n'avons pas de sites historiques, pas de tribus pittoresques, donc pas de touristes ; pendant la guerre, les Italiens ne sont jamais venus jusqu'ici. Il n'y a aucune raison à ces débordements, juste l'excitation... Ce ne sont que des enfants.

L'argument commence à nous chauffer les oreilles. Pas uniquement celles de Sonia. D'autant plus que ces « enfants » ressemblent de plus en plus à des adolescents. Cela fait deux ans que nous vivons toute la journée avec des jeunes Africains et nous n'avons jamais vécu ça. Le Mozambique et le Malawi étaient aussi très pauvres. La pauvreté n'est donc pas un argument. Et puis, sous les pierres, aucun argument ne tient. Les jours se succèdent, ainsi que les bleds dont les noms nous rappellent tous des problèmes, du stress, des tensions : Chala, Gofa, Genda, c'est pour nous toujours le même scénario. Les pères n'ont-ils aucune autorité sur leurs enfants ? Les garçons sont les rois comme partout mais ici ils en profitent pour jouer aux tyrans. Et nulle part où demander de l'aide. Nulle part où se réfugier. Nulle part où poser culotte tranquille.

Voici des jeunes filles, porteuses de canne à sucre ; pas d'école pour elles, apparemment. Elles sont beaucoup plus gentilles... et chargées... Nous essayons de sympathiser, mais le cœur n'y est plus, nous retrouvons vite nos vieux démons, nous sommes blessés. Notre marche est enrayée. Que faire ? Renoncer ? Aller à Addis nous reposer, et revenir ? Non. Ça va aller mieux... Ça ne peut qu'aller mieux.

L'Éthiopie n'est pas encore prête pour accueillir des marcheurs étrangers en dehors des circuits de treks organisés avec guides et porteurs, haltes organisées et villageois rémunérés. Nous savons d'ores et déjà que cela restera le souvenir le plus dur de notre marche. L'exception qui confirme la règle de la bienveillance naturelle dont nous avons été l'objet depuis deux ans. Peut-être fallait-il une exception ? Qui pourrait croire que nous ayons traversé le continent africain sur un chemin semé de roses ?

Dur à tout point de vue. Pas d'hospitalité spontanée. Nous sommes toujours invités « de force » – pour notre sécurité – par des représentants proches ou lointains de l'autorité. Peu d'aide. Beaucoup de moqueries. De la distance. Que nous ne parvenons pas à combler. Jamais ressenti ça sur terre ! Même l'indifférence chinoise est moins douloureuse. Nous sommes la risée permanente. Nous souffrons. Trente personnes hostiles aux basques, c'est dix kilos de plus dans le sac. Épuisant. Le plus grave est que notre marche en devient absurde. Ces comportements enlèvent tout leur sens à nos épreuves. Africa Trek se retourne contre nous. Et pourtant, dans cette déprime, des individus exceptionnels et compatissants, des perles, comme partout, rares : pour conserver l'espoir.

Un jour, à midi, nous nous réfugions sous la route, dans un tuyau de drainage en béton. Anxieux d'échapper aux regards, nous ne remarquons pas, au plafond, des nids de guêpes maçonnes ; nous nous faisons illico attaquer à la tête ; elles ne nous lâchent pas tant qu'elles ne nous ont pas injecté leur venin vengeur. Sonia se recroqueville dans un coin en miaulant tandis que je me débats comme le lion de la fable. Crise de nerfs. J'ai cinq piqûres aux tempes, elle en a deux près des yeux et trois sur la main droite. Cinq partout. Égalité ! Putain que c'est dur. Sans compter la chaleur. Redescendus à mille mètres d'altitude, nous avons retrouvé la brousse sèche. C'est d'ailleurs ce qui nous sauve provisoirement. Il y a moins de monde, moins de villages, la route est plus large, plus droite, nous traçons.

Ce soir, nous plantons la tente dans un paysage de collines vallonnées, inhabitées, enfin seuls sous les étoiles. Mais sans eau. Des camions passent sur la piste. Je vais à leur rencontre avec nos récipients. Un chauffeur s'arrête, fasciné de voir ainsi un étranger jaillir de la nuit. Il est d'Addis. Je lui raconte nos mésaventures tandis qu'il remplit mon bidon.

— Vous savez, répond-il, nous aussi nous recevons des pierres, c'est le sport national. Simplement parce que nous

259

venons d'ailleurs, que nous sommes d'Addis. Nous sommes des Amharas en pays oromo ! Il ne faut pas que vous le preniez mal...

— Ok ! Mais quand même, des pierres, des insultes... C'est pas sympa !

— On ne jette pas que des pierres dans ce pays...

Et de me passer par la fenêtre des petits pains et des oranges. Il repart en me promettant de repasser le lendemain.

Dimanche 8 décembre 2002, en brousse après Salamber Kucha, 710ᵉ jour, 36 km, 8 682ᵉ km

Ce matin, nous sommes superpositifs. Ce que nous a dit ce chauffeur d'hier soir nous a retiré la tonne de culpabilité qui pesait sur nos épaules : ce n'est pas notre faute, nous n'y sommes pour rien, ils font ça à tout le monde. Depuis hier matin, nous n'avons vu personne, ce matin non plus, cette zone aride semble abandonnée des hommes. Quarante kilomètres de répit. La piste s'attaque droit à un nouveau massif. D'autres Éthiopiens, se dit-on. Ça va enfin changer. Et ça change. À part les mouches toujours plus nombreuses, nous traversons des villages sans susciter d'émeutes ni de cris. Soulagement. La montée est belle, l'habitat n'est plus du tout le même : de très hautes et vastes huttes en ogive au chaume très fin, avec, à leur base, comme un nez au milieu d'un visage : le parapet de la porte d'entrée. Un jeune homme nous y convie pour nous donner un verre de lait. Sonia ne se sent plus de joie. Ces gens ne sont pas des Dorzé, même s'ils copient leurs célèbres huttes, mais des Ari. À l'intérieur, la structure de la charpente, noire de suie, monte à plus de dix mètres. L'espace circulaire est divisé en deux parties : la droite, partagée en boxes pour le bétail ; la gauche, aménagée autour d'un petit foyer en argile, pour les hommes. Après ce verre de lait qui fait mentir nos hâtives conclusions, nous reprenons d'un pas léger notre montée. Tyrannie des circonstances, se dit-on, notre expérience est trop subjective et trop limitée. Nous n'avons pas eu de chance, c'est tout. Sur notre droite, vers l'est, très loin dans les nuages, se dresse le mont Gughé, le plus haut sommet de la région. De l'autre côté, au fond du Rift, nous savons que s'étendent les fabuleux lacs Chamo et Abaya, truffés de crocodiles, et que nous ne verrons pas à cause de notre raccourci. Dans les champs en terrasses, autour des maisons, nous voyons nos premiers calaos géants d'Abyssinie. Je m'extasie :

— Ouah! Regarde comme ils sont énormes! La peau de leur visage est bleue comme celle des autruches somalies. Quelle étrange mutation! Les calaos qu'on a vus dans le Serengeti avaient la peau rouge. Tu as vu ce bec, cette incroyable protubérance sur le dessus ?

Ils déambulent gauchement dans les chaumes mais, à mon approche, ils déploient de vastes ailes noires et se laissent sans effort glisser dans la pente. Superbes. Au col, la vue nous coupe le souffle, nous n'avons pas encore eu le loisir d'exprimer à quel point ce pays était magnifique. Le paysage et les contreforts du Gughé sont sculptés de terrasses à l'infini ; autour des maisons, des bananiers font des touffes vertes ; c'en est fini des étendues sauvages. Ici l'homme est maître et possesseur de la nature depuis des lustres. D'une maison perchée au bord du gouffre, on nous hèle :

— *Faranju metachu!* (Hé! Les Blancs! venez!)

C'est proposé si gentiment que nous n'hésitons pas. Une famille nous accueille à l'ombre d'un toukoul immense. Le repos va être idéal. Dans un coin, nous entendons un gémissement. Un jeune garçon se redresse, grimaçant, couvert de mouches et de pansements sales.

— *Lidjotch cheggir allé ?* (L'enfant a un problème ?)

Sa mère siffle entre ses dents, désolée...

— *Deddeb Lidjotch! Dengaï méwerwer!* (Les enfants sont fous! Ils se lancent des pierres...)

« *Dengaï méwerwer* » nous avons appris ce que cela voulait dire... Le gamin a été victime d'un règlement de comptes. Les mouches font de sa vie un enfer ; il n'a même plus la force de les chasser loin de sa bouche et de ses yeux. Elles lui pompent l'humidité à la source. Comme si elles avaient déjà senti la mort. Nous avons pour lui un élan de compassion. Il faut l'aider. Avant toute chose, je déroule lentement son pansement du tibia. L'odeur est pestilentielle, le linge infect. Les mouches deviennent folles. Je découvre l'impensable : la chair est à vif, la plaie en relief, tuméfiée, comme une rondelle de saucisson. La blessure est ancienne mais ne parvient pas à cicatriser dans une telle crasse. Je demande de l'eau chaude, du savon et des linges pour nettoyer. Une petite foule s'est rassemblée. Muette. Mais les mouches ont afflué par milliers. Je demande un peu d'air. Sonia m'apporte la Bétadine, j'en imbibe une compresse stérile que j'applique directement sur le mal. Le gamin serre les dents. Sa souffrance est inouïe. Il bronche à peine. Nous réitérons l'opération au coude et au genou. Avec du linge propre, nous lui refaisons des bandages. Il a le visage salement éraflé mais moins infecté. Je filme la scène pour conserver un témoignage, car on nous suspectera d'avoir exagéré. Voilà ce à quoi nous avons peut-être échappé... La mère ne sait pas comment nous exprimer sa gratitude. Nous lui demandons juste d'utiliser son feu pour préparer notre soupe aux nouilles et un petit coin tranquille pour nous reposer deux heures avant de repartir.

En bas de la pente, il y a Salamber Kucha, un gros bourg.

— On va essayer de trouver un endroit correct ou quelque chose pour se laver, se reposer..., dis-je à Sonia, au risque de faire une entorse à notre règle de ne pas aller à l'hôtel. Je crois qu'il est important de faire un break.

Nous reprenons la route dans la descente, fantasmant sur la perspective d'un bon bain. Dès notre entrée dans la ville, nous tombons sur une foule d'enfants sortant de l'école : la mauvaise heure ! Sur le fronton, il y a une grosse étoile rouge au-dessus des trois portraits de Marx, Engels et Lénine, souvenir de l'influence encore récente des Soviétiques dans les parages. Notre surprise et nos sourires n'ont pas déridé les enfants. Ils se disposent en travers de la route comme pour nous barrer le passage. Nous avançons, l'air de rien. À notre approche, ils lèvent des bâtons, ramassent des cailloux, prennent des postures de karaté, tout cela en rigolant et en chantant le petit air du « *faranj* ». J'essaye de détendre Sonia entre mes dents :

— Non, les enfants ! Malgré mon catogan, je ne suis pas Steven Segal [1] !

Nous essayons de ne pas nous décontenancer et avançons d'un pas égal et souriant. Le barrage s'ouvre, nous laisse passer et nous file le train dans la joie. L'ennuyeux, c'est que notre amharique s'est considérablement amélioré, ces derniers temps et que nous comprenons de plus en plus les insultes qui pleuvent dans cette apparente liesse.

— *Faranj ! Faranj ! Enat Lebda* (fils de pute !)
— *Wusha faranj !* (chien de Blanc !)

---

1. Acteur américain, héros de films de karaté.

Nous essayons de trouver un appui auprès d'adolescents plus âgés ; ils cessent leur partie de ping-pong et se joignent à la horde hilare. Je tente de raisonner la foule :

— *Zimebel ibaki !* (Silence ! S'il vous plaît !)

Je n'ai pas le temps de finir ma phrase que les graviers volent dans notre dos...

— *Hidt white face !* (Dégagez !)

Désespéré, je cherche du regard des adultes, personne ne bouge. Chez les plus vieux ? Un sourire impuissant. Et pas un uniforme à l'horizon. Pas d'infirmier, ce coup-ci, pas de prof d'anglais, personne qui puisse incarner une once de respect... Nous courons pour échapper à ces forcenés. Dans la horde s'élève un nouveau cri :

— *Give me your money !*

Ah ! quand même ! Toutes les leçons d'anglais ne sont pas perdues... Cette fois-ci, chose étrange, ils ne nous suivent pas. Ils ont gagné, ils nous ont chassés de Salamber Kucha. Nous les voyons au loin danser et chanter leur victoire, en travers de la route. Je n'en mène pas large. Sonia a montré un sang-froid incroyable. Mais elle est toute blanche, les mâchoires serrées et les lèvres bleues.

— Désolée ma chérie ! Ce n'est pas ce soir que tu l'auras, ton bain chaud...

— Tu sais quoi, Alex ? Ce que nous venons de vivre me fait penser au jeu débile que tu jouais avec ton cousin sur sa Playstation, Tomb Raider ou Resident Evil, je ne sais plus : on avance de tableau en tableau, on cumule et on franchit les obstacles, on se débarrasse d'assaillants sans cesse plus nombreux, on évite les pièges, on survit, on gagne des vies, des bonus, on repart, on croit qu'on va s'en sortir, mais quoi qu'on fasse, on tombe toujours sur un os. *Game over.* Moi je n'ai qu'un seul but ! Durer le plus longtemps possible. On marchera de nuit, je ne sais pas ce qu'on fera, mais on arrivera à Addis à pied. Rien ne nous fera tricher.

C'est vrai que tous les jours des camions nous proposent de nous emmener vers la capitale, qui est encore à plus de quatre cents kilomètres. Ce matin encore, nos chauffeurs d'hier soir sont repassés avec du pain. Ils étaient très inquiets pour nous. Ils avaient raison. Quel pays insensé où le pire côtoie le meilleur !

Une fois de plus, nous bénissons une nuit solitaire. Quel luxe ! J'ai des scrupules à imposer ce parcours du combattant à ma mie. Elle a l'œil droit un peu poché et sa main gauche est si gonflée par les piqûres de guêpes qu'elle a du mal à la refermer sur son bâton. Elle devrait être en vacances de Noël, comme tout le monde, devant un bon feu, avec un magazine féminin dans les mains, les pieds dans des charentaises. Tandis que j'écris mon cahier, allongé sur un coude, je la regarde couchée en chien de fusil et remarque une longue traînée de larmes qui s'égoutte sur son tapis de sol. Avancer. Quitter ce qui tourne pour nous à l'enfer. Cette négation d'Africa Trek. Dans deux jours Sodo, la capitale régionale du Woleyta ! Sodo ! Sodo ! Vivement Sodo !

À Gassouba, le lendemain, l'inévitable horde se reforme derrière nous. Nous traversons le bled sans dire un mot, sans répondre aux insultes cent fois entendues. Rien. Pas un regard, pas un mot. En fait, on s'habitue à tout. Les pierres se mettent à voler en tous sens, que nous ne pouvons pas voir venir, la plupart dans les jambes ; ça aussi nous en avons pris l'habitude, nous continuons à avancer comme si de rien n'était, mais la gamelle que Sonia porte sur son sac explose sous une pierre plus grosse. Elle se retourne et se baisse pour la ramasser, stoïque, mais ce faisant elle s'expose aux tirs... Je me précipite pour la protéger quand j'aperçois dans le ciel une demi-brique décrire au ralenti une parabole vers sa nuque baissée... Vision d'horreur... Je plonge et l'intercepte de la main droite. Voile noir. Une violente douleur me fait voir des étoiles ; dans mon vol, je m'étale de tout mon long et me relève dans un cauchemar. Jamais vu des gens rire autant. Rictus diaboliques. Ils se fendent la tronche. Fuir ! Il faut fuir ! Nous courons à perdre haleine. Ils ont gagné. Ils nous ont chassés de leur village. C'est encore ce qu'ils voulaient. Un loisir comme un autre. J'ai tout le côté gauche ensanglanté, éraflé par la chute. Le genou, la cuisse et l'avant-bras. Les mouches sont déjà au festin. Mon petit doigt droit est tout bleu, tout gonflé. Cassé. Je boite. Enragé. Humilié. Blessé. Sonia n'a rien. Dieu soit loué !

Après avoir surmonté des charges de rhinocéros, d'éléphants, de lions, les tueurs de l'Alexandra township, la barbarie des *war-vets* du Zimbabwe, le choléra au Mozambique, la famine au Malawi, les lions mangeurs d'hommes de Rungwa, les fièvres du paludisme, les vertiges du Kili, les chaleurs du Natron, les guerres tribales entre Pokots et Turkanas, Dassanetchs et

Hamers, la soif dans les déserts de la mer de Jade, nous succombons, impuissants, aux volées de pierres de mioches de neuf ans agissant sous le regard vaguement complice de leurs parents...

Que fallait-il faire ? Tirer dans le tas avec mes fusées de détresse, utiliser ma bombe lacrymo ? Surtout pas. Nous aurions été instantanément lynchés. Nos joujoux sont à la rigueur opérationnels contre les voleurs et les bêtes sauvages. Pas contre les enfants sauvages. La seule chose qu'il aurait fallu faire, c'était ne pas traverser Gassouba à pied. Mais nous n'avons pas le choix. Tel est notre destin. Il fallait que nous passions par Gassouba...

Le soir, dans un taudis, chez une petite vieille consternée, en larmes de honte, on m'apporte de l'eau pour panser mes plaies. Je suis hors service. Cette affaire ne me déclenche pas une jaunisse mais une fièvre carabinée, avec 42 °C et des claquements de dents. Le grand chelem ! Sonia est secouée de frissons de terreur. Il reste vingt-deux kilomètres pour Sodo. Je délire.

— Sodo ! Maudite carotte après laquelle nous courons depuis notre entrée en Éthiopie ! Sodo de l'enfer ! Plus que vingt-deux kilomètres ! Cette fois-ci je te jure que tu l'auras ton bain chaud... Mais on ne trichera pas !

Nous partons à 5 heures du matin. La campagne est vide. Nous passons devant un kolkhoze abandonné, au silo crevé, à l'éolienne édentée, avec des tracteurs soviétiques en batterie, rouillés et alignés le long de baraquements venus tout droit de Sibérie. Nous prend-on pour des Russes ? Ou bien l'inverse ? Des Américains ? Non, nous sommes des faranj, c'est tout. Quand nos tourmenteurs apparaissent nous mettons en pratique un concept que Sonia a inventé cette nuit à la faveur d'une insomnie : du ghandisme christique ! Elle a tenté de m'expliquer dans l'aube ce qu'elle entendait par là, pour me tenir éveillé et m'encourager malgré ma démarche d'éclopé et ma fièvre :

— Tu te souviens de la non-violence de Gandhi ? Tu le vois affronter seul l'armée anglaise, être pris dans une foule en délire dans les massacres de la partition avec le Pakistan ? Eh bien, toute proportion gardée, ce matin, on va faire pareil, on va marcher tout droit sans réagir à rien, quoi qu'il arrive... Tu vois Jésus ? Son chemin de croix ? Les gens qui lui crachent au visage, le tournent en dérision, sa couronne d'épines, les pierres ?

Est-ce que tu crois qu'il relevait les insultes, qu'il courait après les sales gosses ? Non ! Il leur pardonnait avant même qu'ils lui fassent mal. On va les prendre en exemple ! On va faire les autistes zen !

Après *Forrest Gump* et Patrick Bruel, voici le syndrome Jésus et *Rain Man* ! L'humilité, la souffrance, l'amour, la paix, la pitié, le pardon... Et devinez quoi ? Ça marche ! Nous rallions Sodo sans trop d'encombre ; les mioches sont désarmés par notre ataraxie, nous fixons le sol ou le ciel en exprimant une indicible douleur, comme une pietà ambulante, et les rires s'arrêtent, ainsi que les poursuites... J'en rajoute un peu dans le pathos, j'exagère mon boitement, les gens s'écartent en silence à notre passage. On ne tire pas sur une ambulance. Nous passons comme les rescapés d'une catastrophe, et ça les désarme. Sonia nous a sauvés. Il faut dire qu'avec nos tronches nous n'avons pas à forcer le trait. À peine entrés dans Sodo, nous passons malheureusement devant une autre école (Qu'est-ce qu'on leur apprend, dans ces écoles ?) : la meute se reforme.

— *Faranj ! Faranj ! I fuck you bastard !*

C'est tout le répertoire de De Niro et d'Al Pacino qui y passe, dans les rires de la foule. Mais ça glisse sur notre manteau de douleur comme sur les plumes d'un... canard. Nous trouvons refuge dans le dispensaire de la mission protestante américaine Kale Hewot, où Vic et Cindy Anderson nous sauvent du gouffre moral et physique dans lequel nous sombrons. Quand la porte s'est ouverte sur nous, Cindy s'est exclamée :

— *Good Lord ! What happened to you ?* (Doux Jésus, que vous est-il arrivé ?)

— *You will not believe us...* (Vous n'allez pas nous croire...)

Repos à Sodo, mercredi 11 décembre 2002, 713ᵉ jour, 8 747ᵉ km

Nous passons là quelques jours à cicatriser nos plaies et nos cœurs. Il faut d'abord tirer au clair cette étrange fièvre. Mary, le médecin de la mission, est tout de suite venue me faire un prélèvement sanguin. Elle revient peu après avec le verdict :

— Malaria cérébrale. Un *falciparum* corsé ! Vu votre état de choc et votre faiblesse générale, si vous ne vous étiez pas arrêté ici, vous auriez pu être emporté en trois jours...

Elle est en Éthiopie depuis vingt ans et s'est spécialisée dans les traitements antipaludéens. Elle se félicite que nous ayons avec nous nos traitements de di-hydro-artémisinine, médicament que j'avais testé lors de ma première crise de palu, à Mitundu[1] :

— Vous connaissez l'histoire de la di-hydro-artémisinine ?

— Oui. C'est un médicament chinois...

— Vous savez de quoi on le tire ? Vous voyez ma plantation de fleurs orange, là, dans le jardin ? Celles qui ressemblent à des gerberas ? Eh bien voilà ! C'est ça qui sauve les vies ! C'est aussi simple !

— Comment ça ?

— Cette fleur s'appelle l'armoise amère. Je fais une simple tisane avec les pétales séchés et je sauve des gens par centaines...

— Et aucun laboratoire occidental n'a trouvé ça ?

— Héhé ! Vous mettez le doigt sur le problème ! Cette molécule est connue des Chinois depuis 1975. Ils l'ont découverte en soignant les blessés vietcongs rapatriés du Vietnam. Ce médicament a eu le malheur d'être inventé par des communistes en pleine guerre froide : cela fait trente ans qu'il y a un embargo dessus... Les Chinois ne demandent rien à personne et soignent toute l'Asie avec. Les Indiens l'ont copié, il n'y a plus que nous qui nous obstinons. Pour le malheur de l'Afrique... Le vrai problème, en fait, c'est que ce médicament ne coûte rien alors que les traitements modernes développés péniblement par nos laboratoires coûtent les yeux de la tête. Entre un dollar et cent dollars, vous choisiriez quel traitement ? D'autant plus que celui à un dollar marche beaucoup mieux, vous l'avez testé vous-même n'est-ce pas ?!

— Mais l'OMS, les organismes internationaux... ?

— C'est là qu'est l'immense scandale, vous allez voir, cette histoire va bientôt nous péter à la gueule. Ils ont mis trente ans à s'intéresser à cette molécule ! J'aimerais qu'on me dise pourquoi. Moi, par exemple, je dépends des organismes internationaux pour mon approvisionnement en médicaments. Vous le savez, l'Éthiopie est sous contrôle sanitaire de très nombreux

---

1. *Cf.* tome I, p. 379.

organismes. Et comme la di-hydro-artémisinine n'est pas reconnue officiellement, je n'ai pas le droit de l'importer...

— Mais qu'est-ce qu'ils avancent comme raisons pour la rejeter ?

— Oh ! que les tests n'ont rien prouvé, qu'ils sont toujours en cours, que ce sont des protocoles très lourds et très longs à mettre en place, qu'il faut la synthétiser, que c'est une molécule très complexe...

Nous sommes bouche bée. Comment des enjeux aussi importants peuvent-ils être bloqués par des intérêts si piètrement marchands ? Mais Mary positive :

— Remarquez, je me débrouille quand même, avec mes plantations. Mais vous allez devoir boire un litre de ma tisane par jour, et c'est vraiment très mauvais...

Je me remets de ma malaria en quarante-huit heures. Comme à Mitundu. Ça relève du miracle. En effet, ce médicament est vraiment dangereux pour l'Halfan, le Lariam et nos autres merveilles [1] !... Trois cents enfants par jour meurent du palu, en Afrique. Combien, depuis trente ans ? Nous allons dîner chez Vic et Cindy. Ils ont adopté deux petits Éthiopiens. Jérusalem, une fillette de douze ans d'une maturité exceptionnelle, Philip, neuf ans, beaucoup plus turbulent... Vic, très gentiment nous demande :

— Depuis quand n'avez-vous pas parlé à vos parents ?

— Par téléphone, il y a près de deux mois et demi, à Nairobi, mais on a pu leur faire passer des nouvelles par Louise Leakey, à Koobi Fora. Je suis sûr que ça leur ferait plaisir d'apprendre que nous avons pu passer cette frontière et que nous sommes sains et saufs...

Nous les appelons ; ils nous confirment leur visite pour Noël, à Addis. Enfin une bonne nouvelle ! Vic et Cindy sont pétrifiés par nos récits. Ils ne se déplacent qu'en voiture. Ils reçoivent des pierres de temps à autre, mais rien de tel. Sur le terrain, ils sont toujours encadrés par des guides, des traducteurs,

---

1. Depuis notre retour, la situation semble se débloquer pour la di-hydro-artémisinine. Sa reconnaissance officielle comme thérapie complémentaire par l'OMS a eu lieu quelques mois à peine avant notre passage à Sodo, en avril 2002. Mais l'information n'était pas encore parvenue jusqu'à Mary. Sa production a été confiée à deux laboratoires occidentaux. La presse n'a commencé à en parler qu'en 2004 avec des déclarations fracassantes, faisant passer le mérite de la découverte à ces mêmes laboratoires... En Chine, le médicament est en fait connu depuis deux mille ans. En France, Médecins sans frontières a été à la pointe du combat pour sa reconnaissance.

des paroissiens, et sont toujours très bien reçus partout. Ils ont vraiment du mal à nous croire.

— Mais qu'est-ce que vous faites pour mériter ça?

La question nous transperce le cœur. Nous savons déjà qu'elle va nous être posée des centaines de fois. Car il faut bien une raison à de tels comportements... Pas une déraison.

— Rien, nous ne faisons rien, et quoique nous fassions, c'est pire.

— Mais pourquoi alors vous obstinez-vous à marcher, à prendre de tels risques ; moi, j'aurais pris une voiture ou un camion dès le premier village ! Vous ne seriez pas un peu maso... ?

Maso ? Oui peut-être... Alors, c'est toute notre marche qui est maso. Africa Trek est maso, nous masochisons sans le savoir...

Révélation à Sodo : nous sommes maso !

Nous tentons alors de leur expliquer que nous ne voulons pas tricher avec l'espace, avec le temps, avec le fil de notre marche, avec le sens que nous avons voulu lui donner, avec toutes les promesses et toutes les prières dont nous sommes porteurs, avec le souvenir de nos « sauveurs d'un jour » qui nous ont accueillis justement parce que nous marchions. Tous ces gens qui ne peuvent pas tricher avec leurs conditions de vie, qui ne peuvent pas prendre des bus ou des expédients pour s'épargner des souffrances. Endosser la condition des Africains, ça paraît snob, dans la bouche d'un Occidental, mais, pour nous, ça veut dire, depuis deux ans, vivre sur les mêmes pistes, sous le même soleil, dormir sur le même sol, se gratter les mêmes puces, c'est manger la même nourriture, c'est encourir les mêmes risques, les lions, les maladies, c'est endosser les mêmes souffrances, la faim, la soif, la crasse, et... les pierres... sachant que tous, de toute façon, souffrent au centuple, et que notre marche c'est de la rigolade aux yeux de ce qu'ils endurent tous les jours, toute leur vie. Alors que nous, nous avons le choix. Et que nous l'avons fait ce choix. Et qu'il faut l'assumer. Voilà des éléments de réponse pourquoi nous préférons encore prendre des pierres qu'un camion... Même si ça fait mal... Pour eux tous, nous ne pouvons pas tricher, ne serait-ce que dix mètres. S'ils souffrent, nous devons souffrir. La raison de ces pierres ? La preuve de leur souffrance.

— Ça vous plairait de voir un film au magnétoscope ?

Sonia s'exclame :
— Oh! oui! Ça me manque terriblement un bon film!
— Je viens d'en recevoir un nouveau. Ça vous dit *Gandhi*, avec Ben Kingsley?

Trop fort! Les anges se fendent la poire avec nous! Sonia reste coite, la bouche ouverte... Vic s'inquiète et me regarde :
— Quoi? Qu'est-ce que j'ai dit?...

Mourassa, lundi 16 décembre 2002, 718ᵉ jour, 45 km, 8 832ᵉ km

Après Sodo, nous avons 354 km à parcourir en neuf jours pour être à l'heure au rendez-vous de Noël à Addis. C'est simple, nous devons faire une moyenne de 39 km par jour... C'est pas gagné. De toute façon, nous n'avons plus trop envie de nous attarder. Le chemin sera rude, mais la carotte est particulièrement belle.

Un jour, en fin d'après-midi, nous traversons un village. C'est le jour du marché. Des centaines d'hommes sont rassemblés sur notre gauche, en contrebas, assis parmi leur bétail ou leurs sacs de récoltes, accroupis devant leurs oignons ou leurs œufs. Ce n'est pas très animé, ça sent la fin de journée. Nous sommes en altitude, il fait froid, ils sont tous drapés dans des chamas vertes. Selon notre nouvelle habitude, nous passons en prenant garde de ne pas attirer l'attention, tête baissée ou tournée pour n'accrocher aucun regard. Il y a quelques jours Sonia a inventé un autre truc : la conversation passionnée. Nous nous parlons les yeux dans les yeux, très absorbés, et faisons abstraction de ce qui se passe autour de nous. Nous n'offrons ainsi aucune prise, saluons affablement les rares personnes qui nous saluent pour interrompre notre conversation. Ça les désamorce. Ça les satisfait.

Tout semble aller pour le mieux quand un cri retentit : *Faranj!* Repris en écho par la foule. Toutes les têtes se redressent et se tournent vers nous. Nous saluons de la main avec un grand sourire et continuons d'un même pas. Trop tard, nous ne leur échapperons pas; de partout jaillissent des enfants, des ados, des adultes, nous vidons le marché : c'est trois cents personnes qui s'accrochent à nos basques, et le malheureux scénario tant redouté se répète. Et, en fin de journée, on est moins patients. Des gamins s'agrippent à nos sacs, nous bousculent, s'amusent à nous déséquilibrer. Ça pourrait être amusant dans d'autres circonstances. Pas là. Quand nous nous retournons, nous prenons peur : la route, sur une profondeur de plus de cent mètres est noire de cette foule qui nous suit, sans cesse plus menaçante, sans cesse plus bruyante ; certains veulent nous arrêter, d'autres nous chasser – conflit d'intérêts ; les bâtons se lèvent. Peur panique, nous nous mettons à courir, ils se mettent à courir, les coups de bâton pleuvent sur nos sacs, le choc sourd est terrifiant, nous prenons le mors aux dents, c'est la fuite en avant, désespérée, le paysage défile, les arbres, les maisons, les témoins. Soudain, devant nous, une vieille dame sur le pas de porte d'un toukoul massif. Elle a tout vu. À notre approche, alors que pleuvent les premières pierres, elle nous intime d'accélérer avec sa petite main : « Vite ! Vite ! Rentrez vous mettre à l'abri ! » Nous nous engouffrons comme une tornade ; elle referme la porte puis, d'un même geste, un lourd battant. Nous suffoquons, hors d'haleine, pétrifiés, incrédules. Les pierres ricochent sur la porte. La vieille femme crie et invective les assaillants à travers les murs ; la foule lui répond et vocifère : « *Faranj! faranj! white face! wusha faranj! You! You! Youyouyou!* » refrain connu. Je tremble de toutes mes guibolles. Sonia est ravagée. La pluie se met à tomber. « Alléluia ! » se dit-on, elle va disperser la foule...

La pression retombe peu à peu. Le calme semble se rétablir. Par une porte de derrière, les deux grands fils de la vieille dame viennent aux nouvelles, déférents et précautionneux. Nous tentons d'expliquer calmement le pourquoi de notre présence. Soudain, un pieu crève le torchis du mur à la hauteur de ma tête en projetant de la terre dans mes yeux. L'horreur. À quarante centimètres près j'étais empalé. Un autre pieu essaye de démonter le toukoul en faisant levier. Sonia hurle. Les deux fils poussent des cris de fureur et ressortent par-derrière avec de longs fouets que leur a tendus leur mère. Entre-temps, un gamin grimpé sur le toit arrache un pan de chaume et apparaît sur le ciel crépusculaire : il tient à la main une pierre, que j'évite d'un bond vers un angle mort. Ils veulent notre peau. On va se faire lyncher... La vieille jette un bol d'eau usée à la figure de l'assaillant ; il décroche en riant comme un diablotin. Déjà dehors, les deux fils font claquer les fouets en déclenchant les rires. C'est un jeu. Par folie. Par vice. Je jette un coup d'œil dans la meurtrière qui a failli me tuer pour suivre les opérations. Les deux mecs sont efficaces. Ils ne reçoivent pas de pierres. Ils menacent du doigt. La horde reste à distance des fouets, puis peu à peu se disperse, goguenarde, la pluie faisant le reste. Les deux fils reviennent en riant. Vachement drôle... Nous ne pouvons pas rester une minute de plus dans ce village. Ils veulent nous retenir, tentent de nous rassurer en nous garantissant que tout est fini, qu'il fait nuit dehors, que c'est dangereux la nuit à cause des hyènes...

— *Bezu Jib !* (Beaucoup de hyènes !)

En effet. Beaucoup de hyènes... Nous revêtons nos capes de pluie.

— *Enhid. Erdata Ibaki, sost kilo becha !* (Allons-y ensemble, aidez-nous s'il vous plaît ! seulement pour trois kilomètres !)

Ils acceptent. Nous saluons notre sauveuse chaleureusement et sommes absorbés par la nuit. Elle se souviendra longtemps de nous. Quel terrible souvenir nous lui laissons. Tard dans le soir d'encre humide, encadrés par nos deux gardes du corps, nous glosons sur de tels comportements. Car ce n'est pas de la haine motivée par des raisons politiques ou conjoncturelles liées à l'actualité, ce n'est pas parce que nous incarnons l'Occident honni – tout cela se fait dans la joie et la bonne humeur – c'est parce que nous sommes nouveaux et différents. C'est de la pure connerie. L'expression la plus simple de la xénophobie, aveugle et sourde, bestiale et moutonnière. Comme toujours, Sonia positive :

— En fait, c'est très formateur d'être victime de racisme. Ça arrive si peu à des Blancs ! Ça nous permet de comprendre la douleur de ceux qui le vivent, chez nous, à cause de nos semblables...

Un ange. Quelle chance de l'avoir à mes côtés ! Alors que moi, en mâle impénitent, je fantasme de pouvoir tenir un de mes agresseurs entre les mains, rien qu'un, et de me le payer.

Finalement, nos deux gardes du corps nous quittent et s'en retournent sur ce salut traditionnel :

— *Exabir yerda !* (Que Dieu vous protège !)

— *Amességuenallo lé hullu. Exabir yestellen.* (Merci pour tout. Dieu vous le rendra.)

Nous continuons seuls, sous la pluie, dans le noir. Marcher, marcher pour conjurer l'angoisse, exorciser le cauchemar. Tant que nous marchons nous vivons... Abattre l'un après l'autre ces kilomètres qui nous séparent d'Addis. Après quelques instants, je me retourne. Il m'a semblé entendre un bruit ; un homme dans la force de l'âge nous suit. Un policier ? Nous poursuivons. Peu à peu, l'écart se réduit. Il est plus léger que nous. Redoutant le pire, nous gardons nos gazeuses à portée de main. Le type nous rattrape, nous dépasse, nous sourit paisiblement, l'air contrit :

— *Enider bété* ! (Bienvenue dans ma maison !)

C'est le « *Karibu* » éthiopien. « *Enider* » : bienvenue. La première fois que nous l'entendons dans ce pays. L'homme a suivi toute la scène. Il sait notre angoisse. Sa maison est bientôt là. Il congédie les curieux. Il a compris que nous avions besoin de calme. Il étend des nattes propres dans son grand toukoul, nous fait asseoir sur des tabourets près du feu. Met de l'eau à chauffer. Tout se fait en silence. Il ne parle pas. Nous ne parlons pas. Nous nous laissons faire, les yeux rivés sur les flammes, entre ses mains. Tout d'un coup, il vient vers moi, s'agenouille et entreprend de me défaire mes lacets. Je tente de l'arrêter, mais d'un geste plein d'amour il désarme ma pudeur. Je connais l'état de mes chaussettes et de mes pieds. Il continue, verse de l'eau tiède dans une bassine, me déchausse, retire mes chaussettes méphitiques et prend mes pieds collants délicatement, les pose dans la bassine, puis, l'un après l'autre, les savonne, les masse, les frictionne, en remontant le long du mollet noir de poussière, ce qui m'arrache des cris de douleur. Avec la crasse et les crampes, avec les tensions et les cals, c'est toutes les sanies du jour qui sont rincées à l'eau lustrale dans les lueurs du foyer, sous la main de ce saint homme. Ersumo Kabamo. C'est son nom. Il est notre sauveur de ce soir. Son geste met en pratique une vieille tradition copte éthiopienne inspirée de la scène du lavement des pieds. « Tu vois cette femme, dit Jésus au Pharisien scandalisé que son hôte de marque se laisse toucher par une pécheresse, je suis entré chez toi et tu ne m'as pas versé d'eau sur les pieds ; elle, elle les a mouillés de ses larmes et essuyés avec ses cheveux. Je te le dis, si ses nombreux péchés sont pardonnés, c'est à cause de son grand amour. Mais celui à qui on pardonne peu montre peu d'amour. »

Quand il a fini, Ersumo m'attrape le pied, l'élève vers sa bouche et m'embrasse révérencieusement le gros orteil.

Éthiopie, pays biblique par excellence, où l'on se fait lapider et baiser le pied dans la même journée, parmi les démons et les saints, dans la fureur et le recueillement.

Le lendemain, nous gagnons Hosaïna, la capitale du pays gouraghé. Tout se passe bien ; Ersumo nous a libérés de nos craintes. Mais nos corps portent les stigmates de nos excès. Nous avons mal partout, Sonia à la hanche et au genou droit, moi au petit doigt, au dos, à la voûte plantaire et aux ligaments intérieurs croisés. Nous aurions bien besoin d'un rebouteux... Devant un boui-boui où nous nous sommes arrêtés pour un *chaï-dabo* [1], Sonia glisse sur des graviers et s'étale de tout son long. Trois hommes se précipitent pour la relever. Pas un rire... De la compassion. Pas un cri... Un comportement normal. Quel choc, pour nous ! Nous repartons tout ébaubis. Dans la ville, alors que nous marchons dans l'effervescence des échoppes, un cri retentit derrière nous :

— *I love you !*

Cette fois-ci, pas de « *faranj ! faranj !* », comme si Ersumo avait passé le mot à la ville entière, comme si le saint avait lancé devant nous une légion d'anges... Nous atterrissons chez des bonnes sœurs cisterciennes qui tiennent la plus grosse école de la ville. À l'infirmerie, je me constitue un plâtre pour mon doigt avec des cure-dents et de l'Élastoplaste. Le père Woldé Tensaï nous reçoit.

— Nous étions beaucoup plus nombreux avant, mais les pères érythréens ont dû quitter le pays en 1994, juste après la partition. Ça a été un drame pour le pays car des millions d'Érythréens déplacés avaient refait leur vie ici, et beaucoup d'Éthiopiens vivaient en Érythrée. Aujourd'hui, la frontière entre nos deux pays est fermée et la tension monte.

En quittant Hosaïna, nous redescendons aussitôt dans le Rift et pénétrons dans la région du Silté, peuplée d'Éthiopiens musulmans venus jadis d'Harar. Vic et Cindy, en bons Américains, nous avaient prédit le pire si nous nous aventurions dans ces contrées. Nous demandons au père ce qu'il en pense.

— Rien à craindre ! Ce sont des gens très doux et hospitaliers. Et si, en plus, vous leur dites que vous allez jusqu'à Jérusa-

---

1. Un thé et du pain dans les échoppes.

lem, vous n'aurez aucun problème. Dans notre pays, l'insécurité ne vient pas des minorités. Ces dernières se tiennent à carreau...

Marche forcée. Nous sprintons. 41, 39, 46 kilomètres, les jours se suivent sur une route chinoise en travaux, sans anicroches. Le père avait raison, les gens du Silté que nous croisons sont affables, polis, hospitaliers, leurs garçons bien élevés et respectueux. Fonko, Amberitchu Atchamo, Kibet, Butajira, Gogetti. Nous fonçons, de la pique du jour au crépuscule, allons droit vers les écoles que nous fuyions il y a peu, demandons une salle de classe aux professeurs pour y dresser notre tente et un peu d'eau pour notre soupe aux nouilles que Sonia agrémente de tomates et d'oignons achetés en chemin. Dans les bouis-bouis, des inconnus barbus en calot blanc et *saroual-kamiz* [1] règlent pour nous en secret nos chaï-dabo après nous avoir entendus parler de notre voyage. Nous sommes maintenant capables de tenir près d'une demi-heure de conversation en amharique, ménageons nos effets devant l'assistance des cafés, les fameux *bunna bet* [2], racontons les enfants intenables du Woleyta et les pierres qui volent aux adultes honteux, qui en profitent pour chasser à grands coups de houssine des enfants attroupés qui commencent à chahuter... Pas de ça ici ! Dans l'islam, les enfants sont bien tenus. Nous sommes abordés par un policier en civil qui a suivi l'exposé de nos déboires ; cauteleux, il nous conseille de ne rien raconter. Il conclut :

— C'était pour vous montrer leur affection...

Je ne sais pas ce qui me retient de lui montrer mon affection, à cet hypocrite. Neuf kilomètres avant Haro, dans une montée boueuse labourée par des Caterpillar, nous passons notre neuf millième kilomètre depuis le cap de Bonne-Espérance. Nous célébrons l'événement en dessinant le chiffre dans la terre fraîchement damée à l'aide de petits cailloux blancs. Ça nous amuse d'imaginer que, dans quelques jours, ils seront recouverts de goudron à tout jamais. Nous filmons la scène. Chaque fois, nous essayons de varier le rituel. Juste avant Addis, à nouveau en zone orthodoxe, nous renouons avec nos bons petits diables et leurs jets de pierres. Nous sommes à Melka Kunturé, haut lieu de la paléoanthropologie mondiale, un des berceaux de l'humanité...

---

1. Tenue universelle des musulmans : pantalon large de coton fin recouvert d'une chemise à longs pans et col Mao.
2. Littéralement : « maisons du café »

Nous ne nous y arrêtons même pas. Taillées il y a un million six cent mille ans ou volantes, au diable les pierres ! Elles ne nous atteignent plus. Malgré l'échauffourée dont nous maîtrisons maintenant quelques ressorts, un jeune polio marche avec nous. Comme Sonia boite à cause de ses genoux et de ses hanches, comme je claudique à cause de mes voûtes plantaires enflammées, j'ai d'abord cru que c'était un moqueur ; la moutarde me montait déjà au nez quand je me suis rendu compte que son handicap était réel. Les deux faranj boiteux et le polio. Nous sommes la risée du public. De toute part, fusent comme des rafales de mitraillette les « *birr, birr, birr, money-money-money, youyouyou !* » C'est comme un prurit déclenché par notre simple apparition. Un mioche pousse l'humour jusqu'à lancer ce cri du haut d'un arbre où il taille des branches : pie bavarde !

Notre courageux marcheur est un jeune musulman. Hussein Rachid. Il parle un anglais impeccable. Il comprend tout. Notre projet, notre marche, notre démarche, nous raconte son pays, ses problèmes, nous révèle une profonde sensibilité et une incroyable maturité.

En quittant Jewé, quarante-cinq kilomètres avant Addis, un type nous hèle. Cela nous arrive mille fois par jour. Nous ne faisons pas attention. Nous continuons. Il persévère. Dans ces cas-là, nous faisons la sourde oreille. C'est la meilleure façon de décourager les importuns. Bien mal nous en prend. Un gros lard à tête carrée me rattrape, me fout par terre en hurlant et me colle un gros calibre sur la tempe. Je n'ai rien vu venir. Il fait passer une balle dans le canon en attrapant le capot coulissant de son arme. Sonia tente de l'arrêter, il la met en joue. Il met ma femme en joue. Vision d'horreur. On va se faire buter aux portes d'Addis en plein jour. Le type est furax et aviné, il bave, il crache de rage les yeux rougis par l'alcool.

— *Bolis ! Méché malet kum ! Kum no ! Faranju temessasié !* (Police ! Quand je dis stop, c'est stop, même pour les Blancs !)

Un fou furieux. Bourré de surcroît.

— *Yikerta, alawekum ! Algebanyem ! Aznallo.* (Pardon, je ne savais pas que je faisais quelque chose de mal. Je n'ai pas compris, désolé.)

Il se calme, me redresse, me toise, range son flingue, commence son interrogatoire. Je ne connaissais pas le mot *kum*.

Grave erreur. Et il n'avait pas prononcé le mot « police ! ». Comment mourir sur un malentendu. Il a une tête de boucher, le cheveu ras, un blouson de cuir noir. Un flic en civil. Il désigne mon glaive massaï :

— *Mende no ?* (Qu'est-ce que c'est ?)

Nous lui racontons l'Afrique.

— *Olalem Massaï no, ke Kenya, mekinyatoum African beggir akwaratellen, hulett amet beggir bicha, hullu beremidja, makina alfelegem, wodekat mesrat, Ethiopia sementenya agerachen no...*[1]

Il se détend, reprend ses esprits, et nous les nôtres, nous enchaînons sur la marche, les lions, la frontière, les gamins, les pierres, lui montrons notre lettre officielle, nos passeports... Il change de face aussitôt, comme un Janus fou, secoue la poussière sur ma chemise, éclate de rire et m'attrape par l'épaule pour me conduire boire un verre avec lui. Je fais mine de décliner, c'est tout juste s'il ne me soulève pas du sol. Pas envie de le contrarier deux fois. Dans le bunna bet, les témoins font comme si de rien n'était. Ce type règne visiblement par la terreur dans les parages. Il offre, avec notre argent, une tournée générale de *tedj*, le fameux hydromel éthiopien, auquel nous n'avons pas encore eu l'occasion de goûter. Pour cette première fois, il a un goût légèrement amer...

Le lundi 23 décembre à 15 heures, après un sprint dans un tunnel mental avec la lumière au bout, nous foulons de nos pieds boiteux sur le *ring road*[2]. Nous avons gagné. Nous sommes à Addis. À l'heure. Libérés.

Un conseil, notre expérience nous conduit à penser qu'il vaut mieux ne pas venir pour l'instant en Éthiopie en routard, et surtout pas en marcheur indépendant, ni en cycliste ; qu'il vaut mieux payer le prix, offrez-vous un bon tour-opérateur, il en existe maintenant pour presque tous les prix : venez en touristes ! C'est d'ailleurs ce que nous allons faire, puisque mes parents viennent nous offrir quelques vacances dans le nord historique du pays, hors de notre route – en voiture. Ah ! Les grandeurs de la civilisation éthiopienne ! Enfin !

---

1. C'est un olalem massaï du Kenya, parce que nous traversons l'Afrique à pied, ça fait deux ans que nous marchons, intégralement, chaque pas, nous refusons les voitures, nous faisons ça pour rencontrer les gens, l'Éthiopie est notre huitième pays...
2. Boulevard périphérique.

21

Lucy in Addis with diamonds

Pendant quinze jours, nous visitons les trésors historiques éthiopiens en commençant ce florilège par un vol. *Ex abrupto*, nous nous retrouvons sur la quiétude du lac Tana, voguant vers le monastère de Kebran Gabriel niché dans une île mystérieuse. Au retour nous découvrons les chutes de Tississat, les mythiques sources du Nil Bleu. Puis c'est Gondar, l'impressionnante cité fortifiée qui rayonnait jusqu'à Rome et commerçait avec l'Inde. Ses bains de Fasilades, son église au plafond orné de légions d'anges, nous font entrer peu à peu dans un autre monde : celui du tourisme. Il est fait de visites de vieilles pierres, de nuits confortables, de bons repas et d'absence de contacts avec les populations. Il y a toujours un chauffeur, un ticket d'entrée ou un cerbère pour les tenir à distance. Ce confort se paye comme notre inconfort se payait. Le tourisme, c'est plus cool que la marche. Les jours se suivent et accumulent les trésors : l'escarpement du Simien et ses babouins Géladas, les splendides obélisques d'Axoum ; ville dont le passé remonte aux amours de la reine de Saba et du roi Salomon, et qui recèlerait l'arche d'alliance... Notre voyage en voiture se déroule comme du papier à musique. Vers l'est, c'est le Tigré et ses dizaines d'églises troglodytes nichées au sommet de pics vertigineux et décorées de fresques antiques : Petrus et Paulus, Maryam Korkor, Abuna Yemata Guh ; autant de paradis pour les anachorètes. Quelques tours de roues plus tard, nous arrivons à Lalibela, la « Jérusalem éthiopienne », en plein Noël orthodoxe. Des milliers de pèlerins animent la ville sainte d'oraisons et de danses sacrées. Douze églises monolithes, miracles d'architecture, déclinent dans la pierre la foi chrétienne, du tombeau d'Adam au Golgotha en passant par la maison du Sauveur du monde ou la chapelle de la Trinité... Visiter l'Éthiopie en touristes nous fait passer de l'un à l'autre de ces trésors, dans un émerveillement sans cesse renouvelé, d'hôtel en hôtel, de site en site, à traverser sans encombre des foules mendiantes en prenant leur geste de la main pour des saluts amicaux et leurs jets de pierres pour des graviers soulevés par les roues... C'est un voyage inoubliable. De quoi se réconcilier, s'il en était besoin, avec le pays. Il faut s'y précipiter [1].

De retour à Addis après nos digressions touristico-culturelles, nous nous plongeons à plein temps dans l'écriture de la deuxième partie de notre premier livre entamé à Nairobi et retraçant nos pas du Cap au Kili. J'ai le dos très salement coincé : lumbago. Douze jours de voiture après deux ans de marche ont eu raison de mes vertèbres lombaires... un vrai petit grand-père. Très dangereux, la voiture !

Malgré cela, il est un rendez-vous que nous ne pouvons pas manquer : celui avec Lucy, notre vénérable ancêtre ou lointaine cousine, qui dès sa découverte en 1974 par l'équipe de Donald Johanson à laquelle participait Yves Coppens, attira les feux des projecteurs sur l'Éthiopie comme un des nombreux berceaux potentiels de l'humanité.

Pour nous la présenter, nous avons la chance de retomber sur une équipe de scientifiques français dirigée par le professeur Henri de Lumley, du musée de l'Homme. Nous les avions ratés de peu dans le Sud éthiopien, juste après notre passage de la frontière kenyane en territoire dassanetch : nous étions passés sans le savoir à cinq kilomètres de leur site de fouille de Fadjej, cinquante kilomètres avant Omo Raté. Ils nous avaient dépassés six jours plus tard sur la piste du nord, juste après Diméka, et nous avions bafouillé en pleine brousse des bribes de surprise et d'admiration réciproques. Les revoilà, cette fois à Addis, pour étudier leurs découvertes. Le professeur Carbonnell, célèbre spécialiste espagnol des néandertaliens des sites de Gran Dolina et d'Atapuerca est parmi eux. Vincenzo Celiberti, Italien adopté

---

1. Avant ça, vous pouvez retrouver le détail de ces merveilles culturelles sur notre site www.africatrek.com.

par la France et chercheur à Tautavel, nous présente l'objet de leur recherche :

— Nous sommes venus comparer nos trouvailles de Fadjej avec des outils d'un autre site du Nord éthiopien, le site de Cadagona, qui a livré des outils extraordinaires, mais un million d'années plus anciens. Cela va peut-être nous permettre d'en déduire la permanence des techniques des industries lithiques ainsi que leur transmission et leur influence sur l'alimentation de nos ancêtres.

Dans les sous-sols du musée d'Addis, nous avons la chance de pouvoir filmer une réplique parfaite de Lucy (l'originale étant conservée dans une chambre forte inaccessible). Elle gît là sous les projecteurs, sur un écrin de velours noir, extraordinairement complète hormis la calotte crânienne. Petite, aux bras un peu trop longs pour nous ressembler vraiment, mais à la main étonnamment moderne, libérée de la quadrupédie, capable de saisir des objets, des fruits, et de les emporter en lieu sûr. Vincenzo, en bon Italien, nous parle d'elle comme d'une amante et d'une mère.

— J'ai grandi avec elle, je n'ai cessé de l'imaginer toute ma vie, de lui prêter des comportements au regard de sa morphologie et de ses capacités, de la replacer dans son contexte faunique, de faire parler les fossiles autour d'elle, c'est une relation fantasmatique que j'entretiens avec elle depuis vingt ans. Il y a tant d'énigmes encore non résolues. On ne sait pas encore, par exemple, si elle utilisait des outils ; on croit que non, car aucun *chopping tools* [1] n'a encore été retrouvé associé à des restes d'*Australopithecus afarensis*. Il faut savoir que Lucy n'est pas le seul spécimen découvert de cette espèce : une famille entière a été retrouvée, sans doute elle aussi noyée alors qu'elle tentait de traverser une rivière, ou morte d'une épidémie foudroyante. Mais ce qui est précieux, chez Lucy, c'est qu'elle a été aussitôt ensevelie dans la vase et épargnée par la dent des charognards, qui sont de grands fossoyeurs de fossiles potentiels. En deux jours, il ne reste plus rien d'un animal de la taille de Lucy, tout est éparpillé, mangé, broyé, dilapidé par des vautours et des hyènes. Or, à cette époque, il y avait une espèce de hyène deux fois plus grosse que celle d'aujourd'hui, sans parler des tigres à dents de sabre...

---

1. « Outils tranchants » : terme utilisé en anglais dans le jargon des spécialistes.

Un ange passe. Une peinture de smilodon [1], sur le mur, nous fait frissonner d'effroi. La petite et frêle Lucy n'en devient que plus sympathique et courageuse à nos yeux. Vincenzo reprend son exposé.

— Ce qui nous rapproche foncièrement de Lucy, c'est son bassin et la forme en T de sa tête de fémur qui trahit une bipédie bien assurée même si, aujourd'hui, elle nous paraîtrait un peu gauche et déhanchée.

Nous saluons avec respect notre chère Lucy, dans les pas de laquelle nous marchons depuis si longtemps, et nous repensons aux empreintes de Laetoli, que nous avons croisées il y a plus de deux mille kilomètres... Sans doute laissées par un membre de sa grande famille, et qui lui sont contemporaines à deux cents mille ans près [2].

À Addis, nos amis Jean-Claude et Amaretch Guilbert nous ont accueillis chez eux et nous squattons non sans scrupules le salon sur leur propre matelas dont ils se privent pour dormir à-même leur sommier, et que leurs fils Matthias et Abel convertissent *ipso facto* en trampoline. Le rendez-vous a été pris il y a près de trois ans. Nous y sommes enfin, et chez les Guilbert, une parole donnée est une parole éternelle. Jean-Claude, ancien journaliste de renom, est actuellement plongé dans l'écriture de ses *Sept Portes* : un recueil de souvenirs et d'aventures partagées avec Hugo Pratt dont il est aussi l'héritier littéraire car il doit reprendre la série des *Scorpions du désert* et continuer à faire vivre le capitaine Koïnski dont il a été le modèle. Après cela il enchaînera sur une grande saga historique éthiopienne en plusieurs volumes et sur le guide Corto Maltese de l'Éthiopie... Du pain sur la planche !

Entre ma chaise ergonomique prêtée par Jean-Baptiste Chauvin, attaché culturel de l'ambassade, et mes bains thérapeutiques dans les thermes du vieil hôtel Finfiné créés par l'impératrice Taïtou, mes vertèbres lombaires se remettent peu à peu. Quand elles me pèsent, je quitte mon petit bureau bleu ciel aménagé au calme dans une dépendance et vais me plonger,

---

1. Tigre à dents de sabre.
2. Pour ceux qui veulent en savoir plus sur le travail de l'équipe du professeur de Lumley, vous pouvez retrouver la suite de notre enquête paléoanthropologique sur www.africatrek.com

allongé, dans l'intégrale de Corto, de *La Mer salée* à *Mû* en passant par *Les Folies du Transsibérien*... Mon petit doigt cassé fait sa rééducation sur le clavier de l'ordinateur, sans grand succès. Le Dr Gilles Landrivon, de l'ambassade de France, me dirige vers le Dr de Dreux, de Médecins Sans Frontières, qui reçoit bien à propos la visite de deux orthopédistes français. Verdict ? Arrachement de la plaque palmaire avec fracture de l'insertion, d'où la petite esquille d'os coincée dans l'articulation. Moins grave que prévu. Thérapie ? Surtout ne rien faire. Attendre que cela passe. Mon bandage Élastoplaste-cure-dents n'était pas une mauvaise idée mais, ajoute le médecin :

— Vous auriez dû vous immobiliser le doigt en position légèrement recourbée, comme si vous saisissiez un verre. La position droite n'est pas celle du doigt au repos, elle est un peu hypertendue. Vous allez donc avoir un peu de mal à refermer le doigt ; vous allez devoir un peu tirer dessus... Cela va prendre environ un an à se remettre.

Addis n'est pas la plus belle ville africaine, pas la plus moche non plus. Comme toutes les villes où les puissances coloniales n'ont pas tracé de grandes avenues bordées d'arbres, elle est confuse et désordonnée, sans quartiers distincts, avec de jolies maisons, des bureaux, des hôtels ou d'anciens palais impériaux perdus au milieu de bidonvilles. La pauvreté de la cour des Miracles, faite de lépreux, de crasse et de gens tordus, côtoie ainsi le confort des expatriés, l'opulence des représentants de l'OUA (Organisation de l'unité africaine) ou des pays du Golfe et les fastes outranciers du Sheraton. Il faut apprendre à s'insensibiliser pour passer d'un monde à l'autre. Le constat est terrible mais c'est la seule façon de vivre à Addis, à moins de passer son temps à donner. Chacun trouve sa routine : ne donne jamais, donne une fois par jour, soutient une famille ou deux, s'impose des règles pour apaiser sa conscience. Tout le monde a « ses » pauvres. Des milliers de milans noirs tourbillonnent au ralenti au-dessus de la ville en émettant leurs trilles lugubres. Ils sont les éboueurs du jour. Les chiens jaunes étant ceux de la nuit. Ils vont par hordes, hurlent, se battent, copulent, râlent, morcelant le sommeil des citadins. Les touffes hirsutes des eucalyptus épongent imparfaitement les odeurs acides des égouts à ciel ouvert dans lesquels se déversent les décharges. La fumée bleue des moteurs mal réglés se mêle à celle, blanche, des feuilles d'eucalyptus ou d'encens que les riverains font brûler pour chasser les miasmes. Deux axes distincts drainent une circulation faite d'énormes 4 × 4 vitrées-teintées-jantes-alliage-pare-buffle-chromé et d'antiques Lada bleues et bringuebalantes héritées des relations commerciales établies avec le grand frère soviétique, à l'époque du Derg [1] : Churchill et Bole Road, l'une menant à la vieille gare française du chemin de fer de Djibouti, l'autre à l'aéroport flambant neuf offert par la Banque mondiale pour l'expansion touristique du pays. Beaucoup de mendiants tigréens, une croix bleue tatouée sur le front, sont descendus de leur fier pays dans l'espoir, toujours déçu, de récolter des miettes de la manne gouvernementale qu'ils partagent avec les Oromos depuis la fin du conflit érythréen et la partition. Privilégiant les Occidentaux, au cœur réputé plus tendre, ils rendent les déplacements en ville pénibles. C'est ainsi. Cela se fait sans agressivité, alors on apprend à vivre avec. Contrairement à certains autres mégalopoles africaines, Addis est une ville sûre. Les gens que nous croisons et rencontrons sont heureux de nous voir là. Étrange sensation. Dans les autres pays, c'était dans les campagnes que nous étions en sécurité, et dans les villes que nous serrions les fesses.

Jour après jour, les pages de notre livre s'écrivent comme nous avons traversé pas à pas le continent. Trois chapitres pour le Zimbabwe, un pour le Mozambique, cinq pour le Malawi et cinq pour la Tanzanie en plus des douze chapitres sud-africains écrits à Nairobi. Mais le soleil de nos journées, c'est vraiment Loulith, « la perle » en amharique, une petite fille de trois mois, abandonnée un soir, peu avant Noël, dans un hôtel miteux et que nos amis viennent d'adopter. Arrivée mourante, elle a gagné du poids, recouvré la vie, jour après jour et nous a enchantés de ses gazouillis. Jamais vu un bébé aussi adorable ! Elle n'est que sourires et bonté, minauderies et nuits complètes. Petite bouille ronde à peau claire sur de grands yeux noirs, pas un poil sur le caillou, un nez minuscule et une petite cerise fendue en guise de lèvres, elle dodeline du chef et dévore la vie et la chance qui lui ont été offertes. Comme si elle savait. Ce n'est pas une ingrate ; elle donne autant d'amour qu'elle en reçoit, Loulith. Nous sommes tous à ses genoux, Jean-Claude le premier, qui s'exclame sans cesse : « Elle est insensée cette petite

---

1. Littéralement : « Comité ». Nom du régime communiste instauré par Mengistu.

fille, c'est vraiment une grâce qu'on a reçue ! » Ils l'ont adoptée par téléphone, sans l'avoir vue, le jour de leur départ pour un voyage de deux semaines en France, après avoir tiré au sort, en prière, avec une croix éthiopienne dans la main, un petit papier « Oui » perdu au milieu de sept papiers « Non ». Loulith ou l'ordalie.

Amaretch, qui travaillait chez les sœurs de mère Teresa, avait perdu du sida une autre petite Loulith qu'elle était sur le point d'adopter et qu'elle priait depuis, tous les soirs, de lui trouver une autre petite fille, sachant que, de là-haut, dans sa pureté angélique, elle aurait sûrement le bras long...

Le soir de Noël, juste avant d'aller à la messe de minuit, Amaretch et Sonia vont embrasser Loulith. Tandis qu'elles sont penchées sur le berceau comme deux fées, Amaretch demande à Sonia :

— Accepterais-tu d'être sa marraine ?

Sonia répond après un temps de silence :

— Merci ! C'est le plus beau cadeau de Noël de ma vie...

Dans la même nuit, dans notre courrier apporté par nos parents que nous venons d'aller chercher à l'aéroport, nous recevons d'une amie française, qui ne connaît pas l'existence de Loulith, un extrait de Péguy tiré du *Porche du Mystère de la deuxième vertu*, disant : « L'Espérance est une petite fille de rien du tout qui est venue le jour de Noël... »

Chair de poule pour tous. Les anges se marrent déjà avec Loulith !

Noël 2002 est aussi un grand jour pour le Kenya, une renaissance, une révolution : l'alternance politique a eu lieu sans bain de sang. Le vieux Moï quitte le pouvoir dignement, reconnaissant la défaite de son poulain Kenyatta – crédité de seulement 24 % des voix contre 70 % pour Kibaki, plébiscité. Aucun des Kenyans que nous avons rencontrés n'y croyait. Ils étaient tous convaincus que l'élection serait truquée, que les observateurs internationaux ne pourraient pas travailler, que leurs voix ne seraient pas comptabilisées. Ils ont eu tort. Les miracles politiques sont possibles et le signal ainsi lancé par le Kenya à toute l'Afrique est historique. Les alternances politiques pacifiques et démocratiques y sont si rares – elles tiennent sur les doigts d'une main – qu'elles méritent d'être soulignées. Non que la face du Kenya et de l'Afrique va en être changée, ni corruption du système Moï éradiquée du jour au lendemain, mais cela va juste insuffler un immense espoir à tous les peuples écrasés sous la botte de dictateurs. Non que Kibaki soit un sauveur, il a déjà été vice-président de la Kanu [1] pendant trois ans, huit fois ministre de Moï et il est rompu aux arcanes du pouvoir, mais cela prouve que le jeu démocratique est possible, et que la voix du peuple peut se faire entendre.

Juste avant de repartir d'Addis, nous apprenons la mort de mon grand-père maternel, Antoine. C'est le prix de notre aventure au long cours : la séparation d'avec ceux qu'on aime. Le sacrifice de ne pas les voir grandir, de ne pas pouvoir les saluer avant leur grand voyage, de ne plus partager leurs joies et leurs peines. Nous en avions eu l'intuition dans l'ascenseur qui nous avait arrachés à lui il y a deux ans et trois mois. J'en avais mystérieusement pleuré toutes les larmes de mon corps. Comme par prémonition, nous avons réussi à lui faire parvenir, deux jours avant sa mort, par le truchement de Philippe Pothon, réalisateur de passage à Addis, une lettre et une petite croix de bronze éthiopienne. Grâce à la vélocité de ce messager de la dernière heure, elle est avec lui, au creux de sa main, pour l'éternité.

---

1. Kenya African National Union.

Nord éthiopien

1 Amaretch et Jean-Claude Guilbert
2 Vincenzo Celiberti
3 Doron Grossman
4 Haïlé Gebrésélassié
5 Abbat Melakhaïl Telahun Mekonnen
6 Bizoualen
7 Tekleye Asfaw
8 Franck Beernaert
9 Henriette Palavioux
10 Mahadou Dérédjé
11 Fanta Degou
12 Kate Fereday Eshete
13 Stéphane Brisebois

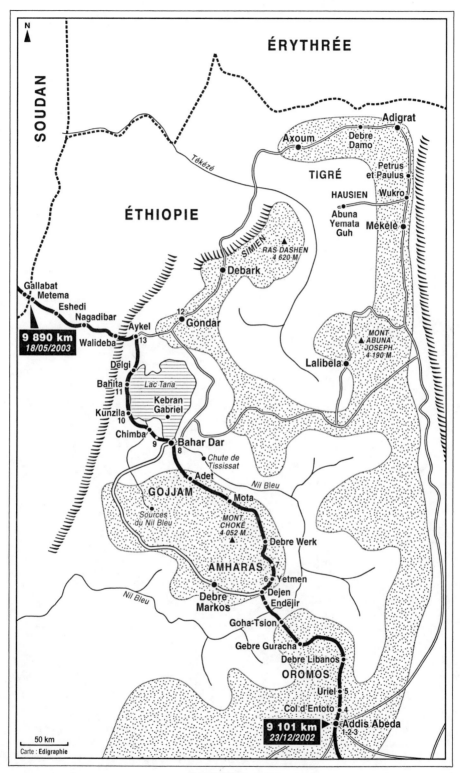

Nord éthiopien

22

« Cheggir yellem ! »

Le livre achevé, nous reprenons notre marche à partir du portail des Guilbert. Pour nos premiers kilomètres, nous avons un compagnon hors norme : Haïlé Gébréselassié, champion olympique du dix mille mètres [1]. L'immense sportif, petit homme humble et souriant, nous accompagne jusqu'au col d'Entoto, qui domine la ville et où il s'entraîne tous les matins. Marcher en sa compagnie nous donne des ailes et place sous de bons auspices nos retrouvailles avec l'Éthiopie. Un cortège d'amis nous suit dans lequel figure Doron Grossman, ambassadeur d'Israël en Éthiopie, couvert de son panama favori et suivi de près par son gros garde du corps essoufflé. Prévoyant, il nous a fait parvenir cartes et itinéraires de la route d'Eilat à Tibériade. Il conduit la marche de ses longues foulées. Jean-Claude, toujours volontaire pour les crapahuts, est bien sûr de la partie ainsi qu'une brochette de courageux. Doron nous quitte au pied de la montée sur ces mots :

— *Lashama Abaha be Yerushaleim !* (L'année prochaine à Jérusalem !)

Promesse de l'arrivée pour tous les nomades et les errants.

Haïlé nous quitte au col en nous avouant qu'il aimerait pouvoir nous suivre plus longtemps, mais il a les championnats du monde d'athlétisme de Paris 2003 à préparer. En partant d'une foulée aérienne, il nous crie :

---
1. La rencontre a été organisée par l'entreprenant Roland de Sorbier, représentant de Total à Addis-Abeba.

— J'admire votre endurance...

Le monde à l'envers ! Nous lui crions :

— *Eizoch !* (Bon courage ! Soyez fort !)

Il nous répond par un rire qu'il nous semble encore entendre chaque fois que nous repensons à lui. Haïlé ou le sourire de l'Éthiopie.

Nous restons seuls, en compagnie d'Amaretch Guilbert bien décidée à rallier le monastère de Débré Libanos, cent kilomètres plus au nord, et de Solène de Poix, une jeune et brillante thésarde de géographie, venue en Éthiopie pour étudier le fonctionnement commercial du Mercato, le marché populaire d'Addis, réputé le plus grand d'Afrique. Nos trois mois d'arrêt dans la capitale se font sentir dans les jambes, mais le podomètre se réjouit de passer enfin au 9 102e kilomètre ; le soleil brille dans l'air frais des hauts plateaux de Sululta et les kilomètres défilent : quarante et un kilomètres le premier jour !

En passant le col d'Entoto, nous faisons un pas de géant : nous entrons pour la première fois dans le bassin hydrographique du Nil. Dorénavant, toute goutte d'eau qui tombera du ciel sera condamnée à couler vers la Méditerranée sur plus de quatre mille kilomètres, au risque de se perdre dans les sables si elle n'est pas évaporée par le soleil... Les lois de la gravité nous attirent vers l'Égypte, vers le nord, cela nous fouette le moral car nous avons repris notre marche non sans appréhension. Cependant, la présence d'Amaretch à qui nous vouons une dévotion toute méritée nous rassure. Humilité, simplicité, bonté : elle renferme toutes ces qualités dans une beauté autant extérieure qu'intérieure. Une grande dame. Elle a noué sa large chevelure frisée, s'est couverte d'un chapeau blanc et enduite d'écran total car elle redoute le soleil des hauts plateaux malgré sa belle peau bronzée. Elle marche courageusement de ses longs pas filés tout en bavardant avec Sonia. Avec elle, tout se passe pour le mieux : pas de jets de pierres, pas d'insultes, pas de mendicité outrancière ni d'arrogance moqueuse. Pays Janus ? Nous retrouvons seulement les puces qui infestent par légions les habitations et l'inconfort des fonctions naturelles : notre lot quotidien.

Nous sommes encore en région oromo mais les gens ne sont plus les mêmes.

Nous sommes invités à dormir par des fermiers, chez le prêtre orthodoxe d'Uriel où une ruche dégouline d'une corniche du toit sur une croix couverte d'un miel auquel sont attribuées des vertus miraculeuses. Nous marchons souvent en pleine campagne par des raccourcis et des chemins de traverse. Dans l'air résonnent les coups de fouet et les éructations des laboureurs qui mènent leurs paires de bœufs tractant obstinément des araires sommaires. Le chant des labours et les promesses de la terre sur des lopins à perte de vue.

Malgré la richesse apparente de la nature, un sol fertile, la fraîcheur de l'air et de bonnes précipitations, l'équation de la pauvreté produit ses résultats impitoyables : le territoire utile est entièrement occupé, la déforestation totale, la population ne cesse de croître, l'hectare du père est partagé avec son fils aîné, qui fera de même... peaux de chagrin.

En trois jours et demi, nous atteignons le croisement de la route vers le monastère de Débré Libanos, et y découvrons le « pont des Portugais » dont les trois arches romanes enjambent un lit de rivière rocailleux qui, cinquante mètres en aval, tombe dans un précipice. Massif et pourtant aérien, il défie depuis quatre cents ans les intempéries, les aléas de l'Histoire, le pas des ânes et des bœufs. Fin comme une passerelle, dépourvu de margelle, il prend appui de ses piles profilées sur deux gros blocs de basalte obstruant le cours d'eau asséché, au bord du vide. La vue plonge dans le canyon d'un des affluents du Nil Bleu, mille mètres plus bas.

Un jeune guide nous explique le secret de sa longévité.

— Les Portugais mettaient des œufs d'autruche pilés dans leur mortier, avec le jaune, le blanc et la coquille, ce qui le rendait plus résistant.

Une chose est sûre, c'est qu'ils savaient construire au plus bel endroit. Nous les imaginons, ces maçons lusitaniens, petits et râblés. Ils sont sans doute arrivés avec les quatre cent cinquante mousquetaires de Christophe de Gama, le fils du célèbre navigateur, envoyés pour sauver l'empire chrétien d'Éthiopie à l'heure où celui-ci fléchissait devant les assauts du musulman Ahmed Gragn, dit « le Gaucher », qui, aidé de ses mercenaires somalis, convertissait les campagnes à la pointe de l'épée. Les jésuites, eux aussi de la partie, à force d'entrisme et de diplomatie, séduisirent Sousneyos – seul empereur catholique d'Éthiopie puisque son fils Fasilades établit sa capitale à Gondar et restaura l'orthodoxie.

C'est ici qu'Amaretch nous quitte : Jean-Claude, son mari, vient la chercher en voiture pour regagner Addis. Notre princesse a marché trois jours sans se plaindre sur d'énormes ampoules. En hommage aux bâtisseurs et en souvenir de mon plongeon dans « le jacuzzi de Dieu » aux chutes Victoria [1], je m'offre un saut de l'ange dans un « chaudron de sorcière » treize mètres sous le pont des Portugais.

Sans notre ange gardien éthiopien, les choses se gâtent vite – ce qui confirme qu'il ne faut pas se déplacer seuls en Éthiopie. Nous renouons avec nos misères. Nous ne les raconterons pas ; leurs ressorts d'incompréhension, de désœuvrement et d'orgueil mal placé, nous sont à présent connus. Veulerie crasse, railleries excitées ; les jours se succèdent avec leurs lots de conflits dans une marche forcée vers Bahar Dar, à six cents kilomètres d'Addis. En chemin, nous traversons en un jour et demi les gorges du Nil Bleu. Pour cela, il faut descendre de mille mètres jusqu'à un pont dont les gardes nous suspectent d'être des espions parce que nous prenons la vallée en photo. Il fait quinze degrés de plus qu'en haut. Quarante-cinq degrés ! Accablant. Heureusement, cela ne dure que quelques kilomètres désertiques avant de remonter en pays amhara, dans le Gojjam. Comment allons-nous survivre au Soudan ?

À Dejen, de retour sur le plateau, nous décidons de quitter la route principale qui passe par Débré Markos, pour remonter le cours du Nil le long d'une piste moins empruntée jusqu'à Bahar Dar. Dans les villages, l'hystérie reprend son cours. « Vous verrez, nous avait-on rassurés crânement à Addis, les nobles Amharas sont bien plus hospitaliers que ces barbares d'Oromos. » Nous retrouvons les mêmes hordes d'enfants effrontés et quémandeurs. Nous ne nous expliquons plus de tels comportements. Nous les subissons, un point c'est tout. Nous fuyons. Toute la journée, en toute occasion, on nous répète :

— *Cheggir yellem !* (Il n'y a pas de problèmes !)

Alors que tout est un problème. Eux. Nous. Eux et nous. Pas un jour sans son petit drame.

Cela commence à Yetmen, peu après Dejen, au sortir d'un petit bois d'eucalyptus. Une fillette se joint à nous et nous enchante de questions et de rires, la main de Sonia dans la sienne. Ces moments sont si rares que nous en sommes tout

---

1. *Cf.* tome I, p. 238.

réconfortés. Soudain, la petite pousse un hurlement et s'effondre sur le bas-côté. Nous sommes terrifiés. Que se passe-t-il ? Attaque cérébrale ? Crise cardiaque, d'épilepsie, migraine foudroyante ? Déjà des gens s'attroupent croyant que nous l'avons battue, nous redressons la fillette, elle se tient la tête. Quand elle ouvre les mains elles sont couvertes de sang. Ses cris redoublent. Une pierre. Elle a reçu par-derrière une pierre qui nous était sans doute destinée. Nous n'avons rien vu venir. Rien entendu. Pas de témoins. Les gens accourent, menaçants, saisissent des pierres, lèvent leurs bâtons, nous allons être lynchés... *Cheggir yellem!* Je proteste en ouvrant les bras pour crier notre innocence, tandis que Sonia soutient la petite.

— *Ene iedellehu. Adega Nebber!* (Je n'ai rien fait, c'est un accident!)

Dans un sanglot, la fillette nous disculpe et pointe du doigt le petit bois vers lequel la petite troupe vengeresse se précipite alors... ouf! *Cheggir yellem.* Nous entrons dans une maison pour soigner la petite. Dans son fouillis de cheveux, nous avons du mal à trouver la plaie. Du sang noir lui ruisselle dans le cou. Sous la tignasse épaisse, nous découvrons enfin la blessure, horrifiés : le cuir chevelu est profondément ouvert sur cinq centimètres. *Cheggir yellem!* Rien d'autre à faire qu'un pansement hémostatique d'urgence : elle doit aller se faire recoudre à l'hôpital. Sonia asperge la plaie de Bétadine pendant que je constitue un tampon avec des gazes propres. La petite miaule de douleur. Sonia essaye de la distraire.

— *Semesh man no ?* (Comment t'appelles-tu?)
— *Bizoualen!*
— *Senté amet no ?* (Quel âge as-tu?)
— *Sément amet!* (Huit ans!)

Les témoins attroupés nous regardent officier en répétant consternés :

— *Lidjotch, lidjotch, ah! lidjotch!* (Les enfants, les enfants, ah! les enfants!)

Avec une écharpe, j'enrubanne sa tête comme un œuf de Pâques, en glissant entre le pansement et le tissu une boulette de gaze pour bien le comprimer. Quand c'est fini, Sonia donne cette prescription aux témoins présents :

— *Debre Markos Hospital téfélégallesh ahun!* (Elle doit aller à l'hôpital de Débré Markos maintenant!)

Cheggir yellem! Je sors arrêter un camion pour être bien sûr qu'ils iront. Une femme, dont nous ne savons pas si c'est une voisine, une tante ou une amie, accompagne Bizoualen avec des sous que nous lui donnons. Quand le camion s'en est allé, tout le monde s'écarte comme si nous étions des pestiférés : nous portons la poisse. Nous reprenons nos sacs et disparaissons. *Cheggir yellem!*

Vivement le Soudan où la chaleur de l'hospitalité sera, selon ce que nous en ont dit de nombreux voyageurs transcontinentaux, proportionnelle à la température ! Ce soir-là, nous nous enfonçons tard dans la nuit, en silence, marchant éperdument pour exorciser notre chagrin. Depuis le village de Yetmen, un homme solitaire nous suit à distance, un sac plastique dans chaque main. Il finit par marcher à notre hauteur ; après un certain temps, nous nous saluons machinalement. Dans un mélange d'anglais et d'amharique, il nous raconte son histoire. Il s'appelle Tekleye Asfaw, il est lieutenant dans l'armée et rentre chez lui en permission à Gondar. Dans la gare d'autobus d'Addis, il s'est entièrement fait dépouiller ce matin avant l'aube par six bandits. Il avait dans ses poches deux mois de solde... Ses revenus de 317 francs par mois ne lui permettent pas d'avoir de compte en banque. Mais *cheggir yellem*, en vendant ses chaussures et sa veste, il a pu s'acheter un billet jusqu'à Endejir, à mi-parcours, et s'acheter des savates en plastique. Il n'a pas un traître sou pour se nourrir et souffre du manque de solidarité de ses semblables. Il nous a vus, à Yetmen, et a entendu ce que les gens disaient de nous...

— *Not good people!* regrette-t-il.

Nous faisons bientôt un *gentleman's agreement* : nous le prenons sous notre aile et il nous prend sous la sienne ; il nous protège en échange de quoi nous le nourrissons et l'hébergeons avec nous dans des hôtels de passe.

Au bout de cinq jours en notre compagnie, passés à écarter les indésirables, chasser les railleurs, répondre aux suspicieux, il est sur les dents ; dévoré de honte des comportements dont il est le témoin. Il en vient même aux mains avec un enfoiré qui, après avoir vu Sonia jouer avec une petite fille, s'est adressé à nous dans un anglais précis qui trahissait son habitude de ce genre de pratiques :

— Elle vous intéresse ? Si vous voulez, je peux m'arranger avec sa mère. Deux mille dollars, ça ferait l'affaire ? Vous avez raison d'adopter des petits Éthiopiens, nous sommes les plus beaux...

Nous avons une immense sympathie pour ces petites filles. Nous ne pouvons oublier que, dans le Gojjam, elles sont excisées. Sept jours après la naissance. Lèvres et clitoris. Comment fait-on pour exciser un clitoris de sept jours ? *Cheggir yellem !* À Addis, nous avons rencontré une femme médecin éthiopienne, membre de l'ONG Save the Children, qui a fait de la lutte contre cette mutilation son cheval de bataille. Elle nous en a raconté tous les dessous. L'excision se pratique, à grande échelle, sur des millions de fillettes éthiopiennes. Le mariage des enfants est lui aussi monnaie courante. Dès six ou sept ans, une fillette peut être mariée à un homme adulte contre une forte dot négociée interminablement entre les parents. Ces mariages sont sans doute les plus tristes de la Terre, les petites épouses vivent la fête en larmes malgré les cadeaux et les tissus chatoyants dont elles sont couvertes. Les hommes s'engagent par contrat à ne pas les toucher avant leur puberté. Malheureusement, alcool et désœuvrement aidant, beaucoup d'entre elles passent à la casserole avant l'heure, ce qui entraîne des problèmes gynécologiques épouvantables, perforations et fistules [1], qui les rendent prématurément incontinentes ou stériles, en conséquence de quoi elles sont répudiées et renvoyées à leurs familles... Et pour ceux qui n'ont pas les moyens de s'offrir des épouses, il existe le rapt de fillettes, moyen comme un autre de fonder un foyer. C'est une pratique encore très courante de nos jours. Oromos, Amharas, même combat. Dans les campagnes, les plus aisés envoient souvent leurs filles en ville, ou travailler en Arabie saoudite, pour les protéger...

Un autre jour, à Mota, dans un bunna bet, un groupe d'Éthiopiens en costume et cravate avec de belles chaussures à bout carré, débarque de beaux Land Cruiser blancs, visiblement contents d'eux-mêmes. Choc des cultures. Commotion au village. Ils viennent vers nous crânement pour exhiber leur anglais. Pour nous, c'est l'occasion de poser des questions et d'en apprendre un peu plus sur la région. Ils travaillent pour une

---

[1]. 9 000 nouveaux cas par an, 1 200 soignés chirurgicalement dans le Fistula Hospital à Addis, dirigé par le Dr Hamlin, qui a mené, avec son mari, un combat d'avant-garde en la matière. (Voir adresse en fin d'ouvrage.)

ONG suédoise qui fait du microcrédit. Pour prévenir un éventuel baratin de propagande, nous leur demandons leur taux. Notre interlocuteur est passablement interloqué ; je répète :

— Quel taux faites-vous aux pauvres paysans que vous sauvez avec vos prêts ?

— 18 % à six mois.

Pas mal. C'est mieux que les 26 % à six mois, et 52 % à un an pratiqués par le ministère de l'Agriculture au Malawi [1]. Mais c'est quand même trop. Ça frise l'usure. Et ça se fait sous couvert d'une organisation humanitaire. *Cheggir yellem!* Et les pauvres n'en sont que plus pauvres, encore et toujours – que peut-on investir et emprunter quand on a un hectare de terre, pas de puits, pas de pluie, et quinze bouches à nourrir ?

Vaguement désarçonné, le type se reprend avec une histoire qui, selon lui, explique le profond attachement des paysans amharas à leur terre des hauts plateaux.

— Dieu façonna le premier homme dans de l'argile. Il mit sa première esquisse au feu, mais pas assez longtemps : l'homme était blanc. Dieu le jeta au loin vers le nord, ce qui donna les Européens. Au deuxième essai, il laissa sa figurine trop longtemps dans les flammes si bien qu'il était devenu noir. Il le lança alors vers le sud. La troisième tentative fut la bonne. Satisfait de sa cuisson et de son ouvrage, Dieu l'installa sur la terre des Amharas...

Le paradis, en somme. Et, pour conclure sa parabole, notre homme de poser une question dont il semble connaître déjà la réponse :

— De tous les peuples que vous avez rencontrés en Afrique, quel est le plus beau ?

— Nous les avons rencontrés très loin dans le sud, répond Sonia. Ils étaient petits, tout noirs, avec de gros nez et des cœurs d'or.

Il a compris le message, *cheggir yellem,* se lève et s'éclipse, avec ses pompes à bout carré et sa belle gueule de raie. Tekleye est mort de rire. Nous avons avec lui une extraordinaire complicité. Il est sur tous les coups. Mais ne peut tout de même pas nous suivre partout...

— *Shent bet yet no ?* (Où sont les toilettes ?)

---

1. *Cf.* tome I, p. 295.

Le tenancier m'indique de faire le tour. Les chiottes sont infectes. Deux poutres grasses jetées au-dessus d'une vague fosse approximativement entourée d'une palissade de branches tordues rapiécée de bouts de tôle. *Cheggir yellem!* Je suis tout affairé sur ces commodités malcommodes et concentré à ne pas glisser dans la fosse qu'une dizaine d'adolescents s'amusent à me lancer des bouses de vache séchées. Il n'y a pas de porte évidemment. Ils tirent à travers les murs mais se rapprochent peu à peu de l'axe de l'ouverture. La scène est surréaliste. Je suis en train de me faire canarder à la bouse de vache.... Je ne bronche pas. *Cheggir yellem.* De deux choses l'une : soit ils m'ont suivi pour me piéger, soit il ont repéré mon cul blanc à travers les parois mitées. Un GMS [1] en cinémascope ! À chacun son humour ! Leur postérieur doit encore se souvenir du mien... *Cheggir yellem.*

En chemin, Tekleye déploie une énergie extraordinaire. Il marche en tête quand nous entrons dans les villages, court en tous sens en donnant de la voix et il agonit d'insultes les insolents, distribue force coups de bâton aux mioches qui lui tiennent tête ; il ferme la marche quand nous quittons les bleds en repoussant les éventuels suiveurs excités et jeteurs de pierres. Il n'en revient pas de l'effronterie des gamins. Quand les « bir-birs » fusent sur le bord du chemin, il nous apprend de nouvelles reparties en amharique...

— *Faranj ! Money-Money-Money !*
— *Abatten teyek !* (Va demander à ton père !)

Ou encore :

— *Abatten Aydelahoum !* (Je ne suis pas ton père !)

... Qui font hurler de rire les mioches stupéfaits. Un conseil, ne partez pas en Éthiopie sans « *Abatten teyek !* » et « *cheggir yellem !* » Tekleye marche sans faiblir toute la journée sur de grosses ampoules. Sonia, qui est passée docteur ès ampoules, a essayé de le soigner avec du Compeed, mais la poussière décolle le pansement. Il ne bronche pas, continue à marcher comme si de rien n'était. Sacré coriace. *Cheggir yellem.* Je lui demande le secret de la résistance des Éthiopiens.

— C'est simple, nous passons notre jeunesse et parfois notre vie à courir après des ânes...

---
1. Grand Moment de Solitude.

À notre tour de rire. C'est vrai que nous marchons toute la journée avec des centaines d'ânes bâtés, surchargés de bois, de foin ou de sacs de bouse combustible. Ils vont par deux à la queue leu leu, et il est très difficile de les dépasser. Quand c'est fait, le meneur les fait invariablement repasser devant, au trot, en courant derrière, sûrement piqué au vif par l'affront ou aiguillonné par la curiosité, et l'on s'épuise à les redépasser quand ils finissent par ralentir l'allure. Ce va-et-vient nous occupe toute la journée, nous fixe des objectifs; on a le sentiment d'avoir bien avancé quand on se débarrasse d'un troupeau. Beaucoup de femmes aussi, sur les pistes, penchées sous d'immenses fagots, la sangle incrustée dans le front, ou bien enfouies sous d'impressionnants empilements de paniers à enjera posés sur la tête, le large disque en terre cuite de la poêle à enjera glissé dans un linge porté dans le dos, et un bébé emmailloté dans une poche ventrale – quand elles n'en tiennent pas un autre par la main. Elles sont en robe plissée de toile épaisse verte, ceinturée à la taille et toujours couvertes de leur chama. Leur coiffure est extraordinaire. Sur le crâne, des sillons séparent leurs cheveux tressés qui se rassemblent sur la nuque pour s'épanouir en une corolle épaisse, tout autour du cou, ce qui leur donne un look étrangement pharaonique.

Un matin, en pleine zone agricole, tandis que nous contemplons le manège de deux laboureurs qui aboient derrière leurs bœufs en agitant le fouet au-dessus de leur dos comme un ventilateur, s'élève dans l'air frais un bourdonnement étrange:

— Écoute Sonia! On dirait un tracteur... Alors ça c'est incroyable! Notre premier tracteur éthiopien... Ça veut dire qu'ils labourent aussi à la machine!

Le voilà qui déboule sur la piste et passe à notre hauteur. Il tire une grande remorque pleine de travailleurs agricoles munis de... bêches... Sonia se moque de mon dépit.

— Et non! C'est du transport de laboureurs à la main!

Les trente types vont se mettre en ligne dans l'immense champ voisin. *Cheggir yellem.* Labourer à la charrue, ça serait peut-être leur ôter l'enjera de la bouche. Cette vision surréaliste en dit long sur la détresse des paysans. Au fil des jours, cette animation de la piste devient une autre forme de routine, entre tension et admiration, exaspération et contemplation. Marcher en Éthiopie, ça horripile et émerveille cent fois par jour.

Nos problèmes culminent à Adet, dans un bunna bet, avec un jeune homme qui, par trois fois, avec une morgue provocante, nous signifie que les *faranj*, ça pue... Pas d'ambiguïté possible, vu les rires qu'il déclenche en se pinçant le nez après nous avoir pointés du doigt. La moutarde nous monte peu à peu aux nôtres. Conformément au principe qu'une fois ça passe, deux fois ça lasse et trois fois ça casse, il n'a pas le temps de le dire une quatrième fois ; Sonia bondit pour lui administrer la correction qu'il n'a sans doute jamais reçue de son père. Et que je complète quand il s'apprête à porter la main sur elle comme il en a peut-être l'habitude avec les femmes de son entourage. *Cheggir yellem*. Provocateur en groupe mais pas bien courageux tout seul, il rameute ses troupes. Tous saisissent des bouteilles et des chaises. Nos bombes lacrymogènes brandies calment le jeu. De l'anti-Africa Trek. Nous touchons le fond. Vivement que ça cesse. Devant la police qui fait irruption dans la salle, notre imbécile haineux se défend en disant qu'il n'aime pas manger son enjera devant des *asama faranj*, des cochons blancs. Tiens ! On ne l'avait encore jamais entendue, celle-là... Nous ne marchons vraiment pas pour ça. Mais, bon, *cheggir yellem*...

Les paysages des hauts plateaux se répètent : une superbe campagne riche et fertile qui ferait pâlir d'envie plus d'une région d'Afrique. Quel paradoxe ! Un pays si pauvre. Parfois, cela a des airs de Beauce ou cela ressemble au bocage normand ou encore à des vallonnements de Toscane... et toujours ces laboureurs par centaines menant leurs bœufs et leurs araires de bois pareils à ceux de l'ancienne Égypte, ces remparts d'arbres et ces bosquets d'eucalyptus, ces bovins par milliers dans les pâtures des thalwegs, au pied des labours. Un pays de cocagne, une évocation du Moyen Âge, tant spirituelle que matérielle, tant morale que comportementale. Je me fais une réflexion à voix haute :

— C'est vrai que les petits chemins du bocage normand au Moyen Âge devaient être encore moins sûrs, semés d'embûches et de coupe-gorges, d'enfants terribles raillant les gueux et les étrangers de passage...

L'Éthiopie est vraiment un univers hors du temps. Cela a beaucoup de charme en voiture. Cela se paye très cher à pied, quand on marche pour rencontrer des populations qui n'en n'ont cure.

Après cinq cents kilomètres de forcing qui me valent une tendinite au genou, nous rallions enfin Bahar Dar et offrons son billet de bus à notre ami Tekleye. Sonia trouve dans l'effervescence de la gare routière une robette brodée pour sa petite fille afin qu'il ne rentre pas à Gondar les mains vides. Nous nous quittons après une longue étreinte fraternelle.

23

Réconciliation avec l'Éthiopie

À Bahar Dar, sur les bords du lac Tana, je me remets en une semaine d'une double tendinite des genoux, contractée à cause d'une usure supinatoire de mes chaussures (vers l'intérieur du talon), usure créée par la marche exclusive sur piste. En effet, sur terrain instable, la cheville se tord invariablement vers l'intérieur et les orteils sont relevés vers l'extérieur par les irrégularités du terrain et la forme en cuvette des layons laissés par le bétail. Il en résulte un type d'usure de la chaussure qui se répercute sur les ligaments intérieurs-croisés du genou. Pour rétablir l'assiette, j'ai découpé de la gomme sur l'extérieur de la chaussure, sous le talon, mais, quoi qu'il en soit, la seule vraie thérapie pour une tendinite, c'est l'immobilité absolue et un traitement de Voltarène à haute dose.

Notre hôte, Franck Beernaert, représentant belge de l'Europe dans la région, nous raconte ses histoires de terrain. Ingénieur agricole, il est chargé de mettre en place des programmes de développement durable. Il a travaillé en Mongolie-Intérieure, au Zaïre, au Mozambique, en Birmanie... Que des endroits simples. Il a ainsi développé un incroyable pragmatisme. Il vitupère contre les technocrates bruxellois qui lui demandent *ad nauseam* des graphiques, des chiffres, des rapports, quand il essaye de faire survivre dix oliviers dans un village perdu.

— L'année dernière, il me restait de l'argent à dépenser, alors j'ai fait construire, en quatre mois, cinquante kilomètres de piste à mains nues par quatre mille paysans volontaires pour désenclaver un village isolé. Eh bien figurez-vous que j'ai dû me battre pendant quatre autres mois afin qu'ils soient payés 1,20 euro par jour au lieu des 75 centimes exigés par le gouvernement, et de 1,52 euro par jour initialement prévu par le budget européen...

Toujours ce principe selon lequel il ne faut pas créer de déséquilibres et d'inégalités entre les travailleurs d'un même pays, qui conduit des administrations locales à demander que leurs ressortissants soient moins rémunérés que prévu [1]...

— Aujourd'hui, six mois plus tard, ces travailleurs n'ont toujours pas été payés, l'argent de l'Europe étant toujours bloqué sur le compte du gouvernement amhara de Bahar Dar.

Syndrome africain. Le régime voit peut-être d'un mauvais œil lui échapper la manne de contrats de construction passés avec les Chinois et financés par ces mêmes fonds européens. Peut-être est-il aussi agacé qu'on fasse son travail à sa place ?

— Le gouvernement ne fait rien par ici. Toute son énergie est concentrée dans le Sud, pour rattraper les injustices d'un temps où la région amhara était plus favorisée. La désastreuse et criminelle aventure italienne avait laissé au pays un incroyable réseau routier, avec 3 300 kilomètres et 8 354 ponts et viaducs construits en deux ans par 60 000 travailleurs mais, depuis, peu de nouvelles routes ont été ouvertes. Le pays reste totalement enclavé, avec des régions perdues et isolées, comme dans l'Himalaya. Les Russes et les Cubains, sous le Derg, n'ont jamais réussi à insuffler une vraie politique de grands travaux.

Mis en condition, Franck se lève et va nous chercher dans le réfrigérateur trois Grimbergen bien blondes et bien fraîches. Pschiit ! Pschiit ! Pschiit ! Ouah, que ça fait du bien ! Franck reprend son analyse.

— Le vrai problème, nous dit-il, est que les paysans ne possèdent pas la terre et que les deux réformes agraires ont réduit leurs surfaces exploitables à un hectare par famille, hectare qui devra être partagé entre les huit à dix enfants... L'autre problème, c'est que le *tef*, la céréale dont on fait l'enjera, l'aliment de base des Éthiopiens, est un luxe somptuaire : c'est une céréale primitive qui date de l'époque néolithique dont les rendements ne dépassent pas deux cents kilos par hectare – alors

---

1. *Cf.* tome I, p. 337.

que le blé produit une tonne par hectare, le maïs trois tonnes, et le tritical, une nouvelle céréale, jusqu'à huit tonnes.

Selon Franck, les Éthiopiens s'affament eux-mêmes à cause de leur obstination à ne vouloir manger que de l'enjera. Leur régime n'est plus compatible avec leur croissance démographique. Le tef est une variété de graminée à peine plus haute que du gazon et dont les graines sont lilliputiennes, encore plus fines que celles du pavot. Mais difficile de changer les coutumes alimentaires d'un pays... Franck poursuit :

— Il y a quelque chose qu'on ne prend pas en considération : ils sont soixante-huit millions d'Éthiopiens à vivre comme au Moyen Âge. Or, à l'époque, il n'y avait qu'un pays à être aussi peuplé : la Chine... Mais sur un territoire beaucoup plus vaste. Ici, la pression sur le milieu est extrême. Et puis, surtout, ils appauvrissent la terre, lui prennent toutes les matières organiques, ne lui rendent rien. Les bouses sont utilisées comme matériau de construction et comme combustible, le foin et la paille sont utilisés en fourrage...

— Il n'y a pas moyen d'utiliser des engrais ?

— Ça ne sert à rien à cause de ce qu'on appelle la « couche de labour ». C'est une couche de terre compactée par le passage répété des bœufs de labour depuis des siècles et qui se trouve à trente centimètres sous la surface. Imperméable, elle empêche les nutriments de remonter et la terre de respirer. Ça veut dire que cette terre qu'ils s'exténuent à gratter avec leurs araires primitifs est de la terre morte, stérile et improductive.

— Alors que faire ? Il faudrait une charrue et un tracteur assez puissant pour casser cette couche compactée...

— On ne peut pas, à cause des pierres. Les Éthiopiens laissent volontairement les pierres dans les champs : ça casse les charrues mais ça retient la terre, et surtout l'humidité. Cependant, il y a quand même une solution. À Debré Tabor, à l'est du lac, un Sud-Africain qui travaille pour les Allemands de GTZ[1] a mis au point un couteau d'araire plus long, plus fin et très dur qui réussit à crever la couche de labour ; les résultats sont faramineux. C'est comme si la terre explosait, rejetait une énergie contenue depuis des siècles ! Sans le moindre ajout

---

1. GTZ : (Gesellschaft für Technische Zusammenarbeit) organisme gouvernemental allemand de coopération pour le développement.

d'engrais, la production a été multipliée par trois... Ils sont deux et emploient trente Éthiopiens. Ils ont introduit deux cents espèces végétales, des fraises, des haricots, des choux, pour élargir les habitudes alimentaires de la région et approvisionner Bahar Dar en cultures maraîchères. Ils ont le seul système d'irrigation qui fonctionne dans le coin. Voilà de l'efficacité !

Il respire un coup, avale une longue gorgée de bière et reprend :

— Ah oui ! C'est comme l'eau ! On croit toujours que l'Éthiopie est un pays désertique, mais il pleut ici autant que dans beaucoup de coins de France, bien plus qu'en Afrique du Sud en tout cas, mais le problème c'est que les précipitations sont concentrées sur les quatre mois de l'été. Pour régler ça, il suffirait de créer des réserves d'eau, des petites retenues villageoises. Vous savez, le plateau éthiopien était une immense forêt humide – les explorateurs portugais qui se rendirent à la cour de Gondar parlèrent de jungles impénétrables truffées de brigands et dont les frondaisons leur cachaient le soleil pendant des jours. C'est cette forêt qui a fabriqué la terre des hauts plateaux. Aujourd'hui, elle a entièrement disparu. Les arbres que vous voyez dans le pays sont des eucalyptus de reforestation qui ont été introduits par des Anglais d'Australie à la fin du XIXe siècle, peu après l'inauguration du canal de Suez. Les Éthiopiens l'ont d'ailleurs baptisé *bahar zaf*, ce qui veut dire l'« arbre de la mer »... Quant à la terre, elle repose sur un socle volcanique, entre trois et dix mètres en dessous, qui retient l'eau. Il suffit de creuser des puits et l'eau est à portée de main. Mais les puits n'existent pas dans la culture éthiopienne, on préfère envoyer les filles au loin, chercher l'eau à la source. Il y a cent mille puits à creuser dans ce pays, et dix millions de toilettes à installer...

C'est vrai, ça ! Pas vu de puits dans le pays. Pas plus que de fosses d'aisances. D'où vient cette réticence à creuser la terre ? En revanche, nous avons souvent marché des kilomètres avec des cohortes de jeunes filles aux épaules cisaillées par les sangles des lourdes jarres d'eau qu'elles se calent au creux des reins. Franck chasse nos souvenirs en évoquant des solutions possibles.

— La totalité de l'espace éthiopien utile étant exploitée, il n'y a pas d'espoir de trouver de nouvelles richesses. Il y a trois choses à faire : premièrement, privatiser la terre; deuxièmement, créer une petite industrie avec des investisseurs étrangers pour créer des emplois et ainsi aspirer vers les villes la démographie excédentaire qui étouffe les campagnes; et enfin, troisièmement, développer un contrôle des naissances draconien. La terre ainsi libérée de sa pression démographique pourra être petit à petit mécanisée. Malheureusement, aucune de ces réformes n'est à l'ordre du jour. Le gouvernement a conservé de vieux réflexes communistes, une administration kafkaïenne incapable de prendre la moindre décision et peu disposée à lâcher les rentes juteuses qu'elle tire de la terre louée aux miséreux. Les popes, quant à eux, ne veulent pas perdre leur ascendant sur les populations : tout contrôle des naissances est prohibé; ils redoutent par-dessus tout le basculement démographique en faveur des musulmans de l'Est. Pour illustrer l'état d'esprit de la politique, ici, à Bahar Dar, le gouvernement a un bureau qui s'appelle le DPPC. Vous savez ce que ça veut dire? « *Disaster Preparedness and Prevention Comittee* » et, dans le milieu des ONG, on l'appelle le « *Dependancy Prolongation and Poverty Continuation* » ou encore le « *Disaster Preparation and Proposal Commission* »! Cette année, ils ont inventé une fausse famine. Ils annonçaient deux cent mille personnes affectées dans l'Ogaden et soixante-dix mille morts en perspective, le bétail anéanti. Heureusement qu'on a envoyé quelqu'un y voir! Il n'avait pas plu comme ça depuis dix ans. L'herbe était haute d'un mètre et les vaches bien grasses. Du foutage de gueule, mais, cette fois, on n'est pas tombés dans le panneau!

Après quelques gorgées de bière, il reprend son souffle.

— Il y a une concurrence entre les États donateurs. Le gouvernement fait monter les enchères. C'est à celui qui donnera le plus entre USAID, l'Europe, GTZ, le British Council, les Suédois, les Danois, les Japonais, les Français, et même les Israéliens... Quand on rechigne à donner, ils déplacent une population – celle qui les gêne, bien sûr – dans un coin chaud et sec où elle va provoquer une petite catastrophe humanitaire qui réamorce la pompe à fric... Le blé et le maïs transgéniques des Américains, dont personne ne veut, arrive ici sans restriction, transporté par des camions du gouvernement, rétribué pour ça. En conséquence, ils voient d'un très mauvais œil les succès agricoles de GTZ à Debré Tabor – ils n'y gagnent rien... Avec ces dérives, on n'est pas sortis de la friterie, je vous le dis ! Et moi, je reçois la visite incessante d'auditeurs et de spécialistes de Bruxelles qui écrivent des rapports qui ne seront lus par personne... Il y en a qui m'appellent pour organiser la visite de deux de mes projets en deux jours, le plus confortablement possible... À ces « consultants touristes » je réponds : « Soit vous louez un hélicoptère, soit vous allez à Disneyland. J'ai du boulot, moi ! » En voiture, il faut un jour et demi de pistes défoncées pour rejoindre ma première *wereda* [1]... Dans les rapports qu'on me réclame, il m'arrive d'écrire en milieu de texte : « La vache qui rit ! », et une page plus loin « Avez-vous vu la vache qui rit ? » Je n'ai jamais reçu la moindre remarque...

Nous n'en pouvons plus de rire. Quelle thérapie ! Dommage qu'ils ne soient que quatre techniciens comme lui sur le terrain, répartis aux quatre coins du pays – contre trente fonctionnaires européens à Addis. Franck finit son topo par une boutade :

— Une inversion ne serait-elle pas plus efficace pour dépenser nos impôts européens ? Trente hommes de terrain et quatre collaborateurs autour de l'ambassadeur. Ça c'est une idée à soumettre en haut lieu pour faire des économies. Perdu d'avance !

Le jour de mon anniversaire, le troisième en terre d'Afrique, je reçois en cadeau la venue d'Henriette Palavioux, chargée de communication à Terres d'Aventures, que nous avions rencontrée au lac Bogoria, au Kenya. Elle nous avait dit : « Je viendrai un jour marcher avec vous... » Et la voilà, radieuse et drôle, maternelle et fraternelle à la fois, comme si nous la connaissions depuis toujours. Nous ne l'avions vue qu'une demi-journée, mais ça avait été le coup de foudre.

Nous partons donc avec elle pour contourner par l'ouest le lac Tana à travers des régions isolées, sans routes et sans visiteurs. Nous appréhendons notre retour dans la campagne car nous ne sommes plus protégés par Tekleye... Pourtant, dès le premier jour, cela se passe mieux : finies les hordes interminables de mômes insupportables, finis les conflits incessants ;

---

1. Circonscription.

les champs sont labourés, la campagne est déserte, les hommes se terrent dans leurs *toukouls* dès que la chaleur monte. Nous ne déclenchons d'attroupements que dans les rares villages que nous traversons, mais sans drame, sans agression, sans mendicité brutale : les Blancs ne sont jamais venus ici avec leur mauvaise conscience, leurs complexes et leurs mauvais réflexes, ça se voit tout de suite : on ne nous demande ni argent, ni T-shirt, ni stylos... Quel bonheur ! Il n'y a que de la curiosité sympathique et excitée que notre amharique de plus en plus perfectionné nous permet de satisfaire.

Pour la première fois en Éthiopie, nous parvenons à planter la tente sans avoir à nous cacher. Nous sommes à Chimba, en aval des sources du Nil Bleu, en amont du lac Tana. Une fleur rouge sous un figuier nous charme, c'est là que nous dressons notre abri, au bord de ces eaux mythiques qui voyageront comme nous jusqu'au Caire. Je chauffe notre soupe aux nouilles avec de l'eau du Nil sur un petit feu tandis que sur l'autre rive retentissent les cris et chants d'une soirée animée. Nous bénissons le calme de la nôtre et allons nous coucher tête-bêche, à trois dans notre mini-tente pour deux. La dernière invitée à partager notre tente, avant Amaretch, avait été Helen Campbell, au Zimbabwe – même âge qu'Henriette, même pêche, même joie : sacrées bonnes femmes !

À midi, nous sommes accueillis dans de superbes intérieurs traditionnels au mobilier constitué de greniers, d'étagères, de niches façonnées au torchis dans des volumes ronds, organiques, formidablement féminins. Dans l'encadrement de la porte s'inscrivent des dizaines de regards attentifs à nos moindres réactions, soucieux de nos moindres désirs. Enfin nous la rencontrons cette fameuse tradition d'hospitalité chrétienne ! Et nous pouvons assister à la confection des crêpes d'*enjera*. La maîtresse de maison fait d'abord chauffer sur un feu bas un large disque de terre cuite vernisée d'à peu près quatre-vingts centimètres de diamètre. Avec une courge évidée, elle puise alors de la pâte à crêpe dans une jarre où elle fermente depuis trois jours minimum. Dans un magnifique mouvement spiralé partant du centre du disque de terre, elle écoule son ruban de pâte qui chuinte au contact de la surface chaude en faisant éclater des milliers de microbulles qui font autant de trous dans l'épaisseur de la crêpe. Elle lisse l'ensemble du plat de la main et, bientôt, une large galette souple et homogène va rejoindre le sommet de la pile qui s'entasse dans un panier rouge, finement décoré, couvert d'un cône de même facture. Sur un autre feu la femme réchauffe le *chourro*, la purée de pois chiches ou de pois cassés. Pendant ce temps-là, une jeune fille broie dans un mortier de pierre des piments, une gousse d'ail et des herbes pour confectionner le *berbera*. L'enjera n'est jamais solitaire, elle se partage en famille autour d'un plateau de fer émaillé. Il convient de déchirer un bout de crêpe et d'aller cueillir un peu de la purée d'accompagnement.

Mahadou, notre hôte d'aujourd'hui, entame la crêpe et me tend la première bouchée tout comme le ferait une maman donnant la becquée à son bébé.

— *Gursha !*

Gursha, c'est la façon d'honorer un hôte, de lui signifier son respect. J'ouvre la bouche et gobe d'un coup la bouchée en prenant garde de ne pas lui mordre les doigts. Sonia se marre en me voyant rougir jusqu'aux oreilles. Mahadou a un peu forcé sur le berbera...

Des poussins courent en tous sens dans la maison, où ils peuvent marauder en toute sécurité des graines et des puces. Ces dernières s'en donnent à cœur joie. Nous les voyons sauter en tous sens. Leurs piqûres et nos jurons déclenchent des tornades de rires.

— *Kebet kounitcha. Akeberot yellem !* (Les méchantes puces ! Elles n'ont vraiment aucun respect.)

Et les témoins, dans l'encadrement de la porte, de se répéter la formule cocasse tandis que les poussins partent à l'assaut des parasites, sautant sans vergogne sur nos genoux en nous piquant au passage des miettes d'enjera. Les femmes portent toutes autour du cou une ou deux grosses croix d'argent taillées dans des thalers de Marie-Thérèse, monnaie autrichienne des XVIIIe et XIXe siècles qui avait cours alors dans la corne de l'Afrique, et reconverties aujourd'hui en bijoux religieux. À y regarder de plus près, on peut reconnaître le nez busqué de l'impératrice sur les branches de la croix, et, côté pile, l'aigle à deux têtes. Elles portent tatouées au front des croix bleues potencées comme celle de Jérusalem. Henriette est sous le charme de rapports humains qu'elle a du mal à trouver dans les voyages organisés. Aucun Occidental ne passe jamais par ici.

Ceci explique peut-être cela. Les rapports ne sont pas faussés ni corrompus. Jour après jour, nous nous réconcilions avec l'Éthiopie et pouvons enfin dire en toute occasion une phrase que nous a apprise Tekleye mais que nous n'avions pas pu étrenner en sa compagnie :

— *Amésséguénallo sélé mesten guédo!* (Merci pour votre hospitalité !)

Dans la journée, nous marchons parfois accompagnés, et cela se passe très bien. Une fois, c'est avec deux jeunes filles, Emayou et Zinash, respectivement de douze et dix-sept ans. Elles reviennent du marché de Bahar Dar, à trois jours de là. L'une a un bébé et est enceinte, l'autre en a cinq. Elles n'ont jamais été à l'école. Elles n'avaient jamais vu d'Occidentaux de près avant nous. Elles vont pieds nus, lestement, et dégagent une force et une gaieté incroyables. Ce sont des femmes. Des femmes-enfants. Et nous repensons au Dr Hamlin [1], aux analyses de Franck Beernaert, à nos nièces de douze ans... Donner la vie avant d'avoir vécu. Elles sont stupéfaites que nous n'ayons pas d'enfants, que j'aie pu épouser Sonia sans payer de dot... À trente et un et trente-trois ans, nous devrions être grands-parents...

Partout nous demandons notre chemin.

— *Akwarat menged allé?* (Y a-t-il un raccourci?)

On nous indique les raccourcis, la campagne résonne de « *enider!* », bienvenue! Nous sommes soulagés de ne pas imposer de calvaire à Henriette qui hallucine au récit de nos mésaventures passées. Et pourtant l'équilibre est fragile. Il faut peu de chose pour passer de la bienveillance tacite à l'hostilité explicite. Nous devons quitter précipitamment certains villages dans lesquels nous sentons la tension et l'excitation monter. Nous voulons être des prétextes à fraternisation, pas des prétextes à défoulement. Nous maîtrisons de mieux en mieux les ressorts de cette mécanique psychologique qui a éprouvé notre marche pendant près de trois mois. Henriette est fascinée par ce sixième sens que nous avons développé.

— Vous êtes devenus des bêtes de marche, les cocos; vous avez un flair extrasensible. Normalement, c'est moi qui guide les gens et, ici, je me sens totalement larguée. Je ne capte rien.

---

1. Fondatrice du Fistula Hospital d'Addis-Abeba.

Un soir, à la lueur d'une bougie, notre hôtesse, Fanta Degou, réitère le geste d'Ersumo Kabamo. Elle nous ôte nos souliers et lave doucement nos pieds endoloris avant d'ajouter au rituel évangélique un massage énergique qui nous tire des cris de souffrance et de jouissance. Henriette s'exclame :

— Je comprends maintenant d'où vient l'expression « prendre son pied »! Mais le top, c'est vraiment le bisou final sur le gros orteil!

La foi en acte. Tout marcheur est un pèlerin, *a fortiori* s'il va vers Jérusalem. J'ai dans mon carnet de voyage une photo du lac de Tibériade, notre destination, que je montre à nos hôtes. Ça ressemble aux paysages du lac Tana. Ils connaissent l'histoire de Jésus calmant la tempête et marchant sur les eaux. Se marrent, nous font comprendre qu'il faudra qu'on essaye d'en faire autant, puis se reprennent, vaguement honteux de cette blague sacrilège. Ici, on ne rigole pas avec les Saintes Écritures.

Puis c'est la cérémonie du *bunna*, le café traditionnel, torréfié à la maison. Un des plus beaux spectacles domestiques du monde. Fanta prend un disque de tôle légèrement incurvé semblable à une batée de chercheur d'or qu'elle pose sur un *goulditcha* de terre cuite, sorte de petit brasero avec trois points d'appui, qu'elle a préalablement nourri de grosses braises. Elle verse de l'eau sur le métal et le frotte du plat de la main pour en ôter toute trace d'oxydation. Elle tire ensuite d'un sac de cuir une bonne poignée de grains de café verts qu'elle verse sur le disque de tôle qui en tambourine de joie, puis elle rajoute de l'eau. Elle rince et lave les graines dans l'eau tiède en les frottant entre ses mains, comme si elle se savonnait, puis se débarrasse de l'eau usée. Elle répète l'opération trois fois avant de placer le disque sur le goulditcha. Elle laisse alors les graines rôtir doucement sur la tôle en les remuant avec une targette de métal. En chauffant, les graines relâchent une huile odorante qui lubrifie le disque et dégage une fumée capiteuse dont le toukoul est bientôt embaumé. Ça sent le café à se damner! La torréfaction doit être uniforme, il ne faut surtout pas carboniser les graines, ce qui rendrait le café amer. Fanta remue donc sans arrêt et les grains chantent en crissant sur la tôle. Cela dure bien dix minutes. Quand c'est fini, elle nous passe le disque chaud sous le nez. D'un geste de la main droite, il faut alors ramener de la fumée vers son visage pour apprécier la qualité de la torréfaction, histoire de saliver un peu et de marquer son contentement. Sa fille nous présente une petite assiette de *kolo*, des grains de blé torréfiés que l'on grignote pour passer le temps. Fanta verse alors les grains de café dans un mortier de bois et les pilonne avec une lourde barre de métal. Le son dans le mortier est assourdi par la terre battue du toukoul, qui, en faisant caisse de résonance, répond à la note plus claire du pilon contre les parois de bois. Douce musique alliée aux parfums de café et d'encens qui font de cette cérémonie une fête. On entend aussi au fond du mortier les grains céder dans un croustillement prometteur. Pendant cette opération, la jeune fille de la maison dispose de l'herbe fraîche sur le sol et des petites braises dans un minuscule encensoir. Puis elle tire d'une pochette des gouttes de sève cristallisée extraites de saignées faites sur les arbres à encens des environs. Un épais panache blanc s'en dégage aussitôt, conférant à la cérémonie une pincée de religiosité. La poudre de café a été versée dans une fiole de terre noire dotée d'une anse, d'un cul rond, d'un goulot fin, et que l'on remplit d'eau avant de la poser sur le goulditcha. Le bec verseur est garni d'un tampon d'herbe sèche qui fera office de filtre – peut-être est-ce là le secret de l'arôme du café éthiopien ? Entre-temps, la fille de Fanta a disposé sur les herbes fraîches un plateau rectangulaire doté de pieds sur lequel sont alignées des petites coupes de porcelaine chinoise en forme de corolle évasée. Quand le goulot de la fiole fume, Fanta la tire du feu, verse dans les petites coupes un peu de liquide noir et dense en interrompant chaque jet d'un bref coup du poignet pour n'en pas perdre une goutte. Elle déclare enfin solennellement :

— *Andenya !*

C'est le premier jus. Le plus fort, le plus dense, que l'on sirote doucement pour s'imprégner de toute la puissance, de toute la nervosité de ce café traditionnel. Un festival de parfums jongle dans nos têtes, cannelle, cardamome, clou de girofle : on vient d'absorber quelques gouttes de quintessence orientale. Explosion synesthésique qui superpose souks et déserts, caravanes et forêts de caféiers, ciels indigo et terres rouges, souvenirs et perspectives, horizons lointains et terre battue, cette terre bien réelle sur laquelle nous sommes accroupis, dans le toukoul de Fanta Degu, heureux et rassérénés, enivrés d'humanité et d'Éthiopie. C'est ici que le café a été inventé, c'est ici qu'il est le plus puissant. Les espressos peuvent lancer des lazzi jaloux, ici on prend son temps. Suivent l'*hulettenya* et le *sostenya*, le deuxième et le troisième jus du même café qui prolongent le plaisir en l'affinant, en apaisant des arômes corsés pour en révéler de plus subtils encore, mentholés et poivrés. Le café en trois dimensions. La quatrième étant celle du temps et de la tradition partagée dans le respect et le recueillement. Voyager, c'est être en quête perpétuelle de ces secondes de quatrième dimension. Donner du sens à sa vie et de la vie à ses sens.

En cette saison sèche, le niveau du lac Tana est très bas. De vastes plages de vase séchée sont dégagées, dont nous foulons les craquelures tout le jour parmi une multitude d'oiseaux limicoles, d'oies égyptiennes, de canards inconnus, d'échassiers et de splendides grues couronnées qui décollent par centaines à notre approche. Nous croisons des enfants pêcheurs, nus comme des vers, en train de triturer leur poisson-chat du jour, quelques empreintes d'hippotames, nous sommes ivres de vent, de liberté et d'espace. Parfois, le soir, nous plantons la tente dans le babil électronique de tisserins suspendus dans leurs nids, au-dessus de nos têtes, et nous endormons bercés par le clapotis du lac sous la protection d'un figuier géant. Kunzila, Isey Debir, Bahita, Delgi, les bourgs pauvres se succèdent, en un lieu qui pourrait être un paradis maraîcher exportant vers toute l'Afrique... mais cela est une autre histoire... qui reste à écrire.

Toujours des champs à perte de vue, ponctués par les dômes verts des figuiers. D'immenses pâtures hébergent des bovins par centaines de milliers, mais toujours pas moyen de mettre la main sur un malheureux bout de viande : énigme africaine sans cesse renouvelée. Avec soixante-dix millions de têtes de bétail, l'Éthiopie a le plus gros cheptel d'Afrique. Il faut dire que nous sommes encore en période de jeûne, le *tsom*. Les Éthiopiens sont des forcenés du jeûne : cinquante jours avant Pâques, quarante jours avant Noël, douze jours avant Timkat, dix jours avant Meskal, la fête de la Croix, ni viande, ni œufs, ni laitages les mercredis et les vendredis. Dans les rares bouis-bouis où l'on pourrait consommer des *tebs*, des petits bouts de brochettes grillées, nous tombons toujours le mauvais jour. De toute façon, la pauvre Henriette n'a envie de rien, elle est dévorée par les puces, elle vomit ses tripes depuis deux jours et marche au radar. Malgré son manque d'énergie et le harcèlement des enfants, elle conserve le moral :

— Mes petits cocos, personne ne pourra imaginer ce que vous avez vécu. Au bout de cinq jours, je jette déjà l'éponge et je vous assure que je suis coriace. C'est beaucoup trop dur ce que vous faites, vous êtes complètement fous et vous trouvez ça normal ! Il n'y avait qu'un homme qui m'impressionnait avant vous, c'était mon copain Théodore Monod...

— Mais lui, c'était pour la sagesse ! Pas pour la folie !

Après Delgi, nous quittons le lac et les eaux du Nil que nous retrouverons dans cinq cents kilomètres, à Wad Medani, au Soudan. *Inch'Allah !* À Aykel, nous tombons sur l'église Yaho Maryam, au bord de cette route qui descend, à gauche, du plateau éthiopien vers le Sahara. Nous faisons une digression sur la droite, vers Gondar, d'où Henriette, après cent cinquante kilomètres en notre compagnie, va s'envoler vers Lalibela. Merci Henriette pour ces sensations partagées.

Gondar, jeudi 9 mai 2003, 861ᵉ jour, 9 747ᵉ km

Dans un restaurant de la cité impériale où nous avions déjeuné il y a quatre mois avec mes parents lors de notre virée touristique dans le nord historique du pays, nous entendons parler d'une Anglaise qui, il y a trois ans, est venue d'Addis à pied en passant par Lalibela, accompagnée d'un âne. Elle habite toujours la ville.

Nous la rencontrons. Kate Fereday est venue en Éthiopie il y a neuf ans après avoir vu, en fin de journal télévisé, un petit sujet sur la détresse des enfants des rues.

— J'ai tout vendu, maison et voiture, quitté mon poste de chef de produit dans une compagnie électronique de Plymouth, en Angleterre, pour venir travailler dans des organismes humanitaires basés à Addis et dans lesquels je me suis rapidement rendu compte que l'argent que je récoltais dans des ventes de charité était dépensé en salaires, en administration et en 4 × 4 inutiles dans les rues de la capitale.

— Et comment êtes-vous arrivée à Gondar ?

— D'abord en touriste ! J'ai rencontré Kindu, un petit orphelin des rues, pouilleux et affamé, qui a décidé de mon changement radical de vie. J'ai quitté Addis et fondé Kindu Erdata, une association de réinsertion des enfants des rues. *Erdata*, ça veut dire « aide » en amharique. Au bout de quelque temps, j'avais ouvert sept maisons d'accueil pour quatre-vingts orphelins dans plusieurs grandes villes du pays, mais j'ai très vite abandonné cette manière de faire qui n'est pas adaptée à la demande réelle des enfants. Aujourd'hui, je me suis recentrée sur du « soutien financier à domicile » pour près de deux cents anciens enfants des rues, réintégrés grâce à des parrains, dans leurs familles d'origine qui n'avaient pas les moyens de les nourrir.

— Comment ça fonctionne ?

— Avec vingt euros par mois, donnés à la mère ou à la tante ou à la grand-mère si la première est décédée, c'est toute la famille qui va bénéficier d'une amélioration des conditions de vie. Le plus souvent, ces familles n'ont plus de pères.

Kate est ainsi passée des maisons d'accueil à la réintégration dans les cellules familiales pour s'être rendu compte des économies d'échelle qu'elle pouvait réaliser en loyer, salaires de cuisinières, frais de fonctionnement. Elle appelle cela de la « réunification familiale ».

— Ainsi, pour le budget de fonctionnement annuel d'une maison de dix enfants, j'ai réalisé que je pourrais « réunifier » cinquante enfants séparés de leurs familles, et donc être encore plus efficace ! D'autre part, ces enfants grandissent dans leur propre univers et non dans une cellule familiale artificielle, dans un groupe d'enfants désocialisés où se reconstruisent des violences et des injustices.

— Comment faites-vous pour rencontrer ces familles ?

— Tout d'abord, nous rencontrons les enfants et les soumettons à un entretien. Nous cherchons à savoir d'où ils viennent, s'ils ont des parents, pourquoi ils sont dans la rue. Les raisons sont diverses : ils peuvent avoir fui de leur plein gré parce que leur père les battait, avoir été envoyés « travailler » en ville, avoir été chassés pour un forfait, avoir perdu leur famille pendant un déplacement de population... En fonction de cet entretien, nous rendons visite aux familles et leur proposons le projet de « réunification familiale ». Personne ne refuse jamais.

— Et comment faites-vous pour contrôler que l'argent que vous donnez est utilisé à bon escient par les mères de famille ?

— Nous faisons des visites mensuelles régulières et un contrôle systématique des dépenses opérées par les mères, ou « tutrices », ce qui permet de vérifier que cet argent a bien été utilisé en nourriture, en habits ou en frais scolaires. Il est évident que cette manne profite aux autres frères et sœurs, eux aussi en situation précaire – surtout les petits garçons, moins corvéables que les fillettes, et qu'on envoie par conséquent tenter leur chance dans les rues. Autre truc : je ne donne jamais l'argent aux pères...

Kate ne croit plus aux grands orphelinats ; ils ont trop de frais de fonctionnement et institutionnalisent la pauvreté, alors que les familles rejettent leurs enfants surnuméraires le plus souvent pour des raisons économiques qu'on peut régler facilement.

— En faisant ici ce que font chez nous nos États providence et nos systèmes de protection sociale, on brise de la façon la plus simple le cercle vicieux de la pauvreté, de la misère et des enfants des rues. C'est un peu un système d'allocations familiales...

En effet, qui peut mieux élever un enfant qu'une mère, dès lors qu'on lui en donne les moyens ? Mais Kate a plus d'une corde à son arc. Rayonnante, les cheveux séparés par une raie et tirés en arrière en deux nattes, comme Laura Ingals dans *La Petite Maison dans la prairie*, avec les mêmes robes à fleurs et les mêmes taches de rousseur irradiant un regard plein de douceur, elle organise des ateliers d'hygiène pour les mères, des ateliers d'information sur le sida, des visites de sites historiques destinées à faire découvrir à ses protégés leur culture et leur pays ; ainsi les enfants de Gondar vont-ils à Lalibela et vice versa ; elle leur fait faire du théâtre, du cheval sur de vieilles rosses maltraitées qu'elle récupère et qu'elle soigne dans le cadre de son *Dinkenesh fund* en mémoire de son âne Dinkenesh, avec lequel elle a traversé les hauts plateaux et qu'on lui a volé depuis...

Elle nous convie le lendemain matin à une opération « Gondar ville propre ». Depuis cinq semaines, elle a lancé, avec les services sociaux de la ville, une opération de séduction et de motivation des enfants des rues, en leur proposant, le samedi matin, de nettoyer leur ville au lieu de mendier, en échange de quoi ils reçoivent, la première semaine, une paire de chaussures, la deuxième, un T-shirt, la troisième, un pantalon et la quatrième, une veste en prévision de la saison des pluies. La ville fournit, quant à elle, une douche [1] tandis que Kindu Erdata prend en charge le déjeuner copieux qui suit. À 6 heures du matin, trente-cinq enfants des rues se présentent.

— C'est aussi un moyen pour nous de faire connaissance avec les nouveaux arrivés en ville, nous dit Kate. Il en vient sans cesse des campagnes, parfois même de très loin.

La joyeuse compagnie, crasseuse et couverte de gale, munie de gants de caoutchouc et stimulée par les slogans martiaux d'Ato Mulugeta, un des représentants de la ville, part avec pelles et pioches à l'assaut des ordures du quartier de l'église Débré Sélassié, celle qui a un plafond décoré d'anges ailés. En chemin, les habitants sont ébahis : les enfants terribles se rendent utiles ! Sonia met la main à la pâte tandis que je filme ; un gamin cul-de-jatte est accroché au dos de ses petits camarades, un autre, atteint de la polio, clopine entre les tas d'ordures en maniant la pelle avec virtuosité, tous rient, s'amusent et font de cette corvée un jeu. À la faveur d'une pause, Sonia attrape un petit et lui caresse affectueusement l'épaule, il se contorsionne alors comme un chat qui miaule autour de sa main. L'amour. À quand remonte le dernier geste de tendresse qu'il a reçu ? Kate, simple et toujours rayonnante comme un soleil, vaque ici, fourrage là, gratte le sol, ramasse, entasse, indique un tas de détritus comme une poule le ferait pour sa volée de poussins parmi les feuilles mortes. Et que dire de la joie qu'inspirent les chaussures enfilées avec fébrilité, du bonheur des T-shirts mérités, des vestes gagnées, de la douche réconfortante, du repas réparateur et de la dignité recouvrée ? Kate ou le miracle permanent, Kate ou notre réconciliation avec les enfants d'Éthiopie, qui ont tant besoin d'amour.

Kate en a des dizaines en liste d'attente, qui attendent simplement de pouvoir réintégrer leur famille pour recevoir comme

---

1. Nous avons appris par la suite que Kate devait quand même payer les douches à la ville.

un pain quotidien cette ration d'amour essentiel, qui attendent un parrain. D'autres sont séropositifs et sont rejetés de partout. Sauf à Kindu Erdata. Kate est une travailleuse infatigable.

— Chaque parrain reçoit deux fois par an un compte rendu détaillé, photo à l'appui, des progrès de son protégé, des dessins, des carnets scolaires, et peut-être un jour, les premières lettres, les premiers fruits d'une humanité recouvrée, d'une enfance réparée, d'une âme sauvée.

En deux ans et demi de marche sur ce continent nous n'avons jamais vu d'association aussi sobre et efficace, aussi animée. *Small is beautiful!* S'il ne fallait en aider qu'une, ce serait celle-là. Car elle est aussi humble que sa fondatrice (qui vit toujours dans une hutte de terre sans eau courante), car elle est aussi simple qu'une famille réunifiée, car elle est aussi vraie que ce bonheur dont nous avons été témoins chez ces trente-cinq enfants perdus, un matin, dans les ordures des rues de Gondar. Si vous pensez pouvoir aider Kindu Erdata, trouvez l'adresse de Kate à la fin du livre. Vingt euros par mois, c'est un petit resto, c'est trois cinés, c'est un CD... Le salut d'un enfant éthiopien.

Aykel, escarpement occidental du plateau abyssin, mercredi 14 mai 2003, 867ᵉ jour, 9 747ᵉ km

Nous sommes de retour à l'église Yaho Maryam, la dernière du pays, ou la première, c'est selon, à l'endroit précis où nous avons arrêté de marcher avec Henriette, au bord de l'escarpement qui conduit vers le Soudan. Nous sommes accompagnés par un jeune Québécois, Stéphane Brisebois, rencontré dans la *guest house* branchée de Gondar, la pension Beleguez. Marcher accompagné nous réussit, apparemment. Amaretch, Tekleye, Henriette... Nous gardons la recette. Stéphane est un personnage atypique. Il est métis, fils d'un Haïtien et d'une Algonquine [1]. Employé dans la robotique militaire, il a mis au point avec une équipe de Géo Trouvetout hétéroclite comme le continent nord-américain sait en produire, un petit sous-marin espion sans pilote. Mais il a décidé de changer de voie.

---

1. Amérindienne du Québec.

— C'pâ trô mon trûc c't'affaire lâ! Les militayres, c'pâ bein l'fun! J'vâ m'en r'tourner à mes amours premiayres : le pianô! En faitte, j'sus compositeur. C'pour çâ qu'j'ai pris une année sabbatique... Pour réfléchir! En attendant ça m'dirait bien d'marcher un boute avec vous autres!

Nous entamons la descente avec lui, vertigineuse, vers l'ouest, le soleil plein phare. Au loin, au-delà des nuées enflammées par le soleil blanc, nous devinons des étendues plates, infinies, écrasées par le ciel. Nous passons une énorme base militaire qui défend l'accès au pays. La porte occidentale de l'Éthiopie. En descendant du plateau éthiopien, nous avons le sentiment de quitter une citadelle imprenable élevée au-dessus de l'Afrique, où vivent, isolés du monde, des peuples retranchés derrière leur culture, leur histoire et leurs malheurs. Le sentiment violent de tourner une page.

Stéphane nous raconte sa traversée du Soudan depuis l'Égypte, l'incroyable douceur des peuples du Nil, leur hospitalité inouïe. Et la chaleur, qui le contraignait à se terrer de 10 heures du matin à 4 heures de l'après-midi. Mais il voyageait en bus climatisé... Malheureusement, dès le premier soir, après la première enjera villageoise, notre courageux Québécois tombe malade et vomit ses tripes. La nuit n'arrange rien, qu'il passe plié en deux au-dessus d'une bassine, chez un gentil professeur de Walideba. Le lendemain, il est tout vert, mais décide valeureusement d'essayer de marcher. Au vingt et unième kilomètre, il est au bord de l'évanouissement. Mais il s'accroche. Nous le mettons dans un bus qui va vers la frontière, en lui disant de s'arrêter au premier village, Nagadibar. Nous l'y retrouvons, le soir, dans un bouge sans nom, livide. Des rats courent sur les poutres au-dessus de nos têtes. Il fait une touffeur de bête. Le bled est constitué de populations récemment déplacées. Il y règne une certaine tension peu propice à la « frénésie culturelle ». Le ballet des moustiques et des puces reprend. Stéphane est dévoré. Dans un râle, il trouve le moyen de faire de l'humour.

— C'pâ glamour de marcher avec vous autres! Combien qu'vous en avez tué des glandûs comme moi pour les dépouiller? Et ça fait deux ans et demi que vous vivez comme ça? C'est pas Dieu possible, tabernacle!

À l'aube, il tient à peine sur ses jambes. Nous le mettons dans un bus de retour vers Gondar. Il sort de nos vies aussi vite qu'il y est rentré, dommage, c'était un super *tchom* !

Ravine perdue, 12 km après Eshedi, samedi 17 mai 2003, 870ᵉ jour, 37 km, 9 864ᵉ km

Sonia dort paisiblement. Un tout petit feu fait rougeoyer son visage harassé et son corps lové de fatigue. La fournaise de la journée passée, je me brosse les dents sous la lune quand, sur les bords éloignés de la ravine au fond de laquelle nous avons planté la tente, je vois des ombres se mouvoir, puis s'immobiliser.

Des bandits ! Sans montrer que je les ai repérés, je retourne dans la tente et reviens, bien en vue sur une petite butte, armé de mes fusées et de ma bombe lacrymo. Dans la nuit, un cri retentit. Suivi d'une rafale de claquements secs, tout autour de moi, nous sommes cernés. Je comprends qu'ils viennent, sur ordre, de faire claquer les culasses de leur kalach' en enclenchant une balle dans le canon. Sans doute une patrouille militaire. Je lève lentement les bras pour éviter la bavure et m'éclaire le visage en criant :

— *Ene tourist ! Cheggir yellem !* (Pas de problèmes !)

Un cri en retour :

— *Hezb sente no ?* (Vous êtes combien ?)

— *Hulett hezb becha. Ene ke Balebet.* (Deux personnes seulement. Moi et ma femme.)

En effet, ce sont bien des militaires. De la nuit surgissent de jeunes recrues presque autant paniquées que moi, à un doigt (celui de la détente) de faire un carton sur un *faranj* en caleçon ! Quand je reviens dans la tente, Sonia marmonne :

— C'était qui ?

— Oh rien ! J'ai failli me faire trouer la peau par huit bleus à kalachnikov...

Gallabat, dimanche 18 mai 2003, 871ᵉ jour, 26 km, 9 890ᵉ km, entrée au Soudan

Et ce matin, à quelques encablures de Metema, la frontière soudanaise, nous sommes encore entre les mains de militaires dans un petit poste avancé. La chaleur est accablante. Nous sommes tendus, ruisselants. Ils nous parlent de massacres perpétrés par des bandits transfrontaliers ; la semaine dernière encore, deux personnes ont été assassinées sur cette piste que nous empruntons... d'où les patrouilles nocturnes.

Seul un bébé babouin, mascotte de ces hommes désœuvrés, détend l'atmosphère. Il s'est réfugié sous le sein de Sonia. Elle est très émue. Le p'tiot est fasciné par sa tresse, farfouille dans sa chemise, veut ouvrir un bouton – à la grande joie des boutonneux en treillis –, se pelotonne, la regarde avec de grands yeux désespérés. Les caresses, c'est quand même mieux que les coups de rangers. Même pour rire. Nous repartons dans une brousse sèche et silencieuse, déserte et brûlante.

Réminiscences zimbabwéennes. Le silence est ponctué par le cri lancinant du calao à bec jaune qui nous a accompagnés pendant des milliers de kilomètres. La brousse est salement déforestée, défrichée par brûlis, l'atmosphère enfumée. C'est la pleine saison sèche, avant les pluies. Nous regrettons déjà la fraîcheur des hauts plateaux éthiopiens. Nous avons des semelles de plomb. L'angoisse de la marche n'est plus humaine, elle redevient géographique. La piste est déserte. Il manque quelque chose. Nous en venons presque à regretter les centaines d'enfants jaillissant de toute part à notre poursuite. Tout est si silencieux, mort et sec ! Les arbres calcinés tendent leurs bras tordus vers le ciel de mercure comme des spectres. Nous marchons en silence, effrayés et démoralisés par la chaleur et l'immensité qui s'annonce. Pourtant, Metema arrive au loin. Échéance tant attendue. Tant redoutée. Depuis deux ans et cinq mois, nous en parlons comme du bout du monde. Eh bien il est là, le bout du monde ! Metema est là. Tout arrive. Nous sommes incrédules. Abrutis de chaleur et de fatigue. Sonia me glisse :

— Le lac de Tibériade arrivera de la même façon. Peut-être ! Un jour...

C'est ici qu'en 1997 ont été arrêtés nos trois amis sud-africains, Bruce Lawson, Carl Langdon et Christopher Joubert, d'un coup de crosse de kalachnikov sur la nuque – qui emporta l'oreille du premier. C'était leur troisième tentative de passage du poste frontière. En force. Ils avaient été refoulés deux fois sans raison, alors qu'ils étaient parfaitement en règle. L'arbitraire d'un chef de poste paranoïaque qui voyait en eux des espions américains, malgré leurs passeports sud-africains, avait mis fin à leur longue marche. Nous n'en menons pas large. Deux fois, ils étaient retournés à Addis pour des autorisations complémentaires et l'intervention de hauts bonnets, mais en vain. Ils avaient été refoulés à deux reprises par ce débile galonné. Ça avait chauffé pour le chef de poste, qui ne leur avait pas pardonné. Et le rêve s'était arrêté là, dans le sang. Retour à la case départ : Cape Town. Jeu de l'oie africain, jeu de loi à la con. Dégoûtés, éreintés, sans le sou et très éprouvés par leurs dix mille kilomètres. Ils sont pourtant, jusqu'à ce jour, détenteurs du record du monde de marche non assistée en Afrique. Record durement mérité. À trois, ils totalisent une cheville fracturée au Zimbabwe, un nez cassé au Mozambique, vingt-quatre crises de palu, les inondations d'El Niño en Tanzanie, une attaque en règle par des Shiftas somalis ayant vidé un chargeur à travers leur tente, dans le désert juste avant Marsabit, au Kenya. Ce sont eux qui nous avaient mis en garde contre les pierres et les périls des campagnes éthiopiennes. Je me souviens de m'être alors dit qu'être en couple nous protégerait, que nous serions plus au contact des populations dont nous apprenons la langue, que nos amis sud-af ne devaient pas être très diplomates avec leur stature de colosses et leur démarche qu'eux-mêmes qualifiaient de : « *no brain, no pain !* » Bref ! Que nous serions plus malins qu'eux...

Il est vrai que, malgré tout, nous nous en tirons pour l'instant beaucoup mieux. Et c'est avec une pensée pour eux, très loin vers le sud, que nous déambulons dans la rue principale de Metema en quête d'un boui-boui. Nous croisons nos premières djellabas blanches, qui s'aventurent, hilares, de ce côté-ci de la frontière à la recherche d'une bière fraîche. Premiers salamalecs. Ça détend l'atmosphère. Il fait trop chaud pour entamer des formalités. Le drapeau soudanais flotte là-bas, de l'autre côté d'un petit pont, à Gallabat. D'abord se reposer pour être en parfaite possession de nos moyens. Nous nous retrouvons vite derrière ce que nous espérons être notre dernière enjera, cette fois garnie de tibs, enfin! et deux Coca glacés. Malheureusement, nous avons affaire à une bande de jeunes, bruyants, moqueurs et horripilants. La dernière, se dit-on. Jusqu'à la dernière goutte ils nous auront épuisés. Nous nous arrachons du bouge et dirigeons nos pas vers l'immigration éthiopienne. Tout semble se passer pour le mieux quand un officiel pointilleux cherche en vain notre tampon d'entrée par Moyale (sur la frontière avec le Kenya). J'ai toutes les peines du monde à lui expliquer que nous ne sommes pas passés par Moyale et que nous avions pour cela une autorisation spéciale du ministère du Tourisme. Il me la demande. Gloups! Nous ne l'avons plus, notre visa ayant été renouvelé à Addis. Ça se corse. Mais l'argument tient. Nous sommes déjà passés entre les mains de ses supérieurs d'Addis, pour le renouvellement. À ce moment-là, le tenancier de notre boui-boui se pointe avec une serveuse pour nous demander l'addition.

— Mais on vous a déjà payé!
— Non!
— Mais si! Il y avait plein de témoins!
— Personne n'a rien vu!

Le douanier se tourne vers nous :
— Eh bien vous n'avez qu'à payer!
— Mais puisqu'on vous dit qu'on a déjà payé les trente birrs!

Le ton monte. C'est un piège. Le douanier fait la moue.
— Il faut régler ça à la police.

Plutôt crever que de passer une heure de plus avec eux! Je jette les trente birrs de notre liberté aux pieds de l'escroc, qui se barre comme une hyène rieuse. Le coup de tampon ne tarde pas, dans les gloussements narquois. Comment quitter un pays dans la joie... Nous passons le pont sur le lit d'une rivière à sec comme on sort de prison, en chantant! Le drapeau soudanais claque au-dessus de nos têtes, un orage se lève. Des policiers noirs comme de l'encre dans des uniformes noirs, affables et calmes, nous accueillent en anglais, gentiment. Ils savent.

— Ils ont essayé de vous arnaquer?

— Comment le savez-vous ?
— Oh, vous n'êtes pas les premiers. La plupart des étrangers arrivent ici très fâchés !

Non, nous ne sommes pas fâchés, nous sommes heureux et soulagés, nous sommes au Soudan, à Gallabat, et recordmen du monde ! C'est con, mais ça fait passer la pilule.

Soudan

1 Moussa Ismael
  et Mohammed Tahir
2 Awad Gaddora
3 Haroun Kazali
4 John Eustache
5 Mounir Abdelrazik
6 Ahmed Eïssa
7 Ahmed Gaddora
8 Brigadier général Jaffar
  Mohammed Youssif
9 Bahadi Mohammed
10 Ajeb Abd el Rahman
11 Stephan Gembalczyk
12 père Étienne Renaud
13 Francis Geus et Raphaël
  Pouriel
14 Cheikh Garibullah et Omar
  Sadiq
15 Samia Hussein et Nazik Abd
  el Karim
16 Suleiman
17 Josep Maldonado I Gili
18 Eltayeb Isaak
19 Bakleid, Djimal,
  Umm Baleïn, Mariam
  et How

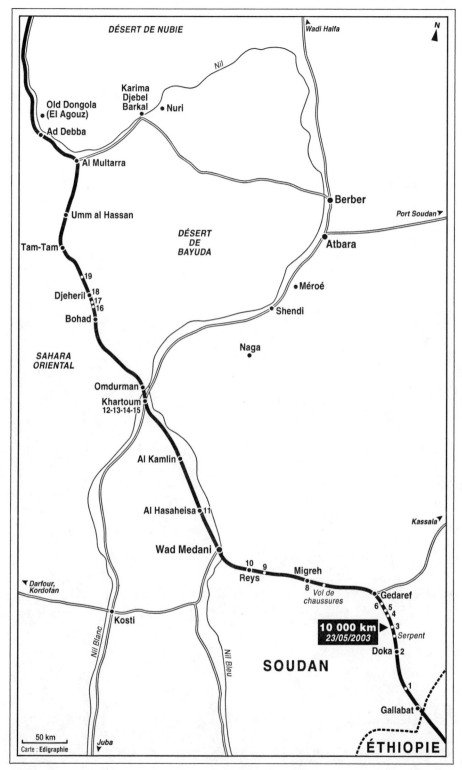

Soudan

24

Dans la fournaise soudanaise

À 17 heures nous quittons Gallabat pour entrer sans tarder dans le plus grand pays d'Afrique. Pays aux multiples visages, fait de jungles humides infestées de marais au sud, et de dunes sahariennes au nord. Nous le pénétrons entre les deux, dans la zone sahélienne.

Bon augure pour les quelque deux mille kilomètres que nous avons à y parcourir, le premier orage de la saison roule sur nous son front noir en dévalant des hauts plateaux abyssins. L'impressionnante nuée est secouée d'explosions lumineuses suivies de roulements de tambour. La bête enfle, gémit, fuit vers l'ouest, puis finit par crever au-dessus de nos têtes. Éprouvés par les chaleurs des derniers jours, nous restons avec joie sous les trombes d'eau qui s'abattent sur la brousse assoiffée. Nous avons décidé de marcher de nuit. On nous avait prédit une région déserte ; pourtant, de petits feux, comme des étoiles mortes tombées du ciel, trahissent la présence des hommes. Nous passons en silence parmi ces constellations horizontales.

Nous frôlons parfois ces foyers installés en bord de piste et observons incognito nos premiers Soudanais. Les cases sont rougies par des feux entourés de spectres vermeils. Des enfantelets jouent au coin des flammes en animant des ombres gigantesques à l'arrière-plan. Nous filons comme des fantômes dans la nuit. Comme toujours, nous sommes intimidés les premiers jours. Il se remet à pleuvoir. Nos chaussures sont trempées, nos capes de pluie ruisselantes. Au loin, très loin, droit devant nous, une lumière blanche nous attire. Sûrement le poste de police où, nous a-t-on dit, il sera possible de coucher. Il devient l'objectif, le repère, comme une étoile qui n'arrive jamais. L'ondée est passée en semant un voile de fraîcheur sur la brousse endormie. Les insectes s'en donnent à cœur joie. Nous marchons mécaniquement. La lumière semble s'éloigner au fur et à mesure que nous avançons. Nous mettons trois heures et quinze kilomètres pour la décrocher cette étoile : un néon ! Entre deux huttes, nous franchissons notre première porte soudanaise. Il est 22 heures.

Deux hommes noirs vêtus d'amples djellabas blanches se lèvent à notre entrée, et, calmement, dans un anglais parfait, nous chuchotent – à cause des dormeurs :

— *Welcome ! Welcome !* Vous devez être fatigués, c'est Dieu qui vous envoie, asseyez-vous, avez-vous dîné ?

Une apparition. Pas nous. Eux. Rêvons-nous ? Nous connaissent-ils ? Nous sommes désarçonnés. Pourquoi tant de gentillesse, de simplicité ? Ce n'est pas la police, mais le campement des cadres d'Higleig, une compagnie de travaux publics chargée d'élargir la piste. Tout est propre, bien ficelé. Moussa Ismaël et Mohammed Tahir nous reçoivent sans questions ni suspicion. Comprennent instantanément notre projet. S'enthousiasment. La fibre nomade n'est pas loin dans leur culture. Eux-mêmes sont loin de chez eux. Nous flottons dans le coton de notre fatigue et de cette délivrance mentale. D'une conversation mesurée et calme, ils nous expliquent le pourquoi de ces travaux et l'accord commercial signé entre l'Éthiopie et le Soudan :

— En échange de cette réfection de piste qui facilitera l'exportation des biens éthiopiens vers la mer Rouge, car ils doivent contourner l'Érythrée qui leur est fermée, les Éthiopiens se sont engagés à acheter notre pétrole.

Nous sommes choyés. Eau glacée, brochettes, riz et légumes. Le cuisinier a été réveillé pour nous. Nous lui témoignons notre confusion. Il nous détend d'un large sourire : « *It's my duty*[1] *!* » Nous parlons de l'Éthiopie, du Kenya, de la Tanzanie, du Malawi, du Zimbabwe. On nous écoute posément, sans inquisition, sans moquerie, avec délicatesse ; la sensation est pour nous surréaliste. Nous partageons des points de vue en bonne intelligence. Nous renouons avec la jouissance intellectuelle, le dialogue. Enfin, dans un petit coin isolé du campement, nos hôtes nous dressent des lits, avec matelas de mousse et draps

---

1. C'est mon devoir.

propres, après nous avoir indiqué le chemin des toilettes et apporté une bassine d'eau tiède pour nous laver. Déchoquage. Il fallait quitter l'Éthiopie pour se rendre compte à quel point nous nous y étions blindés et combien elle nous était douloureuse. Nous sommes comme deux flagellants s'exclamant : « Ah ! que c'est bon ! », une fois le fouet posé.

Tout, ici, est placé sous le signe de la politesse et de la bienveillance. Les jours suivants ne démentent pas la première impression. S'il fallait la réduire à un seul mot, et l'exercice est périlleux, nous dirions que les Soudanais sont sages. Et ce n'est pas du tout ce à quoi, a priori, nous nous attendions.

Mais si nos rapports avec les populations restaurent l'esprit de notre marche, la chaleur nous accable comme jamais. Le thermomètre grimpe tous les jours jusqu'à cinquante degrés à l'ombre et la piste est mortellement ennuyeuse, sans arbres et sans villages, rectiligne sur une steppe morne à l'infini, et qui attend désespérément la pluie – il paraît qu'en septembre elle ondoie et verdoie comme la Beauce au printemps. Nous passons quatre mois trop tôt. Pour nous, la chaleur est telle qu'à 10 heures nous devons impérativement trouver un ombrage. Pas de cases à l'horizon. La plupart du temps, la tête en fusion, à la limite d'un pétage de durite, nous nous glissons précipitamment sous la chaussée dans des tuyaux de drainage ou sous le tablier d'un petit pont, pour attendre comme des chiens malades, poisseux et haletants, sept heures durant, que la fournaise passe.

Chaleur et lumière. Dehors, tout vibre et cuit sous le soleil. Tout est mort. Nous sommes dans un de ces tuyaux depuis une heure. Nous collons à nos tapis de sol, buvons des gorgées d'eau chaude au fort goût de plastique en nous lisant l'un l'autre des passages des *Confessions* de saint Augustin et des *Aventures en mer Rouge* d'Henry de Monfreid. Deux livres qui nous ont été donnés à Bahar Dar par un groupe de touristes français. L'un renie sa vie de débauche et ses erreurs de jeunesse, l'autre vante les mérites de sa vie d'aventures, de trafics et de liberté. L'un a formulé il y a dix-sept siècles des pensées étonnamment modernes ; l'autre a raconté il y a cinquante ans des histoires ancestrales. Rien de nouveau sous le soleil. L'homme gesticule et le temps passe. Entre les deux livres, entre Augustin et Henry, s'instaure un incroyable dialogue, sous les tabliers des ponts, dans des tuyaux, en pleine fournaise soudanaise.

Un vent de forge s'engouffre dans notre tube et nous dessèche comme deux vieux bouts de viande des Grisons. Sonia est cramoisie. Elle cherche désespérément de la fraîcheur, s'évente avec le couvercle en alu de notre gamelle. Ingénieuse, elle trouve encore mieux. À la faveur d'une rafale brûlante faisant venturi dans le tuyau, elle gonfle sa jupe comme un parachute.

— Regarde Alex, je vais décoller !

— Ouais ! Eh bien, fais gaffe de ne pas t'allumer le feu au derrière...

Elle hurle de rire, la jupe rabattue soudain sur la tête. Attendre. Attendre. Attendre. Mais attendre avec elle n'est pas un problème. Chaque seconde est une seconde de rire ou de bonheur. Même ici. Et je n'y suis pour rien. Et elle est là, épuisée, assoiffée... Comment ferons-nous, dans le Sahara, quand il n'y aura pas de tuyaux ? Pas d'ombre ? On crèvera. Et elle trouvera le moyen d'en rire, d'être heureuse, parce que nous serons ensemble... Merveille de femme. La faim pointe. Il faut attendre encore. Manger le plus tard possible pour repartir rassasiés vers 16 ou 17 heures. Aujourd'hui, nous ouvrons avec émotion et délectation notre dernière petite boîte de conserve donnée par Henriette Palavioux, à Gondar.

— Elle a eu un peu chaud. Donne ton pain que je te verse l'huile dedans, sur tes Vache-qui-rit marocaines !

— « Yvon Ragobert »... Ça sonne pas français, ça ? Terrine de sanglier au poivre vert... Mais, au fait, c'est du cochon ! C'est de la marchandise de contrebande ça ici ! MMhhh ! Délicieux ce petit goût d'*haram* [1] !...

— Sonia sort ensuite de son sac deux superbes pommes *red delicious* achetées comme du caviar à Gallabat. Elles viennent de Washington. Elles en ont fait du chemin ces deux pommes, pour nous rencontrer !

— C'est nous les pommes !

Quand nous ressortons de notre tanière, la fournaise a passé. Ne restent que des odeurs de terre cuite et d'herbes sèches. Le ciel ne brûle plus mais le sol rayonne. Des Land Rover nous dépassent, débordant de grands Noirs gesticulants qui s'estomaquent de notre insistance masochiste à vouloir marcher chaque pas dans ce néant. Nous nous initions à l'arabe.

---

1. Litt : « d'interdit » ou « de péché ». Contraire de *hallal*.

— *Al ardam fakhat! Bel arabiya la arid!* (Seulement à pied! Nous ne voulons pas aller en voiture!)

Et le bouquet de bras noirs et de coton blanc de repartir devant un panache de poussière en claquant dans le vent. Marcher dans un endroit moche, chaud et désert... Concept dur à faire comprendre dans un pays où les gens, même pour de courtes distances, préfèrent attendre très longtemps un éventuel transport plutôt que de faire le trajet à pied. Pas fous, les Soudanais! Au fil des jours, nous déclinons. Nous ne parvenons pas à récupérer pendant la nuit, ni à réellement dormir pendant le jour, lors de notre sieste forcée. Dur! Dur! Levés à 3 ou 4 heures tous les matins, nous marchons le plus possible de nuit.

Saboni, vendredi 23 mai 2003, 876ᵉ jour, 33 km, 10 008ᵉ km

C'est ce que nous faisons en quittant Doka, où Awad Gaddora nous a recueillis pour la nuit. Comme Doka est à cinq kilomètres de la piste, nous coupons en diagonale à travers champs pour la retrouver. La terre est sèche comme de l'argile et craquelée en millions d'hexagones qui croustillent sous nos pas. Awad nous a mis en garde contre les serpents qui infestent la région. Nous lui avons crânement répondu qu'en deux ans et demi, nous n'en avons vu que deux ou trois, et que nous avons nos bâtons pour les repousser. Derrière nous, le ciel pâlit. En effet, jusqu'à Khartoum et la confluence des deux Nil, nous marcherons vers l'ouest, le soleil dans le dos le matin, et dans le nez le soir. Nous avançons, engourdis, emportés dans nos pensées en forme de songes. Aujourd'hui est un grand jour pour nous : nous allons passer notre dix millième kilomètre. L'écart s'est creusé entre Sonia et moi et je me dis que c'est bête de multiplier ainsi par deux la chance de croiser des serpents. Par souci d'économie et pour ne pas effrayer d'éventuels bergers perdus dans ces steppes, nous avons éteint nos lampes frontales. Je repense au serpent sur lequel j'ai failli marcher dans le parc de Sibiloï et rallume mécaniquement ma lampe. Au diable les économies! Soudain, un petit cri étranglé me poignarde le cœur. Sonia! Un serpent! Elle s'est fait mordre, j'en suis sûr. Je vole à son secours. Cauchemar! Tout est fini. Mon amour. Ma vie. En une fraction de seconde, le monde a chaviré. Je la retrouve hagarde et hébétée, debout, les jambes écartées, secouée de tremblements.

— Il m'a ratée...

À mi-distance entre ses jambes, deux taches huileuses sur l'ourlet de sa jupe trahissent la morsure des crochets. Elle fond en larmes. Je l'étreins de toute mon âme. État de choc. Entre deux hoquets, elle décrit.

— J'allais marcher sur sa queue. Il s'est rabattu sur moi comme un coup de fouet. J'ai fait un bond réflexe, en écartant les jambes. C'était un cobra énorme. Bouououh ! Il a disparu aussitôt dans la crevasse, là !

La mort en une demi-heure... J'ai failli perdre ma femme par négligence, pis, par économie. Vingt-deux kilomètres avant notre dix millième. Rappel de l'épée de Damoclès suspendue en permanence au-dessus de nos têtes. De pure mauvaise foi et dévoré de culpabilité, je lui reproche :

— Mais qu'est-ce que tu foutais à traîner derrière ?

— C'est toi, le salaud qui traçait devant tout seul. Tu aurais pu m'attendre ! Ça n'était pas à moi de te rattraper ! Moi, je me sentais pas bien, je ne sais pas pourquoi mais j'étais obsédée par des scènes de *L'Associé du diable*, tu sais le film avec Keanu Reeves qu'on a vu à Addis, quand il se débat avec des démons femelles à têtes de mort... Eh bien j'avais cette image en tête quand j'ai vu le cobra lové sur lui-même et que mon pied allait l'écraser ; c'est comme si le temps s'était arrêté, j'ai cru que c'était un cauchemar, une scène du film.

Les deux taches sont là pour nous rappeler que nous ne sommes pas dans un film mais dans la réalité. Nous établissons aussitôt une procédure de marche draconienne, l'un derrière l'autre, lampe frontale allumée, bâton à la main et regard scrutateur. Comme pour nous payer de notre zèle, cinq minutes plus tard, une épaisse vipère cornue, grise et rugueuse apparaît dans le faisceau de lumière. Nous la contournons sans la déranger, les bâtons pointés vers elle, et la pression se relâche. Quand nous nous retournons, dix mètres plus loin, je pousse un cri de rage et de peur : ARGHHH ! Une autre vipère. Tous mes poils se hérissent. Est-ce la même ? Non. Impossible. Sommes-nous cernés ? Panique. Tombés dans un nid ? L'endroit est truffé. Nous avons les nerfs à vif. Les crevasses regorgent de serpents. Sonia hasarde :

— Tu te souviens ? On nous avait dit que les vipères allaient toujours par deux...

— Ouais, comme nous, en couple ! Mais Poussin contre serpents, on est perdants... Un jour ou l'autre, on se fait avoir... Quelle connerie. Les raccourcis en plein champ...

La terre craquelée que nous arpentons offre des refuges infinis à ces reptiles de mort. Ils sont là pour les mulots et les rats des champs qui doivent grouiller pendant la moisson. Nous regagnons la piste comme on quitte un terrain miné.

Dans le jour naissant, nous marchons trois heures avant d'être dépassés par un premier véhicule... Celui qui aurait pu transporter Sonia vers un improbable dispensaire, ou une morgue. Normal qu'il n'y ait personne sur la route aujourd'hui, c'est vendredi. Les muezzins des villages, au loin, appellent à la grande prière. La Faucheuse nous a frôlés, ce matin. Seuls sur cette route déserte, nous nous mettons à prier comme des moissonneuses-batteuses.

Quatre heures plus tard, en plein cagnard, notre podomètre se rapproche du vingt-cinquième kilomètre de la journée, c'est-à-dire notre dix millième kilomètre à pied depuis le cap de Bonne-Espérance, il y a huit cent soixante-seize jours. La piste est rectiligne et rien en vue ne marque le paysage, la steppe est vibrante et blanche, écrasée de soleil, l'endroit est on ne peut plus anonyme. Mais il est là. Il n'est qu'un chiffre, il ne signifie rien en soi, mais peu importe, nous devons célébrer ce moment par un petit rituel, comme lorsque nous avions franchi l'équateur. 24,99 kilomètres : nous marquons une pause et mettons en place notre caméra sur son trépied. Il ne faut qu'un pas, une goutte d'eau pour faire déborder la mer : notre treize millionième pas nous fait passer les dix mille kilomètres à pied. À la frontière, on nous a donné un petit drapeau soudanais que Sonia porte tout le jour sur le côté du sac, et qui claque à ses oreilles. Nous le plantons dans le sol, à côté d'une feuille sur laquelle nous avons écrit 10 000. Nous mettons alors le feu à notre borne de papier pour illustrer symboliquement la fournaise qui est le cadre de ce cap kilométrique. Le vent qui emporte les cendres dans le désert fait applaudir de joie notre petit drapeau. Les témoins de la scène qui passent en voiture nous prennent pour des fous. Ils ont un peu raison.

Au bord de l'insolation, nous allons nous affaler à l'ombre d'une paillote éméchée. Un vieux paysan vient bientôt nous y rejoindre, plein de douceur et de prévenance. Il s'appelle Haroun Kazali. Il est apparu comme par miracle dans ce qui ressemble à un village abandonné. Il connaît et comprend notre souffrance. Nous nous allongeons sur deux lits de ficelle défoncés qu'il nous apporte pour laisser passer le temps et le feu du ciel. L'abri est exposé au souffle brûlant. Il faut boire, transpirer, s'évaporer, sécher, reboire, retranspirer, resécher pour avoir une illusion de fraîcheur. Mais boire aggrave notre hypoglycémie; tout le monde le sait, l'air conditionné, ça prend du jus, ça consomme de l'énergie; nous ne pouvons que faire semblant de dormir, nous anesthésier. Nous partageons ce carré d'ombre encombré de détritus avec quatre poulaillons déplumés, nus comme des dinosaures miniatures, qui font la même chose que nous, se mouillent dans de l'eau souillée de déjections qu'Haroun a versée dans un vieux pneu découpé, puis se lèvent sur leurs pattes pour profiter de l'évaporation, puis se remouillent. C'est fou ce que ça a comme ressource, un poulaillon... C'est fou ce que c'est bête et méchant, d'être là. Sonia est crevée. Elle me parle mollement avec un coton-tige qu'elle a oublié dans son oreille gauche. La vision est cocasse, je la pointe du doigt, secoué de spasmes désespérés et aphones. « Mais quoi ? Qu'est-ce que j'ai ? » s'insurge-t-elle avant de mettre la main à la tempe. Nous avons mal partout. La chaleur, ça casse les reins. La vie est souffrance, l'espace est souffrance, le temps est souffrance. Avancer c'est souffrir, rester c'est souffrir. Constat bouddhique désespérant. Il faut avancer, fuir, en finir, grosse fatigue. L'espace est stérile, le temps creux. L'idéal serait de n'avoir aucun désir, mais nous avons ce que j'appelle pour l'occasion, une « orexis paroxystique », une envie de tout, un appétit effrayant de confort, de consommation, de mets raffinés, de grosse bouffe aussi, de propreté, d'intimité, de volupté, d'épargne, d'investissement, de construction – ne plus nous dépenser, ne plus nous griller, ne plus nous tuer. Le Soudan a renouvelé notre voyage mais il est déjà monotone. Gagner Khartoum à pied. Est-ce beau ? Est-ce bien ? Est-ce que cela a du sens ? Nous ne savons plus. Le désert et la chaleur ça crame les neurones, ça tue le sens. Tenir. Tenir. Tenir. Nous nous raccrochons à cette bouée crevée dans un océan de soleil et de soif. Nous repartons épuisés. En fin d'après midi, un pick-up s'arrête à notre hauteur. C'est Moussa Ismaël, notre hôte du premier soir qui rentre vers Khartoum. Il sait que cela ne sert à rien de nous proposer de monter à son bord, mais il a une surprise pour nous : une glacière ! Dans un gobelet en inox, il nous tend de l'eau hyper-froide. Et glou et glou et glou ! À s'en faire péter les dents et à s'en congeler le cerveau. Dieu que ça fait mal ! Dieu que c'est bon ! Nous repartons en faisant floc, floc à chaque pas, le soleil plein phare dans la figure. Moussa nous a indiqué un autre camp de constructeurs où nous pourrons dormir ce soir. Quand le soleil décline, nous nous réconcilions avec nos corps, avec la vie.

Peu avant un petit bled, un beau Noir dans la force de l'âge se joint à nous et entame une conversation en anglais châtié. Mais il semble sur ses gardes, inquiet, farouche.

— J'ai été éduqué par les Britanniques, à Juba, dans le Sud-Soudan, au paradis. Je suis de la tribu des Nuer. Toute ma famille a été exterminée. Je suis professeur dans une école gouvernementale de sudistes déplacés. J'ai été éduqué par les Britanniques...

Ce que nous croyions être une conversation prometteuse tourne au monologue décousu et répétitif : une confession clandestine et obsessionnelle.

— Je me suis retiré de la politique, je ne peux pas vous raconter de conneries, c'est trop risqué, nous sommes surveillés, j'ai été éduqué par les Britanniques, quand notre pays était en paix. Toute ma famille a été exterminée. C'était le paradis. Nous étions riches, avant. En fait, j'ai été prisonnier. Ils m'ont libéré à condition que je vienne ici et que j'accepte ce poste. Alors je me tais. Mais je n'oublie pas...

John Eustache a le regard dur et fixe des gens qu'on a torturés. Nous découvrons sur le côté gauche de son visage, qu'il nous avait jusqu'alors caché, des balafres qui donnent des angles à sa figure. Il nous parle de ce Soudan que nous ne verrons pas. De cette face cachée. Oubliée du monde, génocidée en silence depuis la décolonisation qui a laissé cet immense pays fait de peuples hétéroclites à la merci d'une politique d'arabisation et d'islamisation sans merci pratiquée par les régimes successifs de Khartoum. Nous approchons d'un carrefour.

— Je ne peux pas vous inviter chez moi, on me causerait des problèmes, mais je vais vous offrir un porridge de millet rouge qu'on mange chez nous, dans le Sud.

Nous allons nous asseoir sur des lits de ficelle devant une grosse mama noire. Ils se parlent dans un dialecte du Sud. John soudain se retourne :

— Vous ne pouvez pas vous asseoir ensemble sur le même lit, la charia s'applique à tout le monde dans ce pays. Où allez-vous dormir cette nuit ?

— On nous a indiqué un campement de la compagnie Higleig, un peu plus loin...

— Ah oui ! Le pétrole. Le fléau de Dieu. Le malheur des pauvres. Higleig fait partie de ces compagnies qui tiennent le pétrole, chez nous dans le Sud, et qui ne veulent pas le lâcher. Ils nous extermineront ou nous convertiront jusqu'au dernier, et vos gouvernements sont complices, surtout vous, les Français : vous savez à qui appartient la plus grande concession pétrolière du Sud-Soudan, aujourd'hui encore inexploitée ? À Total ! Et aux Canadiens. C'est pour ça que vous ne dites rien, vous vous tenez à carreau ! De peur de perdre le pactole...

John avale une grosse lampée de porridge et reprend en souriant, pour ne pas trahir auprès des gens qui nous entourent la gravité des propos qu'il nous tient.

— Vous avez entendu parler du conflit qui est en train d'embraser le Darfour ? C'est étrange, la communauté internationale y est très réactive, cela fait à peine deux mois que cela a commencé et le monde entier est déjà au courant, Pourquoi une telle différence avec le conflit du Sud ? Je vais vous le dire, moi ! Parce qu'il n'y a pas une goutte de pétrole dans les montagnes du Darfour, et que c'est une population musulmane. Alors un régime islamiste qui tue des musulmans, c'est pas normal, alors tout le monde se demande pourquoi. Pour le Sud, cette triste histoire est une bénédiction, ça va diriger le feu des projecteurs sur notre pays, déplacer des armées vers le front de l'Ouest et sans doute accélérer notre processus de paix [1].

John est intarissable, il manie le paradoxe avec virtuosité. Il nous repasse la géopolitique mondiale vue de la fenêtre soudanaise.

— Vous qui militez tant pour le droit des peuples à disposer d'eux-mêmes, qui défendez les Kosovars et les Palestiniens, pourquoi notre cause ne trouve-t-elle pas d'écho chez vous ? Parce que nous ne tuons pas assez d'innocents ? Parce que nous ne faisons pas assez de bruit ? Je vais vous le dire, moi, pour-

---

1. L'histoire semble donner raison à John. Près de deux ans après l'avoir croisé, sans doute à cause du pourrissement de la situation au Darfour, un accord de paix historique entre le Nord et le Sud a été signé à Naivasha, au Kenya, le 9 janvier 2005.

quoi ! À cause du pétrole ! Nous sommes plus de dix millions de Noirs chrétiens dans le Sud et nous ne voulons pas du régime islamique que les Arabes du Nord veulent nous imposer. Il y a moins d'un siècle ces mêmes Arabes venaient nous esclavagiser. Rien n'a changé. Les Noirs du Sud sont employés dans le Nord pour des salaires dérisoires, un ou deux dollars par jour ! Notre cause est légitime. Nous sommes oubliés du monde. C'est la faute des Anglais, ils auraient dû diviser le pays en deux en partant... Allez, je me tais, je vous en ai déjà trop dit. Silence ! On tue mon peuple... Vous m'avez dit que les musulmans étaient très gentils avec vous, eh bien n'oubliez jamais que leur régime nous massacre tous les jours, rase nos écoles, brûle nos églises, bombarde nos hôpitaux avec la complicité muette de vos dirigeants...

Et John de se lever et de disparaître dans la nuit. Nous sommes glacés. Nous méditons quelques kilomètres sur cette ombre noire au tableau soudanais et gagnons le campement d'Higleig. L'accueil y est aussi chaleureux, mêmes lits, même politesse, mêmes soins, mais dérive vers la pente glissante de la religion et de la politique. Nous écoutons, stupéfaits, Mounir Abdelrazik :

— Pourquoi ne voulez-vous pas comprendre que le dernier prophète est Mohammed ? Qu'il abolit et accomplit ce qu'ont dit tous les autres avant lui ? Comment pouvez-vous croire que Dieu ait eu un fils ? Et que le prophète Issa [Jésus] soit Dieu en personne ? Ou un tiers de Dieu, selon le dogme de la Trinité ? C'est trop compliqué, vos histoires. Mohammed est venu simplifier le message de Dieu que la secte des chrétiens a tarabiscoté pendant sept siècles. Dans le Coran, nous reconnaissons tous les vingt-six prophètes depuis Ibrahim [Abraham] jusqu'à Mohammed en passant par Moussa [Moïse] et Yahya [Jean-Baptiste] : ils étaient donc tous musulmans.

— ???

— Évidemment ! Vous pensez que ce sont des prophètes juifs, puis deux prophètes chrétiens, mais ça ne veut rien dire : ils étaient tous musulmans, ce qui veut dire « soumis à Dieu », comme nous tous. Dans le Coran, le prophète Issa annonce même qu'un autre prophète nommé Ahmed viendra après lui, c'est bien qu'il était déjà musulman. Et Ahmed est un autre nom de Mu-Ahmed, Mohammed...

Nous nous en tirons en affirmant croire en un Dieu unique partagé par tous les hommes, un Dieu d'amour : « *La-I-laha Illah-Allah...* »

— Alors vous êtes musulmans sans le savoir !
— Peut-être !

Et nous rions de bon cœur. Ils nous croient en chemin vers la vérité. Ils ont peut-être raison. Nous sommes tous sur les chemins de la Vie et de la Vérité...

— Vous avez de la chance de pouvoir aller à Al Qods (Jérusalem). Moi, les cinq cents crédits divins d'Al Qods me manqueront toujours...

Nous sommes perplexes. Il poursuit :

— J'ai eu mes deux mille points de Médine, et mes dix mille points de La Mecque ; j'ai fait les deux *hadjs*, mais je n'irai jamais à Al Qods tant qu'elle sera tenue par des infidèles...

Nous sommes stupéfaits. Depuis dix ans que je visite assidûment les pays musulmans, de l'Irak au Pakistan en passant par le Niger ou la Syrie, je n'ai jamais entendu parler de cette comptabilité spirituelle. Mounir nous explique alors que chaque geste, chaque pensée, chaque seconde de la vie d'un musulman est crédité ou débité de ces points qui seront comptabilisés au jugement dernier, points dont Dieu seul connaît le cours ; le Coran, la charia, les hadith [1] n'étant là que pour donner des conseils et des indications.

— Prier seul, c'est un point, prier à plus de cinq dans la mosquée ou dans la rue, c'est cinq points pour chacun, la prière du vendredi, c'est dix points. Ce soir, par exemple, grâce à votre venue, nous allons tous être crédités de points, car le Coran nous commande de bien accueillir les étrangers de passage...

Merveilles et secrets architectoniques d'une pensée. Tout en me mordant la langue, j'ose :

— Alors, vous devez nous dire merci.

Mounir et ses compagnons éclatent de rire. Ouf ! Dieu a aussi le sens de l'humour.

---

1. Commentaires du Coran et prescriptions dictées par les premiers califes succédant à Mohammed, et qui complètent la charia. Ils ont valeur de lois dans les régimes islamiques.

25

Les voleurs et les Samaritains

Malgré l'ombre lugubre planant très loin vers le sud, nos premières impressions du Soudan se voient confirmées jour après jour. Sagesse et hospitalité à la fois spontanées et calculées, proportionnelles à la chaleur, et paysages infestés de serpents. Nous tuons notre serpent quotidien. À coups de pierre ou de bâton. Bêtement. Mais c'est comme ça. Darwinien. Leur vie contre la nôtre. Pas très écolo, mais nous avons tout de même, chaque fois, le sentiment de bien faire, de sauver un enfant, une femme dans sa corvée de bois, un homme dans son champ, d'exorciser nos démons de l'autre jour. Nous faisons comme tout le monde, nous sommes devenus africains : nous essayons de tuer autant de serpents que nous le pouvons.

Nos premiers villages soudanais nous apparaissent propres et ordonnés. Les huttes aux chaumes impeccables sont toutes entourées de palissades de paille tressée garantissant une intimité parfaite. Finies, les foules et la promiscuité. Nos hôtes n'ont pas à résister à l'invasion du village. Toutes les familles bénéficient de fosses d'aisances fonctionnelles et d'un endroit cimenté, organisé et pensé, pour se laver. C'est pour nous un immense réconfort, qui nous réénergise, qui remet nos compteurs à zéro. Tous ont toujours de l'eau malgré l'hostilité du milieu – comme quoi il n'y a pas de fatalité. Ahmed Eïssa, le responsable de la pompe municipale de Kadjira nous déclare :

— La mer est à quarante mètres sous nos pieds, éternelle !

C'est toujours bon à savoir que l'eau est à quarante mètres, ça rassure... Il faudra y penser quand nous crèverons de soif en plein cagnard ! Dans les campagnes, les moteurs des pompes battent la mesure, les tracteurs fonctionnent – chose rare sur ce continent – et préparent la terre pour ses noces avec la pluie, des congélateurs produisent d'improbables Coca glacés même dans les bourgs les plus isolés. Le grand jeu, chez les Soudanais, est de payer discrètement nos consommations et de prendre la poudre d'escampette. D'un petit geste aussi discret qu'en salle des ventes, ils font mettre nos Coca, nos thés ou autres biscuits sur leur ardoise. Mais nous ne sommes pas les seuls bénéficiaires de cette générosité. Ils passent leur temps à se faire des mauvais coups, à se gagner des points spirituels sur le dos les uns des autres. Quand l'un d'entre eux est démasqué, il y a des empoignades dont le vendeur refuse d'être l'arbitre. C'est le plus fort qui l'emporte. Donc le plus généreux. Quant à nous, nous n'y voyons que du feu. Ce n'est qu'au moment de régler que nous découvrons par contumace notre bienfaiteur : « C'était le vieux monsieur au fond de la salle » ou « le camionneur qui est sorti quand vous entriez, il a confirmé votre histoire de marche folle, ça fait trois jours qu'il vous croise sur la piste... ». Incontestablement, nous avons renoué avec les « civilités ».

Partout des jarres de terre mi-cuite installées dans des structures métalliques, au-dessus du sol, juste assez poreuses pour rafraîchir l'eau par évaporation, sont à la disposition des passants pour la boisson ou les ablutions rituelles avant la prière. C'est le *sébil*. Une merveille de délicatesse et de raffinement, d'altruisme et de sagesse. Comme quoi la « civilisation » n'est pas nécessairement technique.

L'islam est omniprésent, dans la vie et dans le cœur des gens, dans leurs vêtements et dans leur bouche. Les femmes sont toutes voilées d'un *tobe*, déclinaison soudanaise du voile islamique. Il consiste en un grand drap de tulle diaphane et coloré dans lequel elles s'enroulent, un peu comme dans un sari qui envelopperait la tête. C'est le plus beau voile du monde, le plus gracieux, le plus fruité, le plus féminin. Fluorescentes, moulées par le vent, elles déboulent par deux ou trois à l'angle des masures, comme des bonbons à pattes, comme des spinnakers gonflés par les bourrasques, en nous clouant le bec. Si leur intention était de passer inaperçues, c'est raté. Quelle beauté, quelle élégance ! La première est en rose *flashy*, la deuxième en bleu électrique, la troisième en dégradé arc-en-ciel. Elles s'esquivent en gloussant de leur charmant visage, ravies de leur petit effet. Incontestablement, la femme soudanaise est sublimée par ses voiles transparents...

Dans tous ces villages nous ne parvenons pas à dépenser le moindre dinar ! Sans cesse des groupes d'hommes drapés de blanc nous convient chez eux ou devant des bouis-bouis :

— *Fadhal ! fadhalu !* (Venez vous asseoir ! Bienvenue !)

C'est la version locale du « *Karibu !* » et du rare « *Enider !* ». Curiosité aimable et désir de montrer sa bienveillance. Certains nous disent même, sans ambages, le visage fermé :

— Nous faisons notre devoir. Pour vous montrer que nous sommes de bons musulmans et non des terroristes, comme vous le pensez.

— Si nous le pensions, nous ne serions pas là.

La conversation est souvent sur le fil du rasoir, mais c'est en Orient un exercice recherché, de retenue et de politesse, qui sait conserver les formes, qui sait sauver les apparences ; cela doit rester un passe-temps agréable. Toute rupture avec le caractère léger et consensuel serait considérée comme vulgaire et agressive. Notre point de vue ne les intéresse guère, ils cherchent avant tout à exprimer le leur. Ainsi nous écoutons plus que nous ne parlons. S'il fallait accepter toutes les invitations, nous ne marcherions que cinq kilomètres par jour. En guise de remerciements à nos hôtes, je récite souvent mes sourates préférées du Coran. *Ayat el Kursi*, celle du Voyageur, et *Kulwallah ahad*, celle du Dieu unique, et nous repartons dans la liesse et les rires après avoir répondu : « *Nousse, nousse !* » (moitié-moitié !) à la question obsessionnelle qui les taraude tant et qui clôt invariablement ma récitation : « Mais... Vous êtes musulmans ? »

À Gedaref, ville moyenne située sur la route de Port-Soudan, nous retrouvons le goudron. Nous sommes accueillis par Ahmed Gaddora, le frère aîné d'Awad, qui nous avait reçus à Doka. Ingénieur, il habite une immense maison cubique de trois étages où nous nous claquemurons pendant deux jours, loin de la fournaise, dans une atmosphère tamisée et climatisée. Nos conversations sont à bâtons rompus. Ahmed est un nostalgique du Soudan d'avant la révolution islamique. C'est en 1990 que les Frères musulmans se sont emparés du pouvoir, lorsque le général Omar el-Bechir, soutenu par l'idéologue islamique Hassan el-Tourabi, réussit son coup d'État contre le gouvernement en place – un an plus tard, Omar el-Bechir se débarrassait de Tourabi et le jetait en prison. Ahmed nous parle de la faillite économique du régime, de la fermeture des usines, du déclin du marché du coton autrefois florissant, de la plus grosse usine de canne à sucre du monde, Kenana, la plus absurde aussi, perdue en plein désert, de l'est à New Halfa, qui produit avec de l'eau fossile du sucre pour l'Arabie saoudite. Il se lamente sur les potentiels inouïs de son pays, gâchés par cette guerre civile interminable avec le Sud – il y a perdu un frère et plusieurs neveux. Il regrette l'époque où les Soudanais étaient libres d'être musulmans...

Il marque un temps d'arrêt en constatant notre surprise et reprend :

— Oui. Bien sûr ! Avant le régime islamique et l'imposition de la charia, j'étais un bon musulman ; je faisais tout par choix, par décision. Aujourd'hui, comme c'est obligatoire, ça me dégoûte. Tout le monde se surveille. Les gens se comptent à la mosquée, ils vont y faire de la figuration. Je ne veux pas de cet islam forcé, de cet islam totalitaire.

Il nous parle ensuite de l'islam de son cœur, religion de la discrétion et non de l'ostentation, de l'humilité et non de l'extraversion, de l'intériorité et non de l'apparence, de la paix et non de la violence. Il souffre de voir sa religion bafouée ou travestie, en Iran, en Irak, en Afghanistan, en Malaisie, en Algérie...

Nous quittons Ahmed pleins d'estime et de sympathie. Rassurés aussi. Il ne peut pas être le seul à penser ainsi. Les jours suivants, malheureusement, font oublier cet exemple d'ouverture d'esprit. Pour notre longue pause de la mi-journée nous sommes souvent introduits dans des intérieurs où l'on nous sépare, Sonia et moi ; elle va dans le quartier des femmes tandis que je reste avec les hommes. Et je souffre déjà d'être privé de la compagnie des femmes. Pendant qu'on me débite poliment une propagande démentielle, nous les entendons par-dessus les murs hurler de rire. À moi le pensum. Ainsi m'entretient-on avec gentillesse de sujets aussi lourds que « le 11 septembre : complot du Mossad », l'« islamisation inéluctable du monde, inscrite dans le Coran et voulue par Dieu... » ou encore « les suicides massifs de jeunes Européens prouvent le déclin de l'Occident », « l'alcoolisme des femmes occidentales est la cause de leur stérilité... ». Leur dada, c'est « la conversion des prêtres catholiques à l'islam » et « l'augmentation par milliers des mariages entre Françaises converties et immigrés musulmans ». J'écoute posément, j'opine, ne contredis jamais. Ils lisent cela tous les jours dans leurs journaux. Pendant ce temps, de jeunes Noires lourdement scarifiées s'affairent en silence autour de nous pour nous servir des plats venus du harem. Je m'étonne en souriant de la présence de ces femmes parmi nous... « Ce ne sont que des Noires... », me répond-on. Je me pétrifie. Et je manque m'étouffer quand on m'explique qu'elles sont au service de la famille depuis plusieurs générations sans jamais avoir été rétribuées. Je fais mine de m'en indigner, et mes hôtes sourient : « De toute façon, elles ne connaissent pas le Sud, elles sont nées ici, et puis, elles ne sont pas attachées, elles sont libres de fuir ! Elles restent parce que, ici, au moins, elles ont le gîte et le couvert... »

— Normal que, dans ces conditions, le Soudan rechigne à donner une nation aux gens du Sud, me fait remarquer Sonia quand nous nous retrouvons après l'étape.

Une chose est sûre, nos gentils hôtes manquent d'informations objectives ; la rumeur du vendredi leur fait office à la fois de brèves de comptoir et de débat politique. Cela dit, ces énormités passent bien, car nos interlocuteurs restent calmes et respectueux.

De son côté, Sonia me raconte des histoires d'onguents et de parfums, de recettes échangées et d'essayages faits au milieu des rires d'énormes femmes fagotées comme des bonbons ; elle n'en revient pas des questions qu'on n'a pas cessé de lui poser sur la sexualité ; et nous glosons interminablement dans le soleil déclinant sur cette énième façon d'être musulman qu'incarnent les Soudanais, généreux et gentils, propres et probes, dans un pays qui, même s'il marche moins bien qu'avant, de l'avis général, marche quand même mieux que beaucoup d'endroits sur ce continent.

Une nuit, nous plantons la tente en pleine steppe, loin de la route principale où une noria de camions ronronne dans le vent. Petit feu. Petite soupe. Petit repos. Vers 4 heures du matin, juste avant notre réveil, je vois en songe un homme partir avec nos chaussures. Je me réveille aussitôt ; un spectre blanc disparaît, avalé par la nuit. Nos chaussures se sont envolées ! En une seconde je suis sur pied à courir comme un damné, hurlant à la poursuite de notre voleur, furieux qu'il fasse mentir nos premières impressions. Faisant fi des crevasses et des serpents, je me blesse sur les pieds de sorgho taillés en biseau. Sans nos chaussures, nous sommes foutus. Je dois les récupérer. Soudain, un sifflement arrête ma course ; Sonia a tiré une fusée de détresse qui va exploser juste au-dessus de la tête de mon voleur que je vois au loin courir empêtré dans sa djellaba blanche. Je corrige ma trajectoire et reprends ma poursuite, ma lampe frontale allumée. Bientôt, je tombe sur un berger qui marche tranquillement au cul de ses vaches, je l'attrape, l'interroge, est-ce mon voleur ? Il est terrorisé. On le comprend. Un cyclope blanc hurlant à moitié nu ! Il me jure ses grands dieux, prend Allah à témoin, qu'il n'a rien fait et pointe de l'index dans la nuit pour m'indiquer la direction prise par mon voleur... Son souffle court et la sueur ruisselant à ses tempes dénoncent vite le stratagème grossier ; je le secoue un peu et il bascule dans la nuit comme un chiffon soufflé par le vent, léger et irréel. Je ne suis pas plus avancé et rentre bredouille travaillé par le remords : « Et s'il avait dit vrai ? Si ce n'était pas lui ? » Mais, non, il ne pouvait être que coupable ou complice... À la tente, je retrouve Sonia, inquiète.

— Tu es fou ! Il était peut-être armé !

— Armé ou pas, il n'avait pas la conscience tranquille. Il pouvait voler les chaussures de la terre entière mais pas les nôtres ! Au fait, merci pour la fusée ! Attendons le jour, peut-être qu'on les retrouvera, en attendant, je dois soigner mes pieds.

À l'aube, en effet, nous retrouvons nos chaussures à distance de tir de la fusée. Il les avait à ce moment là lâchées. Sonia nous a sauvé la plante des pieds. En totale confiance, nous avions par erreur laissé nos chaussures au pied de notre abri moustiquaire. Notre premier vol en deux ans et demi. Et dans le pays où il doit être le plus rare ! Où il est le plus réprimé, où l'on risque de se faire couper une main pour avoir voulu protéger ses pieds... Un comble ! Nous voyageons aussi pour l'exception qui confirme la règle.

Dans la journée, une voiture s'arrête à notre hauteur pour nous proposer un lift. C'est un énorme général de la police bardé d'étoiles. Il prend d'abord notre refus pour de la peur, tente de nous rassurer. Nous lui faisons comprendre qu'au contraire il nous inspire confiance et lui comptons nos mésaventures de la nuit. Il est consterné. En témoignage de compassion, il nous invite chez lui, à Wad Medani, où il est le numéro un de toute la province de Jeezira. On ne pouvait pas mieux tomber.

Les jours de désert steppique sur cette bande de goudron chaud se succèdent, très durs, à compter les pylônes, à éviter les camions, à slalomer entre les carcasses de leurs victimes – dromadaires, ânes, chèvres, chiens ou vaches, même combat, même puanteur. Il y a une charogne tous les deux cents mètres. Saisie dans une posture grotesque, ballonnée et disloquée, où crevée dans un flot de tripes répandues sur le sable, et toujours ces crânes pleins de dents, la bouche ouverte dans un dernier cri comme les chevaux cubistes de *Guernica*. Mortelle randonnée. Nous évitons de marcher sous le vent pour éviter la gerbe. Des petits vieux enturbannés d'une énorme boule de coton blanc, en croupe de leurs baudets, clopinent parfois à nos côtés, leurs jambes battantes frôlant le sol. De vieux camions Morris des années quarante nous dépassent lentement en déployant vers nous des anémones de bras et de mains tendues. Tous arborent d'immenses sourires. Apparemment, nous sommes une curiosité. Nous essayons parfois de marcher dans le désert, parallèlement à la route, mais au bout d'une heure de sable ou après quatre kilomètres de terre molle, nous retournons sur le goudron : on a perdu un kilomètre. Alors nous jouons les funambules, nous marchons sur les dix centimètres extérieurs de la route en prenant garde à ne pas nous tordre les chevilles. Comme le bord du goudron n'est pas régulier, il faut rester vigilant. Je me sers de notre petit miroir comme d'un rétroviseur, afin de guetter les camions qui nous arrivent dans le dos. Surtout ceux qui se doublent, car à ce moment-là, il n'y a plus de place pour tout le monde sur la chaussée et nous devons gicler précipitamment. *Idem* quand deux camions se croisent à notre hauteur. Ce manège monotone et bruyant, pour échapper à la grande Faucheuse, nous occupe tout le jour. Et toujours ces carcasses d'animaux... Quand une bouffée méphitique nous surprend, nous sommes saisis de spasmes qui nous font cracher de la bile. C'est pathétique et morbide. Tout pue la mort. Seuls les camions nous distraient. Beaucoup viennent d'Allemagne ou de France ; des modèles des années quatre-vingt ; et l'on se demande par quel miracle, par quelle étrange filière ils ont été revendus dans les parages : un semi-remorque Norbert Dentressangle croise ainsi un vieux car Rigeaudeau ou un camion de livraison du Domaine de l'Orme. Un peu de baume dans la fournaise et la puanteur. Qui aurait cru que nous puissions être émus par une bâche de camion ?

Un chauffeur philippin s'arrête pour nous donner un paquet de biscuits. Un autre jour, c'est un Kurde irakien qui nous fait passer deux Pepsi glacés et un paquet de nouilles. Oui, cela a du sens de marcher sur cette route infernale, non, ça ne sert pas à rien. Ça permet de croiser les destins d'un Philippin et d'un Kurde en plein désert. Cela réconcilie, s'il en était besoin, avec l'humanité tout entière.

Un jour, en plein midi, les paupières lourdes et la tête gourde, alors que nous désespérons de trouver un ombrage ou un tuyau, nous tombons providentiellement sur un énorme Scania dernier cri, en panne sur le bord de la route. Le chauffeur sort de son habitacle à notre approche. Il a démonté une roue. Apparemment, un problème de roulement.

— *Fadhal !*

Même en panne, il trouve le moyen de nous inviter ! Nous qui nous serions contentés de l'ombre de sa remorque, nous sommes ravis de pénétrer dans sa cabine flambant neuve. Bahadi Mohammed convoie cinq énormes tuyaux d'acier enrobés de caoutchouc noir, de Port-Soudan à Kosti, au sud de Khartoum.

— Un cargo vient de livrer trois mille tuyaux en provenance de Chine ; c'est pour l'oléoduc du Grand Sud ; toute la technologie est chinoise, ils ont même importé d'énormes machines pour les enterrer.

Après des oranges divines et de l'eau glacée, Bahadi nous propose ses couchettes superposées.

— Reposez-vous donc ! Vous repartirez quand il fera moins chaud.

Je grimpe sur la bannette supérieure. Le vent qui s'engouffre par les fenêtres nous rafraîchit, les camions qui passent font osciller la cabine et nous bercent. Je sombre dans un sommeil doucement réparateur. Je me réveille vers 5 heures en sursaut : dans mon cauchemar, Bahadi avait réparé sa panne sans nous réveiller et roulé jusqu'à Khartoum...

Le dimanche 1er juin 2003, nous célébrons notre meilleure douche du continent : c'est à Reys, quarante-huit kilomètres avant Wad Medani. Il faut savoir qu'en Afrique une malédiction veut qu'il manque toujours quelque chose à la douche, quelque chose d'apparemment insignifiant mais qui rend l'opération pénible et acrobatique, parfois même salissante... Une bonne douche, c'est le résultat d'un agencement réussi entre d'innombrables éléments. Je ne parle pas de tuyauterie ni d'eau courante, ça serait trop demander, non, une bonne douche africaine, c'est un carré de ciment lisse dans un endroit qui ferme, éloigné des latrines. Il faut que la pente soit bien calculée et que la bonde ne soit pas bouchée, qu'il y ait une lumière au-dessus, des clous à la porte pour accrocher ses habits, un seau d'eau pure doté d'un godet pour se verser l'eau sur la tête, un tabouret de plastique ou de ficelle pour s'asseoir, un savon et un porte-savon pour le reposer quand on s'en est servi, une serviette sèche et des tongs pour ressortir, et, enfin, luxe du luxe, un change propre prêté par nos hôtes pour ne pas avoir à renfiler nos habits puants, qu'on a lavés, histoire de profiter de l'occasion. Ça n'a l'air de rien, mais il manque toujours un ou plusieurs ingrédients à cette recette introuvable. Ce soir, notre 885e soir, nous les réunissons tous pour la première fois chez Ajeb Abd el-Rahman. *Choukrane bezef, Ajeb*[1] *!* Repus de pâtes aux tomates, habillés de djellabas de coton fin, allongés dans le doux vent du soir sur des lits dressés sous les étoiles avec des draps propres et fleuris, nous nous endormons du sommeil du juste. Luxe, calme et volupté. Le bonheur, c'est simple comme une douche.

C'est avec un fort sentiment de délivrance que nous retrouvons le Nil Bleu à Wad Medani. Sur le pont, nous sortons la caméra pour célébrer ces retrouvailles et fêter notre traversée du désert. Bien mal nous en prend. Un soldat nous fond dessus, kalachnikov en avant. Petit. Borné. Idiot. Le péché du monde. Nous obtempérons sans broncher. Il nous mène à deux types de

---

1. Merci beaucoup, Ajeb.

la sécurité intérieure du territoire, très noirs, du Sud, anglais impeccable, malins et drôles, couverts de blessures de guerre, cicatrices, rachetés par le régime, et placés. Ils se marrent et nous laissent partir sans autre forme de procès. Quarante jours de marche depuis Addis : mille deux cents kilomètres. Un bon score. Mais nous avons payé le prix fort. La machine est usée. Sonia boite courageusement depuis plusieurs jours et j'ai une douleur aiguë entre les métatarses du pied gauche. La pause s'impose. À la Central Police Station, nous retrouvons notre général trois étoiles. Jaffar Mohammed Youssif nous accueille comme ses enfants, nous loge dans la chambre voisine de la sienne, dans l'hôtel d'un de ses amis, nous emmène au mess des officiers où nous sommes accueillis par des colosses proportionnellement aussi gros qu'ils ont d'étoiles, d'aigles ou de barrettes sur les épaulettes. Le grade se gagne apparemment au tour de taille dans les parages. C'est sans doute pour éviter les putschs ; on n'est pas un rebelle quand on est replet. Jafar est le plus gradé, il est donc le plus gros, doux comme un agneau. Ils sont aux petits soins. Tous sont consternés par cette histoire de voleur.

— Ce n'est pas ça, le Soudan ! D'ailleurs, ça ne devait pas être un Soudanais ! clament-ils.

Et de nous couvrir de cadeaux, djellabas, sandales, saroual et hijab pour Sonia, afin de réparer le préjudice. Nous passons quelques jours de repos en leur compagnie. Retrouvons tous les matins le banquet du *fatur* et notre colonie de sumos en treillis. Le fatur se prend à 10 heures et le *radha* à 4 heures, horaires impossibles pour les marcheurs que nous sommes car il nous faut du carburant avant 10 heures, heure à laquelle nous nous arrêtons, et que nous n'avons aucune envie de bâfrer en plein après-midi. On nous gave de *foul*, plat national de fèves, d'huile et de fromage, d'*aceida*, de *kissera*, de *kharouf*, *zabadi* et *taharniya* : autant de douceurs. Un soir, alors que nous rentrons avec Jaffar de ces agapes dignes des orgies de sénateurs romains, le vin en moins, nous découvrons que notre chambre a été visitée ; quatre cents dollars manquent à l'appel. Deuxième vol en cinq jours au pays de la charia. Il faut un début à tout. Consternation chez nos poussahs. Consternation chez les Poussin. L'Arsène Lupin en djellaba a cependant eu la délicatesse de nous laisser cent cinquante euros et tous nos dinars. Le lendemain, à notre grande surprise, notre bienfaiteur, plutôt que de diligenter une enquête auprès du personnel de l'hôtel, préfère organiser une quête. Tous les services de police de la ville sont mis à contribution : circulation, immigration, douanes, Trésor public, voirie, on gratte les fonds de tiroir, les chefs de service apportent des enveloppes. La somme de cent cinquante dollars finit par être rassemblée. Nous refusons, mais Jaffar insiste :

— Je ne vous laisserai pas partir tant que vous n'aurez pas accepté ! *Mektoub !* (C'était écrit !) opine-t-il.

Ailleurs, on aurait sans doute retrouvé le voleur. Ailleurs, on ne nous aurait jamais renfloué de la sorte. Dans l'islam, les destins des hommes sont liés par une étrange toile tissée sous le regard de Dieu. Ce qui doit arriver arrive. C'est le destin. Le responsable n'est pas tant le voleur que Jaffar, qui nous a exposés au voleur. Généreux et responsable il a assumé sa responsabilité. Pour lui, ce qui nous est arrivé est aussi un signe des temps. Il n'y a pas de hasard, dans l'islam. Avant de nous quitter, Jaffar nous confie :

— En fait, c'est très délicat car je suspecte le propriétaire de l'hôtel. Un pauvre ne vous aurait pas laissé d'argent... Au fait, je tenais à vous remercier. Grâce à vous j'ai entamé un régime depuis trois jours. Mon objectif est de perdre trente kilos...

Nous repartons vers Khartoum avec une impression de malaise. La confiance est entamée. Sonia m'avoue en chemin que le propriétaire de l'hôtel, M. Salah, lui a arraché un baiser de force en la pelotant dans un coin, poussant la naïveté jusqu'à lui demander : « On continue ? » Un aveu en appelant un autre, elle me parle de Bahadi, le camionneur en panne. Pendant que je dormais sur la bannette supérieure, il s'était mis en tête de masser ses pieds endoloris, avec une conception très étendue de la malléole... Elle avait dû lui filer un coup de talon quand il avait prétendu passer au-dessus du genou. Elle a bien fait de me taire ces avanies car je les aurais mal prises... En route vers Khartoum, nous méditons sur cette société en mutation, à la sexualité problématique et refoulée, aux désirs matériels frustrés par la crise, à l'islam doux et bon mais aux discours souvent insensés, et tentons de démêler toutes ces contradictions.

À Al-Hasaheisa, quatre jours avant Khartoum. Nous tombons en arrêt devant un spectacle singulier. Une vingtaine de vieux biplans entoilés sont alignés à droite de la route, surmontés par un drapeau polonais.

Stephan Gembalczyk, capitaine de l'escadrille Sudana, nous accueille chaleureusement. Il est responsable de l'épandage d'herbicide et d'insecticide sur les plantations gouvernementales de Jeezira. Il vient du sud de la Pologne, près de la frontière slovaque, et les voilà partis, Sonia et lui, pour une séquence « nostalgie » dont les Slaves ont le secret. Stephan, Leszec, Krzysztof, et Jeniec nous comblent de cornichons malossol, de fromage polonais, de friands aux épinards et d'une bière maison dont ils sont très fiers. Ça tombe bien, ce soir, les Polonais ont voté « oui » pour l'entrée dans l'Europe. Il faut fêter ça dignement. Dans une remise, Stephan nous montre un alambic confectionné par le mécano, qui distille un tord-boyaux que nous étrennons pour la circonstance.

— Vous n'avez pas peur d'être attrapé ? s'étonne Sonia.
— Pas de problème, je fournis toutes les élites locales.
Mais le capitaine clôt bientôt la soirée, triomphal :
— Demain, on teste l'Antonov II qu'on a fini de réparer aujourd'hui...

À l'aube, Leszec, le petit mécano, qui ressemble à s'y méprendre à Astérix, avec son gros nez et ses longues moustaches blondes, s'affaire autour de l'avion. Il n'y a pas de piste. Je m'en inquiète.

— Par vent de face, il faut moins de cent mètres pour décoller. Et cinquante mètres pour atterrir. Cet avion est l'un des plus lents du monde, il peut voler à 160 km/h pendant 1 200 km : il ne décroche jamais ! Bon, il a un défaut, il n'est pas très écologique : quatre litres d'huile à l'heure et deux cents litres de pétrole pour alimenter l'énorme moteur de neuf cylindres en étoile.

En effet. Un énorme panache de fumée bleue est émis à l'allumage du moteur. À bord, tout date d'avant l'ère du plastique ; bakélite et stratifiés, aluminium et tissu : technologie soviétique exclusivement produite en Pologne.

Stephan aux commandes ; en un coup d'aile nous sommes en l'air, comme un catapultage : tout tremble et bruisse, on entend le chant de l'air sur le tambour des ailes. Nous sommes incrédules ; est-ce si simple de voler ? Ce gros machin énorme et disgracieux volette comme une libellule dans un tonitruement d'hélices. Voler ! Quel bonheur ! Il n'y a pas de sièges pour nous, nous sommes debout dans la carlingue. L'horizon jaune lavasse limite la visibilité, mais, sous nos ailes, le Nil Bleu rouge serpente entre le désert, à l'est, et les plantations, à l'ouest, bordées très loin par le Nil Blanc. C'est la corne fertile de Jeezira, un immense damier de canaux d'irrigation, de réseaux ferroviaires, de gares de triage et d'entrepôts déserts.

— Des plantations coloniales de Jeezira, explique Stephan, il ne reste que 30 %. Tout est cassé, laissé à l'abandon. Aucune reconversion n'a été entreprise. Ce pays n'est plus qu'une immense friche industrielle et agricole que convoitent les Chinois et les Saoudiens. Et dire que les Anglais avaient appelé le Soudan « le grenier à blé de l'Afrique » ! Omar el-Bechir n'a rien fait pour son peuple, si ce n'est l'envoyer au casse-pipe dans son stupide djihad contre les chrétiens du Sud. J'ai connu ce pays avant la charia, sous Nimeiri, c'était le paradis. On jouait au billard dans les clubs britanniques de Wad Medani, on faisait des régates sur le Nil, toutes les communautés se fréquentaient, il y avait une douceur de vivre unique au monde. La livre soudanaise valait une livre sterling. Depuis, la tristesse, la sclérose et le sectarisme se sont abattus sur le pays...

Le moteur a des ratés. Stephan touille une manette branlante, et ça repart comme en 40. Nous sommes bleus, il est hilare, Sonia me glisse :

— Ça ferait désordre, dans notre marche, un crash en Antonov II...

— Ne vous inquiétez pas, cet avion ne s'écrase jamais, même quand on lui tire dessus ! Il a fait ses preuves pendant la Seconde Guerre mondiale. Les balles passent à travers le tissu et c'est tout ! En fait, sous ses apparences d'antiquité volante c'est une redoutable machine de guerre : tous les bombardements meurtriers effectués contre les populations civiles du Sud depuis des décennies et au Darfour depuis quelques mois sont faits à basse altitude depuis des Antonov II.

Content de son petit tour de chauffe, Stephan retourne se poser entre deux rangées d'avions. Avoir pris un peu de hauteur nous a permis de mettre en perspective ce que nous apprenons sur ce pays méconnu. À Khartoum, nous savons que nous aurons tout le loisir d'approfondir nos connaissances car il est impossible de traverser le Sahara à pied en plein été, il va falloir attendre...

Dans l'interminable banlieue de la capitale, nous passons à la hauteur d'une énorme usine étrangement appelée GIAD. Nous apprenons rapidement qu'il s'agit d'une usine de voitures qui a aussi des ateliers d'armement : un modèle de Nissan est remonté ici sous le nom de Giad. Je tique.

— Drôle de nom pour une voiture ! C'est comme si Renault sortait un modèle Guerre Sainte...

La mégalopole se pressent à la concentration de sacs plastique sur les buissons et les branches des arbres rabougris, feuillages sinistres. À l'effervescence aussi, aux navettes qui déposent leurs chargements de travailleurs, au concert de klaxons. Quelques kilomètres plus loin, nous tombons sur notre premier feu rouge depuis l'Afrique du Sud. Quel choc ! Khartoum, nous y sommes. Sur les rotules. Sonia, piquée par une étrange mouche, m'interroge :

— Alex ? Tu te souviens de notre numéro de téléphone à Paris ?

— ... Euh !... Non !

— Moi non plus...

26

Khartoum, la trompeuse trompe

Sur la berge limoneuse du Mougren, la confluence des deux Nil, nous regardons rouler les flots lourds qui font vivre ce quart nord-est de l'Afrique. Ils se mêlent et s'entrelacent dans un petit mascaret de la fertilité qui fit du Nil l'artère d'une des plus grandes civilisations de l'Histoire. Les Arabes ont baptisé l'endroit *el-Khurtoum*, la trompe de l'éléphant, à cause de la presqu'île formée par le confluent, qui change de forme au gré des crues et des décrues. Venant de l'ouest, le Nil Bleu est rouge sang. Les pluies torrentielles qui s'abattent actuellement sur l'Éthiopie en arrachent la riche terre volcanique. Du sud, le Nil Blanc, laiteux et argileux, s'épanche lascivement dans le cours furibond de l'Abyssin. Il vient de plus loin, il s'est fatigué dans les marais du Sudd [1]. Son eau est plus pauvre. Nous sommes à Khartoum, sur les bords du fleuve mythique que nous allons suivre jusqu'à la Méditerranée, fil d'Ariane et ligne de vie à travers le Sahara. Et nous jouissons en silence de ce moment tant attendu.

Un courriel de mes parents nous apprend qu'un grand-oncle éloigné vit à Khartoum, Étienne Renaud, de la congrégation des Pères Blancs ; il nous attend chez lui au CLIK (Catholic Language Institute of Khartoum), dans le quartier résidentiel d'Amarat. Quelle providence cette vaste famille ! C'est un petit homme ascétique et souriant, avec des braises au fond des yeux.

---

1. Sudd : région marécageuse, frontière naturelle entre le Soudan arabe et le Soudan noir, tant redoutée par les nombreux explorateurs qui recherchaient les sources du Nil.

Polytechnicien, fasciné par l'Orient et l'Afrique, spécialiste du dialogue inter-religieux, il a été détaché pendant quelques années auprès du Vatican. Grand islamologue et parfait arabophone, il a passé huit ans au Yémen, six ans en Tunisie. Au CLIK, il dispense des cours d'arabe aux coopérants humanitaires, aux diplomates, aux religieux et aux réfugiés des minorités sudistes.

Khartoum est une ville organisée. Les Grands-Bretons y ont tracé des avenues ponctuées de ronds-points selon le plan de l'Union Jack, et y ont planté des arbres aujourd'hui énormes qui font de la balade sur les bords du Nil un must. De beaux bâtiments coloniaux, des palais et des ministères à colonnades bordent çà et là les avenues. En plein centre de cette trame rationnelle, un immense rectangle a été dégagé, où trône la plus belle mosquée de la ville, construite en pierre de taille. Tout autour, c'est la station de minibus et les marchés de Soukh el-Arabi, le poumon encrassé de la ville, son cœur africain et son cerveau oriental. Le charivari y est permanent, noria de véhicules et foule de piétons. L'informel au service de l'efficacité à l'africaine. De vieilles arcades s'ouvrent sur des étals de boucherie, de fruits et légumes alléchants mais aussi sur des échoppes où les bracelets d'or se vendent à la tonne.

Les femmes sont très présentes dans les foules de Khartoum. La charia s'est tacitement assouplie ces derniers mois, dans un contexte de négociations d'accords de paix et de cessez-le-feu entre le Nord et le Sud. Les voiles des chrétiennes du Sud tombent souvent sur leurs épaules avec la complicité d'un vent frondeur. Celui des jeunes filles musulmanes « nordiques », non moins avides d'émancipation, en profite pour s'accrocher au chignon ou se changer en tulle diaphane. Déambulent aussi des burkas jusqu'au-boutistes et d'impressionnants voiles-casques à visière fendue. Toutes passent comme si personne ne les regardait mais sans ignorer qu'elles affolent les pupilles. La richesse, la diversité et la complexité de ces parures dépassent de loin celles des uniformes parisiens des victimes de la mode. Selon un exercice éprouvé, le regard se concentre sur les quelques bouts de peau visibles : tout d'abord, les pieds, ornés de merveilles florales peintes au henné, puis les mains et enfin les visages très soigneusement maquillés, angéliquement auréolés par les hijabs – qui ne craignent pas les formes moulées ni les couleurs criardes. Très calculé est le rappel des couleurs. Si le hijab purement islamique prescrit par les Frères musulmans doit enserrer le visage dans un ovale parfait, il est souvent discrètement doublé d'un tissu rouge ou bleu qui le frange délicatement. La jeune fille se débrouille alors pour qu'une manche ou un jupon de la même couleur déborde en même proportion au bas du tchador généralement de couleur terne, et portera un petit sac assorti. Tout est dans le détail et dans l'accessoire, dans le fantasme et le dissimulé. Et dans la démarche... Du *catwalk* oriental. La tête mélancoliquement penchée, les petits pas, le regard triste, la main droite battant exagérément l'air tandis que la gauche soulève le tchador en révélant le jupon de dentelle. Ici comme ailleurs, les jupes des filles font tourner la planète, mais avec une chorégraphie contenue et une fausse réserve diablement aguichante. Les filles sont toujours belles. Quoiqu'on veuille faire d'elles. Cela confirme notre impression de Zanzibar ; il y a beaucoup d'érotisme intentionnel dans cette danse des voiles tout sauf pudique. Au gré de nos rencontres, les œillades en disent long sur l'effet que leur font mes yeux bleus. Elles se pâment théâtralement à notre passage. Sonia ironise :

— C'est comme si je n'existais pas ; elles n'ont d'yeux que pour toi, elles commencent à m'agacer, ces allumeuses...

Jamais vu autant de sexualité concentrée dans un regard de jeune fille. Elles me violent du regard. Drôle de sensation...

Dans cette foule passent de vieux bédouins aux traits ravinés et au port de seigneur, des géants d'ébène venus du Sud, le front barré de scarifications, d'énormes mousmés au train de sénateur, les poignets empesés de manchettes et d'anneaux d'or et portant sur les joues le *shilloukh*, trois profondes entailles qui leur donnent des regards de duègnes. Et des hommes par milliers en djellaba blanche, enturbannés ou calottés de blanc. Tous bienveillants et contents de nous voir parmi eux.

Khartoum est la première mégalopole africaine que nous prospectons à fond, dont nous essayons de tirer les secrets. Nous fouillons les trois rives, Khartoum, Omdurman et Bahari, en quête de soukhs, de rituels, de célébrations, de prières.

Le soir, les jeunes se rassemblent dans des « clubs » entourés de grilles, assis sur l'herbe sous de larges spots qui contrôlent implicitement la promiscuité. On a le droit de se fréquenter, de se parler, mais pas de se toucher en public. En privé, ça n'est autorisé qu'après le mariage. De ces groupes de jeunes, émane beaucoup de retenue et de dignité, mais toujours empreintes d'une indéfinissable tristesse. Les adultes ont aussi leurs clubs, chacun selon sa caste sociale, religieuse ou professionnelle ; il y a le Coptic club, très en vogue car c'est le seul endroit de la capitale où on peut officiellement (mais discrètement) boire de l'alcool, le Syrian club, le Club international et sa piscine, prisée par les expatriés peu fortunés, le club des officiers, le club des diplomates, le Palace – hôtel pour nababs dont la piscine vient d'être interdite aux femmes –, et bien sûr le Hilton, point de rencontre incontournable de tous les décideurs du pays, intrigants, lobbyistes, hommes d'affaires et expatriés de grande envergure. Un État dans l'État.

La chaleur est accablante. Il fait plus de cinquante degrés dans le désert de Bayuda que nous voulons traverser ; nous attendons donc les premières pluies et mettons à profit ce délai pour obtenir des autorités égyptiennes des autorisations spéciales car nous avons des échos très pessimistes en provenance du nord. En Égypte, il est interdit de marcher le long du Nil et de se déplacer en dehors des convois de police qui assurent la sécurité des touristes. Nous donnons aussi notre première conférence au Centre culturel français, devant un parterre d'une centaine de Soudanais francophones et francophiles. Florence Tran et Pascal Cardeilhac, notre coréalisatrice et notre monteur – qui est aussi son amoureux dans la vie –, nous ont envoyé un premier montage d'une heure et demie de nos images, qui reçoit un franc succès. Nous retiendrons toujours cette appréciation d'un spectateur venu nous remercier :

— Merci de tout cœur d'avoir sacrifié trois ans de votre vie, trois ans de confort et de sécurité, pour notre continent qu'on dit sans espoir, car on voit clairement à travers vos images et votre discours qu'il y a bien un espoir : les Africains sont capables de tant d'amour. C'est bien que vous le disiez aux Français.

Ce centre, doté d'une belle médiathèque climatisée, d'une terrasse, et d'un directeur totalement dévoué à sa mission, est l'institution culturelle la plus active de la ville. Concerts, expositions, ateliers, cours, échanges, conférences, voyages, aide sociale, action humanitaire, il est de toutes les causes et représente dignement les valeurs de notre pays. Chapeau ! La jeunesse de Khartoum y afflue. C'est aussi pour elle un des rares endroits où filles et garçons peuvent se parler sans craindre la férule de la police des mœurs ou de leurs familles : c'est un peu le point de rendez-vous et le club de rencontre de la ville. Un bel outil d'exception française.

Dans la journée, nous furetons dans le souk d'Omdurman, incroyable plaque tournante entre l'Afrique, l'Asie et le Moyen-Orient, traquons les cérémonies soufies aux quatre coins de la ville, allons à des mariages, des spectacles tribaux, assistons à des rituels privés, rendons fréquemment visite au département français des Antiquités soudanaises, actif depuis plus de quarante ans au Soudan, aujourd'hui sous la direction de Francis Geus, assisté d'un jeune thésard, Raphaël Pourriel, qui nous ouvrent très gentiment les portes du laboratoire où ils travaillent, entre autres, sur des trésors exhumés de sépultures méroïtiques. Nous découvrons ainsi les merveilles laissées par les civilisations qui se sont succédé le long du grand fleuve depuis l'aube de l'humanité et dans les pas desquelles nous marcherons dorénavant : pointes de flèches en fer d'archers nubiens, bagues aux chatons gravés de griffons, camées hellénistiques, vases à parfum en verre soufflé, épais et lourd, dont les concrétions attendent d'être analysées, boîtes à khôl, palettes à fard néolithiques en porphyre ou en grauwacke lisse comme du velours, vieilles de six mille ans, des perles de bijoux antédiluviens, statuettes callipyges en terre cuite ressemblant étrangement à nos Vénus néolithiques. Raphaël recolle des pots de terre cuite finement décorés de motifs animaliers étonnamment modernes, pleins d'humour et de maîtrise. Ici une grenouille coassant, là un léopard saisi en plein saut par l'œil de l'artiste...

Au Hilton, à l'Unicef, aux Nations unies, nous rencontrons jour après jour une brochette de conseillers, de *peace-makers*, de médiateurs, de spécialistes en *conflict resolution*, hommes d'affaires, banquiers, tous plus gentils et pleins de bonne volonté les uns que les autres. Ils déboulent à Khartoum des quatre points cardinaux pour tenter à grands frais d'apprendre aux officiels soudanais du Nord à faire la paix avec les rebelles du Sud. Trente-neuf ans que ça dure [1]. Et que cela n'aboutit pas. Jeu de dupes dont les intervenants ressortent toujours ravis de leurs prestations grassement rémunérées et dont les récipiendaires se servent pour reprendre et reporter les protocoles de paix, pour circonvenir les journalistes, diplomates et observateurs eux aussi impliqués, aveuglés et instrumentalisés par ce ballet de conférences et de conférenciers. Écran de fumée créé par le pouvoir dans le but de poursuivre en toute liberté sa politique d'unification à tout prix et ses atteintes aux droits de l'homme. Et la paix recule. Et le spectre de la guerre de repointer son nez...

D'ailleurs, un autre front vient de s'ouvrir au Darfour, loin dans l'ouest, du côté de la frontière tchadienne. Cette fois, ce sont des musulmans qui s'insurgent, las d'être les parents pauvres du pays. Après la rébellion de Kassala, dans l'est, celle-ci est matée dans le sang. Pour l'exemple. Villages bombardés, populations déplacées, cortège d'horreurs. Le monde se mobilise, Khartoum est en effervescence, ces milliers d'Occidentaux confinés dans leurs hôtels sont sur les starting-blocks, ils vont enfin pouvoir se rendre utiles, passer à l'action, et c'est bien, car telle est leur vocation, mais c'est étrange, personne ne s'intéresse à la cause du mal : le régime. On le ménage. Il faut dire qu'il y a peu de monde encore sur le terrain pour confirmer ces informations. Les ambassadeurs haussent prudemment le ton. Il s'agit d'une crise passagère, se dit-on, la révolte sera vite réduite et on se sera mis à dos pour rien ce gouvernement « engagé sur la bonne voie ». Omar el-Béchir fait ses petits meurtres entre amis, et le monde vient compter les cadavres. Alors ? Échauffourées ou massacres [2] ?

---

1. Le 9 janvier 2005, soit deux ans après notre passage, a été enfin signé un traité de paix entre le Nord et le Sud. Un référendum sur l'autodétermination du Sud est prévu en 2011. Espérons que l'un et l'autre seront mis en œuvre. D'ici là, le traité accorde au Sud, représenté par John Garang, leader du SPLA, une autonomie politique et administrative intégrée dans un Soudan unifié ainsi que la levée de la charia pour les non-musulmans. En contrepartie de ces concessions, le gouvernement obtiendra une levée des sanctions internationales, une normalisation des échanges et une remise de la dette nationale. Le problème du Darfour, ayant pourtant sûrement contribué à accélérer cette signature, ne figure malheureusement pas dans cet accord de paix.

2. À l'époque de notre passage, les informations fragmentaires faisaient déjà état de deux mille morts et de villages bombardés.

Mais ce qui ne cesse de nous surprendre, c'est qu'au cours des nombreuses rencontres que nous faisons dans la ville, très rares sont les expatriés, de toutes nationalités, qui parlent du Sud, de la guerre, du régime, des déplacements de populations, des universités fermées, des journaux bouclés, des journalistes emprisonnés, des arrestations arbitraires, des atteintes aux droits fondamentaux des populations « non arabes ». Comme si tout cela n'existait pas, comme si tout allait bien. Syndrome de Stockholm tendance « munichoise » ? À la décharge des muets, il y a le fait qu'ils sont prisonniers de la capitale sans possibilité de se déplacer vers ces régions sans permis spéciaux, et surtout le fait que les Soudanais du nord sont d'une rare gentillesse, d'une exceptionnelle générosité qui fait aimer sans retenue, et parfois sans discernement, leur culture et leur « soudanité ». Au nom de cette amitié, on néglige les ombres au tableau, les ombres du Sud. Il n'y a qu'auprès de notre ami iranien Homayoun Alizadeh, haut-commissaire aux droits de l'homme, que nous obtenons un son de cloche dissonant, sans ambiguïtés. En fait, la paix ne fait que progresser sur le papier, les signataires ont du mal à trouver de nouvelles villes au Kenya ou ailleurs [1] pour reporter leurs signatures qui s'écrivent en lettres de sang car, sur le terrain, les massacres et les persécutions continuent comme si de rien n'était.

Au gré de nos déambulations dans Khartoum, en quête de sujets intéressants à filmer, nous atterrissons un vendredi soir dans le quartier de Hadj Youssif, au nord de Bahari, quartier populaire de sudistes déplacés, où chrétiens et musulmans vivent en bonne intelligence. Les maisons de terre s'étalent à l'infini et d'interminables Noirs déambulent sur leurs grandes jambes avec ou sans djellaba. Ici se rassemble, dans un coin abandonné du marché, derrière une enceinte ronde de bâches tendues, le Soudan que nous ne verrons pas : celui des immensités du Sud, peuplé de farouches tribus dont les noms seuls évoquent beauté et africanité : Dinkas, Nuers, Noubas, Shilluks. Nous assistons à un rassemblement de lutteurs noubas, une des cent cinquante tribus du pays, très largement islamisée de

---

1. N'Djamena, Abuja 1 et 2, Nairobi 1, 2 et 3, Pretoria, Addis-Abeba, Akoret, Nakuru 1 et 2, Machakos 1, 2 et 3, Naïvasha 1 et 2, les rencontres succèdent aux rencontres avec leurs déclarations fracassantes, leurs pas en avant et leurs pas en arrière...

longue date, ethniquement « du Sud » (si cela veut dire quelque chose) mais politiquement et religieusement « du Nord ».

L'arène fait cent mètres de diamètre. Sur tout le pourtour, quatre ou cinq rangs de spectateurs sont assis à même le sol. Deux camps et deux équipes se font face. Les rouges et les bleus, deux localités de Hadj Youssif. Notre entrée est remarquée. Nous sommes les seuls Occidentaux. L'ambiance de cette fin de journée est déjà chaude, une clameur de cirque s'élève parmi la foule. Deux lutteurs s'affrontent, le buste plié, les bras déployés et les doigts écartés. Ils n'en sont pour l'instant qu'aux présentations. Coup de sifflet. Cela va très vite. Ils se ruent l'un sur l'autre, s'attrapent par la nuque, front contre front, et se mettent à tourner comme une hélice à deux pales en soulevant un nuage de poussière. Soudain, le bleu fait un pas en arrière pour tenter de déséquilibrer le rouge, qui en profite pour aller de l'avant, saisir le bleu aux aisselles, le crocheter et le renverser. Il est à terre. C'est fini. Le rouge a gagné et s'élance dans un sprint endiablé, comme un footballeur qui vient de marquer, vers son public en liesse qui le porte en triomphe, droit comme un i, à cheval sur l'épaule d'un porteur.

La lutte nouba a été découverte en 1948 par un reporter de guerre américain, George Rodger, qui, las des massacres de la Seconde Guerre mondiale, était venu en Afrique se ressourcer auprès des hommes restés hors du monde contemporain. Il rapporta des monts Nouba le célèbre cliché d'un lutteur couvert de cendres, porté ainsi en triomphe et dont la musculature, la nudité seigneuriale, la beauté pure et sauvage ont marqué plusieurs générations de photographes et d'explorateurs. Cette même photo conduira Leni Riefensthal, en quête d'expiation, dans ces contrées perdues, où elle réalisera, dans les années soixante et soixante-dix, des splendides photos d'un art martial aujourd'hui modernisé et aseptisé. Nostalgie d'une tribalité perdue ? d'un paradis évanoui ? Mythe du « bon sauvage » restauré pour une fin de siècle en quête d'identité ? Ses photos resteront, comme celles de Carol Beckwith et d'Angela Fischer, des témoignages ethnographiques irremplaçables sur la beauté des hommes, leur créativité et la diversité de leurs pratiques. Il serait impossible de refaire ces photos aujourd'hui. Nos lutteurs sont en short fluo griffé et en T-shirt de résille synthétique, la foule est habillée en djellabas, et tous seraient bien en peine de retrouver leurs peintures faciales, et bien gênés de se promener nus...

Le combat y perd en folklore mais y gagne en sécurité. La lutte nouba est aujourd'hui très codifiée ; il n'est plus question de se fendre le crâne à coups de bracelet de bronze. Les spectateurs sont là pour le plaisir et la détente. De martiale et initiatique, la lutte nouba est devenue le loisir du vendredi.

Reprise. Après cette mise en bouche, un géant s'élève du camp des rouges et fait un pas dans l'arène. Une clameur monstre fait vibrer l'assistance. C'est le champion ! Qui entreprend aussitôt une danse comique, à la manière d'un coq de combat, en poussant à chaque pas une note aiguë qui ne colle pas avec sa stature. Hyper-cambré, le derrière saillant, il gratte le sol du pied comme un Minotaure enragé, et les bras écartés et les mains tremblantes, fait son pas de deux d'intimidation et d'appel au combat, en tournant la tête de droite à gauche, les yeux exorbités, pour provoquer l'assistance. Le camp des bleus est secoué de spasmes. On ne sait pas qui envoyer à l'abattoir. Il faut sauver la face. Deux ou trois hommes se lèvent, se rasseyent sous les invectives, se relèvent, on négocie dur. L'arbitre ponctue ces négociations de coups de sifflet, et entérine le choix du nouveau lutteur. Il stimule la foule, veut qu'elle participe. On recherche un challenger ! L'arbitre est juste. La lutte nouba n'est pas un casse-pipe. Il renvoie plusieurs prétendants qui, malgré leur témérité, se feraient broyer. Pas la carrure. La foule apprécie dans les rires et les vivats ces allées et venues, ces palinodies, ces prétendants remerciés. Cela fait partie du spectacle. Car les combats sont très courts et il faut bien meubler ces intermèdes interminables.

Enfin s'avance un gros type trapu. Cent vingt kilos bien frappés. Une bonne tête de moins que l'autre. Plus en chair qu'en muscles, mais une chair dense surmontée d'un cou de taureau. Notre athlète à la taille fine, aux épaules larges et aux bras interminables se fend d'un large sourire ; il doit aimer faire rouler les hippopotames dans la farine ! L'arbitre estime la partie équitable, il donne son aval au combat et un puissant coup de sifflet.

L'apollon colossal s'abaisse et de ses deux paumes largement déployées caresse le sable de l'arène pour s'assécher les mains. Dans sa tribu, dans le Sud-Kordofan, lors des luttes rituelles, on se couvrait de cendres et point n'était besoin de magnésie pour assurer les prises. Ce geste vaut un salut et l'engagement du combat... Les deux titans se toisent, tournent, et tournent encore, jaugent et se concentrent avant tout contact, puis les mains s'y mettent par de petites baffes et des esquives ; chez les poids lourds les combats ne durent pas, la violence du choc est décuplée ; celui qui prend le dessus dès la première prise a beaucoup de chances de l'emporter, alors on ne prend pas de risques, on attend que l'autre attaque. Et là, personne n'attaque, chacun attend la faute de l'autre. Ils tournicotent, pliés en deux, et se mettent des grands coups de paluches, comme le feraient deux ventilateurs s'affrontant. La tension monte dans la foule qui réclame le combat, l'arbitre menace de son sifflet : le temps réglementaire de l'engagement va bientôt être écoulé. Beaucoup de combats cessent ainsi faute de combattants... mais soudain, le taureau s'élance et attrape par en dessous une des jambes d'Hercule. Celui-ci, surpris, passe par-dessus le dos du taureau et le ceinture sous les bras. Il se fait soulever du sol ; les rouges, aussitôt sur pied, hurlent de terreur, « non pas si vite, ce n'est pas possible ! » D'une forte poussée de l'autre jambe, à cloche-pied, l'Hercule déséquilibre le taureau qui lâche prise pour ne pas tomber sur son séant, mais réplique en fonçant tête baissée sur le bassin du géant. Celui-ci voit le coup venir, absorbe la charge, attrape l'échine du bélier fou et retourne d'une torsion du buste la masse de muscles les quatre fers en l'air...

Toute l'assistance se lève comme un seul homme et court en tous sens. Le vainqueur relève le vaincu, l'un sans orgueil, l'autre sans rancune, le sourire aux lèvres, comme s'il venait de glisser sur une peau de banane. Porté en triomphe comme un dieu du stade, notre géantin se penche en avant de temps à autre pour que ses admirateurs puissent coller d'une grande claque des billets sur la sueur de son front. Tout le monde est heureux, même les perdants, on ne vient pas pour gagner on vient pour voir les champions. 2 à 0, les rouges prennent l'avantage. Ils le conserveront. À la fin des combats, alors que le soleil flirte avec l'horizon, ils l'emportent à 8 contre 1. D'un minaret qui domine l'arène, s'élève alors l'appel à la prière *al-Maghreb*, la prière du couchant, la foule se lève heureuse et se disperse rapidement. Contrôle, retenue, esprit sportif et bon enfant, la lutte nouba a peut-être perdu de son caractère traditionnel, mais elle a conservé son rôle de ferment social et identitaire. Bien loin des monts Nouba, chaos de blocs de granits cernés par de géants baobabs, l'âme d'un peuple se perpétue dans la joie, derrière les bâches d'un terrain vague.

Dans un autre terrain vague, un autre jour, sur la rive d'Omdurman, nous assistons en fin d'après-midi à la cérémonie soufie d'Hamad an-Nil. Au cœur d'un vaste cimetière, un groupe de mausolées aux dômes argentés est le point de ralliement d'une foule hétéroclite de danseurs costumés et de spectateurs. Des tambours et des cymbales donnent le rythme, couverts par des bombardes nasillardes. La foule s'ouvre en un large cercle. Dans cette arène, des hommes en ligne, de blanc vêtus depuis le couvre-chef jusqu'aux pieds, passent devant les spectateurs à petits pas traînants dans le sens inverse des aiguilles d'une montre. Ils chantent et battent des mains, suivis par des derviches accoutrés de robes extravagantes constituées de milliers de petits bouts de tissu cousus ensemble, patchwork hétéroclite agrémenté de gris-gris et de pendentifs. L'œil rougi par l'abus de haschisch et la démarche hésitante, la tête hérissée de longues tresses de cheveux emmêlés, ils toisent leur public famélique et extatique. Ils ressemblent à des *saddhus* déguisés en rastas : ce sont les derviches tourneurs d'Hamad an-Nil. Vaguement à la traîne, en quête d'inspiration, nos danseurs font des minauderies puis, soudain, sur un mystérieux appel, se mettent à tourner sur eux-mêmes en une procession giratoire. Leurs robes s'épanouissent en corolles colorées, leurs tresses se délient et fouettent l'air du soir, l'excitation du public augmente, des spectateurs se joignent à la ronde, au coude à coude. Peaux de léopard et bâtons tendus, boubous et djellabas blanches, tambourins et youyous des femmes, cornets nasillards et battements de mains, l'ambiance est festive et baroque, bordélique et mystique. De ce capharnaüm s'élèvent des bribes de prières répétées jusqu'à la transe, mais en désordre, en canon décérébré, dans la sueur naissante et le soleil couchant. Et les derviches, qui tournent toujours, s'acharnent à fondre leur individualité, leur voix, leur âme, leur corps, dans cette débauche physique et spirituelle collective. Ça a quelque chose d'une *rave*, c'est un moment dont tous semblent tirer de la joie et de la détente, soupape hebdomadaire d'une semaine de retenue, d'interdits et de gravité.

Tandis que je filme, noyé au cœur de l'assistance bigarrée, un jeune homme en calot blanc et à la barbe touffue m'accoste pour me glisser à l'oreille :

— Ce que vous voyez là n'est pas l'islam. Sachez-le bien ! C'est interdit ! Ce n'est pas hallal. Ce n'est pas pur. Ce sont des pratiques hérétiques ! Et nous allons y mettre un terme...

Se sentant repéré, le jeune illuminé s'éclipse aussitôt, poursuivi par deux colosses visiblement énervés. S'ensuit une brève échauffourée dont je ne perçois pas bien l'issue. Un homme mûr et affable qui a suivi la scène vient me voir.

— Que vous a dit ce jeune homme ?
— Que ces danses étaient des pratiques hérétiques...
— Ne le croyez pas. C'était sûrement un jeune homme qui revient d'Arabie saoudite. Tous nos jeunes gens sont obligés d'aller travailler là-bas. Ils en reviennent formatés par le wahhabisme des émirs, prêts à rejeter les racines de leur culture soudanaise. Ça ne promet rien de bon pour notre pays...

Le soir, quand nous racontons la scène à mon oncle Étienne, il nous confirme les différences et les rivalités qui existent entre les diverses confréries soufies et les influences islamiques étrangères. Pour lui, le soufisme soudanais est un des derniers exemples d'exception culturelle dans la convergence internationale que connaît l'islam sunnite grâce à Internet, aux paraboles, et à la baisse des frais de transport vers La Mecque.

— Le soufisme soudanais est conditionné par l'attente du Mahdi, le messie qui convertira le monde entier à l'islam avant le jugement dernier. Le Mahdi est déjà revenu plusieurs fois dans leur histoire, la dernière fois en 1880 lors d'une révolte qui fut écrasée dans le sang par Kitchener, après le sac de la ville et la mort de Gordon. Devenu un véritable chef de guerre reconnu par tout le Soudan, le Mahdi Mohammed Ahmed vivait en ascète mendiant et cousait sur sa djellaba des bouts d'étoffe récoltés sur ses victimes. Les robes traditionnelles que portent les danseurs trouvent là leur origine. La semaine prochaine, je vous montrerai une cérémonie qui a sacrément plus d'allure ! Vous comprendrez bien ce qu'est le souffle soufi... et son incroyable spiritualité.

La rue est bloquée. Devant la mosquée, la chaussée est entièrement recouverte de nattes en plastique sur lesquelles courent des dessins de chameaux. Le soleil décline et dore tout. Deux minarets pointés vers le ciel indiquent aux hommes la droiture. Ceux-ci sont alignés le long des deux murs de part et d'autre de la rue, se faisant face.

Près de mille hommes en longue djellaba de coton blanc, fin et seyant. Un baudrier de cuir leur ceint le torse en diagonale pour conférer à leur rassemblement une touche martiale. Dans l'air sirupeux de la fin de journée flottent les parfums sucrés de tous ces croyants rasés de près, lavés et pomponnés pour plaire à Dieu. À chaque extrémité de cette rue de deux cents mètres, une rangée d'hommes ferme le rectangle blanc qui borde les murs. Une tache noire rompt par le milieu cette ribambelle : le cheikh, drapé dans une fine cape de jais et le turban magnifique. Les esprits sont tendus vers lui. Un silence de rassemblement pèse sur tous ces hommes au garde-à-vous.

Il lève soudain son bâton comme le ferait un maréchal, et le baisse aussitôt en poussant un cri de caporal pour enclencher le mouvement. Alors en douceur, avec l'inertie d'une locomotive qui démarre, les voix s'élèvent et les torses se tournent vers la droite, puis vers la gauche en ponctuant leur rotation d'un subtil coup de tête, en faisant battre les manches comme des ailes. Le cheikh accélère peu à peu la cadence de son bâton, chef d'orchestre de la grande machine à prier. De la clameur montante, on finit par distinguer :

— *La-Ilaha-Illa-Allah!* (Il n'y a de Dieu que Dieu !)

Scandé à quatre temps correspondant à droite-face-gauche-face, mais imperceptiblement, le métronome s'emballe, l'adrénaline s'injecte, les gosiers se déploient, les visages se composent. Comme un seul homme, comme une seule âme, joignant le geste à la parole et la danse à la prière, mille hommes pénètrent peu à peu, la fièvre aux tempes et les poumons gonflés de Dieu, dans l'ivresse collective de la force et de la foi : c'est une cérémonie soufie à la mosquée as-Sammaniyah d'Omdurman. Une des cinq cents confréries du Soudan.

Sur un appel, les torsions sont remplacées par des flexions avant, toujours à quatre temps. Les hommes deviennent des bielles : « *La-Ilaha-Illa-Allah!* » avec une syncope entre chaque temps. Valse avec Dieu, les yeux se révulsent, les souffles se font courts et ronflent dans les gorges comme l'air dans des tuyaux de forge. La cadence accélère encore, le rodage est fini, on prépare la montée en régime. Ils souffrent, ils soufflent, ils suent, refrènent de petits grognements et font de leur effort un sacrifice qui plaît à Dieu.

Le cheikh tout à coup quitte le rang, entre dans la danse, galvanise ses troupes, seul au milieu du grand rectangle, et encourage les flexions comme un moniteur du Gymnase Club, comme le tambour d'une galère.

Vu du toit où nous avons trouvé refuge, le rectangle d'hommes, la ribambelle aux maillons tressautant n'est plus qu'un corps plat dont la frange blanche palpite en rythme comme la lèvre d'une méduse, comme l'écume d'un ressac humain. Sur un cri, la flexion se mue en saut vertical ; les hommes deviennent pistons ; il semble alors que le rectangle, que la rue tout entière s'envole au nom de Dieu : *La* au sol, *Ilaha* en vol, *Illa* au sol, *Allah* en vol. Les djellabas gonflées par le souffle restent un instant suspendues dans l'espace en arrêtant le temps.

C'est le paroxysme, l'extase, mille hommes volent et dans leur lévitation scandent le nom de Dieu comme un cœur pulsé. Le cheikh est aux anges, au septième ciel, il baisse sa manivelle, la machine s'arrête d'un coup, heureuse et fumante. La mécanique est bien rodée, bien huilée. Dieu est heureux, ce soir.

Au-dessus de nos têtes, un réseau de brumisateurs reliés par de fins tuyaux répandent sur l'assistance une fraîcheur parfumée comme l'haleine du Tout-Puissant. On n'arrête pas le progrès. Avant que les danses ne reprennent, le cheikh entreprend un prêche. Ses ouailles sont tout ouïe, solidaires et unies. Plus tard, tout le monde s'interrompra pour la prière du soleil couchant : *al-Maghreb*.

On nous introduit alors très poliment dans une salle ornée de sourates magnifiquement entrelacées sur fond noir, dans laquelle des membres de la confrérie viennent nous saluer, nous entretenir avec une authentique bonté dans le regard, très soucieux de la mauvaise image de l'islam dans l'actualité de ces dernières années. Nous sommes avec le père Étienne, jovial et lumineux, et grand ami du cheikh. Entre les traductions, les explications de nos hôtes et les tasses de thé qu'on nous sert, il nous explique ce que nous venons de voir.

— Le soufisme soudanais est une sorte d'ascèse collective, une quête de pureté spirituelle par la pureté physique, une sorte de *mens sana in corpore sano* [1] appliqué à l'islam. Ce qu'on vient de voir s'appelle le *zikr*; l'exercice physique n'est pas une fin en soi mais le moyen de mettre en place un souffle, une respiration propice à la louange de Dieu. Les russes orthodoxes ont un peu la même chose avec la notion de prière perpétuelle, le *Kyrie, eléison*. Ils concentrent toute leur foi en quelques syllabes chargées d'exprimer l'indicible.

Il avale une gorgée de thé brûlant et reprend son exposé.

— Avez-vous vu la montée en puissance, quand ils tournent la tête de droite à gauche en soufflant HOU-HA-HI, comme un coureur reprend son souffle ? La tête légèrement inclinée vers le ciel, ils disent HA, de gauche à droite ils disent HOU et en se penchant ils disent HI. Eh bien cela a une signification particulière : dans le premier HA, le fidèle doit avoir à l'esprit que Dieu est partout, au-delà et au-dessus de toutes choses ; dans le HOU, le fidèle essaye de conscientiser que tout mouvement ou toute parole vient de Dieu, pas de la volonté humaine. C'est admettre un déterminisme divin absolu, Dieu seul étant la seule entité libre, et les fidèles étant soumis à la loi divine, le Coran et la charia. Le HI rappelle essentiellement aux hommes qu'ils sont mortels et que nous retournerons tous en poussière. Le souffle joue un rôle déterminant, car l'hyperventilation et le relâchement d'endorphines accordent un bien-être et un sentiment de puissance aussitôt attribués aux vertus de la prière et comme une réponse directe et personnelle de Dieu. On pourrait dire que le Zikr est une expérience existentielle de l'énergie divine à l'issue de laquelle les fidèles se sentent « pleins » de Dieu.

On vient nous resservir du thé. Le père Renaud reprend :

— Ces confréries soufies sont apparues très tôt dans l'histoire de l'islam, au début du deuxième millénaire, en réponse au caractère limité de la *Chahada*, la profession de foi, et de l'application des cinq prières quotidiennes. Elles participent d'une volonté d'aller plus loin dans la quête spirituelle et d'avoir une vie religieuse plus complète... C'est aussi une expression de dévotion au cheikh et de soumission totale à l'islam.

---

1. Un esprit sain dans un corps sain.

Me faisant l'avocat du diable, j'interroge le père :
— N'a-t-on pas là tous les éléments de l'extrémisme ?
Il fait la moue.

— Tant que le soufisme se contentera d'ascèse personnelle et ne se mêlera pas de politique, il sera épargné par la confusion du spirituel et du temporel que connaît actuellement l'islam, qu'il soit sunnite, chiite, wahhabite ou ismaélien. L'islam ne peut être que total, conçu comme un tout, une logique complète qui supporte mal les aménagements. Le soufisme en est pourtant un, donc ce n'est pas impossible, mais le wahhabisme qualifie ces pratiques d'hérétiques. Or il gagne ici du terrain. En ce qui concerne le soufisme soudanais, je crois que, malgré les apparences, il présente des éléments d'ascèse et de détachement qu'on peut retrouver dans l'hindouisme, le bouddhisme et le christianisme. Par exemple, les fidèles de la Sammaniyah doivent respecter quatre principes fondamentaux.

« Le premier est de réduire leur consommation de nourriture, ils disent littéralement : « L'estomac ne doit jamais être plein », le deuxième est le silence et la pureté de la parole. Les paroles et les pensées malsaines, excessives, emportées ou impures sont proscrites. Ils parlent de « silence du cœur aux pensées illicites ». Le troisième principe est la veille, la prière nocturne, la lutte contre le sommeil. Ils parlent d'« insomnie divine pour l'éveil du cœur aux illuminations ». Le quatrième est l'isolement. On ne quitte pas Dieu quand on quitte la communauté soufie : on le retrouve seul à seul.

« Donc, au regard de tout cela, le soufisme soudanais offre un modèle de sagesse personnelle et non d'extrémisme, mais les Soudanais doivent rester vigilants face aux influences extérieures, aux phénomènes de foule, aux médias. Internet et la globalisation des pratiques et croyances islamiques n'encouragent malheureusement pas ces particularismes intéressants.

Un des fidèles me prend sous son aile : Omar Sadiq. Curieux, il veut tout savoir sur notre périple, puis nous en venons à des questions plus personnelles. Il m'avoue, entre autres, être contre la polygamie, contre l'excision et l'infibulation – pratiquée sur 97 % des femmes du Nord –, être horrifié par le 11 Septembre, le terrorisme, en vouloir aux suicide-bombers palestiniens de ternir le nom de l'islam, aux extrémistes de mettre le monde à feu et à sang.

— Aucun suicide ne plaît à Dieu. Même utilisé pour punir des coupables. *A fortiori* quand il vise des innocents ! Dieu est le seul juge...

Il nous parle du débat sur le voile islamique en France en des termes inattendus, mais que nous avons déjà entendus à Khartoum et à Zanzibar :

— Ce n'est pas le voile qui fait la pureté de la femme. C'est le regard des hommes. Avez-vous vu l'hypocrisie de nos femmes ? Elles prennent plus de temps à se voiler que les vôtres à se maquiller ! Avec des voiles transparents ! Elles font ça pour nous exciter ! Et gare à nous si on regarde ! Ce sont des allumeuses ! Chez nous, le voile et ce qu'il cache sont devenus des modes de séduction et de fantasmes, alors que sa vocation était de calmer le jeu...

Quand nous repartons, nos rangs soufis ont repris leur ballet gymnique sous des spots orangés et je ne peux m'empêcher de voir dans les ombres projetées sur les murs, dans les robes longues et les ceintures de cuir, dans l'unité de corps de ces soldats de Dieu, l'ambiance qui devait régner dans le Krak des chevaliers, en Syrie, où les armées croisées se mobilisaient contre Saladin. Avec un heaume et une grande croix rouge dans le dos, ils seraient parfaits. Il ne manque à leur baudrier qu'un cimeterre... Heureusement, le charme s'évanouit et Omar Sadiq, qui a jeté son dévolu sur moi, me glisse en gage d'amitié, dans un large sourire et une accolade fraternelle, un paquet de nougat soudanais.

27

Méroé et Naga

Une mâchoire dans le désert. C'est ainsi que nous apparaît de loin la mythique Méroé. Mandibule fossile titanesque aux chicots noirs, posée sur le sable dans la désolation. Puis on se rapproche et l'on reconnaît les pyramides effilées mais tronquées, alignées au sommet d'un cordon rocheux capitonné de dunes qu'on avait pris pour les gencives de ces crocs historiques.

D'un peu plus près encore, on se rend compte de leur délabrement. Se dégage aussitôt du site une puissante mélancolie. Sur la quarantaine de pyramides encore visibles, une douzaine, les plus grosses, arborent encore des parements de blocs de grès fauve posés en escaliers très verticaux. Décapitées, les pyramides ont perdu leur équilibre ; des enflures poussées de l'intérieur disjoignent les blocs et menacent de crever comme la panse d'une épave vermoulue. Par des crevures dans la maçonnerie, le remblai qui les constitue s'épanche pathétiquement. Les dunes qui dansent au pied de ces monuments funéraires semblent attendre de pouvoir dévorer tout à fait ces vestiges du passé qui nous parlent une fois de plus de la grandeur, des espoirs et de la vanité humaine.

Pourtant fragiles, elles tiennent bon, ces petites pyramides, s'arc-boutent, tiennent leur rang ! Nous les passons en revue ; sous certains angles, elles sont presque intactes, et les flancs impeccables de l'une, les arêtes vives de l'autre, la symétrie de ces deux-là, ou la singularité de celle-ci, font du site un ensemble homogène et puissant. Elles sont unies envers et contre tous, envers et contre le temps. Elles ont résisté aux pillards, aux explorateurs, aux chasseurs de trésors, elles résistent à l'anéantissement, à l'oubli, et de cette résistance éperdue contre les éléments se dégage quelque chose de profondément aristocratique.

Depuis Khartoum, nous venons faire une digression de deux cents kilomètres en aval du Nil pour rendre hommage à Méroé, cette mystérieuse nécropole dont la civilisation ne cessa, du IIIe siècle av. J.-C. au IIIe siècle apr. J.-C., de défrayer les chroniques antiques. Héliodore, Hérodote, Strabon, Pline et Sénèque affabulèrent sur la Haute-Nubie, le royaume de Koush, ou celui de Pount, qu'ils rassemblaient sous le terme d'Éthiopie (du grec *aethiops* : visage brûlé, par extension : visage noir) – qui amalgamait peu ou prou, entre fantasmes de cités perdues et récits abracadabrants de chimères et de cyclopes, toute l'Afrique de l'intérieur dont on ne voyait arriver que les trésors. S'est ainsi construite peu à peu la légende de Méroé, qui ne sera redécouverte qu'en 1821 par un Français : Frédéric Cailliaud.

Pourtant, depuis l'ancienne Égypte, on connaît et l'on redoute ces contrées et les civilisations qui s'y sont succédé : celle de Kerma (de – 2500 à – 1500) au-delà de la troisième cataracte du Nil, bien plus au nord, conquise par le Moyen Empire, puis celle de Napata (en deçà de la quatrième cataracte), qui partit à la conquête de la Basse-Égypte pour y fonder la XXVe dynastie, celle des pharaons noirs, qui régna jusqu'au delta du Nil pendant près d'un siècle.

Sous d'autres règnes, la Nubie est vassale ; on s'en sert comme d'une passerelle entre l'Afrique noire et le monde méditerranéen. On s'en protège, car elle est trop loin pour être totalement soumise, mais on a besoin d'elle pour l'or et pour l'ivoire, pour fournir les cours et les jeux du cirque en animaux sauvages tels que les rhinocéros, les girafes, les lions, les léopards, les singes, et tout le bestiaire qu'on voit défiler sur les fresques de certaines nécropoles relatant en grande pompe le « tribut nubien » apporté aux pharaons.

On y trouve aussi les redoutables « archers nubiens », mercenaires employés jusqu'au Proche-Orient. Mais ce qui caractérise le mieux la civilisation de Méroé et marquera son apogée, c'est le rôle des Candaces, dont la renommée contraindra l'empereur Auguste à traiter d'égal à égal avec ce lointain royaume. Ça n'est pas rien !

Nous découvrons notre première Candace sur le fronton d'une chapelle votive accolée à une pyramide. Arithényesbokhé est une reine guerrière, énorme et redoutable, qui tient par les cheveux une grappe d'ennemis ligotés qu'elle transperce de sa lance. Sous ses pieds, un lion croque le crâne d'un esclave. Certains archéologues pensent que des sacrifices de prisonniers célébraient les victoires de ces matrones régentes ; d'autres pensent que ces représentations relèvent de l'hyperbole et de la démonstration de puissance. La Candace porte en tiare, avec les attributs du pouvoir, les *uraei*, ces deux serpents qui incarnent l'union des deux Égypte.

Sonia entre dans la chapelle et pousse une exclamation. Sur les murs de la petite pièce sont finement gravées en bas-reliefs des scènes de banquets, de processions, de dévotions, où dieux et fidèles, proches et esclaves défilent pour apporter leurs offrandes à la mémoire du mort. Il y avait aussi dans ces chapelles méroïtiques des statue Ba d'à peu près un mètre de haut, représentant la tête du défunt avec un corps d'oiseau et de longues ailes se croisant dans le dos. Elles incarnaient leur âme. Enfin trônait une stèle vantant les mérites et la puissance du mort, écrite dans une langue qui n'est pas encore déchiffrée.

Les pyramides sont pleines, elles ne sont que des mémoriaux bâtis au-dessus de cryptes creusées dans la roche, dix mètres au-dessous, auxquelles on accède par une « descenderie » aujourd'hui comblée, qui s'ouvrait à cinquante mètres de là. Ces chapelles ne servaient donc qu'à perpétuer la mémoire des reines et des rois, pas à les inhumer. Elles étaient un lieu de culte et de libations, de rituels et d'offrandes à Isis et Amon. Aujourd'hui, l'autel a disparu, de même que la table à offrandes, la stèle votive et les statues Ba. Tous ces trésors sont dispersés dans des musées, aux quatre coins de la planète.

Dans les sépultures en revanche ont été retrouvés des bronzes romains, des verres du Proche-Orient, des miroirs grecs et nombre d'objets, qui prouvent les échanges qui reliaient Méroé au reste du monde. La cité était célèbre pour ses fonderies qui fournissaient des pointes de flèche et des fers de lance aux redoutables archers.

Le soleil décline et se lève un vent qui peigne les dunes en soulevant des volutes de sable. À l'angle d'une chapelle et au linteau d'une autre, nous découvrons les graffitis de Cailliaud, Letorzec et Linant de Bellefonds, hardis Français égarés dans ces parages par les vents et les caprices de l'Histoire. Un peu plus loin c'est un chevalier italien ou un prince prussien, premiers explorateurs européens qui, aux côtés des colons turcs qui avaient fait mainmise sur l'Égypte, purent pénétrer ces régions reculées en se joignant à d'immenses armées décimées par les difficultés du voyage. Voici comment Frédéric Cailliaud décrivit sa découverte : « Jamais ma joie ne fut plus extrême et plus vive qu'en découvrant les sommets de ces nombreuses pyramides qui étincelaient sous les rayons du soleil qui semblait dorer le sommet de ces tombeaux qui depuis tant de siècles n'avaient frappé les yeux d'aucun voyageur. Il semblait que jamais, pour moi, ne serait plus heureux jour que celui-ci, je grimpai sur le plus élevé des monuments pour y graver le nom de d'Anville. »

Nous grimpons nous aussi au sommet de la pyramide intacte de Tanyidamani pour jouir des derniers rayons du soleil et échapper aux rafales d'un fort vent de sable. L'ascension est vertigineuse et verticale, mais les petits décrochements de pierre forment des marches juste assez larges pour les pieds. Nous prenons garde aux scorpions et aux serpents qui, en nous faisant lâcher prise, pourraient nous précipiter dans le vide. Le sommet culmine à vingt ou trente mètres. Il va sans dire que nous n'y gravons pas notre nom – « *O tempora, O mores* [1]*!* » Vues d'en haut, les pyramides sont décharnées ; nous prenons la mesure des déprédations effectuées par les pillards qui, dès 1834, à cause de l'Italien Ferlini, entreprirent de démonter tous les sommets des pyramides. Celui-ci venait de découvrir les cent six objets d'or du fabuleux trésor de la crypte d'Amanishaketo et crut protéger le site en prétendant l'avoir trouvé au sommet de la pyramide – dont il ne reste aujourd'hui que la chapelle et les fondations. Aujourd'hui, une demi-douzaine de pyramides et de chapelles ont été restaurées par des archéologues allemands.

Tandis que le soleil se vautre dans l'or de l'ouest, nous évoquons l'arrivée en ces lieux du roi éthiopien Ezana d'Axoum, qui, en 380, vint raser ce qui restait de la ville. Le soleil d'Amon se couchait pour toujours sur Méroé. Du haut de

---

1. Autres temps, autres mœurs !

ces vingt mètres, deux mille ans s'écoulent à nos pieds dans le vent rouge. Le long du Nil qui scintille au loin, les civilisations se sont faites et défaites; de combien de tragédies ces déserts ont-ils été témoins ? Caravanes, armées en marche, archers nubiens, furieuses Candaces, sacrifices, explorateurs, pilleurs de tombes...

En suivant le Nil nous sommes dorénavant sur une autoroute civilisationnelle, et à voir ce qu'il reste de ces empires qui ont fait trembler la terre, qui ont soumis les peuples, exploité des richesses inouïes, fait retentir le bruit des armes aux confins du monde connu, cela rend notre marche modeste, et relativise chacun de nos pas. « *Vanitas vanitatum, et omnia vanitas...* [1] »

---

1. Vanité des vanités, et tout est vanité...

28

Le doukhan et le zar

Une fois n'est pas coutume, c'est moi, Sonia, qui prends la plume, car mon statut de femme m'a ouvert des portes soudanaises auxquelles Alexandre n'a pas accès.

Le Soudan étant placé sous la férule de la charia, la stricte loi islamique, les sociétés masculine et féminine sont très séparées, du moins dans la sphère privée, car, dans la sphère publique, les femmes jouissent d'une grande liberté de mouvement, voire d'un rôle prépondérant. C'est un paradoxe soudanais. Les femmes sont présentes dans la fonction publique, omniprésentes dans la rue, où elles tiennent le haut du pavé. La Soudanaise a un sacré caractère. Quant aux mystères du gynécée auxquels j'ai souvent été initiée, il en est un qui occupe une place de choix dans les préoccupations de mes sympathiques hôtesses : le *doukhan*. Il s'agit d'un rite de séduction, une préparation amoureuse, et on peut même, sans exagération, parler d'apprentissage de la dévotion sexuelle à son mari. Tout un programme !

Avant d'entrer dans le vif de ce sujet croustillant, assez inattendu dans une société que l'on croit à tort pudibonde, il faut que je décrive l'extraordinaire excitation que suscite ma présence parmi ces femmes de tous âges. Leur nombre approche souvent la douzaine ; elles me tiraillent à droite et à gauche, m'auscultent en tous sens, veulent voir comment je suis faite, me tripotent les mains, les cheveux, me tâtent la couenne, recensent avec une moue de réprobation mes zones de blond duvet et me manipulent en rigolant comme on discute le poids d'un poulet à l'étalage.

Elles m'adoptent aussitôt. Je suis une femme, je suis des leurs. Leur gentillesse fait que je me plie à leurs caprices de bonne grâce, car cela me permet en échange de découvrir la face cachée de leur vie. En préambule, un constat : l'expression selon laquelle « il faut souffrir pour être belle » prend toute sa dimension au Soudan. Vous êtes prêtes ? Allons-y pour le *doukhan... Yallah*[1] !

Samia commence les hostilités avec le *halawa*, qui, littéralement, en arabe, veut dire « sucrerie » ou « douceur ». En fait, c'est tout le contraire, puisqu'il s'agit d'une épilation intégrale à froid et à l'arraché. Il ne s'agit pas de se raser intégralement, ça serait trop simple, non, il s'agit de faire la chasse au moindre poil, au moindre duvet en tirant dessus. Tout y passe ! Les bras, et les jambes, et les épaules, et les oreilles, et les joues, et le nez, et le bec... Alouette, je te plumerai ! Et bien évidemment, les parties intimes, là où c'est le plus tendre : tout doit disparaître. Ouille, ouille, ouille !

Alors pourquoi « sucrerie », me direz-vous ? Parce que la cire (qui n'est pas de la cire) est faite de jus de citron et de sucre caramélisé. La finalité, vous l'avez compris, est de se rendre douce à la caresse. Je n'ai que partiellement respecté les règles de cette première manche qui m'a arraché des cris de cochon qu'on égorge, étouffés par les hurlements de rire de mes joyeuses tortionnaires.

Une fois totalement déplumée et lavée, Samia passe au doukhan à proprement parler, qui est une sorte de sauna artisanal aménagé dans les quartiers des femmes, dans le coin d'une cour. Il est constitué d'une sorte de jarre ou d'amphore enfoncée dans le sol jusqu'au bord. Dans cette cavité, on fait brûler un bois odorant, le *talaha*, venu des jungles du Sud-Soudan, et qui fume terriblement. Nue sous une sorte de poncho formé d'un drap et d'une couverture qui me recouvrent comme une cloche, je suis assise au-dessus du feu, les pieds en équilibre sur une baguette traversant l'ouverture de la jarre, si fine qu'elle menace de rompre à tout instant. Le but étant une fumigation dans la masse, du minou et du reste, mais surtout du minou. Ouille, ouille, ouille ! Le *prestou* peut commencer – à savoir, dans le texte, « la Cocotte-minute » (les Soudanaises ont beaucoup d'humour !). C'est parti pour trente minutes, une heure,

---

[1]. En avant !

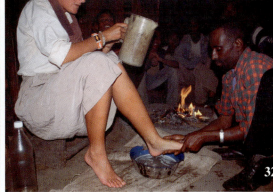

Les légendes sont en fin d'ouvrage.

35

36

37

38

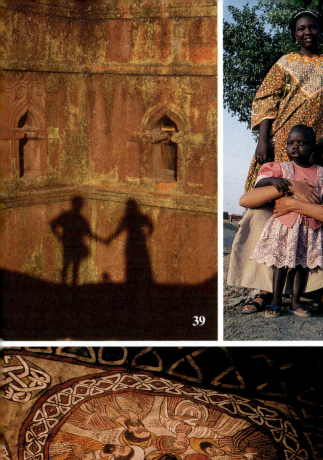

44

45

46

voire deux heures de cuisson à l'étouffée, la vapeur provenant non du foyer mais de la sueur. Le col du poncho est transformé en cheminée d'usine me cramant les naseaux et l'on mesure l'amour que porte une femme à son mari au temps qu'elle peut rester à mijoter dans l'étuve; je dois faire une bien piètre amoureuse : je n'ai pas tenu plus de vingt minutes! Rappelons que, dans la journée, la température oscille entre 40 °C et 50 °C. Dans ces conditions, ce dont on rêve, c'est d'un frigo, pas d'une Cocotte-minute. Cette opération a pour but de rendre la peau douce, de l'éclaircir (jaune pour moi, dorée pour elles), et de fixer les parfums qui vont suivre.

Samia ôte ma couverture cloche comme un maître d'hôtel, avec un effet de manche, découvre un saumon fumé. Teintée dans la masse, je suis alors soumise au *dilka*, gommage intégral pratiqué avec une pâte marronnasse et huileuse qui ressemble vaguement à du goudron, mais qui se révèle à l'usage délicieusement parfumée (surtout fumée). Les peaux mortes ramollies par le fumoir n'y résistent pas, surtout que les microsphères de poudre de noyau d'abricot chères à nos esthéticiennes sont remplacées par du sable du Nil... Le dilka, c'est tenter de nettoyer au papier de verre une pauvre bête mazoutée. Comme un baume sur cette série de traumatismes épidermiques, je suis alors ointe de *dihin*, de l'huile de sésame parfumée qui détache le goudron.

Je suis alors fin prête, tous les pores en éveil, pour le *khomra*, les « ablutions de parfum ». Après la Cocotte-minute, voici la cocotte tout court! Je ne résiste pas à la tentation de vous donner la composition de ce précieux nard, digne de la cornue d'un voluptueux alchimiste : de l'ambre gris recraché par un cachalot, du concentré de poudre de musc, de l'huile de santal, des parfums français frelatés qui répondent aux doux noms de Fleur d'amour, Rives d'or, Soir de Paris, et surtout, l'arme fatale, tenez-vous bien : de la poudre d'ongles de crocodile pilés, qui transforme ce parfum en véritable philtre d'amour.

Après avoir été plumée, cuite, pelée et enduite, rouge comme une tomate, je suis à point pour la sanctification : le *bakhour*, la purification à l'encens. Rhabillée d'une djellaba, je vois Samia me glisser entre les jambes un brûloir dont les volutes d'encens montent imprégner le temple de l'amour, embaumer le grand divertissoir...

Après toutes ces opérations culinaires, il n'y a plus qu'à passer à la casserole. Interdiction formelle de sortir de la maison. D'abord, on se ferait repérer à des kilomètres, ensuite, ce serait perçu comme un appel au viol. On monte rejoindre son mari qui ronge son frein. Et que la fête commence !

Le doukhan dure en moyenne trois heures et doit être effectué au moins une fois par semaine, le plus souvent le jeudi soir (la veille du vendredi, jour de repos). Certaines de nos hôtesses, surtout les jeunes mariées, s'y livrent quotidiennement pour être toujours prêtes à consumer.

Ce beau sacrifice érotique cache des réalités moins appétissantes, sachant que 97 % des Soudanaises de culture arabe sont excisées et infibulées et qu'elles n'ont donc pas droit aux plaisirs charnels. Le doukhan est un acte d'amour certes, mais aussi de soumission à l'homme qui en est le principal bénéficiaire. À les voir toutes gaies, autour de moi, réjouies que j'aie réussi ce passage initiatique, je mesure l'étendue de leur don, et il me vient pour mes sœurs soudanaises une immense bouffée de tendresse et de compassion.

L'infibulation des femmes, dite « pharaonique », est une suture des grandes lèvres resserrant l'orifice vaginal. Elle n'est en rien islamique. C'est une tradition qui remonte à la nuit des temps, comme son nom l'indique. Seule l'origine de l'excision est sujette à controverse, et ses défenseurs font endosser à l'islam une pratique sur laquelle les textes restent plus qu'évasifs. Le hadith mineur n° 5271 rapporté par Abou Daoud relate que le prophète Mohammed répondit à Umm Atiyya, une vieille exciseuse de Médine lui demandant conseil : « Circoncisez les filles mais sans exagération, car une excision modérée est appréciée de la femme et aimée du mari. Laissez une légère saillie en ne tranchant pas intégralement, cela rendra son visage plus radieux et sera plus agréable au mari. » Toujours est-il que la coutume est restée en vigueur jusqu'à nos jours, justifiée par une croyance selon laquelle le clitoris et les lèvres rendent la femme lubrique. Les Britanniques l'ont condamnée en 1946 et elle est interdite par deux lois soudanaises, mais le poids des traditions qui régit la société des femmes reste le plus fort. Certains idéologues islamistes allant même jusqu'à proclamer que la campagne mondiale contre l'excision est un complot destiné à répandre la promiscuité dans l'Islam et corrompre la pureté de son modèle familial. La réalité, c'est que l'opération entraîne chez 95 % des femmes des infections chroniques, pelviques et vaginales, urinaires et parfois septicémiques. Mes amies m'ont toutes confié être affectées par ces problèmes. Le doukhan prend ainsi une autre dimension : ses vertus antiseptiques en font une nécessité d'hygiène intime. L'infibulation, qui rend tout accouchement impossible sans une intervention chirurgicale préalable puisqu'il faut ouvrir un passage à l'enfant, était censée empêcher les naissances clandestines, et donc permettre au détenteur d'un harem ou au caravanier ayant des familles dans différentes villes de s'assurer de la légitimité de sa descendance. Aujourd'hui, la vie moderne rend ces motifs caducs d'autant plus que l'infibulation n'empêche absolument pas l'adultère, mais la pratique est restée, souvent contre le gré des maris et des épouses, sous la pression des grand-mères et des belles-mères. Les fillettes sont excisées et infibulées dès l'âge de cinq ans. Après chaque accouchement, les femmes sont recousues systématiquement, car c'est la meilleure façon de permettre la cicatrisation des lèvres. Selon la tradition, ces pratiques protégeraient les femmes des périls de la chair en supprimant leur libido. La réalité de leurs conséquences psychologiques est beaucoup plus complexe...

Pendant notre séjour à Khartoum, je me fais plein de copines soudanaises et j'ai la chance d'assister, et même de participer, à des cérémonies du zar, auxquelles les hommes n'ont pas accès – c'est la revanche des femmes !

Le culte du zar est une cérémonie d'exorcisme festif, pratiqué par des groupes de femmes qui se réunissent autour d'une cheikha, la prêtresse du zar, qui officie, diagnostique, prescrit des offrandes et contrôle les débordements éventuels.

Pourquoi « festif » ? Parce qu'ici, ça se fait en musique, en costume, dans la danse et le défoulement. Il ne s'agit pas de chasser les « esprits » comme dans un exorcisme classique, il s'agit au contraire de les satisfaire, de les calmer et de les apaiser par des offrandes et des sacrifices.

Le principe de base, c'est la croyance selon laquelle tout le monde est habité et influencé par un ou plusieurs zars, bons ou mauvais esprits. Souffrances, maladies, problèmes conjugaux, familiaux, professionnels, hantises, oppressions, angoisses, jalousies, tout est attribué aux zars. Il y en a quatre-vingt-dix-neuf, venus de tous les horizons. Les plus redoutables sont les soudanais, une quinzaine, puis viennent les éthiopiens, une quinzaine aussi, les nigérians, les égyptiens, saoudiens, et même quelques zars asiatiques dont Ondura, le roi de Chine, ou les zars *khawadja*, les occidentaux, tels que Denadir : le pacha d'Europe, Kafario l'Allemand, ou Domayo le Britannique, représenté avec un chapeau colonial, un short, de grandes chaussettes, une canne, et une pipe.

Le culte du zar est interdit par le régime actuel ; il se fait donc de plus en plus rare, se pratique en secret, le plus souvent dans le vieux quartier populaire d'Omdurman. En arabe, le zar est aussi appelé : « *ar Rih al ahmar* », le vent rouge...

Vous prenez le risque d'attraper un zar ? Allez ! Je vous emmène !

Nazik[1], ma belle hôtesse, m'introduit dans une cour encombrée d'*angarebs*, lits tressés traditionnels, et de meubles hétéroclites. Un rythme étouffé de tambours couvre des voix de femmes et fait vibrer les murs. Nazik s'éclipse par un passage dérobé, et je me retrouve seule avec un bélier attaché. Nous sommes dans les faubourgs d'Omdurman, dans un quartier résidentiel où se rassemblent des familles élargies dans des petites maisons basses et enchevêtrées. Nazik revient avec sa grand-tante, la cheikha, qui a accepté ma présence. Drapée de vert, le visage bouffi et ravagé par de très impressionnantes cicatrices noires qui lui fendent les joues, les shilloukh, elle me tend une main noire de henné. D'un regard de braise qui se veut bienveillant et accueillant, elle me met en confiance. À sa suite, nous empruntons un dédale de petits couloirs et de réduits qui me font penser à un labyrinthe, et s'accroissent les vibrations avec les battements de mon cœur.

D'un coup d'un seul, nous pénétrons une pièce obscure et bondée d'où s'échappe une touffeur parfumée, enfumée et moite. Le long des murs, des femmes chamarrées de tous âges sont assises au sol, fumant comme des pompiers, tandis que quatre musiciennes battent tambours, tambourins et cymbales en chantant d'une voix forte. Un encensoir vient vers nous, Nazik présente à la fumée son visage, la paume de ses mains, la

---

1. J'ai changé tous les noms pour ne pas compromettre les intervenantes.

plante de ses pieds et se le passe sous son tobe, son grand voile rose. Je fais de même. La purification de toutes nos parties « impures ». À notre suite pénètre le bélier, qui a été accoutré d'un petit manteau rouge. Les femmes se lèvent et dansent autour de l'animal effaré, une bougie à la main, puis une procession s'organise, bélier en tête, et nous ressortons dans la première cour par le labyrinthe. Quand j'y parviens, l'animal a déjà été égorgé et son sang est recueilli dans une assiette creuse. Mal à l'aise, je détourne le regard tandis que la bête agonise en rotant son dernier souffle. C'est le premier sacrifice propitiatoire.

Nous retournons dans la salle tandis que Nazik m'énumère les différentes offrandes susceptibles de satisfaire les caprices des zars : le sucre, les fruits, les bougies, les bonbons, les parfums, l'or, un téléphone portable ou un couple de colombes... Tout le monde reprend place et la musique repart de plus belle. Nazik m'explique :

— À chaque rythme correspond un zar et une chanson ; c'est un appel ! Si une femme dans l'assistance se croit tourmentée par le zar auquel s'adresse la musique, elle se lève et se met à danser pour lui faire plaisir : là, c'est un zar éthiopien, sultan Kassa ; tu vas voir, il a une exigence particulière ! »

En effet, deux femmes qui dansaient les cheveux lâchés s'adossent subitement à un mur contre lequel elles se cognent violemment les épaules, faisant trembler l'édifice. Coup après coup, une omoplate après l'autre, les yeux se révulsent, les cris rauques qu'elles poussaient deviennent des jappements de coyotes, la tension monte, le spectacle devient douloureux – un rictus de souffrance leur déforme le visage. Elles approchent de la transe quand la cheikha lève le bras. Les tambours s'arrêtent aussitôt et les deux femmes essoufflées tombent à quatre pattes, rampent vers la cheikha qui les attrape par les cheveux en leur susurrant des paroles réconfortantes et en leur passant sur le visage de l'eau lustrale. Elles se relèvent éprouvées mais soulagées, le visage serein : leur zar est satisfait, il va les laisser tranquilles, pour un temps.

Un autre rythme, un autre appel, d'autres femmes se lèvent. Défilent ainsi sous nos yeux le zar du crocodile (Tomsa), celui du buffle (Weldi Noura), de l'homosexuel saoudien (Ali Bey), des prostituées éthiopiennes (Luliya, Kofé,

Salma...), du « vieux grand-père de la montagne de l'or » (Djebel Naado), de la « vieille femme au fond de la mer », celle qui paralyse et engourdit les membres; tous avec des besoins fantasques et tyranniques à assouvir. Pour les satisfaire, on se déguise, on mime, on rampe, on encorne, on rit, on se défoule, les voiles tombent et découvrent des sous-vêtements sexy, des décolletés avantageux, on se met des cigarettes dans les narines, on s'asperge de parfum, on se fouette, on fait mine de se planter un couteau dans le ventre, on remue la croupe en offrande, on s'ébouriffe les cheveux en poussant des cris de tigresse, on revêt une énorme croix pectorale en se signant frénétiquement. Devant nous, dans une étrange catharsis, je vois défiler toutes les douleurs cachées des femmes soudanaises. Elles trouvent ici leur exutoire, leur confession publique, dans le théâtre et dans la foi, dans le partage et la compassion, dans l'expiation et dans la joie.

Ce capharnaüm est orchestré par la cheikha qui dispense à l'une ses conseils et morigène telle autre. Le fait que les musiques soient courtes permet à chacune de reprendre ses esprits, de ne pas perdre totalement la tête. L'ambiance reste bon enfant. Elles sont bien, elles sont contentes d'être ensemble, c'est leur truc. Les hommes ont bien leurs cérémonies soufies ? Et bien elles ont leur zar ! La transgression de l'interdit, l'expression corporelle, le sentiment d'unité, le besoin de réconfort rassemblent régulièrement ces femmes qui rentrent chez elles avec un sentiment de bien-être. Pendant ce temps, les maris tremblent car certains esprits facétieux sont avides de bijoux d'or ou de parfums de luxe...

Et gare à eux s'ils n'obtempèrent pas !

La danse reprend, et toutes de me lancer des regards complices, c'est l'appel d'un des zars khawadjas, trois femmes se lèvent, l'une jette à terre son tobe et découvre un costume de colon anglais qui tire des exclamations dans l'assistance. Elle marche comme Aldo Maccione, la canne à la main et la pipe aux lèvres, l'air supérieur. On réprime des rires, il ne faut surtout pas se moquer d'un zar ! L'une après l'autre, les danseuses s'éclipsent dans une pièce contiguë et reviennent, joviales et éméchées, en s'essuyant la bouche du revers de la main. J'interroge Nasik :

— Où vont-elles ?

— Chuut ! me fait-elle, le doigt sur les lèvres.

Soudain, moi qui me croyais à l'abri, suis happée par une main anonyme qui m'entraîne dans la danse : remous et protestations dans l'assemblée ! Nasik vient me rejoindre.

— Ne t'inquiète pas ! Certaines femmes disent que tu n'as pas de zar, que tu es pure comme une colombe, et que tu risques d'en attraper un en le provoquant ! Elles disent ça pour te protéger, mais la cheikha veut que tu danses...

Convaincues par leur prêtresse, mes copines battent des mains en cadence sur un rythme de plus en plus rapide, de plus en plus saccadé, scandant des youyous aigus. Elles me font tourner comme une toupie sur moi-même jusqu'à en perdre haleine ; sans doute le zar « derviche rock'n roll » ! Puis les tambours stoppent net ; essoufflée, je m'effondre aux pieds de la cheikha qui, pour rassurer ses ouailles, leur confirme que je n'ai pas de zar. Mais moi je sais bien que j'en ai un, de zar, c'est le « Marcheur fou », impitoyable, assoiffé d'espace et de kilomètres, d'horizons et d'éther. C'est le centième zar ! Bizarre... Vous avez dit bizarre ? Je le connais pourtant bien ! Et il va bientôt être satisfait car nous avons devant nous, aux portes d'Omdurman, à franchir une épreuve de taille : la traversée du désert de Bayuda, trois cent quatre-vingts kilomètres de dunes et de regs pour rejoindre la boucle du Nil, près de Ad Debba : sans doute deux semaines de sueur et de soif, d'accablement et de « vertige horizontal » ; avec ça, mon zar n'a qu'à bien se tenir !

29

Le désert de Bayuda

Quitter le Nil, c'est quitter la main courante. Aussi éprouvons-nous une certaine appréhension lorsque nous nous enfonçons dans les ruelles d'Omdurman après lui avoir jeté un dernier regard. Le fleuve fait une large boucle de près de mille kilomètres ; vaste méandre que nous comptons éviter en coupant à travers le désert de Bayuda par une route longue de quatre cents kilomètres. Simple ou double ! Mais pas si simple que ça : la chaleur, la platitude et les solitudes du Sahara sur du goudron tout droit et quelques haltes à camions qui jalonnent cette mortelle randonnée dont la clef reste l'eau. Pour nous en procurer, nous parions sur les chauffeurs routiers.

Le charivari d'Omdurman, de ses souks, ses embouteillages, ses ânes bâtés et son effervescence nous empêchent de trop y penser, si bien que le soir même nous sommes déjà hors de la ville en plein désert. Au crépuscule, le chauffeur d'un poids lourd arrêté sur le bas-côté pour la prière *al-Maghreb*, remplit notre bidon de cinq litres et nos deux bouteilles de un litre et demi. Huit litres, c'est assez pour la soupe du soir, la réhydratation nocturne et le porridge du lendemain matin. Une heure après le coucher du soleil nous marchons à angle droit dans le Sahara pour nous éloigner de la route. Entre deux dunes, nos premières dunes, nous dressons la tente et vaquons en sous-vêtements pour évacuer la chaleur du jour. Cela fait très longtemps que nous n'avons pas campé seuls et c'est une sensation que nous retrouvons avec un grand bonheur. L'ineffable caresse de l'haleine de la nuit sur nos torses nus. En silence nous contemplons notre petit feu de brindilles glanées dans le désert et nous écoutons chauffer la soupe. Nous sommes suspendus à ce foyer. Tout est redevenu si simple avec la marche. Nous remettons nos cerveaux en veilleuse.

Soudain, attiré par les flammes, un énorme scorpion déboule dans notre rond de lumière. Il finit sous mon talon. Dans le ciel, la constellation du même nom envoie un SOS...

La route est rectiligne, désespérément plate dans un paysage sans aucun repère, morne et monotone, chaud et blanc. Rien où accrocher le regard. Nous pourrions être partout, dans le Dasht el-Lut iranien ou au Baloutchistan, dans l'Adrar de Mauritanie ou dans l'Aïr du Niger. Nous traversons le Bayuda ! À peine entrés, une seule obsession : en sortir. Les déserts ne sont que des lieux de passage. On croit y fuir l'homme, on n'a de cesse de le retrouver dès qu'on y met un pied. Nos esprits divaguent ou bien ressassent, le temps se traîne, nous perdons nos repères. Marcher comme une machine, tel est notre lot quotidien, sans s'arrêter, sans se retourner. Durer. Nous n'avons pas d'autre choix que durer. Chaque kilomètre nous éloigne du Nil, nous éloigne de l'eau. En avant, ce n'est que chaleur et lumière, sable et désert. Nous sommes saisis de ce vertige horizontal, de cette ivresse d'immensité qui font des grands espaces des gouffres moraux. Nous marchons en silence, intimidés, pour ne pas trahir notre moral en berne, pour ne pas gaspiller salive ou énergie. L'heure est à la concentration. Il faut, en temps normal, quatre heures de marche et vingt kilomètres pour nous vider l'estomac, pour nous vider les batteries. Dans ce désert, par cette chaleur, sous ce soleil, la faiblesse nous vient tous les quinze kilomètres. Difficile de marcher plus de trois heures sans s'arrêter ou sans se ravitailler.

Et pourtant, ce matin, un front noir de rage s'abat sur nous en déversant des rideaux de pluie, des hallebardes de vie. Le ciel est devenu d'encre, le sable orange de feu. Nous revêtons nos capes de pluie en plein désert. La steppe parsemée de dunes absorbe les premières gouttes, mais est rapidement engorgée. S'ensuit un spectacle extraordinaire : des dunes ruisselantes d'eau ; des petits lacs se formant à leur pied, se rejoignant pour composer une vaste étendue miroitante dans laquelle se reflètent les tourments du ciel. Une vision de déluge et tous azimuts des draperies noires promènent leurs théâtres d'ombres à l'horizon, ouvrant des fenêtres de lumière sur des écrans d'apocalypse. Ce désert est allergique à l'eau, il la repousse et refuse de la boire. Seule la route n'est pas engloutie et nous marchons bientôt entre deux lacs infinis, incrédules et ravis. Mais, d'un coup, la pluie cesse, la colère du ciel passe et nous retrouvons le paysage glougloutant gentiment, lui aussi incrédule et ravi : que faire de toute cette eau ? Pourquoi abreuver des graines qui mourront demain ? Les graines savent pourquoi. Une journée, c'est toute une vie pour une fleur. Autant de secondes au soleil qu'il y a eu de journées dans la vie du plus vieil homme du monde : quarante-quatre mille. La vie est courte, éphémère et fragile. Qu'on soit un homme ou qu'on soit une fleur. Demain, le désert aura repris ses droits, et nous ne serons plus.

Nos heures sont rythmées par le passage des bus et des camions, ils finissent par nous connaître. Ils vont à Dongola ou à Karima et en reviennent. D'autres, plus chargés, vont jusqu'à Wadi Halfa, la frontière avec l'Égypte, mille kilomètres plus loin... Nous finissons par les reconnaître à l'oreille. Il y a les bus Nissan Diesel bariolés d'inscriptions coraniques, dépourvus de fenêtres, qui roulent à tombeau ouvert avec un bruit de sirène de Stuka en piqué. C'est sans doute le pignon de la cinquième qui chante ainsi. On les entend venir à cinq kilomètres de distance ! Il y a les bus SAF-SAF express, des camions Mercedes 4 × 4 équipés d'une nacelle climatisée, étanche à la poussière du désert, qui ont une tonalité plus grave – à cause de leurs gros crampons qui ronronnent sur le goudron. Il y a enfin les gros camions Hino à la carrosserie orange, dont la cargaison empilée les fait ressembler à des tours de Pise roulantes. Ils ne vont pas vite, le moteur au ralenti. Ce sont eux qui s'arrêtent pour nous donner de l'eau. Nous faisons le plein deux fois par jour. Le matin et le soir. Même pas besoin de leur demander de s'arrêter, ils le font spontanément et nous proposent chaque fois d'escalader leurs châteaux branlants. Il y a toujours de grands Noirs assis au sommet de ces piles de balles de coton ou de caisses, les jambes pendantes dans le vide au-dessus du conducteur. Nous restons sourds à leurs appels avec une obstination polie qui les tord de rire. « Ils sont vraiment fous, ces *khawadjas* [1] ! »

---

1. *Khawadjas* : étrangers à peau blanche.

Et ils repartent avec de grands saluts enthousiastes après nous avoir laissé une orange ou une banane.

Tous ont des avertisseurs à plusieurs notes qu'ils modulent à leur fantaisie, certains ont des signatures acoustiques que nous finissons par reconnaître. Ils klaxonnent sans raison, sans obstacle, sans danger, juste pour se signaler, pour exister, pour passer le temps. La route du désert résonne de ces pianotages anarchiques.

Quand le vent de sable nous plonge dans du coton jaune sale, ces véhicules n'apparaissent qu'à la dernière seconde dans un maelström de poussière. Engoncés dans nos turbans et protégés de nos lunettes de soleil, nous nous amusons à deviner la nature du bolide et du chauffeur qui s'annoncent. À force de nous faire ainsi dépasser, nous réalisons la folie de notre entreprise. C'est comme si, dans le Pacifique, un remorqueur avait proposé toutes les dix minutes à d'Aboville de lui filer un câble, comme si, en Antarctique, une motoneige avait abordé sans relâche Laurence de La Ferrière pour lui proposer de s'asseoir. Nous tenons bon, nous tenons bon, nous tenons bon.

Djéhéril, mardi 19 août 2003, 964ᵉ jour, 33 km, 10 657ᵉ km

Un jour de fort *rhaboub*, cet impressionnant vent de sable qui plonge tout dans une obscurité orangée, nous nous abritons au dos d'un gourbi fermé à clef, entre des bidons d'huile et des pneus usés. L'attente commence. Sonia est allongée en chien de fusil parmi les détritus, sa tête disparaissant sous son chèche bordeaux drapé comme un linceul. La vision est sinistre. Je teste son sommeil :

— Qui nous a dit que notre voyage avait un côté glamour ?

— Un con...

C'est bon. Elle ne dort pas. Le vent ne faiblit pas, il nous ensable peu a peu. Au bout de deux heures, je me lève et contemple ma femme, momie à demi recouverte par le sable et les débris ; je suis saisi d'une violente émotion ; mille jours qu'elle supporte ça. Elle force mon admiration et me révèle une fois de plus les limites infinies de l'amour. Le sien, le mien, le nôtre.

Un chamelier surgi du néant vient aux nouvelles. Il est perché très haut sur sa monture et, là-haut, souffre moins des rafales de sable qui se déchaînent sur mes mollets comme un Kärcher. Il va chercher la clef du gourbi et revient bientôt. Nous trouvons refuge dans son abri encombré d'objets hétéroclites. Nous sommes tout croustillants de sable et cela gratte aux entournures. Je songe aux tempêtes de neige du Canada de mon enfance. Ça y ressemble diablement. Sauf qu'ici, il ne fait pas − 40 °C, mais + 45 °C. Une famille arrive dans une petite carriole tirée par un baudet pour trouver refuge dans ce qui se révèle être une échoppe. Le petit Suleiman, un garçonnet souriant, vient se placer professionnellement derrière son comptoir, devant sa balance à fléau, entre des sacs d'oignons et des paquets de biscuits. Une belle grand-mère à la dent d'or cache un marmouset dans un pan de son tobe rouge. Sonia se précipite pour le couvrir de bisous. Le mouflet est fasciné. Il est né dans cette fournaise, il ne connaît rien d'autre. Dieu que l'homme est résistant ! Un vrai petit miracle. Résilient et persistant. Comment peut-on vivre ici ? C'est un héritage. Le petit Eskimo, né dans le grand blanc, ne se pose pas plus de questions.

Le grand-père à la moustache blanche et seigneuriale s'amuse de notre caméra. De violentes bourrasques infiltrent des giclées de sable dans notre abri. Nous sommes bien parmi ces gens doux, à attendre. Les murs sont décorés de coupures de magazines militaires arabes et de journaux. Mon œil est attiré par un avion de chasse que je ne connais pas :

— Le mako ? Devine quoi, Sonia, la photo a été prise au salon du Bourget ! Et ici, une frégate française ! Et là, regarde ! Une publicité pour Sagem ! Tiens ? C'est le char Leclerc, ma parole ? Eh bien, Sagem, ça ne vend pas que des téléphones portables ! Y a même l'adresse de GIAT Industries au bas de la page... « 12, route de la Minière... Versailles... » C'est fou ! Dans ce gourbi perdu en plein Sahara ! Ça rapproche de la maison !

Sur l'autre mur, le visage d'Oudaï Saddam Hussein, avant et après l'assaut des forces américaines et irakiennes. La guerre continue à faire rage. Les Soudanais sont eux aussi sous embargo. Nous lisons de l'inquiétude sur leurs visages. Le sort des humbles se joue toujours très loin au-dessus de leurs têtes.

Quand nous repartons, le vent fait serpenter des écharpes fantomatiques de sable sur la chaussée, qui finissent par nous ensorceler de leur mouvement hypnotique. C'est comme si tout le ciel s'était refermé sur nous, que nous pataugions dans une soupe de sable et de matière. Rien. Il n'existe plus rien que cette marche qui marche en nous dans les éléments sourds à notre solitude. Nous perdons toute notion de temps et de distance, les minutes et les kilomètres, l'une après l'une, l'un après l'un, car il n'y en a pas d'autres, au tic-tac immobile de nos pas sur ce tapis roulant de goudron balayé par le sable. Heureusement, durant ces longues heures de tempête de sable, nous pouvons écouter notre lecteur MP3. Sur fond de *Chevauchée des Walkyries*, les camions fous deviennent des monstres mythologiques; les *Carmina Burana* les transforment en chars d'assaut; les chœurs du *Requiem* de Mozart font apparaître des corbillards sur lesquels les langues de sable passent comme les caresses d'un feu maléfique. Par une de ces ironies extrêmes, le morceau de musique dont la fougue colle le mieux avec le rhaboub, c'est « l'Hiver » des *Quatre Saisons* de Vivaldi. En revanche, quand la tempête est finie, c'est fou ce que Souchon se prête bien à la marche ! C'est une question de rythme et de swing : « On avance, on avance, on avance, c'est une évidence... attirés par les étoiles, les voiles, que des choses pas commerciales... »

Une voiture s'arrête à notre hauteur. Un Occidental barbu en sort.

— Vous avez besoin de quelque chose ?
— Non, merci, tout va bien...
— Mais qu'est-ce que vous faites là ?

Conversation mondaine sur le bord de la route. Josep Maldonado I Gili n'en croit pas ses oreilles. Il est catalan. Voudrait tout savoir de notre marche. Pas le temps. Nous devons repartir.

— Et vous, que faites-vous sur cette route ?
— Je suis passionné d'Afrique. J'y passe toutes mes vacances, toujours en dehors des sentiers battus, enfin... quand je vous vois. Je suis le ministre des Sports du gouvernement de Catalogne...

À nous d'halluciner.

— Ça vous dirait de venir faire une conférence à Barcelone, à votre retour ? Je dirige beaucoup d'associations spor-

tives, ça serait super que vous veniez parler à nos jeunes...
Suerte ! Viva França !

Et le voilà reparti ! Africa Trek ! Même dans ce désert mortel d'ennui, il se passe quelque chose. En repartant, il nous a glissé par sa fenêtre un paquet de biscuits. Nous le contemplons pour nous convaincre que nous n'avons pas rêvé. Ce sont bien des biscuits espagnols... Sonia déchiffre :

— *Fibro natural... Sin azucar...*
— Sans sucre !
— Dommage.

Et nous rions, sur cette route accablante, avec notre paquet de biscuits diététiques catalans...

Dans le désert, notre ravitaillement et nos seules pauses se font dans les haltes à camions. Elles sont peuplées de gens lascifs aux regards durs qui font payer leur liberté à tous ceux de passage, comme pour se venger du sort qui les a cloués là. Nous suscitons l'incrédulité et les rires narquois. Ils ne croient pas un mot de nos histoires et répètent à l'envi « *khawadja majnoun*[1]... » Heureusement, les chauffeurs, qui commencent à bien nous connaître, confirment notre histoire dans un concert d'interjections et d'encouragements. Entre nomades, on se comprend. Nos articles en arabe, parus dans la presse de Khartoum, sont nos ambassadeurs ; ils passent de main en main pendant au moins une heure avant de nous revenir un peu plus froissés. Plus personne ne parle un mot d'anglais, mais notre arabe est maintenant au point. Nous maîtrisons bien une heure de conversation et faisons rire nos interlocuteurs avec nos histoires de doukhan ou de cérémonies soufies, nos sourates ou notre course après le voleur de chaussures. Ils sont séduits et apprécient que nous nous en remettions au destin. Ils étaient persuadés que cet état d'esprit était l'apanage des musulmans, et répètent à chaque coin de phrase : « *Allah Karim !* » et « *Souphan Allah*[2] *!* »

Au moins, dans ces haltes, pouvons-nous agrémenter notre soupe aux nouilles d'un bon plat de *foul medemmas*[3] dont l'huile s'éponge au moyen de pains pitas que l'on déchire en

---
1. Ces Blancs sont fous...
2. Dieu y pourvoit ! Merveille de Dieu !
3. Rappel : plat national de fèves noires.

langues fines et dont on se sert comme de cuillers. S'ensuit l'attente, occupée par la sieste sur des angarebs. Elle dure parfois sept heures. Sept heures d'ennui et de chaleur à se retourner sur ces ficelles qui s'incrustent dans le dos. C'est toujours un moment douloureux pour Sonia qui supporte de moins en moins les regards concupiscents que lui jettent les hommes affalés à tous les coins de la halte. Il en est toujours un ou plusieurs pour lorgner, l'air de rien, son postérieur enveloppé dans sa jupe longue ou son buste endormi. On ne refait pas les hommes. Sa simple présence dans la même pièce les turlupine. Quand elle se retourne ou tâche de dresser des obstacles entre leurs regards et elle, ils se déplacent insensiblement et rétablissent une ligne de mire entre leurs pupilles et l'objet de leur contemplation. Ils matent à mort. C'est plus fort qu'eux et ça la rend folle de rage.

— Je comprends, maintenant, le tchador ! Quel confort ça doit être de devenir invisible. Pourtant, on ne peut vraiment pas dire que je fasse de la provoc avec mes fringues de bonne sœur, ma natte aussi sale qu'une queue de vache et ma tronche de cake...

Il faut s'arracher. Le redépart de la fin de journée arrive toujours comme une libération. C'est le moment où nous pouvons le mieux nous parler. Le soleil n'est plus une menace, il n'est plus un assommoir, il blanchit peu à peu dans l'horizon grisonnant, aussi pâle qu'un jaune d'œuf soudanais, avec en prime des taches solaires visibles à l'œil nu – dire que ce point noir sur le soleil est cent fois plus gros que la terre ! C'est le moment que Sonia choisit toujours pour son « quart d'heure de folie ». Un moment privilégié pour moi qui marche à ses côtés. Ça se caractérise par un babil qui s'emballe, des blagues, des rires pour rien, elle chante, elle sautille... où peut-elle bien trouver l'énergie de sautiller à cette heure dans ce désert ? Un quart d'heure à s'accrocher à mon bras, à s'emporter pour une idée, pour un projet, à faire des plans sur la comète... Quinze minutes pendant lesquelles je ne peux rien dire et rien faire sauf la contempler. Elle ne le fait pas exprès, ce n'est pas une mise en pratique de la méthode Coué, c'est son réflexe pour conjurer la désolation ambiante. Une botte secrète qui fait d'elle une marcheuse de rêve.

Ce soir, une vision surréaliste nous saisit en plein « quart d'heure de folie » : une très grande mosquée d'un vert fluo uniforme, dressée en plein désert comme un vaisseau cosmo-planétaire. C'est la *madrassa* de Djéhéril. Eltayeb Isaak nous reçoit en pleine leçon coranique. Il est manchot. Il a perdu un bras au côté des talibans, en Afghanistan. Il a gardé une barbe noire hirsute mangeant un visage efflanqué, et le fameux turban noir des « étudiants » fous de Dieu. Heureusement nous sommes français. Il s'en réjouit. Il avait un ami français dans les tranchées. Il se réjouit aussi que nous soyons mariés, mais me reproche mon alliance en or.

— Le prophète a interdit aux hommes de porter de l'or...
— On a acheté les plus fines possible...
— Ce n'est pas une question de poids mais de principe...

Un vieil homme se joint à nous. Notre sang se glace. Un sosie de Ben Laden. Même haute stature ascétique, même barbe bicolore grisonnante, même calot blanc sur un crâne rasé, même regard doux, même nez busqué sur des lèvres épaisses, même gestes amples de ses longs doigts propres, même veste de treillis camouflage sur un ensemble saroual-kamiz pakistanais. Notre stupeur est telle que je me sens obligé de m'en expliquer. Tous éclatent de rire, et lui de se fendre d'un large sourire. Je ne pouvais pas lui faire de plus beau compliment.

— C'est lui qui a financé cette madrassa [1], quand il vivait au Soudan, il est notre maître à tous. Vous ne devez pas croire tout le mal qu'on dit de lui. C'est un saint homme...

Et le vieux sage de renchérir :
— Vous savez ! Les plus grands ennemis de l'islam, ce ne sont pas Bush et Blair, ce sont les présidents des pays arabes ou musulmans : des dictateurs qui persécutent nos frères islamistes, qui empêchent l'islam de conquérir le monde. Le pire, c'est Moubarak, puis il y a le roi Abdallah de Jordanie, Mohammed VI, Bouteflika, Ben Ali, Musharraf... Leurs prisons sont pleines de nos frères.

Ce soir, nous nous endormons dans la chambre d'Eltayeb envahie par le sable après une toilette de chat en équilibre au-dessus des chiottes bouchées.

Il y a très peu d'habitants dans ce désert. Quelques bédouins, pourtant. Nous nous dirigeons vers leur tente en quête

---
1. École coranique.

d'ombrage. Nous y sommes toujours très bien accueillis. Dans une telle dureté, on ne peut que s'entraider.

Un jour, nous tombons en pleine épidémie. Tout le monde est malade, brûlant de fièvre, à des degrés divers. La crève par cette chaleur ! Un comble. Quatre filles sont allongées, fébriles, sur un large lit de lattes tenues par des petites fourches plantées dans le sol et assemblées sous une tente de poil de chameau dressée entre des murets. Ce sont des semi-nomades. Tout un bric-à-brac de bidons, de *guerbas*, d'ustensiles et de cordes pendouillent aux piquets de la tente. Des tonnes de misère aussi. Des tonnes d'attente. Tristes tropiques en plein désert. La vie des nomades est suspendue aux maigres pluies, au cours du mouton. Elle peut être sinistre. Ils attendent l'eau comme on attend Godot. Nous autres sédentaires bien nourris avons tendance à idéaliser l'existence des nomades. Ceux-ci rêvent sûrement de s'installer dans une « vallée de lait et de miel » : ce sont des apatrides rejetés dans le néant, le long de cette route. Rien. Ils n'ont rien. Sauf quatre filles belles comme le jour. Mais malades. Celle qui est la plus atteinte est une pure beauté. Sa mère nous demande des médicaments, mais un pouls à 180 et une fièvre de cheval, cela nous semble trop grave pour un antibiotique administré au hasard. Nous lui conseillons de l'emmener au dispensaire de Djéhéril, où nous avons dormi la veille. La pauvre femme nous répond, lasse, que les camions ne s'arrêtent pas pour eux. Je lui promets de m'en charger. J'y vais. En effet, le premier qui arrive s'arrête. Je me retourne pour appeler Sonia que je vois déboucher de sa cachette portant la jeune femme dans ses bras. Tandis que j'essaie de retenir le chauffeur qui a compris le stratagème Sonia titube courageusement dans le sable. Je me précipite, prend la belle malade dans mes bras et me mets à courir vers le camion. Elle a un fin visage yéméno-éthiopien auréolé de fines tresses noires, et des yeux magnifiés par la fièvre qui me fixent, incrédules. Je sens le cœur de la jeune femme palpiter de terreur dans sa maigre cage thoracique. Le vent lui arrache son voile et révèle sa beauté bouleversante. Secondes éternelles : de quoi faire naître une vocation de MSF. Trop tard. Nous ne sommes que d'inutiles marcheurs. Je l'assieds dans le camion ; sa mère, entravée par son voile, arrive enfin ; je lui glisse de quoi acheter les médicaments nécessaires, lui parle d'Eltayeb Isaak et elle disparaît, emportée par le camion dans un sourire de gratitude. Nous n'avons pourtant rien fait. Mais cette jeune princesse du désert aura fait beaucoup pour nous : elle nous a permis de rendre un centième des bontés que nous recevons tous les jours depuis deux ans et neuf mois.

Les jours se suivent ainsi. Bohad, Gobolab, Tam-Tam, Umm al-Hassan, noms de non-lieux semés dans le néant. De part et d'autre de cet axe vital, la fournaise blanche vibre sous un pot-au-noir. Heureusement qu'il y a cette route, ce fil d'Ariane. Sans elle nous serions perdus...

— Alex ! Viens voir !

Sonia m'arrache à mes pensées. Elle s'est arrêtée et regarde fixement le sol. Je la retrouve.

— Un poussin mort !

Un vrai poussin tout sec sur le bord de la route. Comment est-il arrivé là, tout jaune et tout fragile ? Nous essayons de retracer son parcours quand nous tombons sur autre poussin, puis un troisième...

— C'est une invasion de poussins ! Une plaie d'Égypte tombée du ciel. Rappelle-toi les vols de cailles des Hébreux.

— D'ailleurs, ils viennent sûrement d'Égypte, mais en camion. Ils seront morts de soif entassés dans un carton, et auront été bazardés par la portière...

Nous n'avons plus d'eau. Nous n'avons vu personne aujourd'hui, à part un camion à l'aube. Normal, c'est vendredi. Nous nous sommes arrêtés à midi dans des latrines abandonnées, seul vestige ayant conservé un toit parmi des baraquements abandonnés. Trop petites pour que nous puissions nous y allonger. À attendre tête-bêche que le soleil passe. À suer et coller à nos tapis de mousse isotherme sous ce mètre carré de tôle ondulée, à boire nos cinq litres en cinq heures, par petites gorgées chaudes au goût d'essence. Comment aurions-nous tenu le coup sans ces chiottes surréalistes ?

Sans les autres nous ne sommes rien. Traverser ce désert est impossible.

— Il faut absolument qu'un camion s'arrête avant la nuit sinon nous sommes perdus.

La soif devait être un souci constant de nos ancêtres hominidés qui n'avaient pas les moyens de transporter des conteneurs, qui ne connaissaient pas les paysages qu'ils arpentaient. Ils ne devaient jamais s'éloigner vraiment des points d'eau. Ils n'auraient pu traverser ce bout de Sahara qu'en suivant le Nil.

— Tu te souviens de Xavier Le Pichon, ce géophysicien du Collège de France qu'on a vu avant de partir? Il nous avait dit que la clef des origines de l'homme est à chercher dans sa fragilité, sa faiblesse et sa capacité à transcender la souffrance[1]? Que le premier homme est peut-être celui qui s'est retourné pour relever un malade, un vieux, un blessé ou un assoiffé qui traînait à l'arrière, alors qu'il aurait dû l'abandonner aux hyènes. En sauvant cette bouche inutile, ce premier homme hypothéquait l'avenir de l'ensemble de la troupe... Il commettait un acte antiécologique, antinaturel...

— Oui! Et alors?

— Eh bien je trouve qu'il a vachement raison... C'est parce qu'il s'est vu faible à travers l'autre que l'homme s'en est sorti, c'est parce qu'il a développé des stratégies d'entraide, parce qu'il a conçu la société à partir d'une molécule d'amour. L'Homme, c'est une étincelle dans le cœur et dans l'œil avant d'être une étincelle au bout d'un silex...

— Moi, je crois qu'une étincelle t'a fait péter un fusible!

— N'empêche, si personne n'arrive pour nous apporter de l'eau, on va tomber comme des mouches.

Une heure plus tard, au crépuscule, le ronronnement d'un camion au loin nous libère de nos affres. C'est un Hino. Le chauffeur n'a pas d'eau. Cela n'arrive jamais. Nous sommes consternés. Mais il descend de sa carlingue, en marmonnant :

— *Istanna, istanna! Telj fi...* (Attendez, attendez! J'ai du *telj*.)

— Qu'est-ce que ça peut bien être, du telj?

Nous le suivons. Il contourne son camion et ouvre un petit coffre suspendu sous sa remorque. Il soulève un pan de jute et nous révèle un gros bloc de glace. De la glace en plein désert! Autant nous donner la pierre philosophale. D'un coup de masse, il nous en casse la moitié. Nous déballons la gamelle et quittons la route droit dans le désert avec notre telj, cette chose étrange, ce luxe sublime, improbable et éphémère, et le tétons tour à tour avec l'avidité de deux plongeurs se partageant un même détendeur par trente mètres de fond. Toute la soirée, nous le regar-

---

[1]. Voir *Aux racines de l'Homme,* Presses de la Renaissance, Paris, 1997.

dons fondre religieusement tandis que passent au-dessus de nos têtes des volées de satellites poursuivis par des étoiles filantes. Avec de l'eau glacée, on ne regarde plus le désert de la même façon.

    Le lendemain, nous tombons en arrêt devant un tronc d'arbre pétrifié dressé dans le néant. Un mètre de passé tendu vers le ciel comme un défi aux lois de la gravité. Ici, il y a cent cinquante millions d'années s'étendaient des jungles tropicales bruissantes d'insectes. L'écorce est encore visible, les strates, les fibres, le temps. Le temps, cette Gorgone. Qui vitrifie et minéralise tout. Seul le vivant résiste à cette entropie. Provisoirement. Éternellement. Éphémère et pourtant toujours là. Reproduit, recommencé, lui aussi façonné par le temps. Conduite par la sélection naturelle. Je ramasse un bout de bois pétrifié aux teintes chaudes et poli par les vents de sable, et le tiens dans le creux de ma main gauche. Nous reprenons la marche. Dans ma main droite, notre petit lecteur MP3 égrène les premières notes du *Miserere* d'Allegri. Entre mes deux mains, je contemple le gouffre de cent cinquante millions d'années qui sépare ces deux objets, ce bois devenu pierre, lourd et dense, ces notes fugitives et immatérielles, légères, produites par cette minuscule boîte d'aluminium, fruit d'un paroxysme de matière organisée, organisée, organisée. Si bien organisée, si complexe qu'elle peut reproduire des sons engendrés par des cordes, des bois, des cordes vocales, et organisées par un cerveau inspiré. Entre mes deux mains quel voyage, quel souffle, quelle inspiration ! Le chemin du vivant.

    Un immense rouleau sombre et opaque nous roule dessus en silence. Un rhaboub. Il nous rattrape par-derrière et nous engloutit. Dieu que cet univers est hostile ! Nous reprenons notre rythme d'automates, l'un derrière l'autre, en sourdine. Ce désert finira par avoir notre peau. La nouveauté, c'est un panneau bleu qui surgit de la tourmente tous les kilomètres, recouvert d'inscriptions coraniques. Sans doute afin de maintenir les conducteurs dans le droit chemin. « Si tu crois pouvoir exercer ton pouvoir sur les autres, n'oublie pas le pouvoir que Dieu a sur toi [1]... » Code de la route spirituel destiné à rappeler aux

---

1. Nous nous sommes fait traduire ultérieurement un des panneaux que nous avons filmés.

hommes que Dieu est grand, qu'ils sont petits et qu'ils doivent avoir une conduite rectiligne.

Ce soir, un arbre étique se dresse dans une plaine infinie. Il a perdu des branches et des brindilles étalées à son pied sur le sable. Nous en glanons pour le feu. Sonia dresse la tente tandis que je pars à la recherche de trois pierres pour faire tenir la gamelle. Pas évident. À fleur de sol, je remarque un petit globe noir, je le déterre, c'est une sphère parfaite de grès dur. Ça n'arrange pas mon affaire pour le feu. J'en trouve une autre, puis une troisième, puis toute une collection. Étranges sphères pondues par le sable. Des fourmis d'argent, brillant comme du métal vif, me grouillent sur les mains. Ce désert est vraiment une autre planète. À l'aube, le lendemain, après le plein de nos bouteilles, nous vidons notre bidon d'eau au pied du petit arbre perdu. Donnant donnant. Il nous a donné un peu de bois mort, nous lui rendons un peu de vie.

Au bout de treize jours et trois cent cinquante-neuf kilomètres de ce régime hors du monde et hors du temps, nous retrouvons au détour d'une dune, à Al-Multarra, coulée de sève dans le désert, la vallée du Nil. Nous avons gagné notre pari, traverser le désert de Bayuda sans assistance, en totale dépendance, en complète espérance : nous nous tombons dans les bras. C'était un des passages clefs de notre longue marche. Dorénavant nous n'avons plus qu'à suivre la ligne de vie jusqu'en Égypte : le Nil.

30

Les palmeraies du Shimaliya

Entre les palmes le soleil rougeoie à l'horizon. Nous marchons déjà depuis une heure. Nous avons dormi hier soir au milieu de travailleurs chinois, au bord du Nil. Stupéfaction. Mêmes chapeaux de paille que dans les rizières, mêmes gants de coton blanc au volant des camions, mêmes mégots sales au coin du bec, mêmes espadrilles plates, mêmes bocaux de verre remplis de thé froid et dans lesquels tourbillonnent les feuilles. Réminiscences d'un autre continent. Ils sont employés par un immense chantier d'irrigation. Quatre grosses turbines Diesel vont pomper des millions de litres de Nil et les répandre dans le désert. Une noria de Caterpillar creuse des canaux, aplanit des champs, dresse des digues. Grands travaux d'un autre temps. La plupart des travailleurs soudanais sont de grands Noirs venus du sud parlant beaucoup mieux anglais que leurs contremaîtres arabes. Ce qui a le don de les agacer. Cet assemblage hétéroclite d'hommes nous a recueillis et dorlotés toute la soirée dans un site aux allures de camp de réfugiés, composé de tentes de fortune, d'effervescence et de détritus. Nous y avons célébré notre victoire sur le désert – un paradis : un lit de camp, un Coca froid, et la bienveillance de l'Autre.

Ce matin, c'en est fini du goudron plat et chaud. Nous sinuons dans les palmeraies, le Nil à main droite, et peinons dans le sable. Ce n'est plus la même marche. Le mollet ne sautille plus, la semelle ne frôle plus. Le talon enfonce, il ne faut surtout pas pousser, toute la puissance serait absorbée par le sable ; on essaye de maintenir le pied à plat, la jambe semi-tendue, la foulée se rétrécit, et l'on se concentre sur l'économie d'énergie. Le bâton est indispensable ; les tendons sont mis à rude épreuve, les muscles ne peuvent plus se contenter d'un ronron automatique, ils sont sur la brèche. La marche est donc plus difficile mais beaucoup moins angoissante. Plus de problèmes d'eau, plus de problèmes d'hommes. Il suffit d'avancer.

L'aube est pour nous un moment béni. Les oiseaux chantent, la lumière dore les troncs fibreux des dattiers, tire des ombres, les petits ânes braient, les coqs sonores rétablissent leur territoire, les premières Lister, ces vieilles pompes coloniales monocylindres commencent à pulser en sourdine, elles sont le cœur des palmeraies. Ici, la palmeraie n'est pas une oasis : elle fait deux mille kilomètres de long sur deux cents mètres de large. En bordure de cette frange verte hérissée de palmiers, des maisons basses s'étalent dans le *fog*. Le fog est un espace indéfinissable entre le désert et l'orée des plantations, et où les hommes vivent. L'espace vital est si maigre en bord du Nil qu'on n'habite pas sur des terres fertiles. Les maisons y gagnent en taille ; elles s'épanouissent dans de vastes cours carrées de cent mètres de côté, protégées des regards par de hauts murs et des portes ornées de tympans et de festons, de créneaux et de motifs. La ferraille a remplacé le bois depuis longtemps, mais la fonction est la même. Par-dessus les murs, de bon matin, des volutes d'encens s'épanchent dans les sous-bois de palme. Les femmes embaument ainsi les moindres recoins de leurs habitations pour chasser les djinns nocturnes. Les angarebs sont dressés partout dans les jardins et dans les cours. Tous les soirs, les Soudanais sortent ainsi leurs lits dehors pour fuir les intérieurs qui restituent interminablement la touffeur emmagasinée ; les nuits étoilées sont un baume sur la chaleur du jour. Nous passons sans réveiller cette sérénité. Mais bien souvent, un œil s'ouvre et avant même de se donner le temps d'être surpris dans les brumes de son réveil, le Soudanais entonne son leitmotiv :

— *Fadhal ! Fadhal !*

C'est le « bienvenue » le plus vrai, le plus sincère, le plus complet de la planète. Nous n'en avons à ce jour jamais entendu de plus beau. Il veut dire : « Assieds-toi, repose-toi, que veux-tu boire ? Et manger ? Reste donc une heure, un jour, une semaine, pour toujours... » Nos hôtes le pensent sincèrement. Mais nous ne faisons que passer et cent fois par jour nous renouvelons le déchirement que de devoir décliner, nous excuser, remercier, expliquer, tout en marchant dans le sable mou. Ça nous occupe à plein temps car ces embuscades de l'hospitalité nous sont tendues tous les cent mètres.

Trois ou quatre fois par jour nous cédons et pénétrons la vie des Soudanais du Shimaliya. Dans les cours tout est nickel, zen. Le sable compacté est balayé comme celui d'un jardin japonais, rien ne traîne, il y a de l'espace et au milieu trône le sébil, la source d'eau, la fontaine ; elle ne coule pas, elle est celée sous un toit de torchis, entre deux murs ajourés, dans trois jarres poreuses qui la rafraîchissent à 10 °C en plein cagnard. À côté du *sébil*, un arbre profite toujours du goutte à goutte et des ablutions et dispense en retour une ombre salutaire. Dans un coin de la cour, les poules attendent d'être libérées, dans un autre, les pigeons roucoulent d'impatience avant de pouvoir faire claquer leurs ailes dans l'air frais du matin.

Levés et partis à jeun, à 5 heures du matin, dans le démarrage des premiers Caterpillar de nos Chinois, notre premier arrêt se fait vers 8 heures pour du thé et des biscuits : nous n'avons parcouru que huit à dix kilomètres au lieu des quinze prévus à cause du sable et de la béatitude matinale. La famille qui s'est réveillée à notre passage s'ébroue et s'étire gentiment, et tous nous accueillent d'un sourire ; un lit nous est libéré, le thé arrive dans la foulée. Le temps d'échanger quelques mots et nous devons reprendre la nôtre. Ils sont navrés, auraient voulu que nous restions pour la journée. Mais rester une minute de plus, c'est risquer de ne pas repartir.

Nous quittons alors la palmeraie pour marcher dans le fog, côté désert, parallèlement ou sur la piste si elle n'est pas trop loin. Pourquoi ? Pour abattre du kilomètre, pour éviter de succomber aux invitations, de nous arrêter chez tous ceux qui se postent devant nous avec une tasse de thé fumant... Le soleil grimpe à toute vitesse et nous accable bientôt. Heureusement des sébil d'eau fraîche sont là partout, même loin des habitations, pour « désoiffer » les inconnus de passage. Vers 10 heures et demie ou 11 heures, épuisés, avec seulement quinze ou dix-huit kilomètres dans les jambes, nous nous dirigeons vers la première maison. C'est toujours la bonne. La règle est absolue. Nous n'avons même pas besoin de demander, on nous y accueille avec un naturel aussi évident et surnaturel que le ciel est bleu. Et commence la merveilleuse tirade des salamalecs, préambule aux présentations :

— *Asalam aleykoum !*
— *Maleykoum salam !*
— *Kef ?*
— *Kullu tamam !*
— *Inch'Allah koïsin !*
— *Allah ibarik fi !*
— *Barak Allah fi !*
— *Alhamdoulillah !*
— *Souphan Allah !*

(Que la paix soit avec toi ! et pour toi aussi ! Comment vas-tu ? Tout va bien. Grâce à Dieu tout va bien ! Que la chance de Dieu te protège ! Il y a une grâce divine ! Louange à Dieu ! Dieu est merveilleux !)

Et le disque reprend, deux ou trois fois selon le degré de surprise ou de joie, degré amplifié par notre virtuosité en la matière. Quand ça s'arrête, tout devient calme, serein. Placé sous de bons auspices. Dieu et les hommes sont contents.

Avant tout, se laver. Une activité bien organisée, dans les maisons soudanaises. Trois fois par jour, malgré le désert. La béatitude. Jamais nous n'aurons été aussi propres. Nous ressortons de là frais comme des gardons. Le *fatur* nous attend. Plat de *foul*, fèves brunes, de *gibna*, une sorte de feta, d'*eich*, du bon pain, et un Thermos de thé. Après ces agapes partagées, auxquelles ont assisté des voisins curieux et bienveillants, nous tombons du sommeil du juste pour une longue sieste sur des lits dressés dans un courant d'air, sur des draps propres, dans un petit coin tranquille. Calme et volupté. On nous réveille avec le *radha* vers 3 heures et demie. Souvent du poulet, de la salade de tomates et de concombres, une omelette légère et un entremets sucré. Jamais nous n'avons été ainsi traités. Au Shimaliya, le voyageur étranger est un roi, les Soudanais des seigneurs. Nous nous confondons alors en gratitude, et notre départ qui suit se fait toujours dans un déchirement. Nous tirons des larmes à nos hôtesses, le nez nous pique. Nous ne comprenons pas comment, si vite, nous pouvons nous sentir si proches de nos hôtes et réciproquement. Ils pensent la même chose et nous remercient. « Merci de vous être arrêtés chez nous ! » Entend-on chaque fois. Un comble ! Rôles renversés. Avec notre fatigue et notre faim, notre crasse et notre vulnérabilité, ils nous traitent en ambassadeurs de France. On voudrait rester, ils tentent tout. Nous résistons à contrecœur, nous savons pourtant que nous n'irons pas bien loin, cinq ou huit kilomètres, tout au plus : le soleil décline vite et l'on ne frappe pas à une porte la nuit. Au bout de dix jours, cela fait cinquante ou soixante-dix kilomètres de plus. C'est important. Alors il faut repartir. Et puis, le soir, le miracle permanent de l'hospitalité soudanaise se reproduit comme par enchantement. Nous pénétrons ainsi, chaque jour, dans la vie de trois ou quatre familles qui forment les perles d'or de notre collier de rencontres.

Fogara, mardi 26 août 2003, 971ᵉ jour, 21 km, 10 870ᵉ km

Parfois, certains l'emportent et nous ne parvenons pas à repartir de chez eux à l'heure du radha. Ça nous arrive la première fois chez Mostapha Abd el-Gadir. Nous sommes à Fogara, juste avant Ad Debba. Nous avons entendu sa pompe. Et elle est là, devant nous, à cracher à gros bouillons une eau douce et pure dans un bassin de recueillement d'où partent des petits canaux qui irriguent le jardin. Sonia a le nerf sciatique gauche pincé, sans doute à cause de la marche dans le sable. Elle souffre terriblement. La machine s'est détraquée, il lui faut quelques jours d'adaptation. Un grand ouvrier agricole noir vient timidement à nous. Nous lui expliquons vouloir nous reposer quelques instants. Il nous dresse deux angarebs à l'ombre des palmiers dattiers et va en référer à son « boss ». Il revient bientôt avec Mostapha.

— *Are you American ?*

— *No, french...*
— *Al Hamdoullilah! If you were American, I would have chased you out.* (Grâce à Dieu, si vous aviez été américains, je vous aurais chassés.)

Ce n'est pas évident, au premier abord, mais Mostapha est très gentil ; le conflit irakien le révolte ; il est petit, chenu, le crâne dégarni et l'œil vif. Il dégage une formidable énergie. Ce jardin bruissant d'oiseaux et de vie n'était qu'un carré de désert il y a dix ans. Nous lui décrivons notre fantasme du jour : nous tremper dans son petit bassin pour relaxer nos muscles endoloris.

— *Aïwa*[1] ! Mais séparément ! Pendant ce temps, je vais vous préparer un *fatur*. Vous aimez la *gourrassa* ? Et le *weka* ?

L'une est une crêpe de farine à l'huile très bourrative, l'autre un condiment gluant, translucide et pimenté tiré d'une sorte d'épinard bouilli. L'ensemble nécessite au moins trois heures de sieste pour être digéré. Ça nous va. Dans le fog, loin du Nil, l'eau est à vingt-cinq mètres de profondeur. Mostapha a dû creuser un très profond *babour*, un grand puits maçonné de dix mètres de diamètre par dix mètres de profondeur, au fond duquel se trouve la pompe reliée par bande à la fameuse Lister. On y accède par un escalier en colimaçon totalement enfumé par les crachotements de la bête antique. De l'essence contre de l'eau. Ainsi tourne l'Afrique. Il revient chargé d'un large plateau et accompagné de son fils Aladin, squelettique à faire peur.

— Il est atteint depuis cinq ans d'une forme aiguë de malaria qui lui ôte tout appétit.

— Comment le soignez-vous ?

— Par injection de chloroquine toutes les semaines...

Ce n'est pas le paludisme qui le tue à petit feu, c'est le produit chimique... Nous lui parlons de l'Artémisinine. Il ne connaît pas. Normal. Il est pourtant l'infirmier du dispensaire gouvernemental de Fogara. Et je songe au Dr Mary, de Sodo, qui m'a sauvé la vie avec ses fleurs, puis à toute cette eau que Mostapha se ruine à pomper du sable pour abreuver des dattes qu'il n'arrive pas à vendre alors qu'il sauverait la vie de son fils en faisant pousser des artémisias, cette armoise

---

1. Aïwa : OK !

amère qui couvrirait son désert de pétales orange. Mais l'économie du monde est mal faite. On préfère produire de la chloroquine et favoriser des cultures consommatrices d'un pétrole qui asservit vingt millions de Soudanais du Sud, alors que ces étendues sont accablées d'énergie solaire et que l'Égypte ancienne n'utilisait que la gravité... Y a-t-il vraiment un progrès ? Pourquoi les marcheurs ont-ils sans cesse envie de refaire le monde ?

Lancé sur la politique, Mostapha nous prend à contre-pied :

— Qu'Omar el-Bachir le veuille ou non, il y aura une partition. 90 % des gens du Shimaliya le veulent. Nous en avons assez d'envoyer nos enfants mourir dans cette guerre absurde et interminable. Il n'y a que les politiques qui tiennent des discours unionistes, pas le peuple. Le Nord est pour la partition, le Sud est pour la partition, alors il faut se séparer. On s'entendra bien mieux une fois que ce sera fait. Il y a cinq cents tribus dans ce pays, qui parlent cent trente langues différentes : c'est trop. Notre pays est trop grand. Tout ça, c'est à cause du principe d' « intangibilité des frontières » héritées de la période coloniale et derrière lequel les dictateurs africains se retranchent pour protéger leurs intérêts...

Il marque une pause. Jamais nous ne nous serions attendus à une telle maturité politique chez un infirmier planteur de dattes. Mais Mostapha n'a pas fini de nous surprendre.

— De vous à moi, nous n'avons rien à voir avec ces gens-là. Ils ont leur culture, ce sont des Africains, nous sommes des Arabes. Ils font semblant de se convertir, mais on ne sait jamais ce qu'ils pensent vraiment. Tenez... Mon ouvrier agricole avoue s'être converti à l'islam pour que je l'embauche, mais je sais bien qu'il s'en fout. On ne peut pas faire confiance à ces gens-là. Ils changent tout le temps de nom, on ne sait rien d'eux, ils vivent différemment, ils se méfient de nous. C'est normal. On les a toujours dominés. Et puis, ils vont nous submerger démographiquement. Ici, dans le Shimaliya, nous nous marions tard, entre trente et trente-cinq ans, et nous n'avons que deux ou trois enfants car nous savons que la terre est pauvre et l'espace limité. Dans le Sud, ils se marient entre douze et vingt ans, ils ont entre cinq et dix femmes qui font chacune au moins dix enfants. Le calcul est vite fait. Ils vont nous remplacer plus vite qu'on ne pourra les convertir.

Son pragmatisme jovial nous fascine. Le péril ethnique, culturel et démographique comme motivation de la partition. Il ne croit pas au mariage contre nature. Il a au moins le mérite d'être honnête.

Après la sieste Mostapha nous défend de repartir, il nous invite chez lui et nous présente, enthousiaste, à Seïda, sa femme, et Roumheïssa, sa fille. Nous décidons de rester. Le piège de l'amitié s'est refermé; nous resterons trois jours. Mostapha me passe un Coran en anglais. Il est si surpris que je connaisse par cœur tant de sourates qu'il me prend pour une sorte de prophète. Il m'a d'ailleurs habillé d'une belle djellaba blanche. Ma barbe aggrave mon cas. La jupe de Sonia aussi, rallongée par le tobe que Rumheïssa s'est amusée à lui faire passer. Il sent le terrain propice.

— Issa est un de nos prophètes, vous savez? Il est dans le Coran, Myriam, sa mère, aussi, ainsi que l'ange Gabriel; l'islam ne contredit pas les Évangiles, il les accomplit...

— Vous les avez lus?

— Pas besoin, puisqu'ils sont abolis, renouvelés, remplacés...

Je passe trois jours à lire le livre saint de l'islam *in extenso*. Pour la troisième fois. Il parle surtout de la beauté de Dieu, mais aussi du peuple juif, des infidèles, des polythéistes... Il codifie l'existence, il est normatif; il essaye de mettre un peu d'ordre et de rigueur dans la vie confuse des villes du désert. Mais le Jésus du Coran est décevant. Il est muet. Et farceur : juste avant d'être crucifié, il disparaît, s'élève au ciel et est remplacé à la dernière minute par un sosie qui, lui, meurt sur la croix. Un vrai prophète de Dieu ne peut pas se laisser assassiner injustement... Dans cette révélation faite par l'ange Gabriel à Mahomet, Dieu est partout, il est le plus grand, au-dessus de tous les qualificatifs. Il a quatre-vingt-dix-neuf noms et attributs, que nous retrouvons invariablement chez tous nos hôtes, superbement calligraphiés sur fond de velours noir dans un beau cadre doré, comme chez notre ami Mostapha, qui se fait un plaisir de nous les lire.

— *Ar rahman*, le Très-Miséricordieux, *ar rahim*, le Tout-Miséricordieux, *el malik*, le Souverain, *el djabbar*, le

Dominateur, *el wahhab*, le Généreux, *el fatah*, le Conquérant, *el alim*, le Très-Savant, *el khafiz*, Celui qui abaisse, *el rafi*, Celui qui élève, *el hakam*, le Juge, *el latif*, le Bienveillant, *el wahid*, le Seul [1]...

— Et l'amour ?
— C'est le devoir des hommes.

Et Mostapha remplit bien son devoir. Nous sommes comblés mais épuisés. Dieu est partout, à chaque coin de phrase, omniprésent, trop grand. Nos hôtes le nomment plus de cent fois par jour. Nous avons besoin de marquer une pause, de prendre un peu l'air, sous d'autres cieux, sous d'autres dieux. Pour ne pas devenir des ânes de Buridan, affamés entre deux seaux : l'un rempli de kilomètres et de soleil, avec un couvercle de plomb, l'autre rempli de Dieu et de politique, avec un couvercle de lois. Nous décidons donc de faire une digression au djebel Barkal, à une journée de piste en amont du fleuve, pour un bain d'histoire, hors du monde, hors du temps.

Voyager au Soudan, c'est découvrir les sites archéologiques comme ont pu le faire, au XIXe siècle, les grands voyageurs européens en Égypte comme Vivant Denon, Maxime Du Camp, Flaubert, David Roberts et toute la gentry. On est seul sur des sites ensablés, et rien n'y rappelle le XXIe siècle. Après Méroé, notre marche dans le temps nous fait remonter quelques siècles en arrière avec la civilisation de Napata, à Karima, dans la grande boucle du Nil, au pied du djebel Barkal. Un pick-up attrapé dans le fog nous y conduit dans une séance de rodéo et de purée de vertèbres. Chacune de nos digressions confirme que jamais nous n'aurions supporté de traverser ce continent en voiture. Le calvaire est interminable. Nous rebondissons dans la benne sur de grosses filles et des moutons ficelés. Poussière et contusions. Avancer sans efforts se paye aussi très cher.

La montagne sacrée nous apparaît de loin comme un lingot noir et or posé sur la plaine, dominant de ses cent mètres de hauteur le cours du Nil. Une aiguille s'en détache, qui a été représentée en Égypte, dans une tombe de Thèbes, comme un immense cobra. Celui de la Haute-Égypte. Sans doute était-elle décorée en cobra géant à l'époque, car on a retrouvé

---

1. Pour une liste exhaustive, *cf* : « Pour en savoir plus » en annexe.

des traces de feuille d'or à son sommet. Aujourd'hui l'érosion en fait une sentinelle. Nous entreprenons aussitôt l'ascension de la montagne en la contournant par-derrière. Au sommet, le précipice dominant le fleuve est vertigineux. Un empire s'est développé ici dont on ne voit plus que les soubassements : plusieurs temples dédiés à Amon ou Hathor, la déesse des Arts et de la Musique. Au loin dans le couchant se dresse un petit groupe de pyramides plus effilées que celles de Méroé. Elles n'ont pas été décapitées, mais ont perdu leurs chapelles. Nous célébrons au sommet de cette roche tutélaire notre quatrième anniversaire de mariage.

En redescendant, nous sommes d'ailleurs conviés à une noce. Clin d'œil du destin. Nous devenons sur-le-champ des hôtes de marque. On me prête une djellaba, et à Sonia un tobe. L'*arroussa*, et l'*arrousse*, les fiancés, sont assis sur deux trônes dorés devant lesquels se déroulent les festivités. Ce ne sont pas des jouvenceaux : il a trente-sept ans, elle en a deux de moins. Le mariage a été arrangé entre deux familles de Karima. Il y a d'abord eu le dîner pris séparément, les femmes chez l'arroussa, les hommes chez l'arrousse. Puis tout le monde a été réuni pour l'interminable cérémonie des cadeaux. Une chaîne de karaoké crache la voix distordue d'un animateur chargé de prononcer un éloge de chaque généreux donateur. Après chaque panégyrique, il vocifère au micro le nombre de bracelets d'or ou de millions de dinars jetés dans la dot. Répercutée par l'effet « reverb » de l'amplificateur, la scène est cocasse, digne des Téléthons les plus tapageurs. Nous sommes assourdis de millions-ions-ions-ions... À notre grande surprise, les deux fiancés font une tête d'enterrement. On nous explique qu'ils ne doivent pas montrer leur joie pour éviter d'attirer le mauvais œil. Suivent les danses. Deux ravissantes jouvencelles s'exécutent dans l'arène, à petits pas douloureux, la tête penchée sur le côté, un bras plié à angle droit, et l'autre replaçant sans cesse d'un geste maniéré leur tobe s'obstinant à vouloir les découvrir. Tous battent des mains tandis qu'un groupe de musiciens entonne des chants traditionnels, accompagné d'un petit violon à une corde, et encouragé par la voix nasillarde du chantre. Quatre danseurs en ligne virevoltent en rasant le sol, vont et vient autour des deux pucelles mélancoliques dont les épaules tressautent imperceptiblement, mais en rythme, dans ce qui veut paraître des sanglots. Le contraste entre la débauche d'énergie des danseurs et l'économie langoureuse des danseuses est fascinant. C'est la métaphore d'une cour. La foule est ravie, et bat de toutes ses mains en criant : « *Abschir! abschir* [1] ! » Quand nous nous éclipsons pour aller dormir, les fiancés n'ont toujours pas bougé d'un cil sous leurs guirlandes de rubans rouges alourdis de bracelets d'or et de bijoux.

Un peu en aval du fleuve, le site d'El-Kurru nous révèle deux magnifiques cryptes jadis enfouies sous des pyramides aujourd'hui disparues, au bas d'escaliers très verticaux. Sépultures royales. De belles voûtes étoilées bleu nuit, des barques solaires, des ribambelles de dieux, des postures stéréotypées d'offrandes et le détail exquis des visages polychromes nous rapprochent furieusement de l'Égypte. D'un côté la princesse est représentée vivante, de l'autre, morte et momifiée avec une croix de vie, la clef *ankh* dans la main. Il fait moite et l'on contemple, incrédules, le détail des cheveux de cette femme, sa beauté, le raffinement de ses habits, le luxe de son train de vie, la solennité de sa foi, ici, il y a deux mille six cents ans, en plein cœur de l'Afrique, en plein cœur du Sahara.

Sur l'autre rive, en face de Karima, le site de Nuri compte des dizaines de pyramides, les plus grosses et les plus anciennes du pays, érigées par la fameuse XXVe dynastie, celle des pharaons noirs, qui régnèrent jusqu'au delta du Nil pendant le IXe siècle av. J.-C. En grès de moins bonne qualité qu'à Méroé, elles ont été torturées par le vent ; certaines sont ogivales, d'autres épatées ou rognées ; aucune n'est intacte, mais leur foule alignée entre de grosses dunes confère au site une grande puissance évocatrice. Du sommet de la plus grosse, celle du pharaon Taharqa, on en devine encore d'autres, plus petites, aujourd'hui disparues. Ce pharaon bâtisseur et restaurateur de temples régna jusqu'à Jérusalem où il mit les armées assyriennes en déroute. Le site de Nuri a quelque chose de virginal ; on imagine des trésors cachés tant il semble avoir été oublié, épargné. En archéologie, tout reste à faire.

---

1. Super ! super !

De retour chez Mostapha, nous constatons qu'Aladin va beaucoup mieux. Notre médicament chinois lui a rendu l'appétit et il n'a pas refait de crise. Il a écouté sans discontinuer notre petit MP3 et ainsi découvert la musique classique. Perfusion à haute dose de *Stabat Mater*, de *Nisi Dominus* et de *Missa solemnis*. Aladin est converti.

— Quand les anges parlent, ça doit ressembler à ça. Je ne savais pas qu'en Europe vous aviez inventé quelque chose d'aussi beau.

— Tu sais, c'est grâce à Aladin et au génie de sa lampe à huile magique que nous ont été révélées les beautés de l'Orient.

— Votre lampe à vous, c'est ce MP3.

Nous avons même l'intégrale de « Mozart l'Égyptien », qui réconcilie Orient et Occident en un métissage orchestré par Hughes de Courson – à la *Marche turque* répond l'appel du muezzin, et *L'Enlèvement au sérail* résonne de oud, cette merveilleuse et profonde cithare à huit cordes. La beauté devrait avoir quatre-vingt-dix-neuf noms.

Le lendemain, après une courte journée de dix-sept kilomètres et des adieux émouvants à Mostapha, Seïda, Rumheïssa et Aladin, nous sommes invités à Ad Debba par le capitaine de police Daniel Wani. C'est un immense Noir dont le front fuyant domine des yeux et des dents très écartées. Il vient de très loin dans le Sud. Il parle doucement d'une voix grave, sans solliciter un seul muscle de son visage, et soulève ses grands bras avec une infinie lenteur. Il nous reçoit chez lui sur l'ordre d'Imad Abd el-Gadir, son colonel, que nous avons rencontré par hasard dans le désert de Bayuda. Imad n'a aucun lien de parenté avec Mostapha. Juste le même nom, qui signifie « esclave de Dieu ». Imad ressemble très étrangement à Jafar, notre général de Wad Médani. Avec trente kilos de moins. Normal. Il n'est pas encore général. Il a la même douceur, la même gentillesse, la même dévotion confite pour Sonia. Le capitaine et son colonel sont d'accord pour une partition du Soudan, mais pour des raisons inverses. Ils l'expriment calmement, posément. Une conversation surréaliste s'établit qu'ils semblent avoir déjà eue cent fois. Je me fais la mouche du coche.

— Pourtant, vous incarnez justement le fait que, sous le même uniforme, la même bannière, vous pouvez défendre la même justice, la même loi, le même État unifié ?

Daniel me corrige.

— Je suis comme un policier étranger dans un pays qui n'est pas le sien ; toute ma famille, mes dix-huit frères et sœurs et mes trois mères sont dans le Sud et je ne veux pas devenir musulman ; je suis catholique.

Imad opine, impuissant et souriant

— Voilà un policier qui doit faire appliquer la charia et les lois islamiques contre ses convictions. Il y a une contradiction entre notre régime islamique et une ambition multiculturelle. Daniel fait son travail correctement, mais c'est normal qu'il se sente étranger ici. Je comprends la revendication des gens du Sud ; le problème, c'est qu'ils se sentent aussi soudanais...

Daniel relève :

— C'est vrai, mais du Soudan colonial, pas du Soudan islamique. Il y a trois régions dans le sud : l'Eastern, le Central et le Western Equatoria (l'est, le centre et l'ouest Equatoria). Moi je me sens du Central Equatoria. Mais le nom est déjà pris. Si nous obtenons la création de notre pays, nous l'appellerons Imatun du nom de la montagne qui domine Juba. Notre problème sera alors de rester unis, de lutter contre le tribalisme.

Imad conclut, un brin nostalgique :

— J'ai fait mon voyage de noces dans le Sud. Un véritable paradis, toujours vert ; une jungle pleine de fruits et d'animaux. C'est vrai que là-bas, nous sommes une puissance coloniale. Mon rêve est d'y retourner en touriste, dans un pays en paix, et non pas en policier...

Le muezzin appelle à la prière du soir. Imad se lève pour y aller et Daniel nous conduit dans sa petite maison au bord du Nil, où Rose-Mary nous reçoit.

Nouvelles à la télévision : les Israéliens ont encore raté cheikh Yassine. La Palestine est à feu et à sang. Mahmoud Abbas se retire. C'est le camp d'Arafat qui gagne, provisoirement. À Bagdad, l'immeuble de l'ONU a été soufflé par une explosion. Sergio de Mello, l'envoyé de Kofi Annan, est mort. À Nadjaf, une bombe explose dans la mosquée d'Ali, tuant des chefs spirituels éminents. On ne respecte plus rien. C'est comme si une bombe explosait au Vatican ou à La Mecque ! Ça va mal. Apprentis sorciers. Quand le bain de sang médiatique cesse, il est suivi par un carnage mental : *Dynasty* ! La famille Carrington débarque à Ad Debba ! Vite ! Éteindre la télévision. Et repartir.

Nord soudanais Shimaliya

1 Mostapha, Seïda, Rumheïssa et Aladin Abd el Gadir
2 Colonel Imad Abd el Gadir
3 Daniel et Rose-Mary Wani
4 Hassan Idriss
5 Khalid et Salwa Abd el Rahman
6 Awad Mahmoud Mohammed el Kheïr
7 Zeinab Abd el Karim
8 Mergani Idriss et Fawaz Fahd
9 Leïla Bashir Shamed
10 Fatima Eltayeb et Idriss Moussa
11 Anouar Hadi
12 Saïd et Wafa Asafi
13 Loïc et Geoffroy de la Tullaye
14 Cheikh Hussein Mohammed Ahmed et ses caravaniers
15 Mimi Sherif

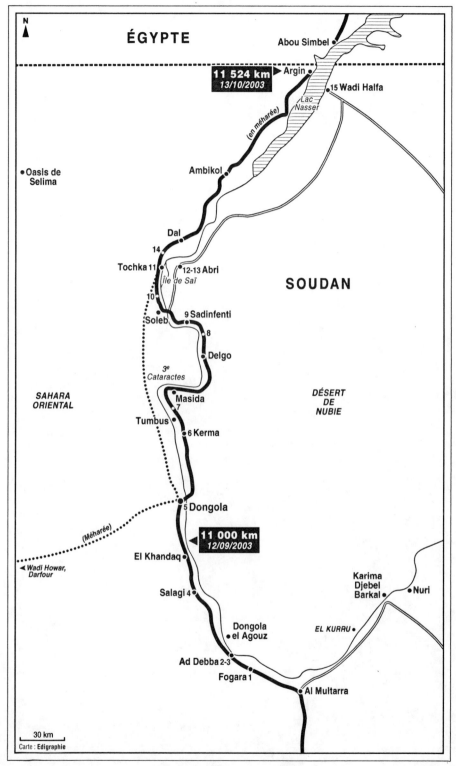

Nord soudanais Shimaliya

31

L'histoire à fleur de terre

— Sonia, réjouis-toi ! En quittant Ad Debba, nous franchissons la latitude de Nouakchott, de Tombouctou et d'Agadès...

— Et alors ?

Nous dépassons un petit âne bâté à une carriole chargée de canne à sucre. Il a un sac de jute encapuchonné sur la tête. Sonia s'exclame :

— C'est pour qu'il ne puisse pas reconnaître l'adresse où ils livrent la dope.

J'éclate de rire ; l'âne braie d'indignation.

Nous avons encore une petite journée devant nous car nous voulons traverser le Nil pour aller voir sur l'autre rive les ruines de Dongola el-Agouz, la capitale de l'ancien royaume chrétien de Makouria qui prospéra ici pendant mille ans. Un petit intermède historique après notre rasade de politique chez Imad et Daniel.

Nous ne sommes qu'à cent kilomètres en aval de Karima, mais nous faisons un bond de vingt siècles dans l'Histoire, jusqu'au cœur du XIVe siècle. Le fort, ancien palais royal de cette ville qu'on appelait la Constantinople d'Afrique, est le seul vestige intact, sauvé de la destruction parce que transformé en mosquée en 1367. Nous marchons sur des brisures d'os, des tessons répandus à perte de vue, des crânes pilés. Le fort est un massif cube de terre et de brique bâti sur une éminence et percé de bien peu d'ouvertures. Un *rhafir*[1] nous en ouvre la porte

---

1. Gardien.

d'entrée. Des millions de chauves-souris en ont pris possession que nous réveillons et qui s'envolent en une interminable écharpe palpitante d'ailes froissées. Leur frou-frou anime le bâtiment désolé en frôlant nos oreilles. Tous les plafonds sont des petites voûtes de plein-cintre en brique, serrées les unes contre les autres, qui ont conféré à l'ensemble son étonnante longévité. Le bâtiment est trapu comme un potala. Un large escalier mène à l'étage. La mosquée est installée dans l'ancienne salle du trône, et le mihrab s'ouvre dans le mur oriental en direction de la Kaaba. Dans le torchis de cellules ouvertes sur le désert, des milliers d'encoches sont entaillées dans des rectangles désespérants : autant de jours d'incarcération. Des jours d'attente, des jours de mort à petit feu. Désert des Tartares. Le temps inscrit, l'ennui, le désespoir, ici, un jour, quelqu'un.

Au loin, les dômes pointus des *gubbas*, sépultures musulmanes, semblent les casques perdus d'une armée en déroute. De cette ville de plusieurs dizaines de milliers d'habitants qui étendait son influence jusqu'à Assouan, il ne reste rien d'autre. Les mamelouks sont venus en raser les ruines au début du XIXe siècle. Terrifiant. Seules, à quelque distance de là, les grandes colonnes monolithiques de la basilique, ornées de croix byzantines, se dressent encore vers le ciel en points d'exclamation. Des remparts colossaux qui protégeaient orgueilleusement la ville dominant le Nil, on ne voit que du sable, des éboulis et toujours ces os éclatés par millions.

Salagi, jeudi 11 septembre 2003, 987e jour, 34 km, 10 996 km

Le long du Nil, une rive l'emporte toujours sur l'autre. À cette hauteur, la rive orientale est morte ; la route et les villages sont sur la rive occidentale. On ne choisit pas vraiment sur quelle rive on veut marcher, on marche là où est la vie. Nous repassons donc sur la rive occidentale. Le fog, juste en arrière des palmeraies, n'est plus qu'une interminable chaîne de villages. Toute la journée, nous suivons dans le sable mou les murs des propriétés privées afin de rester le plus longtemps possible dans leur ombre. Nous savons que nous avons changé de village quand nous changeons de mosquée. Nous pouvons les prendre pour repères comme en Normandie les clochers des églises, en un relais dont nous passons chaque fois la porte avec soulagement. Une toutes les heures, c'est-à-dire une tous les quatre kilomètres. Toutes identiques et récentes, comme si elles avaient été livrées en kit. Elles sont financées par Dubaï, Abu Dhabi et l'Arabie saoudite. Beaucoup sont en construction. « Où priaient-ils, avant ? » se demande-t-on. L'islam est jeune. Mais, avec tous ces murs, nous ne rencontrons personne et marchons bêtement, sans nous arrêter. Tout le monde est retranché chez soi. Très dure journée. Nous sommes épuisés et titubons, ce soir, à Salagi, en quête de notre « sauveur du jour », ce fameux inconnu qui, depuis près de mille jours, rend notre marche possible, rend notre marche humaine, en fait un miracle sans cesse renouvelé. Le nez au vent et la mine modeste, nous l'appelons intérieurement, silencieusement. Peut-être est-ce une prière. La foi, c'est ce flottement, ce va-et-vient entre le doute, le miracle et la raison. Qui sera-t-il ce soir ? Un homme ? Une femme ? Un vieux ? Un jeune ? Un riche ? Un pauvre ? Soudain, à l'angle d'une maison, nous sommes littéralement alpagués par un vieil homme. Ce soir, notre sauveur nous a dressé une embuscade.

— C'est le ciel qui vous envoie ! En ce triste anniversaire du 11 Septembre, je vais vous prouver que nous aimons les Occidentaux ! *Fadhal, fadhal !*

Branle-bas de combat. Il crie par-dessus les murs, on nous apporte des lits, des matelas, des draps, des serviettes, des verres d'eau glacée, des biscuits ; c'est la procession des enfants de tous âges et de tous sexes, qui viennent nous serrer la main en offrant, l'un des oreillers, l'autre un savon. Hassan Idriss distribue les ordres, veille à ce que nos moindres désirs soient exaucés, et dans le bon ordre. Sonia a bientôt les pieds dans une bassine d'eau froide, tandis que je grignote de délicieux beignets. Quand nous sommes reçus, à midi ou le soir, Sonia sort toujours un petit foulard de tulle de couleur gris-bleu, dont elle se couvre la tête pour éloigner le mauvais œil et se faire discrète. Invariablement, c'est l'inverse qui se produit. Ça déclenche une cascade de compliments sur sa beauté, que je reçois amusé et faussement modeste. Tête nue, elle était presque invisible ; voilée, elle suscite des exclamations admiratives et toutes les filles de la maisonnée viennent commenter l'événement. Et les hommes présents, qui n'osaient pas la regarder, peuvent à loisir la dévorer du regard. Encore une fois, nous découvrons que les voiles révèlent plus qu'ils ne dissimulent.

Hassan profite de cette bonne humeur pour lancer :

— Il y a deux ans, une poignée de terroristes a défiguré la face de l'islam. On n'a pas le droit de s'en prendre à des innocents. *Malesh*[1] ! Je suis désolé.

— De même que des innocents meurent en Irak. *Malesh!* Je suis désolé, moi aussi.

— Bienheureux les hommes de paix et de bonne volonté. Tout ça, c'est à cause de l'argent ! Les Américains croient qu'ils peuvent acheter le monde et les Saoudiens croient qu'ils peuvent acheter tous les musulmans...

— Ce sont eux, n'est-ce pas, qui financent toutes ces nouvelles mosquées ? Hassan tique.

— Vous avez remarqué ?

— Ben oui. C'est une question d'esthétique : on aime bien vos vieilles mosquées de torchis, toutes trapues, toutes blanches, avec des minarets bas qui ont tous une forme originale, avec de jolis petits escaliers. Celles que l'on voit partout en construction sont en béton, et ces longs minarets multicolores ressemblent à des pâtisseries ou à des fusées...

À ce dernier mot, il rigole.

— Vous touchez un point sensible. Avec ces nouvelles mosquées arrivent de jeunes imams étrangers. Nos enfants vont étudier ou travailler en Arabie Saoudite et reviennent avec des idées nouvelles sur l'islam. Moi, je me dispute sur le sujet avec chacun de mes fils. J'ai soixante-cinq ans, j'ai essayé d'être un bon musulman toute ma vie et voilà que mes fils, qui n'ont jamais rien fait, prétendent m'apprendre ce qu'est l'islam véritable ! Même nos filles s'y mettent ! Elles passent des années dans les universités islamiques sous l'influence des « sœurs musulmanes », mais refusent d'apprendre l'anglais. Quand elles reviennent, elles connaissent le Coran par cœur, pinaillent sur la moindre interprétation pendant des heures, mais ne savent rien du monde et ne savent rien faire. Même pas la cuisine ; elles ne veulent pas y toucher. Elles critiquent le port du tobe, ne veulent

---

1. Désolé !

mettre que des voiles qui viennent de Malaisie – sous l'influence de la *djamaa islamiya*. Nos enfants ont plein d'idées fausses dans la tête, mais, surtout, ils n'ont préparé aucun métier !

Au fil de la conversation se confirme le conflit de générations qui s'ajoute aux conflits culturels internes à l'islam soudanais dont nous avions été témoins à Hamad an Nil. Hassan hèle un de ses fils.

— Isaak, par exemple, a vécu six mois à Paris, chez un prince saoudien. Dis, comment s'appelle la rue où tu habitais ?

Le grand dadais à la grande barbe talibane, tout de blanc vêtu, car c'est demain vendredi, gigote sur son angareb d'où il fixait du regard Sonia, de ce regard droit et dur qu'elle n'apprécie guère. Il ne parle pas un mot d'anglais, mais bafouille en se grattant le pied :

— Lissan zélyzé...

Après un instant de flottement, Sonia s'exclame :

— Les Champs-Élysées ? Eh bien, il y a pire pour passer six mois à Paris ! Et ça lui a plu ?

Hassan interroge son fils.

— Il ne sait pas, il n'est jamais sorti de l'appartement...

Moins aimable que son père, le jeune homme lance le disque de « Chirac-good-Bush-bad » qui résume beaucoup de nos conversations avec la jeune génération ; air connu, avec ses couplets sur le voile, la décadence américaine, donc la nôtre, sur la guerre en Afghanistan, l'agression contre l'Irak, uniquement pour le pétrole...

Pour couper court à la ritournelle, Sonia le renvoie dans ses cordes.

— Ce que les Américains font en Irak pour le pétrole, n'est-ce pas ce que vous faites, vous, dans le Sud ?

Amusé, Hassan traduit à son fils, qui, piqué au vif d'avoir été mouché par une femme, s'éclipse sans un mot. Son père se retourne vers nous.

— *Malesh !* Vous voyez ? On ne peut pas discuter avec les jeunes !

Hassan est, lui aussi, un nostalgique du Soudan d'avant et un impatient du Soudan de demain. Nous lui parlons de nos rencontres passionnantes et rassurantes, de la gentillesse surréaliste dont nous sommes l'objet. Ça le réconforte et le réconcilie avec son propre peuple, avec lui-même.

— Ce que vous me dites là me fait un plaisir infini. Je pourrais mourir demain. Plaise à Dieu qu'il n'en soit rien... ! Demain à la mosquée, je prierai pour vous, pour votre sécurité, pour que vous atteigniez Al Qods.

— Et en chemin, nous prierons pour vous... pour votre famille. Nous porterons votre nom là-bas si vous voulez, au Dôme du Rocher.

Un ange passe, et les yeux de notre vieil Hassan se brouillent, avec dignité.

Avant Dongola, la capitale du Shimaliya, nous passons au pied de nombreuses forteresses en ruine, vestiges des bastions qui gardaient le royaume chrétien de Makouria. Elles veillent sur le Nil depuis les promontoires rocheux où elles fondent lentement, comme des sucres sous la pluie des ans. Mille ans d'histoire chrétienne ont coulé là. En 640, les armées arabes conquirent l'Égypte mais ne s'intéressèrent pas à la Nubie ni au *beled-es-sudan*, le « pays des Noirs ». Ils signèrent un traité de paix et de respect mutuel appelé le *Baqt*, selon lequel la Nubie devait livrer chaque année quatre cents esclaves à l'Égypte en échange de vin et de céréales. Les Soudanais du Shimaliya n'ont pas oublié cette page de leur passé, ils nous en parlent avec affection, en concluant toujours : « C'est pour ça que nous n'avons rien contre les chrétiens ! » Sous les pierres d'une forteresse que nous avons gravie à la recherche du temps perdu, nous découvrons les éclats de fonte de la bouche d'un canon. Nous imaginons les circonstances, la bataille, ici même, en ce lieu, et l'assaut final, même si les historiens s'accordent sur le fait qu'isolement et assimilation lente sont les causes de la disparition de cette civilisation dont les vestiges sont les plus nombreux de la région, mais les moins documentés. Au sommet, nous recevons la visite d'un petit renard roux qui nous fixe un instant, tente de nous apprivoiser, puis disparaît en trottinant à l'angle d'un vieux mur. Le gardien du temps qui passe.

À Dongola, nous sommes reçus par le colonel de police Khalid Abd el-Rahman et sa femme Salwa. Il est le chef de la police de tout le district. Lui aussi se plaint du régime.

— J'ai voyagé, j'ai vu le monde, j'ai même fait un stage de formation Interpol à Lyon, et je gagne trente-quatre dollars par mois. C'est vrai que je n'ai pas beaucoup de travail ; il n'y a pour ainsi dire pas de criminalité ici, mais j'ai honte de ce que nous faisons partout, dans le Sud, au Darfour. Ça fait près de quarante ans que nous sommes en guerre. Je n'ai connu que ça. Je me suis battu dans le Sud, j'ai perdu des centaines d'amis pour rien. Deux millions de morts pour un statu quo, c'est absurde. J'aimerais que mon fils puisse faire ses études en Angleterre, voyager comme vous, vivre en paix...

Je me souviens exactement de la dernière phrase qu'il nous a dite en guise de salut alors que nous marchons ensemble vers le bac, pour traverser le Nil :

— *Kullu nass fil alem ayiz salam. Siyasiyeen na Guish mafi, malesh.* (Tous les hommes du monde veulent la paix. Pas les politiques ni les militaires, malheureusement.)

Une fois de plus nous est confirmée la bonne volonté de la population civile. Chers Soudanais, si seulement vous parveniez à vous faire entendre !

Fareig, samedi 20 septembre 2003, 996ᵉ jour, 32 km, 11 160ᵉ km

Nous avons jusqu'ici surtout raconté nos rencontres masculines mais, en fait, le plus souvent, ce sont les femmes qui nous reçoivent. Les maris ne sont jamais là. Ils sont en Arabie saoudite ou dans les émirats, ce qui explique le niveau de vie élevé de ces familles installées dans ce désert. À chaque pause, je suis entouré de créatures drapées dans de magnifiques tobes colorés qui chatoient sur la chaux blanche des murs de leurs maisons, coq en pâte au milieu d'une basse-cour gloussante et pleine de joie qui me dévore des yeux avec gourmandise. La présence de Sonia est l'alibi des soins et des attentions qu'elles ne se permettraient jamais si elle n'était pas là. Cela me flatte dans le sens du poil ; je me laisse faire, béat et bêtement soumis, tandis que Sonia observe le manège avec condescendance.

Dans chaque famille il y a une aroussa qui se languit de son mari. Pendant leur première année de mariage, les jeunes femmes jouissent d'un statut privilégié ; on leur aménage une chambre nuptiale décorée de rubans rouges, de tentures roses, où trône un immense lit encombré de coussins de satin, accompagné de sa penderie à miroirs, de tables de nuit et d'une coiffeuse. Elles sont les reines de la maison ; tout le monde est aux petits soins ; elles se maquillent, s'habillent élégamment, on leur épargne toutes les tâches ménagères. Elles n'ont qu'une mission : produire un héritier. Malheureusement, les deux ou trois visites du géniteur n'y suffisent souvent pas et la jeune femme sent peu à peu monter la pression. Dès la deuxième année, elle déchoit de son piédestal ; une troisième année de mariage sans enfant confirme sa déchéance : on la déménage de la chambre nuptiale ; la quatrième année, elle devient l'esclave de la maison, la souffre-douleur de ses belles sœurs et de ses nièces ; la cinquième année, elle peut-être répudiée et renvoyée à ses parents. Nous avons rencontré des représentantes de chacune de ces catégories, mais surtout des femmes heureusement comblées d'adorables bambins. Nous conservons d'elles un souvenir brûlant d'amour, Zeinab, Fatima, Leïla ou Neimad, et leurs visages se confondent en une personne féminine, bienveillante et enjouée, drôle et sensible, le visage du Soudan que nous voulons retenir.

Juste au nord de Kerma, à Tumbus, nous tombons dans une embuscade d'enfants qui nous rappelle de mauvais souvenirs :

— *Pen ! Pen ! Pen ! Khawadja ! Money-money-money ! Give me !*

Nous sommes consternés. C'est la première fois dans ce pays. Ils ne veulent pas nous lâcher, deviennent agressifs. Nous les grondons en arabe, ils se taisent net, stupéfaits que nous parlions leur langue. Impitoyable, Sonia me glisse :

— Je te parie que c'est parce que des Européens viennent voir le colosse de Tumbus dont Francis Geus nous a parlé. Bénis soient les lieux où il n'y a rien à voir.

Un adulte attiré par le bruit vient distribuer quelques raclées et disperser les chenapans. Il s'excuse auprès de nous.

— *Malesh !* Les touristes ne se rendent pas compte des mauvaises habitudes qu'ils donnent à nos enfants en leur distribuant de l'argent qu'ils n'ont pas gagné en travaillant. Après, il ne font que ça : attendre les rares voitures de *khawadjas* !

Tumbus marque l'ancienne frontière pharaonique d'Aménophis III (1400 av. J.-C.). Cette fois, c'est vraiment l'Égypte du Nouvel Empire et ses splendeurs. Sur de gros blocs de granit dominant le Nil, une collection impressionnante de cartouches et d'hiéroglyphes célèbre la grandeur des Anciens. C'était leur bout du monde : les troisièmes cataractes. Le Nil court, tourmenté par des rochers qui lui grattent le ventre. Ces rapides étaient un point stratégique important, felouques et bateaux devaient y arriver halés par des centaines d'hommes ; c'était aussi un emplacement idéal pour les embuscades tendues aux marchands et pour repousser les armées d'envahisseurs remontant le cours du fleuve. Parmi les rochers, de l'autre côté de la piste, un colosse inachevé gît sur le dos, à peine extrait de sa carrière. Culture venue d'ailleurs. Une sentinelle abattue et abandonnée. Un pharaon au visage emporté. Énigmatique et improbable, quasi extraterrestre. Le premier de notre marche, et nous le contemplons avec la même stupeur qu'auraient pu ressentir des marcheurs de l'Afrique tribale parvenus jusqu'ici il y a deux mille ou trois mille ans.

C'en est fini des palmeraies et du bassin fertile de Kerma. Le fil de vie de part et d'autre du Nil est à présent bien mince, interrompu, incertain. Nous avons pénétré le cœur du Sahara. Les villages s'espacent, regroupés autour d'oasis ou de forteresses en ruine, le cours du Nil commence à serpenter entre des massifs rocheux recelant de petits paysages édéniques, des maisons isolées fortifiées autour de champs lilliputiens, des univers arc-boutés depuis la nuit des temps contre l'hostilité du milieu.

À Masida, derrière un de ces villages de décor, il y a dans le désert, enchâssé entre des gros blocs de basalte, les restes d'un vieil ermitage chrétien dont les voûtes restantes sont avalées par le remblai. L'une d'elles ne tient plus que par une brique crue. Nous admirons cette clef, métaphore du temps suspendu, résistante en sursis, condamnée à la chute universelle. Si nous revenons un jour ici, elle ne sera plus. Soudain, sur le rocher ayant servi de mur du fond à la petite nef, Sonia remarque une tête de bélier finement gravée. Nous reculons pour avoir une vue d'ensemble du pictogramme et découvrons, estomaqués, un immense berger nilotique avec sa lance à oriflammes et son troupeau. C'est un géant de deux mètres, noir, lippu, les cheveux crépus, habillé d'un pagne qui pourrait être un *ol karasha* massaï. Aujourd'hui, il est perdu au milieu des terres conquises de longue date par des populations venues du nord. La chapelle chrétienne s'est un jour appropriée cette gravure néolithique de dix mille ans ou plus. Il y a fort à parier qu'elle s'appelait la chapelle du bon pasteur ou de la brebis égarée... Nous quittons les lieux, envoûtés par tous ces télescopages historiques.

À Fareig, le village suivant, ce sont les montagnes qui sont couvertes de pictogrammes : d'abord des bateaux, des barques égyptiennes aux coques bananées, hirsutes de rames et surmontées de la célèbre voile rectangulaire. Le détail des cabines, des barreurs ou de la mâture est impressionnant. Puis viennent les animaux, comme s'ils devaient monter sur ces arches d'après le déluge : autruches, girafes, antilopes, zébus, qui ressemblent à des rennes tant leurs cornes sont interminables et fines. Tout ce bestiaire galope à flanc de falaise devant un lion ou un guépard. Un thérianthrope [1] sud-africain est même venu jusqu'ici. En personne, à pied ? Ou en esprit, au cours d'une transe ? Deux absents notables : le rhinocéros et l'éléphant. Deux absents étonnants : l'hippopotame et le croco. Les anciens habitants de ces rives devaient tourner le dos au Nil. Plus récents, des cavaliers barbus aux lourds turbans galopent sabre au clair : sûrement des mamelouks ayant échappé au massacre orchestré en 1811 par Méhémet Ali, mercenaire albanais devenu pacha d'Égypte. Ils sont rattrapés par une automobile puis par un avion. On n'arrête pas le progrès, ni les pulsions artistiques des enfants. C'est toute l'histoire des hommes qui est gravée là, dans le grès jaune.

Ce sont d'ailleurs des enfants qui nous prennent ce soir par la main pour nous mener chez eux. Encore une noce, mais cette fois dépourvue de karaoké et de « millions-ions-ions ». Sous un semis d'étoiles, avec une famille en délire, nous dansons longtemps en partageant chants et réjouissances : « *Abschir ! Abschir !* » Dieu ! Que ces hommes sont bons !

Les quelques jours qui suivent nous font pénétrer un monde hors du monde où le Nil est un collier de lapis orné de perles d'ivoire et de diamants. Hommes et villages sont ici de purs joyaux. Entre Sadinfenti et Ageri, dans les courbes rocheuses du fleuve lascif, se cachent les plus beaux villages du pays. Les maisons trapues s'adossent à de gros rochers, la chaux blanche contraste avec les couleurs des pignons, des contours de fenêtres ou des frises et créneaux courant au som-

---

1. Chaman transformé en animal au cours de sa transe. *Cf* : tome I p.76

met des murs. Dans certains villages ces enluminures sont gris tourterelle, dans d'autres jaune d'or ou rouge sang, parfois les deux, en alternance. Les portes d'entrée sont ouvertes sur des cours splendides de sérénité, bordées de déambulatoires ombragés. Des pigeonniers lâchent des vols de colombes immaculées sur le ciel cru. Nous pourrions nous arrêter partout. Toutes les femmes que nous croisons nous hèlent. Un supplice de Tantale. Nous sommes parfois contraints de nous cacher dans les palmeraies pour échapper à cette hospitalité frénétique. Il faut s'arrêter partout. Déguster de tout. Nous sommes accablés de gentillesse, épuisés d'amour. Rester pour toujours. J'évoque cette vision à Sonia.

— Imagine ! On fout tout en l'air, et on coule là des jours ensoleillés et immobiles, contemplatifs et sensuels, entourés de femmes serviles et empressées...

En guise de réponse, elle me calotte ostensiblement devant mon aréopage de femmes pâmées ; mon mirage de l'Orient s'évanouit aussitôt dans les rires du gynécée que j'avais un instant pris pour un chœur de sirènes. Que les femmes sont libres et gaies, loin des hommes ! Quand l'un d'eux finit par se pointer, car immanquablement un voisin ou un cousin est alerté, la sinistrose s'abat sur notre petite assemblée ; c'est le moment que nous choisissons pour repartir. Dans toutes les langues du monde, la joie est féminine et l'ennui masculin.

Soleb, mercredi 1ᵉʳ octobre 2003, 1007ᵉ jour, 24 km, 11 263ᵉ km

C'est à Wawa que nous retraversons le Nil pour aller voir le temple de Soleb, isolé sur la rive occidentale. Bâti par Amenhotep, l'architecte de Louxor, pour célébrer la grandeur d'Aménophis III, il est notre plus gros monument en plus de onze mille kilomètres : des colonnes gigantesques dressent des chapiteaux énormes dans le ciel comme l'affirmation d'une volonté surhumaine. Nous escaladons le pylône de l'entrée pour jouir de la vue sur les palmeraies avoisinantes, et cet avant-goût de l'Égypte nous enchante : mégalomane, solaire, délirante d'ego, accoucheuse de beauté et de durée. Dans notre marche dans les pas de l'Homme, Soleb est la « porte de Prométhée » : la réponse des hommes au mystère de leur origine, une démonstration de leur puissance face aux divinités et aux éléments, le poids de la pierre opposé à l'angoisse du néant et à la fragilité de la vie. Aménophis III avait tenu à ce qu'on célèbre ici le culte d'Amon. Afin de pacifier le Nil et d'assurer le retour des crues. Afin de célébrer également chaque année son anniversaire lors de la fête de Sed.

Aujourd'hui, c'est l'anniversaire de Sonia, son troisième en terre d'Afrique après celui de Nairobi et celui d'Harare. Elle a Soleb pour gâteau, dont les colonnes érigées semblent être les bougies. Du sommet du pylône nord nous soufflons toutes ces flammes. Au loin, là-bas, le Nil s'écoule en silence depuis trois mille quatre cents ans. Le temps impitoyable a piétiné cette ambition d'éternité. Partout au sol, des hiéroglyphes sur leurs blocs parlent en rébus et cherchent désespérément les autres mots, les autres symboles avec lesquels ils formaient des phrases, du sens, le Verbe qui manque pour faire parler ces énigmes de pierre. Il nous semble les entendre chuchoter à nos pieds. Nous restons là longtemps, dans le soleil couchant, enlacés, seuls au monde au sommet de notre pylône.

Le lendemain, nous sommes invités pour le radha chez une famille très pauvre. Comment décliner ? Pourquoi décliner ? Faudrait-il ôter au pauvre la seule dignité qui lui reste ? Le pouvoir de donner, le pouvoir de recevoir des hôtes ? C'est ce que nous comprenons en partageant le plat de *gourrassa* au poisson de Fatima Eltayeb et d'Idriss Moussa. Fatima est grosse et laide. Et alors ? Idriss est borgne et dépenaillé. Et alors ? Elle porte entre ses bras un petit bébé retardé et handicapé par un pied bot. Elle n'a pas assez de lait. Ils sont miséreux et sales à faire peur. Leur intérieur est apocalyptique et pourtant nous sommes bien, et pourtant ils sont heureux. Ils s'aiment et ça se voit dans l'œil d'Idriss, et ça s'entend dans les babils de l'enfant débile, et ça se ressent dans ce partage de leur plat ordinaire. Une voisine vient aux nouvelles. Elle est richement vêtue, les mains peintes au henné, bien en chair et jolie, mais transpire de tristesse. Elle a une fillette de quinze mois conçue le soir de sa nuit de noces. Le lendemain, son arrousse partait pour l'Arabie saoudite. Elle ne l'a pas revu depuis. Elle ne se languit plus. Elle est entre parenthèses et chacun de ses soupirs susurre : « Mais à quoi me sert la richesse, si je n'ai pas l'amour ? »

Deux jours plus tard, nous parvenons enfin à Saï, cette île aux portes du Batn el-Hagar, littéralement, « le ventre de la pierre », la matrice qui a accouché de ces immensités pétrifiées, l'impénétrable désert frontière qui sépare l'Égypte de l'Afrique, qui en a toujours été sa frontière naturelle, sa porte fortifiée. À Tochka, un passeur nous fait gagner l'île sur sa felouque antédiluvienne. La coque plate et évasée n'est qu'un rapiéçage approximatif d'énormes madriers. Elle est presque aussi large que longue, en amande. La voile triangulaire se ferle le long d'un espar et se libère d'une main. Le vent vient toujours du nord, contre le courant, depuis toujours. Il suffit de laisser aller le nez de la felouque dans le courant, le vent fait cabrer l'embarcation, gémir les haubans, frémir la barre sur laquelle notre passeur chante, arc-bouté. Sans ce vent du nord, il n'y aurait pas de navigation possible, il n'y aurait pas eu d'Égypte. Mohammed Abdul, notre felouquier, nous bidonne.

— J'ai un fils de sept ans qui s'appelle Clinton Mohammed, un autre de quatre ans qui s'appelle Mandela Mohammed, et ma femme est enceinte de mon troisième que j'appellerai Chirac Mohammed !

L'île de Saï est fouillée depuis trente ans par l'équipe de Francis Geus, un archéologue lillois basé à Khartoum. Saï est son sacerdoce. Francis a quelque chose d'un ecclésiastique du caillou, le verbe sobre et mesuré, la pupille brûlante d'un feu sacré. Il n'est malheureusement pas là et nous tâchons de nous remémorer la conférence qu'il a donnée sur ses travaux, à l'Alliance française de Khartoum. La richesse de l'île est insondable. Toute l'histoire du monde y est stratifiée. Depuis des dépôts du paléolithique ancien remontant à trois cent mille ans jusqu'aux aux églises chrétiennes en passant par les pharaons, les Kouchites, les Ptolémées, les Gréco-Romains, les Turcs et les Égyptiens modernes. Tout y est mélangé en un pudding de matière et d'histoire où l'on reconnaît une stèle couverte de hiéroglyphes transformée en un linteau de porte, où un chapiteau corinthien renversé sert de base à une colonne ornée de croix pattées et servant elle-même de pilier à une mosquée turque... Derrière ce charivari de ruines s'étendent à perte de vue sur le plateau de l'île des nécropoles et des sépultures. Armée de morts attendant patiemment la parousie, tombes éventrées, crânes blanchis portant encore des oreilles racornies, peaux momifiées ayant conservé leurs empreintes digitales. Les moraines alluviales ont été cuites par mille millions de soleils et résonnent sous nos pas comme des galets métalliques. Et le vent, le vent, le vent du nord, qui siffle l'oubli des corps et l'errance des âmes.

Nous restons là quelques jours à méditer sur ces empilements de l'histoire et à préparer notre passage du Batn el-Hagar, qui nous sépare de Wadi-Halfa, le poste frontière avec l'Égypte.

Survolés un soir au crépuscule par des centaines de chauves-souris frôlant nos visages, assis sur des croix de Malte gravées sur les rochers, nous écrivons ce poème pour rendre hommage à tant de siècles écoulés, à tant de sang versé et desséché, à ces flots sombres qui défilent sous nos yeux en faisant danser une lune orange au-dessus de l'horizon.

Le Nil

Chargé de limon rouge, il roule ses flots lourds
À travers les déserts.
Large comme une mer, il coule autant qu'il court
Sur la chair de la Terre.

Son sang irrigue cette grande assoiffée
De sable et de pierre.
Tout croît, tout suce et pompe la sève épanchée
De la géante artère.

Une frange de palme ourle ses berges lisses
par l'ombre recouvertes :
Touk! Touk! Touk! Touk! Les Lister [1] chantent et l'eau s'immisce
En une coulée verte,

Et des canaux d'argile distribuent la vie
Aux champs et aux fourrages
Que les chameaux, les ânes et les chèvres aussi
Broutent en pâturages.

---

1. Lister (prononcer « Listère ») : vieille pompe britannique monocylindre au bruit caractéristique.

À ce brun narghilé ourdi dans le néant
Les hommes se raccrochent
Comme au sein d'une mère se raccroche un enfant
Dans un enfer de roches.

Caravanes, empires et civilisations
Ont trépassé par là,
Pyramides, colonnes et fortifications
Se sont érigées là.

Kerma et Napata, archers nubiens, Candaces,
Ont fait gronder le Nil
De tribulations, de coups d'éclat, d'audace.
Carnage et goûts subtils :

Combien de prisonniers, de colonnes d'esclaves,
De défenses d'ivoire,
De sang versé sur ces rivages que l'eau lave ?
Il nous semble tout voir :

Temples, châteaux, mosquées, tombeaux, crânes blanchis
Fracassés par le temps,
Fantômes oubliés, mélangeant leurs débris
Et leurs formes d'antan.

Tout dort sous une pierre abrasée par le vent
Qui siffle entre les dunes,
Et le Nil éternel, sourd à tous ces tourments,
Miroite sous la lune.

Pour Francis Geus et son équipe d'archéologues

32

La caravane du Batn el-Hagar

— *This is our main station. Like Eathrow Airport. Welcome in Tochka*, nous dit Anouar en souriant, accroupi sur ses talons à l'ombre d'un palmier, face au désert.

Nous attendons. On nous a dit qu'ils seraient là vers midi. Le temps passe. Nous regardons nos montres en nous pinçant, le cœur pincé. Incrédules. Cela fait une semaine déjà que nous attendons à Abri, en face de Saï, sur l'autre rive, chez Saïd Asafi. Le soleil monte. L'ombre rétrécit. Nous ne désespérons pas. De toute façon, nous sommes coincés. Devant nous s'ouvrent les deux cents kilomètres infranchissables du Batn el-Hagar, « le ventre de la pierre », prêt à nous digérer. Un désert totalement désert, sans âme qui vive et sans point d'eau.

Nous regardons vers le sud, inquiets, nos trois ans accrochés à cet espoir, à ce rêve, qui pourrait s'arrêter ici, quand soudain une tête apparaît au loin, derrière une dune, puis une autre, puis dix, puis cent. Pas à pas, lentement, comme si elle naissait du sable, notre caravane de dromadaires s'extirpe de l'horizon. Ils arrivent en silence, groupés, nous toisant avec dédain. Seuls cinq hommes les guident. Anouar engage avec eux la conversation et, tout en marchant au pied du chameau du chef, lui fait part de notre requête. La réponse est non. Tout simplement. « *La!* [1] » C'est laconique. Nous repartons à la charge, consternés mais souriants, jetant dans la bataille parmi les jambes des chameaux tout notre arabe, toute notre marche, nos onze mille kilomètres :

---

1. Non!

— *La taklak!* Ne vous inquiétez pas! Nous ne serons pas une charge, cela fait près de trois ans que nous marchons, nous dormons par terre, nous mangeons de la soupe, nous devons aller vers Al Qods...

Sur ce dernier mot, il s'arrête; la caravane passe. Je continue :

— Nous irons porter ton nom à la mosquée Al-Aqsa, sur le Dôme du Rocher, comme celui de tous nos hôtes musulmans!

— *Anta Muslim ?* Tu es musulman?

— *La, wallakin rabbuna wahid lana koullou no !* Non, mais nous avons tous le même dieu!

Il se fend d'un large sourire. Il accepte. Il fait signe à deux hommes qui ferment la marche, qui baraquent aussitôt leurs montures et nous laissent leurs selles. Nous voilà aussitôt perchés dans le train de vie marchant vers le nord et la porte de sortie du Soudan. Tout est allé très vite. À peine avons-nous le temps de saluer Anouar qui retourne, soulagé, s'accroupir sous son palmier.

Nos caravaniers viennent des montagnes du Darfour, à mille deux cent kilomètres au sud-ouest d'ici, près de la frontière tchadienne; ils ont traversé en un mois la mort sèche du Wadi Howar, avec seulement un point d'eau par semaine. Hussein guide trois cent cinquante têtes, et deux groupes identiques suivent, menés par d'autres équipes, mais c'est lui, le chef de la caravane. Il est fils de cheikh. Après un plein rapide des mille panses alignées en batterie sur les berges du Nil, nous quittons la ligne de vie avec un petit serrement au cœur. Hussein Labd Mohammed Ahmed, notre chef caravanier, nous conduit plein nord dans le désert, à l'estime.

Sonia était inquiète de ne pas savoir monter un dromadaire; la voilà rassurée, assise altière, la taille fine et la jupe bouffante, le poing gauche à la hanche ou tenant la longe, la main droite maniant le fouet, le chapeau de paille sur le chef et le nez au vent. Elle est sublime. On dirait qu'elle a fait ça toute sa vie! Elle se tourne vers moi :

— Tu te souviens de cette phrase de Paulo Coelho quand il dit que « tout l'univers conspire à la réalisation de vos rêves » ?

Le nôtre est en marche grâce à cette petite conspiration mystérieuse du matin qui a fait que nous sommes sur ces dromadaires plutôt qu'à nous morfondre à Abri.

Hier, tandis que nous nous faisions enregistrer à la police qui se demandait ce que nous y attendions, nous sommes tombés sur un groupe de voyageurs descendant vers le sud dans des Land-

Rover suréquipées. Grâce à Padraig Murphy, un Irlandais en route vers Le Cap, je suis arrivé à fabriquer en secret sur son ordinateur avec imprimante couleur une carte d'anniversaire pour Sonia. Surréaliste ! Et Padraig de jouer les ventriloques en agitant un petit chien en peluche, propriété de sa fiancée Mary, qu'il emmène avec lui pour le faire voyager, comme le nain d'Amélie Poulain : « *When I'll be back home, I'll tell Mary that I met you and she wont believe me !* [1] » Deux autres voyageurs, les Français Loïc et Geoffroy de La Tullaye, embarqués à bord d'une vieille Citroën Dyane pour leur « Hydrotour [2] », un tour du monde sur le thème de l'eau, m'ont offert un pantalon. Vu le frottement des jambes sur l'encolure du chameau, le cadeau était providentiel.

Là encore c'est une petite conspiration coehlienne. N'appartiennent-elles qu'au monde du désert ? Non, mais dans la simplicité virginale de la survie, entre le sable et le soleil, elles y sont plus visibles. C'est tout. Dans le désert on ne peut être que croyant ou désespéré. Il n'y a pas de place pour les tièdes. Lors de notre retour, dans le bruit, l'opulence et la complexité, il faudra tendre l'oreille et ouvrir l'œil pour les repérer ces silencieuses et discrètes conspirations. Elles seront là, sous des tonnes de choses superflues. Il faudra être vigilant. Ne pas les laisser tomber.

Le soleil s'est vite couché sur notre premier après-midi. Il a étiré patiemment des ombres rouges sur notre droite, ribambelle de chameaux démesurés tricotant dans le sable sur des pattes interminables. La pleine lune, à l'est, en dessine de nouvelles sur notre gauche, celles-là bleues. Tout est silence hormis le souffle des bêtes et l'amorti étouffé des milliers de patins sur le sable. Nous lévitons dans la houle des bosses qui nous bercent de bien-être. Nous avons craint le légendaire mal de mer des vaisseaux du désert. Il n'est pas venu. Nous marchons droit devant nous, portés sur un fil. Soudain, une heure après minuit, la lune accrochée au zénith, Hussein fait signe à ses hommes de s'arrêter. Nous baraquons et nous voilà en plein néant, sur du sable compact à préparer le camp au milieu des bêtes entravées. Noor Moussa, « Lumière de Moïse », le jeune cuistot, prépare le feu pour l'*aceida*, sorte de pâte gluante et acide, relevée avec un concentré d'oignons et d'épices : le repas.

---

1. Quand je serai de retour à la maison, je raconterai à Marie que je vous ai rencontrés, et elle ne me croira pas !
2. *Cf.* adresse en annexe.

Les hommes se rassemblent. C'est l'occasion des présentations. Il y a Abdallah Mohammed, le doyen, cinquante-huit ans, la barbe blanche et la voix douce, le contemplatif de la bande. Vient ensuite Khamis Hussein, le cinquième des sept nains, celui qui rit tout le temps d'un petit rire malicieux et ne quitte jamais son turban dont la couleur noire tranche sur sa barbe grise. Il y a Mohammed Rerebil Arabesh, qui croque un oignon comme on croque une pomme, le visage féminin, un large sourire et des yeux si noirs qu'ils paraissent maquillés. Il y a aussi Adam Hussein, le plus grand, ascétique et athlétique, imberbe au visage caucasien, le voltigeur du groupe, qui court sans cesse pour rattraper les fortes têtes. Enfin, Bindadur Tarbuch, l'impénitent bavard qui se trouve aussi être doté de la voix la plus aiguë. Pas de chance. Quand tout le monde en a assez de l'entendre, il se fait les réponses à lui-même, débat, relance, parle pour tous avec un débit de mitraillette. Ils ont des visages taillés à la serpe, des petits yeux noirs comme de l'obsidienne, ridés prématurément à force d'avoir été plissés, le sourire de rigueur car leur vie est trop dure pour se plaindre.

En cinq minutes le repas est englouti, neuf mains droites piochant dans la gamelle ; en cinq minutes nous sommes couchés sur un tapis de laine qu'Hussein nous prête pour la nuit ; roulés dans une couverture qu'Adam sacrifie pour notre confort. Car les nuits sont devenues fraîches depuis quelques jours. Enfin fraîches ! Quelle jouissance que ce frémissement de la peau à la caresse glacée d'un petit courant d'air nocturne ; ce doux baiser des étoiles sur les tempes, l'électricité énergisante de la chair de poule ! C'est une sensation que nous avions oubliée depuis l'Éthiopie et que je retrouve, au contraire de Sonia, avec délice.

Les dromadaires ont la patte antérieure droite repliée par une entrave nouée sous le genou. Sur trois pattes, ils se déplacent moins aisément et préfèrent se coucher. Ils forment dans cette mornitude étalée sous le phare de la lune, une île de rochers velus déployant d'étranges tentacules ; une masse pleine de murmures, de soupirs, de crissements de pieds sur le sable fin et de gargouillis alambiqués par d'obscures ruminations. Nous sombrons comme des pierres dans le sommeil ; le marchand de sable est chargé ce soir.

Ambikol, vendredi 10 octobre 2003, 1017ᵉ jour, 55 km, 11 405 km

À l'aube, le soleil bondit à l'horizon et nous bondissons sur nos pieds : les selles d'Adam et d'Hussein n'attendent plus que nos sacs à dos. Branle-bas de combat ! Le convoi se met en marche comme un train à l'heure et nous lui emboîtons le pas, le bâton en main, totalement grippés par les courbatures prévues. Réveil brutal. Ça commence fort. Va-t-on tenir le coup, à jeun ?

En marchant derrière les bêtes, nous pouvons à loisir contempler leurs lentes enjambées, amples et mécaniques. Les capitons de leurs pieds larges épousent le sable et s'étalent en un amorti caoutchouteux. Les bosses dodelinent et nos camélidés avancent imperturbablement, les narines pincées, et les yeux tendres, la lippe molle mais le port digne. Certains boitent, d'autres ont des difformités, des cals, des excroissances qui parlent de leurs souffrances passées, de leur destin d'animaux de bât. Aucun n'est intact. Je devrais dire « aucune » n'est intacte car nous découvrons avec stupeur que, dans cet immense troupeau, il n'y a que des femelles. Elles restent impavides. Parfaitement adaptées à la marche dans le désert.

La caravane n'attend ni ne traîne, elle est impitoyable. L'allure est soutenue. Les chameliers perchés sur leurs selles, les manches bouffantes et le turban frémissant, font tourner et claquer leur fouet en permanence en criant « hot-hot-hot ! » C'est de la marche forcée. Et pourtant les vaisseaux tranquilles semblent marcher au ralenti. Où bien faiblissons-nous ? Marcher ainsi dans le sable mou nous pompe toute notre énergie. Toutes les heures, nous nous rapprochons de la selle d'Hussein et du sac de Sonia d'où pend un tuyau de *camelback*, cette outre de plastique qu'utilisent les coureurs de fond, et nous nous réhydratons tout en marchant, à la grande joie de nos caravaniers qui viennent tour à tour s'extasier de ce petit exercice de ravitaillement en vol, et repartent en répétant à qui veut l'entendre : « *Khawadja majnoun* [1] *!* » Au bout de trois heures de haut régime, Hussein et Adam mettent pied à terre et nous passent leurs montures que nous retrouvons comme on franchit une ligne d'arrivée. Ouf, nous avons tenu le choc ! L'honneur est sauf. Plus tard, dans la journée, nous essaie-

---

[1]. Ces Blancs sont fous !

rons de marcher une heure sur deux : cela dérouille bien nos courbatures et cela soulage nos postérieurs éprouvés par le va-et-vient sur les selles. Chaque fois, nous nous passons le podomètre pour continuer à mesurer la distance parcourue et Adam ou Hussein repartent gaiement avec le sentiment d'accomplir une mission d'arpenteurs.

Nous suivons les traces des hordes précédentes que le vent n'a pas encore effacées et comptons les jalons morbides que sont les squelettes blanchis des dromadaires tombés le long de l'itinéraire depuis cinquante siècles. Cent vingt-sept en une journée. Les cages thoraciques semblent des griffes voulant se rattacher à la vie, mais elles ne retiennent plus un souffle ; le sable s'écoule entre les côtes et le vent tambourine sur les cuirs parcheminés. En chemin, nous récoltons deux omoplates. Le premier support des premières sourates du Coran. Je me dis qu'un jour nous trouverons un calligraphe pour nous en copier deux en arabe classique. Quand j'explique le pourquoi de mon geste à nos amis, ils reprennent leur disque : « *Ya salam ! Khawadjas majnoun ! Laakin yumkin i rasul Allah* [1] *!* » Et c'est à mon tour de rire... Nous sentons qu'ils nous aiment bien. Nos motivations leur sont mystérieuses, mais ces gens du désert aiment bien les mystères, ils ne cherchent pas à les dévoiler, ils préfèrent les nimber d'une aura de silence respectueux. « *Souphan Allah !* » est leur réponse à l'incompréhensible. Nous leur offrons un peu de nouveauté dans une marche dont chaque jour est la répétition du jour précédent. Ils comprennent que nous ne marchons ni pour le sport ni pour l'aventure, que nous venons de loin, que nous allons quelque part...

Entre le sable et le ciel, le chemin le plus court est la prière, alors nos chameliers prient cinq fois par jour. Scrupuleusement, à tour de rôle, ils récitent la Fatiha prosternés vers La Mecque et rattrapent en galopant le banc de dromadaires. Pendant ce temps, nous remontons en selle, faisons les bergers, courons ici, trottons là, pour maintenir la formation groupée. Ils nous surveillent du coin de l'œil et nous gagnons en grade quand nous ramenons un animal au bercail. Sonia reste pour eux une énigme. Ils sont fascinés mais en même temps très respectueux. Les femmes ne montent jamais sur les dromadaires et ne savent en principe pas les guider. Elle fait mentir la croyance et la voilà partie dans un rodéo de tous les diables, à la poursuite d'un dromadaire récalci-

---

1. Mon Dieu ! Ces Blancs sont vraiment fous, mais peut-être qu'ils sont des prophètes !

trant, en criant « hot-hot-hot ! », claquant du fouet et ruant des talons sous les cascades de rires d'Adam. Elle est adoptée.

Physiquement, nous payons très cher chaque photo que nous prenons car il faut alors rattraper le troupeau en courant dans le sable, remonter à la hauteur du porteur de nos sacs et ranger l'appareil. Nous nous épuisons à essayer de nous prendre tous les deux sur fond de chameaux, au retardateur. Les deux Massaïs du lac Natron [1], eux ne gambadaient pas en tous sens ! Cette fois-ci, il faut d'abord courir très loin en avant de la méharée ; quand c'est fait, essoufflé, il faut placer l'appareil dans l'axe, sur son trépied, anticiper la position des dromadaires dix secondes plus tard, ainsi que leur distance et notre position dans le cadre, déclencher au bon moment, courir se mettre en place aux côtés de Sonia, à bout de souffle, l'air de rien, en fixant la ligne bleue des dunes ; prier pour être dans le cadre, pour qu'un dromadaire ne renverse pas le trépied dans le sable, passer en serrant les fesses, se retourner et courir chercher l'appareil et enfin rattraper hors d'haleine la caravane qui a déjà pris deux cents mètres d'avance. Tout ça pour une et une seule photo dont on est presque sûr qu'elle sera ratée... Même si l'on espère en tirer la couverture de notre deuxième tome... La photographie est un acte de foi ! Et nos méharistes de se bidonner en se répétant : « *Khawadja majnoun* ! »

En plein midi, quand le soleil frappe au zénith, tout le monde s'arrête. Nous sommes entourés d'éminences rocheuses. Hussein me pointe l'une d'entre elles : « *Gebel Djamal* », la montagne dromadaire. Sonia s'exclame :

— Regarde Alex ! Incroyable ! C'est le dessin de Saint-Exupéry. Tu sais, le boa-chapeau qui avale un éléphant. Exactement la même silhouette, avec les deux bosses !

— Et toi, tu es ma rose des sables. Sans épines, et sans problèmes. Il est temps de se mettre à l'ombre.

Bindadur arrive avec une grosse branche qu'il demande à Sonia de maintenir verticale. Il ajuste les quatre angles de quatre grosses couvertures étalées en pétales et les fixe au sommet du piquet. Il utilise ensuite des entraves de chameaux qu'il noue aux autres angles en les lestant d'une selle. Sonia veut se rendre utile ; Bindadur lui tend le paquet d'entraves pour l'occuper ; elle hésite une seconde et éclate de rire :

---

1. *Cf.* chapitre 7.

— En somme, si je comprends bien, il me prend pour un portemanteau !

Le courant passe entre eux. Hussein est ravi. Il a pris une lourde responsabilité en nous acceptant dans son groupe sur un coup de tête. La tente qui va nous abriter du soleil a pris forme. À la limite de l'insolation, nous nous serrons en dessous pour déjeuner. À tous les repas de l'*aceida*. C'est rude. Dès le deuxième jour, nous n'en pouvons plus et sortons nos soupes aux nouilles. Mais nos amis n'aiment que l'*aceida* et font la grimace à la vue de nos gamelles. Bindadur m'interpelle :

— Tu crois que je pourrai trouver en France une femme comme la tienne qui accepte de me suivre dans le désert ?

— Bindadur, si tu vas jusqu'en France à pied avec ton chameau, je suis sûr que tu auras beaucoup de succès et que tu pourras séduire une femme sans problèmes !

Tous s'esclaffent à grand renfort de claques dans le dos. Bindadur a un sourire qui tue. Qu'ils sont beaux, ces hommes unis contre les éléments, tendus vers un seul but dans la fournaise ! Qu'un seul maillon lâche et l'équilibre fragile serait compromis.

Une fois rassasiés, nous avons droit à une petite sieste comateuse de sueur et de chaleur. Dehors, les bêtes cuisent, accablées elles aussi. Au-dessus de nos têtes, sur les couvertures *made in China*, rugissent de grotesques tigres bondissants tandis que nous volons un peu de sommeil à notre train d'enfer. En fait, on n'a pas une minute à soi dans une caravane, tout est commandé par la nécessité d'avancer, d'avancer, d'avancer...

L'après-midi, nous traversons des espaces indéfinissables, sans cesse renouvelés, jaunes, ponctués au loin d'excroissances rocheuses, tellement identiques à celles vues tout à l'heure, ce matin, hier, qu'on a le désagréable sentiment de faire du surplace. Pourtant nous avançons à une allure phénoménale. Nous passons des cols, des croupes rocheuses par centaines, et sinuons comme une armée en perdition. Hussein sait où il va, calme et mesuré, nous sommes tous suspendus à son savoir, à sa sagesse ; c'est lui le chef. Il tient nos vies entre ses mains. Des tombes humaines marquées d'une pierre dressée et les carcasses animales semées par un ogre jouant les Petit Poucet nous rappellent les drames simples survenus ici. La mort, la soif, l'épuisement. Drames aussi évidents que le sable absorbe l'eau. Le désert ou l'humilité. Lorsqu'on s'éloigne de la caravane on est saisi par une atroce sensation d'abandon. Syndrome du spationaute s'éloignant de sa capsule. La vie ne tient qu'à un fil, celui de la marche. Nous remontons en selle. C'est un soulagement. Comme le fait de descendre de selle est un soulagement pour notre postérieur, seule partie du corps qui souffre vraiment.

Au loin, les mille dos et les mille têtes étalés dans le néant mais groupé en flaques de vie marchent au même rythme, vers le même but. D'abord la survie. Mais aussi la boucherie. Cinq cent mille dromadaires entrent chaque année sur pattes en Égypte pour y être transformés en brochettes, *shawarmas* ou articles de cuir. À y réfléchir, notre marche prend soudain des accents funèbres.

Le soir nous baraquons dans un endroit si semblable à celui de la veille que nous en sommes troublés. Avons-nous marché ? Sueurs froides. Hussein nous rassure. Ce non-endroit a un nom. Toponymie mystérieuse. Il s'appelle Ambikol. Hier, c'était Dal. C'est bien que nous avons avancé. Le podomètre accuse cinquante-cinq kilomètres. Je jette un œil sur mon bout de photocopie de carte britannique des années cinquante. Dal y figure, et Ambikol aussi, mais sur le Nil, à quinze ou vingt kilomètres à l'est. Par extension, le désert alentour prend le nom de ces lieux-dits.

Les jours se passent ainsi dans des paysages de plus en plus désordonnés, vierges de pensée, de conséquences, de logique. C'est un désert brut et brutal, chaos de roches drapées de sable comme des sentinelles endormies et d'étendues décapées par le vent, qui a rangé à l'infini des petits galets ronds et polis, pavement magique qui scintille au soleil. Ailleurs, nous sommes écrasés entre des rocs de titane et un ciel de plomb, nous glissons comme une flaque de mercure, compacte et lourde. Rien qui puisse marquer la mémoire, tout coule, tout s'efface, tout s'oublie, du flou, du sable, du rien, l'angoisse. Peut-être mourait-on de folie avant de mourir de soif ?

Au fil des jours, ma douleur au bas des reins s'aggrave. J'ai la chair à vif et je me tortille en tous sens sur ma selle pour changer de position. J'ai été assigné au flanc droit du troupeau. Tandis que Sonia garde le flanc gauche. Quand deux chameaux de tête prennent la tangente vers l'est, je pique des deux talons, les bras écartés et le fouet claquant, et remonte tout le troupeau au galop en criant « hot-hot-hot ! » – et parfois « aïe, aïe, aïe ! », quand je me penche en arrière sur mon abrasion, ou bien « ouille, ouille, ouille ! » quand je m'incline vers l'avant pour protéger mon postérieur au péril de mes antérieures concassées sur le pommeau de la selle. Lâchement, peut-être, je calme ma douleur en administrant aux têtes brûlées une dérouillée d'enfer. Mais rien n'y fait, les chameaux n'ont pas de mémoire, et le mien, fatigué, se laisse peu à peu dépasser par le troupeau; et, en tête, les deux lascars refont les guignols. Je passe ainsi des heures à faire le ludion douloureux et le père fouettard. Puis je trouve une solution provisoire en changeant de position : sur une fesse, la jambe opposée tendue dans le vide et l'autre genou crocheté autour du fameux pommeau.

Le quatrième jour, nous retrouvons le Nil. Ce n'est plus le Nil, c'est déjà le lac Nasser, immense et miroitant. Liesse : la tension se relâche, nous pouvons boire jusqu'à plus soif, nous laver, revivre. Les dromadaires semblent sourire, semblent savoir. Ils refont le plein à grand renfort de succions et de borborygmes. Ces bêtes gagnent à être connues : nous avons à présent pour elles le plus grand respect; elles sont douces, ne se plaignent jamais, marchent courageusement, ne mordent pas, bref, elles sont bien plus gentilles qu'on ne le croyait.

Crasseux de sel et de poussière acide, je me jette à l'eau en compagnie du vieux Khamis Abdallah, au mépris des crocodiles. Il me semble revivre. Nous sommes faits de mer plus que de désert, notre masse est aux trois quarts de l'eau. J'ai l'impression de boire par les pores.

Cette fois, nous dressons notre petite tente igloo et invitons Hussein à venir s'y abriter. Les autres sont tous occupés à laver leur linge ou à rassembler les chameaux qui s'égaillent pour brouter les bosquets des berges. Sonia en profite pour faire un peu de couture.

— Alex ! L'heure est grââve. Il a lâché !
— Quoi donc ?
— Mon soutif. C'est la troisième fois que je le répare, mais, cette fois, je crois qu'il est cuit, et je me vois mal remonter en selle sans « porte-miche. »
— Fais voir.
— Ben, j'hésite un peu à le montrer car il a vraiment fait la guerre. Je ne sais pas si tu te rends compte, mais ça fait trois ans que je le porte tous les jours ! Voilà une marque qui mériterait de la publicité. Ça, c'est le côté le plus présentable. Regarde-le discrétos, car il y a des yeux qui pourraient être impressionnés... par le volume... des bonnets.

— Arrête de frimer !

Sonia glousse de sa forfanterie. Pour détendre Hussein, qui n'a rien perdu de la scène, je commente :

— *Taban !* (Il est fatigué !)

Il répond poliment « *Taban !* » à mon constat technique...

Tandis que nous nous reposons sur la berge en attendant l'aceida, une barque de pêcheurs arrive. Rencontre entre deux mondes.

— *Salam Aleykoum !*
— *Maleykoum salam !*

Celui de la mer, celui des déserts. Ils ne se connaissent pas. Ils s'échangent la paix. L'un vient de la mer Rouge, l'autre de la frontière tchadienne ; des milliers de kilomètres les séparent qui sont abolis par une même foi, une même volonté de paix et de partage. Ils échangent quelques mots. Ils se comprennent sans parler. Ils sont de la même trempe, vivent de la même pauvreté, des mêmes périls, des mêmes souffrances, du même Dieu. Le pêcheur tend à Hussein des poissons. Il accepte gauchement. Il n'en a jamais mangé et ne sait pas comment cela se prépare. Nous le rassurons : nous les cuisinerons pour lui. Quand les pêcheurs sont repartis, tous éclatent de rire.

— On ne va quand même pas manger ce truc-là !

Il y a un poisson-tigre, un tilapia, une petite perche du Nil et une sorte de barbeau préhistorique. Le vieil Abdallah, le doyen de la caravane se pince le nez :

— *Seuban ! Cheitan !* [1] Jamais je ne mangerai de ça ! Pouah !

Sous leurs yeux inquiets, nous étripons, vidons, écaillons et découpons des tronçons de poisson, faisons revenir des oignons dans l'huile, préparons un court-bouillon au concentré de tomate, et l'odeur fade du poisson frais est bientôt remplacée par celle, succulente, d'un plat mijoté, au grand soulagement de nos spectateurs. Trois sur sept essayent, adorent, se pourlèchent les babines et rendent grâces à Dieu avec force « *Souphan Allah* [2] *!* » Les autres se moquent d'eux et se tournent vers leur aceida.

Le lendemain soir, nous tombons brutalement sur le grillage d'Argin qui trace tout droit vers l'ouest, en plein désert : la frontière égyptienne. Notre avant-dernière frontière ! Après 1 020 jours de voyage et 11 524 kilomètres parcourus. Les forma-

---

1. C'est du serpent ! Une créature du diable !
2. Quelle merveille !

lités commencent. Les chameaux passent. Pas nous. La frontière n'est pas ouverte pour les individus. Nous le savions. Adam, Abdallah, Noor, Bindadur, Khamis et Mohammed démontent leurs selles, rassemblent leurs affaires et mêlent leurs montures au troupeau. Sonia s'étonne :

— Comment rentrerez-vous ?

— En camion ! Tous les chameaux passent en Égypte.

Nous saluons notre compagnie.

— Merci pour ta couverture, c'était super de monter ton chameau, Saddam Hussein.

Adam Hussein se poile. Ses copains répètent le mot. Avec un nom pareil, il ne pouvait pas y couper ! En Irak, les Américains le cherchent partout.

Après de longues accolades, ils s'en vont. Nous restons là avec Hussein et les douaniers. Il doit payer des taxes. Nous devons aller prendre le bateau à Wadi-Halfa pour Assouan, sur l'autre rive. Passer clandestinement serait s'exposer à l'arrestation pure et simple côté égyptien, à l'expulsion et à la fin de notre périple, si près du but. Nous ne prenons pas le risque, surtout que la traversée de l'Égypte à pied s'annonce très problématique sinon impossible.

Le soir, tous les papiers sont réglés. Hussein doit retrouver sa caravane. C'est le moment de nous séparer, de rompre un lien extrêmement fort, comme une amarre qui nous retiendrait au port, qui nous retiendrait à lui. Il nous semble n'avoir vécu qu'un jour en leur compagnie, un jour interminable, ponctué de nuits et de soleils, avoir déroulé un film réduit à une image dans un paysage immobile. Une des plus belles images d'Africa Trek. Nous le quittons émus aux larmes. Il ne nous demande rien. Il nous remercie pour notre travail à leur côté et espère notre visite chez lui, à El-Genina, au sud du Darfour. Sur ce, il se catapulte en selle et détale vers l'horizon rougeoyant, les bras écartés, et nous regardons longtemps cette petite figurine perchée sur sa fière monture, trotter à l'amble le long du grillage qui file à l'infini vers l'ouest. Et de cette vision d'homme libre, seul dans l'immensité embrasée, sourd en nous l'intuition que se clôt ici, avec Hussein, le seigneur du désert, notre aventure africaine, en liberté, de village en village, sous le ciel bleu. Nous en repleurons de plus belle, tout seuls, dans le soleil couchant.

Égypte

1 Ayman Abd el Kader
2 Magitt, Ayman, Mohammed et Aman
3 Imad et Aatif Baulus
4 Lieutenant Mahmoud, Nabil, Samir et Tariq
5 Yasser et Tafla Mohammed
6 Aziz, Sohad, Heba, Fifi et Maryam Baulus
7 Général Samir Youssif
8 Hadj Delil
9 Yonan Adli
10 Guy Hervé Perron
11 Nubions Ibrahim
12 Zina Aboukheïr
13 Badaoui el Adli
14 Francis Amin
15 François Larcher
16 Olga Gentil
17 Gouverneur Adel Habib
18 Abuna Yonan et Iman
19 Abuna Abraham
20 Sœur Sabah et Francis Nabil
21 Gouverneur Ahmad Hammam Atia
22 Abuna Boutros
23 Salwa el Sorughi
24 Eustaz Effat et Mme Ikhlass
25 Essam el Moghraby
26 Jean-Pierre Corteggiani, Zahi Hawass, Dr Sameh Sourour, Col. Hicham Garib
27 Abuna Erinaos
28 Hassan el Kureishi
29 Jean-Yves Empereur
30 Magdy Selim et le gouverneur Fouad Saad Eldin
31 Noura Sayed

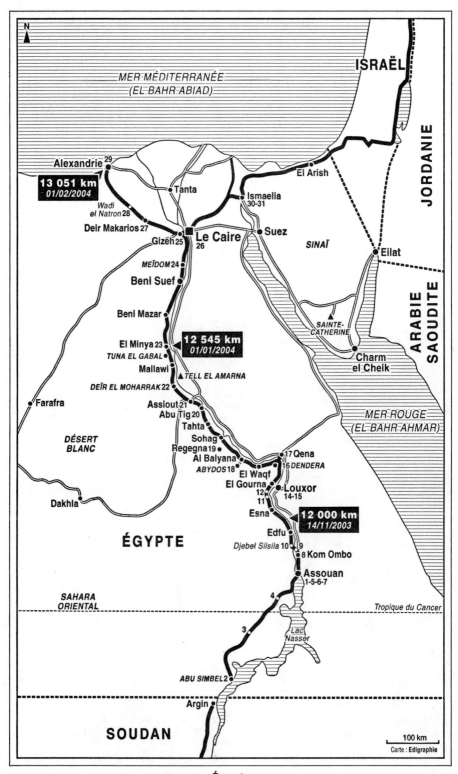

Égypte

33

La porte de la civilisation

Le *Saïd el-Naam* vogue vers le nord sur le lac Nasser en direction d'Assouan. Tout est allé très vite. D'Argin, une barque de pêcheurs nous a fait passer sur l'autre rive, à Wadi Halfa, unique poste frontière pour quitter le Soudan. Il n'y a pas de route. Le bateau a quitté le port au coucher du soleil, à l'heure de la prière. Sur le pont, les hommes prosternés pestent contre les changements de cap du capitaine qui les obligent à changer de position pour rester dans l'axe de La Mecque. Distante seulement de neuf cents kilomètres plein est, la Ville sainte est le pôle d'attraction de ces hommes mués pour la circonstance en aiguilles de boussole. Pour les autres, la très grande majorité des passagers, le pôle d'attraction est vers le nord, vers la paix, l'opulence, la liberté.

Des familles entières de réfugiés du Sud quittent le Soudan sans espoir de retour. Endimanchés, ils sont rassemblés par grappes autour de leurs bagages, les yeux dans le vague ou rivés sur le soleil couchant, plein l'ouest. Ils tournent le dos aux autres, à leur passé. Ils n'ont eu aucune difficulté à quitter le pays. Le régime est trop content de les voir partir. Une jolie fillette coiffée de tresses emperlées, vêtue d'une petite robe à smocks blanche sur laquelle pend une médaille miraculeuse en émail bleu, vient prendre Sonia par la main. Elles marchent un peu toutes les deux sur le pont. La grande blonde et la petite Noire. C'est une petite fille comme on pourrait en voir à la chapelle de la rue du Bac, à Paris, qui prie pour des lendemains heureux, sur ce bac, vers une autre vie. Sa famille va atterrir

445

avec le statut de réfugiés politiques dans une banlieue du Caire, antichambre de l'Australie, du Canada ou de l'Europe. Ça prendra le temps qu'il faudra, mais ils y parviendront. Il y a une extraordinaire détermination dans leur attitude résignée.

Dans dix-sept heures nous serons à Assouan. La nuit est tombée. Nous passons les lumières d'Argin, sur l'autre rive, où nous nous sommes arrêtés de marcher, puis, un peu plus loin, devant les colosses d'Abou Simbel illuminés. Ils ne sont qu'une tâche lumineuse, très loin vers l'ouest, mais ils sont notre fanal à nous ; c'est là que nous espérons reprendre la marche, fragile espoir, car les trois cents kilomètres qui séparent Abou Simbel d'Assouan forment une zone frontalière militaire, interdite aux étrangers, interdite à la marche – or nous ne voulons pas d'un tel trou dans la continuité de notre itinéraire. Il va falloir négocier. Quand nous avons quitté Khartoum, le ministère de l'Intérieur égyptien nous a envoyé une réponse négative ; nous devrons nous conformer à la législation en vigueur s'appliquant aux déplacements des touristes, à savoir les convois policiers. Sur ce pont, bercés par les vibrations des machines, il y a beaucoup d'angoisses et d'incertitudes ; eux, leur nouvelle vie, nous, la fin de notre marche.

Le barrage d'Assouan clôt au nord le lac Nasser. Terminus. Tout le monde descend. Dans la cohue, un officier égyptien vient nous voir.

— Vous êtes les deux Français qui marchez à travers l'Afrique ? Bienvenue en Égypte, suivez-moi s'il vous plaît !

Nous sommes décontenancés. Comment savent-ils que nous sommes à bord ? Ils nous font passer devant tout le monde. Nous débarquons sur le quai. Deux soldats en armes nous attendent. Que se passe-t-il ? Sensation désagréable d'avoir fait quelque chose de mal. Les portes du terminal s'ouvrent et nous révèlent une haie d'honneur d'officiers galonnés au garde-à-vous. Il doit y avoir une erreur... Non, pas d'erreur, c'est bien pour nous, un homme en uniforme noir, couvert d'étoiles et d'aigles d'or, nous attend au bout de la rangée de policiers.

— Bienvenue en Égypte. Notre gouvernement est très honoré de votre visite. Le lieutenant-colonel Ayman Abd el-Kader ici présent est à votre service. Demandez-lui ce que vous voudrez, vos désirs sont des ordres.

— ...

— Vous voulez marcher tout de suite ? Pas de problème ! Votre escorte vous attend ! Nous savons que vous ne trichez pas. Il y a quinze kilomètres pour Assouan où une chambre d'hôtel vous a été réservée : vous devriez y être en trois heures, si je suis bien informé...

Encore un peu assommés par la surprise, nous tentons un va-tout :

— Merci infiniment de votre accueil. Nous sommes très honorés, mais nous ne voulons pas aller à Assouan pour l'instant, mais aimerions revenir en arrière à Abou Simbel, pour reprendre la marche de là.

Notre général, interloqué, se tourne vers l'officier en civil, ils échangent quelques mot en arabe et il se retourne vers nous.

— Vous discuterez des modalités de ce projet avec le lieutenant-colonel. Bon voyage !

Ayman nous intime de le suivre.

— Et nos passeports ?

— Ils ont été tamponnés à bord par l'officier qui est venu vous chercher, vous n'avez pas remarqué ?

Nous sommes complètement largués. Nous sortons devant la gare maritime où deux voitures de police, le pick-up d'Ayman et une voiture bleue pleine de policiers armés jusqu'aux dents, nous attendent ainsi que deux motards. Il se tourne vers nous :

— Expliquez-moi votre projet, il va falloir que je donne quelques coups de téléphone.

— Vous comprenez, arriver ici en bateau, c'est trop facile pour nous, nous voulons mériter Assouan en y arrivant à pied, à travers le désert, depuis Abou Simbel. On s'est arrêtés de marcher juste de l'autre côté, à Argin, côté soudanais. Mais ne vous inquiétez pas, nous suivrons la route et pouvons être escortés par des policiers, si des volontaires veulent bien marcher avec nous.

Il sourit.

— Je doute qu'un seul policier dans toute l'Égypte accepte de marcher dans ce désert. Mais laissez-moi voir ce que je peux faire...

Il reste cramponné à son mobile durant un bon quart d'heure en faisant les cent pas, argumente, explique, convainc, sourit, raccroche et revient vers nous.

— Je ne sais pas qui vous êtes, mais apparemment le gouvernement tient beaucoup à vous, c'est d'accord pour que vous marchiez depuis Abou Simbel. C'est la première fois que j'entends parler d'une telle dérogation. Allez, en route !

Il marque une pause.

— Vous ne voulez pas y aller à pied ?

— Non, merci ! Le retour nous suffira, je crois.

Et nous partons vers le sud, à tombeau ouvert, entre notre escorte de tontons macoutes et deux motards toutes sirènes hurlantes. Après le désert et la solitude, Africa Trek prend des airs picaresques.

Si l'Homme avait été modeste, nous serions toujours dans les arbres. Abou Simbel ou la démesure. L'orgueil de l'Homme fait dieu. La porte d'un empire du « toujours plus » : toujours plus riche, toujours plus fort, toujours plus pur, toujours plus sacré. Porte colossale pour impressionner les barbares. Le soleil se lève et les premiers rayons sont pour Pharaon. Frontière symbolique qui crie au monde : « Ici commence la civilisation. » Et comme un colosse n'aurait pas suffit en voici quatre, de vingt mètres de haut. Ils sont assis, mais ont l'air debout tant ils en imposent. C'est le même homme, Ramsès II, divinisé, mais les visages expriment des émotions imperceptiblement différentes trahissant une maturité progressive. Seule une tête manque. Décapitée par un tremblement de terre. Quatre âges de la vie de Pharaon ? À gauche, il semble plus pataud, presque poupon, sous son écrasante double couronne, puis il s'affine, s'émacie, se durcit pour devenir, dans le colosse de droite, le maître incontesté de l'univers, qui fit trembler la terre de la Nubie à la Mésopotamie. Éternel, mais toutefois inscrit dans le temps. Sauvé des eaux par l'Unesco en 1968, comme le fut Moïse, son « demi-frère » putatif, par Bithia, la fille de Pharaon. Montagne déplacée par la foi du monde, l'amour du beau et le respect de l'Histoire. L'ensemble fut entièrement découpé, démonté et remonté dans une montagne reconstruite. Le temple proprement dit, qui s'enfonce dans les entrailles de la montagne reconstituée, est tout à la gloire de Pharaon. Derrière huit colosses-colonnes, qui soutiennent le plafond parcouru de vautours à douze mètres de hauteur, la victoire de Qadesh répond à des grappes d'ennemis immolés à Amon ; Ramsès sur son char empale un ennemi ou compte les mains et les sexes tranchés. Un peu plus profondément dans la montagne l'espace se resserre, c'est la salle des offrandes qui précède le sanctuaire : une plus petite pièce encore, où Pharaon, à la taille humaine, est assis côte à côte avec une triade de dieux. Deux fois par an, pour les solstices, le 21 février et le 21 octobre, le soleil frappe à l'aube Amon-Rê et Ramsès, en laissant Ptah, le dieu des Ténèbres, dans l'ombre. Le solstice d'hiver a eu lieu il y a quelques jours seulement et, ce matin, le soleil illumine encore comme un rayon laser le torse musculeux de Pharaon. Les soixante mètres de profondeur du temple souterrain ont été creusés dans le bon axe, et ce qui n'apparaissait que mégalomane devient cosmique et initiatique.

Mais Abou Simbel, c'est aussi une histoire d'amour... Néfertari, femme de Pharaon, a aussi droit à son temple où elle est divinisée en Hathor, déesse de la Douceur et de la Joie, des Arts et du Ciel. Les bas-reliefs y sont superbes et polychromes. Devant l'un d'entre eux, une jeune femme est assise en méditation, avec une petite pyramide en cristal disposée devant elle. Nous passons sans la déranger mais elle s'exclame :

— Sonia ? Alexandre ? Incroyable !

C'est une jeune Française, Fabienne, qui nous suit à travers les médias depuis le début de notre périple. Incroyable ! Comment a-t-elle pu nous reconnaître alors que nous sommes passés dans son dos ? Elle a des dons. Elle vient fréquemment en Égypte pour méditer devant les fresques et capter leur « énergie », afin de recharger ses batteries spirituelles... Ils sont fous, ces Gaulois ! En ressortant nous découvrons, stupéfaits, le graffiti de Ferdinand de Lesseps, petit, discret. Mais sur le pubis de Néfertari... Enfantillage ou gauloiserie ?

À 9 h 30, une foule impressionnante déferle sur le site que nous avions pour nous tout seuls, à l'exception de Fabienne, d'un photographe japonais et d'un aquarelliste allemand. C'est le convoi d'Assouan. Quatre-vingt-un bus, deux mille six cents Français... Un raz de marée de compatriotes ! Nous sommes aux anges, tout ouïes, nous les dévorons du regard : trois ans que nous n'en avons pas vus autant ! Il y a les fonceurs qui veulent être les premiers, appareil photo d'une main, caméra de l'autre, les râleurs coiffés de bobs blancs qui se plaignent déjà du soleil, les hâbleurs qui comparent le site à celui de Pétra pour dire qu'ils y sont allés, les déçus qui trouvent que « ça avait l'air plus grand en photo ! », les sobres qui s'exclament : « Ah ça, c'est quelque chose ! », les cyniques : « Regarde-moi, tous ces veaux qui se précipitent ! », les cultivés, le nez plongé dans leur guide, les asociaux qui vont bouder sur un banc. Dans la foule, il en est un, plus intéressé par ses congénères que par le temple, qui nous prend pour des Scandinaves : « Tu as vu le barbu ? Il se prend pour Moïse ou quoi ? Et la fille en jupe ? Ils doivent être d'une secte... Il y a plein de barjos qui viennent ici. » Sa compagne lui file un coup de coude : « Mais, non, tais-toi, ils sont français j'te dis, j'suis sûre que c'est le couple qui traverse l'Afrique à pied... » Nous le leur confirmons d'un regard aimable. L'homme s'esquive, rouge de confusion. Une autre dame, souriante, vient droit sur nous :

— Que faites-vous ici ? Vous tournez dans un film ?

— Non, nous venons du Cap à pied.

Son sourire tombe net, elle repart, furieuse :

— C'est ça ! Vous me prenez pour une idiote. C'est pas sympa !

La palme d'or est remportée par un inquiet qui s'exclame en regardant le site :

— Ça a l'air costaud vu d'ici, ça a traversé les siècles, mais c'est comme les bouddhas de Bamiyan, c'est à la merci d'un taliban régressif muni de deux couilles, de deux neurones, et de deux roquettes.

Sacrés Gaulois !

Le lendemain matin, une voiture de police vient nous chercher à l'hôtel gouvernemental où nous avons été logés. Notre lieutenant-colonel était reparti vers Assouan le soir-même de notre arrivée. Nous sommes prêts. Le lieutenant Magitt va nous escorter sur tout le chemin avec trois autres policiers. Pas eu moyen de retourner au grillage d'Argin, à quinze kilomètres plus au sud. La zone est minée et hautement militarisée. Il y aura donc un trou de quinze kilomètres dans notre marche. Le premier. Mais nous pouvons nous estimer heureux. Laissons le purisme mégalomaniaque aux pharaons.

Nous partons. Sans nos sacs, nous volons littéralement. Ils sont portés par la voiture. Nous voulons bien marcher, mais pas souffrir gratuitement. Là encore, pas de jusqu'au-boutisme idiot. Nous savons être raisonnables même si nous n'en avons pas l'air, à marcher ainsi, au pas devant cette voiture pleine d'hommes en armes, avec un désert de trois cents kilomètres à traverser. Dorénavant, nous le savons, il n'y aura plus que du goudron. Un ruban interminable d'asphalte qui doit nous conduire jusqu'à notre destination : le lac de Tibériade, dans plus de deux mille kilomètres. D'ici là, nous devrons marcher suivis par une voiture au pas. C'était ça ou rien. Alors Africa Trek s'adapte. Comme l'Homme n'a pas cessé de s'adapter dans sa lente évolution et sa longue marche depuis Mrs. Ples [1] jusqu'à Ramsès.

En sept kilomètres nous avons dépassé l'aéroport et nous voilà dans le désert. Nous savons à quelle sauce nous allons être mangés car, à l'aller, avec Ayman, nous avons relevé sur une feuille de route tous les ombrages, les buvettes, les arrêts potentiels en nous aidant du compteur de la voiture. Il y en a beaucoup moins que dans le désert de Bayuda. La route file droit. Sur notre gauche, une ligne à haute tension avec de grands pylônes tous les trois cent trente mètres, *dixit* mon podomètre; passionnant... Pas un arbre, pas une herbe. Un désert aussi mort que le Batn el-Hagar, sauf qu'il est plat et sableux, d'une couleur indéfinissable. Le désert le plus moche de la Terre. Mais nous avançons gaiement. Les événements de ces derniers jours ont transfiguré notre voyage et toute nouveauté est divertissante. Nos policiers ont décidé que c'était trop pénible de nous suivre au pas ; ils nous dépassent donc et s'arrêtent avant que nous ne soyons plus visibles, à environ un kilomètre en avant. Nous mettons de onze à quinze minutes pour les rattraper. La voiture est un pick-up bleu marine avec une cabine pour quatre passagers et une benne arrière recouverte d'un toit métallique et dotée de petits bancs latéraux. Nos sacs sont dans la benne avec une cargaison de bouteilles d'eau minérale. Souvent, un policier vient s'y asseoir pour prendre l'air car dans l'habitacle il fait une chaleur de bête. Quand nous arrivons à leur hauteur, trois hommes dorment tandis que le quatrième garde un œil sur nous. Nous les dépassons d'environ un kilomètre, ils redémarrent, nous redépassent en trombe à grand renfort de sirène et vont s'arrêter un kilomètre plus loin. Cela signifie que nous pouvons boire deux fois l'heure, et qu'entre deux sprints furieux, ils

---

1. *Cf.* tome I, p. 147.

peuvent dormir une demi-heure. Et ce cinéma va durer en principe une semaine...

Une autre difficulté est que nos policiers ne parlent pas un mot d'anglais. Pas un. Zéro. Même pas *yes*, même pas *no*. Pas facile dans ces conditions de se comprendre. Car l'arabe a changé. Ce n'est plus le même. Nous croyions être opérationnels et sommes ici inintelligibles ; là encore il faut s'adapter. « *Izmak meno*[1] ? » devient « *Ismak eh ?* », « *Min feyn ?* » devient « *Min when ?* », « *Djebel* » devient « *Gabal* », et tout à l'avenant.

Vers 11 heures du matin, nous sommes dépassés par le convoi de bus de retour d'Abou Simbel. Les voitures de tête conduites par des policiers nous dépassent dans un hurlement de klaxons ; les bus se suivent à touche-touche, ventre à terre ; nous en comptons quatre-vingt-treize, douze de plus qu'hier. Ça décoiffe ! Une heure plus tard, nous tombons sur un groupe de dromadaires que l'on charge sur des camions à grands coups de schlague. L'un d'eux tombe de la passerelle et se redresse un peu sonné. Sonia est horrifiée.

— Tu as vu comme ils les traitent ? Ce sont peut-être les nôtres ?

Nous allons voir. Nos flics rappliquent. Les chameliers affairés sont un instant paniqués par cette descente de la maréchaussée. Nous les rassurons.

— Nous sommes des amis du Soudanais cheikh Hussein Labd Mohammed Ahmed d'El-Genina, est-ce que ce sont ses chameaux ? Où les emmenez-vous ?

— *Aïwa !* Ce sont bien les siens. Que Dieu me tue si je mens ! D'abord à Daraw, près de Kom Ombo, où il y a un grand marché, ensuite au Caire.

Ils y seront avant nous. Transformés... Les camions partent en emportant des bouquets de cous et de têtes serrés. Sonia, la gorge nouée, les salue de la main ; geste charmant ; les témoins se marrent.

— Pauvre Caliméro[2] ! Je suis sûr qu'elle sentait que le voyage était sans retour : c'est pour ça qu'elle se plaignait !

---

1. Comment t'appelles-tu ? D'où viens-tu ? Montagne.
2. Sonia avait ainsi baptisé sa monture qui blatérait de désespoir à chaque redépart.

Les chameliers ont des baraquements de fortune. Nous allons y passer le cagnard après un rapide contrôle d'identité. Déjà se souvenir, déjà raconter, et en arabe en plus ; les types sont fascinés. Ils ne connaissent pas le Soudan ; tout y passe, du doukhan au zar, du zikr à la douceur des palmeraies du Shimaliya... Depuis que nous l'avons quitté, nous nous rendons compte à quel point nous avons aimé le Soudan. Nous repartons en chantant à tue-tête le tube de Souchon : « Soudan, mon Soudan, soudain se réveille... c'est déjà ça... c'est déjà ça... »

Sahrab, vendredi 31 octobre 2003, 1 038ᵉ jour, 48 km, 11 660ᵉ km

Cent vingt bus ce matin. Un convoi digne de l'opération Tempête du désert ! Nous les avons vus passer dans les deux sens, une heure plus tôt le matin, une heure plus tard en début d'après-midi, preuve que nous avançons. Et pourtant, c'est dur. Très dur. La portion la plus pénible et la plus absurde de nos trois ans. La plus coûteuse et la plus gratuite. Nous l'avons voulue. Nous l'avons. Nos policiers doivent souffrir d'autant plus que le ramadan vient de commencer et nous savons que les premiers jours sont les plus difficiles. Pourtant, alors que nous les dépassons, nous voyons Magitt et Ayman dévorer un sandwich qu'ils sont allés chercher à trente kilomètres d'ici, d'un coup de voiture. Je m'en étonne.

— Mais nous ne sommes pas musulmans ! Nous sommes chrétiens, coptes orthodoxes.

Nous n'avions rien remarqué. Les deux autres, Aman et Mohammed, dorment à l'arrière, comateux, la bouche ouverte au milieu de leurs armes éparpillées. Nos policiers sont convaincus que nous n'allons pas tenir, ne comprennent pas notre obstination à vouloir marcher dans ce néant mortellement chiant. De temps à autre, ils s'arrêtent à notre hauteur, et Magitt, d'un petit coup de tête complice, le doigt sur la bouche, nous fait signe qu'il ne dira rien si nous grimpons. Flagrant délit de tentative de corruption de marcheurs ! Nous le chassons en riant, et cela devient un jeu entre nous...

Sur le bord de la route, nous glanons des débris de tasseaux pour le feu. C'est incroyable ce qu'on peut ramasser comme bois sur les bas-côtés : cageots fracassés, piquets de chantier, de belles flambées en perspective. Quand la voiture nous dépasse, nous jetons cette récolte dans la benne. Magitt est dégoûté par nos soupes aux nouilles. Il se demande comment nous parvenons à abattre tant de kilomètres avec seulement ce bouillon dans le ventre. Il en est malade pour nous. Admiratif et comique, il nous a donc rebaptisés M. et Mme *Chorba*, M. et Mme Soupe, et s'amuse à chanter notre nouveau nom dans le mégaphone de sa sirène. Le désert doit en résonner encore. « *Chorba!* Tûût ! » Nous passons aussi de nombreux tas de poissons pourris, séchés, perdus. Des tonnes. La plupart sont des petits tilapias. Magitt nous explique qu'ils sont braconnés dans le lac Nasser par des pêcheurs clandestins circulant de nuit, qui s'en débarrassent quand ils craignent de se faire contrôler par la police. Ils sont surréalistes, ces poissons éparpillés dans le désert, morts pour rien.

Soudain, au km 178, au milieu de nulle part, apparaît la halte restaurant El-Sahrab, « le Mirage ». Nous y sommes accueillis par Aatif et Imad Baulus, deux coptes enthousiastes qui nous tendent aussitôt des Coca glacés :

— Cela fait trois jours que tout le monde ne parle que de vous. J'ai perdu mon pari, je croyais que c'était de la blague, et vous voilà ! *Ya salam ! Fadhal*[1] !

Imad a été sept fois en Allemagne et a visité deux fois Paris. Ancien masseur sur les gros bateaux de croisière du Nil, il nous administre à tous les deux une « dérouillée » à l'huile de camphre, suivie d'un délicieux plat de poulet-frites que nous partageons avec Magitt et Ayman. Je fanfaronne :

— Imad ! Cet endroit ne s'appelle pas El-Sahrab ! Mais El-Djenna ! Le paradis !

Pendant ce temps, nos pauvres Aman et Mohammed nous lancent des regards abattus tout en bavant sur les bombes sexuelles des vidéoclips diffusés par la chaîne libanaise Nagham. Dur, dur !

— Où allez-vous dormir ce soir ? Il n'y a rien, d'ici à Assouan !

— N'importe où dans le désert !

— Pas question. Vous reviendrez dormir ici, et le lendemain vous repartirez de l'endroit où vous vous êtes arrêtés.

---

1. « J'en crois pas mes yeux ! Bienvenue ! »

Vous avez le droit de faire ça ? Je suis sûr que le lieutenant Magitt préfère dormir ici que dans la voiture, n'est-ce pas ?

En plein désert, dimanche 2 novembre 2003, 1 040ᵉ jour, 49 km, 11 751ᵉ km

Changement d'équipe. Nous sommes venus à bout, hier, de la voiture. Surchauffe du moteur et des équipiers. Régime trop lent pour la mécanique, régime trop sévère pour les estomacs. Ils sont rentrés à Assouan et ont été remplacés par une équipe entièrement musulmane, malheureusement déjà très éprouvée en arrivant. Mahmoud, le nouveau lieutenant affecté à notre escorte, a voulu d'emblée nous embarquer. Il ne savait rien de notre voyage, de nos autorisations, et refusait de comprendre mon arabe. Nous avons failli en venir aux mains. Pas question d'avoir marché cent quatre-vingt-dix kilomètres pour rien. Nous avons appris à nos dépens que rien n'était jamais gagné, dans ce pays, que tout devrait se régler au jour le jour. Un coup de fil au lieutenant-colonel Abd el-Kader a mis les choses au point et le Mahmoud en veilleuse. Il est vrai que nous n'avons aucun papier, aucune preuve du soutien gouvernemental, aucune autorisation tangible. Nous dépendons de la chaîne d'information et de commandement. Si elle se rompt un instant, nous sommes dans la panade. En plus de nous gérer nous-mêmes, nous apprenons à supporter les humeurs de quatre autres personnes et celles d'une voiture. Africa Trek devient de la gestion de ressources humaines avec des managements multipolaires et des contraintes mécaniques : la prise de tête.

Le convoi de bus s'arrête à notre hauteur, et nous voyons des passagers en jaillir à notre rencontre. Ils sont allemands ou français, et connaissent toute notre histoire :

— Depuis Abou Simbel, notre tour-opérateur nous parle de vous au micro. On sait tout. C'est merveilleux ce que vous faites ! Tenez, c'est pour vous.

Et de nous charger de victuailles, de plateaux-repas et de fruits, après la photo de rigueur. Notre ordinaire de soupe aux nouilles s'améliore nettement, à la fureur de Mahmoud. Ce désert est tellement ennuyeux que nous sommes devenus une curiosité pour les tour-opérateurs. Un comble ! Dieu sait par quel téléphone arabe ils ont appris notre existence. Mais l'état de grâce ne dure pas, Mahmoud nous cherche des noises. Nous sommes tombés sur un mauvais numéro. Pour la pause-déjeuner, il veut nous emmener dormir à Assouan et revenir demain, se servant du fait que nous avons accepté de faire un trajet jusqu'au restaurant dans la voiture de Magitt. Nous essayons de lui expliquer que nous n'allons jamais « en avant » en voiture. Il est furax. Il a surtout envie d'aller rompre son jeûne autour d'un bon banquet en ville et non pas avec un mauvais sandwich avalé sur le bord de la route. Nous le comprenons. Mais c'est comme ça. Ce n'est pas notre faute.

Il est déjà une heure et nous sommes crevés. Pas une zone d'ombre en vue. Mahmoud guette notre faiblesse et revient sans cesse à la charge dans l'espoir de nous voir craquer. Sonia s'évertue à lui expliquer que, dans trois kilomètres environ, il y a un abri de bus en béton sous lequel nous pourrons nous protéger du soleil. Ne sachant pas d'où elle tient ces informations, il la traite d'abord d'espionne puis de menteuse et passe au harcèlement psychologique. Nous tenons bon. Il ne peut pas comprendre que nous ayons repéré la route à l'aller ; j'ai dû lui lâcher, comme un os, que si, dans trois kilomètres, nous ne trouvions pas l'abri de bus, nous accepterions de rentrer avec lui à Assouan. Trois kilomètres interminables, à la limite de l'insolation, à guetter un abri de bus en béton sur l'horizon. Au bout de trente-six minutes, temps incompressible pour couvrir la distance, toujours rien. Sonia est désespérée, l'autre jubile : « *Yalla! Arkab el arabiya*[1] *!* » Je m'apprête à obtempérer quand, au loin, un carré noir attire mon regard : l'ombre de notre abri de bus. Nous repartons. Mahmoud, dans un juron, file un gros coup de pied à sa voiture, les autres se marrent.

Ce n'est qu'une fois à l'ombre, en plein vent, que nous vient à l'esprit cette question : que fait cet abri de bus en plein désert ? Il n'y a pas de carrefour, pas de piste, rien. Il est là pour nous, à point nommé. Après un riche pique-nique agrémenté des merveilles réservées aux touristes, nous nous endormons du sommeil du juste en compagnie de Mahmoud et des autres. Nous attendons de pouvoir repartir, ils attendent de pouvoir rompre le jeûne.

---

1. Allez ! En voiture !

En fin d'après-midi, nous tombons sur douze cigognes mortes. Blanches, immaculées sur le sable. Quelle tempête a pu les égarer par ici ? Elles ne connaissaient pas le chemin pour l'Afrique du Sud. Sonia s'émeut.

— Pauvres poussins d'Alsace ou des Carpates ! Ces oiseaux ne connaîtront jamais le bonheur des oasis, les splendeurs du Rift, les richesses du Ngorongoro, elles ne survoleront pas le lac Malawi, Great Zimbabwe, ne surferont pas sur les escarpements du Lesotho... Alex ! Un jour, il faudra faire le trajet dans l'autre sens, mais en volant, comme des « poussins migrateurs ».

Quand nous voulons filmer ces pauvres cigognes, Mahmoud nous fond dessus.

— Vous n'avez pas le droit de filmer ! C'est une zone militaire. Que voulez-vous faire avec ces oiseaux morts ? Dire qu'on les a tués ? Pour de la propagande ? Je savais que vous étiez des espions. Je le rapporterai à mes supérieurs !

Un fou dangereux. Incapable de comprendre la poésie de cette nature morte.

Ce soir, il part dîner à Assouan et nous laisse avec Nabil, un gentil policier qui s'excuse en son nom de son irascibilité. Autour d'un petit feu dans les dunes, il vient partager les restes de nos plateaux-repas. Quand je veux le filmer pour immortaliser la scène, l'autofocus de notre caméra ne parvient pas à faire le point à cause du manque de luminosité.

— Eh bien Nabil restera incognito, grâce à l'autofocus !

Il s'endort bientôt en chien de fusil, devant notre tente, enroulé dans une couverture, sur sa kalachnikov.

Le surlendemain, après des centaines de pylônes et d'ennui, dans une échancrure de falaise, nous sommes saisis par une vue plongeante sur le Nil. Enfin du vert après tant de jaune ! C'est comme une plaie ouverte dans l'écorce aride de la Terre. Une concentration de vie grouillante. Nous avons réussi notre traversée du Sahara : mille huit cents kilomètres de chaleur, de soif et de souffrances, de doutes et d'angoisses sont abolis par cette vue.

34

L'Amour de Philaé

Nos premiers pas sur la « Corniche » d'Assouan sont une apothéose : les retrouvailles sans transition avec l'opulence, le confort et la douceur de vivre. Ce n'est peut-être pas ce qu'on ressent quand on débarque de Paris. On y a sans doute un frisson oriental. Pour nous, c'est l'inverse, nous y avons un frisson européen. De jolies filles court vêtues vont de leur bateau aux voitures à cheval. Des hommes en maillot de bain se baladent à la hauteur du trottoir, autour de leur piscine, sur le pont de ces énormes bateaux de croisière parqués à touche-touche tout le long de la Promenade. Télescopage des mondes. Nous sommes à la fois choqués et enthousiastes. Choqués parce que cela fait si longtemps que nous n'avons pas vu ça, enthousiastes parce que cela fait si longtemps que nous n'avons pas vu ça... Tout de suite, en priorité, nous allons siffler deux bières fraîches sur le ponton d'un restaurant flottant sur le Nil. C'est fou, ce qu'il a changé de couleur ! L'eau est translucide, noire. Elle a perdu tout son limon, toute sa richesse. Le sang du Nil se dépose lentement au fond du lac Nasser... Sous nos yeux, dans la mousse voluptueuse de nos chopes dorées, un ballet de felouques silencieuses fait danser ses voiles dans le jour déclinant. Aatif et Imad Baulus, du restaurant Sahrab, ont prévenu leur frère aîné Aziz de notre arrivée. Ce dernier vient nous retrouver avec sa fille Heba. Il est unijambiste. Elle apprend le français à l'université. Ils nous invitent chez eux pour le dîner près de la « charia el suq ». En quittant le restaurant, nous retrouvons notre lieutenant-colonel Ayman Abd el-

Kader. Il attendait que nous ayons fini notre verre pour prendre de nos nouvelles.

— Le gouverneur veut vous rencontrer, il tient à vous faire savoir que vous êtes ses invités. Demain, *inch'Allah*, nous ferons un programme de visites. Il y a toujours une chambre disponible pour vous à l'hôtel Nuba Nil...

— Merci, mais nous sommes invités à dormir chez Aatif Baulus dont voici le frère aîné, Aziz, chez qui nous allons dîner.

Après une rapide vérification des pièces d'identité et un échange de numéros de téléphone, Ayman nous dit :

— Quand vous avez fini de dîner, appelez-moi, je viendrai vous chercher pour vous conduire chez Aatif. Sachez que je suis là pour vous et que vous devez m'informer de tous vos projets et déplacements, ceci pour votre sécurité.

C'est dit avec gentillesse et fermeté. Pas question de prendre la tangente. Nous sommes les invités du gouverneur et, à ce titre, nous entrons dans une grille protocolaire qui nous donne à la fois un sésame et une laisse. Nous découvrons une autre façon de vivre notre liberté.

Aziz Baulus est tailleur. Il tient une toute petite boutique avec sa femme Asma. Partout sur les murs, dans les vitrines, sur l'horloge, une accumulation d'images pieuses transforme ce lieu de travail en véritable chapelle. La Vierge apparaît calme et sereine tandis que son fils répand des flots de sang sur des photocompositions doloristes pleines d'épines, de clous et de contorsions. Asma est borgne, recroquevillée par une vie de labeur acharné ; Chenouda, leur employé, est muet. Muet mais bruyant. Il s'exprime à grand renfort de gestes et de gémissements en écarquillant de grands yeux rieurs. Le réduit pourrait avoir des airs de cour des Miracles, mais cette famille éprouvée par le sort irradie d'une telle joie que nous en sommes tout retournés. Heba nous explique la situation et les rires qui se déchaînent autour de nous.

— Mon père a sauté sur une mine pendant la guerre des Six Jours. Il a miraculeusement survécu grâce à une infirmière qu'il a ensuite épousée, ma mère. Depuis, il a un rêve, aller avec ses béquilles en pèlerinage au Saint-Sépulcre de Jérusalem, pour remercier le Seigneur de l'avoir maintenu en vie. Votre arrivée l'encourage et le conforte dans son idée. Alors on se moque tous un peu de lui !

Je m'enthousiasme aussitôt. Nous complotons. Estimons la distance, le nombre de kilomètres qu'il pourrait parcourir chaque jour avec ses béquilles, le rassurons sur l'hospitalité accordée aux marcheurs.

— Votre problème resterait le passage de la frontière israélienne, mais nous connaissons bien un ambassadeur, il vous débloquerait sûrement la situation. Sachez que rien n'arrête un marcheur déterminé. Ça devrait être faisable en six ou huit mois à raison de dix à quinze kilomètres par jour. Quand vous serez prêt à partir, dites à Heba de nous écrire et nous viendrons marcher avec vous un bout du chemin.

— Je partirai dès qu'Heba aura fini ses études et qu'elle sera mariée...

Et le père de saisir tendrement sa fille, en équilibre sur une jambe, pour lui baiser le front avec une infinie douceur. Dans le coin du réduit, il y a un pèse-personne pour peser les rouleaux de tissus. Je monte dessus : soixante-dix kilos ! Dix de moins qu'en quittant l'Afrique du Sud. Le même poids qu'en arrivant à Addis. Cinq de moins que mon poids normal. Géométrie variable. Le Sahara nous a éprouvés. Pendant ce temps, Asma recoud à la machine l'ourlet de la jupe de Sonia. Des bonnes sœurs de Khartoum lui avaient rajouté des renforts au niveau des fesses – taillés dans quoi ? Je vous le donne en mille : dans leurs voiles. La zone était devenue transparente d'usure : pas top, au pays de la charia... N'oubliez pas que Sonia n'a qu'une jupe, la même depuis la frontière du Zimbabwe et du Mozambique ; portée tous les jours depuis plus deux ans. Cette fois, il faut aussi changer la fermeture Éclair. Quand elle apprend l'origine de ces rapiéçages, Asma en pleure d'un rire contagieux qui embrase une ambiance déjà surchauffée... Quelle gaieté, parmi ces gens, ces statuettes et ces chromos rococo ! Une famille bénie. Mais l'endroit est trop petit pour que nous y dormions.

Après un dîner de falafels pris parmi les chutes de tissu et les patrons de papier, nous appelons Ayman qui rapplique aussitôt. Il ne devait pas être loin. Il pénètre dans la boutique ; l'ambiance tombe net. Il émane de lui une autorité naturelle qui attire tous les regards et absorbe toutes les énergies. Il est courtaud, le nez busqué sur des lèvres épaisses, le front bas et dégarni sur des yeux perçants qui oscillent sans cesse entre la cruauté carnassière et l'espièglerie retenue ; comme une pulsation qui maintiendrait son regard vif. Le reste du visage se veut inexpressif ; il parle à voix basse sans bouger les lèvres ni sourciller, par phrases courtes et tranchées qui attendent des réponses précises. Quand il n'a pas bien entendu, ou pour se donner le temps de réfléchir, il tend l'oreille vers son interlocuteur en secouant la tête d'un petit coup menaçant. C'est un chef. Il porte en permanence à la ceinture un pistolet proéminent qui le contraint à marcher les bras écartés. En fait, il semble tout droit sorti de Gérard de Villiers.

Toujours escortés par quatre autres policiers en armes, nous gagnons l'appartement d'Aatif, situé à la périphérie de la ville, dans un immeuble soviétique lépreux hérité de la grande époque nassérienne. Sa femme, Fifi, nous reçoit en robe de chambre. Elle nous attendait. Le logement est propret. Sur le mur de notre chambre s'étale un christ imprimé en Italie, fabuleusement kitsch, blond avec de grands yeux bleus disproportionnés, dégoulinant d'amour et auquel, pour des yeux orientaux, j'ai le malheur de ressembler un peu... Tout le monde en fait de gorges chaudes.

À 5 h 30 du matin, le surlendemain, on nous ouvre l'île de Philaé pour nous permettre d'y filmer le lever du soleil avant l'arrivée des premiers visiteurs. Ayman est bien sûr de la partie. Nous montons dans une barque à moteur qui nous conduit au sanctuaire situé en amont du vieux barrage britannique de 1902 et en aval du grand barrage de Nasser, au milieu d'un bras du Nil cerné d'un chaos de blocs de granit rose. Dans les pâleurs de l'aurore, l'île nous apparaît comme une arche rescapée d'un déluge, flottant sur le glacis des eaux pour sauver les derniers vestiges de la civilisation pharaonique. C'est en effet ici qu'elle se retrancha durant les cinq premiers siècles de notre ère pendant lesquels elle fut récupérée par les Gréco-Romains avant d'être définitivement absorbée par le christianisme montant.

Philaé semble intacte. Tous les temples ont pourtant été entièrement démontés, pierre à pierre, et rebâtis dans l'île d'Agilka, voisine du site d'origine et remodelée au bulldozer afin qu'Isis ne soit pas dépaysée. Nous mettons pied à terre. Où que se pose le regard on ne peut déceler une trace de ce déplacement. C'est de la prestidigitation archéologique ! Un miracle technique à mettre au crédit de la concorde internationale instaurée sous l'égide de l'Unesco, et ce, en pleine guerre froide... Un vaste parvis dallé bordé d'une longue colonnade nous accueille. Les superbes chapiteaux monopolisent notre attention tandis que nous marchons en silence, ébahis, vers le grand pylône [1] animé par Pharaon massacrant à la hache des ennemis, et lui-même massacré à la hache par des iconoclastes vengeurs. Sonia me guide de ses commentaires tirés de divers ouvrages :

— Philaé, c'est le troisième mot grec qui décline l'idée d'amour après *erôs*, l'amour physique, *agapê*, l'amour intellectuel ou l'amitié. La *Philia* désigne l'amour des autres.

Philaé ou la lente sédimentation des croyances des hommes déposées par les vagues du temps dans une île sauvée des eaux.

Nous pénétrons le premier temple, le Mammisi, dédié à Isis, l'ancienne, mère d'Horus, dispensatrice du lait éternel et des eaux du Nil – une roche toute proche était réputée être la source du haut Nil. Isis, déesse funéraire et donc magicienne de la renaissance, en était la gardienne. C'est de la ferveur exprimée ici, sur ces quelques mètres carrés, et de la précision des rituels qui y étaient exécutés, que dépendait la prospérité de toute la vallée du Nil... Trois pièces introduisent dans le saint des saints étrangement verdi de façon uniforme par une moisissure. Un piédestal de granit se dresse au milieu de la petite pièce désespérément vide. Il a perdu sa déesse : une statuette d'or pur que l'on sortait chaque année en procession pour faire revenir la crue du Nil. Mais Sonia me rassure.

— Malgré les apparences, Isis est toujours là, sur ce bas-relief, à droite, regarde ! Elle allaite un petit Horus, protecteur des deux Égypte. Elle est la mère nourricière, la « mère des mères », la « souveraine de la Maison de la naissance ». Et depuis deux mille ans, elle officie. Devine quoi ? Encore aujourd'hui, des femmes viennent ici en secret pour obtenir la fécondité ; elles tournent trois fois autour de l'autel et caressent le visage de la déesse.

---

1. Porte monumentale d'un temple, ouverte entre deux trapèzes massifs ornés de scènes de massacres, offerts par Pharaon au dieu à qui est dédié le temple.

À force d'avoir été caressé, le visage n'est qu'un trou, témoin de la superstition qui a traversé les siècles. Pour s'amuser, Sonia exécute le rituel... Je me moque d'elle.

— Je ne savais pas qu'on faisait les bébés en mettant la main dans un trou...

Horus, accroché à un joli sein tout rond, semble froncer le sourcil à cette parole sacrilège [1]...

En début d'après-midi nous sommes reçus par le gouverneur de la région, le général Samir Youssif. Entrevue au cours de laquelle nous espérons en apprendre un peu plus sur ce qui nous vaut ce traitement de faveur de la part des autorités. Avant d'entrer, Ahmed Kamal, jeune représentant du ministère du Tourisme, nous glisse à l'oreille en guise de préambule :

— Le gouverneur est un héros militaire de l'attaque du 5 octobre 1973 au cours de laquelle l'armée égyptienne est parvenue à enfoncer pendant douze jours les lignes israéliennes campées sur le canal de Suez à la hauteur d'Ismaïlia. Ce fait d'armes a lavé l'affront de la guerre des Six-Jours et a abouti au retrait de Tsahal du Sinaï...

On nous fait ensuite comprendre que, rencontrer un gouverneur c'est presque rencontrer le président Moubarak en personne, tant les pouvoirs qui lui sont conférés sont importants. Nous entrons dans son bureau, très intimidés, devant un cortège empressé de traducteurs, photographes, officiels et sous-fifres obséquieux qui rasent les murs en tremblant comme des feuilles mortes. L'homme vient à nous avec un large sourire, la main tendue, et s'enthousiasme de notre très modeste arabe. Il nous met tout de suite à l'aise. Il a la mâchoire carrée, une voix mâle et le verbe chaud. Une tête de seigneur. Il est pourtant habillé d'un simple polo clair sur un pantalon bleu. Le vaste bureau est décoré d'un nombre incalculable de médailles, de diplômes et de photos avec le président.

— Je vous félicite de marcher pour la paix en Palestine. C'est une noble cause...

Nous marquons à peine notre surprise. Et rebondissons avec une banalité.

— Le monde entier a besoin de paix. En tant que marcheurs, il nous arrive d'être accueillis par des peuples en

---

[1]. Vous pouvez continuer la visite de Philaé sur notre site Internet.

guerre les uns contre les autres ; nous voyons bien que tous sont de bonne volonté, partagent la même souffrance, les mêmes espoirs : il ne manque parfois que du dialogue.

Ouf ! Nous nous en sortons bien. Le reste coule de source, avec ses anecdotes et ses kilomètres, ses politesses et l'assurance que nous pourrons traverser tout le territoire égyptien, même la moyenne Égypte, sous la protection d'une escorte policière. Nous n'en saurons pas plus sur les raisons qui nous valent ce traitement exceptionnel. La fin de notre marche « dans les pas de l'Homme » et la traversée de l'Égypte à pied valent bien une récupération politique, pour une bonne cause...

Le lendemain, nous retrouvons Yasser Mohammed, un ami égyptien rencontré la première fois à Zanzibar où nous nous reposions de nos épreuves tanzaniennes, et une deuxième fois à Khartoum, où il faisait transiter des objets d'artisanat kenyan destinés aux soukhs des villes touristiques de la mer Rouge. À notre grande surprise, il arrive en compagnie d'une femme voilée de noir de la tête aux pieds, y compris le visage et les mains. « Total look ». Pourquoi sommes-nous surpris ? Parce qu'à Zanzibar il était très relax avec les femmes des autres, qu'elles soient en maillot de bain ou court vêtues... Par ailleurs, nous avions cru qu'il était brouillé avec sa femme égyptienne sachant qu'il avait pris une seconde épouse au Kenya. Je le félicite maladroitement pour sa réconciliation.

— Mais pas du tout, *habibi*, mon frère, je te présente ma troisième femme, Tafla, elle est de Dar es-Salam, je l'ai rencontrée depuis qu'on s'est vus à Khartoum, je l'ai épousée, et *al hamdoullilah*, elle est enceinte de deux mois...

Je fais un pas pour la saluer quand il me prévient :

– *Malesh !* Ma femme ne salue pas les hommes, mais Sonia peut lui serrer la main...

Voilà comment Yasser, toujours transpirant à grosses gouttes et affecté par de l'asthme, déjà débordé par ses affaires, écartelé entre trois pays, tyrannisé par une belle-famille égyptienne dans laquelle vivent trois de ses enfants, ignoré par une belle-famille kenyane où il a un garçon et une fille, règle ses problèmes conjugaux : en prenant une troisième épouse dans un troisième pays. Nous avons le même âge et il me file le vertige.

— *Ya salam,* Yasser ! Quel est ton secret ? J'ai déjà tellement de mal avec une femme sans enfants...

Sonia en profite pour me calotter aux yeux de tous ; petit numéro que nous affectionnons particulièrement quand nous sommes entourés d'hommes, et qui déclenche invariablement des tornades de rires.

— Tu vois comment ça se passe, en Europe ? Je n'ose même pas y penser !

Le soir, nous allons dîner tous les quatre sur une magnifique felouque à deux mâts, un *sandal*, appartenant à Guy-Hervé Perron, un ami d'Henriette Palavioux, venue marcher avec nous en Éthiopie. Plus nous marchons, plus le monde est petit... Africa Trek est devenu un catalyseur de coïncidences qui n'en sont plus, une machine à rencontres. Allongés sur des banquettes agrémentées de kilims marocains, nous sommes appelés en direct par le festival des Écrans de l'aventure de la ville de Dijon où une bande-annonce de nos films à venir vient d'être présentée par Florence Tran, notre coréalisatrice. À l'autre bout du fil, nous entendons, le cœur bondissant, les applaudissements du public dans la salle, tandis que Patrick Edel, le président de la Guilde du raid, nous donne rendez-vous l'année prochaine, en chair et en os, depuis trois ans qu'il nous attend !

Il est d'ailleurs temps que nous reprenions la route.

Kom Ombo, mardi 11 novembre 2003, 1 049ᵉ jour, 45 km, 11 875ᵉ km

Nous quittons Assouan à l'aube par la Corniche qui nous a vus arriver, escortés par Ayman et nos gardes du corps, et accompagnés sur six kilomètres par Aziz, avec ses béquilles, en avant-goût de sa longue marche. La reprise est rude. Il suffit de s'arrêter plus d'une semaine pour être obligés de repartir de zéro. À la sortie de la ville, le lieutenant-colonel Ayman nous remet entre les mains de Magitt et nous quitte sur un « *I love you* » inattendu dans sa bouche d'officier supérieur.

La route en bord de Nil est folle. La voiture de police roulant au pas derrière nous est un redoutable obstacle pour les véhicules qui déboulent dans les deux sens. Coups de freins, d'avertisseurs, manœuvres d'évitements, nous tremblons pour eux. Nous ne nous pardonnerions jamais d'être la cause d'un accident. Notre ami Magitt prend ça en riant. Nous sommes toujours ses « M. et Mme *Chorba* un peu « *majnoun* [1] » ! Nous sommes heureux de l'avoir retrouvé, car il est plein de bonne volonté et que les imprévus l'amusent. Après une journée d'enfer placée sous le signe des rugissements de moteur et des panaches de gaz d'échappement, nous arrivons dans la banlieue de Kom Ombo à l'heure de l'iftar, vers 5 heures et quart. Nous voulons trouver au plus vite un restaurant pour nos deux policiers musulmans, mais ils sont tous fermés. Nous sommes en train de tergiverser quand nous passons à la hauteur d'un banquet donné par le propriétaire de ce qui semble être un garage. Tous sont enturbannés et barbus. Un haut-parleur tout proche hurle la prière de rupture du jeûne. Ils se retournent, éberlués de voir deux touristes marcher ainsi sur le bord de cette route pestilentielle, dans une zone industrielle, et au crépuscule. Quelqu'un nous hèle :

— *Fadhal !*

Ils n'ont pas vu la voiture qui nous suivait. Nous traversons la route et allons voir nos hôtes estomaqués. Nos policiers rappliquent dans la foulée. Les hommes en armes sautent et se déploient, les portières claquent ; moment de flottement durant lequel nous sentons des tensions secrètes entre les uniformes et les turbans. Mais, après de brèves présentations, Hadj Delil, notre hôte, nous intime d'un geste large de nous asseoir tous à table. Il y a toujours beaucoup de places vides, gardées pour les amis ou les pauvres du quartier. Les riches et les notables font ainsi leur *zakat* [2] pendant le ramadan. Et Hadj Delil, qui nous dit avoir été dix-huit fois à La Mecque, est entouré d'un aréopage de fidèles taillés sur un même modèle. Il est riche, généreux et aime à le faire savoir. La table est parée de tout ce que l'Égypte offre de délices : les *hamam*, célèbres pigeons farcis, les *warag henap*, les feuilles de vigne, les *kebabs*, divers méchouis, le *baba khanoug*, la purée d'aubergines à l'ail, le *houmous* qu'on ne présente plus, ou le *kebda*, des cubes de foies de volaille frits. Le haut-parleur du

---

[1]. Fous.
[2]. Un des cinq piliers de l'islam : « aumône légale » permettant de se purifier des biens matériels réputés impurs.

muezzin s'est tu, mais Hadj Delil retarde encore un peu le moment de fondre sur ces merveilles comme pour en mieux jouir, tout en discourant avec nous de sujets bien éloignés de la table. Nous comprenons bientôt qu'il appartient au mouvement des Frères musulmans et qu'il a eu des démêlés avec la police politique.

— Vous vous souvenez des élections volées de 1991 en Algérie, au cours desquelles le peuple avait massivement voté pour un régime islamique ? Eh bien, c'est ce qui se passerait en Égypte... si on nous laissait voter. Nous ne croyons pas à la démocratie, c'est une idée fausse importée d'Occident, destinée à tromper le peuple. Nous n'avons qu'une constitution, le Coran.

Magitt serre les fesses. Il ne connaît pas les événements de 1991 mais comprend que la conversation part en vrille. Il tente de détendre l'atmosphère en lançant que nous marchons « pour la paix en Palestine ».

— Ah oui... C'est votre grande passion à vous les chrétiens, la paix. Mais quelle paix ? Il n'y aura de paix que lorsque les juifs auront quitté la Palestine et qu'ils seront retournés en Europe d'où vous les avez envoyés pour vous laver les mains de la Shoah.

OK. On a affaire à un dur. Et sans complexe. Un ange passe, vêtu de noir, avec une grande faux sur l'épaule. Hadj Delil rompt le jeûne en buvant un grand verre de jus de goyave. C'est le signal. Quand je tends la main vers une feuille de vigne, il m'arrête d'un doigt levé.

— Non ! Il faut commencer par le jus de goyave.

— *Aïwa. Malesh !*

Je m'exécute. Malgré la rupture du jeûne et le début du repas, la tension ne se dissipe pas. Au contraire. Selon l'usage, tout le monde mange en silence, sans précipitation et sans manifestation de soulagement ; ils semblent tous jouer à celui qui mangera le plus lentement, le plus sobrement pour montrer aux autres son mépris de la faim. La satiété et la joie doivent être intérieures. Entre deux camions rugissants, seuls les bruits de mastication et de déglutition se font entendre. La « chère » est triste, hélas... Magitt s'inquiète de savoir où nous allons dormir ce soir, je lui réponds que je ne sais pas.

— *Allah Karim*[1] *!*

---

1. Dieu y pourvoira !

Les commensaux se marrent. Hadj Delil sourit.
— Que savez-vous d'Allah ?
— Qu'Il est grand et miséricordieux...
Magitt vient à ma rescousse :
— Et il connaît *Ayat al Kursi* !

Sur un signe du hadj, je m'exécute à toute vitesse, en récitant comme une rafale de mitraillette la longue sourate. Il se déride enfin. Quand j'ai fini, il conclut :

— Je comprends maintenant comment vous avez fait pour traverser l'Afrique sains et saufs : la sourate du Voyageur vous a protégés ! Mais *yazoul al zalzala* !

Sur ce dernier mot, que je n'ai pas compris, il se lève et part prier dans son garage, suivi de ses fidèles. Nous n'avons même pas eu le temps de le remercier. Ce premier iftar nous laisse un goût un peu amer dans la bouche. Nous reprenons la marche. Magitt nous accompagne théâtralement sur quelques centaines de mètres avec son pistolet-mitrailleur Heckler *und* Koch de neuf millimètres à canon court. Je l'interroge :

— Que voulait dire « *yazoul al zalzala* » ?
— Ça veut dire : « Prends garde au jugement dernier... »

En plein cœur de la ville, un peu plus loin, un homme vient droit vers nous. C'est toujours un moment de tension pour les policiers chargés d'assurer notre protection – ils déboulent dans un rugissement de sirène et de moteur, d'autant plus vite que la nuit est tombée et l'éclairage public faiblard.

— J'ai vu un article sur votre voyage dans le journal, j'ai lu que vous dormiez chez les gens, alors permettez-moi de vous inviter.

Nous suivons notre homme. Il est fébrile et enthousiaste. Il nous mène par un dédale de ruelles à une sorte de grange aux planches disjointes colmatées par des plastiques. Nous déchantons. Sonia s'esclaffe :

— Ça, c'est ce qu'on appelle un super effet Kiss Cool !

Un grand poster de la Vierge tente d'égayer un intérieur plus que modeste bordé de banquettes diffusant une intense odeur d'urine de rat. Magitt fait une tête d'enterrement. Yonan Adli est tout empressé à taper les coussins en soulevant des nuages de poussière, à nous montrer des latrines sans nom comme si c'était les bains de Cléopâtre. Dans le dos de notre hôte, notre lieutenant nous fait des petits signes de va-et-vient avec le doigt pour que nous allions chercher un endroit plus confortable. Mais nous avons pour principe simple de ne jamais décliner une hospitalité. Sonia le rassure :

— Nous avons dormi dans des endroits plus spartiates ! Ici, les banquettes ont un matelas !

Nous sommes si recrus de fatigue que nous sombrons du sommeil du juste, après avoir bu des Fanta chauds offerts sans que nous puissions les refuser par le pauvre Yonan, qui ne doit pas s'en payer souvent. En voilà un qui n'a pas à craindre le « zalzala du Walhalla ! »

Après une rapide visite du temple de Kom Ombo, dédié au dieu crocodile Sobek et qui dresse ses ruines romantiques au-dessus d'un Nil courbé à ses pieds comme une révérence, nous appelons, sur le téléphone portable que nous avons récupéré, notre ami Guy-Hervé Perron, qui devrait être dans les parages avec ses felouques : « Salut les Poussin ! Vous êtes à Kom Ombo ? On est juste à quinze kilomètres en aval, au djebel Silsila. Vous n'avez qu'à traverser le Nil au prochain bac et nous retrouver... »

Déjà lassés par la circulation d'enfer de la rive droite, nous y voyons l'occasion de passer sur la rive gauche, beaucoup moins empruntée. Un bref appel à Ayman Abd el-Kader dégage Magitt de cette responsabilité : il est d'accord. Trois heures plus tard, après avoir déambulé dans d'interminables plantations de canne à sucre, nous trouvons le bac et, en aval, le sandal [1] et les trois felouques de Guy-Hervé, amarrés à la berge, dans une palmeraie. Les embarcations sont affrétées par Terres d'Aventure ; elles offrent aux visiteurs un vrai frisson égyptien, hors des convois et des navires usines, au gré du vent et du courant, de site en site, au fil de l'Histoire. Le groupe de Français nous accueille chaleureusement. Après un rapide déjeuner à bord d'un petit bateau du début du siècle aménagé en salle à manger, nous partons à travers la palmeraie pour rejoindre le djebel Silsila.

— Vous allez voir, nous dit Guy-Hervé, le site est passionnant, ce sont les anciennes carrières de grès de toute la zone thébaine. À l'inverse, dans le nord de l'Égypte, tout est construit en calcaire de la carrière de Toura.

---

1. Grande felouque à deux mâts et à fond plat, jadis utilisée comme une péniche à voile.

À cet endroit, le Nil est enserré dans un verrou rocheux. La montagne à été démontée par tranches. De nombreuses niches, des spéos percent les falaises de toutes parts.

— Silsila veut dire chaîne en arabe. Une grande chaîne était tendue en travers du Nil pour empêcher les bateaux nubiens de descendre vers Louxor.

Nous pénétrons un dédale de cavités, d'escaliers, de stèles frontières ou de naos couverts de graffitis dans lesquels siègent des divinités aux visages érodés. Des sépultures, il ne reste rien. Tout a été violé de longue date. Même la pierre est soluble dans le temps. Par les ouvertures, on voit le Nil courir éternellement. Et toujours ces noms bien franchouillards sur les murs.

— Les grognards de Napoléon sont restés ici très longtemps. C'est pourquoi Champollion a pu étudier le site à fond. Ils campaient dans les tombes et dans les spéos. Regardez les encoches verticales, là ! Ils aiguisaient leurs baïonnettes sur le grès...

Nous reprenons notre routine devant notre voiture ; routine faite de kilomètres interminables dans des plantations de canne à sucre, de traversées de villages très pauvres bordés de canaux fétide et dominés par d'impressionnantes écoles en brique rose, toutes construites sur le même modèle, véritables immeubles surnageant de la misère environnante, seul signe tangible de la présence du pouvoir et preuve d'une volonté très nette de concentrer ses efforts sur l'éducation. Ça peut paraître normal, mais c'est la première fois que nous voyons ça en trois ans. Le soir, à Edfou, nous retrouvons notre groupe de Français et visitons le temple avec eux [1].

Le lendemain, entre un canal et un champ de canne à sucre, nous fêtons notre 12 000e kilomètre. Qu'avons-nous à notre disposition pour notre petit rituel ? Des policiers. Que faire ? Sonia a une idée lumineuse.

— On va essayer de leur faire dire un truc en français.
— C'est pas gagné !

En effet. Au bout d'un quart d'heure de fous rires et de répétitions, nous renonçons à tirer des policiers quelque chose

---

1. Si vous voulez faire cette visite en notre compagnie, retrouvez-la sur notre site Internet.

d'intelligible. Pourtant, Sonia s'accroche. Le meilleur élève est Magitt. Elle joue les orthophonistes, gourmande le policier, va même jusqu'à lui tirer l'oreille quand il se dissipe. Enfin, tel un dresseur de fauves, elle parvient à le faire poser en armes avec ses sbires et à lui faire dire :

— Ici, c'est le douze millième kilomètre d'Alex et Sonia !

— OUAIHHHH !

Nous tombons dans leurs bras en évitant de nous mettre leurs canons de mitraillette dans l'œil. Ils se seront prêtés de bonne grâce à tous nos caprices. Adieu cher Magitt ! Car il nous quitte. Nous changeons de gouvernorat pour entrer dans celui de Louxor ; nous allons passer entre les mains d'autres policiers. L'échange se fait dans un poste de police où nous sommes consignés. Magitt est de Gizeh, près des pyramides. Nous nous promettons de nous revoir.

Les types du poste sont peu amènes. Ils n'ont pas été prévenus et nous font lanterner en nous toisant de haut. Magitt a essayé d'expliquer que nous devions marcher, mais il est moins gradé que le commandant du poste, alors son histoire a eu peu de poids ; il a dû repartir. Nous sommes coincés. Le petit chef veut nous mettre dans un taxi pour Esna. Pas question. Je lui sors notre article de journal illustré d'une photo avec le gouverneur ; il me demande une patente. Nous n'en avons pas. Et c'est bien le problème. Nous sommes invités « officiels » sans documents « officiels ». Le type attend des ordres. Nous prenons notre mal en patience ; chaque heure passée nous voyons s'envoler cinq kilomètres perdus... Le soir tombe. Le commandant veut maintenant nous envoyer dans un hôtel. *Niet* ! Nous dormirons ici. Notre détermination l'ébranle. Il tente de nous convaincre.

— *Mafish haga tinam aliha !* (Mais il n'y rien ici pour dormir !)

— *Mafiche Mouchkilla, nenam ala al ard !* (Pas de problèmes, nous dormirons par terre !)

Tiraillé entre sa volonté policière de nous faire plier et sa nonchalance naturelle qui le pousse à ne pas se mouiller pour une histoire qui ne le concerne pas, il baisse la garde en grommelant avec un fort accent cairote, un « *khawaga magnoun* [1] »

---

1. Ils sont fous, ces Blancs !

de circonstance. Le poste est innommable. Inondé par des latrines bouchées. Nous nous ménageons un petit espace au sol dans un débarras crasseux mais doté d'une chose précieuse : une porte. Nous la refermons. La présence d'une femme à l'intérieur interdit à tous de l'ouvrir intempestivement : nous sommes sauvés jusqu'au lendemain matin. Mais pas moyen de trouver une bassine pour se laver les pieds ; je vais faire bouillir de l'eau pour nos soupes. En un jour, nous sommes passés du statut d'invités officiels à celui de clochards en garde à vue. Vive les contrastes ! Avant de m'endormir je glisse à Sonia :

— Il faudra quand même veiller à ce qu'il n'y ait plus de rupture dans la chaîne d'information...

À 10 heures du matin, le lendemain, nous décampons. Le commandant n'est pas là. Le sous-fifre n'en peut mais. Nous le rassurons en lui disant que nous allons à Esna. Que trois heures d'attente, pour nous, c'est quinze kilomètres de perdus, et que nous y serions déjà si nous étions partis à 7 heures. Il tente bien de nous arrêter, mais un embouteillage de camions le rappelle à sa fonction. Il nous laisse partir. La chaîne est brisée ? Eh bien, au diable les chaînes ! À nous l'Égypte ! Sans cerbères et sans interface. Cela fait six mois que nous vivons dans l'islam, nous nous débrouillons bien en arabe, nous n'avons peur de rien... « *Yalla* » ! Nous avons trois jours pour gagner Louxor.

Très vite, nous quittons la grand-route pour marcher dans les plantations de canne à sucre le long de petits chemins de fer étroits qui servent à acheminer les récoltes vers les usines de transformation. De petits lopins sont dégagés dans cette haute verdure pour des cultures maraîchères. C'est la pleine récolte des tomates. Des piles de cageots s'amoncellent sur le ballast et des cueilleuses accroupies dans les champs égayent le paysage de leurs vêtements aux couleurs vives. Sur notre droite défilent les bateaux de croisière et leurs cargaisons de Nordiques aussi rouges que les tomates dans leurs cageots, inconscients que leurs chairs dénudées sont une marque d'irrespect envers les femmes voilées devant lesquelles ils les exposent. Deux mondes se frôlent et s'ignorent, tout en se méprisant secrètement.

Débarrassés de nos gardes du corps, nous avons crevé la bulle protectrice qui nous empêchait de voir l'Égypte telle qu'elle est vraiment. Et, maintenant, l'Égypte nous crève les yeux. Rurale et pauvre, elle profite peu de la manne touristique. Elle la regarde passer sous son nez sur de gros navires clinquants. Pas de quoi faciliter la compréhension entre ces deux mondes. Friction des cultures. Les regards qu'on nous lance sont durs. On ne comprend pas ce que font deux touristes égarés dans les champs sans policiers. Un homme cependant vient spontanément nous apporter des tomates, en riant et en répétant : « Ramadan, ramadan ! » comme pour préciser que son cadeau est dicté par la règle de générosité qui va de pair avec le jeûne. Dans le champ suivant, alors que nous tournons le dos aux ouvriers agricoles affairés dans leurs allées, une salve de tomates éclatent autour de nous en même temps que le cri « ramadan ! ». Quand nous les regardons, effarés, tous travaillent comme si de rien n'était. Sonia rigole.

— Merci ! Ça va ! On a assez de tomates, c'est trop gentil.

En fait, leur geste nous signale que nous avons commis une insulte envers le ramadan parce que nous mangions les tomates tout juste offertes. La monnaie de la pièce. C'est sans doute aussi une façon de nous dire que notre place est sur les bateaux, pas dans les champs. Quant à marcher sur la route, nous serions arrêtés aussitôt, car il y a des barrages de police tous les cinq à dix kilomètres. Et nous voulons, pour trois jours seulement, marcher loin des gaz d'échappement, dans cette Égypte que nous ne verrons pas, que personne ne voit, l'Égypte où il n'y a rien à voir... l'Égypte réelle.

Dans le village suivant, pauvre en diable, parcouru de canaux-égouts le long desquels sont alignés des maisons de terre mal construites, surpeuplées d'enfants crasseux courant pieds nus dans les immondices, notre irruption est traumatisante. Les gens sont inquiets. Pas de sourires. Pas de « *fadhal* », et des enfants aux trousses, de plus en plus bruyants et excités. Réminiscences éthiopiennes. Mais quand ils commencent à s'en prendre à nous, à coups de quolibets et de crottes de chèvre, des adultes furieux leur fondent dessus en crachant rageusement au sol entre deux « *charmoute* » ou « *Ibn kelb !* [1] » à leur endroit. La scène est cocasse. Nous traçons. Dans presque chaque village, le petit sketch se reproduit.

---

1. Fils de pute ! fils de chien !

C'est un jeu. Qui ne tourne pas mal. Quand nous nous retournons pour leur parler, les mômes refluent, ils ont peur, puis reviennent, puis chantent des chansons en nous escortant hors de leur village. Plutôt mignon. Un peu stressant, mais mignon. Nous voulions du contact, nous en avons. C'est sûr qu'avec notre police au derrière, les gens se contentaient de répondre d'un sourire poli et crispé à nos saluts. Dans un des villages, le vieil homme venu à notre rescousse ne parvient pas à disperser les chenapans. Ceux-ci nous invectivent alors en riant :

— *Tahal! Tahal! Twin Towers* [1] *!*

Avons-nous bien compris? Ils se mettent à danser sur place.

— *Twin Towers! Twin Towers! Twin Towers!*

C'est la guerre des Boutons. Les enfants singent tristement les adultes. Que peut-on leur raconter pour qu'ils s'embrasent ainsi à la seule vue d'Occidentaux? Le 11 Septembre date de deux ans et les enfants s'en servent comme d'un signe de victoire. Victoire de qui? Victoire de quoi? Contre qui? Contre quoi? Victoire des crottes de chèvre contre les *Nile Cruisers* [2]. Nous repartons avec un léger froid dans le dos.

Pas moyen de se faire cuire une soupe aux nouilles aujourd'hui. Nous nous contentons donc de biscuits. Grosse famine! À l'iftar, un paysan nous alpague. Nous ne le laissons pas répéter deux fois son invitation, nous sommes épuisés. Sonia part chez les femmes et je les entends rire, et rire, et rire encore. De mon côté, les types défilent, mais ça ne rigole pas. Ça questionne. Ça veut savoir pourquoi nous sommes là où nous ne devrions pas être. Les Égyptiens savent bien qu'ils n'ont pas le droit de nous parler, de nous importuner, que les touristes sont des « êtres sacrés », surprotégés par le pouvoir. Et ça les agace. Attraction-répulsion. On les comprend. Leurs impôts entretiennent deux millions de policiers dans le pays, dont une grande partie est assignée à la protection des Occidentaux, et ces villages n'ont toujours pas l'électricité. Alors nous sommes là, volontaires pour combler la distance. Et la

---

1. Viens! Allez viens! Les deux tours! (Sous-entendu : on va te faire ce qu'on a fait aux deux tours du World Trade Center...)
2. Gros bateaux de croisière du Nil.

glace fond peu à peu. Je leur parle du Soudan ; Nubions Ibrahim, notre hôte, m'interroge :

— On dit qu'ils sont extrêmement pauvres, est-ce que c'est vrai ?

— Pas le Soudan que nous avons traversé. Au contraire. Ils avaient une bonne qualité de vie, le long du Nil...

— Pourquoi ?

— Je ne sais pas, sans doute parce qu'ils sont peu nombreux ; que les hommes vont travailler en Arabie saoudite et reviennent avec des dollars.

— Vous avez des dollars ? Je n'en ai jamais vu ! Je peux en voir un ?

Et Nubions de contempler le billet vert. Il est déçu. Les billets égyptiens sont plus beaux. C'est vrai. Je lui traduis : « *In God we Trust* [1] » Il objecte :

— Non, les Américains sont des infidèles. Vous avez des euros ?

— Désolé, nous avons quitté l'Europe avant la sortie de l'euro.

— *Ya salam !*

Il rit enfin. Une grosse femme, moulée dans un stretch de velours moiré de couleur bleu nuit, vient nous apporter le large plateau de l'iftar, encore toute rouge des quintes de rire qu'elle a eues avec Sonia. En s'éclipsant elle dit :

— *Zaoudjatak koïs mabrouk !* (Ta femme, elle est vraiment super !)

Qu'est-ce qu'elle a bien pu leur faire ?

Après l'iftar, les hommes vont prier à la mosquée, je reste seul à consigner dans mon cahier mes impressions confuses de cette « première » journée en Égypte.

La Moudira, dimanche 16 novembre, 1 054ᵉ jour, 25 km, 12 062ᵉ km

Le lendemain je demande à Sonia :

— Qu'est-ce que tu leur as raconté, aux femmes, pour les mettre dans cet état ?

---

1. Nous croyons en Dieu.

— Je leur ai fait le coup du doukhan et du zar. Elles étaient stupéfaites que je connaisse. En fait, il y en avait une qui parlait un peu anglais ; elle m'a dit que ces traditions venaient d'Égypte, à l'origine. Que leurs mères faisaient tout ça, alors les vieilles se sont mises à raconter, à mimer comment elles procédaient... c'était hilarant. Il y a une chose, en revanche, à laquelle je ne m'attendais pas : figure-toi qu'elles sont toutes excisées, à l'exception des petites filles. Mais elles sont révoltées par l'infibulation. J'ai été obligée de leur faire des dessins pour qu'elles comprennent ; imagine le délire ! Elles m'ont toutes demandé comment je faisais pour ne pas avoir d'enfants ; je leur ai montré ma pilule ; elles n'en avaient jamais entendu parler. Elles ne voulaient pas me rendre ce « médicament miracle ». Alors je leur ai laissé. Ça ne peut pas les tuer, de toute façon, et je n'en ai plus besoin...

— Comment ça ? Ah oui... De toute façon, on ne risque rien, vu qu'on est tout le temps séparés. À moins que n'intervienne l'Isis de Philaé...

Aujourd'hui, ça commence très fort. Nous avons quitté la canne à sucre et déambulons dans des villages interminables agglutinés le long de routes secondaires. On vient nous défier. On nous invective, mais avec le sourire. La sensation est ambiguë. Nous passons avec un sourire crispé, la crampe aux joues. Saluons tous azimuts. On nous concède des réponses. À Armant, un adolescent la main noire de cambouis vient vers moi, provocateur, pour me serrer la mienne de force ; je refuse en lui disant en arabe :

— *Nazaf idak !* (Va d'abord te laver les mains...)

Hurlements de rire des témoins. Et lui de jouer les offensés pour pouvoir m'insulter. Enfantillages désagréables. Plus loin, un vendeur de biscuits refuse de me rendre la monnaie. Je finis par avoir raison de lui en invoquant « *yazoul al zalzala !* [1] », mais il me lance, en se passant le pouce sous le cou avec un large sourire :

— *Boukrah, Hatchepsout* [2] *!*

Estomaqués, nous repartons dans les rires, et se mettent à voler dans notre dos des tomates. Confirmation. C'est bien la saison des tomates volantes. Pourtant nous savons que les

---

1. Prends garde au jugement dernier !
2. Demain, Hatchepsout !

Égyptiens ne sont pas comme ça. Mais il faudrait s'arrêter chez tous, parler pendant des heures, se faire les ambassadeurs du monde que nous incarnons malgré nous, faire fondre la glace de l'ignorance, mais nous n'avons pas le temps, nous ne voulons que passer, recueillir la température. Et elle est chaude. La friction des mondes est une réaction exothermique. Et toujours sous nos yeux passent les bateaux...

Sur les maisons, peints par centaines, des avions de compagnies inconnues volent avec des inscriptions en arabe que nous nous faisons traduire : « *yad Allah* » (la main d'Allah) ou « *adalat Allah* » (la justice d'Allah). Mais ils sont peints avec des bateaux, des bicyclettes, et des mosquées, et des tours, alors on élude, on n'ose pas y croire. C'est juste un petit malaise parmi les sourires ambigus. Toujours cette ambiguïté qui fait dire aux adolescents hâbleurs et rigolards qui nous regardent passer « *good money* » au lieu de « *good morning* », et « *thank you! fenk you! fuck you!* ». Il y a aussi tous ces cracheurs qui visent ostensiblement devant nos pieds, l'air de rien, sachant pertinemment ce que cela peut avoir d'offensant, mais profitant du doute que justifie l'interdiction d'avaler sa salive pendant le ramadan. Dans le doute, on ne se formalise pas. Ça agace juste, à force. Le tout, c'est de jouer les dupes, d'ignorer, et tout se passe bien, dans cette détestable et palpable ambiguïté. Mais quelle image le monde occidental leur renvoie-t-elle pour mériter, à travers nous, un tel mépris ? Ils ne connaissent de l'étranger que la télévision et les bateaux qui passent, garnis de leurs homards en slip. Tout est là.

Le soir, aux abords de Louxor, nous passons devant l'impressionnant portique d'un hôtel en bordure de désert : La Moudira. Sonia m'interpelle :

— Alex, ça ne serait pas l'hôtel dont tu as rencontré la propriétaire dans un cybercafé d'Assouan ?

— Mais si ! Zina Aboukheïr, une Franco-Libanaise. Elle m'avait dit de passer la voir, pour nous offrir un verre. Elle voulait nous faire visiter son hôtel d'un concept nouveau, loin de la ville, au cœur d'un village, au pied de la montagne thébaine.

Nous nous étions figuré une sorte de pension chez l'habitant. Nous nous étions trompés : c'est le dernier palace en vue. Nous ne résistons pas. Zina, adorable, nous accueille dans son paradis oriental réinventé. Le fantasme des *Mille et Une Nuits* :

— J'ai vu votre article dans le journal. Super ! Je me demandais quand vous passeriez !

Et l'on se retrouve sous un immense moucharabieh, devant une fontaine en mosaïque remplie de pétales de bougainvillées et qui glouglloute quiètement tandis que nous éclusons une Stella[1] fraîche, une Stella fraîche, une Stella fraîche... Le reste n'est que luxe, calme... et propreté ; baldaquin, suite, hammam, tentures et déco. L'autre Égypte. Merci Zina ! Ce soir nous avions besoin de cette Égypte-là.

Le lendemain, avant de quitter Zina pour gagner Louxor, nous lui contons nos mésaventures.

— Vous êtes passés par un coin dangereux. C'est là que la police a fait d'énormes rafles après le massacre du temple d'Hatchepsout. Tous ces gens en ont beaucoup souffert. D'ailleurs, c'est aujourd'hui l'anniversaire...

Je lui raconte le geste de très mauvais goût d'hier.

— Il a fait ça, le salaud ! C'est devenu une mauvaise blague pour rembarrer les touristes. Vous savez, moi, je suis arabe, alors j'entends de ces choses... pas tristes ! Quand aux « Twin Towers » ça ne me surprend pas ! Il fallait voir la liesse dans les rues le jour où ça s'est produit. On aurait dit la victoire de la France pour la coupe du Monde ! Mais il ne faut pas leur en vouloir, ce ne sont que des mots. Ils ne savent rien du monde. Ce sont de braves gens. Et ils ont énormément souffert de la désaffection du tourisme après l'attentat. Ici, autour de Louxor, c'est aujourd'hui un jour de deuil.

Nous arrivons enfin dans le petit village d'el-Gourna, en face de la « Corniche » de Louxor, où Guy-Hervé nous loge chez un de ses collaborateurs, Badaoui, dans une maison à deux étages construite sur le Nil, pile en face du temple. Nous allons y passer près d'un mois, à recevoir et relire notre manuscrit renvoyé par les Éditions Robert Laffont avec de menues corrections, élaborer les cahiers photo d'après la sélection que Claude Chassin, le père de Sonia, nous a concoctée, faire les cartes, choisir la couverture ; toutes choses qui doivent être réglées afin que le premier tome de nos aventures paraisse

---

[1]. Bière égyptienne que l'on sert aux touristes.

à notre retour. Nous mettons à profit ce temps de travail pour continuer nos enquêtes, tourner des sujets, reprendre contact avec la police qui n'a heureusement pas remarqué notre escapade, rencontrer le gouverneur de la ville, le général el-Desouky el-Bana, visiter les sites de la vallée des Rois, de Karnak et d'ailleurs parmi des tombereaux de touristes, mais cette fois-ci incognito, sans gardes du corps, dans l'Égypte de carte postale.

35

Le cœur de l'Égypte

Olga Gentil, une super copine de Sonia, nous a rejoints pour marcher quelques jours en notre compagnie à partir de Louxor. Trois ans qu'elles ne se sont vues. C'est dur d'être privée de copines pendant si longtemps. Filiforme, elle est toute de lin blanc vêtue à la manière des prêtresses égyptiennes. Elle pleure dans les bras de Sonia en lui murmurant en russe des mots tendres transmis par sa mamitchka. Elle est arrivée avec un pique-nique pharaonique que nous allons déguster sur le bord du lac sacré de Karnak, à l'ombre d'un palmier. Lalande de pomerol, poilâne, camembert, comté, saucisson à l'ail : toute la France se retrouve sur une pierre d'offrande, en libations et sacrifices pour Amon, au-dessus des « magasins purs » ; un endroit où l'on conservait les offrandes pour les temples. Karnak est un champ de bataille de pierres retournées. Le grand chamboulement des siècles qui télescope neuf pylônes et emboîte dix temples, et au milieu de ce pêle-mêle d'époques, de ce carnage de pierre errent des statues défigurées, des obélisques brisés, des béliers perdus.

El Waqf, dimanche 14 décembre 2003, 1 082ᵉ jour, 36 km, 12 171ᵉ km

Olga nous a quittés. Elle a marché en notre compagnie jusqu'à Denderah, le temple d'Hathor, célèbre pour son plafond du zodiaque, démonté en 1820 par Jean-Baptiste Lelorrain et conservé au Louvre [1]. Nous avons repris la marche sur la route principale. Finies, les visites de temples et la région thébaine, nous avons plus de six cents kilomètres de Moyenne Égypte à parcourir pour gagner le Caire. Ce soir, les policiers qui nous escortent à nouveau depuis Louxor nous logent d'autorité dans une paroisse copte abritée par de hauts murs, où nous sommes accueillis par *abuna* [2] Yonan. À peine sommes-nous attablés sous une cannisse devant des verres de carcadet [3], qu'une volée de pierres venue de la rue ricoche sur le toit de tôle ondulée dans un vacarme de tous les diables. Abuna Yonan, famélique, le visage mangé par une barbe très noire, fait une petite moue :

— Pardonnez le délabrement de notre église, elle s'effrite par petits bouts...

Voyant que nous ne sommes pas dupes, il avoue :

— Dans l'islam, nous, les coptes, avons le statut de *dhimmis*, de « protégés ». En fait, quand nous sommes en minorité, comme ici, nous sommes tout juste tolérés. Les habitants de ce village rêvent de nous voir partir, mais nous sommes chez nous, comme eux...

Le muezzin appelle à la prière du soir. Le haut-parleur hurle si fort qu'il semble accroché au clocher de l'église. Un deuxième entonne, puis un troisième, puis d'autres ; le barouf est tel qu'on ne s'entend plus. La conversation est suspendue... Quand tout se calme, abuna Yonan reprend lentement, comme s'il était ivre de fatigue...

— Où en étais-je ? Ah oui ! Nous sommes des dhimmis [4]. C'était vrai par le passé, cela reste en partie vrai dans l'Égypte moderne. Une loi nous interdit de restaurer, de rénover ou d'entretenir nos églises sans en faire une demande au gouvernorat ; alors elles tombent souvent en ruine... Cela fait trois ans que nous envoyons des demandes pour réparer notre clocher qui se fissure et le repeindre en blanc, et toujours pas d'autorisation en vue... Le dossier se perd chaque fois dans les méandres de l'administration. Pendant ce temps, une mosquée a été

---

1. Vous en trouverez une visite détaillée du temple sur notre site Internet.
2. « Prêtre chrétien » en arabe : père.
3. Infusion rouge de sépales d'une variété d'hibiscus que l'on boit chaude ou froide.
4. Les dhimmis n'avaient pas le droit de posséder la terre ni des chevaux et devaient payer une taxe religieuse : la capitation.

construite juste là – il désigne une direction –, et une autre est en construction derrière nous. Cinq mosquées nous encerclent. Et moi, si je plante un clou dans un mur, je vais en prison. C'est arrivé la dernière fois, lorsqu'on a voulu faire du ménage dans un appentis, derrière l'église. L'initiative a déclenché une émeute dans le village et j'ai été arrêté pour « travaux non déclarés... »

Il a l'air à bout de forces. Il remarque notre inquiétude :

— Je suis atteint par la bilharziose [1]. J'ai passé toute ma jeunesse les pieds dans l'eau dans les plantations de canne à sucre... La maladie provoque une dégénérescence du foie. Alors ne vous inquiétez pas si je fais des grimaces tout en parlant, c'est la douleur qui me pince...

Compte tenu de nos baignades dans des eaux contaminées, au Malawi ou ailleurs, il nous conseille fortement de prendre d'avance un traitement curatif, au cas où nous aurions été parasités, car l'incubation est très longue.

Je le ramène à nos moutons.

— Nous avons pourtant rencontré le gouverneur de Qena, Adel Habib, qui nous a rassurés sur le respect témoigné à la minorité chrétienne... D'ailleurs, tout le monde nous répète avec insistance qu'il n'y a pas de discrimination religieuse dans le pays...

— Il y a un discours officiel, qui est sincère, une réelle volonté du pouvoir de nous protéger, mais il y a les faits et notre existence de citoyens de seconde classe. Malheureusement, le phénomène s'est aggravé dans les quinze dernières années.

— Mais ce pays est un État de droit, avec une police, une justice...

— Dans un conflit légal ou pénal, il y a toujours une occasion, dans le processus, pour nous donner tort. Nous le savons. Ils savent que nous savons, et ils n'en abusent pas. Alors nous ne nous plaignons jamais, nous faisons le dos rond. Seule la prière peut nous sauver...

Nous allons dormir chez lui. Tout est propre et soigné. Il nous présente à sa femme Iman, qui prend Sonia sous son aile. Notre hôtesse s'inquiète que nous n'ayons pas d'enfant ; est

---

1. Petit parasite du foie qui perfore les parois des organes et finit par affecter l'ensemble de l'abdomen.

convaincue, elle aussi, que nous marchons pour ça, et lui offre en guise de propitiation une robette de petite fille... Sonia en est bouleversée. À la télévision est annoncée la capture de Saddam Hussein. Abuna Yonan reste impassible :

— L'actualité est notre bulletin météorologique. Chaque fois qu'un événement affecte le monde arabe ou musulman, pour nous, le temps tourne à l'orage. Les Américains ne se rendent pas compte du tort qu'ils font aux chrétiens vivant en terre d'islam... Je vais devoir donner des consignes de vigilance...

La marche, les jours suivants, est pénible. Le trafic est intense, la campagne moche ; les zones industrielles désaffectées succèdent aux cités dortoirs insalubres, isolées en pleins champs de canne à sucre. Encore une autre Égypte. La température fraîchit. Sonia est obligée d'enfiler des collants de laine sous sa jupe. Nous marchons avec nos fourrures polaires et des gants. Le plus difficile, pour nous, c'est d'obtenir que les policiers viennent nous chercher à 8 heures du matin, et non à 10, faute de quoi nous perdons dix kilomètres de trajet. Nos rapports oscillent entre le flou artistique et l'efficacité. Nous comprenons, au fil des jours et des changements d'équipes, que tout se gère au présent, dans l'instant, de bouche à oreille. On nous passe de *merkaz*[1] en merkaz, avec cette seule consigne : « Suivez-les en voiture jusqu'aux limites de votre merkaz. » Malheureusement, le relais ne se fait jamais aux postes de police ; à chaque frontière, nous devons attendre qu'une voiture vienne du chef-lieu nous rejoindre où nous sommes pour nous escorter à travers le territoire dont elle a la responsabilité. Nous apprenons à anticiper : tandis que nous marchons, nous faisons en sorte que nos policiers commandent une autre voiture pour assurer le relais sans interruption. Ils passent ainsi de longues heures l'oreille vissée à leur talkie-walkie ou à leur téléphone à hurler des phrases inintelligibles pleines de « *itnin françaouin*[2] » de « *Aïwa !* » de « *kullu beregli* » de « *la ! Ma'arafsh leh ?* » de « *Diouf el Mohafiz* » ou encore de « *mashi a-basha* », qui finissent par bercer nos journées entre les « *tourlou-tût* » des appareils et les coups de klaxon des camions qui

---

1. Circonscription.
2. « Deux Français », « oui ! », « tout à pied », « Non ! Je ne sais pas pourquoi ? », « des hôtes du gouverneur », « ça marche, chef ! »

nous frôlent. De temps à autre, le *molazim*, le *naqib* ou le *raed*[1] qui nous a sous sa responsabilité vient se dérouiller les jambes à nos côtés. Notre marche est pour eux auréolée de mystères ; ils savent que nous venons de loin, mais l'Afrique reste quelque chose de très abstrait pour eux : ils nous demandent si nous sommes passés par le Nigeria ou le Sénégal... Pour la plupart originaires du delta, ils sont curieux de connaître les véritables motivations de notre marche. Ils ont tous fait six ou sept ans d'études dans la très sérieuse Académie de police du Caire, mais pas un ne parle un seul mot d'anglais. Alors c'est un peu difficile d'expliquer notre quête « dans les pas de l'Homme » d'autant plus qu'ils sont totalement hermétiques à toute notion d'évolution et de paléoanthropologie. L'une et l'autre sont des domaines contraires aux enseignements du Coran. Alors nous marchons pour la paix en Palestine. C'est plus simple. Quoique.

Nous passons ainsi Hiw, Nag Hamadi, Abou Shusha, Al Balyana où nous profitons d'une rupture de la chaîne entre nos escortes policières pour aller jeter un œil au temple d'Abydos, bâti par Séti Ier, le père de Ramsès.

— Tu te souviens ? Au Soudan, le premier cartouche qu'on ait vu était de Séti Ier. À Tumbus. Son territoire s'étendait jusque là-bas !

Le temple est constitué de sept chapelles alignées où figurent d'exquises gravures polychromes ciselées dans un calcaire d'une incroyable pureté. Une extraordinaire piété émane de chaque geste, de chaque rituel, de chaque offrande.

Le soir, parvenus à Girga, notre nouveau capitaine Walid cherche une paroisse copte où nous loger. Négatif. Il paraît soucieux. Nous le rassurons en lui disant que cela fait sept mois que nous vivons dans l'islam, que nous aimons les musulmans, que nous n'avons pas peur de dormir chez eux... Rien n'y fait. Musulman lui-même, il n'en démord pas. Chacun chez soi. Il tremble pour ses trois étoiles dorées. Les ordres sont les ordres. Après une prise de tête au talkie-walkie, il se tourne enfin vers nous, l'air inquiet :

— Il y a une paroisse copte à Regegna à quinze kilomètres vers l'ouest, vous acceptez d'y aller en voiture ?

---
1. Le lieutenant, le capitaine ou le commandant.

Nous acceptons. Il en pousse un soupir de soulagement. Je lui explique que nous souhaitons revenir reprendre la marche demain matin depuis ce carrefour, mais il ne semble pas comprendre le mot « *takatwa* » que je sors tout frais de mon petit lexique. Je reporte le problème à plus tard. Nous embarquons et filons vers l'ouest à tombeau ouvert, toutes sirènes hurlantes comme si le chauffeur voulait se venger d'avoir dû rouler au pas toute la journée...

Quand nous traversons nos premiers villages coptes, Walid marmonne des prières *Bismillah I rarmen I rahim...* (Par Dieu très-puissant et miséricordieux) comme s'il voulait conjurer un mauvais sort. Nous sentons la peur sourdre en lui. Il est nerveux et mal à l'aise. Aboie au chauffeur d'aller plus vite. Les gens sortent de chez eux, effrayés, certains culbutent pour éviter la voiture... Nous demandons à nos chauffards de ralentir afin de ne pas effrayer inutilement la quiétude de ce crépuscule champêtre, mais rien n'y fait, Walid me répond :

— *Rhatar katir, hinak...* (C'est très dangereux, ici...)

Dans Regegna, même cinéma, rugissements de moteur, sirène à bloc, virages au ras des murs, enfants qui giclent devant nous, chèvres paniquées... Les hommes se lèvent à notre passage, barbus, enturbannés, drapés dans de longues gallabiah ; rien ne les distingue des musulmans. Vraiment, Walid en fait trop, je le somme de ralentir :

— *Bichewiche low samat, ana zaalan, Inta Rhatar !* (Plus lentement, je vous prie, je ne suis pas content du tout. C'est vous qui êtes dangereux.)

Le chauffeur freine des quatre roues, les soldats se déploient, nous sommes arrivés. Walid tambourine sans ménagement à la grande porte métallique du presbytère. S'il était venu arrêter le prêtre du village – sachant ce que cet acte aurait de traumatisant pour la communauté – il n'aurait pas fait plus de bruit ; les gens s'attroupent, inquiets, des cris fusent, les policiers repoussent violemment la foule, font claquer leurs culasses ; s'ils avaient voulu provoquer une émeute, ils n'auraient pas fait mieux. Nous sortons de la voiture pour tenter de calmer le jeu. La confusion est totale, dans la poussière soulevée par le piétinement de cent pieds. La porte finit par s'ouvrir, nous nous engouffrons. À l'intérieur tout est silence. Un petit homme en noir, calme et calotté d'une étrange toque ronde, vient à nous sereinement. Rondelet, il porte une large barbe touffue, un brin comique, au-dessus d'une croix pectorale blanche en cuir tressé. Walid est tendu. Abuna Abraham se présente et nous demande de le suivre dans une salle de réception. Pour cela, il faut traverser l'église. Je fais signe aux soldats de s'arrêter sur le pas de la porte afin de ne pas pénétrer la nef avec leurs armes. C'est une question de respect. Abuna Abraham sourit, Walid s'excuse. Après de brèves explications dans un salon orné de grands posters de religieux coptes, Walid se retire. J'essaye encore de lui faire comprendre le fameux mot *takatwa*, le carrefour, en vain. J'abdique :

— *Aïwa, chouffoun garib tani boukrah inch'allah, saa tamanya bezabt low samat...* (D'accord, on se voit demain à 8 heures précises, si Dieu le veut!)

— *Inch'Allah!*

Nous entendons la voiture repartir et nous excusons en arabe de tout ce ramdam. Abuna Abraham nous répond en bon anglais :

— Ne vous inquiétez pas, nous avons l'habitude, vous avez remarqué comme il tremblait? Ce jeune officier inexpérimenté avait peur. La plupart des musulmans du delta ne nous connaissent pas et se font de fausses idées sur nous. Ils nous prennent presque pour des étrangers...

Après une brève présentation de notre marche, nous nous asseyons dans de confortables fauteuils de velours cramoisi. Historien, Abuna Abraham a fondé une bibliothèque historique au sein même de son église. Il démarre au quart de tour.

— Les jeunes Égyptiens ne savent plus rien. Ils ignorent le plus souvent, par exemple que le mot « Égypte » est une dérivation de « *Gyptos* » qui veut dire « copte ». Nous sommes les premiers Égyptiens, ceux de l'Égypte pharaonique convertis au christianisme. Nous avons accueilli chez nous pacifiquement les Perses puis les Arabes. Beaucoup d'entre nous se sont convertis à l'islam pour échapper au statut de dhimmi qui nous a été peu à peu imposé. Depuis, la domination n'a jamais cessé car nous ne nous sommes jamais soulevés. Nous étions vingt-quatre millions de coptes; nous ne sommes plus que la moitié. Quand une de nos filles épouse un musulman, elle devient musulmane, et nos fils n'ont pas le droit d'épouser de musulmanes, donc, nous ne nous sommes jamais mélangés avec les envahisseurs.

— Mais pourtant, vous êtes tous égyptiens ?

— Oui, mais l'Égypte en tant que nation indépendante n'existe que depuis 1956 et l'arrivée au pouvoir de Gamal abd el-Nasser, le premier Égyptien de souche à diriger l'Égypte, depuis les pharaons.

Nous marquons un temps d'arrêt; il rebondit sur notre stupeur :

— Eh oui ! Cela faisait plus de deux mille ans que nous vivions sous domination étrangère, d'où l'extraordinaire complexité de notre histoire et de nos origines. Vous allez comprendre. Déjà l'Égypte des Ptolémées était gréco-romaine. Ensuite, c'est Byzance qui nous a dirigés, ce qui a suscité beaucoup de schismes et d'hérésies, le nestorianisme, l'arianisme, et le monophysisme dont nous sommes issus. Sous cette tutelle fragile, la conquête du Caire en 636 par Amr el-As, un lieutenant d'Omar, le deuxième successeur de Mohammed, a été réalisée sans difficulté. C'est tout juste si nous ne l'avons pas accueilli comme un libérateur ! Dès lors, nous avons été gouvernés depuis Damas par les Omeyyades, depuis Bagdad par les Abbassides, puis nous avons été conquis par des Fatimides venus du Maghreb, puis par Saladin et ses descendants ayyubides venus du Liban, qui ont été renversés à leur tour par les mamelouks de Baybars et enfin par les Ottomans de Soliman le Magnifique avant que n'arrivent Napoléon puis les Britanniques. Avec tous ces va-et-vient, nous sommes le pays de l'Ancien Monde le plus mélangé : vous avez sans doute vu à Assouan des Nubiens noirs comme de l'encre; vous verrez dans le delta des descendants de Berbères ou de croisés francs, roux aux yeux bleus.

Au-dessus de nos têtes, de très grands posters de patriarches coptes posent sur nous des regards sévères.

— Lui, c'est Baba Carolus, mort en 1971 : tout le monde l'adorait, il a fait des miracles, c'est un saint. Et voici notre patriarche actuel, Baba Chenouda qui malheureusement vient de rompre le dialogue œcuménique avec Jean-Paul II...

Nous sommes interrompus par un haut-parleur mal réglé qui crache un épouvantable graillon éraillé. Nous sommes stupéfaits car pour une fois nous n'avons pas remarqué de mosquée en face de l'église. Abuna Abraham répond à notre interrogation :

— Ils ont tiré un fil et mis le haut-parleur sur le toit de la maison voisine, en attendant le minaret... La construction de la mosquée va bientôt commencer. Le minaret sera de deux mètres plus haut que notre clocher. C'est tellement puéril !

Je m'indigne :

— N'existe-t-il pas une loi qui délimite un périmètre à respecter pour bâtir un lieu de culte différent ?

— Si, mais elle est contournée ou ignorée et elle n'est pas réciproque puisque nous n'avons plus le droit de construire de nouvelles églises. Les rares exceptions se payent très cher. Ici, à Regegna, nous sommes trois mille chrétiens pour deux mille musulmans. Personne ne veut l'avouer mais c'est la course aux enfants. Et nous sommes lentement dépassés. Nous avons deux églises, et ils ont trois mosquées, toutes trois construites depuis Anouar el-Sadate. Et une quatrième en projet. Leur objectif est d'en avoir cinq par village, pour reprendre la symbolique des cinq piliers de l'islam et nous encercler de haut-parleurs. Mon sentiment est que ce sont ces haut-parleurs qui leur font perdre la tête. Avant, nous n'avions pas de problèmes, on se respectait en silence. Maintenant il y a trop de bruit et trop d'influences étrangères. Les haut-parleurs et les paraboles ont rendu l'islam fou...

Le lendemain matin, pas de voiture de police en vue. Abuna Abraham doit partir ; plus personne ne parle anglais. Nous sommes le bec dans le sable. Furax. Enfin, le capitaine Walid se pointe... Il est midi ! Et il s'obstine à ne pas vouloir comprendre le mot « *takatwa* », le « carrefour », d'où nous voulons reprendre la marche. Je fulmine ; dessine des carrefours sur le sable ; il imagine que je fais des croix, que nous voulons voir une autre église... Tout le monde se marre. Un des sous-fifres en treillis de laine – soldat analphabète de première classe – se penche alors à son oreille :

— *Ana fahim, el Khawaga kerem min el tâkâtwâ min embereh.* (Je comprends, l'étranger parle du carrefour d'hier.)

Eurêka ! Tilt entre les trois étoiles et les trois neurones de Walid ! Le tâkâtwâ ! Bon sang, mais c'est bien sûr ! Vous ne pouviez pas le dire plus tôt : le tâkâtwâ !

— *Aïwa ! Mafiche mouchkilla. Yalla fil tâkâtwâ.* (OK ! Pas de problèmes, retournons au carrefour.)

Sobriquet dont nous rebaptisons illico notre capitaine pour la plus grande joie de toute l'équipe : Walid el-Tâkâtwâ !

Bon an mal an, jour après jour, nous descendons le Nil en remontant vers le nord. À Sohag, le gouverneur Mamdour Kidwani nous loge dans un petit cottage sur une île au cœur d'une grosse ville industrielle décatie où nous arrivons épuisés, par un froid glacial. Dans la journée, nous marchons au milieu d'immenses plantations de canne à sucre. Nos policiers en ruminent des kilos à l'arrière de la voiture, recrachant bruyamment la pulpe sur la chaussée après en avoir exprimé le jus qui n'a de sucré que le nom. Ça les occupe une bonne partie de la journée. Dans la verdure, volettent les aigrettes blanches ; dans le ciel, se dressent des fers à béton au-dessus de masures inachevées ; dans l'air, retentissent les klaxons mêlés aux appels du muezzin. Au fil des canaux que nous longeons, des canards vivants et des chiens crevés défilent devant les lavandières et les jeunes filles occupées à faire la vaisselle... Routine de notre route. Tant de policiers se succèdent à nos côtés, de merkaz en merkaz, que nous ne retenons plus leurs noms. Parfois, nous n'avons même pas eu le temps de leur adresser la parole qu'ils sont déjà relayés. Nous transbahutons nos sacs de voiture en voiture, saluons, remercions. Cela nous épuise. Sonia, toujours pleine de ressources, a confectionné un petit dossier relié de tous nos articles parus en arabe à Khartoum, Assouan et Louxor ; articles agrémentés de photos de nos serre-pince avec les gouverneurs. Elle le tend aux nouveaux policiers en guise de présentations ce qui nous évite de nous arrêter chaque fois. En arrivant, ils ont souvent une expression de vague mépris pour les piétons que nous sommes, mais nous quittent enthousiastes avec la bouche pleine d'encouragements. Qu'y a-t-il de si exaltant dans ces articles ?

Dans les zones urbaines, la consigne est qu'un policier doit marcher à notre côté comme le ferait un garde du corps, le pistolet-mitrailleur Heckler *und* Koch à la main ou le pistolet Helwan à la ceinture, copie égyptienne du gros Beretta 1951. Bref ! Nous ne passons pas inaperçus. Ce soir, avant d'entrer dans Abou Tig, nous avons droit à du gros calibre, au diable les pétoires, nous sommes escortés par un VAB[1] à tourelle. Oui ! Un char à roues ! Avec le canon pointé entre nous et un serveur en position de tir. Nous marchons l'air de rien devant l'engin de guerre.

---

1. Véhicule de l'avant blindé.

Le capitaine du merkaz d'Abou Tig, complètement flippé, a bien essayé de nous empêcher d'entrer sur son territoire à pied sous le prétexte qu'il y avait dans les parages « de dangereux criminels, des tueurs prêts à tout », mais Sonia a développé une excellente technique. Pendant que je discute avec l'officier récalcitrant, elle file l'air de rien. Quand ils remarquent son esquive, un ou deux policiers lui courent après sans oser poser la main sur elle : on ne touche pas à une femme ! Surtout quand son mari n'est pas loin. Je fais alors comprendre à l'officier que je ne peux pas laisser ma femme sans défense et cours la rejoindre en me poilant. Nous forçons ainsi nombre de barrages ou de réticences ; en fait, nous gagnons du temps et coupons court à d'interminables et itératives palabres. Quand ils constatent que notre marche c'est du sérieux et pas seulement une coquetterie d'Occidentaux excentriques, ils n'insistent plus et nous laissent passer même dans des zones où eux-mêmes sont *persona non grata*.

Nous voilà donc au crépuscule, peu avant Abou Tig, devant notre blindé, en compagnie d'un policier. Soudain, entre deux maisons, fondent sur nous des enfants armés de mitraillettes en bambou et le front ceint de bandeaux portant des inscriptions coraniques. Passé l'effet de surprise, on se dit après tout que nos enfants jouent bien aux cow-boys et aux Indiens... Mais ils se mettent à sauter d'un pied sur l'autre avec leurs armes dressées vers le ciel tout en criant :

— Hamas ! Hamas ! Hamas !

Le policier leur crie :

— *Khalas ! Yekhreb beitkum*[1] *!*

Ils n'en n'ont cure, séparés de nous par la largeur d'un canal. Des témoins de la scène ricanent. Mal à l'aise, notre policier revient tandis que des cailloux ricochent sur le VAB.

— Ce ne sont que des enfants ! s'excuse-t-il.

Et alors ? C'est encore plus grave. Encore plus triste parce que ce sont des enfants. Que leur dit-on à ces enfants ? Quel avenir leur prépare-t-on ? Que savent-ils de la Palestine ? d'Israël ? de nous ? La seule vision de notre occidentalité déclenche ce prurit irrationnel. Nous sommes consternés.

Une fois en ville, la tension monte encore. Nous ne poussons pas plus loin notre petite expérience et embarquons dans le

---

1. Ça suffit ! Que votre maison s'écroule ! (sous-entendu : « malheur à vous ! »).

VAB qui nous dépose bientôt devant une porte métallique qui s'ouvre sur une petite bonne sœur catholique effarée. Sœur Sabah est libanaise. Elle appartient à la communauté italienne des sœurs de Caïani. Rondouillarde et généreuse comme un sourire, elle recueille et éduque dans cette maison une douzaine de jeunes filles sans famille de toutes confessions. Elle s'inquiète pour nous.

— Heureusement que vous avez la police. Sans elle, vous auriez beaucoup de problèmes. Ces gamins, ce sont les mêmes que ceux de Gaza ou du Beyrouth de mon enfance. Vous savez, j'ai grandi sous les bombes et je n'oublierai jamais. Pauvres enfants ! Il faut les plaindre. Sauf qu'eux, ils n'ont pas connu les bombes ; ils sont manipulés par des gens mal intentionnés.

Elle en tremble de la lèvre et des mains, petit capitaine courageux qui tente d'infléchir le destin de douze filles perdues dans cet univers hostile et délabré où les enfants chantent des appels à la guerre. Une porte claque, elle sursaute et en rit aussitôt :

— Vous voyez... je suis traumatisée...

Ce soir, passe à la télévision *Notting Hill*, romance américaine avec Hugh Grant et Julia Roberts. Les filles sont collées à l'écran. Londres, l'amour, la liberté, l'opulence. Nous sommes nous aussi scotchés, mais pas pour la même raison : le premier baiser, sur un banc public, a été censuré... Mais pas celui de la fin, le jour du mariage. La morale est sauve...

Ce matin, nous parvenons à partir aux aurores ; notre officier est trop content de nous faire quitter la ville encore engourdie de froid et de sommeil. Francis, un voisin de sœur Sabah avec qui nous avons longuement discuté la veille, est allé m'acheter un pull-over, car ma fourrure polaire et ma Goretex ne suffisent plus. Sonia s'est vu dotée d'un tricot gris de la communauté de Caïani. Encore une fois, tous nous ont demandé de porter leurs noms à Jérusalem. Quelle mission ! Tous ces noms de musulmans et de chrétiens réunis dans nos cœurs et dans nos têtes, tous ces noms de croyants, tous ces espoirs tendus vers cette ville dont peuvent sortir le pire comme le meilleur. Nous ne savons plus que penser. Nous portons. Nous ne sommes que des passeurs passant.

Journée de merde, route de merde, déprime. Forcément, à marcher sur une autoroute en travaux, suivis par un blindé, entre une voie ferrée et un canal putride, on doute... Petit doute solitaire d'un matin glauque. Mon seul soleil, c'est Sonia. Elle est là, devant moi, imperturbable. Je vois ses petites mains fines battre le long de sa jupe. Quelle grâce dans cette crasse ! Son regard va et vient sur les immondices des canaux et sur les gourbis insalubres. Quelle légèreté dans tant de pesanteur ! D'un seul regard, elle transfigure la laideur, transforme les crapauds en elfes. Elle se retourne vers moi et chantonne.

— Eh bien ! Rapinou ! T'en fais une tête !

Quelle joie dans toute cette grisaille ! Elle me donne des ailes.

Au déjeuner, dans un gourbi, tout le monde est gentil avec nous, les gens souriants, cela me remonte le moral ; et le poulet grillé au citron me réconcilie avec l'existence ; un rai de soleil se pointe, on nous apporte des mezzés, des salades ; je fais part à Sonia de ma surprise :

— On est aux petits oignons aujourd'hui...

— Tu en vois beaucoup, toi, de clients qui arrivent escortés par un blindé...

Je m'en étrangle presque de rire à la joie générale. Sonia est un antidote miracle contre la morosité. Nous rallions Assiout, capitale de la moyenne Égypte, où s'écroulent des palais hérités des dernières splendeurs de l'Égypte précoloniale de Méhémet Ali. Quand Sonia s'inquiète des ruines aperçues, l'affable *mohafiz* [1] Ahmad Hammam Atia lui sort un gros dossier concernant la restauration d'une centaine d'entre eux. À chaque visite de gouverneur nous recevons des cadeaux officiels, des *tizkars*, qui s'entassent dans un gros sac que nous avons dû acheter à cet effet – souvent l'insigne de la ville, en métal, dans un cadre de velours. Cette fois, nous sommes gratifiés d'un tapis orné d'une Isis et d'un Osiris. En reprenant la route, je regrette qu'il ne soit pas volant.

---

1. Gouverneur.

Deïr el-Moharrak, jeudi 25 décembre 2003, 1 093ᵉ jour, 12 456ᵉ km

Noël au cœur de l'Égypte. Noël sans Noël puisque les coptes le fêtent le 7 janvier. Mais Noël plus que Noël, puisque c'est en ce lieu, précisément, que Joseph, Marie et Jésus sont venus se réfugier au terme de leur fuite en Égypte. Nous sommes reçus par Abuna Boutros, un géant à la peau très blanche, à la barbe très noire, aux yeux bien dessinés de part et d'autre d'un grand nez aquilin. Une figure christique. Il porte un bonnet traditionnel, noir, ogival et bien ajusté, orné d'une broderie délicate – des croix au fil d'argent – qu'il a exécutée lui-même, selon la règle. Des icônes du IXᵉ siècle témoignent que les moines d'alors utilisaient ce même couvre-chef. Abuna Boutros nous remémore une célèbre aventure.

— Juste après la visite des Rois mages à Bethléem, l'ange dit à Joseph : « Lève-toi, prends l'enfant et sa mère et fuis en Égypte. Restes-y jusqu'à ce que je te prévienne, car Hérode cherche l'enfant pour le faire mourir. » Et ce fut le massacre des Innocents. Les premiers saints martyrs du christianisme. Deïr el-Moharrak est l'endroit le plus au sud qu'ait atteint la Sainte Famille. On estime qu'elle arriva ici au bout de deux ans de marche...

— Deux ans pour une si petite distance ?

— Ils allaient moins vite que vous, et sans escorte policière ! Et puis ils s'arrêtaient plusieurs mois dans les villages. N'oubliez pas qu'ils voyageaient avec un bébé en bas âge. Nous avons dans le pays près de vingt-cinq sites qui ont conservé la mémoire de leur passage. Mais c'est ici qu'ils sont restés le plus longtemps, à peu près six mois ; six mois à l'issue desquels Joseph reçut à nouveau la visite de l'ange, qui lui dit : « Lève-toi, prends l'enfant et sa mère, et retourne en terre d'Israël, car ils sont morts ceux qui en voulaient à sa vie. » Pour le retour, ils descendirent le Nil sur une bonne partie de l'itinéraire.

Abuna Boutros nous conduit au *husn*, le donjon romain, qui, depuis le IVᵉ siècle, offre aux moines une solution de repli en cas d'attaque. La tour, rectangulaire et massive, décorée de croix pattées et isolée par un pont-levis, semble imprenable.

— Pendant les périodes de troubles, les monastères sont traditionnellement la proie des pillards, c'est pourquoi ils ont tous un donjon comme celui-ci. Mais le nôtre n'a jamais servi, car Deïr el-Moharrak a toujours bénéficié d'une protection particulière... Le seul mort que nous ayons eu à déplorer a été tué il y a cinq ans, mais en dehors de la clôture...

— Que s'est-il passé ?

— C'était le père jardinier ; il était allé réclamer leur loyer à deux paysans musulmans pour une terre que nous leur laissions en fermage. Cela faisait sept ans qu'ils ne payaient plus. Notre pauvre père a été payé d'une rafale de mitraillette en pleine poitrine. Les deux frères ont fait trois ans de prison et sont ressortis. Ils nous narguent, maintenant, par-dessus les murs...

Nous parvenons au sommet du donjon par une série d'escaliers en colimaçon recelant des caches et des itinéraires secrets.

Face au paysage crépusculaire qu'il balaie du regard, le père conclut :

— Notre seule arme est de les aimer plus qu'ils nous aiment... Et ce n'est pas difficile !

La campagne est grasse et fertile, autour des hauts remparts du monastère. Très loin, dans le fond de l'air, vibre l'appel à la prière.

— Oublions cette triste histoire. Laissez-moi plutôt vous montrer notre trésor. Nous avons en ces lieux un des plus anciens autels de la chrétienté, c'est la pierre sur laquelle la Sainte Famille dormait ! La première église a été construite dès l'arrivée de saint Marc à Alexandrie, en 38 de notre ère, et cette pierre en est devenue l'autel.

Nous la découvrons dans une chapelle malheureusement fraîchement ripolinée de blanc, où d'authentiques icônes anciennes se mélangent avec des posters fluo de la pire espèce. En fait, tout le monastère est en travaux – alors que nous aurions aimé le trouver dans son jus... Il semble remarquer notre déception.

— Vous savez, ce n'est qu'une pierre. Quand l'homme cherchait Dieu, il créait des temples, et vous avez vu qu'en Égypte nous avons été capables de construire d'immenses temples de pierre, sans cesse plus beaux et plus puissants. Qu'en reste-t-il ? Aujourd'hui, Dieu est en nous et nous sommes le temple. L'Église, ce ne sont pas des murs mais des hommes.

El Minya, dimanche 28 décembre 2003, 1 096ᵉ jour, 48 km, 12 545ᵉ km

La petite dame boudinée dans son hijab a du mal à s'extraire de sa voiture. C'est la représentante du ministère du Tourisme, venue à notre rencontre. Salwa el-Sorughi a le souffle court mais parle un français impeccable. De son visage arrondi par un voile serré, on retient deux yeux ronds et rieurs. Tout de suite, elle nous adopte, mais ne parvient pas à dissimuler son inquiétude.

— Vous êtes invités ce soir par le gouverneur à un concert donné à l'université ; or le centre-ville est encore à dix kilomètres... On ne peut pas se permettre d'être en retard, surtout si vous voulez passer par votre hôtel. Nous vous avons réservé une chambre au Cleopâtra... Allez ! Montez ! Je sais que vous refusez toujours, mais faites ça pour moi... S'il vous plaît !... Il fait nuit noire...

Elle est si gentille que nous acceptons. Tout va très vite. Salwa est une redoutable organisatrice. En une demi-heure, nous nous retrouvons assis au premier rang d'un immense théâtre moderne, dans des fauteuils de velours, parmi des brochettes d'officiels et de généraux en grand uniforme. Derrière nous, trois mille étudiants tirés à quatre épingles ; les garçons, le cheveu court et gominé, le pull moulant, les filles portant toutes le hijab universitaire des sœurs musulmanes. Le silence est parfait. Nul besoin de service d'ordre. L'orchestre symphonique prend place : costumes sombres et violons, robes longues et nœuds papillons, la grande classe. Une fois n'est pas coutume, nous avons un interprète anglophone attitré.

— C'est la soirée de clôture trimestrielle et l'université a invité pour l'occasion le très célèbre chanteur Iman el-Bahr Derviche. Il est le petit-fils de notre grand révolutionnaire Saïd Derviche, compagnon de libération de Saad Zaghloul dès 1919. C'est un peu notre Johnny Hallyday...

Notre guide est interrompu par l'entrée en scène de la star. Toutes les filles se sont levées d'un seul élan en criant et en applaudissant – de vraies groupies.

L'homme est beau, grand, fin, souple : un mélange de Roch Voisine et de Gary Cooper ; une vraie tête d'acteur. Raie gominée, sourire Ultra Brite, smoking impeccable, boutons de manchettes en nacre. Il calme la foule d'un geste paternel. Après un bref discours formel, il se retourne vers le chef qui lève alors sa baguette et lance son orchestre. Malgré les costumes, la musique qui en émane n'a rien d'occidental. Beaucoup de percussions et de cordes pincées, d'instruments à vent orientaux. La belle voix du crooner s'échauffe ; il attrape le pied du micro ; on s'y croirait. D'un coup d'un seul, nous sommes passés de l'Égypte des fellahs et des travaux perpétuels à l'Égypte prospère des mégalopoles. Au fil des chansons, le public s'échauffe, le bellâtre égrène ses romances pleines de « *habibi* » de « *bint* », de « *hadiya* » et de « *noor albi* [1] » que nous comprenons sans l'aide du traducteur. L'ambiance monte d'un cran avec une chanson pleine de « *beledi* », « *raïs* » et d'« *horeya* [2] ». Puis, soudain, sur ce qui semble être un tube, la foule se déchaîne ; les jeunes reprennent en chœur :

— *Feyn ! Feyn ! Seyf Allah ! Seyf an Nahr ! Tahal ! Philistin ihtag adala ! Ma Zulfakar ! Adini beled for el Aqsa ! Tahal, Khalid ibn el Walid, tahal tani !*

Je me tourne vers notre voisin extatique ; il nous traduit :
— « Où es-tu ? Où es-tu ? Épée de Dieu ! Épée de feu ! Viens ! Les Palestiniens ont besoin de justice ! Avec Zulfakar [3] ! Donne un pays à El-Aqsa [4] ! Viens Khalid ibn el-Walid [5], reviens !...

Salwa, qui du bout de sa rangée a compris ce qui se passait, lance un regard noir à notre interprète – qui se tait soudain. Nous en avons assez entendu. Quand il a fini son tube et que la température redescend, la bête de scène entame un discours. notre traducteur ne nous traduit plus, mais il n'est pas difficile de comprendre le sens de ses paroles pleines d'« Israel », « America », « Irak », « Muslimuna » – sûrement des paroles de paix... Et ce qui avait commencé comme une soirée bon enfant

---

1. Mon trésor, la jeune fille, un cadeau, lumière de mon cœur...
2. Mon pays, le président, la liberté.
3. Nom de l'épée de Mohammed (Mahomet), qui comportait deux pointes.
4. Mosquée de l'esplanade de Jérusalem jouxtant le Dôme du Rocher ; la brigade des martyrs d'El-Aqsa est un groupe terroriste ayant revendiqué nombre d'attentats perpétrés contre des Israéliens.
5. Compagnon d'armes du prophète Mohammed pendant l'hégire, Khalid ibn el-Walid fut un glorieux combattant qui défit tour à tour, dans d'immenses batailles, les Bédouins insoumis, les Perses, les Byzantins, les Syriens, et participa à la conquête de la Terre sainte et de l'Égypte. Il fut baptisé par Mohammed : « Épée de Dieu ».

prend les allures d'un meeting politique qu'il clôture en faisant répéter par la salle envoûtée, une salve de « *Allah u Akbar!* ». Heureusement que nous ne sommes ni américains ni juifs, et encore moins des ennemis de l'islam ! Dans le hall, une équipe de télévision nous tombe dessus.

— Alors ? Vous avez aimé ? Nous avons lu dans tous les journaux que vous marchiez depuis trois ans pour la libération de la Palestine...

Au moins, nous savons maintenant pourquoi nos articles avaient tant de succès... Nous ressortons de cette belle soirée mal à l'aise.

Les jours qui suivent sont plus calmes. Grâce aux bons soins de notre gentille Salwa, nous visitons les sites historiques de Tell el-Amarna, de Beni Hassan et de Tuna el-Gabal. Du premier, il ne reste presque rien, si grand a été le soin pris par les successeurs d'Akhenaton pour effacer les traces de sa révolution amarnienne. Plane sur le pédiment désolé de la montagne le souvenir du pharaon visionnaire, promoteur d'un culte confondant l'amour, l'égalité, Dieu et le Soleil, dans une des premières tentatives monothéistes de l'humanité. Sur les rares fresques encore intactes, le dieu solaire Aton tend vers les hommes des dizaines de petites mains accrochées au bout de ses rayons : c'est un bon début.

Beni Hassan est une révélation : peintes sur le crépi des sépultures de nobles du Moyen-Empire creusées dans une falaise de calcaire figurent déjà les jeux olympiques, la lutte, le yoga, les échecs, les jongleries, les châtiments corporels, les acrobaties... Sur les murs, autour de nous, la vie des hommes en bandes dessinées, il y a plus de quatre mille ans. Avant Thèbes, avant Ramsès ! Ici, un savetier fabrique des sandales, là, des vignerons foulent la vigne tandis qu'au-dessus de leurs têtes des souffleurs de verre protègent leurs œuvres des boomerangs des oiseleurs qui rabattent un vol de canards dans de vastes filets. Tout est jubilation. Qui, aujourd'hui, pourrait s'offrir une telle demeure d'éternité ? À Tuna el-Gabal, nous tombons en pâmoison devant le tombeau intact de Pétosiris, un pur chef-d'œuvre ptolémaïque dont les bas-reliefs retracent avec une extraordinaire précision des gestes d'artisans gréco-romains plus vrais que nature. Un tourneur de bois avec son ciseau, un peseur d'or avec sa balance, une fileuse de lin avec sa bobine, un orfèvre avec ses bijoux, un pharmacien avec ses fioles, font face à un laboureur avec son araire, un faucheur avec sa serpe, un berger à la traite, un vétérinaire à la mise bas d'un veau, un pressoir d'huile d'olive... Les visages ont changé : les Africains et les Orientaux côtoient des Latins barbus, des blondins moustachus, ou des athlètes dignes du Parthénon. Notre monument égyptien préféré. Du côté de la montagne, il y a l'Ibistafion, un dédale souterrain truffé de six millions de momies d'ibis. On peut y déambuler sur trois cents mètres pleins de frissons, d'ombre et d'éternité silencieuse. Il faut vraiment venir à El-Minya pour voir ces merveilles, loin des foules de Louxor.

Nous passons le réveillon à l'hôtel Cléopâtra en compagnie de Sarwat, son propriétaire, qui possède aussi une pizzeria sise à Asnières, et de trois amis venus de France nous rejoindre : Agnès Niox-Château ainsi que Laurence et Philippe de Grandmaison. Ils sont bien décidés à marcher un jour ou deux avec nous. Il est vrai que ça sent l'écurie ! Nous avons pris du retard. Nous avions prévu de finir notre marche en trois ans. Il nous reste plus de mille kilomètres à parcourir. Ce 31 décembre est aussi pour nous l'occasion de dresser un premier bilan. Un coup d'œil à notre journal de bord permet de constater que notre vitesse est décroissante : 5 000 kilomètres la première année, 4 100 kilomètres la deuxième et 3 440 kilomètres la troisième... On fatigue. Il est vrai que la marche a été de plus en plus dure, de plus en plus complexe, plus riche et plus pauvre à la fois. Il y a trois ans, nous gelions dans un bunker du cap de Bonne-Espérance ; il y a deux ans, nous suions dans les moiteurs féeriques de la mission de Mua, au Malawi ; l'année dernière nous chantions des airs d'opéra dans les montagnes du Simien, en Éthiopie, avec un groupe de touristes italiens passablement éméchés par un vin mousseux local. Cette année, nous célébrons notre entrée en 2004 par une danse du ventre endiablée que nous exécutons sous la férule rythmique d'une voluptueuse dompteuse d'hommes au décolleté plantureux. Sonia me glisse à l'oreille :

— Fais gaffe Alex ! Y a un dicton slovaque qui dit : « Comme l'année commence, elle finit. » Va t'asseoir, sinon tu vas danser toute l'année.

Sprint final. Les premiers jours de l'année s'enchaînent, ainsi que les villes. Nous tirons sur la machine. Samalot, Beni Mazar, Maghagha, El-Fashn, Beni Suef, Bush, El-Wasitah... Bush ? Vous avez dit Bush ? Malheureux village. Il nous y arrive une histoire amusante. Le maire d'El-Wasitah, Eustaz Effat, sans doute en mal de communication, vient nous y retrouver avec des photographes et des T-shirts : « Egypt, World Cup 2010 ». En effet, le pays est candidat pour accueillir la Coupe du monde de football, et ce digne représentant du peuple considère qu'il ne peut laisser deux sportifs passer dans son merkaz sans les récupérer pour cette noble cause. Les voitures de sa suite, les policiers, les ordres et contrordres aboyés aux talkies-walkies créent un embouteillage monstre. Qu'à cela ne tienne ! « Si l'Égypte accueillait la Coupe du monde, tous ces problèmes seraient résolus : la pauvreté, le développement, le terrorisme... », nous résume notre administré sautillant. Les voilà repartis. Ouf !

Mais ce n'est pas fini ; ils nous ont préparé une petite surprise : un peu plus loin, sur le bas-côté, un banquet nous a été dressé, avec des gros gâteaux à la crème, des Pepsi et des Fanta à la pelle ainsi qu'un groupe de danseurs traditionnels. Pas moyen de décliner. Une autre dame du tourisme, Mme Ikhlas, nous y accueille toute pimpelochée et parfumée dans un hijab léopard avec sac à main assorti. Son assistante, pas vraiment gâtée par la nature, est bâchée de gris et cachée derrière d'épaisses lunettes de myope. Elle refuse mon salut – soit ! – mais accepte de serrer la main de Sonia. Quand nous sommes assis, un car scolaire décharge des petites danseuses déguisées que l'on force à gesticuler dans le bazar ambiant qui n'avait pas besoin de ces malheureuses pour être pathétique. Atroce Bush !

Nous repartons enfin, mais Sonia reste silencieuse. J'essaye de la détendre :

— Ça partait d'un bon sentiment ! Et puis le gâteau était bon !

— C'est pas ça. Un truc m'est resté en travers de la gorge : l'assistante de Mme Ikhlass s'est recouvert la main d'un pan de son hijab avant de serrer la mienne. Dans son regard, on lisait que j'étais sale et qu'elle était pure...

Elle est interrompue par un spasme qui lui fait rendre sur le bas-côté les excès de sucre ingurgités. Dans la foulée, nous apprenons la mort de cent trente-huit Français dans le crash inexpliqué de Charm el-Cheik ; trois jours plus tôt, notre ministre de l'Intérieur s'est rendu à l'université al-Azhar pour expliquer aux oulémas, avec le soutien du gouvernement égyptien, son projet de loi sur le voile islamique et la laïcité, et ainsi tenter d'apaiser le débat qui fait rage en France et sur le pourtour méditerranéen. À El-Wasitah, un adjoint du maire nous présente à sa manière ses condoléances pour la disparition de nos compatriotes : « Si ce n'est pas la main d'un homme, c'est celle de Dieu. » Toujours cette ambiguïté...

Le surlendemain, tandis que je jongle avec des oranges tout en marchant, histoire de distraire le commandant Hani qui se dérouille les guibolles en notre compagnie, un taxi arrive à contresens. Il s'arrête à notre hauteur ; ses portières s'ouvrent et en jaillissent Florence Tran et Pascal Cardeilhac. C'est le jeune couple qui travaille patiemment et passionnément sur nos images depuis deux ans. Ils ont pris notre marche en cours de route, à la demande de Stéphane Millière, notre producteur, c'est pourquoi nous les connaissons bien moins qu'ils ne nous connaissent – ils ont visionné plus de trois cents heures de nos bobines. Premières et émouvantes rencontres. Elle est une petite Eurasienne à la langue bien pendue chez qui l'on sent bouillonner un perpétuel questionnement. Lui est un intelligent mélange de Pyrénées et de Grande-Bretagne, les pieds solidement plantés au sol comme un pilier de rugby et un regard haut perché qui considère les choses avec une causticité bienveillante. À eux deux, ils forment une équipe très créative. Ils sont venus nous accompagner pendant nos deux derniers jours avant Le Caire où nous devrons visionner nos six premiers épisodes de vingt-six minutes dans le studio d'enregistrement qu'ils ont réservé. Nous avons une semaine pour écrire les commentaires de ces six films et les faire coller aux images... Du boulot en perspective !

Le soir, nous échouons après quelques tergiversations policières dans l'église Malak Mikael d'el-Badrashayn. Florence a de grosses ampoules et des courbatures. Pascal a moins souffert, avec ses interminables jambes. Ils vont découvrir que la difficulté du trek est moins dans la marche elle-même que dans ses à-côtés : pas de douche, un dîner de falafels froids et gras, les visites des voisins, des policiers, des prêtres. Devoir parler à tous, s'oublier, oublier les souffrances du jour, faire une croix sur son intimité... Nous aurions pu aller à l'hôtel, ce soir; mais ils seraient passés à côté de ce qui a constitué la moitié de nos vies depuis trois ans. Le sel de l'Afrique. S'endormir rompu de fatigue couvert de sueur, d'espérance et de témoignages.

Le Caire, vendredi 9 janvier 2004, 1 108ᵉ jour, 31 km, 12 810ᵉ km

Elle a crevé l'horizon de cette banlieue vague et crasseuse. Pur diamant, elle s'est élevée un peu plus à chaque pas, poussant au-dessus des gourbis et des canaux-égouts ses tonnes de pierre : Chéops. Une vague d'émotion nous submerge qui lave nos épreuves récentes. La moyenne Égypte a été pourtant bonne avec nous ; tout le monde s'est décarcassé pour rendre notre traversée du pays possible : ministères, policiers, gouverneurs, religieux coptes, mais nous sommes mentalement et physiquement sur les rotules. Trop de marche forcée, trop d'empathie forcée. Devoir de comprendre pourquoi tant de jeunes chantent leur haine d'Israël ; devoir de se mettre dans la peau de milliers de gens qui souffrent de petites persécutions religieuses latentes, devoir de comprendre le ressentiment d'un peuple sans espérance. La vision subite de cette pyramide surgie au détour du chemin abolit tout. C'est la borne, le pivot, le jalon que nous attendons tant, vers lequel nos espoirs étaient tendus depuis si longtemps. Combien d'horizons, combien de ciels avant ce ciel de plomb entaillé par ce monument érigé il y a cinq mille ans par amour de l'éternité.

L'idée d'éternité ne devait pas être très ancienne, au temps de Chéops ; pourtant, c'est la civilisation égyptienne qui l'a sans doute le mieux matérialisée. Depuis lors, la foi de l'Homme en l'éternité n'a cessé s'étioler. Aujourd'hui, elle est pourtant plus que jamais le plus grand mystère, dans ses noces avec l'infini. Sonia semble répondre à mes réflexions.

— C'est incroyable qu'il y a cinq mille ans, un homme se soit dit : Ma tombe sera éternelle si ma vie est éphémère.

— Imagine combien d'hommes et de corps ont disparu depuis, avalés par la terre ?

— Celui de Chéops aussi d'ailleurs, qui n'a toujours pas été retrouvé !

— Je suis du reste assez curieux de savoir ce que va nous dire Jean-Pierre Corteggiani [1] à ce sujet...

Nous accélérons insensiblement le pas, perdons nos policiers dans les embouteillages, traçons, filons, les retrouvons, montons la pente qui conduit au plateau de Gizeh. Elle est là, immense, immuable, nous continuons ; Essam el Mograby [2], l'éminence grise qui a travaillé trois mois dans l'ombre pour que nos pas nous conduisent ici nous attend avec une brassée de roses rouges pour Sonia. Il est notre seul comité d'accueil. Nous l'embrassons et filons ; nous avons rendez-vous avec une très vieille et noble dame, la seule des sept merveilles du monde encore existante, le plus gros monument de pierres accumulées, un des plus anciens aussi ; le monument de tous les extrêmes ; nous franchissons la corde jaune qui en interdit l'accès ; quinze mètres, dix mètres, cinq mètres, contact.

---

1. Égyptologue, chargé des relations scientifiques et techniques de l'IFAO (Institut français d'archéologie orientale).
2. Directeur des studios Masr où nous allons enregistrer les commentaires de nos films.

36

La pyramide et le papillon

Cape to Cairo, c'est fini ! Ça tourbillonne dans nos têtes vidées. En silence, en nous tenant par la taille, nous faisons deux fois le tour de la pyramide. Nous avons une pensée pour Ewart Grogan, premier homme à avoir réussi la traversée du continent par la terre, en 1900. Il y a seulement un siècle. L'esprit était différent. Le but était de conquérir le cœur d'une belle héritière dont le père lui avait refusé la main. Et aussi d'ouvrir l'Afrique de l'intérieur aux colonisateurs britanniques – et à Cecil Rhodes, qui rêvait d'une voie ferrée du Cap au Caire. Sur la totalité de l'itinéraire, Grogan n'a marché que mille deux cents kilomètres. Le reste a été parcouru dans une chaise à porteurs, dans des steamers, sur les grands lacs, et en train depuis Khartoum. Autre fâcheux détail : il a dû tuer en chemin une douzaine de personnes pour sa survie. Autres temps, autres mœurs.

Nous passons devant un petit panneau qui annonce comme un défi : *No climbing* [1]. Je relève.

— C'est pas si sûr que ça !

Le soir, à l'hôtel Longchamp, Sonia vomit toutes ses tripes. Une gastro ? L'émotion ? Florence va acheter des médicaments. Une goutte. Deux gouttes. Dans le doute, elle a aussi acheté un test de grossesse. Le buvard est imprégné de ce qu'il faut. Dans le petit regard aménagé sur le support plastique, une petite barre bleue apparaît : il en faut deux pour la

---

1. Escalade interdite.

confirmation. Suspense ! Nos yeux, nos vies, notre avenir, sont rivés sur ce petit bout de papier humide.

— Sonia, je crois qu'il n'y a plus de doute possible... Regarde, la deuxième barre apparaît.

— C'est pas vrai... Oh !

— Hé-hé ! On est tout bêtes... Voilà un bébé qui commence sa vie par un code-barre simple : deux ! « Bienvenue » dans un monde de brutes, le petit Poussin !

Sonia, qui s'est lovée dans mes bras, est soudain envahie d'une inquiétude :

— Est-ce qu'on le dit ? Ou on garde ce secret pour nous ?

— On n'a pas le choix. Mais il va falloir résister aux pressions familiales qui vont se liguer pour qu'on ne marche plus.

Le lendemain, nous allons voir le Dr Sameh Sourour pour une échographie. Le premier choc, c'est le cœur. Il bat, il court, il tambourine comme un fou dans le haut-parleur. Puis c'est l'image. Le voir de ses yeux voir. Il pulse, minuscule, au centre d'un petit haricot informe... Le miracle de la vie en marche. De redoutable marcheuse, Sonia est devenue d'un coup un vase précieux. Le docteur commente notre émotion.

— Le petit rond, c'est le sac vitellin, la poche de nourriture de l'embryon, qui n'est pas encore un fœtus. Il en deviendra un quand il sera relié au système d'alimentation placentaire. Je vais procéder à des mesures... Attendez voir... Il a... quarante et un jours.

Troisième choc. Déjà quarante et un jours. Ça fait six semaines ! Nous rembobinons le film à toute vitesse ; Sonia réalise.

— Ça veut dire que j'ai traversé toute l'Égypte enceinte !

— Et qu'à vue de nez ce bébé pourra dire qu'il est « *made in Louxor* ».

Le Dr Sourour rigole.

— Vous aurez le choix entre Ramsès et Néfertiti, pour le prénom...

Sonia se remémore.

— Tu te souviens d'Iman, la femme d'Abuna Yonan, qui m'a donné une robette de petite fille ? À croire qu'elle savait.

— Et le gâteau de « Bush », que tu n'as pas digéré. Voilà pourquoi.

— J'ai marché sept cents kilomètres sans savoir...

— Ça va être plus dur en le sachant. Il nous reste mille kilomètres à parcourir... Qu'en pensez-vous, docteur ?

— Si le bébé est resté accroché malgré vos épreuves, c'est que c'est un *survivor*. Il n'y a pas de raisons pour que vous arrêtiez, hormis le confort peut-être. Disons que vous devrez être très attentive à votre corps, madame, ne pas forcer, vous arrêter plus souvent, ne pas hésiter à faire une sieste. Monsieur, c'est elle qui commande, maintenant !

— Ça, docteur, c'est pas nouveau. Elle commande depuis Le Cap !

Et le médecin de conclure dans un éclat de rire :

— Alors, il n'y a pas de contre-indication.

Semaine studieuse passée à écrire et enregistrer les commentaires de nos films, à se faire à l'idée d'être parents, à déjà considérer notre aventure au passé, à résister au chant des sirènes qui nous disent : « Rentrez ! Vous en avez assez fait. Israël, la Palestine, c'est trop dangereux, c'est hors sujet, ce n'est plus en Afrique, c'est inutile. » Sonia me demande :

— Qui est-ce qui disait, déjà : « C'est bien plus beau lorsque c'est inutile » ?

— C'était pas Cyranette de Ribérac[1] ?

Toujours grâce à Essam el-Moghraby, nous avons le privilège de pouvoir rencontrer l'intouchable directeur des Antiquités égyptiennes, le Dr Zahi Hawass, pour lui faire part d'une requête extraordinaire : nous rêvons d'escalader la grande pyramide de Chéops, pour entériner notre « Cape to Cairo ». Il nous reçoit en chaussettes, très occupé à tempêter au téléphone, à rudoyer ses secrétaires, à classer des dossiers. Il nous fait signe de nous asseoir sur un canapé, au fond de son bureau. Il est très énergique et très concentré. Je sens d'un coup notre cause perdue. Au bout d'une demi-heure d'attente occupée à le regarder bouillir en nous demandant à quelle sauce nous allons être mangés, nous le voyons enfin se joindre à nous.

Passé les politesses d'usage, nous en venons à notre requête, sa réponse est implacable :

— *No way*[2] !

---

1. C'est le berceau de la famille paternelle de Sonia.
2. Pas question !

— Mais nous avons marché treize mille kilomètres pour ça !

— Et alors ? Pour un million de kilomètres je dirais non.

— Après le sommet géographique de l'Afrique, le Kilimandjaro, nous espérions conclure notre marche par le sommet culturel du continent.

Il hésite une seconde, mais se rabroue :

— Impossible, c'est trop dangereux et c'est interdit depuis 1974. Il n'y a qu'une personne qui y soit allée depuis, hormis quelques archéologues : un journaliste de la BBC qui a payé très cher pour ça, et je regrette aujourd'hui ce passe-droit...

Je tente mon va-tout :

— Voyez ! *Paris Match* nous a déjà consacré deux articles, le deuxième ouvre au Kili, le troisième pourrait ouvrir avec le sommet des pyramides... Vous pourriez même venir avec nous ?

Il ne tombe pas dans le piège de la vanité et se met à grimacer de mépris.

— Qu'est-ce que vous croyez ? Que ça m'impressionne ? J'ai fait la couverture du *Times*, du *Herald*, du *Stern*. Je n'ai qu'à décrocher mon téléphone pour faire celle de *Paris Match* !

OK. J'ai perdu. Je m'écrase. Je ne suis qu'une fiente maladroite. Il me toise, se lève, vainqueur, et se dirige vers son bureau. Essam tente de détendre l'atmosphère de sa voix douce et grave :

— Zahi, fais-leur ce cadeau.

Il se retourne.

— Si je le fais, je reçois trois cents demandes demain sur mon bureau...

Sonia, qui était restée à l'écart, se manifeste.

— Mais personne ne viendra d'aussi loin à pied pour vous le demander.

Debout devant son bureau, il fait mine de lire une lettre. Essam fait la moue, il faut y aller, nous sommes congédiés. Soudain Zahi se retourne :

— OK. *Let's do it !*

Nous retombons sur le canapé, assommés par ce revirement de situation. N'osons y croire. Essam est aux anges.

Pourquoi un tel oui après tant de non ? Qu'importe la raison. À nous Chéops ! Merci Zahi. Merci aussi du suspense. Détendu, j'ose :

— Alors vous venez avec nous ?
— Vous croyez que je n'ai que ça à faire ?

D'accord ! J'ai encore perdu l'occasion de me taire. Vite ! Partons avant qu'il change d'avis. Courbettes et remerciements aplatis ; nous sommes dehors, incrédules et ravis. Demain, Chéops ! *Inch Zahi !*

« Honneur aux dames ! » fais-je à Sonia, à l'angle sud-ouest de Chéops. D'un rétablissement énergique la voilà sur le premier bloc. Je la rejoins. Nous nous élevons vite. Panique chez les flics. Ça siffle en tous sens. Ils rappliquent de tous les horizons. Nous sommes déjà à dix mètres. Heureusement, notre escouade personnelle de gardes du corps attribués par Hicham Garib, colonel de la police chargé des VIP et plus habitués aux stars du cinéma américain qu'aux vagabonds français – arrêtent et rassurent les gardiens du site. Une fois escaladés les très gros blocs de la base sur lesquels nous cherchons des anfractuosités pour coincer nos pieds, il devient possible de franchir les suivants d'une grande enjambée, en s'aidant des mains. Le ciel est bleu, le vent est frais, de rares nuages courent au-dessus de nos têtes. Passées les trépidations excitées du début, s'installe un rythme, une jubilation secrète, qui veut jouir de chaque seconde, n'en laisser s'envoler aucune. Le caractère répétitif du mouvement se prête à cette délectation. Chaque pierre nous chuchote : « Non, tu ne rêves pas. Plus rien ne peut t'arrêter que la chute. Fais attention où tu poses les pieds ! » Les pierres sont lisses et saines sur l'arête, mais fragiles, érodées et encombrées de débris sur les flancs de la pyramide. Je m'y aventure pour prendre en photo Sonia qui se détache magnifiquement sur un fond de ciel bleu. Zahi nous a prévenus : « Si vous tombez, rien ne vous retiendra jusqu'en bas. L'accès à la pyramide a été interdit justement après la chute d'un Allemand qui est arrivé au sol complètement pelé. » Nous grimpons respectueusement, conscients que nous foulons une sépulture. La vue directe sur la pyramide de Chéphren est époustouflante. Nous sommes orientés côté désert, si bien que nous ne voyons pas encore Le Caire. Le silence s'installe avec le vent et la lumière. Marche après marche, le sommet se rapproche. Nous le sentons plus que nous ne le voyons.

Sous le sommet nous marquons une dernière pause avant l'assaut final. Nous avons chaud malgré le vent et ôtons nos fourrures polaires. Instant de recueillement. Nous repartons. Religieusement. La gorge serrée. Je prends Sonia par la main, la caméra dans l'autre ; un bloc, nous soufflons, deux blocs, respirons, trois blocs, le pyramidion de bois apparaît, quatre blocs, la terrasse se dégage, dernière marche, l'émotion nous gagne, le voilà, le sommet, nous y sommes ! Nous sanglotons de rire et de joie dans une étreinte tournoyante. Secondes, minutes d'une intensité pour nous éternelle. Dans nos rêves les plus fous nous pensions arriver à deux au sommet, et nous sommes trois... La vie est toujours plus inventive que les rêves.

Un sommet, c'est toujours une apothéose, la consécration d'un long et dur effort. Pour nous, non. Notre ascension est un hommage à tous les gens qui ont rendu ce rêve éveillé possible. Nous nous tournons en silence vers le sud et méditons sur la chaîne de solidarité dont chaque maillon nous a conduits ici depuis le Kilimandjaro : Habiba, Anastasia ou Ersumo ; Aladin, Daniel ou Fatima ; Aziz, Iman ou Abraham. Une bouffée de gratitude nous envahit comme un vent qui décoiffe. Chacun d'entre eux, malgré sa pauvreté ou sa faiblesse, nous a portés jusqu'ici. Si un maillon avait manqué, nous ne serions pas là. C'est à eux tous que nous dédions ce sommet.

Un papillon vient sur ces entrefaites tourbillonner autour de nous. Sonia m'attrape le bras.

— Alex ! Ce papillon !

— Eh bien quoi ? À vue de nez, c'est une écaille tortue. Il y a les mêmes, en France...

— Oui, mais on est en plein hiver, à cent cinquante mètres au-dessus du désert. Il n'y a aucune fleur à butiner à des kilomètres à la ronde. Ça fait combien de temps qu'on n'a pas vu de papillon ?

Elle reprend.

— Depuis que je suis toute petite, chaque fois qu'on voit un *motilik*[1], maman dit : « Regardez, votre grand-père vient nous voir ! »

C'est une tradition slovaque, une façon d'entretenir le souvenir des êtres chers... Je songe à mon grand-père maternel, que je ne reverrai plus. Peut-être est-il venu me faire un clin d'aile. Ça lui ressemblerait, farceur comme il était.

Le frêle insecte étale ses ailes au soleil. Si fragile sur cette pyramide si solide. Le papillon et la pyramide. Aussi évanescent qu'elle est stable et éternelle. Dans le miracle, le papillon l'emporte pourtant sur la pyramide. Il a quelque chose qu'elle n'aura jamais. Il est vivant.

L'écaille tortue ne nous lâche pas tandis que nous faisons notre séance de photos, posons devant le retardateur, courons en tous sens, en équilibre sur un pied, sur les mains ; il semble vouloir jouer avec nous. Nous remarquons bientôt, au centre de la terrasse de six ou sept mètres de côté qui constitue le sommet, un bloc peint en bleu indigo[2].

Au centre du bloc est gravé un cœur avec des initiales : A et S. Trop fort ! Promis, c'est pas nous ! La vie semble une dictée. Sonia rebondit :

— Jenny ! Son coquillage ! Tu te souviens ? La jeune Kenyane handicapée de Bogoria[3] ? Voilà l'endroit idéal pour déposer la broche qu'elle m'a donnée.

Et, dans un geste simple, elle dispose le modeste bijou porté si longtemps dans son sac, au cœur de ce cœur bleu, sous ce ciel si bleu, en témoignage de notre amour pour tous ces hommes et ces femmes d'Afrique.

— Comme ça, chaque fois qu'elle verra la pyramide en photo ou à la télévision, elle pourra se dire qu'elle est venue avec nous jusqu'ici, et que son coquillage est là-haut...

Notre papillon en redouble d'énergie, nous frôle d'une aile et disparaît, emporté par une rafale.

Le lendemain, nous sommes encore au pied de la pyramide, mais cette fois-ci, en compagnie d'un homme averti,

---

1. « Papillon », en slovaque.
2. Peint par Jean Vérone, artiste belge qui s'est rendu célèbre en peignant des rochers du sinaï en bleu.
3. *Cf.* chapitre 13.

Jean-Pierre Corteggiani, l'égyptologue rendu célèbre par ses plongées et ses fouilles sur le phare d'Alexandrie accomplies en collaboration avec Jean-Yves Empereur. C'est un colosse à la barbe dure et au port altier. On sent chez lui une formidable énergie retenue par bonhomie, mais qui ne demande qu'une bonne cause pour se déchaîner. Cependant, à la porte de l'immense sépulture, il se fait énigmatique :

— Vous allez voir que la pyramide n'a pas encore dit son dernier mot !

Nous pénétrons un couloir irrégulier et sinueux.

— Voici la brèche du IXe siècle percée par le calife Al-Mamoun – c'est du moins ce que dit la tradition. Et qui aboutit juste derrière les bouchons de granit coincés dans le couloir ascendant.

Nous y parvenons. J'en déduis à voix haute que toute la partie supérieure a été condamnée, et que donc la pyramide a été fermée, puis violée ultérieurement. Jean-Pierre s'amuse.

— Conclusion hâtive. Al-Mamoun n'a rien trouvé. Laissez-moi d'abord vous dire que tout ce que je vais vous raconter est le fruit de près de vingt ans de recherches très poussées faites par un architecte français passionné : Gilles Dormion, soutenu financièrement par un compagnon de réflexion et de terrain, Jean-Yves Verd'hurt. Ils ont scrupuleusement répertorié, quand ils en avaient encore le droit, les moindres détails de cette pyramide, avec une minutie et une précision qui défient l'entendement. Personne, avant eux, n'avait fait ce travail avec une telle rigueur. Ils vont d'ailleurs bientôt publier un livre sur le sujet [1]. Ce ne sont pas des théoriciens farfelus, ni des « pyramidiots » qui appellent à la rescousse les extraterrestres ou la télékinésie. Ils se sont contentés d'une analyse architecturale, qui va faire parler d'elle.

Nous empruntons, le cœur battant, le long couloir ascendant qui nous introduit dans les entrailles de la montagne bâtie des mains de l'homme.

— N'oubliez pas que les bouchons de granit que nous venons de voir s'arrêtent sur le plafond d'un couloir descendant de soixante-douze mètres qui conduit à une chambre souterraine inachevée.

— Pourquoi inachevée ?

---

1. Gilles Dormion, Jean-Yves Verd'hurt, *La Chambre de Chéops*, Fayard, 2004.

— On ne sait pas. Sans doute simplement parce que les architectes ou le pharaon ont changé d'avis. Il n'y a aucune trace de fracture ni d'accident qui justifierait son abandon. C'est un des très nombreux indices qui laissent penser que la pyramide n'a pas été construite selon un plan préétabli, mais évolutif. Il n'a cessé de s'adapter à ce qui existait et de rattraper des erreurs commises. Mais tous les égyptologues ne sont pas d'accord. Il y a deux théories ; celle du plan unique, dont les tenants, comme Stadelmann, voient dans toutes les pyramides un même « système de trois chambres », et celle du plan évolutif, émise par Borchardt, et reprise par Jean-Yves Lauer, ou, encore, par Dormion.

Il s'arrête, reprend son souffle, et repart :

— Voyez ce couloir ascendant : il est en partie creusé dans des assises déjà posées et devait à l'origine être condamné par des herses latérales. Il est évident que les architectes ont changé d'avis en cours de construction.

Nous parvenons ébahis et hors d'haleine dans la « Grande Galerie », dont le sol est en pente, véritable cathédrale à encorbellements.

— Cette galerie est unique dans toute l'Égypte. Personne n'en comprend la fonction dans le cadre d'un monument parfait, mais elle s'explique dans celui d'un monument évolutif. En fait, elle a permis d'enjamber la chambre dite « de la Reine », deuxième projet abandonné – qui, d'ailleurs, n'a jamais été destiné à abriter la sépulture d'une épouse royale. Tout cela afin d'aménager ce que l'on appelle la « Chambre du Roi » dont vous apercevez l'entrée, tout en haut. Cette dernière était effectivement destinée à devenir la « demeure d'éternité » de Chéops mais vous allez voir qu'elle n'a peut-être jamais été utilisée. Allons-y !

La montée dans cette grande galerie est un moment inoubliable ; l'éclairage rasant magnifie l'alignement parfait du plafond en encorbellement. Sur le palier, devant l'entrée de la Chambre du Roi, Jean-Pierre nous fait remarquer, tout en haut à gauche, au-dessus de nos têtes, l'orifice d'une sape.

— Imaginez que vous êtes des pillards et que la herse de granit est encore fermée : où allez vous creuser votre sape ?

— Eh bien à gauche à droite, dans le calcaire plus tendre, pour contourner les linteaux de granit...

— Parfaitement. Mais ici, pas là-haut à plus de sept mètres de hauteur ? Venez, entrons, vous allez comprendre pourquoi.

Nous pénétrons la Chambre du Roi. Au fond à droite, un sarcophage vide trône dans une salle un tantinet décevante mais très haute de plafond.

— Il faut que vous sachiez que chacune des neuf poutres de granit qui constituent le plafond pèse à peu près cinquante tonnes. Pourquoi des masses pareilles à votre avis ?

— Pour faire une chambre d'une solidité à toute épreuve ?

— Exactement. D'où un excès de précautions. Précautions qui ont été la cause même d'un terrible accident. Au-dessus de ces poutres, il y a cinq chambres de décharge avec une quarantaine de linteaux similaires, le tout pèse plus de deux mille cinq cents tonnes et était censé protéger le pharaon d'un éventuel effondrement. C'est l'inverse qui s'est passé, et du vivant des bâtisseurs, regardez ! Tous les linteaux de granit se sont fissurés côté sud. Ressortons. Comme je l'ai sous-entendu tout à l'heure, le fait que la sape soit si haute et qu'elle ne débouche pas dans la Chambre du Roi, mais de façon très précise dans la première chambre de décharge est bien la preuve qu'il ne s'agit pas d'une sape de voleurs, mais d'une sape d'inspection des architectes eux-mêmes ; ils étaient les seuls à savoir qu'il y avait un vide au-dessus de la Chambre du Roi et seuls ils savaient comment y accéder.

— Et qu'ont-ils constaté ?

— Je vous le donne en mille ! Que toutes les poutres étaient fracturées sur leur extrados côté nord, du côté opposé. En fait, c'est tout le soubassement sud de la chambre qui s'est affaissé sur lui-même, prenant les poutres en porte à faux. Je vous rappelle que nous sommes ici excentrés de onze mètres vers le sud par rapport à l'axe de la pyramide, car il fallait enjamber la Chambre de la Reine, qui se trouve à peine à six mètres en dessous. Avec ses fissures, la Chambre du Roi risquait donc de s'effondrer à tout moment. Ils l'ont étayée provisoirement, comme en témoignent les traces noires laissées par les étais sur chaque poutre, mais, malgré cela, il est légitime de penser que la dépouille du pharaon a été cachée en un lieu plus sûr.

Nous sommes abasourdis. Quel immense fiasco a dû être un tel événement, survenant juste à la fin des travaux de recouvrement ! Nous ressortons sur le palier supérieur et redescendons sur le palier inférieur de la Grande Galerie, au départ du couloir de la Chambre de la Reine, mystérieusement condamné par une grille depuis peu. Jean-Pierre fait le point.

— Récapitulons. Nous avons une chambre souterraine inachevée, une Chambre de la Reine sans système de protection et une Chambre du Roi défectueuse. Alors ? Où est Chéops ?

— Peut-être qu'il n'est pas dans la pyramide ?

— Pourquoi, alors, en avoir condamné l'accès avec les bouchons de granit ? En fait, peut-être est-il toujours là, dans une chambre encore inconnue. C'est là que nous entrons dans le vif du sujet. D'autres égyptologues cherchent aussi cette chambre mais au mauvais endroit. Il y a bien peu de chances qu'elle se trouve, par exemple, au bout des conduits dits de « ventilation » qui partent de la Chambre de la Reine, mais qui n'y débouchaient pas autrefois. La seule localisation possible me semble être aux abords immédiats de celle-ci, et plus précisément au-dessous...

— Pourquoi ?

— Parce qu'on y relève un certain nombre d'anomalies qui poussent à cette conclusion.

— Mais les pillards n'ont-ils pas fait des fouilles dans cette chambre ?

— Si, vers l'est, durant l'Antiquité, dans le prolongement d'une niche mystérieuse qui ne mène nulle part, mais qui était sans doute, comme l'a démontré Dormion, une chambre de service pour actionner des herses qui se trouveraient en dessous. La deuxième fouille a été entreprise par le colonel Vyse qui, au XIXe siècle, a creusé à la verticale, mais le malheureux s'est arrêté un mètre cinquante trop tôt. En continuant un peu, il aurait découvert le couloir menant à une chambre inconnue et, selon toute probabilité, à celle de Chéops, intacte.

— Mais comment peut-on être aussi sûr de son existence ?

— Je vous passe le faisceau des autres indices convergents, mais il en est un que l'on peut difficilement contredire : à trois mètres cinquante sous la chambre, un géoradar a détecté une structure rectiligne horizontale d'un peu plus d'un mètre de large, qui se trouve exactement dans l'axe est-ouest de la pyramide. En bon français, ça s'appelle un couloir. C'est déjà en soi une découverte fracassante – je vous rappelle que depuis la percée d'Al-Mamoun, on n'a rien trouvé de nouveau dans ce monument – mais, quand on regarde coupes et plans de la pyramide, on réalise que ledit couloir mènerait, vers l'ouest, au cœur absolu de la pyramide ! Que rêver de mieux pour une chambre funéraire royale ?

— Et le géoradar ne peut pas s'être trompé ?

— C'est le même appareil qui est utilisé pour repérer les cavités et mesurer les risques d'affaissement sous le tracé du TGV. Il vaut mieux qu'il soit fiable, vous ne croyez pas ?

— Mais alors pourquoi ne fouille-t-on pas ?

— Ah ! tout est là ! Toucher à la Grande Pyramide est un problème délicat. Gilles Dormion et Jean-Yves Verd'hurt ne sont pas égyptologues, et ils vont contre les hypothèses de certains « spécialistes » qui ont tout fait pour persuader les autorités égyptiennes de leur refuser les autorisations nécessaires à leurs travaux sous prétexte que se sont des « amateurs ». Comme si c'était une tare ! On oublie un peu vite que, par leurs seules observations, ils ont découvert des chambres de décharges inconnues dans la pyramide de Meïdoum, alors qu'aucun égyptologue n'en avait soupçonné l'existence. Mais peut-être y a-t-il d'autres intérêts en jeu, qui nous échappent ?

— Quels intérêts pourraient être plus importants pour le tourisme en Égypte et pour le monde entier, que la découverte de la Chambre de Chéops ?

— Je ne sais pas, mais si l'on trouvait le mobilier funéraire de Chéops, le petit Toutankhamon, pharaon-enfant ayant à peine régné, enterré à la va-vite dans la tombe du grand-prêtre Ay, pourrait aller se rhabiller ! De toute façon, avec Chéops, on touche au mythe absolu. J'espère que les personnes intéressées comprendront assez vite l'importance de l'enjeu ou que, plus simplement, leur curiosité finira par l'emporter. J'avoue que j'aimerais bien ne pas devoir attendre encore de longues années ! Mais bon, *wait and see...*

Pour tester les forces de Sonia, et avant d'annoncer la nouvelle de sa grossesse à nos familles, nous décidons d'aller voir la mer, à Alexandrie, à pied évidemment. Ce diverticule de deux cent cinquante kilomètres n'est pas sur notre itinéraire, c'est un luxe, mais un continent, ça se traverse de la mer à la mer !

Hicham Garib, notre colonel de la police, nous demande de passer par l'autoroute du désert et non par le delta afin d'assurer notre protection plus facilement. C'en est fini des chars et des voitures : des policiers se relaieront à pied ; il n'y a pas que les Français qui sachent marcher ! Ravis, nous quittons Le Caire depuis l'endroit précis où nous nous sommes arrêtés, à savoir l'angle nord-est de Chéops. Mohammed est notre policier du jour, en chaussures de ville et costard noir cachant mal un pistolet-mitrailleur proéminent ; gentil et surprotecteur depuis qu'il sait que Sonia est enceinte ; il nous prend par la main pour traverser les routes encombrées, nous couve, adorable. En toute occasion je répète : « *Zaoudjati Haamil* [1] ! » Cela fait fondre nos interlocuteurs. Je dégaine cette arme fatale sans ménagement : c'est en Égypte un extraordinaire sésame.

Quitter Le Caire est un enfer. L'autoroute est dépourvue de bas-côtés et de trottoirs, nous marchons sur un fil. Au bout d'une heure d'équilibrisme, de gaz d'échappement et de klaxons, Mohammed se met à boiter pathétiquement. Il est cuit et se résout à faire du stop : il se fait déposer tous les kilomètres et nous attend. Le lendemain, on nous envoie Sayed, qui nous apprend que le pauvre Mohammed a été hospitalisé pour un épanchement de synovie. Nous avons enfin quitté la conurbation. L'autoroute s'enfonce, rectiligne, dans le désert, bordée d'immenses panneaux publicitaires plantés dans le sol, tous les cent mètres, à l'infini. Jamais rien vu de tel. Parmi eux, une affiche de candidature pour la Coupe du monde 2010 se décolle tristement, révélant une affiche pour la candidature de 1997... Nous nous remémorons notre danse clownesque sur le bord de la route, à Bush. Au septième kilomètre, Sayed décroche, perclus de crampes. Il saute dans des camions et nous retrouve de loin en loin. Nous sommes de plus en plus libres. Tous les quarts d'heure nous dépassent des camions qui transportent du fumier de poulet en traînant derrière eux un fumet d'une pestilence terrifiante. Chaque fois, sous le choc,

---

[1]. Ma femme est enceinte !

Sonia se plie en deux terrassée par une nausée. Il fait froid. Tout est d'une rare laideur. Nous sommes engagés volontaires pour une semaine d'absurdie.

Le troisième jour, notre troisième policier est plus résistant. Il nous escorte en silence toute la journée. Le soir, au Deïr el-Makarios, dans le Wadi el-Natron, nous découvrons qu'il a les pieds en sang. Il ne s'est pas plaint. Il n'a pas boité. Respect. Silence parmi les moines après la cacophonie du jour ! Nous sommes abasourdis. Ici aussi, il y a un *husn*, un donjon, mais celui-ci a servi maintes fois car le Deïr est placé sur le chemin des grandes invasions berbères et arabes. Abuna Erinaos nous montre, en soulevant une trappe dans la chapelle du IVe siècle, le crâne de saint Jean-Baptiste. Combien de têtes lui prête-t-on, à ce pauvre anachorète ? Nous l'avons déjà vue à la mosquée des Omeyyades de Damas, qui la revendique aussi. Jean-Baptiste est leur prophète Yahya. Là-bas, elle serait arrivée « en roulant », alors qu'ici elle serait parvenue avec les suiveurs de saint Marc l'Évangélisateur. Entre les deux versions, nous optons pour la plus crédible. Et puis nous avons besoin d'un « aplanisseur de chemins » pour espérer rallier Israël sans encombre. Un attentat suicide a encore fait des dizaines de morts à Tel-Aviv. La tension monte dangereusement, nous avons peur de ne pas pouvoir passer par Rafah, le poste-frontière entre l'Égypte et la bande de Gaza. Tel un Hamlet face à ce crâne historique, le père Erineos conclut :

— Nous ne sommes que de brefs invités sur cette terre...
La vie n'est qu'un clin d'œil dans une orbite vide.

Le quatrième jour, on ne nous envoie plus de policier. Nous sommes lâchés ! Nous atterrissons, le soir, dans une maison en travaux dont le lit est imprégné d'une forte odeur d'urine de chat.

— Dodo dans le bac à chat, ce soir !

— Tais-toi ! J'ai la nausée au bord des lèvres.

— Tu me diras, c'est toujours mieux que de l'urine de rat.

— Tu crois que je dois enlever mes chaussures pour dormir ?

— Évidemment. Tu as vu le goudron frais que tu as dessus ?

Comme tous les soirs depuis 1 127 soirs, je consigne les impressions du jour dans mon cahier. Pour moi, il n'y a pas de voyage sans écriture et pas d'écriture sans voyage. Pourtant, la récolte est maigre aujourd'hui, sinon que Sonia force mon admiration et que je suis suspendu à son rythme. Ah si, j'oubliais! Notre brave hôte, Hassan el-Kureïshi, nous a fait une révélation.

— Tout ce qui est préislamique ne m'intéresse pas. Vous qui êtes croyants, qui connaissez la Bible, le Coran, quel intérêt pouvez-vous trouver à tous ces dieux païens à tête d'oiseau, de vache ou de chacal? Ce n'est pas sérieux. En Égypte, nous sommes très agacés par votre fascination pour ces ruines de temples et ces scènes d'offrandes faites à des dieux verts ou bleus. Il ne faut pas se tourner vers le passé mais regarder vers l'avenir. L'islam est la seule Vérité. Vous n'êtes pas des touristes comme les autres, vous; vous venez nous voir et non pas ces ruines païennes; c'est bien. Vous êtes sur le bon chemin.

À l'aube, Sonia avoue qu'elle a mal dormi. Je filme son réveil.

— Je te signale que, pendant la nuit, quelqu'un a essayé d'entrer.

— J'ai rien entendu.

— Ben oui, gros naze, avec tes boules Quiès! Je vois comment tu la protèges ta petite famille...

Et la voilà qui me parle en riant de sa bombe lacrymogène qu'elle voulait sortir pour parer à toute éventualité, de ses affres, des coups de coude qu'elle m'a refilés, avant d'être appelée en urgence par une nausée matinale. Mes scrupules me pétrifient. Devons-nous continuer? N'importe qui de sensé s'arrêterait, dans ces conditions. Je ne sais plus que penser. Chaque fois que je lui en parle, elle me répond :

— Si je tiens le coup, c'est pour toutes ces femmes que nous avons rencontrées, qui ne peuvent jamais dire « stop ». Je ne fais rien d'extraordinaire, je continue, comme elles, pour elles...

Le sixième jour, à Amariya, trente kilomètres avant Alexandrie, avant la fin de cette torture sur l'autoroute, nous tombons en arrêt devant un McDo. Pardonnez-nous, mais nous nous y précipitons. Pour deux vagabonds, c'est un mirage devenu réalité. Vous n'imaginez pas ce que peut être la vision d'un espace plein de surfaces brillantes et vides, avec Céline

Dion en sourdine, des toilettes si propres qu'on y dormirait mieux que dans le lit où nous avons passé la nuit. Pour celui qui en a manqué pendant trois ans, le Big Mac est un feu d'artifice gustatif : acide et sucré, mou et croquant, doux et fumé à la fois... Vous l'ignorez peut-être, mais voilà un chef-d'œuvre de sandwich ! Nos images, aperçues dans la glace, nous révèlent la vérité : trois ans de nomadisme, c'est limite. Hirsutes et sales, habillés de couches superposées, nos sacs à dos couverts de petits sacs en plastique pleins de choses inutiles que nous n'avons pas pu nous résoudre à jeter par peur de manquer... Nous sommes devenus des clochards. Ah ! rester quelque part. Ne plus repartir... pourvu qu'il y ait une vue !

Aujourd'hui, nous avons dit adieu au lion. Nous l'avons croisé en chair et en os dans un minuscule parc animalier en bord d'autoroute, couché sur son rocher, apparemment en bonne santé, mais le regard perdu dans le lointain, vers le sud. Malgré son désespoir, il a trouvé la force, sous le regard honteux des témoins, d'honorer une lionne soumise. L'instinct de la reproduction est le plus fort. Même en prison. Le roi de l'Afrique, un jour avant la fin de notre traversée du continent, nous tirait sa révérence, beau, musculeux et fort, dans sa cage pathétique. Nous n'avons pas oublié qu'il nous a épargnés.

Le septième jour, nous entrons dans Alexandrie animée par les festivités de l'aït el-Kébir. D'un garage de banlieue où l'on égorge des moutons en série, un homme couvert de sang, le tablier ruisselant, des éclaboussures sur le visage, les mains comme trempées dans deux pots de peinture rouge, se précipite sur nous ivre de joie, pour nous étreindre, nous inviter à rester, à déjeuner, à dormir. Par réflexe, nous repoussons ce Jack l'Éventreur hospitalier. Il le prend mal. Forcément. Je le regrette aussitôt. Car il faut le comprendre. Mais il faut me comprendre. Toute la journée nous voyons défiler des voitures couvertes d'empreintes sanguinolentes de paumes de main ; sur les pare-chocs, les capots, les vitres, partout. Sur les murs des maisons aussi. En souvenir du premier geste de Dieu pour les hommes : le bras d'Abraham retenu par l'ange au moment où le vieil homme allait sacrifier Isaac. Le début du judaïsme... et de l'islam.

De loin, à travers la lagune du lac Maréotis, Alexandrie nous apparaît hirsute de buildings alignés sur un cordon littoral. Nous savons qu'il y a la mer au-delà de ce mur. Usines et cheminées, zones industrielles et autoroutes sont le décor de notre dernière ligne droite. Nous fonçons sans boire ni manger. Pressés d'en finir. Nous marquons une pause sous la statue équestre d'Alexandre le Grand, l'aventurier à la sépulture perdue. De là, j'aperçois soudain, au bout d'une allée, vers le nord, un petit rectangle vert-de-gris coincé entre deux immeubles, je l'indique euphorique à Sonia.

— La mer !

Nous débouchons peu après sur la corniche, en plein vent, près de la grande bibliothèque, embrassés par les embruns de la Méditerranée. Elle est démontée. Une semaine de souffrances pour cette seconde fugace. Nous nous gavons d'iode, soulagés, comblés. Devant nous, le fort de Qaït Bay, socle du phare d'Alexandrie. Sur la plage, les pieds dans l'eau, nous inscrivons dans le sable mouillé le kilométrage de notre podomètre : 13 051e km. Il est aussitôt avalé par une vague. Vanité. 1 131 jours. Vanité. Le continent est cette fois-ci pour de bon ramassé derrière-nous; immense; nous ne pouvons plus aller plus loin. Nous sommes venus à pied du cap de Bonne-Espérance. Car il en fallait. Car nous en avions.

Au Caire, nous logeons chez les Samy, des coopérants français rencontrés à Assouan et qui se sont commis d'office en bons samaritains. De chez eux, nous préparons notre redépart vers la fin du Rift, notre objectif premier. Nous recevons un coup de téléphone d'Ayman Abd el-Kader, notre excellent colonel, qui nous a déroulé le tapis rouge égyptien. Il nous invite à déjeuner pour nous présenter son épouse et ses enfants dont il nous a tant parlé. Nous le retrouvons dans un petit appartement de la banlieue sud du Caire. Une jeune femme voilée s'occupe des enfants. Je demande à Ayman si sa femme sera là.

— Mais elle est là. C'est elle...

Je me rends compte de ma gaffe, honteux et confus.

— *Malesh!* Pardonnez-moi. Je ne vous avais pas reconnue, je vous avais vue en photo, et vous paraissez beaucoup plus jeune, en vrai...

Elle en rougit de plaisir. Ayman est flatté et rebondit :

— Depuis qu'on s'est vus, il y a deux mois, elle a décidé de porter le voile et de ne plus se maquiller. J'ai découvert ça il y a une semaine, ça m'a fait un choc. J'ai eu, moi aussi, l'impression qu'elle avait rajeuni... Mais c'est son choix, alors je le respecte.

La jeune femme au visage angélique sent le besoin de se justifier

— Je sais qu'en France vous êtes contre le voile, mais moi, j'ai décidé de le mettre parce que j'ai repris des études à l'université car je me languissais, loin d'Ayman [1].

Sonia ne comprend pas le rapport.

— À l'université, tout le monde porte le voile, alors comme ça, je m'intègre mieux. Au début, j'y suis allée sans voile, et c'était très dur, on me prenait pour une copte, j'étais à la fois draguée et insultée. Avec le voile, je suis tranquille...

Elle se met à rire.

— En plus, je gagne du temps le matin : je n'ai plus besoin de me faire les cheveux et les yeux... Tout ça, c'est du passé.

Au Caire nous rencontrons aussi des journalistes. L'une d'elles nous invite chez elle, pour une interview devant une caméra de télévision. Tout se passe le mieux du monde. Chaque fois qu'il appuie sur le bouton de sa caméra pour lancer une prise, le cadreur marmonne « *Bismillah I rarmen I rahim* », pour que tout fonctionne bien. Et j'imagine un cadreur de plateau parisien faisant de même : « Par Dieu très-puissant et miséricordieux » ! Malheureusement, la caméra tombe à court de batterie. Le temps qu'on aille en chercher une autre, nous rencontrons le propriétaire du lieu, qui tient une agence de voyages haut de gamme, selon un concept de tourisme écologique cher aux Anglo-Saxons. L'homme est séduisant, grand, cosmopolite, bien habillé en vêtements de marque. Il se passionne pour notre aventure car il a sillonné l'Afrique des grands parcs en voiture. Mais il s'inquiète de la suite de notre itinéraire : il veut savoir pourquoi nous voulons finir en Israël. L'argument géographique du Rift ne le satisfait pas, il voudrait que nous finissions à Ramallah... Tandis que nous lui répondons – nous n'avons pas prévu de passer par la Palestine –, un garçonnet traverse le salon.

— Tahal Yassine ! appelle notre hôte.

---

[1]. Les policiers ne peuvent rentrer chez eux que tous les deux mois.

Le petit, de cinq ans environ, porte une poupée d'homme en armes, sorte de « Big Jim » oriental avec une barbe et un calot blanc. Walid explique :

— J'ai nommé mon fils ainsi en l'honneur de cheikh Yassine, le fondateur du Hamas. Tous les jours je lui dit qu'il devra reprendre le flambeau de la lutte contre Israël.

Puis il se penche sur son gentil mouflet aux grands yeux noirs :

— Yassine, montre-nous ta poupée Ben Laden.

Le jean Ralph Lauren et le polo Lacoste ne font pas le moine...

Pendant ces jours de préparatifs, nous apprenons que le poste frontière de Rafah s'ouvrira exceptionnellement pour nous, côté israélien. Les autorités égyptiennes entérinent. Cela nous évite un détour de trois cents kilomètres vers Taba et Eilat, seul poste frontière perméable aux Occidentaux. Mais cela nous fait rater le monastère Sainte-Catherine. Nous décidons donc d'y faire une digression éclair avant de reprendre notre marche [1].

Puis c'est le vrai départ. Nous quittons définitivement Le Caire à pied, vers Ismaïlia, que nous rallions en trois jours. Le gouverneur veut nous y rencontrer. Magdy Selim, le directeur de l'hôtel Mercure de la ville, nous invite. Fouad Gamal Eldin est le huitième gouverneur que nous rencontrons. Francophile et anglophone, il a voyagé partout, chassé au Zimbabwe, visité le Louvre. De notre affable conversation, nous retenons deux choses : Claude François est né à Ismaïlia et le gouverneur songe à transformer sa maison natale en musée. Quand nous lui faisons part de la pauvreté de l'Égypte profonde que nous avons traversée, il nous répond, songeur :

— Notre plus gros problème est la croissance démographique. Il y a un million et demi d'Égyptiens en plus chaque année. Aucune croissance économique ne peut rattraper cette vague humaine. Sur tous les plans : sanitaire, éducation, construction, énergie, hôpitaux, nous sommes dépassés par la demande croissante. Nous essayons de gagner de l'espace sur le désert, mais la course est perdue d'avance, car il faudra de l'eau à l'infini. Notre religion interdit tout contrôle des nais-

---

1. Retrouvez notre découverte de Sainte-Catherine sur notre site Internet.

sances. C'est un sujet très sensible entre le gouvernement et l'université d'Al-Azhar.

Le lendemain, nous visitons la ville avec Noura Sayed, une représentante du gouvernorat. Elle ressemble à une parfaite Parisienne des années quatre-vingt : permanente et jabot blanc sur chemisier de soie bleu marine et pantalon ample ; maquillage soigné et bijoux dorés. Elle nous fait visiter le canal de Suez et la maison de Ferdinand de Lesseps, puis notre conversation prend une autre tournure.

— Je suis la seule de tout le gouvernorat à ne pas encore porter le voile. Tous les jours, mon fils de neuf ans rentre de l'école en me demandant de le porter, comme les mères de ses camarades. C'est un phénomène de mode arrivé avec les nouveaux tissus légers en provenance d'Asie. Quand j'étais plus jeune, seules les grosses, les laides ou les vieilles femmes portaient le voile volontairement, d'autres encore y étaient contraintes par leur mari, mais on avait le choix. Aujourd'hui c'est devenu la norme.

— Ça s'explique par un retour du religieux ?

— Pas uniquement. Surtout par un retour de l'apparence. C'est très hypocrite ! Comme la *zibiba* des hommes. Ça m'agace !

— Qu'est-ce que c'est, la *zibiba* ?

— C'est la tache des hypocrites. Vous n'avez jamais vu ça, au milieu du front ? Une tache brunâtre, ou une sorte de cal ? Les Égyptiens font ça pour montrer qu'ils sont de bons croyants toujours en prosternation sur le sol. En référence à une sourate du Coran [1] qui dit qu'on « reconnaît les compagnons du Prophète, car on voit sur leur front les traces de leur prosternation ». Ils se brûlent la peau avec de l'ail et des aiguilles, d'autres utilisent de l'acide, mais personne ne l'avoue. Là encore, c'est une mode égyptienne.

— Pourtant, vous êtes vous-même musulmane ?

— Bien sûr. Mais mon islam se cultive à l'intérieur, pas à l'extérieur. Pour moi, le voile est un signe religieux qu'on n'a pas le droit de souiller par de mauvaises pensées ou de vilaines paroles. Et je ne me sens pas encore assez sage pour porter le voile. J'ai été élevée chez les bonnes sœurs. Chez elles aussi, le voile était le signe de leurs vœux. Si une bonne

---

1. Sourate 48, verset 29.

sœur agissait mal, elle entachait son voile. À mon étage, les jeunes filles sont toutes voilées mais se disent des vacheries dans le dos les unes des autres. Moi, je ne porterai le voile que lorsque j'aurai fait mon hadj [1], dans quelques années... Quand je serai en retraite.

— Et que pensez-vous de notre nouvelle loi, en France ?

— Votre gouvernement a raison. Il ne faut pas céder. Toutes les femmes du monde musulman vous regardent. Vous êtes le seul espoir d'une sécularisation de l'islam. Ici, ce n'est pas possible, les religieux ont trop de poids. Ce n'est qu'en Europe que peut naître un islam moderne. Ici, ils cherchent à islamiser la modernité, pas à moderniser l'islam. Tant que vous ne comprendrez pas ça, vous serez victimes d'un jeu de dupes.

Le lendemain, nous passons le canal de Suez sur l'impressionnant pont japonais d'el-Kantara : six kilomètres suspendus. Nous quittons le sol d'Afrique. Le canal a été considérablement élargi depuis son creusement. Il mesure quatre cents mètres de large et les cargos défilent dans les deux sens, comme des trains. De retour dans le désert, nous les voyons passer entre les dunes, véritables montagnes de métal se frayant un chemin entre deux mers : quinze mille navires par an. Plus du tiers du trafic maritime mondial passe par là, notamment le pétrole destiné à l'Europe et à l'Amérique du Nord.

Dans une cafétéria, une interview que nous avons donnée après notre entretien avec le gouverneur d'Ismaïlia passe à la télévision. Tout le monde se retourne. Les gens viennent nous offrir des Coca et des sandwichs. Dans l'après-midi, des camionneurs s'arrêtent pour nous serrer la main et nous féliciter. Nous sommes heureux de quitter l'Égypte dans cette liesse. Le soir, nos hôtes se battent pour nous héberger. Et ça gesticule et ça fait du bruit, ça nous tire à hue et à dia. Chers Égyptiens ! Attachants et épuisants à la fois. À la télévision on annonce un nouvel attentat suicide à Tel-Aviv ; un carnage. Sonia se désespère à voix haute :

— Combien va-t-il en falloir de ces victimes innocentes ? Si les candidats au suicide s'immolaient sans faire de victimes, leurs actes auraient beaucoup plus d'impact. Regarde Jan

---

1. Pèlerinage de La Mecque.

Palach [1], on en parle encore comme d'un mythe universel de résistance plus de trente ans après. Ce qui discrédite le sacrifice des jeunes Palestiniens, c'est qu'ils cherchent à tuer un maximum de gens. Ils seraient plus utiles à leur cause s'ils ne faisaient pas de victimes.

J'ironise :

— Tu devrais te recycler comme conseillère à la communication des brigades des martyrs...

À El-Arich, nous sentons une sorte d'effervescence frontalière. Beaucoup de constructions de villas et de « Sam'suffit » en bord de mer. Travaux perpétuels et inachevés, vérandas et patios tapageurs, carrelages et colonnades, lions de stuc et porches tape-à-l'œil. Un fonctionnaire du gouvernorat, sarcastique, y va de son commentaire tandis que nous dévorons en sa compagnie un poisson grillé, sous une paillote de la plage d'Ananda.

— Tout ça, c'est de l'argent palestinien détourné. Les fonds européens que vous donnez servent à construire ces maisons. Gaza est un panier percé. Il n'y a pas que des armes qui passent dans les tunnels ! Moi, avec mon salaire, je n'arrive même pas à économiser de quoi me marier, alors ça me dégoûte de voir ça. Surtout quand on sait que cet argent aurait dû servir à construire des écoles ou des dispensaires dans Gaza...

Le dimanche 29 février 2004, après trente-quatre kilomètres de marche, nous atteignons le poste frontière de Rafah, en travaux. Granit rose d'Assouan et portes-pylônes, le bâtiment va être pharaonique. Cela prouve que le gouvernement égyptien croit en la normalisation prochaine de ses relations avec l'Autorité palestinienne et à l'ouverture de la bande de Gaza, qui orientera alors une part importante de son économie vers l'Égypte. Les formalités égyptiennes sont rapides. Nous étions attendus. Puis un officier nous fait passer dans une étrange zone en friche, coupée en deux par un grillage provisoire. Il nous indique de passer par un trou ; je le taquine :

— C'est la frontière ?

---

[1]. Jeune étudiant tchécoslovaque qui s'immola par le feu le 2 janvier 1969 en signe de protestation contre l'occupation soviétique.

Il se marre. De l'autre côté, un minibus nous embarque pour faire deux cents mètres interdits aux piétons sur un bout de piste défoncé. Soudain, à l'angle d'un mur nous saute aux yeux, au-dessus d'un petit bunker, blanc et bleu sur le ciel bleu, le « Magen David », le drapeau israélien.

Israël

1 Gelad Menashe
2 Ofer, Daniella, Hor et Youval Buchnik
3 Rachel et Baruch Acedou
4 Patrice Kaminski
5 Dr Aref Abu Rabia et sa famille
6 Youval et Porit Yékutihéli
7 Netanya Ivrim
8 Oren et Hannat Cleydermann
9 Lucien Lazare et Mordechaï Paldiel
10 Shiran ben Yakov
11 Adam Israeli, Lyor Yahav, Youval Shapiro, Michal Braun
12 Franck Bonneveau
13 Hannah, Moshe et Renana Hakarmi
14 Beni et Philippa Segall
15 Johanna Neisha
16 Henri Samuel
17 Erella Hovers
18 père Jonas

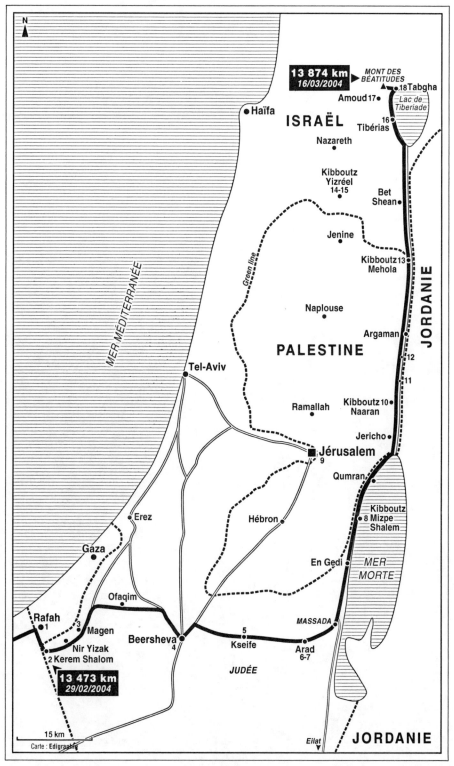

Israël-Palestine

37

Les vignes de la paix

Kerem Shalom, dimanche 29 février 2004, 1 155ᵉ jour, 41 km, 13 473ᵉ km

Elle est passée entre deux blocs de béton. Vision fugace. La voilà qui débouche devant nous. Blonde et frisée, ses longs cheveux lâchés cascadant sur ses épaules, ses lunettes de soleil cachant son regard, son treillis moulant soulignant un corps athlétique sans être ascétique, elle porte son M16 en diagonale entre les deux seins : notre première Israélienne. Un assistant fait circuler sous le minibus un miroir à roulettes ; nous franchissons la barrière antibélier ; nous sommes en Israël.

Nous n'avons jamais passé une frontière aussi rapidement, ni ressenti un tel contraste. Tout est propre et soigné, organisé et pensé. Ça sent l'Europe à plein nez. Ça pourrait être la Suisse. C'est Israël. Une arrivée en avion eût été moins brutale. Palmiers de croisette et terminal climatisé ; espace calme et aseptisé ; nous sommes conduits par de jeunes soldates souriantes vers nos formalités d'entrée sur le territoire. Un petit homme chauve nous observe, un peu en retrait. Sûrement notre homme. En effet. Il vient à nous.

— Bonjour ! Je suis Gelad Menashe, le chef de poste, je vous attendais, bienvenue en Israël.

Nous déballons, sous les œillades rigolardes de deux douanières dodues, le contenu répugnant de nos sacs, chaussettes sales et trouées, sacs plastique usagés, oripeaux éprouvés par le soleil, le sel et la piste. De mon cahier, l'une d'elles tire notre premier article de *Paris Match*. Elle rameute des copines. C'est la fête dans le terminal. Elles s'arrachent le magazine, n'arrivent pas à croire que nous ayons tant marché. Une de nos photos est prise à Olduvaï avec un crâne d'australopithèque *boisei* que nous tenons à la main à la hauteur de nos yeux. Une brunette, cheveux courts et gros pétard à la ceinture, commente :

— Ils étaient partis à trois... et celui-là, il a abandonné !

Nous éclatons de rire. Retrouvailles avec l'humour. Sonia se passe la main sur le ventre en disant :

— En fait, c'est l'inverse ! On est partis à deux, et on arrive à trois...

Et toutes de fondre et de lui caresser le bedon. Gelad remet un peu d'ordre dans les rangs et nous mène à son bureau. C'est un fou de VTT. Au mur, il a encadré sa photo favorite : un arbre immense aux branches duquel sont accrochées une douzaine de bicyclettes. Créativité inattendue chez un fonctionnaire des frontières.

— C'était au cours d'un voyage qu'on a fait avec des copains, dans les monts Taurus, en Turquie.

À côté, dans un plus petit cadre, une enveloppe porte trois signatures.

— Arafat, Clinton et Peres réunis sur le même papier. C'est ma façon à moi de croire à la paix. Je n'ai pas réussi à rencontrer Rabin avant qu'il se fasse assassiner par un juif extrémiste, alors je l'ai remplacé par Peres. C'est mon Camp David à moi.

Il nous emmène à la cafétéria. En chemin, nous changeons nos livres égyptiennes en shekels. La préposée s'adresse à nous dans un français parfait :

— Je suis juive tunisienne. J'ai grandi à Paris.

Ça aussi, nous avions oublié. Que 20 % des juifs vivant en Israël sont francophones ou d'origine française. Autour d'un sandwich, un beau gosse nous rejoint. Je le reconnais. Ça l'amuse. Il faisait partie des cerbères à lunettes noires qui, le doigt sur la gâchette, encadraient notre entrée dans le terminal, parmi un groupe de Palestiniens. Le cheveu châtain ramené en arrière, le menton carré, le nez sexy et de grands yeux noisette pailletés d'or, Ofer Buchnik a le profil du tombeur. Sans même mentionner le mètre quatre-vingt-dix et les pectoraux. Au fil de la conversation, nous apprenons que son boulot ici est un mi-temps ; en fait, il a une exploitation agricole à dix kilomètres. Ça tombe pile, pour nous. Il parvient vite à la même conclusion. Il nous invite après un bref coup de fil à sa femme. Gelad précise :

— Vous ne pourrez pas marcher précisément à partir d'ici car nous sommes entourés de Palestiniens et que des snipers nous tirent dessus à la moindre occasion. Ce terminal est pourtant un service que nous leur offrons : aucun Israélien ni aucun touriste ne passe par ici ; uniquement des Palestiniens. Et les Égyptiens n'ouvrent de leur côté qu'à condition que ce soit nous qui tenions le poste ; sinon, ils fermeraient la frontière. Mais c'est comme ça. Chaque fois que nous essuyons un tir, nous fermons le poste quelques jours ; seuls les Palestiniens en souffrent. Je suis désolé pour eux, ils sont victimes de leurs extrémistes.

Nous montons dans une camionnette blindée. En fait, nous n'étions pas encore vraiment en Israël mais sur un no man's land isolé entre l'Égypte et la bande de Gaza, qui est cependant la frontière internationale d'Israël. Tandis que nous roulons, Gelad nous explique :

— À droite, l'Égypte, à gauche, des villages palestiniens. En dessous de nous passent les tunnels des trafiquants d'armes. On en découvre toutes les semaines. En général, ils débouchent dans des maisons privées. C'est pour ça qu'on les rase. Voilà, nous n'avons que trois kilomètres à faire entre ces deux grillages...

— Ça veut dire que vous nous faites tricher de trois kilomètres !

— Oui. C'est ça ! Mais ça vaut mieux que de vous faire tirer dessus. Vous voyez le poteau tordu, là ? Il y a trois ans, une de mes employées, Noah Dahan, s'est fait tuer ici. On l'a laissé tel quel pour ne pas oublier. C'est aussi pour ça que nous venons au terminal avec ce véhicule blindé, après nous être garés à Kerem Shalom. Quand on passe, ils s'entraînent à tirer sur nous, mais ils savent qu'ils ne peuvent pas nous faire de mal.

Kerem Shalom. Les vignes de la paix. Deux grandes portes grillagées s'ouvrent sur des champs verts à perte de vue. Notre première vision d'Israël. Un espace vide, plat et vert. De l'autre côté de la frontière, juste à deux cents mètres sur notre droite, c'est le désert.

Nous saluons Gelad. Sur le capot de sa voiture, Ofer nous dessine un petit plan pour nous guider jusqu'à sa ferme, dans le *moshav* de Yatel. Nous sommes lâchés dans une campagne déserte, sur une route de parfait goudron décoré de peinture blanche et de cataphotes. Cela fait si longtemps que nous avons la police au derrière que nous en sommes tout déboussolés. Pas d'homme en vue. L'espace est libre de toute pression démographique. La terre est là pour produire. On l'habite ailleurs. Dans des endroits organisés, faits pour ça. Les villes. Cette différence dans la façon d'occuper le territoire est pour nous un choc physique. Nous marchons en silence dans une immensité fertile dont chaque mètre carré a été l'objet d'un soin particulier. En une heure, nous gagnons Yatel. Ofer et Daniella nous y accueillent dans une jolie maison, simple, décorée de sculptures africaines. Daniella est plantureuse et souriante, relax et franche.

— Ici, ce n'est pas un kibboutz. Trente-deux petites exploitations agricoles ont été regroupées en une sorte de coopérative sans aucune vie communautaire. On appelle ça un moshav.

Arrive un jeune garçon, un superbe ara macao sur l'épaule, suivi d'une fillette au minois d'écureuil.

— Voici nos enfants, Hor et Youval. Ils reviennent de Paris, où ils ont été passer des vacances chez un oncle. Venez, allons faire le tour de ma ferme avant qu'il fasse nuit. Rassurez-vous, ce n'est pas grand !

Nous nous dirigeons vers d'immenses serres. Ofer est planteur de tomates.

— Jusqu'à l'année dernière, j'avais vingt ouvriers agricoles palestiniens avec lesquels je n'avais aucun problème. Je les payais trois mille shekels par mois, ce qui était une belle paye, pour Gaza. J'avais été en classe avec certains d'entre eux. J'ai dû m'en défaire à cause des fermetures de frontières incessantes, consécutives aux multiples attentats – une fois, j'ai failli en perdre ma récolte. Je les ai souvent au téléphone ; ils n'ont plus aucun revenu, ils sont désespérés. Ils vivent un enfer dans Gaza. Le Hamas les enrôle de force et s'ils refusent, ils sont persécutés. J'essaye d'aider deux familles, je leur fais passer des cageots de tomates gratuitement, et ils les revendent pour survivre...

Nous avons passé un sas hermétique et un pédiluve. La serre est isolée par des moustiquaires. Tout fonctionne au goutte-à-goutte.

— J'ai 4 000 mètres carrés hors-sol et 8 000 mètres carrés dans le sol. Je n'ai plus que quatre ouvriers thaïlandais. Je les paye mille dollars par mois chacun. En fait, ça correspond au même volume salarial qu'avant mais divisé par quatre. C'est dix fois plus que leur paye en Thaïlande pour le même boulot. Je suis triste pour les Palestiniens. Ils perdent tout dans cette crise.

Au dîner, Daniella nous raconte qu'elle devait être dans la voiture de Noah Dahan qui s'est fait tirer dessus.

— Noah était passée me prendre. Moi aussi, je travaille au terminal. J'étais à la bourre, les cheveux mouillés. Je lui ai dit que je la rejoindrai un peu plus tard, avec ma voiture. C'était ma copine de bureau. Elle avait fondé une association d'amitié israélo-palestinienne qui organisait des pique-niques de familles juives sur la plage palestinienne de Khan Yunis. Des jumelages entre les écoles et un fonds de soutien scolaire pour les enfants de Gaza. Elle était adorée. Ils se sont vraiment trompés de cible ! C'est moi qui ai découvert son corps et sa Renault Express criblée de balles.

Émue, elle nous déplie des coupures de journaux. Nous découvrons Noah, femme forte, rousse, de noir vêtue, avec un bonnet de laine, les chaussures à talons compensés et le visage énergique. L'énergie de la paix.

— Deux jours plus tard, c'était mon anniversaire, le 10 novembre 2002. J'étais en plein deuil quand on a sonné à la porte. Un livreur m'apportait un cadeau de la part de Noah. Je me suis évanouie. Elle me l'avait acheté par correspondance. C'est l'aquarium qui est là. C'est ce que j'ai de plus précieux dans la maison...

Elle marque une pause tandis que ce brûlant souvenir la submerge à nouveau. L'aquarium ronronne derrière nous. Les poissons multicolores dansent avec les bulles pour prolonger le souvenir de Noah.

— Un mois plus tard, quand le poste a rouvert, j'ai rangé son bureau. Son agenda était ouvert à la page du 7 novembre, la veille de sa mort, où elle avait écrit : « *Berega, Néhémélet, Bli milim* [1] *!* » C'est une chanson de la Shoah...

Ofer a un ami qui a sauté dans un bus. Et qui a survécu ; tétraplégique. Steve Aberbuch. Un ancien des forces spéciales.

— Il avait repéré le *suicide-bomber*. Il a eu le temps de faire passer une balle dans le canon de son pistolet. Pas de tirer... Tout le monde, dans ce pays, a un proche ou connaît

---

1. En un clin d'œil, On disparaît, Sans un mot...

quelqu'un qui a été touché par un attentat terroriste. Il faut qu'on se retire de Gaza et des territoires. Sharon va le faire. Vous verrez ! Personne ne le croit, mais il va le faire.

Comme en Afrique du Sud, nos amis Buchnik viennent nous rechercher sur la route le lendemain soir afin que nous passions une nuit de plus chez eux. La marche a été sublime. Une Beauce verte sans les flèches de Chartres ; puis des parfums de Costa Brava dans une plantation d'orangers. Du blé ! Du blé ! Et une ferme d'autruches ! Et nos premiers coquelicots ! Pas un coup de klaxon, pas un arrêt, nous n'avons parlé à personne aujourd'hui. Même en plein cœur du Sahara ça ne nous est jamais arrivé. Ofer est revenu nous prendre à Ofaqim.

Les parents de Daniella, qui parlent français, nous accueillent à dîner dans le moshav de Magen. Rachel et Baruch sont arrivés du Maroc en 1948 ; ils se sont rencontrés en kibboutz. Lui, a la trogne ravinée et les mains noueuses des vieux paysans, elle, a toutes les qualités d'une femme d'intérieur. Elle embarque Sonia en cuisine pour lui donner sa recette de *harira*, pendant que Daniella nous montre sa production d'angelots dorés et ses gouaches. Car Rachel est aussi artiste. Youval est enrhumée. Elle a passé la journée avec les scouts, qui lui ont fait traverser une rivière à la nage. Daniella nous passe alors le DVD de sa récente *bar-mitsva* [1]. La petite se love dans les bras de son grand-père. Le petit film est un condensé d'amour : sa naissance, ses couches, ses premiers pâtés à la plage, ses poupées, ses déguisements, ses anniversaires, ses animaux, ses copains... Et nous voyons défiler la vie d'une petite fille normale, en réalisant à quel point ces petits bonheurs sont « anormaux » ; combien, parmi les enfants croisés durant ces dernières années, ont eu la chance de Youval ? Combien savent ce qu'est l'enfance ? Ofer et Daniella ne comprennent pas notre émotion. Ils s'attendaient à nous raser avec le « film sur la fifille ». Ils nous révèlent au contraire ce que l'amour et le don de la vie impliquent d'investissement éternel. Faire un enfant, c'est l'accompagner longtemps, s'occuper de lui, l'entourer de tout cet amour construit au jour le jour et que nous voyons défiler

---

1. Fête pour célébrer l'entrée officielle d'un enfant dans la synagogue entre onze et treize ans. Pour les garçons, c'est la *bar-mitsva*. L'équivalent de la « première communion ».

sous nos yeux. Youval ou nos retrouvailles avec l'enfance. Sonia dit alors en se touchant le ventre :

— Je n'arrive pas à croire qu'il sera là pour toujours, qu'il grandira, que lui aussi il vivra tout ça, qu'il...

Daniella l'interrompt :

— Pourquoi : il ?

— C'est vrai, au fait ! Pourquoi ? Depuis le début nous parlons du bébé au masculin, on lui a même trouvé un prénom de garçon...

Youval est intimidée qu'on l'ait vue nue, bébé, à la plage. Pour la mettre à l'aise je lui demande alors le sens de ce qu'il y a d'imprimé sur son T-shirt au milieu d'un grand cœur. Elle me répond en hébreu :

— *Mashou lé mishou, shéhou mamash mashou mashou.*

Nous éclatons de rire. Ofer nous traduit :

— Quelque chose pour quelqu'un qui est vraiment exceptionnel !

Je leur récite alors d'un seul élan une petite phrase en arabe que notre cher ami Francis Amin nous a apprise à Louxor :

— *Mashi bé oul lé mashi tégui namshi, alo mashi !*

À leur tour d'éclater de rire. Les « chaussettes de l'archiduchesse » en hébreu et en arabe, pour une fois réunies ! Je traduis pour Youval car ses parents parlent très bien palestinien :

— Un marcheur dit à un autre marcheur, veux-tu qu'on marche ? D'accord, allons-y !

Et la fillette de douze ans de me prendre à mon propre jeu :

— Je peux venir marcher avec vous demain ?

À l'aube, aux informations, nous apprenons qu'un missile Kassam tiré de la bande de Gaza est tombé à sept kilomètres de la maison. Ofer prend la nouvelle avec philosophie :

— Ce sont des trucs artisanaux sans système de guidage, qui tombent toujours en plein champ. Mais le truc vicieux, c'est qu'ils visent l'usine chimique de pesticides de Nir-Yizak devant laquelle vous êtes passés aujourd'hui... Il y a déjà six cratères autour d'elle et chaque fois ils se rapprochent...

Comme une mauvaise nouvelle n'arrive jamais seule, nous apprenons qu'un jeune couple de juifs russes, Eitan Kukoi et Rima Novikov, a été sauvagement abattu avant-hier soir sur la route entre Beersheva et Arad ; route que nous emprunterons dans deux ou trois jours... Je m'inquiète :

— J'ai vu sur la carte que cette route passe pourtant très loin de la Palestine et des Territoires occupés.

— Oui. Mais il n'y a aucune frontière, ni mur ni grillage ici, juste des pâturages, alors de jeunes fanatiques descendent facilement d'Hébron par la montagne et tirent sur les voitures, la nuit. En général, ils se replient aussitôt, mais là, ils sont allés finir le boulot à bout portant. Le miracle, c'est qu'il y avait une fillette à l'arrière ; elle a survécu... Vous, vous ne risquez rien, vous passez de jour et à pied...

— Ouais... Les Tanzaniens nous disaient la même chose à propos des lions de Rungwa !

Il y a comme une tristesse fataliste dans son regard. Il sait son bonheur fragile. Youval se prépare. Elle a lacé ses chaussures de marche et enfilé un petit sac à dos Mickey plein de sucettes et de Chipsters. Aujourd'hui, l'objectif est d'atteindre Beersheva. Après un grand bol de céréales, Ofer nous reconduit à Ofaqim. Chaudes embrassades avec Daniella. Elle rouvre la portière qu'elle vient de claquer :

— Au fait, j'ai oublié de vous dire. Ce sera une fille !

Nous marchons tout le jour dans la campagne avec la petite Youval. Elle ne parle qu'hébreu mais nous ne nous ennuyons pas ; elle est aussi vive qu'un ruisseau dont elle porte le nom. Nous croisons des bédouins menant leurs troupeaux de moutons entre les champs pour brouter les herbes folles et les fleurs des jachères. Leurs tentes de laine noire tendues sur le bord des routes nous rappellent qu'avant d'être agricoles et fertiles, ces terres étaient pastorales et semi-arides, coincées entre le désert du Néguev et celui de Judée. Un coup de fil en chemin nous apprend qu'au Canada mon jeune frère vient d'avoir une petite Jeanne. Deux journalistes du *Jerusalem Post* nous rattrapent pour une interview improvisée dans les boutons d'or et les coquelicots, car nous donnons une conférence à l'université de Beersheva demain soir. C'est notre contact de l'Israeli Academic Center du Caire, le Dr Sariel Chalev, qui nous a mis en rapport avec des scientifiques et anthropologues de l'université. Ils ont organisé ça au pied levé quand ils ont su que nous avions des bouts de films avec nous.

Le soir, juste avant d'entrer dans la ville, Ofer nous rejoint pour les derniers kilomètres. Daniella l'a déposé avec un chargement de sandwichs. Vive le soutien logistique ! Quand il apprend que sa petite Youval a avalé ses trente-huit kilomètres sans broncher, la fierté d'un père illumine son visage.

Nous avons rendez-vous dans un café avec Youval Yékutihéli [1], l'historien qui a organisé la conférence. Il nous reconnaît tout de suite. Il cache des petits yeux de myope derrière d'épaisses lunettes, au-dessus d'un beau sourire calme. La passation des Poussin se fait sur le parking. Nous embrassons Ofer, Youval et Daniella en nous promettant de nous revoir un jour. Notre bon Samaritain nous annonce :

— Ce soir je vous conduis chez Patrice Kaminski, le dessinateur du département d'archéologie, il est français comme vous. Moi, je vous accueillerai quand vous atteindrez Arad, dans deux ou trois jours.

La soirée chez Patrice est forte en émotions. Il semble d'ailleurs qu'ici toutes les soirées doivent être fortes en émotion. Il ressemble comme deux gouttes d'eau au comique Alex Métayer, les yeux bleus plissés, le cheveu de paille et le rire au coin de l'œil. Mais il n'a pas beaucoup d'histoires drôles à nous raconter.

— Quand on m'a dit que vous étiez français, j'ai d'abord refusé de vous recevoir. Enfin, je me suis ravisé. Toute ma famille a été déportée. Drancy, Auschwitz. Par miracle mes parents ont survécu, mais ils étaient très mal en point. Ils sont morts quand j'avais deux ans. On m'a placé à la DASS de Paris. J'étais un petit garçon comme ceux que vous voyez sur les photos de Doisneau. Vous ne me croirez pas, mais j'ai été persécuté toute mon enfance...

Nous sommes pétrifiés.

— On ne parle que de l'antisémitisme d'avant-guerre ou de la guerre, mais les réflexes ne se sont pas envolés comme ça de la tête des gens, à la Libération. J'ai vécu un vrai martyre, après guerre. On nous persécutait sous prétexte que les souffrances endurées par l'Europe étaient « de notre faute ». Brimades, vexations, j'étais molesté, mis à l'écart, isolé par mes camarades, c'était atroce. J'ai fui l'orphelinat et trouvé refuge auprès des prostituées de Pigalle ; je leur servais de messager, je leur faisais leurs commissions... Je suis venu en Israël dès que j'ai pu, en 1979, j'avais trente ans. Alors pardonnez ma méfiance. Quand je vois le retour d'un antisémitisme masqué en

---

1. Youval peut aussi être un prénom masculin.

France, ça remue en moi de mauvais souvenirs... Il n'y a qu'un pays en Europe où je retourne chaque année et où je me sens vraiment chez moi.

La gorge nouée de honte, je saute sur l'occasion de changer de sujet :

— Ah oui ? Où ça ?

— Oh ! vous ne connaissez certainement pas. C'est un tout petit pays...

— Malte ? Le Liechtenstein ?

— Non, la Slovaquie.

Sonia manque tomber à la renverse. Patrice est un fan. Il a jeté son dévolu sur ce peuple. Il n'a plus que des amis slovaques, ne boit que slovaque, parle slovaque, n'écoute que de la musique folklorique slovaque, rêve en slovaque... Il se précipite sur son ordinateur pour nous montrer le site de la webcam qui filme en continu la place de Narodny Dom, à Banska Bystrica.

— Je ne peux pas commencer la journée sans passer cinq minutes sur ce site. Juste à regarder les gens passer... Mais... Pourquoi pleurez-vous ?

— Ma mère est de Banska...

Et Patrice de prendre paternellement Sonia sur sa maigre épaule. La soirée se détend ; tous deux s'émeuvent de souvenirs du « paradis slovaque », un endroit célèbre dans les Tatras, près de la frontière polonaise ; il nous montre des dizaines de planches de dessins sur lesquelles il inventorie des poteries et des objets de fouilles de toutes époques, puis nous allons nous coucher après une petite *malinovitsa*[1] de derrière les fagots.

La conférence du lendemain rassemble des spécialistes de toutes les filières. Il y a des Russes, des Yéménites, des Américains, des Marocains, des Polonais, des Éthiopiens, juifs de tous les horizons. Extraordinaire laboratoire du cosmopolitisme. Notre conférence est très bien reçue. Le campus est plein de jeunes filles alanguies dans l'herbe sous les premiers rayons du printemps. Ventres nus, beautés callipyges, décolletés ébouriffants et découverte des « tangas » ; venant d'où nous venons, nous en sommes mal à l'aise aux entournures. Besoin d'un déchoquage. Entre le refoulement et l'hypersexualisation, il doit y avoir un moyen terme.

---

1. Alcool de framboise, spécialité slovaque.

Nous repartons de Beersheva sur la route d'Hébron, mais tournons à droite vers Arad. Nous avons rendez-vous avec le professeur Aref Abu Rabia, ethno-botaniste venu à notre conférence, qui vit parmi les siens dans une vallée peuplée d'Arabes israéliens, sur notre route. Le paysage change du tout au tout. Nous longeons les contreforts sud de la Palestine, secs et vallonnés comme une garrigue. Les chiens écrasés refont leur apparition. Les habitats pauvres entourés de détritus. Les gamins désœuvrés. Aref a construit sa maison au sommet d'une petite colline. Il nous accueille avec sa femme et ses quatre enfants, qui sont trilingues – arabe-israélien-anglais. Nous lui faisons part de nos impressions du jour ; il ne s'en étonne pas.

— Les Arabes israéliens représentent plus de 25 % de la population israélienne. Nous ne sommes pas palestiniens. On nous appelle ici les bédouins. Nos ancêtres sont venus de la péninsule Arabique il y a trois cents ans. Nous avons un passeport israélien, nous votons, nous avons des représentants à la Knesset.

— Mais alors, pourquoi une telle inégalité sociale et économique ?

— Beaucoup d'entre nous refusent de se regrouper en villages et restent dispersés dans la montagne. Le gouvernement ne peut pas faire venir l'eau et l'électricité jusqu'à chaque campement. Cela vient de nos origines nomades. Nous nous mettons hors jeu par attachement à notre mode de vie car nous sommes loin des écoles ou des hôpitaux, des circuits de ramassage d'ordures, etc. Ceux qui acceptent de se rassembler en villages construits par le pouvoir voient les disparités sociales se résorber rapidement. Mais d'une certaine façon, c'est un renoncement à nos traditions patriarcales. Dans un campement, il y a un chef de famille. Dans un village rassemblant plusieurs familles, il y a un maire... Et des problèmes entre les familles.

Nous sommes désarçonnés par la découverte de cette autre facette israélienne. Aref relance :

— Ici, notre démarche a été inversée. Nous avons d'abord fait reconnaître officiellement la propriété de cette vallée à ma tribu, puis nous avons créé le village. Il vient d'être reconnu comme tel et non comme campement car nous avons dépassé les cinq cents habitants, alors l'État va débloquer les fonds pour faire venir l'eau et l'électricité, bâtir une école primaire et un dispensaire. Ça n'a pas été facile, mais nous l'avons obtenu.

— Vous n'avez pas voulu demander un rattachement à la Palestine ? Car votre vallée touche la *green-line* [1], n'est-ce pas ?

— Hors de question. Nous sommes très contents d'être israéliens. Les Palestiniens nous considèrent comme des traîtres et des collabos ; et puis ça mettra du temps avant qu'ils s'en sortent. Non. Nous sommes ici chez nous depuis trois cents ans et Israël nous apporte l'ordre et les services sociaux. Beaucoup d'entre nous ne vivent que de leurs maigres troupeaux et d'allocations familiales.

— Nous avons vu beaucoup de bédouins faire pâturer leur bétail près d'Ofaqim...

— Voilà un bon exemple d'aménagement entre nos traditions nomades et les lois sédentaires. Ce ne sont pas nos terres, mais nous sommes autorisés à y transhumer à des dates précises et dans les endroits libres, à condition de nous soumettre aux contrôles sanitaires et vétérinaires fournis par le ministère de l'Agriculture. Tous les bergers que vous avez vus ont une licence. Israël est un État de droit. Il suffit de le respecter et l'on peut mener la vie qu'on veut. En échange, nous payons nos impôts et devons faire notre service militaire comme les autres.

— On ne s'attendait pas à un discours « pro-israélien », de votre part...

Il sourit.

— Regardez mes enfants. Sont-ils à plaindre ? En tant que musulmans nous sommes parfaitement respectés. Les médias ont tendance à faire du problème palestinien un problème religieux à cause des extrémistes du Hamas d'une part, et des ultra-orthodoxes juifs d'autre part, mais les uns et les autres sont minoritaires. 75 % des juifs sont athées, aujourd'hui ; quant aux Palestiniens, ils vivent sous la terreur des islamistes ; parmi eux, il y a des chrétiens, et les autres n'aspirent qu'à la paix. C'est un problème de pouvoir et de partage des terres. Je vous le dis, pour rien au monde je ne serai palestinien, c'est la loi de la jungle là-bas. Je les plains.

---

1. Ligne verte = frontière théorique entre Israël et la Palestine établie par les Nations unies dès 1949, mais enfoncée en 1967 par Tsahal, qui occupa la totalité de la Palestine en représailles contre la guerre des Six Jours et la coalition des pays arabes. Depuis, Arafat a refusé deux fois de revenir à cette frontière, avant d'être contraint d'accepter. En contre-partie, les Israéliens doivent se retirer totalement de Palestine, ce qui va prendre du temps.

Sur sa colline, il a replanté toutes les essences rares de la Judée et du désert. Plantes alimentaires et utilisées dans la pharmacopée bédouine. Il est en train d'en faire un inventaire exhaustif au profit de la science, de la diététique et de l'industrie pharmaceutique. Il fait visiter sa colline botanique aux enfants juifs et musulmans qui grandissent ensemble, dans les mêmes écoles, déborde de projets et d'espérance. Sous nos yeux, en silence, ses enfants font leurs devoirs.

Pourim. Nous sommes à Arad, dans une ville en fête. Des enfants déguisés convergent vers les écoles. Porit Yékutihéli, la femme de Youval, est institutrice. Elle nous conduit à la sienne.

— La fête de Pourim date de l'exil perse, après Babylone. Assuérus, le roi des Perses, avait un serviteur favori qui était juif, Mordechaï. Il refusait d'adorer le dieu Baal. Haman, le Premier ministre du roi, voulait l'assassiner, lui et tous les juifs du pays. Au cours d'un bal, le roi tomba éperdument amoureux d'Esther, la nièce de Mordechaï, et l'épousa. Elle suggéra alors au roi qu'il était plus facile de faire disparaître un homme que tout un peuple. Haman fut exécuté et Mordechaï devint Premier ministre.

— Mais pourquoi une fête et tous ces déguisements ?

— Parce que nous considérons que c'est une victoire sur l'adversité obtenue par la ruse. Que, d'un mal, la Providence peut tirer un bien. Et qu'il ne faut pas se fier aux apparences, d'où les masques et les déguisements. Depuis la Shoah, Pourim a une résonance particulière, car nous comparons Haman à Hitler.

Aux abords de l'école, la sécurité a été renforcée. Terrible paradoxe que ces papillons roses, lutins bleus et fées, suivis par des soldats en casque lourd et gilet pare-balles. Nous sommes stupéfaits.

— Il y a dix ans, Baruch Goldstein, un juif extrémiste, a massacré vingt-six musulmans dans une mosquée, le jour de Pourim. Depuis, chaque année, des terroristes cherchent à se venger en visant les enfants. C'est pourquoi il y a ce déploiement de sécurité. Mais ne vous inquiétez pas, j'ai prévenu la directrice de votre venue.

À l'intérieur tout n'est que bonheur. Superman et Pierrot la lune, chenille verte et Zorro, roi lion et souris grise. C'est la fête des enfants. Ça chante en faisant des rondes dans la cour. Il faut protéger le monde des enfants.

Porit fait une thèse d'ethnologie sur une petite communauté israélienne : les Ivrims ou « black Hebrews ».

— Ce sont des Noirs américains arrivés en 1966 avec, à leur tête, un gourou, Ben Carter, ancien ouvrier des fonderies de Chicago, qui aurait été visité par l'ange Gabriel. Ce dernier lui aurait révélé qu'il descendait d'une des tribus perdues d'Israël, *via* l'Afrique et l'esclavage, et qu'il devait retourner en Eretz Israël [1].

— Ils sont reconnus comme juifs ?

— Non. Le grand conseil des rabbins le leur refuse, mais ils sont en passe d'obtenir un statut un peu particulier d'Israéliens. Ça fait près de quarante ans qu'ils sont là. Ils ne sont que deux mille mais on les admire. Leur intégration est réussie car ils sont travailleurs et sans histoires, et que leurs enfants sont mieux élevés que les nôtres... Leur intégration est parfaitement réussie. Au fait ! Vous ne m'aviez pas dit que vous deviez recoudre une chemise ? Ça tombe bien parce que j'ai une copine couturière ivrim qui a besoin d'ouvrage.

Nous arrivons bientôt chez Netanya. C'est une belle Noire aux cheveux courts finement tressés qui lui font des sillons sur le crâne. Vêtue d'un long boubou psychédélique, elle nous accueille très calmement : « *It's my divine pleasure to welcome you.* » Puis elle nous sert des jus de fruits. Sa maison est nickel. Tout de suite, elle nous parle de son parcours.

— Les États-Unis étaient un enfer pour nous. Nous y étions asservis par l'alcool, la drogue, la prostitution, la violence, le racisme. Ben Carter nous a libérés de ces maux. Nous sommes ici en paix. Israël est notre salut.

Là encore, nous ne nous attendions pas à ce qu'on parle d'Israël en ces termes, surtout dans le climat d'intifada actuel. Elle poursuit :

— Nous avons bon espoir d'être bientôt reconnus. Nous pourrons avoir une part plus active à la vie de la nation en payant le prix du sang. Nous avons un chanteur de gospel célèbre qui vient de se faire tuer au cours d'une bar-misva. Et ça fait beaucoup parler de nous.

— Porit nous a dit que vous étiez polygames ?

— C'est ce qui bloque, pour l'instant, notre intégration légale, mais nous évoluons vers la monogamie. La vie est trop

---

1. Terre d'Israël.

dure. Moi, par exemple, je suis la seule épouse de mon mari. Le vrai problème est que nous rejetons toute religion. Les religions divisent trop les hommes...

— Mais vous avez votre propre religion !

— Non, nous suivons des règles de vie, c'est tout. Nous sommes végétariens absolus, nous jeûnons le shabbat, respectons la circoncision masculine, parlons hébreu, étudions la Torah ; l'alcool et la cigarette sont interdits de même que le sexe avant le mariage et l'homosexualité. Nous sommes très stricts sur ces points.

Quand elle déplie la chemise de Sonia, elle met sa main à la bouche de stupeur :

— Que vous est-il arrivé ?

Elle est très sensible à ce que nous lui racontons de l'Afrique. Son mouvement a fait partie de la vague *black power*, dont le but était de rendre sa dignité aux Afro-Américains victimes de ségrégation. Que cette chemise soit un patchwork né du travail de couturières africaines l'émeut beaucoup. Sonia fait l'inventaire.

— En fait, c'est une chemise d'uniforme d'écolière kenyane. Ici, c'est une réparation éthiopienne, là c'est fait par une Soudanaise musulmane, là par une bonne sœur catholique de Khartoum, là par une vieille dame copte d'Égypte. Les épaulettes, c'est un musulman d'Alexandrie qui les a taillées dans une vieille djellaba, il ne manque plus que vous : une réparation signée *black Hebrew*...

— Et le cœur, là, au milieu du dos ?

— Ça, c'est moi qui l'ai fait. Il me fallait une double épaisseur pour protéger mon sac à dos du frottement des agrafes de mon soutien-gorge.

— Non, c'est un cœur de soutien et d'unité à tous les peuples d'Afrique, une mosaïque de l'amour.

En quittant Arad, nous entamons une sublime descente dans le paysage biblique du désert de Judée. L'escarpement est là ! Nous retrouvons le Rift, le vide et la mer Morte. Elle est là, tout en bas, au fond du monde, verte et plane. Sous nos yeux se détache de l'escarpement un plateau suspendu, comme un porte-avions qui voudrait prendre le large, Massada.

Massada, samedi 6 mars 2004, 1161ᵉ jour, 26 km, 13 621ᵉ km

Un vent chaud monté de la mer Morte nous décoiffe. Massada est un des mythes fondateurs d'Israël, mais son histoire est bien réelle. C'est un des plus importants symboles de l'héroïsme du peuple juif et de sa lutte pour la liberté à travers des millénaires de persécution. Tout est encore en place dans le cadre du drame : la citadelle fortifiée, la rampe d'accès construite patiemment par les assaillants romains, les camps retranchés de leurs nombreuses armées.

Nous sommes bientôt au pied la rampe. La pente est rude. Constituée de remblai apporté à dos d'homme par les soldats de Flavius Silva venu poursuivre jusqu'ici les derniers zélotes de la Grande Révolte des juifs contre Rome, insurrection qui conduisit à la destruction du Temple de Jérusalem en 70. Le siège de Massada a duré sept mois, pendant lesquels les neuf cent soixante zélotes et esséniens du plateau, sous la gouverne d'Eléazar Ben Yaïr, tinrent en échec cent quinze mille Romains. Au sommet de la rampe, nous passons la porte byzantine. C'est ici que s'est noué le destin de Massada. Les Romains ont monté jusque-là une tour d'assaut sur la rampe, à l'abri des projectiles des juifs. L'attaque fut de courte durée, mais la victoire amère, pour les Romains. Le plateau était désert. Ils appelèrent. Aucune réponse. Au détour d'une maison, ils découvrirent le carnage. Les juifs s'étaient tous suicidés pour ne pas tomber vivants entre leurs mains. Plutôt morts qu'esclaves, plutôt libres que leur honneur bafoué.

Nous arpentons ce champ de bataille suspendu, comme on foulerait la pierre d'autel d'un sanglant holocauste. Neuf cent soixante personnes se sont ici égorgées mutuellement. Un frisson nous parcourt l'échine. L'historien Flavius Josèphe, juif rallié à Rome, est très précis : « Ils tirèrent au sort dix d'entre eux pour tuer les autres, puis l'un d'entre les dix pour tuer les neuf autres, et qui se jeta ensuite sur son épée. Deux femmes et cinq enfants cachés dans une citerne survécurent et racontèrent. »

Les ruines du plateau retracent le confort et le faste qui avaient été voulus par Hérode le Grand : pigeonniers et citernes, synagogue et salles polychromes, hammam et piscines rituelles, mosaïques et palais royal – des jardins suspendus en plein désert.

À l'auberge de jeunesse du site, véritable cinq étoiles flambant neuf, un groupe de juifs américains ignore superbement un groupe de jeunes Arabes israéliens venus ici avec leur école dans le cadre d'une politique volontariste d'intégration. La tension est palpable. Un Atlantique culturel les sépare que Massada tente de combler. « Il y a beaucoup de maisons dans la maison de mon père », a dit un jour un juif célèbre. C'est plus que jamais le grand défi de cette nation : l'unité malgré une extrême diversité. Puisse Massada rester un symbole de résistance pacifique et de sacrifice commun et non celui d'un nationalisme conquérant, car ce serait trahir la mémoire des zélotes.

38

Sur le mont des Béatitudes

Nous longeons plein nord les rives de la mer Morte. Au fond du Rift, quatre cents mètres sous le niveau de la mer. Depuis Le Caire, nous marchions plein est. Cette fois, c'est vraiment la dernière ligne droite. Nous n'avons plus qu'à remonter la vallée du Jourdain jusqu'à sa source.

Sur des plages de galets, de grosses concrétions de sel luisent au soleil. Un vent fort fait mousser une frange d'écume et en arrache des barbes de patriarches emportées dans le ciel. Nous sommes ivres de joie et de vent. Sur notre gauche, les falaises de l'escarpement forment un mur impressionnant. À leur pied, nous arrivons le soir dans un kibboutz perdu au cœur du grandiose : Mizpe Shalem. C'est ici que se fabriquent les produits de beauté Ahava, masques de boue de la mer Morte, crèmes de gommage et savons purifiants. Sonia en est tout alléchée. Nous faisons le pied de grue devant la casemate des jeunes plantons qui gardent le kibboutz quand un beau gosse arrive en Kangoo.

— Vous venez de traverser l'Afrique à pied ? Il aurait suffi de me dire que vous veniez de Massada. Allez, montez !

Oren et Hannat Cleydermann nous accueillent pour le dîner dans un minuscule appartement qu'ils partagent avec un Danois géant et deux fillettes qui le muent en capharnaüm permanent. Tout file au sol. Boxon total. Ils n'en n'ont cure. Ils sont super-relax. Lui est un grand blond filiforme et athlétique, elle, une petite brunette sexy.

— Devinez quoi ? En 1994, après notre service militaire, nous avons roulé pendant huit mois, du cap de Bonne-Espérance au cap Mac Lear, au Malawi...

Nous refaisons l'Afrique toute la soirée pendant que Tamara et Alma, encore déguisées en costume de lion de Pourim, regardent fascinées *Le Roi Lion* en cassette. Les Cleydermann tiennent, pour le compte du kibboutz, la *guest house* de Mezoke Dragot, perchée tout là-haut, au sommet de l'escarpement surplombant la mer Morte. Ils nous y conduisent pour la nuit.

— Ne sortez pas cette nuit. Un des derniers léopards de Judée rôde autour de nous ces jours-ci. Il a dévoré trois chiens à En-Gedi, et je suis tombé nez à nez avec lui il y a dix jours...

Sur la mer Morte un pont de lune unit de son tablier Israël et la Jordanie – dont les lumières scintillent sur l'autre rive.

Jérusalem, lundi 8 mars 2004, 1163ᵉ jour, 13 683ᵉ km

Lever du soleil à Qumrân. C'est ici qu'en 1947 un jeune bédouin a retrouvé les célèbres manuscrits de la mer Morte. Il avait jeté une pierre dans une grotte pour déloger une biquette égarée, mais au lieu du « bêêê » attendu, il avait entendu un « cling », cri lancé par une des sept jarres qui protégeaient depuis près de deux mille ans de vieux rouleaux de papyrus. La découverte était fracassante ; elle confirmait la miraculeuse intangibilité des textes qui ont traversé les siècles grâce à la fiabilité « digitale » des copistes. Il ne faut pas oublier que pour certains textes sacrés, on se fiait jusqu'alors à des copies du Xe siècle. Qumrân remit le monde en prise directe avec les acteurs et les témoins des Écritures.

La secte des esséniens vivait là. Communauté préfigurant sans doute la vie monastique et particulièrement attachée à la pureté rituelle puisque sept piscines et bassins ont été retrouvés sur le site. Elle fut chassée en 68 et reflua vers Massada où elle disparut.

Nous montons vers Jérusalem. Une digression nécessaire, pour remplir notre mission : déposer dans la Ville sainte les prières de nos hôtes chrétiens et musulmans. Nous y parvenons par une route épouvantable à très forte déclivité. De tous temps, gagner Jérusalem a été une suée. On y arrive humblement, fatigués, par en dessous. Et c'est un choc ! L'apparition de ses remparts coiffés du Dôme d'or de la pierre d'Abraham. Ce sont pour nous des retrouvailles. Nous y sommes venus pour Noël 2000, un an avant notre grand départ. Nous retrouvons avec bonheur l'animation de la porte de Damas et du quartier arabe. La descente du Cardo Maximus sur d'immenses monolithes arrondis et polis par les semelles des hommes depuis la destruction du Temple, est une des sensations pédestres les plus délicieuses du monde. Chaque orteil épouse et embrasse le sol. Échoppes et marchands attirent ici le chaland depuis des millénaires. Un franciscain dépasse un bédouin qui évite un hassidim [1] filant tête baissée sous son feutre noir. Des gamins courent, des porteurs portent, des vendeurs bayent aux corneilles. Jérusalem, nous revoilà ! C'est notre ville préférée. En bas à gauche, après la fourche, nous tournons dans la via Dolorosa vers le couvent de Notre-Dame-de-Sion. Les sœurs y ont des chambres et des terrasses donnant sur l'esplanade des Mosquées ; et surtout, elles cachent en leurs sous-sols le fabuleux *lithostrotos*, le pavement de la forteresse Antonia où Jésus fut flagellé par les soldats romains, après que Ponce Pilate s'en fut lavé les mains. C'est là qu'il prononça ces paroles qui décidèrent de sa Passion : « Voici l'homme. »

Saint-Sépulcre [2] à l'ouverture. Le porteur des clefs est musulman. Sa famille est vouée à la garde du lieu saint depuis Saladin. Tout de suite à droite, en pénétrant la basilique : le Golgotha. On y accède par un escalier discret. Trois chapelles se partagent ce petit espace. Une catholique, à droite, à la sobre mosaïque bleue ; une orthodoxe, au pied de la croix, richement parée d'encensoirs et d'icônes ; une arménienne, à gauche. Dans la bleue, une religieuse africaine assure une présence. Elle a les yeux tournés vers le ciel qui entre par une petite fenêtre, et de lourdes larmes roulent sur ses joues. C'est la onzième station de la Passion de Jésus. Celle de sa Crucifixion. Avec Sonia, nous nous asseyons par terre, adossés à un pilier, et entamons la lecture de notre très longue liste de noms, en essayant chaque fois de nous souvenir des visages et des histoires de ces hommes et de ces femmes d'Afrique, pour tenir notre promesse, pour

---

1. Membre d'une secte juive orthodoxe.
2. Basilique contenant le tombeau de Jésus, et les dernières étapes de sa Passion.

entretenir leur souvenir, pour les confier à Dieu. Nous égrenons ces noms comme on égrène un chapelet, et notre sœur continue de pleurer, sans douleur apparente, comme une source intarissable. Elle semble porter les souffrances et les espérances de nos hôtes ainsi que celles de l'Afrique tout entière. Une Mater Dolorosa vêtue de bleu dans une chapelle bleue. Quand nous avons fini, Sonia se lève et va l'embrasser. Elle ne marque aucune surprise ; lui sourit en silence et la gratifie en retour d'une caresse sur la joue. C'est tout. Nous nous retirons. Nous ne saurons jamais son nom. Notre sœur inconnue. Vaillante soldate du cœur, qui incarne si bien toute la tendresse que nous avons reçue du continent.

Dôme du Rocher. Après avoir montré patte blanche, nous accédons à l'esplanade des Mosquées. Si Jérusalem est un inextricable nœud de ruelles et de communautés, ici l'espace est ouvert sur le ciel. D'abord parce que c'est ici que l'ange vint arrêter le bras d'Abraham, enfin parce que c'est d'ici que le prophète Mohammed, pour un milliard d'hommes, monta aux cieux dans les bras de l'ange Gabriel. Toute l'esplanade était le temple juif de Jérusalem. C'est aussi l'endroit où le Christ reviendra à la parousie, la fin des temps, sur les nuées. Et là, les trois religions s'accordent. Dommage que cela soit pour la dernière page de l'Histoire ! L'hexagone de mosaïque iranienne soutenant le Dôme d'or est une merveille : céramique bleue de Kashan ornée de motifs floraux et géométriques. Sentiment de pénétrer la châsse d'un trésor ou d'un reliquaire. C'est le troisième lieu saint de l'islam. Le pèlerinage est une obligation que bien peu de musulmans pieux pourront accomplir. Nous le faisons pour eux. Assis adossés à un pilier du déambulatoire, nous récitons, après notre sourate des voyageurs, les noms de tous nos hôtes musulmans, en commençant par Naeem Omar, l'ami sud-africain qui nous a offert nos chaussures, jusqu'à notre ami égyptien Essam el-Moghraby qui nous a offert le sommet des pyramides, en passant par notre chamelier, le cheikh Hussein Mohammed Ahmed, et tous les autres Soudanais. Des curieux s'étonnent de nous voir ainsi réciter tant de noms qui leur sont familiers. Un jeune Mohammed qui nous a été commis d'office pour la visite, leur explique la raison de cette litanie. Nos yeux sont enivrés par la richesse du décor de la coupole de cet espace vide. Le roc dénudé portant la dernière empreinte du Prophète nous rappelle celle de Laetoli : celle du premier homme.

Yad Vashem. La « main de Dieu ». Le mémorial des victimes de la Shoah. Mon grand-oncle, l'abbé René de Naurois [1], grand frère de mon grand-père défunt, y a un « Arbre des Justes ». Nous nous y rendons en pèlerinage de la mémoire. Lucien Lazare, un de ses très chers amis, nous y attend.

— C'est un grand honneur pour nous de vous recevoir. René est très important pour Yad Vashem ; il est très cher à notre cœur. En hébreu nous disons qu'il est : « *Rhassid oumot ha olam* », c'est-à-dire : « Juste entre les Nations ».

Nous marchons à travers le site en travaux. Un bâtiment tout en longueur le coupe en deux.

— C'est l'axe de la mémoire qui représente aussi la fracture de l'Holocauste dans notre histoire. Une cicatrice avec laquelle toute l'humanité doit apprendre à vivre. À l'intérieur, on peut refaire le chemin de la Shoah.

Nous prenons bientôt des allées d'arbres au pied desquels sont plantées des petites plaques portant chacune un nom et un numéro.

— Ces noms sont ceux des personnes qui ont risqué leur vie pour sauver des juifs pendant la guerre. Dans nos écritures, nous pouvons lire que « sauver un homme, c'est comme sauver l'humanité tout entière ». En sauvant un juif de l'extermination, ces hommes et ces femmes ont sauvé la dignité de notre humanité à tous. Votre grand-oncle fait partie de ces héros dont nous devons être fiers... Voici son arbre.

Face au paysage, au bord d'une forte pente, au-dessus d'une plaque portant le numéro 2066, un jeune pin au tronc comme une cuisse se dresse parmi ses semblables, sauf qu'il est unique à mes yeux. C'est le sien. Il devient un peu le mien. Il m'appartiendra d'en être digne à tout jamais. De ne jamais trahir cet arbre, de ses racines à ses aiguilles. Nous l'embrassons. Puis nous nous adossons à son tronc pour un instant de méditation. Lucien est ému de notre émotion.

— Le parcours de votre grand-oncle est à plus d'un titre exemplaire, depuis les avertissements qu'il donnait déjà quand il séjournait dans l'Allemagne d'avant-guerre, jusqu'à son débarquement le 6 juin 1944 comme aumônier des Forces françaises libres, en passant par ses actes de résistance et ses sauvetages de juifs...

---

1. *Cf.* Aumônier de la France libre, *Mémoires de René de Naurois*, Perrin, 2004.

Religieusement, nous recueillons des épines et des écorces de cet arbre, non pour en faire des couronnes, mais pour en partager, avec mes très nombreux cousins, le vivant souvenir. Sans la main des hommes, il n'y a pas de main de Dieu. C'est ce que semble nous dire cette forêt.

Retour à Qumrân. Nous devons contourner Jéricho. Toute la ville est sous autorité palestinienne. Entourée comme un ghetto. Il ne doit pas faire bon y vivre. Si chaud, si chaud, si chaud derrière les barbelés. Le vent est tombé. Nous transpirons à grosses gouttes sur cette route de contournement au goudron rayonnant. Pause à l'ombre d'un eucalyptus en bordure du Jourdain. Mais nous ne pouvons pas approcher son cours. Trop de grillages et de barbelés. En repartant, nous décidons de ne pas reprendre le fil de nos pas sur la chaussée brûlante mais de suivre le grillage sur ce qui ressemble à un chemin de ronde fraîchement défriché. La terre est meuble sous nos pieds, reposante. La route court à cent mètres sur notre gauche. Beaucoup de voitures nous saluent en klaxonnant, le soleil brille, ça fleure bon l'été. Au bout d'une demi-heure, un Humvee [1] de l'armée israélienne nous fond dessus dans un nuage de poussière.

— Oh, oh ! J'ai l'impression qu'on a fait une bêtise...

La voiture s'arrête à bonne distance et des soldats se déploient prudemment derrière des boucliers blindés en pointant leurs armes sur nous. Un officier nous interpelle à travers un mégaphone :

— Stop ! Restez où vous êtes ! Levez les mains !

Nous nous exécutons. Ils se rapprochent. L'officier se rend vite compte de sa méprise, baisse sa garde et vient à nous.

— Vous êtes des touristes ?

— Oui !

— Vous n'avez pas vu le *schwilkichetouche* ?

— Le quoi ?

— Le *schwilkichetouche*, cette bande de terre finement ratissée le long du grillage. Strictement interdite...

— Désolés ! Nous ne savions pas. Nous croyions que c'était une sorte de chemin des douaniers...

Il ne peut réprimer un rire sous son casque lourd.

---

1. Grosse Jeep blindée.

— Quand nous découvrons une empreinte sur le *schwilkichetouche*, ça veut dire qu'un terroriste en provenance de Jordanie nous a infiltrés, et nous déclenchons une chasse à l'homme dans tout le secteur....

Il regarde par-dessus nos épaules le *schwilkichetouche* derrière nous.

— Aujourd'hui, la récolte est bonne. Je crois qu'on a quelques centaines d'empreintes !

Nous sommes consternés. Il nous propose un *lift*. Nous préférons rejoindre la chaussée. Ils repartent en se poilant. Ils ne sont pas près d'oublier les deux Français du *schwilkichetouche*...

Le soir, nous frappons à la porte du kibboutz de Naaran. Oren nous a dit que nous y serions bien reçus car la moyenne d'âge des kibboutzim y est de vingt-trois ans... Shiran ben Yakov est notre « bon Samaritain » de ce soir. Il nous invite dans sa petite maison qu'il partage avec un chat énorme et un chien borgne et boiteux. Apparemment c'est le chat le plus fort. Il a une vraie bibliothèque. C'est la première que nous voyons en plus de trois ans. L'Afrique est pauvre en livres. Sur les étagères, Brassaï et Doisneau côtoient Sartre, Heidegger et Baudelaire. Les passions de Shiran sont l'histoire, la photo et le jazz. Il écrit des poèmes et des chansons. Après une douche, il nous entraîne au réfectoire pour le dîner en commun. Là, trente jeunes sont attablés autour de grands plats. Accueillants, mais sans stress et sans frais. Naturels. Ils sont assez disparates. Beaucoup de « freaks », des babs, avec piercing, dreads et boucles d'oreilles, bonnets rasta ou cheveux rouges. D'autres ont le look « US Marines », cheveu ras et menton carré. Les filles ont des jeans taille basse, des gros seins et les cheveux de lolitas ; d'autres enfin arborent des bleus de travail. Des jeunes, quoi ! Sauf que leurs M16 et leurs Uzi sont posés derrière eux, négligemment, à même le sol.

Au menu : soupe de tomates et grosses pommes de terre à l'estragon. Après le dîner, ils se rassemblent au salon autour d'une tasse de café pour débriefer la journée. Ils veulent nous entendre. La conversation s'engage. Passionnante. Tout y passe : la perception d'Israël dans le monde, le soufisme soudanais, Jean-Paul II, l'hospitalité des Africains, la paléoanthropologie... Nous les découvrons se posant plein de questions existentielles et métaphysiques. Ils en débattent collectivement avec un respect de la parole de l'autre rarement rencontré. Remise en question et autocritique sont très présentes dans leurs bouches. Humour et délire, quand ils apprennent nos péripéties sur le *Schwilkichetouche*. Il y a dix-neuf maisons dans ce kibboutz ; chacun a son rôle à y tenir, une fonction précise. Il y a le trésorier, les agriculteurs qui s'occupent de la plantation de bananes, les techniciens qui gèrent l'usine d'emballages plastiques, les jardiniers, les cuisiniers, le mécanicien et Shiran qui a la responsabilité de l'approvisionnement en eau et en électricité. Un vrai village de Schtroumpfs. Mais sans Grand Schtroumpf. Pour clôturer la soirée ils nous chantent d'une voix vibrante à la guitare une romance : « *Hatishma koli, Rekhoki sheli, Hatishma koli, Béasher hinsha. Tevel zo raba, Udrakhim barrar, Nifgashot ledak, Nifradot daad* [1]... »

Le lendemain, Adam Israeli, Lyor Yahav, Youval Shapiro et Michal Braun nous accompagnent. Ils ont soif de liberté. Nous découvrons au fil des kilomètres qu'ils portent un immense fardeau sur les épaules. Une soif intarissable de parler. La journée passe à toute vitesse. Ils vident leur sac.

— C'est très dur, ce que l'on fait dans les Territoires. Nous sommes tous contre. Les colons et les religieux ne sont qu'une infime partie de notre population. Nous ne devrions pas y être. Nous sommes tous nés après 1967 et la guerre des Six Jours. Nous n'avons connu que l'Intifada, cette « guerre sale ». Nous voulons deux États. Que les Palestiniens soient enfin chez eux. Moi, je suis pour le démantèlement.

— Moi, j'en ai marre de risquer ma peau pour de jeunes religieux qui, en plus d'être objecteurs de conscience, refusent de travailler ; marre de devoir les nourrir avec nos impôts. Tout ça pour occuper des cailloux perdus en territoire palestinien et provoquer tout ce bordel !

D'un autre côté, ils se reconnaissent des responsabilités que n'ont plus les jeunes Occidentaux. Ils sont les ouvriers de leur nation. Ils l'aiment et sont prêts à mourir pour la défendre. Pas dans un avenir flou et lointain. Demain. Mais, ils ne veulent

---

1. Entendras-tu ma voix ? Mon amour lointain ! Entendras-tu ma voix ? Où que tu sois ! Cette terre est grande, on peut y prendre beaucoup de chemins, qui se croisent furtivement, et se séparent pour toujours...

plus porter le chapeau du mal qu'ils font aux Palestiniens dans l'engrenage de la violence ; entre vengeance et représailles perpétuelles.

— À Hébron, j'ai fait un sale boulot, j'ai dû vider des maisons qui avaient abrité de présumés terroristes. C'est quelque chose d'atroce que de devoir s'en prendre aux vieilles femmes et aux enfants. J'en fais des cauchemars, la nuit...

Je souligne leur contradiction.

— Vous nous dites être contre les colonies et les *settlements* [1] ; pourtant, Naaran n'en est-elle pas une, de colonie ? Vous êtes en territoire palestinien, non ?

— C'est vrai. Mais toute la vallée du Jourdain pose un problème : elle marque une frontière internationale et nous ne pouvons pas l'abandonner. En même temps, le Jourdain fournit l'eau pour l'agriculture, et puis les premiers Palestiniens sont beaucoup plus hauts, dans les montagnes, à dix kilomètres d'ici...

— Oui, mais ils pourraient venir à Naaran ! À votre place...

— Je ne crois pas. Le fond de vallée restera israélien.

Toute la complexité d'une jeunesse tiraillée entre des principes généreux et de dures réalités. Le soir, malgré notre équipe d'accompagnateurs, nous nous voyons refuser l'hébergement dans le kibboutz d'Argaman. Le responsable leur a répondu : « *It's not my business.* » Il a raison, ce n'est pas son affaire. Shiran et Lyor sont consternés : « Ils nous connaissent. Ils savent qu'on est de gauche... » Nous retournons dormir à Naaran. Au poste d'entrée, un jeune soldat d'origine espagnole, visiblement troublé, nous annonce :

— Un attentat terroriste a visé le cœur de Madrid. Dans le métro, à l'heure de pointe, ce matin. Il y a deux cents morts et deux mille blessés...

Nous sommes accablés. Michal Braun, une jeune fille qui a marché tout le jour avec nous sans trop parler, relève aussitôt :

— Demain, ce sera Londres, Berlin ou Paris, et peut-être qu'alors vous comprendrez mieux ce que nous vivons ici...

---

1. Implantations isolées.

Mehola, vendredi 12 mars 2004, 1167ᵉ jour, 35 km, 13 786ᵉ km

La route est sauvage et encaissée dans la grandiose vallée du Jourdain. Plus de kibboutz, pas de Palestiniens. La montagne est déserte à gauche, la frontière est tout près, à droite. Beaucoup de serres et de cultures côté jordanien. À perte de vue. Sur des milliers d'hectares. Nous nous sommes élevés ; le Rift s'est resserré ; nous marchons l'esprit libre et heureux, sachant notre étape du soir assurée. Shiran nous a organisé quelque chose pour rattraper le mauvais coup d'Argaman. Soudain, un bus s'arrête devant nous, en pleine campagne, un Africain en saute en poussant des cris de joie. Sonia s'écrie :

— Franck !

Franck Bonneveau est notre témoin de mariage. C'est lui qui nous a présentés. J'ai grandi avec lui, à Passy-Buzenval. Il est français d'origine béninoise. Nous nous tombons dans les bras. Franck est quelqu'un d'expansif et de généreux. Il ne sait que donner ; il milite pour la paix en Palestine, mais plutôt côté palestinien. Il voulait que nous passions le voir à Bethléem ou Ramallah, que nous marchions en Palestine. Pour éprouver la souffrance des populations bouclées. Mais la grossesse de Sonia nous impose une arrivée au plus vite. Depuis plusieurs jours, Franck nous appelait en nous jouant l'air du « j'arrive-j'arrive pas », et le voilà, vibrant et bruyant comme une tornade. Ça se met à tchatcher dur dans les pâturages. Un coup de fil de Shiran nous apprend un peu plus tard que nous sommes invités dans le kibboutz traditionaliste de Mehola. Une de ses amies, Rénana Hakarmi, nous y attendra devant la grille à 16 heures. Nous pressons le pas. Si nous arrivons trop tard, ce sera le début du shabbat et elle ne pourra pas appuyer sur le bouton de la porte électrique pour nous faire entrer. Franck flippe.

— Il ne faudra pas que je leur dise que j'arrive de Ramallah !

Rénana est une belle jeune fille épanouie. Sans chichis et sans maquillage. Simple et saine. Mehola est une oasis de verdure dans les pâturages déserts. La famille Hakarmi nous reçoit comme ses enfants. Nous devions être deux, nous sommes trois, qu'à cela ne tienne... Dans un beau jardin arboré, nous dégustons des jus de fruits avec des voisins. À Mehola, on fait des fines herbes sous serre : menthe, coriandre, persil plat et frisé, basilic, aneth... Je fais part à nos hôtes de mon observation du jour.

— Sur l'autre rive, les Jordaniens aussi cultivent sous serre... Je ne me souviens pas d'en avoir vu tant, lors de notre précédent voyage...

— Vous avez parfaitement raison. Cela fait partie des échanges issus des accords de paix. Des ingénieurs israéliens sont allés développer le *micro-dripping* là-bas. La technologie est israélienne : les serres, les pompes, les films en plastique, les tuyaux, les gicleurs... C'était vital pour Israël, car ils gaspillaient l'eau du Jourdain pour des rendements déplorables... Avec une meilleure gestion, il y en a plus pour tout le monde.

Les voisins, qui prennent Franck pour un Falacha [1], s'adressent à lui en hébreu. À chaque nouvel arrivant, il répond poliment : « Désolé ! Je suis français ! » Ceux qui se sont fait attraper se joignent aux rieurs pour tendre un piège au suivant. Comique de répétition. Franck y excelle. Assis sur du mobilier de jardin, nous pourrions être dans la banlieue de Boston, de Londres ou d'Auckland en été. Dans le grand parc jouent et rient des enfants. Nous ne nous attendions pas à cette atmosphère détendue.

— Il ne faut pas que vous confondiez les juifs traditionalistes et les juifs orthodoxes. Nous respectons le shabbat et les fêtes religieuses, c'est tout ; pour le reste, nous menons une vie normale. D'ailleurs, ça va bientôt être l'heure de la prière. Vous y êtes les bienvenus.

Toutes les familles du kibboutz convergent vers la synagogue d'un pas « dominical ». Les femmes en jupe longue et les cheveux attachés, les hommes avec leur *tallit*, leur châle de prière, sur les épaules. Certains portent un pistolet à la ceinture. Franck et moi arborons fièrement une kippa – Sonia n'a pas eu à se faire prêter des vêtements pour être conforme à la décence traditionnelle. Dans l'assemblée, tandis que le rabbin chante ou lit des textes sacrés, les fidèles se parlent ou se déplacent, se lèvent, s'asseyent ou se saluent. Nous nous attendions à quelque chose de plus formel. Non. L'entrée en shabbat est une réjouissance. On nous gratifie de regards bienveillants, nous sommes

---

1. Juif éthiopien.

tout ouïe, c'est la première fois que nous assistons à une célébration juive et, pourtant, nous nous sentons en terrain familier. Le retour à la maison est plein de petits rituels. On embrasse la *mézouza*[1] placée sur l'embrasure de la porte. Toutes les lumières ont été réglées sur minuterie et la nourriture est prête. Moshé, le père de famille, entonne le *Shabbat Shalom*, lit un psaume, chante *Shabbat Aléheïm*, bénit le pain, bénit le vin, récite un bénédicité, demande à Dieu la paix pour sa famille, pour son pays, pour le monde. Vient le *Shalom el-malak*, le salut aux anges. Entre les chants et les prières, le repas a commencé. Les accents vibrants de Moshé entrent en résonance avec les litanies coptes égyptiennes que nous avons entendues au Deïr el-Moharrak et dans le Wadi el-Natron. Échos d'Orient. Beauté d'un moment dévolu à la vie familiale et à la convivialité après une dure semaine de travail. Nous sommes enchantés.

Nous allons nous coucher dans la petite maison préfabriquée des parents de Moshé. Ils sont morts récemment. Tous deux étaient revenus des camps de la mort. Ils ont fait partie des fondateurs de Mehola. Leur photo sur le mur, qui les montre serrés l'un contre l'autre, avec des lunettes rondes en écaille et des petites mines éprouvées par la vie, nous fait nous sentir tout à coup orphelins.

64 000 hectares, 38 villages, 46 kilomètres de grillage électrifié : Beni Segall gère tout ça. Ici, il n'y aura pas de mur.

— Les médias en font un « mur de la honte » : c'est absurde ! Les pans de béton ont été placés là où les gens se tiraient dessus, pour éviter des victimes de part et d'autre. Mais je suis d'accord sur le fait qu'il est ridicule de couper un village en deux. Il faut le contourner et faire des concessions. Pour la très grande majorité du tracé, il n'y aura qu'un dispositif plus léger que la frontière jordanienne. Venez, je vais vous montrer.

À la porte du kibboutz Newe Ur, après une journée de marche dans la verdure et la prospérité de Betshean, nous avons rencontré Beni, qui nous a aussitôt invités chez lui, au kibboutz Yizréel, dans la vallée d'Armaggedon. C'est un des kibboutz fondateurs d'Israël, autrefois très communiste, aujourd'hui l'un des rares à avoir conservé un mode de vie communautaire, mais

---

1. Petit rouleau sacré, contenant un parchemin avec une prière écrite à la main par un rabbin pour la protection de la maison.

avec quelques aménagements. Nous arrivons bientôt sur une piste longeant un grillage neuf ; je crâne :

— Vous allez faire ici un *schwilkichetouche* ?

Beni me regarde de travers :

— Comment vous savez-ça ?

Lorsqu'il apprend notre gaffe, son rire manque de nous flanquer dans le décor.

— Le gouvernement ne peut pas s'occuper de la totalité de cette frontière. Il sous-traite aux collectivités locales, qui sous-traitent à leur tour à des entrepreneurs privés qui doivent respecter un certain cahier des charges. Pour le tracé, j'ai fait l'objet de pressions de la part des religieux orthodoxes. Ils me demandaient de grappiller un maximum de collines vides et de pentes vierges aux Palestiniens. J'ai refusé tout net. Sur les quarante-six kilomètres qui dépendent de ma juridiction, je m'en suis tenu strictement à la green-line. J'ai plusieurs villages arabes israéliens sur mon territoire ; nos relations sont excellentes car fondées sur la confiance et le respect mutuel.

Nous lui parlons de Mehola.

— Ce kibboutz va poser un problème parce qu'il est juste à l'intérieur de la green-line, côté palestinien. Je suis sûr qu'il va faire l'objet d'un arbitrage, être échangé contre un autre bout de terrain, ailleurs ; vous m'avez parlé de Naaran, et bien, voilà un kibboutz qui pourrait être cédé plus facilement ; il a moins d'histoire que Mehola.

Il marque une pause, songeur, et reprend en pesant ses mots :

— Le drame de cette frontière, ce n'est pas son principe – après tout, ce n'est pas nous qui l'avons voulu, cet État palestinien –, c'est son application sans cesse tiraillée entre deux impératifs : celui d'aller vite pour empêcher les infiltrations de terroristes, et la longueur des arbitrages au cas par cas, pour contourner tel olivier palestinien, où lâcher telle source israélienne... et dans ce flottement s'immisce la mauvaise foi de part et d'autre, sur fond de massacres. Difficile d'y voir clair. Une chose est sûre : il va falloir accepter de faire des sacrifices des deux côtés. Moi, je serai assez partisan qu'une commission internationale nous aide ; ainsi nous ne passerions pas pour les méchants voleurs de terres, à l'heure même où nous avons accepté de retrocéder un territoire aux Palestiniens. Notre intérêt est que la situation se normalise au plus vite. Nous avons besoin des Palestiniens autant qu'ils ont besoin de nous. Dans mon dispositif, il y a un poste frontière pour la route de Jénine, une gare de triage de marchandises avec une grande halle et un poste militaire. Nous collaborons d'ailleurs déjà avec la municipalité de Jénine. Nous avons modernisé leur système de tout-à-l'égout car il débordait et ruisselait chez nous...

Beni est intarrissable. De retour à Yizréel, nous continuons la visite. Ils ont des vaches laitières. Soit. Un élevage de pur-sang arabes. OK. Une usine de fabrication de coffrages métalliques pour équipements électroniques. D'accord. Un élevage de kyos, des poissons rouges japonais géants à six cents dollars pièce. Quoi encore ? Une couveuse et sa volière pour la reproduction de cent espèces de perroquets et d'oiseaux rares. Arrêtez ! Ah oui ! j'oubliais... ils sont les inventeurs et les fabricants d'un robot de nettoyage de piscine vendu dans le monde entier : le Dolphin, quatorze mille pièces exportées aux États-Unis chaque année, six mille vers l'Europe. Stop ! N'en jetez plus ! Ces gens sont épuisants. Même les Sud-Africains les plus entreprenants sont dépassés. Quand je lui dis ça, Beni se marre : il est sud-africain ; il est né près d'Aliwal North, à Jamestown ; petit village par lequel nous sommes passés... Nous allons nous remettre de nos émotions devant un verre de lemoncello maison, dont Philippa donne à Sonia la recette tandis que Beni nous montre, à Franck et à moi, le panorama de la vallée d'Armaggedon.

— Ici au moins, je serai aux premières loges de la fin du monde, confortablement installé, avec un verre à la main !

Tibérias, dimanche 14 mars 2004, 1 169ᵉ jour, 33 km, 13 852ᵉ km

Au petit déjeuner, nous rencontrons la jardinière-paysagiste de Yizréel : Johanna. C'est une jeune étudiante française. Elle a fait son *alya*[1].

— Je ne supportais plus l'ambiance en France, la délinquance, l'antisémitisme masqué derrière la défense de la cause

---

[1]. Nom du voyage que les juifs de la diaspora font quand ils décident de s'installer en Israël. Littéralement : « la montée ».

palestinienne, le manque de perspectives, le désenchantement de la jeunesse, le matérialisme frileux. J'ai voulu m'engager, participer à une aventure collective et constructive, alors je suis venue ici et je suis très heureuse.

Chère France! Dans quel état allons-nous te retrouver? Déjà pointe en nous, malgré la joie du prochain terme de notre marche, l'inquiétude du retour. On finit par oublier d'où l'on vient quand on est si occupé à savoir où l'on va. En marchant aujourd'hui vers notre destination, nous en discutons avec Franck. Vu d'Orient, il nous semble que c'est tout l'Occident qui rentre sa tête dans ses épaules. Bulle Internet. 11 Septembre et ses conséquences. L'euro. Les agaceries franco-américaines. L'inflation. L'émergence de la Chine qui semble vouloir absorber tout le travail du monde au mépris des droits de l'Homme. La remise en cause de notre laïcité républicaine. La régression de la condition féminine dans les cités. Les cités ghettos. Le phénomène des « tournantes » chez les jeunes. La naissance de l'altermondialisme. La croissance du chômage. Big Brother et la télé-réalité. Il semble que le monde a beaucoup changé, en trois ans, tandis que nous marchions, sous le ciel bleu, sur la terre rouge, au ras du sol, au cœur de l'Afrique. Allons-nous le reconnaître?

Une belle allée d'oliviers centenaires. Une piste cyclable. De larges étendues d'une herbe vert cru tondue de près. Le lac approche. Nous le sentons. De là-bas, au tournant, je suis sûr que nous le verrons. Tic-tac, tic-tac, dans les guibolles; boum-boum, boum-boum dans la cage thoracique. Nous prenons l'angle, la main dans la main, et tout là-bas, au bout de la route, là où elle rejoint le point de fuite, entre deux arbres, devinez quoi? Un carré bleu : le lac. L'eau. La source. La fin. Le commencement. Le lac de Tibériade. La fin du Grand Rift. Franck est encore notre témoin pour ce grand moment de bonheur. En quelques minutes nous nous retrouvons à la table d'un restaurant autour d'un saint-pierre grillé et d'une bouteille de vin blanc du Golan. Soleil. Croisette et satiété. Est-ce bien fini? Est-ce bien réel? Nous cherchons une fin, notre fin. Ce ne peut pas être un repas. Alors, nous reprenons la route. Jusqu'où? Vers où? Va-t-on graviter toute notre vie autour de ce lac? En fin d'après midi, nous entrons dans Tibérias. Des thermes romains, toujours en service, fument sur notre gauche. Permanence de l'histoire et de la géographie. Le Rift est vivant. Franck doit nous quitter. Il a un rendez-vous à Jérusalem. Nous en avons un demain avec une paléoanthropologue de l'université de Tel-Aviv, qui viendra nous rejoindre ici. Nous filons sur le port.

Dans le jour déclinant, des barques de pêcheurs déposent des filets pour la moisson nocturne. L'un est debout à l'avant, l'autre rame. Le premier semble semer, l'autre récolter. Ils ont de longues barbes et des bonnets de laine. Des mouettes criardes ricochent sur le glacis des eaux qui répercutent et amplifient le cognement des rames contre la coque. Des *olim*[1] russes reconnaissables à leurs casquettes sont alignés sur le quai en débardeurs de coton sale, avec des cannes à pêche, les yeux rivés au goulot de leur bouteille de vodka dépourvue de bouchon et sur le bouchon de liège de leur ligne dépourvue de touche. Le soleil se couche ; nous allons faire la queue dans un fast-food. Tandis que nous attendons, quelqu'un vient me caresser gentiment l'épaule par derrière. Je me retourne et le propriétaire de cette main bienveillante la retire aussitôt, honteux et confus ; il m'avait pris pour un autre.

— *Sorry! I'm very sorry! I thought you were a Russian friend! You look the same from the back with your long blond hair!* (Pardon ! Je suis vraiment désolé ! Je vous ai pris pour un ami russe ! De dos, vous lui ressemblez avec vos longs cheveux blonds.)

Son accent ne trompe pas, je le mets à l'aise :
— Vous êtes français ?
— Oui ! Vous aussi ?

Henri Samuel a fait son alya en 1983. Autour d'un hamburger, il nous raconte sa vie. Il est né en 1941. Juste avant d'être déportés, ses parents ont pu confier le nourrisson qu'il était à une voisine de palier.

— Je n'ai jamais su son nom. Je me souviens qu'on l'appelait « mademoiselle » et qu'elle était très pieuse. Je n'ai même pas de photo d'elle. Après la guerre, j'ai été pupille de la nation. Lorsque j'avais douze ans, une association de déportés a retrouvé ma vraie mère. Elle avait survécu, mais elle était malade. Quelque chose était brisé entre nous. Je me sentais étranger à sa douleur. Il n'y avait pas d'amour sous notre toit.

---

1. Nom donné aux immigrés.

Moi, je n'aimais que « mademoiselle ». J'avais des demi-frères et un beau-père qu'on appelait « le vieux ». Je suis devenu électricien.

Samuel tremble un peu ; cela fait vingt ans qu'il n'a pas parlé français.

— Pourquoi êtes-vous venu en Israël ?

Il semble hésiter. Ne pas vouloir nous faire de peine.

— Vous savez, dans le bâtiment, les juifs ne sont pas très populaires. J'en ai eu assez des « sales juifs » par-ci et des « sales juifs » par-là... Les gens ne le pensent pas forcément, mais il ne faut pas nous en vouloir, nous sommes plus sensibles que les autres, plus fragiles, aussi...

Nous sommes muets de honte. Le hamburger ne passe pas. Henri regrette de nous avoir dit ça et, comme pour se rattraper, ajoute :

— Et puis, j'ai pris ma retraite anticipée après un divorce douloureux. C'est une toute petite retraite, mais je vis mieux ici qu'à La Courneuve. La vie là-bas n'était plus tolérable. Je reçois deux pensions de réparation de quatre cents euros par mois, une de France, et une d'Allemagne. Avec ça, je peux payer les études de ma fille à Tel-Aviv... Elle veut être pédiatre.

— Vos enfants ont suivi ?

— Non, je me suis remarié ici, j'ai eu deux autres enfants, et j'ai redivorcé...

Il se met à rire. Rire de sa vie. De ses épreuves. De notre rencontre.

— Je n'ai fait que parler de moi, alors que vous venez de traverser un continent à pied, j'ai honte, où dormez-vous ce soir ?

— On ne sait pas encore, mais on a repéré une auberge de jeunesse.

— Si vous pouvez vous contenter d'un petit canapé, vous êtes les bienvenus chez moi. Ce n'est qu'un modeste studio dans Ezor Tahasia, la zone industrielle, mais je me suis bien organisé.

Le lendemain matin, Erella Hovers, une spécialiste des néandertaliens d'Israël, passe nous prendre. Nous avons voulu la rencontrer, pour clore notre « marche dans les pas de l'Homme » à un endroit symbolique : la grotte d'Amoud, qui compte parmi les plus anciennes sépultures volontaires recensées sur la planète. La croyance en une vie après la mort, le respect apporté à l'enveloppe charnelle – qui implique une conscience de soi et la reconnaissance d'une part immatérielle de l'être – est la frontière largement reconnue dans le monde scientifique entre ce qui est assurément humain et ce qui ne l'est peut-être pas encore tout à fait.

Erella est une brune aux longs cheveux bouclés, tout de noir vêtue, avec un pantalon de cuir et de larges lunettes noires. Très femme libérée. Elle nous conduit au dessus de Tibérias dans sa Golf noire à travers une belle campagne méditerranéenne et se gare près d'un petit cours d'eau. Nous le remontons sur quelques centaines de mètres dans des gorges encaissées en nous dirigeant vers une aiguille rocheuse qui se détache de la falaise comme un lingam. Erella commence son exposé :

— Nous sommes peut-être ici sur le territoire des premiers hommes. Le feu, l'outil n'ont pas suffi pour faire de nos ancêtres pleinement des hommes. Il leur fallait l'art, la parole, l'échange, la vie sociale, une forme de croyance, de religion. Ce niveau a été atteint il y a cent mille ans dans sûrement beaucoup d'endroits sur la planète, mais les sépultures les plus anciennes ont été retrouvées entre la Mésopotamie, à Shanidar, et ici, en Galilée. Dans les deux cas on est en présence de néandertaliens. Ils étaient donc des hommes. Ce qui est incroyable, c'est qu'ils ont coexisté ici très longtemps avec *Homo sapiens sapiens*.

Arrivés au pied de l'aiguille rocheuse, nous escaladons la falaise calcaire sur la gauche vers une sorte de terrasse. Erella continue :

— Comme vous le savez, l'homme de Neandertal est européen. Il descend des premières vagues d'*Homo erectus* qui ont conquis le monde entre – 1,8 et – 1 million d'années et ont subi une adaptation spécifique durant la glaciation qui a affecté l'hémisphère Nord. Pendant ce temps-là, *sapiens sapiens* se développait en Afrique. Ces deux populations se sont déplacées et ont fini par se rencontrer. Et le point de rencontre logique est ici.

Nous parvenons sur la terrasse ouverte au-dessus d'un paysage sublime bordé au loin par le lac de Tibériade. Je pose la question fatidique :

— Alors, ils ont fait l'amour ou la guerre ?

Elle rigole.

— Probablement ni l'un ni l'autre. On n'a pas retrouvé de champs de bataille et la génétique vient de démontrer qu'il s'agit de deux genres humains distincts. Par ailleurs, ils ont cohabité pendant plus de dix mille ans. Ce que l'on voit sur les sites, c'est qu'il y a des échanges entre eux. *Sapiens* améliore d'un coup son industrie lithique et crée des bijoux que Neandertal possédait déjà depuis longtemps, ainsi qu'une forme de religiosité. Dès – 90 000 à Shanidar, en Irak, Neandertal ritualise la sépulture avec des monceaux de fleurs et des « provisions » pour le voyage dans l'au-delà. Nous retrouvons la même chose ici, à – 55 000. Entre ces deux époques, les ancêtres de Cro-Magnon, déjà tout à fait modernes, arrivent d'Afrique et apprennent tout ça. Et de cette rencontre naît une explosion culturelle et artistique qui se développera sur toute la terre dans les grottes ornées, mais sans Neandertal. C'est plus positif que la guerre non ?

— Donc, pour résumer, nous descendrions tous de ces derniers conquérants africains qui ont supplanté des humains plus archaïques, produits par des évolutions locales dans des culs-de-sac géographiques tels que Neandertal, en Europe ou Java, en Asie ?

— C'est ce que semblent prouver les fouilles et les dates, et confirmer la génétique puisque aucun de ces caractères « primitifs » n'existe aujourd'hui dans la population mondiale.

— Alors nous sommes tous africains ?

Erella sourit encore.

— Sans doute. Les couleurs de peau et les morphotypes sont de toute façon des phénomènes très récents qui ont pu se diversifier rapidement avec des explosions démographiques isolées, et qui peuvent disparaître encore plus vite avec le métissage d'un monde ouvert.

Elle s'agenouille et nous pointe du doigt l'endroit où a été retrouvée la dépouille d'un bébé néandertalien enterré avec des cuissots de chevreuil. Nous avons une pensée pour lui en espérant qu'il a fait bon voyage depuis...

Au moment de repartir, Sonia s'exclame :

— C'est incroyable ! Je n'arrive plus à fermer la ceinture de mon sac à dos.

Notre bébé semble avoir décidé que le voyage était fini. Presque !

Nous retrouvons Henri dans son petit appartement. Il a une petite souris en cage. Sonia s'extasie. Henri s'inquiète :

— Cela fait deux mois qu'elle n'a pas bu une goutte d'eau ! Je ne comprends pas comment elle fait pour vivre...

Elle remplit une coupelle. La souris se jette dessus avidement, absorbe tout et fonce dans sa roue pour un sprint de folie. Nous éclatons de rire.

— Ça vous dirait, un petit pastis ? Je le fais moi-même ! Je mets des bâtons de réglisse dans de la vodka. Ça me coûte neuf shekels au lieu de soixante.

Son petit œil bridé pétille de joie dans son visage ridé. Les souris et les hommes ont soif.

— Cela fait bien longtemps que je n'avais pas reçu de visite. De temps en temps, un jeune vient me voir. Je les ramasse sur le port, délinquants, alcooliques, bagarreurs, beaucoup sont russes. Je les aide à trouver du boulot. J'en forme quelques-uns à l'électricité. Et j'essaye de les raccrocher à l'existence. De leur prouver qu'ils ne sont pas des bons à rien ; qu'ils peuvent être utiles. Avec eux, je fais des interventions chez des gens qui ont des urgences : un disjoncteur qui a brûlé, un radiateur électrique défectueux... Quand les clients sont trop pauvres, je ne leur demande rien...

Et ce petit homme timide, à qui on donnerait presque une pièce dans la rue, sauve les souris, entretient sa fille, recueille deux marcheurs, rattrape les brebis égarées. Malgré son âge, son passé, ses modestes revenus, il n'a pas perdu le pouvoir de donner. Comme tant de nos hôtes. Cher Henri Samuel ! Notre dernier hôte.

Mont des Béatitudes, mardi 16 mars, 1 171ᵉ et dernier jour, 22 km, 13 874ᵉ et dernier kilomètre

Les collines sont couvertes de fleurs jaunes. Des chardonnerets fusent dans le ciel bleu avec des hirondelles. C'est l'avant-garde qui revient déjà. En moins de deux mois, ces deux cents grammes de plume et de courage ont couvert ce qu'il nous a fallu près de trente-neuf mois à parcourir. Dans la ramure en bordure du lac, chante un coucou. Nous en rions intérieurement. Coucou ! Je suis là ! C'est moi ! Vous êtes presque à la maison ! L'eau est d'huile. Des escadrilles de martins-pêcheurs font dans le ciel le vol du Saint-Esprit, hiératiques et immobiles, avant de fondre comme des dards sur des petits poissons d'argent. Après quelques collines, nous arrivons à Tabgha, le lieu présumé de la multiplication des pains et des poissons par Jésus. Nous partons parmi des oliviers séculaires en direction de l'éminence qui domine le site : le Mont des Béatitudes. Tout est calme et silencieux. Quelque chose nous attire là-haut. L'angoisse du dernier pas. D'une ligne d'arrivée inconnue où personne ne nous attend. Nous souhaitons finir notre marche comme elle a commencé : incognito. Au sortir des oliviers, nous débouchons sur des champs d'orge et de blé vert. Un petit chemin semble nous inviter à poursuivre plus haut. Il passe entre deux champs. Il monte vers la basilique des Béatitudes. Il est bordé de deux haies de fleurs jaunes comme des soleils ; haie d'honneur lumineuse. Les épis sont drus et tendus vers le ciel comme une armée nourricière. Les longues barbes de l'orge chuintent mollement sous la caresse très douce de l'air cristallin. Pas l'envie de crier, ni d'exulter, nous n'avons fait que marcher, rencontrer. Nous avons été comblés. La moisson a été plus que généreuse. C'est de la joie sereine et silencieuse. De la béatitude, peut-être. Mais pas du tout le sentiment d'avoir achevé quelque chose. De commencer, plutôt. Comme si ce n'était pas fini. Comme si nous allions marcher toujours...

Nous sommes au beau milieu du champ, parmi les épis. C'est ici. Nous n'irons pas plus loin. Nous nous retournons face à la mer de Galilée. Vers le sud, vers l'Afrique. À qui nous devons cette béatitude. À cet endroit même, il y a deux mille ans, dans un champs d'hommes, Jésus prit la parole en public, pour la première fois, il avait trente ans :

« Heureux ceux qui ont une âme de pauvre,
Car le Royaume des cieux est à eux.
Heureux les doux, car ils posséderont la terre.
Heureux les affligés, car ils seront consolés.
Heureux les affamés et assoiffés de justice,
Car ils seront rassasiés,
Heureux les miséricordieux car ils obtiendront miséricorde.

Heureux les cœurs purs, car ils verront Dieu.
Heureux les artisans de paix, car ils seront appelés fils de Dieu.
Heureux les persécutés pour la justice,
Car le royaume des Cieux est à eux.
Heureux êtes-vous quand on vous insultera,
Qu'on vous persécutera et qu'on dira faussement contre vous
Toute sorte d'infamie à cause de moi.
Soyez dans la joie et l'allégresse... »

Quel bel endroit pour s'arrêter, pour commencer ! Sur une parole qui sied si bien à tant de nos hôtes africains : pauvres, doux, affligés, assoiffés, miséricordieux, purs, justes, persécutés, mais bienheureux ! Parfois sans joie, car la vie est dure, mais jamais désespérés. Quelle leçon ! Nous nous souvenons d'une parole d'un ami, avant notre départ : « Vous allez marcher du cap de Bonne-Espérance au mont des Béatitudes, et vous vous rendrez compte, une fois arrivés, que la première béatitude, c'est peut-être d'avoir l'espérance... » Il s'appelle Olivier Human. Il avait raison. Nous sommes tout petits, comblés. *Ecce Homo.*

Commencé le 4 septembre 2004 à Paris
Achevé le 10 avril 2005 chez Franck Vienot [1].

---

1. Franck est notre voisin de palier, devenu notre ami, qui nous voyant peiner à l'écriture de ce livre, dans nos dures retrouvailles avec la complexité de la vie parisienne, s'écria : « Mais viens donc écrire chez moi au calme pendant la journée : je n'y suis pas ! » L'aventure a duré cinq mois. L'hospitalité existe aussi en France, comme ailleurs.

Remerciements

Sans ces 646 hôtes rencontrés en 639 jours, l'écriture de ce second tome n'aurait pas été possible. *Africa Trek* aura été la rencontre et le témoignage de 1 147 personnes en 1 171 jours et 13 874 km parcourus à pied.

Tanzanie :

Habiba Amiri Shoko, Rehema et Augustino Jovita, Christopher Elibariki, Victor, Bernard Murunya, Tonya Siebert, Frédéric Mendonca, Kadogo Lerimba, Ozias Kileo, John Pareso, docteur Fidelios Masao, Charles Saanane, Peggy Hawkins, Michael Skutar, père Bill Blum, Mohammed, Abbi Matthew, les Massaïs d'Irkong, Jörg Keller, Mtui, Ross Withey, Raphael Romani, Paulo, Maya, Maria, Maciar.

Kenya :

Anthony Russel, Elisabeth Warner, Anthony Turner, Arnaud et Laure Thépenier, Patrick et Claire Cellier, Cyril Baise, David et Liz Hopkins, Daphné Sheldrick, Jill Woodley, Brigit Syombua, Nigel Pavitt, Kevin Ward, Patrick Arnaud, Harald Bohn, Sabine Pruss, Anthony White, John Masikonté Niiti, Anne et Paul Suntaï, Joyce Kojay, Margaret Nkoile, Anne et Hoceah Sankalé, Daniel Njenga, Nahason et Evelyne Naïja, James et Elisabeth Saneth, Simon, Anastasia Djioki, Nancy Rose, Peter Likomo, Pius Mulwa et Husna Abdallah, Spencer Gelthorpe, Anna Waedimou , Joël Limo, Daniel Momani, sœurs

Helen, Maria Goretti et Irmina Nungari, père Bernard Cullingham, Benjamin Salbé, Desmond Rotitch, Emmanuel Toroititch, Henriette Palavioux, William Kimosop, Brooks Childress, Susie Mills, Jenny Rollings, Wim van den Bossche, Velia Carn, Helen Momoï, Nelson et Christine Lekichep, Alexandra et Mark Archer, Ross Withey et Carol Robert, pasteur anglican, Thomas et Jane Nanok, Joseph, Clarkson Ekouleou, Robert Ignolan, padre Rico, sœur Louise, Bernard Katoï, Akim Lorotwakan, Kip et Ketty Lines, Philip Evi, Robert et Tina Jaynes, Bill et Leah Westfall, Theophilus Loburo, Isaac Kinyango, Moses Lowoya, Jesus Longori, Peter Lokichar, Halwign Scheuermann, Daniel Akales, David Erot, Peter Losinien, Simon Namuya, Paul Moru, Mr. Njorogwe, Louise Leakey, Ahmed Bakari.

Éthiopie :

Theodoros, Michaela et Michal Buranska, Richard Brackett, Duk, Samson Teferi, Donna Clawson et Thabata Cox, Oïta et Noho, Claude Leterrier, Kasayé Makonen, Samuel Dredgir, Andenet et Stéphanos Astatké, Emayou et Serget, Cindy et Vic Anderson, docteur Mary, Mullu, Ersumo Kabamo, pères Woldé Tensaï et Adeno Monat, sœurs Martha, Walété et Medina, Nuredin Nasir, Mifta Reshid, Zam-Zam, Abayn, Tofik, Belacho, Chetu Gebreselassié, Osman Ahmed, Maru Mendera, Azalech, Hussein Rachid, Jean-Claude et Amaretch Guilbert, Claude et Djedda Villain, Abuna Gabremariam Amante, Maurizio Malvestiti, Mgr Silvano Tomasi, Roland et Marie André de Sorbier, Jean-Baptiste et Marianne Chauvin, Doron Grossman, Meseret Gebre, Semret Abate, Senait Egziagher, Solène de Poix, Guillaume et Geneviève Capois, Gilles Landrivon, Olivier Evreux, Aboubacar Traoré, Marie-Claude et cheikh Malikite, Thérèse et William Amelewonou, Menkir Bitew, Vincenzo Celiberti, Haïlé Gébrésélassié, Ato Tullu Kebede, Abbat Melakhaïl Telahun Mekonnen, Tamirat Fikadou, Sentayo Aspalehou, Demmelash Aysheshim Birilie, Winchet Abebe, Bizoualen, Tekleye Asfaw, Demelé Bezab, Sentayo Ayalehou, Winchet Ayil, Getenet Tamer, Abiyou Bassi, Zelalem Kassa, Téhé Badma, Santayo Fataloum, Milguleta Kendé, Beokatou Bélété, Abrahet Mehachou, Nezanet Ayenow, Mavet Tchané, Temalen, Seraten, Mummina, Franck Beernaert et Almaz Kiflé, Henriette

Palavioux, Abiyé Azéné, Gebru Améra, John Abébé, Fanta Degou, Mahadou Dérédjé, Tigabu Bizu, Ato Naga Alem, Tarafu Nendu et Amaretch Getu, Djamila Ababer, Asfaw Mellié, Kate Fereday Eshete, Tsahaïnesh Tsahaï et Gashaw Turuna, Kassaw Tamen et Genet Gashaw.

Soudan :

Ahmed Ali, Mohammed Agir, Tom Mustapha, Yarenebi, Omar Mohammed Ahmed, Moussa Ismael, Mohammed Tahir, John Eustache, Zaïre Mohammed Tahir, Haroun Kazali, Awad Gaddora, Hadi Adem, Awad Abdallah, Mounir Abd el-Razik, Mohammed Noor, Ahmed Eissa, Mohammed el-Tayeb, Abdallah Muhadjir, Ahmed et Wida Gaddora, Ali Abd el-Rahman, Abdallah Manofalli, Bahadi Mohammed, Ibrahim Abd el-Kedir, Almajid Syed Ahmed, Ajeb et Youssouf Abd el-Rahman, Tayeb Mohammed Ali, Amina et Oumoïma, Abu Bakr Mohammed el Amin el Rhabshaoui, Yassal Enazir, Ali Mohammed, Salah Saad, général Jaffar Mohammed Youssif, Hassan Bachir, Sarah Atamanan, Bellal Jaffar Bellal, Stephan Gembalczyk, Leszec Mycka, Rawinij Krzysztof, Jeneiec Tadeuzs, Robert Kniecik, Abu Baker Rodwan, Mustapha Abd el Mounen, Sarah Michael, Peter Daniel, père Étienne Renaud, sœurs Patricia Hogan et Theresa Byrne, Gabriel Wei, Rianne Tamis, Suzy Candido, frère Michel Fleury et frère Yves Lecoq, Raphaël Pouriel, Yves Lecointe, Francis Geus, Mgr Dominique Mamberti, sœur Angèle et sœur Sana, sœurs Mary, Paule Germaine, Caroline et Renata, Dominique Renaux, Robert Piva Crehange, Philippe Garcia de la Rosa, Thierry et Agnès Quinqueton, Homayoun et Mahvash Alizadeh, Janet Mc Elligott, Johanna Van der Gerte, Pieter Stapel, cheikh Garibullah, Omar Sadiq, Samia, Samia Hussein, Nazik abd el-Karim, Mohammed Bindary, Adil Mileik, Mohammed Ghoneim, Mohammed Hammam, Josep Maldonado I Gili, Suleiman, Eltayeb Isaak, Ali Mohammed, Bakleid et Djimal, Umm Balein, Mariam et How, Salah, Abdu Bakri, Gourachi Sheriff, Mostapha, Seïda, Rumheïssa et Aladin Abd el-Gadir, Daniel, Rose-Mary et Katy Wani, Abdelazim, colonel Imad Abd el-Gadir, Zeinab Hassan et Ibrahim Agid, Samson, Hassan Idriss, Isaac Hassan, Hawa Idriss, Ahmed Youssif, Sabir Ismaël, Fadir Awat, Ali Mohammed, Amir, Amin Ahmed, Abd el-Gadir Mohammed Saïd, colonel Khalid Abd el-Rahman et Salwa, Oussam Chetti, Mohammed Idriss Othman, Anouar Delil, Mohammed Kamal, Mohammed Hassan, Farah Ahmed, Ibrahim Ali, Awad Mahmoud Mohammed el-Kheïr, Sabrinha, Neimad, Nedjoud, Hilla et Menahil Mohammed, Zeinab Abd el-Karim, Sabri Mohammed Idriss, Saabri, Eltayeb et Mamdour, Fatima et Maha, Mohammed Saïd, Issam Abd el-Rahim et Nadia, Bakhit, Adri Ibrahim, Mergani Idriss et Fawaz Fahd, Adri Abd el-Rahim et Nadia, Leïla Bashir Shamed, Holub, Rifat Mahmood Ali, Soussan Abbas, Abdu Rabu, Mohammed Ahmed, Moubarak Ali, Fatima Eltayeb et Idriss Moussa, Mohammed Abdul, Mohammed Ali Kursi, Saïd Othman, Loïc et Geoffroy de La Tullaye, Peter et Sarah Greenway, Padraig Murphy, Jasper Day et Emma Wallaker, Renata Volkmann et Harald Radtke, Saïd Asafi et Wafa, Riri Rahiya, Eïmad Chorbadji, Anouar Hadi, cheikh Husseïn Labd Mohammed Ahmed, Nour Moussa, Abdallah mohammed, Adam Husseïn, Khamis Abdallah, Mohammed Rerebil Arabesh, Bindadur Tarbouch, Sabri et Mahmoud, Mimi Sherif, Midhat Mahir, Ivan Bulik, Lubos Suitek.

Égypte :

Lieutenant-colonel Ayman Abd el-Kader, Raed Rosas, les lieutenants Magitt, Ayman, les policiers Mohammed et Aman, Tinus du Preez, Imad et Aatif Baulus, Nasri Adir, les policiers Mahmoud, Nabil, Samir et Tariq, Brahim Suleiman Mahmoud, Aaziz, Sohad et Heba Baulus, Fifi et Myriam Baulus, Magda Makarios, Yasser Mohammed et Tafla, Béatrice et Chenouda, Hamed Kamal, Véronique du Club Méd, Eric et Nathalie Samy, gouverneur Samir Youssif, Hadj Delil, Yonan Adli, Ahmed Mohammed, Hussein Nurbi et Shahada, Assad Thaba, Ibrahim el-Baya, Zina Aboukheïr, Badaoui el-Adli, Guy-Hervé Perron, Cyril et Claudine Le Tourneur d'Ison, Francis Amin, gouverneur el-Desouky el-Banna, Nubions Ibrahim, sœurs Angèle et Julienne, Domitille Roze, Hélène de Becdelièvre, Julie Guitton et Chiara Bertoya, Mohammed Taya, Olga Gentil, François Larcher, Marie et Aurélia, Amba Beïman, policier Mahmoud, Morgos et Asma, Romani Fauzi et Folla Wannis, gouverneur Adel Habib. Abuna Yonan et Iman, sœur Marie Bernard, lieutenant Hazim, Adil Gad Choukri et Anna William, Kombos Paula Fouad, Nesmah Wagih, Nama Sale, Abuna Abraham et Sana

Selim, capitaine Walid el-Masri, gouverneur de Sohag Mamdour Kidwani, lieutenant Mahmoud, sœur Isis, père Petrus, père Moussa, père Francis Faez, Ayman Faez, sœurs Sabah, Francesca, Bianca, Soad, Néhid, et Rita, Francis et Carolus Nabil, pères Johanna, Lucas et Milad, Nagua et Thérésa, sœurs Nada, Soad 1 et Soad 2, et Marcelle Quéméner, gouverneur d'Assyout Ahmad Hammam Atia, Mostapha Ramadan, Mohammed Hussein, Abuna Boutros, sœur Marie Joseph Pavageau, sœur Roger Attala, sœur Hortense Dossoumon, Salwa el Sorughi, Sarwat, M. Sobkhi, gouverneur Hassan Hamida, Atta Makramallah, Agnès Niox Château, Laurence et Philippe de Grandmaison, Naama, Justina et Carolus Baulus, Michel Mahfouz, Abuna Stephanos, Abuna Youssif, Eustaz Effat, Abuna Serabamon, Mme Ikhlass, Raed Hani Shakir, général Tarek el-Nadi, Abuna Hannah Maken, Marie, Gabriel et Mikael, Kamil Fauzi, Florence Tran, Pascal Cardeilhac, Raed Gamal, Essam el-Mograby, colonel Hicham Garib, Hebba Bakri, Martine Gambard Trébucien, Jean-Claude Cousseran, Thierry Sansonnetti, Jean-Pierre Corteggiani, Zahi Hawass, Sheriff Omar, docteur Sariel Chalev, Oren Azoulay, docteur Sameh Sourour, May Shehab, Dounia Abourachid, général Fathy Tayel, Ozlem et Larry Fife, Camilla et Bernard Platel, Philippe Barbiéri, Salwa Mourad, Leïla Habib, Mohammed abd el-Bahri, Molazim Mohammed, Molazim Sayed, Molazim Ashraf, Abuna Erinaos, Hassan el Kureïshi, Ahmed Metwaly, Jean-Yves Empereur, Thierry Gonon. Essam Eldin, gouverneur Fouad Saad Eldin, Magdy Selim, Noura Sayed, Mohammed Hadj, Salam Jahroudy Souleiman, général Mahmoud, gouverneur Ahmed Hamid.

Israël :

Gelad Menashe, Ofer, Daniella, Hor et Youval Buchnik, Rachel et Baruch Acedou, Yitzheim Orenstein, Ronen Tal, Youval et Porit Yékutihéli, Patrice Kaminski, professeur Isaac Gilead, docteur Aref Abu Rabia et Adiba, Akram, Amir, Ibrahim, Ari, Netanya Ivrim, Avi et Orli El Khayani, Oren et Annat Cleydermann, Youval et Shira Berman, Lucien Lazare, Mordechaï Paldiel, Simon Hamedian, Hagaï Ram, Tamir Yaar, Shiran ben Yakov, Adam Israeli, Lyor Yahav, Youval Shapiro, Michal Braun, Franck Bonneveau, Hannah, Moshe et Renana Hakarmi, Beni, Philippa, Yoav et Sivan Segall, Johanna Neisha, Henri

Samuel, Erella Hovers, Harel Stanton, Mounir Sbeït, pères Jonas et Samuel, Rose-Mary, Walter et Hildegard Greinert, Simon Hamedian, docteur Yoel Rak, Alexandre Sorrentino.

Remerciements particuliers :

Dagmar, Alexandra et Claude Chassin, Béatrice et Jean-François Poussin, Stéphane Millière, Florence Tran et Pascal Cardeilhac, Hervé Postic et Vanille Attié, Christophe Mouton, François Fèvre, Fabrice Puchault, Patricia Bouttinard-Ruelle, Janusz Bosacki, Jean-Marc Viotte, Aurélie Tonani, Xavier Péron, Christel Mouchard, Catherine Bourgey, Franck Vienot.

Si vous voulez retrouver certains de nos amis ou continuer le voyage sur Internet :

Du Kili au Serengeti, vivez la touche « Out of Africa » :
http://www.tanganyika.com
Une nuit au paradis : *http://www.ngorongorocrater.com*
Retrouvez les scientifiques d'Olduvaï et du lac Bogoria :
http://www.earthwatch.com
Quand le tourisme durable rencontre le rêve africain :
http://www.shompole.com
Pour en savoir plus sur les Massaïs, lisez *Maasaïtis* de Xavier Péron, 2004
L'orphelinat pour éléphanteaux de Nairobi :
http://www.sheldrickwildlifetrust.org
Pour l'actualité sur le commerce de l'ivoire :
http://www.cites.org/fra
Pour aller voir les gorilles de Bwindi :
http://www.uwa.org.ug tél : +256 41346287/8/0 fx : 291
De Nigel Pavitt : deux incontournables albums :
Turkana et *Le Grand Rift africain.*
La protection des rhinocéros au Kenya :
http://rhinorescue.org/lakenakuru.htm
Lobolo Lodge : le havre du bout du monde :
http://www.yellowpageskenya.com/travel/lobolo.asp
Retrouvez Louise Leakey et participez à ses fouilles :
http://www.kfrp.com
À lire : *Retour en Éthiopie*, Marc de Gouvenain, Babel, n° 466
Le Mystère de l'Arche perdue, Graham Hancock, J'ai Lu, n° 5779
Pour vous documenter sur le docteur Hamlin :
www.fistulahospital.org
Pour soutenir Kate Fereday et ses enfants des rues :
http://www.gondarlink.org.uk/kindu
Les 99 noms de dieu calligraphiés :
http://islamfrance.free.fr/99noms.html
Retrouvez le voyage de Loïc et Geoffroy de La Tullaye :
www.hydrotour.org
Pour trouver le trésor avant tout le monde :
La Chambre de Chéops, de G. Dormion, Fayard
Pour ne pas oublier : *www.yadvashem.org*
Pour réfléchir sur la nature humaine : *Aux racines de l'homme*, Xavier le Pichon, Presses de la Renaissance, 1997
Pour nous retrouver : *www.africatrek.com*

Légendes des cahiers photo

En couverture :

Désert de Bayuda, Sahara oriental, au Soudan. Quelques minutes après ce 10 607e kilomètre, des trombes d'eau se sont abattues sur le désert. Photo prise au trépied et au retardateur.

Premier cahier :

1. Vallée de Debré Libanos en Éthiopie, à 100 km au nord d'Addis-Abeba, frontière naturelle entre les régions Oromos et Amharas. Une fois le cadre fait, cette photo a été prise par un petit berger. Le signal convenu était mon bras levé. Tout en bas coule un affluent du Nil Bleu.
2. 7 177e km. Berges du lac Natron en Tanzanie, en compagnie de Paulo et Maya, deux moranes rencontrés en chemin. Nous suivons une sente tracée par un troupeau de zèbres. Paulo explique à Sonia qu'à cet endroit précis, l'année dernière, il a tué un lion avec ses frères.
3. Jeune fille turkana de la vallée de la Kerio, au Kenya. Elle découvre, stupéfaite, la place de son pays parmi les autres États africains et le monde. Ce parapluie nous a servi d'ombrelle et d'abri de fortune pendant les tempêtes de sable qui s'abattent intempestivement sur ces étendues désolées.
4. Dans le petit musée des gorges d'Olduvaï, nous mettons nos pas dans les plus vieilles empreintes connues d'hominidés. Elles ont été moulées à Laétoli, à 35 km de là, sur un site aujourd'hui recouvert. 3,6 millions d'années séparent nos pieds de ceux de ce couple.
5. 7 252e km. Nous sommes arrivés de nuit à Sesaï, notre premier village kenyan, clandestins, épuisés et sans visas. Nous avons dressé notre tente contre l'*enkaji* d'une famille massaï dont le dernier représentant apprécie notre porridge du matin.
6. Pour la septième fois nous marchons dans les pas des lions, sur les rives du lac Natron. Au total, nous en aurons vu trois fois en chair et en os et aurons marché treize fois sur un de leurs territoires. Celui-là était un énorme mâle qui dormait dans les herbes, non loin de là, avec sa troupe.

7. John Masikonté Ntiiti, qui nous escorta sur 157 kilomètres dans la vallée de Magadi au sud du Kenya, au fond du Rift, en territoire de lions. À cheval entre sa culture massaï et une éducation catholique reçue dans un grand pensionnat, il a été pour nous un merveilleux ambassadeur de la cause de son peuple et une source intarissable de renseignements.
8. Habitat turkana sur pilotis dans la vallée de la Kerio, à l'ombre de grands acacias. À deux mètres du sol, ils sont protégés des inondations brutales qui peuvent survenir quand la rivière est en crue. Par ailleurs il fait moins chaud loin du sol, et ces huttes surélevées permettent de ne pas dormir dans la poussière.
9. Au Sheldrick Wildlife Trust de Nairobi, Sonia veille Wendy, une petite éléphante orpheline d'une dizaine de jours, qui vient de subir une transfusion de plaquettes pour renforcer son immunité et lutter contre une terrible dysenterie. Elle s'en est sortie.
10. Depuis le sommet du volcan actif Oldonyio Lengaï, la montagne sacrée des Massaïs qui culmine à 2 878 mètres, on jouit d'une vue fabuleuse sur le Rift Gregory dont on voit l'escarpement en haut à gauche, et sur le lac Natron dont on devine les rives vers le nord. Les petits cônes dans le cratère crachent de la carbonatite, une lave unique au monde qui blanchit en se refroidissant. L'ascension est un marathon nocturne de six heures d'efforts intensifs.
11. 7 658e km. Lac Bogoria, nord du Kenya. Des sources d'eau chaude y font proliférer la spiruline, le phytoplancton dont se nourrissent exclusivement les flamants roses qui y viennent par millions. Notez au-dessus de mon bras droit un des nombreux geysers qui bordent le lac.
12. Dans les déserts qui bordent le lac Turkana s'abattent de terribles tempêtes de sable. Nous trouvions refuge à l'abri (relatif) de petits buissons d'épineux. Remarquez l'olalem massaï que je porte à la ceinture et qui nous sauva d'un terrible piège tendu par ces mêmes épineux.
13. Première rencontre avec des Dassanetchs à la frontière entre le Kenya et l'Éthiopie. Nous étions les premiers Occidentaux qu'ils aient jamais vus. Ils nous ont très bien reçus.
14. Torse scarifié d'un Dassanetch. Ce motif indique que ce guerrier a déjà tué des ennemis. Chez les tribus pastorales, le corps devient support artistique et les hommes passent des heures à se décorer, à s'occuper de leur coiffure, de leurs peintures rituelles ou de leurs scarifications.
15. Symbole à la fois de fertilité et de chasteté, les jeunes filles dassanetchs portent sur leur robe en peau de chèvre une cloche et des grelots métalliques qui doivent leur battre le pubis. Leurs déplacements sont ainsi signalés en brousse.
16. 7 826e km. Dans la vallée de la Suguta, au nord du Kenya, nous traversons un no man's land entre deux tribus rivales, les Pokots et les Turkanas, qui se livrent un guerre ancestrale sans pitié. Armés par le gouvernements, Clarkson et Robert sont deux Askaris turkanas qui nous escortent en dehors de la zone dangereuse.
17. 8 188e km. Dans le parc national de Sibiloï, sur la rive orientale du lac Turkana, nous faisons l'expérience de la savane à perte de vue. Dans ces cas-là, nous marchons à la boussole, droit vers le nord.

18. Rencontre dans le Sibiloï avec trois guerriers dassanetchs : « C'est par là, Jérusalem ? »
19. Un lac au cœur du lac. Le cône volcanique de Central Island recèle une eau alcaline très riche en spiruline, qui lui confère cette teinte vert pomme.
20. Borne frontière perdue en pleine steppe entre le Kenya et l'Éthiopie. Trois jeunes Dassanetchs sont les témoins du passage de notre 8 241e km. À noter l'arme de propulsion en forme de boomerang que porte sur l'épaule le jeune homme de droite.
21. Bébé turkana. Nos longues siestes de la mi-journée, pour attendre que le soleil nous laisse repartir, étaient propices à ces moments d'intimité.
22. Traversée de notre premier village dassanetch au nord du lac Turkana. Entre des huttes sommaires sèchent au soleil des poissons ouverts dans le sens de la longueur : des tilapias.
23. Pause de la mi-journée à la source de Kachila, sous un olivier sauvage. Robert, un de nos Askaris, tend spontanément sa main vers les cheveux blonds de Sonia. Il n'en avait jamais touchés. Il s'est exclamé : « *Mzuri kabissa !* » (C'est vachement joli !).
24. Lors d'un *oukouli*, le passage à l'âge adulte d'un jeune Hamer, dans l'extrême Sud éthiopien, les femmes de sa famille subissent l'épreuve du fouet pour prouver la valeur de sa lignée. Elles ressortent de cette épreuve le dos sanguinolent et zébré de plaies dont elles porteront fièrement les cicatrices boursouflées.
25. Un des bourreaux hamers, dont la mission est de bien prouver la valeur des femmes de la famille d'Urgo, le jeune initié qui devra sauter par-dessus les plus beaux taureaux de son père pour devenir un homme.
26. 8 389e km. Jeunes filles hamers de Turmi.
27. Jeune guerrier hamer. Quand nous avons traversé leur territoire, les Hamers étaient en guerre contre les Dassanetchs de chez qui nous venions et à qui ils tendaient des embuscades. Quelques jours avant notre passage, 41 personnes ont trouvé la mort dans l'une d'elles. Les kalachnikovs ont ici remplacé les lances.
28. Duk, la jeune femme de droite, nous invite à boire dans sa hutte le chorro, un breuvage d'écorce de café. Sa mère tient dans ses bras un petit visiteur inattendu. Voilà plus d'un an que nous n'avions pas vu de chat...
29. Le « tambour des femmes » hamers. Pour affronter les fouets sans sourciller, elles se donnent du courage en dansant et en buvant une bière traditionnelle. Le sol résonne du battement de leurs pieds aux chevilles lourdement cerclées d'acier.

Second cahier :

30. Jeunes porteuses de canne à sucre dans la vallée de Gudwa Ashekar, dans le Sud éthiopien. Pour prendre cette photo, Sonia a dû piquer un sprint en avant tout en sortant de sa sacoche l'appareil et en le réglant.
31. Terrassé par une dysenterie entre Omo Raté et Turmi, dans le no man's land qui sépare Dassanetchs et Hamers, je dois m'arrêter tous les trois kilomètres. En trois jours, je vais perdre six kilos.

32. 8 832ᵉ km. Ersumo Kabamo reproduit pour Sonia le geste de Jésus à la pécheresse chez le pharisien : le lavement de pieds. C'est une vieille tradition d'hospitalité éthiopienne.
33. Gondar, 9 747ᵉ km, les enfants des rues de Kindu Erdata, l'association de Kate Faraday, nous escortent hors de la ville.
34. Séance joviale d'épouillage. 9 800ᵉ km. Nos derniers jours en Éthiopie.

Trombinoscope : (de bas en haut et de gauche à droite)
Page de gauche : 1ᵉʳ – Jeune Massaï initié croisé au pied du volcan Kerimasi, en Tanzanie. 2ᵉ – Noho, jeune femme bena du Sud éthiopien. 3ᵉ – Bourreau hamer. Sud éthiopien. 4ᵉ – Duk, femme hamer. 5ᵉ – Guerrier dassanetch. Nord Kenya. 6ᵉ – Jeune fille turkana. Nord Kenya. 7ᵉ – Grand-mère turkana. 8ᵉ – Zinash, jeune Éthiopienne du lac Tana. 9ᵉ – Garçonnet turkana. 10ᵉ – Femme amhara du Gojjam. 11ᵉ – Fillette tigréenne. 12ᵉ – Cheikha soudanaise. 13ᵉ – Gabriel Weï, Nuer en exil à Khartoum. 14ᵉ – Umm Balein, nomade de Bayuda. 15ᵉ – Belal Jaffar Billal, Arabe soudanais. 16ᵉ – Sarah Michael, catholique de Juba exilée à Khartoum.
Page de droite : 1ᵉʳ – Felouquier, de Louxor. 2ᵉ – Nazik abd el-Karim, de Khartoum. 3ᵉ – Abuna Youssif, père copte égyptien. 4ᵉ – Haroun Kazali, à notre 10 000ᵉ km. 5ᵉ – Seïda abd el-Gadir, du Shimaliya. 6ᵉ – Nadia abd el-Rahim. 7ᵉ – Cheikh Husseïn Labd Mohammed Ahmed, notre caravanier du Darfour. 8ᵉ – Rhafir, de Naga. 9ᵉ – Zeïnab abd el-Karim, de Fareig, Nubie soudanaise. 10ᵉ – Garçonnet de l'école coranique de Djéhéril, dans le Bayuda. 11ᵉ – Aroussa d'Argin. Nubie soudanaise. 12ᵉ – Abuna Boutros, Deïr el-Moharrak, moyenne Égypte. 13ᵉ – Policier égyptien de Deïr el-Adara. 14ᵉ – Henri Samuel, franco-israélien de Tibérias. 15ᵉ – Jeune réfugiée palestinienne de Rafah. 16ᵉ – Jeune écolière israélienne d'Arad, lors de la fête de Pourim.

35. Dernière vire de l'ascension vers l'église troglodyte d'Abuna Yematah Guh, dans le Tigré.
36. Le grand obélisque d'Axoum.
37. « Saut de l'ange » au « pont des Portugais », bâti au XVᵉ siècle à Debré Libanos. Tout en bas coule un affluent du Nil Bleu.
38. Au monastère de Kebran Gabriel, dans une île du lac Tana, un moine orthodoxe nous dévoile une bible du XVᵉ siècle, richement enluminée d'un saint Georges terrassant le dragon.
39. Deux ombres éphémères sur Biéta Giorghis, le chef-d'œuvre monolithique de Lalibela.
40. Daniel, Rose-Mary et Katy Wani, famille chrétienne en poste à Ad Debba, sur le bord du Nil, dans le Shimaliya soudanais.
41. Nef de l'église troglodyte d'Abuna Yemata Guh, dans le Tigré. Au plafond, figurent les fresques intactes de neuf apôtres peints au XVIᵉ siècle. En Éthiopie chaque église conserve un *Tabot*, copie des Tables de la Loi.
42. Abiyé Azéné. Lac Tana. Troublante ressemblance entre le visage de son bébé et celui des anges peints au plafond de l'église Debré Birhan Sélassié, à Gondar. Dans le Gojjam, beaucoup d'hommes et de femmes portent une croix tatouée au front.

43. 11 166ᵉ km. À Fareig, dans la Nubie soudanaise, en plein cœur du Sahara, des falaises recouvertes de pétroglyphes témoignent que la vie humaine et animale y prospérait au néolithique.
44. Pyramides de Méroé, au Soudan.
45. Traversée du désert du Batn el-Hagar, le Ventre de la Pierre, avec une méharée de mille dromadaires venus du Darfour. Pour la première fois en trois ans, nous ne portons pas nos sacs à dos.
46. Tempête de sable dans le désert de Bayuda. Treize jours et 359 km de goudron perdus dans le néant. Nous étions ravitaillés en eau par des chauffeurs de camions dont nous déclinions évidemment les propositions de monter à leur bord.
47. Main d'Abuna Boutros, du Deïr el-Moharrak. Les coptes ont pour tradition de se tatouer une petite croix sur le revers de la main ou à l'intérieur du poignet.
48. Bas-relief du tribut d'esclaves africains donnés à Ramsès II, à l'entrée d'Abou-Simbel.
49. Les femmes soudanaises nous laisseront un impérissable souvenir.
50. Samia initie Sonia aux secrets du *doukhan*, le sauna traditionnel soudanais, tout en fumant le narghilé. Autant s'enfumer par les deux bouts !
51. 306 km de goudron séparent Abou-Simbel d'Assouan. Nous étrennons pour la première fois la marche sous escorte policière motorisée. L'avantage, c'est que nous ne portons pas nos sacs à dos. Les convois d'Abou-Simbel qui nous croisent le matin et nous dépassent à la mi-journée dans une tornade de métal hurlant, comptent parfois près de cent bus.
52. 12 810ᵉ km. Au sommet de la pyramide de Chéops nous découvrons, sur une pierre peinte en bleu, un cœur gravé d'un « a » et d'un « s ». Promis, c'est pas nous ! Bienheureuse coïncidence pour accomplir une mission : y déposer un coquillage qui nous a été donné par Jenny, une jeune handicapée kenyane, et que Sonia aura porté 5 115 km dans son sac.
53. Dans les régions les plus fondamentalistes de la moyenne Égypte nous avons été escortés plusieurs jours par des véhicules blindés.
54. Ah, les villages du Shimaliya, lovés dans les boucles du Nil ! Les quitter était toujours un arrachement.
55. Tente de fortune dressée pour nous abriter de l'accablant soleil du Batn el-Hagar. Nous partageons l'ordinaire de nos caravaniers : de l'aceida, une pâte brune de farine de sorgho et d'oignons revenus à l'huile avec du bouillon cube et du piment. Dur ! dur !
56. Dans l'échoppe du petit Suleiman, où nous nous sommes abrités d'une tempête de sable, Sonia montre un bout de film que nous avons tourné à une famille venue elle aussi se réfugier. Les femmes soudanaises se laissaient filmer sans rechigner.
57. L'amour, c'est une question d'équilibre.
58. Depuis le mont des Béatitudes, nous contemplons vers le sud les 13 874 kilomètres et 1 171 jours qui nous séparent du cap de Bonne-Espérance. Une joie sereine en hommage à nos 1 147 hôtes.

Cet ouvrage a été composé et imprimé par

FIRMIN DIDOT
GROUPE CPI
Mesnil-sur-l'Estrée

pour le compte des Éditions Robert Laffont
24, avenue Marceau, 75008 Paris
en juin 2005

Imprimé en France
Dépôt légal : juin 2005
N° d'édition : 45861/01 – N° d'impression : 73818